Anschriften

Ackermann, D., Prof. Dr., Chefarzt Urologie, Kantonsspital, CH-9007 St. Gallen

Brunner, Ch., Dr., Orthopädische Chirurgie, Rorschacherstr. 155, CH-9006 St. Gallen

Feldges, A. J., Dr., Leitender Arzt für Onkologie, Ostschweizerisches Kinderspital, CH-9006 St. Gallen

Feldges, B., Physiotherapeutin, Bruggwaldstr. 58 a, CH-9008 St. Gallen

Fey, M. F., Prof. Dr., Chefarzt Institut für Medizinische Onkologie, Inselspital, CH-3010 Bern

Frühwirth, R., dipl. Sozialpädagogin, Universitätsstr. 27, D-91054 Erlangen

Fust, R., Stomaberaterin, Ringelbergstr. 11, CH-9000 St. Gallen

Glaus, A., Dr., (PhD), Oberschwester Medizinische Klinik C, Abteilung für Onkologie, Kantonsspital, CH-9007 St. Gallen
Ab 1. 1. 1998: Zentrum für Tumordiagnostik und Prävention, Rorschacherstr. 150, CH-9006 St. Gallen

Hagen, M., Dr., Oberarzt Onkologie, Medizinische Klinik C, Kantonsspital, CH-9007 St. Gallen

Haller, U., Prof. Dr., Chairman Departement für Frauenheilkunde, Universitätsspital, Rämistr. 100, CH-8091 Zürich

Hausmaninger, H., Dr., Leiter der onkologischen Ambulanz, Landeskrankenanstalten, A-5020 Salzburg

Hess, U., Dr., Oberarzt Onko-Hämatologie, Medizinische Klinik C, Kantonsspital, CH-9007 St. Gallen

Jungi, W. F., Dr., Kantonsarzt, Gesundheitsdepartement, Moosbruggstr. 11, CH-9001 St. Gallen

Mayr, A. C., Dr., Chefarzt 2. Innere Abteilung Krankenhaus Neukölln, Rudower Str. 48, D-12351 Berlin

Meerwein †, F., Prof. Dr., ehemals Konsiliarius für Psychoonkologie, onkologische Abteilung, Medizinisches Departement des Universitätsspitals, Rämistr. 100, CH-8000 Zürich

Meier-Hunzinger, R., Kinderkrankenschwester, Onkologie, Kinderspital, CH-4000 Basel

Morant, R., Dr., Leitender Arzt Onkologie, Medizinische Klinik C, Kantonsspital, CH-9007 St. Gallen

Oettli, R., Dr., Leitender Arzt, Nuklearmedizin, Kantonsspital, CH-9007 St. Gallen

Sauer, R., Prof. Dr., Direktor der Klinik und Poliklinik für Strahlentherapie der Universität, Universitätsstr. 27, D-91054 Erlangen

Schildknecht, O., Dr., Leitender Arzt für Onkologie, Medizinische Klinik, Thurgauisches Kantonsspital, CH-8596 Münsterlingen

Senn, H.-J., Prof. Dr., Chefarzt Medizinische Klinik C, Kantonsspital, CH-9007 St. Gallen
Ab 1. 1. 1998: Zentrum für Tumordiagnostik und Prävention, Rorschacherstr. 150, CH-9006 St. Gallen

Späti, B., Dr., Spezialarzt FHM für innere Medizin (Onkologie), Vadianstraße 31, CH-9000 St. Gallen

Stiefel, F., PD Dr., Div. autonome de Méd. Psychosociale CHUV, CH-1011 Lausanne VD

Stieger, R., Dr., Oberarzt Chirurgie, Kantonsspital, CH-9007 St. Gallen

Wespi, H.-H., Dr., Leitender Arzt ORL-Klinik, Kantonsspital, CH-9007 St. Gallen

Wildhaber, B., Sozialarbeiterin, Obere Rotenwies, CH-9056 Gais

Vorwort zur 5. Auflage

Die Pflege von krebskranken Menschen hat in den vergangenen 20 Jahren große Entwicklungen erfahren. Die erste Auflage dieses Buches im Jahre 1982 war ein erster Versuch, das Wissen und Können in diesem Fachgebiet abzufassen. Seither sind die Inhalte in 3- bis 5jährlichen Abständen revidiert und erweitert worden.

Diese 5. Auflage des Buches ist ein Spiegel der modernen Berufsausübung in der Pflege. Während in einem ersten Teil die Grundsätze onkologischer Grundlagen sowie die Epidemiologie, Ätiologie und Prävention von Krebskrankheiten beschrieben sind, folgen im zweiten Teil die Aspekte der Diagnostik und Therapie. Die internistische Tumortherapie wurde ergänzt mit einem Text bezüglich Behandlung in den verschiedenen Studienphasen und mit einer Neufassung bezüglich praktischer Zubereitung und Verabreichung von Zytostatika, inklusive der Paravasatprophylaxe, Früherfassung und Therapie.

Das pflegerische Kernstück bildet den dritten Teil mit der supportiven Pflege, wobei die Themen Infektprophylaxe, Mundpflege, Schmerz, Nausea/Emesis Prophylaxe und Pflege von Patienten mit implantiertem Dauervenenkatheter vollständig überarbeitet wurden. Die genannten Themen wurden mit Inhalten der wissenschaftlichen Literatur unterlegt und angepaßt. Erstmals wurden bei der Infekt- und Blutungsprophylaxe, bei der Verhütung von Nausea und Emesis und bei der Betreuung von Patienten mit Schmerzen Pflegediagnosen und Pflegeinterventionen formuliert. In diesem Sinne spiegelt die 5. Auflage die Entwicklungen der Pflege als Disziplin mit Kompetenz und Eigenverantwortlichkeit. Die Pflege wird aber als Beruf im interdisziplinären Verbund verstanden, und moderne Medizin, Psychologie und Sozialarbeit gehören als Bestandteile der Betreuung dazu. Deshalb folgen dann in einem vierten Teil die überarbeiteten Themen über den wahrhaftigen Umgang mit den Kranken und das Thema Psyche, welches mit einem Text zur „Risikopersönlichkeit" ergänzt wurde. Die Kapitel mit den onkologischen Krankheitsbildern wurden alle durchgesehen und ergänzt. Der Anhang I enthält weiterhin die am häufigsten angewandten tumorhemmenden Medikamente und stellt eine Arbeitshilfe im Alltag bei der komplex gewordenen Zubereitung und Verabreichung dieser Substanzen dar.

Seit der ersten Auflage des Buches sind 17 Jahre vergangen. Leider sind inzwischen ursprüngliche Autoren bereits verstorben, einige sind in den Ruhestand getreten, und andere sind nicht mehr im Fachgebiet tätig. Die 5. Auflage wurde deshalb mit vielen neuen, mit dem Fachgebiet vertrauten Autoren aus Österreich, Deutschland und der Schweiz erarbeitet. Wir danken allen ehemaligen und den neuen Mitautoren/-autorinnen sehr herzlich für ihr persönliches Engagement. Unser Dank gilt auch den Mitarbeitern des Georg Thieme Verlags für die angenehme und hilfreiche Zusammenarbeit. Wir danken allen Kolleginnen und Kollegen der Medizinischen Klinik C, die uns im Austausch bei der gemeinsamen Arbeit viele wertvolle Inhalte für dieses Buch vermittelt haben.

Es ist unser Wunsch, daß auch die 5. Auflage dazu dienen darf, daß die Betreuer krebskranker Menschen durch das Wissen und die Anleitungen zur Pflege gestärkt und gerüstet werden für ihre anspruchsvolle, herausfordernde, manchmal belastende und oft auch bereichernde Aufgabe. Wir wünschen dem Buch eine weite Verbreitung in allen beteiligten Berufsgruppen in Österreich, Deutschland und der Schweiz.

St. Gallen, im Januar 1997

Agnes Glaus
Walter Felix Jungi
Hans-Jörg Senn

Vorwort zur 1. Auflage

Die Entwicklung der Medizin in der Behandlung bösartiger Tumorkrankheiten im Laufe der letzten 25 Jahre stellt eine Frucht verantwortungsvoller Forschung, ärztlicher Spezialisierung (Onkologie) und vertiefter Zusammenarbeit zwischen den verschiedenen Tumorbehandlungsdisziplinen dar (Chirurgie, Strahlentherapie, medikamentöse Krebsbehandlung). Diese heute wesentlich komplizierteren, aber auch erfolgreicheren Voraussetzungen verlangen in zunehmender Weise auch von den Mitarbeitern der Pflegeberufe zusätzliche Kenntnisse und eine erhöhte Motivation in der oft schwierigen Betreuung von Tumorkranken. Dies ist eine umfassende Aufgabe, welche nicht nur viel fachlich-medizinische Grundlagen, sondern noch mehr Verständnis in psychosozialen Belangen erfordert.

Der vorliegende Band – der erste seiner Art für Pflegepersonal im deutschen Sprachgebiet – bezweckt in möglichst verständlicher Sprache eine umfassende Vermittlung solider Grundbegriffe der Tumormedizin (Onkologie). Ein *erster Teil* ist allgemeinen und grundlegenden Problemen der Epidemiologie und Entstehung maligner Tumoren, den Voraussetzungen zur Tumordiagnostik, der Darstellung heute zur Verfügung stehender Behandlungsformen, den psychologischen Besonderheiten im Umgang mit Krebskranken, Fragen der Rehabilitation, der Schmerzbekämpfung sowie insbesondere der Rolle der Pflegeberufe in der Betreuung von Tumorpatienten gewidmet. In einem *zweiten, „speziellen" Teil* werden, kapitelweise gegliedert, die wichtigsten Aspekte der Diagnostik, Behandlung und Pflege von Patienten mit den häufigsten Tumorkrankheiten des Menschen sowie die Erkennung und Beherrschung wichtiger Notfallsituationen in der Onkologie dargestellt. Um den Praxisbezug zu erhöhen, wurden im *Anhang* je ein Verzeichnis der Wirkungen und Nebenwirkungen der heute gebräuchlichen Zytostatika und Hormone sowie auch der Adressen von Krebsligen und öffentlichen Tumorberatungsstellen in der Schweiz, der Bundesrepublik Deutschland und in Österreich angefügt.

Der Band richtet sich in erster Linie an diplomiertes Krankenpflegepersonal, welches sich auf sachlicher Grundlage in das sich rasch entfaltende Fachgebiet der Onkologie vertiefen möchte – aber auch an Lernschwestern und -pfleger, welche für ihre Spitalpraktika und spätere Berufstätigkeit eine tragfähigere fachliche und menschliche Basis für die Betreuung von Krebskranken suchen. Die oft nicht leicht zu bewältigende Auseinandersetzung mit Tumorpatienten findet für Schwestern und Ärzte zumindest im Krankenhausbereich recht *häufig* statt, leiden doch ca. 15–25 % der hospitalisierten Patienten internmedizinischer und chirurgischer Abteilungen an der Hauptdiagnose einer bösartigen Tumorkrankheit. Eine bisher oft negative und vorurteilshafte Haltung von Ärzten und Pflegepersonal gegenüber krebskranken Patienten wirkte sich oft erschwerend auf deren Betreuung aus: Die Pflege von Tumorpatienten wird vielerorts immer noch als etwas „anderes", besonders Belastendes und wenig Dankbares betrachtet. Hier möchte der vorliegende Band durch Vermittlung von fundiertem Grundwissen und praktischen Pflegeanleitungen zu einer sachlicheren Auseinandersetzung des Pflegepersonals mit dem „Krebsproblem" hinführen. Es ist der Wunsch von Herausgebern und Mitautoren, auf diesem Wege bei vielen Mitarbeitern der Pflegeberufe vermehrtes Interesse zu wecken. Gerade das dürfte für viele dieser sozial oft isolierten Kranken eine grundsätzliche Hilfe sein – dies erst recht, wenn unsere derzeitigen technisch-medizinischen Behandlungsmöglichkeiten ausgeschöpft sind.

Unser aufrichtiger Dank gilt allen Mitarbeiterinnen und Mitarbeitern, welche mit ihrer fachlichen Kompetenz und ihren kritischen Anregungen zur Realisierung dieses „Gemeinschaftswerkes" von Onkologieschwestern und onkologisch tätigen Ärzten unterschiedlicher Fachrichtungen beigetragen haben. In besonderer Weise danken möchten wir aber auch unseren vielen Tumorkranken und allen Mitarbeitern (Schwestern, Ärzten, Sekretärinnen) der Medizinischen Klinik C des Kantonsspitals St. Gallen, welche durch ihre Erfahrung, Beratung und durch ihren persönlichen Einsatz die zeitgerechte Erstellung dieses Bandes ermöglichten. Schließlich gebührt unser Dank auch den Mitarbeitern des Georg Thieme Verlages für ihre jederzeit kooperative Hilfe bei der Drucklegung und den Verantwortlichen der Farmitalia Carlo Erba in Freiburg i. B. und Bern, dank deren Entgegenkommen der Preis des vorliegenden Bandes wesentlich tiefer als sonst nötig angesetzt werden konnte. Wir wünschen dem kleinen Werk im Interesse vieler Patienten und ihrer Pflegenden weite Verbreitung.

St. Gallen, im Januar 1982

Agnes Glaus
Walter Felix Jungi
Hans-Jörg Senn

Inhaltsverzeichnis

18 Leukämien, myelodysplastische und myeloproliferative Syndrome 444

U. Hess, M. F. Fey und A. J. Feldges

19 Tumoren des Hals-Nasen-Ohren-Bereiches 472

H.-H. Wespi

1

Einführung in die Onkologie

H.-J. Senn

1 Einführung in die Onkologie

H.-J. Senn

Definition und Grundbegriffe

Der Begriff „Onkologie" (abgeleitet aus dem griechischen Wort ογκος = Geschwulst) bedeutet die Lehre von den Geschwulst- bzw. Tumor-oder Krebskrankheiten. Man faßt unter diesem Begriff alle Aspekte der Entstehung, Diagnostik und Behandlung bösartiger Tumorkrankheiten zusammen.

Die **Onkologie** ist ein großer und komplexer Teilbereich der modernen Medizin. Ungleich anderen solchen Teilbereichen (wie z. B. die Kardiologie = Lehre von den Herz-Kreislauf-Krankheiten bzw. die Pneumologie = Lehre von den Lungenkrankheiten) befaßt sich die Onkologie nicht nur mit den Funktionsstörungen *eines* Organs bzw. Organsystems, sondern mit der ganzen Breite der Tumorerkrankungsmöglichkeiten im menschlichen Organismus. Praktisch *sämtliche* Organe und Organsysteme unseres Körpers können (mit stark unterschiedlicher Häufigkeit) Ausgangspunkt einer bösartigen Tumorerkrankung und von deren Folgen sein. Es liegt daher auf der Hand, daß dieses Fachgebiet der Onkologie in hohem Maße *interdisziplinär* ausgerichtet sein muß, d. h. die Grenzen der traditionellen und oft organbezogenen bzw. auf eine spezielle Behandlungsform (z. B. Bestrahlung, Chirurgie) ausgerichteten medizinischen Fachbereiche überschreitet (s. Interdisziplinäres Tumorbehandlungskonzept in Kap. 5).

Die Onkologie befaßt sich demnach im weitesten Sinne mit dem, was im Volksmund vereinfachend und mit oft negativen psychologischen Folgen als Krebs bezeichnet wird (s. Kap. 8 und 9). Krebs in dieser falsch verstandenen Form einer einzigen, schrecklichen, immer zum Tode des Patienten führenden Krankheit gibt es nicht. Dafür existieren innerhalb dieser äußerst komplexen Krankheitsgruppe etwa 100 unterschiedliche bösartige Tumorkrankheiten. Deren in vielen Belangen recht verschiedene Entstehung, Verhütung, Diagnostik, Therapiemöglichkeiten und Prognose sollen zumindest in den Grundzügen in den folgenden Kapiteln dieses Buches dargelegt werden, soweit sie für das Pflegepersonal und verwandte medizinische Berufe zur optimalen Betreuung tumorkranker Menschen von Belang erscheinen.

Zur Einleitung in dieses durch viele Mißverständnisse geprägte Fachgebiet ist zunächst eine grundsätzliche Begriffsklärung nötig:

- **Tumor.** *Geschwulst, Schwellung,* wird heute oft (und auch in diesem Buch) für die Charakterisierung einer *bösartigen* Geschwulst bzw. einer Krebskrankheit gebraucht. Daneben gibt es aber auch entzündliche Tumoren (z. B. einen Furunkel) und gutartige Tumoren (z. B. eine Warze, s. unten).
- **Geschwür.** *Loch* bzw. *Defekt* in der Haut oder Schleimhaut, wobei dies meist *entzündliche Ursachen* hat. Dieser im Volksmund und in der ältesten Literatur oft für einen bösartigen Tumor verwendete Begriff ist irreführend und sollte vermieden werden.
- **Krebs.** Wie oben dargelegt, laienhafter „Sammeltopf" für alle möglichen bösartigen Tumoren. Streng medizinisch betrachtet, bezieht er sich lediglich auf Tumoren *epithelialer Natur,* d. h. Karzinome (s. unten). Der Begriff Krebs sollte in der Regel nur im Zusammenhang mit einem bestimmten Organ bzw. einer bestimmten Form von Krebskrankheit gebraucht werden (z. B. Brustkrebs, Magenkrebs usw.). Er ist im allgemeinen Sprachgebrauch belastet mit Vorurteilen und Fehlvorstellungen (Schmerz, Leiden, Tod).
- **Malignom.** Synonym (gleicher Begriff) zu *bösartiger Tumor,* ebenso wie die in der Fachliteratur häufig gebrauchten Begriffe „Neoplasma" bzw. „Neoplasie" (aus dem Griechischen: Gewebsneubildung).
- **Präkanzerose.** *Vorstadium* einer bösartigen Geschwulst (s. Kap. 2).
- **Primärtumor.** *Ausgangsherd* einer bösartigen Tumorkrankheit („Muttergeschwulst"), nicht in jedem Fall eindeutig festzulegen. Es gibt auch viele primär an mehreren Stellen beginnende bzw. disseminierte bösartige Tumoren.
- **Metastase.** Ableger *(„Tochtergeschwulst")* eines bösartigen Tumors. Der Begriff läßt sich nur auf den Ausbreitungsweg sog. solider Tumoren bzw. an einem Ort entstehender Geschwülste wie z. B. Karzinome oder Sarkome anwenden (vgl. unten). Bei *malignen Lymphomen* (Kap. 17) spricht man eher von Befall bzw. Herden in anderen Organen.

Im Ablauf der **diagnostischen und therapeutischen Maßnahmen** bei Tumorkrankheiten werden häufig die folgenden Fachbegriffe verwendet, welche auch das Pflegepersonal in ihrer Bedeutung kennen sollte:

- **Remission.** Objektiv meßbare *Rückbildung* eines oder mehrerer Tumorherde (Primärtumor und/oder Metastasen) unter Behandlung. Der Begriff ist vor allem bei der Strahlen- und Chemotherapie bösartiger Tumoren gebräuchlich: In der Tumorchirurgie spricht man von radikaler bzw. totaler oder eben nichtradikaler Tumorentfernung (Resektion).

- **Vollremission.** *Vollständiges Verschwinden* aller vor Behandlungsbeginn meßbaren Tumorherde und tumorbedingten Krankheitssymptome.
- **Teilremission.** *Teilweise Rückbildung* der vor Behandlung bestehenden Tumorherde und -symptome. Einzelheiten s. Spezialkapitel 12–21.
- **Remissionsrate(-quote).** *Prozentsatz* der Patienten, welche auf eine bestimmte Behandlungsmaßnahme (z. B. Strahlentherapie, Chemotherapie mit Medikamenten A + B) *objektiv meßbar ansprechen,* d. h. Remissionen erleben.
- **Remissionsdauer.** *Zeitspanne* der objektivierbaren Tumorrückbildung, von deren Eintreten bis zum sicheren Nachweis eines *weiteren Tumorwachstums* (Auftreten neuer Herde bzw. Wiedergrößerwerden bekannter, auf die Behandlung erfolgreich ansprechender Tumorherde).
- **Rezidiv.** *Rückfall,* Wiederverschlechterung der Tumorkrankheit nach (temporär) erfolgreicher Behandlung. Dies muß durch genaue Untersuchung dokumentiert sein. Nicht jede Verschlechterung des Befindens ist unbedingt ein Rezidiv: Es gibt auch bei Tumorkranken *Komplikationen* (Infekte, Blutungen usw., s. Kap. 6 und 21).
- **Progression.** Dokumentiertes *Fortschreiten* des Tumorwachstums, sei es nach (primär erfolgloser) Therapie oder nach vorübergehender Remission → Rezidiv.
- **Mittlere Remissionsdauer.** *Zeitspanne,* nach welcher sich noch *50% eines bestimmten,* nach einheitlichen Richtlinien behandelten *Patientenkollektivs* in andauernder Tumorrückbildung (Remission) befinden. Die Remission der übrigen Hälfte der Kranken ist inzwischen beendet, durch einen Krankheitsrückfall (Rezidiv).
- **Mittlere Überlebenszeit.** *Zeitspanne,* nach welcher *noch 50%* eines bestimmten Patientenkollektivs *überleben.* Die restlichen 50% der Patienten sind inzwischen verstorben. Je nach Darstellung spricht man von tumorfreier Überlebenszeit (Patienten sind *ohne* Tumorrückfall) oder von Gesamtüberlebenszeit (Patienten leben, jedoch *mit* Tumorrückfall, evtl. unter neuer Behandlung).

Geschichte der Onkologie

Krebskrankheiten werden oft fälschlicherweise als eine Erscheinung unserer modernen Zeit betrachtet, verursacht durch die vielfältigen (zu Recht intensiv bekämpften) *Verunreinigungen unseres Lebensraums* wie Strahlen, Chemikalien, Begleiterscheinungen der fortschreitenden Industrialisierung usw. Tatsächlich ist aber „Krebs" eine der *ältesten* Krankheitsgruppen überhaupt. Schon in den ältesten Schriften der Menschheit wird darüber berichtet, z. B. im sog. „Papyrus Ebers", einem Dokument der ägyptischen Medizingeschichte aus dem Jahre 1500 v. Chr. Dort wird auch als Behandlungsmethode das Arsen genannt, ein Spurenelement, dessen (teils radioaktive) Salze im Laufe der Jahrhunderte immer wieder bis ins 19. Jahrhundert zur Krebsbehandlung und zur Stärkung bei Kachexie (Auszehrung, Kräftezerfall) Verwendung fanden. Wahrscheinlich benutzte als erster Hippokrates im 5. Jahrhundert vor Christus das aus dem Griechischen abgeleitete Wort „Krebs" (Karzinom) zur Beschreibung oberflächlich sichtbar fortschreitender, in die Nachbarorgane infiltrierender (einwachsender) und sie zerstörender Tumoren, z. B. ein ausgedehnter „Hautkrebs" bzw. ein lokal fortgeschrittenes Mammakarzinom. Auch im *Neuen Testament* wird sinnbildlich das Wachstumsverhalten bösartiger Tumoren erwähnt, indem Paulus vor ketzerischen Widersachern warnt, deren „Wort um sich frißt wie der Krebs" (2. Timotheusbrief, Kap. 2, Vers 17).

Die *römische* und die *mittelalterliche Medizin* haben den „Krebsbegriff" von Hippokrates und Galen übernommen. Ansätze zur chirurgischen Behandlung waren in allen Zeitepochen vorhanden und – entsprechend den fehlenden Voraussetzungen der Narkose und Asepsis – oft zum Scheitern verurteilt. Im Mittelalter (und bis in die jüngste Zeit, s. Kap. 11) triumphierten *groteske,* jede Pathophysiologie ignorierende „Krebsbehandlungsmittel" wie etwa das Auflegen von Spinnen- und Schlangenköpfen, der Absud von in Urin ausgekochten Hundefeten und ähnliches. Auch heute wieder – im Zeitalter der „Alternativ- und Bio-Welle" – halten sich solche irrationalen, auf magisch-dämonischem Hintergrund der Volksmedizin gewachsenen „Krebstherapien" mit Hartnäckigkeit (s. Kap. 11).

Die *heutige Krebschirurgie* hat um die letzte Jahrhundertwende entscheidende Fortschritte gemacht, indem u. a. Rotter sowie Halsted das damals revolutionäre Konzept der „Radikaloperation" des Brustkrebses einführten. Damit wurden erstmals langandauernde Tumorheilungen möglich.

Die *um 1900* entdeckten Röntgenstrahlen wurden im Laufe der folgenden Jahrzehnte zur *Strahlentherapie* bestimmter Tumorkrankheiten und -stadien genutzt und ermöglichten in zunehmendem Maße Remissionen und auch Heilungen bei nichtoperablen Tumoren, insbesondere bei malignen Lymphomen.

Als jüngste der heutigen Tumorbehandlungsdisziplinen begann sich in der Zwischenkriegszeit die *Hormontherapie* und nach dem 2. Weltkrieg die *zytostatische Chemotherapie* (Behandlung mit krebshemmenden Pharmaka) zu entwickeln, zusammengefaßt unter dem heutigen Überbegriff „internistische Tumorbehandlung" (Kap. 5). Erst der systematische Ausbau dieses neuen Behandlungszweiges der *medizinischen* bzw. *internistischen Onkologie* gab der modernen Krebsbehandlung und -forschung wieder neue Impulse und ermöglichte in den letzten 15–20 Jahren in zunehmendem Maße die Behandlung und auch Heilung mehrerer früher unheilbarer Tumorleiden. Diese Entwicklung, insbesondere die sinnreiche Kombination mehrerer unterschiedlich wirkender Tumorbehandlungsmethoden, ist derzeit noch voll im Gang. Die Möglichkeiten der Tumor-Chemotherapie wurden in den letzten Jahren durch die Entdeckung von Knochenmarks-Wachstumsfaktoren und Zytokinen (wie z. B. Interferone) stark erweitert. Man hofft, durch intensive Forschung an Zellkulturen und auch durch verantwortungsvolle klinische Forschung (am Menschen) in absehbarer Zeit die Möglichkeiten zur Nutzung körpereigener Tumorabwehrsysteme besser erfassen zu können. Heute, im Zeitalter der Molekularbiologie, stehen wir an der Schwelle zu einer neuen, hoffnungsvollen Epoche in der Krebsbehandlung, der *Gentherapie.*

Grundzüge der Tumorbiologie und -pathologie

In diesem Unterkapitel werden nur die wichtigsten Voraussetzungen zum Verständnis des *Wachstumsverhaltens,* der *Tumorausbreitungsmöglichkeiten* und der *grundsätzlichen Einteilungssysteme* bösartiger Geschwülste dargelegt. Die weiteren Aspekte, insbesondere *Epidemiologie* und *Ätiologie* maligner Tumoren, finden sich in Kap. 2 sowie in den speziellen Kap. 12–20.

Wachstumsverhalten bösartiger Tumoren

Vielfach herrscht aufgrund der oft dramatischen letzten (sichtbaren) Phase einer Krebskrankheit die irrige Meinung vor, ein bösartiger Tumor entstehe und entwickle sich in Kürze zum Tode. Als Beispiel diene etwa die fulminante Schlußphase der Entwicklung von die Atmung des Patienten behindernden Lungenmetastasen bei einem Patienten mit rasch wachsendem, auf die Behandlung mit Strahlen und Medikamenten nicht (mehr) ansprechenden Hodentumor.

In Wirklichkeit liegen zwischen der „krebsigen Entartung" einer bzw. mehrerer Zellen eines bestimmten Organs und dem Sichtbarwerden bzw. der Erfassungsmöglichkeit des betreffenden Organtumors überraschend lange Zeiträume (s. auch Kap. 3). Das Heranwachsen eines bösartigen Tumors aus einer kleinen Gruppe entarteter Körperzellen bis zum diagnostisch erkennbaren Tumor (Knoten, Schatten im Röntgenbild von ca. 1 cm Durchmesser bzw. ca. 10^9 Zellen = 1 g Gewicht) dauert bei den meisten menschlichen Tumoren mehrere Jahre. Abb. 1.**1** versucht dies anhand der halblogarithmisch gezeichneten Wachstumskurve eines *Bronchuskarzinoms* darzustellen: Zwischen dem Beginn (Entstehung des bös-

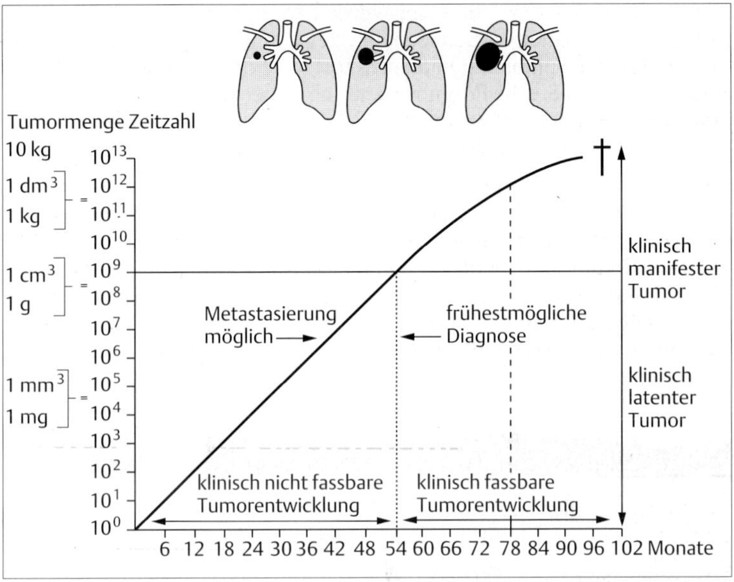

Abb. 1.1 Extrapolierter (d. h. rückwärts errechneter) Wachstumsverlauf eines im Röntgenbild kontrollierten Lungen/Bronchus-Karzinoms. Die Darstellung der Tumorzellzahl (vertikale Achse) erfolgt logarithmisch, d. h. in Zehnerpotenzen, wobei $10^1 = 10$, $10^3 = 1000$, $10^6 = 1$ Million, $10^9 = 1$ Milliarde bedeutet usw. (nach Oeser aus Dold, U., H. Sack: Praktische Tumortherapie, 2. Aufl. Thieme, Stuttgart 1980).

artigen Tumors = unsichtbar!) und dem frühestmöglichen Sichtbarwerden der Krankheit im Röntgenbild (Schatten) liegen ca. *4–5 Jahre,* wobei diese Zeitspanne natürlich von der mittleren Wachstumsgeschwindigkeit (Zellverdoppelungszeit) des bestimmten Tumors abhängt. Solche Darstellungen stellen allerdings immer grobe Vereinfachungen dar.

In der Praxis ist anzunehmen, daß das *unsichtbare Vorstadium,* d. h. die den Diagnostikmöglichkeiten und auch dem Wahrnehmungsvermögen des Patienten verborgene Wachstumsphase der häufigsten menschlichen Tumoren, noch länger dauert als experimentell errechnet. Bei einer wahrscheinlichen Tumorverdoppelungszeit von ca. 100 Tagen braucht ein *Brustkrebs* z. B. 10 Jahre, bis er einen Durchmesser von 1 cm erreicht hat (untere Grenze seiner Tastbarkeit bzw. Sichtbarkeit im Röntgenbild der Brust). Die Zeitspanne des weiteren Wachstums des Brusttumorknotens von 1 cm auf 4 cm Durchmesser würde dann wegen des exponentiellen Wachstumsverhaltens („Schneeballsystem") nur noch 1,5–2 Jahre dauern. Würde der Tumor erst in diesem fortgeschrittenen Stadium entdeckt und behandelt, wäre die Prognose deutlich schlechter und die Überlebenszeit wahrscheinlich mit weiteren 1–2 Jahren relativ kurz. In Wirklichkeit hatte die ganze Brustkrebskrankheit jedoch schon viel länger gedauert.

Die Zusammenhänge in Abb. 1.**1** zwingen uns, bisherige Vorstellungen über Tumorwachstumsverhalten, Zeiträume zwischen Diagnose und Therapie sowie auch bezüglich des *Zeitpunkts der Tumorausbreitung* (Metastasierung) zu überdenken und daraus auch die behandlungsmäßigen Konsequenzen zu ziehen. Von echten Notfallsituationen abgesehen, ist jedes übereilte Vorgehen zum Zwecke einer möglichst raschen Therapie auf Kosten einer vollständigen Tumordiagnostik fehl am Platz (s. auch Kap. 4).

Möglichkeiten der Tumorausbreitung (Metastasierung)

Wir unterscheiden aufgrund des Wachstums- und Metastasierungsverhaltens grundsätzlich **gutartige** und **bösartige Tumoren.**

Gutartige (benigne) Tumoren. Sie wachsen in der Regel langsam und sind meist durch eine Kapsel von den umgebenden Organen scharf abgetrennt. Sie können wohl durch ihre zunehmende Größe umgebende Gewebe schädigen bzw. verdrängen, wachsen jedoch nicht „infiltrativ" in diese hinein (s. unten) und setzen keine Metastasen. Beispiele gutartiger Tumoren, welche meist chirurgisch radikal entfernt und damit geheilt werden können, sind:

- *Kropf:* gutartige Schilddrüsenwucherung (Jodmangel!),
- *Myom:* gutartige Muskelzellwucherung, z. B. Uterus,
- *Adenom:* gutartige Drüsenzellwucherung, z. B. Prostata,
- *Lipom:* gutartige Fettzellengeschwulst in Subkutis (Unterhautfettgewebe),
- *Papillom:* gutartige Epithelwucherung (z. B. Harnblase),
- *Warze:* gutartige (virusinduzierte?) Hautwucherung.

Bösartige Tumoren (Malignome). Diese wachsen demgegenüber unkontrolliert, d. h., sie infiltrieren nach der krebsigen Umwandlung bestimmter Körperzellen in ihre Nachbarorgane, respektieren dabei die anatomischen Grenzen nicht und durchwuchern ihre umgebenden Gewebe. Sie zerstören dabei die normalen Organstrukturen und wachsen in Lymph- und Blutgefäße ein, womit die ihnen charakteristische Eigenschaft der *Metastasierung* gegeben ist. Mit wenigen Ausnahmen (s. unten) besitzen die bösartigen Tumoren die unangenehme Eigenschaft, sich vom Ort ihres primären Wachstums (Primärtumor) abzusiedeln, d. h. zu metastasieren und in anderen Organen des Körpers neue Tumorherde zu bilden (Metastasen). Wann diese folgenschwere Entwicklung im Wachstumsablauf eines bestimmten Tumors bzw. bei einem bestimmten Patienten ins Rollen kommt, ist vorerst von außen nicht sichtbar: Man spricht in dieser Phase von *okkulter* (versteckter) *Mikrometastasierung,* indem sich ab einem schwer festzulegenden Zeitpunkt zeitweise oder dauernd kleinere Tumorverbände aus dem Primärtumor ablösen und über verschiedene Wege (s. unten) in umliegenden oder auch entfernteren Körperstellen Metastasen bilden, welche in der Regel mit ähnlicher Geschwindigkeit weiterwachsen wie früher der ursprüngliche Primärtumor. Nicht selten kommt es vor, daß eine Tumorkrankheit zuerst an ihren *Metastasen in anderen Organen* (z. B. regionale Lymphknoten, Gehirn, Leber usw.) erkannt wird, da der Primärtumor noch relativ klein ist oder an einer für Patient und Arzt versteckten Stelle liegt (z. B. in schwer zugänglichen inneren Organen wie dem Pankreas oder den Nieren).

Wir müssen heute annehmen, daß bei vielen Tumoren diese Absiedelung von Tumorzellen viel früher beginnt als bisher angenommen, d. h. in einem Stadium, in welchem der Primärtumor noch unsichtbar bleibt bzw. noch als gut abgrenzbarer, lokalisierter Knoten imponiert (Abb. 1.**1**). Ein typisches Beispiel dafür ist das häufige Mammakarzinom (Kap. 12). Es gibt aber daneben auch Tumoren, welche zunächst lange die Tendenz aufweisen, an ihrem Ursprungsort weiterzuwachsen (bzw. dort nur in die Umgebung zu infiltrieren) und erst relativ spät in andere Organe zu metastasieren, wie z. B. die Plattenepithelkarzinome des Ösophagus (s. Kap. 14) oder des Gebärmutterhalses (s. Kap. 15). Dieses unterschiedliche Metastasierungsverhalten hat selbstverständlich große Bedeutung für die Wahl der korrekten Behandlung und insbesondere auch für die endgültigen Heilungsaussichten.

Eine Metastasierung kann grundsätzlich auf drei Wegen erfolgen:

1 **lymphogen,** d. h. über die angeschlossenen *Lymphbahnen,* entsprechend anatomischen Voraussetzungen zunächst in die benachbarten, später auch in die entfernteren *Lymphknotenstationen* (Beispiel: Mammakarzinom, axilläre Lymphknoten, später auch Hals oder mediastinale Lymphknoten, evtl. auch auf der Gegenseite).

2 **hämatogen,** d. h. auf dem *Blutweg.* Auch hier folgt die Ausbreitung der abgelösten Tumorzellverbände den anatomischen Gesetzen des venösen Blutrückflusses, was ein bestimmtes Metastasierungsmuster für die einzelnen Primärtumorlokalisationen ergibt (Tab. 1.**1**). Es darf nicht übersehen werden, daß auch eine zunächst lymphogene Metastasierung in eine hämatogene übergehen kann, nämlich dann, wenn Tumorzellen die regionären Lymphknoten ungehindert passiert haben und über die Verbindung zwischen Lymph- und Blutgefäßsystem in den *Blutkreislauf* gelangen.

Tabelle 1.1 Häufige Metastasierungsmuster einiger ausgewählter Primärtumoren (Karzinome, Sarkome)

Primärtumor-Organ	Histologischer Tumortyp	Regionärer Lymphknotenbefall	Typischerweise Fernmetastasen in folgenden Organen bzw. Organsystemen
Hals-Nasen-Ohren-Bereich	Plattenepithelkarzinom	häufig (Hals, Mediastinum)	spät und langsam wachsend in Lunge, später auch in Organen des großen Kreislaufs (Gehirn, Leber usw.)
Lunge	Plattenepithelkarzinom	Hals, supraklavikuläre Lymphknoten, Mediastinum	spät und langsam wachsend, vorwiegend in Gehirn, Skelett, Leber, anderen Lungenanteilen
	kleinzelliges Karzinom	Mediastinum, Hals, supraklavikuläre Lymphknoten, Axilla	früh und rasch, in Gehirn, Skelett, Leber und praktisch allen Organen des großen Kreislaufs
Mamma	Adenokarzinom	Axilla, supraklavikuläre Lymphknoten, Mediastinum	Haut, Lunge/Pleura, Skelett, Leber, relativ spät Gehirn
Magen	Adenokarzinom	perigastrisch (äußerlich unsichtbar)	evtl. Lymphknoten supraklavikulär links, sonst „Pfortadertyp" wie Kolonkarzinom, s. unten
Kolon	Adenokarzinom	mesenteriale Lymphknoten (äußerlich unsichtbar)	Pfortadertyp: zunächst und ausgedehnt Leber, dann evtl. Lunge (kleiner Kreislauf) und Organe des großen Kreislaufs (s. oben)
Pankreas	Adenokarzinom	mesenteriale Lymphknoten	wie Kolonkarzinom

Rektum	Adenokarzinom, selten Plattenepithelkarzinom	Lymphknoten im kleinen Becken, inguinal	Lunge (kleiner Kreislauf) und später Organe des großen Kreislaufs
Ovar	Adenokarzinom (diverse Formen)	wenig ausgeprägt	Peritonealhöhle (Aszites), später übergreifend auf Pleurahöhle, durch Netz- und Peritonealbefall häufig Darmverschluß (Ileus)
Uterus (Korpus)	Adenokarzinom	Lymphknoten im kleinen Becken	Lunge, dann häufig Skelett, früh auftretend
Uterus (Portio)	Plattenepithelkarzinom	Lymphknoten im kleinen Becken, inguinal	wie Uteruskorpus, in der Regel spät und langsamer auftretend
Niere	Hypernephrom	unbedeutend	vorwiegend Lunge, Skelett und ZNS (früh)
Hoden	diverse Formen	parailiakal, paraaortal	vorwiegend Lunge, früh und rasch auftretend
Skelett	Sarkome	unbedeutend	vorwiegend Lunge, früh und rasch auftretend

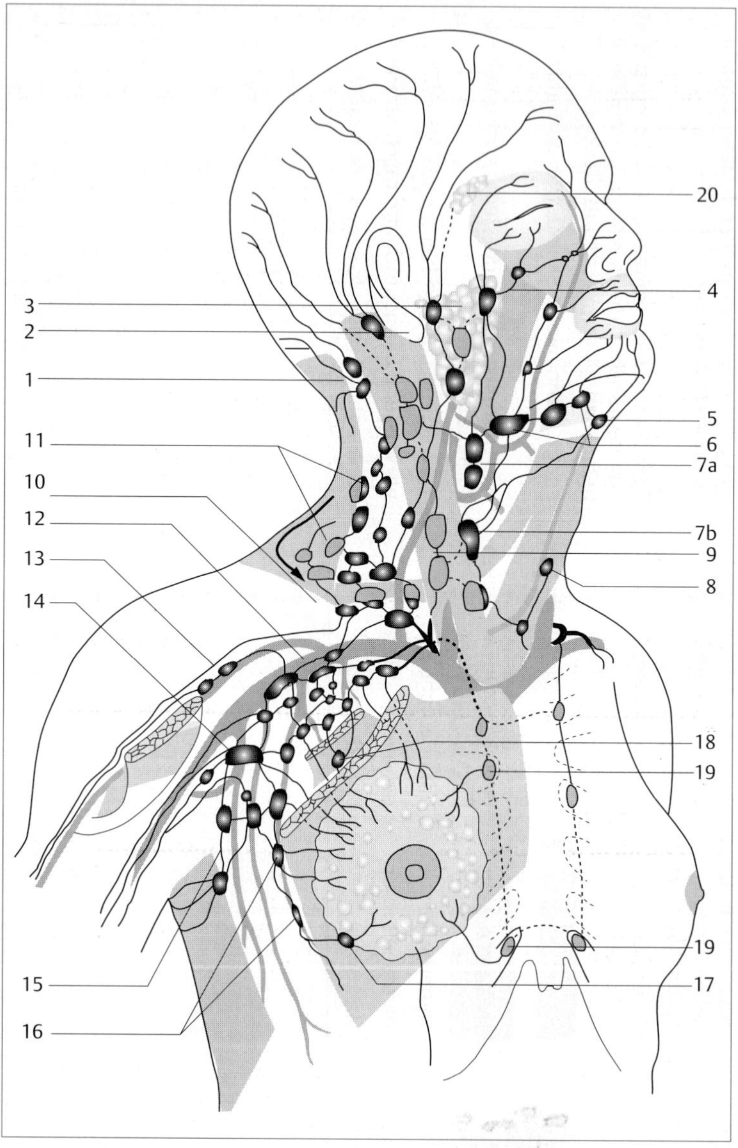
20
4
3
2
1
5
6
7a
11
10
12
7b
9
13
8
14
18
19
19
15
17
16

3 **Ausbreitung entlang seröser Häute,** d.h. durch Absiedelung und Fortbewegung von Tumorzellverbänden entlang der Deckepithelien von Körperhöhlen, wie z.B. maligner *Pleuraerguß* bei Lungen- oder Brustkrebs, maligner *Aszites* (Peritonealerguß) bei Tumoren des Magens oder der Ovarien.

Es ist auch nicht selten, daß sich diese verschiedenen Metastasierungswege bei ein und demselben Patienten überlagern (häufiges Beispiel: Mammakarzinom mit gleichzeitig festgestellten regionären Lymphknoten-, hämatogenen sowie Pleurametastasen). Der ganze komplexe Absiedelungsvorgang tritt noch häufiger gestaffelt in Erscheinung, indem z.B. nach der zunächst erfolgreichen Therapie des Primärtumors und seiner regionären Lymphknotenmetastasen später z.B. Lungen- oder Lebermetastasen in Erscheinung treten.

Abb. 1.**2** zeigt eine anatomische Darstellung der Lymphabflußverhältnisse im Kopf-Hals- und äußeren Brustbereich als Beispiel der weitverzweigten *Möglichkeiten einer lymphogenen Tumorausbreitung.* Alles wird kompliziert durch die Möglichkeit einer gleichzeitigen hämatogenen Tumorabsiedelung bestimmter Primärtumoren.

Übersicht über die bösartigen Tumoren des Menschen

Die bösartigen Tumorkrankheiten (Malignome, Neoplasien) des Menschen lassen sich auf verschiedene Arten gliedern:

- **grundsätzliche, anatomische Untergruppen,** wie z.B. Karzinome, Sarkome usw. (s. unten);
- **histologische Typen,** wie z.B. Plattenepithel-, Adenokarzinome usw. (s. allgemeine Pathologieliteratur und spezielle Kapitel 12–20 dieses Buches);
- **verschiedene Klassifikations- und Stadieneinteilungs-Systeme,** wie z.B. das sog. TNM-System der UICC (Union Internationale Contre le Cancer) (s. Kap. 4 und Spezialkap. 12–20);
- **spezielle (immun)biologische Gesichtspunkte,** wie z.B. Wachstumsverhalten, immunologische Aspekte (Kap. 5);

◀ Abb. 1.**2** Lymphknotengruppen im Gesichts-, Hals- und äußeren Brustbereich sowie in deren Zufluß- und Lymphabflußwegen. Die Zahlen beziehen sich auf die verschiedenen, hier nicht näher bezeichneten Lokalisationen der regionären Lymphknoten (vgl. anatomische Fachliteratur) (nach Kubik aus Dold, U., H. Sack: Praktische Tumortherapie, 2. Aufl. Thieme, Stuttgart 1980).

- **therapeutische und/oder prognostische Aspekte,** wie z. B. heilbar; unbeeinflußbar; Tumoren, die für ein bestimmtes therapeutisches Vorgehen qualifizieren oder nicht qualifizieren.

Hier soll nur der erste Punkt, d. h. eine grundsätzliche Einteilung in die immer wieder in der Onkologie verwendeten großen Untergruppen, näher dargestellt werden. Die ca. **100 verschiedenen Tumorkrankheiten** und **-unterformen** des Menschen lassen sich grob gliedern in:

- **Karzinome.** Bösartige Tumoren *epithelialer* Herkunft (Abkömmlinge von Zellen des äußeren und inneren fetalen Keimblatts), also der Haut bzw. der Schleimhäute und der Auskleidung unserer drüsigen Organe. Beispiele: Lungen-, Magen-, Brust-, Eierstock-, Gebärmutter-, Prostata-, Dickdarm- sowie Hautkarzinome usw.
- **Sarkome.** Bösartige Tumoren *mesenchymaler* Herkunft (Abkömmlinge von Zellen des mittleren Keimblatts), also Tumoren des sog. Stütz- und Bindegewebes. Beispiele: vielfältige Formen von Osteo- (Knochen-) und Weichteilsarkomen (Fibro-, Lipo-, Leiomyosarkome = Tumoren des Binde-, Fett- bzw. glatten Muskelgewebes).
- **Hämatologische Neoplasien.** Bösartige Tumorkrankheiten des *blutbildenden* Systems (Knochenmark) und des *lymphoplasmozellulären* Systems (Lymphknoten, Milz, Leber).
  a) *Leukämien:* verschiedene Formen, wachsen von Anfang an diffus, d. h. im ganzen Knochenmark und evtl. anderen Organen verstreut (s. Kap. 18). Im Volksmund auch Blutkrebs genannt (unglücklicher Ausdruck).
  b) *Maligne Lymphome und multiples Myelom:* können lokalisiert, aber vielfach auch diffus verstreut beginnen (vgl. Kap. 17). Beispiele: Morbus Hodgkin (Lymphogranulomatose), Nicht-Hodgkin-Lymphome, Myelom. Im Volksmund auch Lymphdrüsenkrebs genannt, oft verwechselt mit Lymphknotenmetastasen anderer Primärtumoren.
- **Tumoren des Zentralnervensystems.** Bösartige Tumoren, welche meist aus dem Bindegewebe des *Gehirns* (Gliazellen) und des *Rückenmarks* entstehen, selten Fernmetastasen verursachen, jedoch häufig die weichen Hirnhäute (Meningen) befallen (Meningitis carcinomatosa). „Hirnkrebs" im Volksmund wird meist verwechselt mit Hirnmetastasen anderer Primärtumoren.
- **Spezielle Tumoren.** Gruppe schlecht in die obige Einteilung einzufügender bösartiger Tumoren, z. B.
  a) *Malignes Melanom:* ausgesprochen bösartig verlaufender Tumor Melaninpigment enthaltender Zellen der *Haut,* der Schleimhäute sowie der *Aderhaut* (Augenhintergrund), mehrere prognostisch stark verschiedene Unterformen (s. Kap. 20).
  b) *Mischtumoren:* unterschiedlich bösartig verlaufende Tumoren, welche sowohl *epitheliale* als auch *mesenchymale* Gewebsanteile

enthalten. Beispiele: Mischgeschwülste in Gebärmutter, Speicheldrüsen.

Alle diese vielfältigen Unterformen menschlicher Tumoren können im Laufe ihrer Entwicklung nebst *lokalen Symptomen* (wie Abflußbehinderung eines Hohlorgans, Knoten in der Brust usw.) auch allgemeine Symptome verursachen, wie Schmerzen, Müdigkeit, Appetitverlust, Gewichtsabnahme, Stoffwechselkomplikationen usw. Wir sprechen daher, vor allem im symptomatischen (oft metastasierenden) Stadium, nicht mehr vom Tumor als einem lokalisierten Geschehen, sondern besser von einer *Tumorkrankheit*. Im Mittelpunkt unserer diagnostischen, therapeutischen und pflegerischen Hilfeleistung steht schließlich nicht die Krebsform X, sondern der Patient, welcher an einer bestimmten Form eines bösartigen Tumors erkrankt ist, und dessen Person als Ganzes von der Krankheit betroffen ist.

Grundsätzliche Ziele der Tumorbehandlung

Es ist eine leidige Tatsache, daß heute erst ein Teil der Krebskrankheiten einer endgültigen Heilung zugeführt werden kann. Doch bestehen – bei möglichst frühzeitiger Diagnose und Fehlen anderweitiger Gesundheitsstörungen – für bestimmte Untergruppen von Patienten fast aller bösartiger Tumorerkrankungen kleinere oder größere Heilungschancen. Es ist eine bedauernswerte Tatsache, daß viele Tumorkrankheiten letztlich immer noch unheilbar sind, d. h. während Monaten und Jahren nach ihrer Erstbehandlung immer noch die Möglichkeit eines Krankheitsrückfalls (Rezidiv) und damit auch eines vorzeitigen Todes beinhalten. Dies ist bei vielen anderen schweren (vor allem internistischen) Krankheiten ähnlich, wie z. B. Herz-Kreislauf-Krankheiten, Hypertonie, chronische Nieren- oder Leberinsuffizienz.

Aller ausgeklügelten Biostatistik zum Trotz läßt sich das Einzelschicksal eines bestimmten (Tumor-)Patienten nicht im Sinne eines medizinischen Horoskops aus noch so sorgfältig und durch entsprechende Studien untermauerten Überlebenskurven oder aus Risikoprofilen seiner prognostisch ungünstigen Krankheitsfaktoren herauslesen. Diese Ungewißheit des weiteren Krankheitsverlaufs wird durch Patienten und Angehörige (und auch Betreuungspersonen) bei Krebspatienten ganz besonders stark empfunden, obwohl sie eigentlich allen Störungen unserer Gesundheit eigen ist (s. auch Kap. 8 und 9).

Heilung

Grundsätzlich ist es Ziel der ärztlichen und pflegerischen Bemühungen, Tumorpatienten unter Würdigung des Lebensalters, der Diagnose, des Tumorstadiums und eventueller Begleitkrankheiten möglichst lange Befreiung von ihren Leiden zu verschaffen, d. h. eine sog. *Heilung* (langfristiges Überleben, ohne Rückfall). Abb. 1.**3** versucht dies graphisch zu veranschaulichen: Das durch die Tumorkrankheit eingeschränkte Wohlbefinden des Patienten wird durch die Behandlung (Operation, Bestrahlung und/oder Chemotherapie, je nach Tumorart) wiederhergestellt. Der ehemals Tumorkranke überlebt und bleibt langfristig gesund. Man spricht dann von sog. 5-, 10- oder gar 20-Jahres-Heilungen, wobei die Heilungsdauer selbstverständlich in Beziehung gesetzt werden muß zum Lebensalter bei Diagnosestellung und Behandlungstermin: Für eine 70jährige Frau mit operiertem Mammakarzinom sind 5 Jahre Tumorfreiheit mehr Heilung als für eine 45jährige, welche nach 5–10 Jahren tumorfreier Phase dann doch einen Rückfall erleidet und mitten in einem aktiven Leben sterben muß.

Eine Mehrheit jetzt lebender Tumorpatienten kann nicht endgültig geheilt werden. Hingegen ist es in zunehmendem Maße möglich, ihre (meist fortgeschrittene) Tumorkrankheit durch die *Kombination geeigneter Behandlungsverfahren* wie Bestrahlungen, tumorhemmende Medikamente und unterstützende operative Maßnahmen während Monaten bis Jahren in Schach zu halten bzw. das weitere Tumorfortschreiten län-

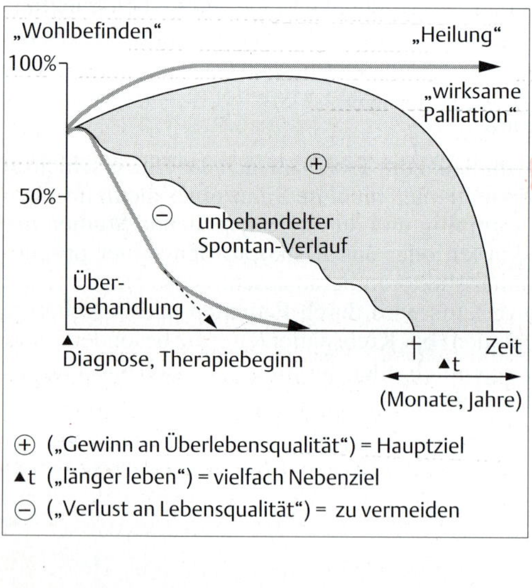

Abb. 1.3 Graphische Darstellung der Möglichkeiten eines Behandlungserfolgs bzw. -mißerfolgs bei Tumorkrankheiten. Erläuterungen im Text (aus Senn, H.-J.: Führung und Betreuung des Krebskranken. Z. Allgemeinmed. 55 [1979] 284).

gerfristig zu vermeiden. Oft gelingt es auch, eine objektiv meßbare Tumorrückbildung und damit weitgehende Beschwerdelinderung zu erzielen. Man spricht in diesem Fall nicht von **Kurativtherapie** (Heilung), sondern von **Palliativtherapie** (Linderung, mit meist vorübergehender, für den betroffenen Patienten jedoch sozial oft sehr wertvoller Rückbildung seiner Krankheit).

Verbesserung der Lebensqualität

Hauptziel dieser sinnreichen Krankheitspalliation ist gemäß Abb. 1.**3** nicht in erster Linie der Gewinn an Überlebenszeit, sondern vielmehr die Verbesserung der Überlebens*qualität,* d.h. überleben mit weniger Schmerzen, verbesserte Mobilisierung, Verhinderung oder zumindest Verzögerung unzeitiger Krankheitskomplikationen und eines chronischen, durch viele belastenden Symptome erschwerten spontanen Sterbens. Typisches Beispiel dieser oft langfristigen, erfolgreichen Palliativtherapie ist die medikamentöse (zytostatische und hormonale) Behandlung des metastasierenden Mammakarzinoms (s. auch Kap. 12).

Unter allen Umständen soll vermieden werden, daß der Patient durch den Einsatz unwirksamer oder unzweckmäßiger „Überbehandlung" von seiten seiner Therapie mehr Nebenwirkungen erleidet als Antitumorwirkung, sich seine Lebensqualität nach Abb. 1.**3** also verschlechtern würde. Die Indikation zur Tumorbehandlung und zu erwartende Vor- bzw. Nachteile müssen daher in aller ärztlichen Weisheit und unter Berücksichtigung aller fachlichen und menschlichen Belange sowie der Einstellung des Patienten einer Therapie gegenüber, abgewogen werden. Als Entscheidungshilfen sind oft die objektiv erarbeiteten Remissions- und Überlebensdaten aus sorgfältig durchgeführten klinischen Studien wertvoll: Sie schützen die Mehrheit der nachfolgend zu behandelnden Kranken mit derselben Fragestellung vor unter Umständen unnötigen, evtl. sogar gefährlichen Behandlungsschritten, welche oft aufgrund persönlicher Meinungen (statt Fakten) und aus Tradition durchgeführt werden.

Einbeziehung des Pflegepersonals

Es ist in diesem Zusammenhang außerordentlich wichtig, daß sich auch das *Pflegepersonal,* welches gehäuft Tumorpatienten zu betreuen hat, mit den dargelegten Grundsätzen der modernen Tumortherapie auseinandersetzt. Nicht selten empfinden Pflegende Skepsis bezüglich der Durchführung kontrollierter klinischer Forschung (Behandlungsstudien am Menschen). Nur allzu rasch wird von Versuchskaninchen gesprochen. Tatsache ist, daß die heutige Krebsbehandlung (insbesondere die internistische, d.h. medikamentöse) nicht das verfügbare Spektrum von Heilungs- und Palliativtherapiemöglichkeiten anzubieten hätte, wären diese jetzt vorhandenen Behandlungsschritte nicht in jahrelangen, auch ethisch begutachteten Studien erarbeitet worden. An diesem Teilerfolg über verschiedene unheilbare bzw. unbeeinflußbare Tumorkrankheiten haben Hunderte von ärztlichen *Onkologen* und *Onkologieschwestern* in aller Welt Anteil. Sinn und Definition verschiedener Studienphasen sind im Kapitel 5 beschrieben.

Die Komplexität der Behandlung von Tumorkrankheiten bringt es mit sich, daß der Hausarzt und die Spezialisten (sowie Pflegende) einzelner Fachrichtungen oft überfordert sind. Dies gilt insbesondere auch für den immer komplexer und juristisch schwieriger werdenden Teil der adäquaten Patienteninformation. Es hat sich deshalb in vielen Ländern eingebürgert, regionale *onkologische Zentren* oder *Arbeitskreise* im Rahmen größerer Kliniken zu schaffen, in welchen Fachärzte verschiedener Richtungen (Chirurgen, Radiotherapeuten, medizinische Onkologen, Pathologen usw.) gemeinsame Behandlungspläne für bestimmte Tumorkrankheiten aufstellen und diese auch in enger Absprache gemeinsam kontrollieren. Diese Tumorzentren und Arbeitskreise arbeiten wiederum eng zusammen mit allen anderen Instanzen, welche vor allem im ambulanten Sektor für die Betreuung des Patienten verantwortlich sind, insbesondere der zuständige niedergelassene Hausarzt oder Facharzt, die Gemeindekrankenschwester, die Sozialarbeiterin, der Seelsorger usw. (s. auch Kap. 7 und 10).

In einigen Ländern bestehen auch koordinierte *nationale Arbeitsgruppen* (wie z. B. die „Schweizerische Arbeitsgruppe für Klinische Krebsforschung" [SAKK] oder die „Arbeitsgemeinschaft für Internistische Onkologie [AIO]" der Deutschen Krebsgesellschaft in der Bundesrepublik Deutschland). In diesen haben sich die verschiedenen Tumorzentren und onkologischen Arbeitskreise zusammengeschlossen und ihre wichtige Forschungsarbeit koordiniert. Damit wird vermieden, daß wesentliche Forschungsergebnisse verheimlicht werden und unnötige Doppelspurigkeiten mit erhöhtem Geldbedarf für die klinische Krebsforschung entstehen. Im Rahmen solcher Onkologiestudiengruppen haben sich in den letzten Jahren in zunehmender Weise auch onkologisch interessierte Pflegegruppen gebildet, welche sich parallel zu den fachärztlichen Bemühungen um die Förderung einer optimalen Pflege von Tumorkranken verdient gemacht haben, wie z. B. die „Oncology Nursing Society" in den USA, die „European Oncology Nursing Society" (EONS) oder die „Interessengruppe Schweizerischer Onkologieschwestern".

Zusammenfassend läßt sich die Entwicklung der Onkologie in den letzten 20–30 Jahren wie folgt charakterisieren (nach Martz):

- **Gestern.** Mangelhafte, oft überstürzte *Diagnostik* und daher oft unkontrollierte, auf Meinungen und unbewiesenen Traditionen basierende *Therapie*. Folge: prognostisches Treten am Ort. *Isolation* des oft schlecht oder falsch über sein Leiden informierten Tumorkranken in psychologischer Hinsicht.

- **Heute.** Stark *verfeinerte Diagnostik* (Nuklearmedizin, Endoskopie, Biopsien). Wegen realistischerer diagnostischer Bilanz („Staging") auch *zweckmäßigere Therapiemaßnahmen*. Folge: aufgrund der Ergebnisse kontrollierter klinischer Studien *prognostische Fortschritte* bei verschiedenen Tumorleiden. Deutlich verbessertes psychologisches Verständnis des Krebskranken.
- **Morgen.** Vertiefung der molekularbiologischen Erkenntnisse der *Tumorentstehung*. Folge: vermehrte Vorbeugungsmöglichkeiten (Prävention) und bessere, *kausalere Therapiemöglichkeiten*. Prognoseverbesserung bei weiteren Krebskrankheiten durch engere sinnreichere *interdisziplinäre Zusammenarbeit* (adjuvante Therapien).

Literatur

Haagedoorn, E. M. L., J. Oldhoff, W. Bender et al.: Basiswissen Onkologie (Deutsche Übersetzung, hrsg. von Porzolt F.). Ullstein Mosby, Berlin 1996

Senn, H.-J.: Indikationen, Erfolgsaussichten und praktische Durchführung der internistischen Krebstherapie. In Brunner, K. W., G. A. Nagel: Internistische Krebstherapie, 3. Aufl. Springer, Berlin 1985 (S. 92–117)

Senn, H.-J., P. Drings, A. Glaus, W. F. Jungi, R. Sauer, P. Schlag: Checkliste Onkologie, 4. Aufl. Thieme, Stuttgart 1997

Schmoll, H.-J., et al: Kompendium Internistische Onkologie. Springer Verlag, Berlin 1996

2

Epidemiologie und Ätiologie maligner Tumoren

M. Hagen und M. Fey

2 Epidemiologie und Ätiologie maligner Tumoren

M. Hagen und M. Fey

Größenordnung des Krebsproblems

Die meisten Daten, die uns zur Statistik über Krebserkrankungen zur Verfügung stehen, stammen aus der amtlichen Todesursachenstatistik, betreffen also die *Krebssterblichkeit* (Mortalität). Daneben existieren in mehreren Ländern meist regional begrenzte Krebsregister, welche jede Neuerkrankung registrieren und somit Angaben über die echte *Krebshäufigkeit* (Inzidenz) liefern können.

Krebssterblichkeit. Bösartige Neubildungen sind heute in den westlichen Industrieländern nach den Herz- und Kreislaufkrankheiten die zweithäufigste Todesursache. Etwa 27% der Menschen sterben an Krebs. Die scheinbare Zunahme der Krebssterblichkeit in diesem Jahrhundert läßt sich weitgehend durch zwei Umstände erklären: Erstens sind früher wichtige Todesursachen wie z. B. die Tuberkulose stark zurückgegangen; Krebskrankheiten haben dadurch *relativ* an Bedeutung gewonnen. Zweitens hat die durchschnittliche Lebenserwartung laufend zugenommen, wodurch mehr Menschen das mit einer größeren Krebswahrscheinlichkeit verbundene höhere Alter erreichen.

Krebshäufigkeit. Betrachtet man die Summe aller Krebsarten, sind sowohl Krebsinzidenz wie -mortalität bei Männern etwas höher als bei Frauen. Die Verteilung auf die einzelnen Organe ist allerdings unterschiedlich, wie aus der Abb. 2.**1** hervorgeht. Beim Mann steht der Lungenkrebs an erster Stelle der Krebstodesursachen, bei der Frau der Brustkrebs. Die Häufigkeit der meisten Krebsarten ist in den letzten Jahrzehnten etwa gleich geblieben. Lediglich der Lungenkrebs hat im Laufe dieses Jahrhunderts bei Männern stark zugenommen. In neuester Zeit beobachtet man zudem ein deutliches Ansteigen der Lungenkrebshäufigkeit auch bei Frauen, die fast ganz auf das Rauchen zurückgeführt werden kann. Auch der Hautkrebs zeigt – allerdings weit weniger ausgeprägt als der Lungenkrebs – eine steigende Tendenz. Deutlich rückläufig sind aus noch ungeklärten Gründen Inzidenz und Mortalität des Magenkrebses sowie die Mortalität der Uteruskarzinome.

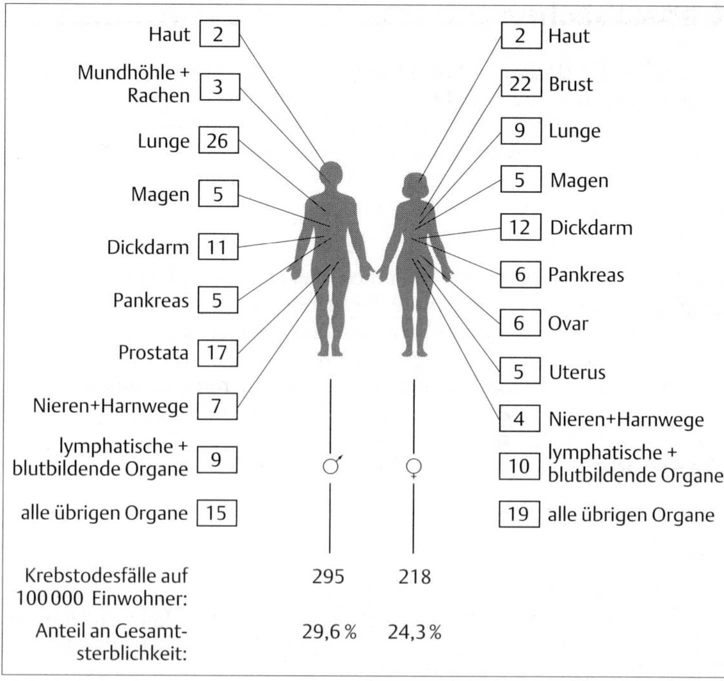

Abb. 2.1 Prozentuale Verteilung der Krebstodesfälle bei Mann und Frau in der Schweiz (berechnet nach Angaben des Bundesamtes für Statistik, Bern 1995, anhand der Todesfallstatistik 1994).

Die in Abb. 2.1 dargestellte Verteilung der Krebsarten gilt für westliche industrialisierte Länder. In Entwicklungsländern finden sich ganz andere Verteilungsmuster, was weitgehend mit den grundsätzlich anderen Lebensbedingungen erklärt wird.

Das Krebsrisiko steigt mit *zunehmendem Alter* an. Dies scheint nicht eine Folge des Alterns an sich zu sein, sondern erklärt sich durch die mit der zunehmenden Anzahl an Lebensjahren steigende Wahrscheinlichkeit eines Kontaktes mit krebserzeugenden oder -fördernden Einflüssen verschiedenster Art. Je nach Krebslokalisation kann dieser Anstieg schon früh beginnen (Zervix-, Ovarialkarzinom) oder sich erst nach dem 50. Lebensjahr bemerkbar machen (Prostatakarzinom). Eine Ausnahme bilden die ersten fünf Lebensjahre, in denen vor allem Tumoren des Zentralnervensystems sowie Leukämien eine gewisse Häufung von Krebsfällen verursachen.

Krebsursachen

Die auf breiter Basis geführte Diskussion um krebserzeugende Einwirkungen unserer Umwelt steht in einem auffallenden Gegensatz zum immer noch eher spärlichen gesicherten Wissen auf diesem Gebiet. Zwar kennen wir heute verschiedene Einflüsse in der Umwelt oder im persönlichen Verhalten, die mit einem erhöhten Krebsrisiko verbunden sind. Warum aber ein bestimmtes Individuum an Krebs erkrankt, läßt sich nur selten vollständig erklären.

Die folgenden Teilursachen kommen nach heutiger Kenntnis für die Krebsentstehung in Frage. Einige dieser Einwirkungen sind direkt *karzinogen,* d. h., sie lösen die entscheidende Zellveränderung zur Tumorzelle aus; andere werden als *kokarzinogen* bezeichnet, sie fördern die Entwicklung der Tumorzelle zur eigentlichen Geschwulst (s. unten).

Vererbung

Die Frage nach der Vererbung von Krebs läßt sich nicht einfach bejahen oder verneinen. Die Beobachtung, daß z. B. Bevölkerungsgruppen, die aus ihrer Heimat auswandern, in der eigenen oder der folgenden Generation an den für das Gastland charakteristischen Krebsarten erkranken, zeigt die begrenzte Bedeutung von Erbfaktoren im Vergleich zu Umwelteinflüssen. Mit wenigen Ausnahmen von seltenen, vererbten Krebsarten scheint weniger der Krebs selbst als eher die Bereitschaft, auf karzinogene Einflüsse anzusprechen, vererbt zu sein. Diese Beobachtung ist sehr wichtig; sie bedeutet, daß durch Ausschaltung von Karzinogenen gewisse Krebsarten verhütet werden können, auch wenn an sich eine Veranlagung zur Tumorbildung besteht.

Krebsgene

Gerade in den letzten Jahren wurden auf dem Gebiet vererbbarer Krebskrankheiten einige spektakuläre Fortschritte gemacht. So vermuteten F. P. Li und J. F. Fraumeni bereits 1969 anhand von Überlegungen zum gehäuften Vorkommen von Brustkrebs und anderen Tumoren in bestimmten Familien, daß der Verlust eines oder mehrerer Gene zur Krebsentstehung führen kann.

Erst 1990 aber konnte dieses Gen (p53) auf dem kurzen Arm des Chromosoms 17 lokalisiert werden. 1994 wurde ein weiteres Gen entdeckt (BRCA1), dessen Ausfall zu sehr stark erhöhter Wahrscheinlichkeit von Brustkrebs und etwas weniger von Eierstockkrebs führt. So liegt etwa das Risiko einer in Mitteleuropa ohne spezielles Krebsrisiko aufgewachsenen Frau, einmal während ihres ganzen Lebens an Brustkrebs zu erkranken, bei etwa 12%. Eine Frau mit einem Defekt an einer ganz bestimmten Region ihres Chromosoms 17 (BRCA1-Gen) hat demgegenüber etwa 85% Wahrscheinlichkeit, an Brustkrebs und ca. 40% Wahrscheinlichkeit, an Eierstockkrebs zu erkranken.

Bereits konnten weitere derartige „sensible“ Regionen genau festgestellt werden, an denen Defekte zu einer höheren Wahrscheinlichkeit von Brustkrebs führen, z.B. BRCA2 (Chromosom 13). Andere werden noch bearbeitet (BRCA3) oder erst vermutet (BRCA4). Alle diese „Krebsgene“ scheinen nach demselben Mechanismus zu funktionieren, wie er im Abschnitt Suppressorgene beschrieben ist, d.h., sie steuern Mechanismen im Körper, die das Wachstum von Krebszellen unterdrücken. Alle diese erwähnten „Brustkrebsgene“ dürften jedoch zusammen höchstens für ca. 5% aller Brustkrebserkrankungen verantwortlich sein.

Daneben sind bereits etwas länger einige sehr seltene, genetisch vererbte Krankheiten bekannt (Ataxia teleangiectatica, Cowden's Syndrom, Muir-Torre-Syndrom etc.), bei denen – neben vielen anderen Symptomen – auch Brustkrebs etwas häufiger vorkommen kann als in der Normalbevölkerung. Der genaue Mechanismus dieser offensichtlich zu Krebsentstehung disponierenden Krankheiten ist noch weitgehend unklar.

Auch für eine ganze Reihe weiterer Formen von Krebs konnte in den letzten Jahren Gene gefunden werden, deren Ausfall direkt oder indirekt eine Krebsentstehung begünstigt (s. Tab. 2.**2**, S. 34, und 2.**3**, S. 35). Einige dieser Gendefekte können heute mittels aufwendiger molekulargenetischer Verfahren bestimmt werden. Viele technische, biologische und interpretatorische Unsicherheiten müssen jedoch noch gelöst werden, bevor derartige Bestimmungen aus dem Forschungsbereich in die klinische Anwendung gelangen dürfen. Auf keinen Fall sollten derartige Tests Patienten oder Angehörigen von mit Krebs belasteten Familien angeboten werden, ohne daß zuvor eine eingehende Beratung über die vielen ethischen, sozialen und rechtlichen Aspekte und Konsequenzen eines positiven oder negativen Resultates erfolgt ist, auch wenn einzelne Firmen dies mit aggressiver Werbung bereits direkt an die breite Bevölkerung anbieten. Noch haben die meisten europäischen Staaten keine klare Gesetzesgrundlage, die eine mißbräuchliche Verwendung derartiger Information verbieten würde.

Umwelteinflüsse

Strahlen

Die krebserzeugende Wirkung *ionisierender Strahlen* ist heute bewiesen. Sie konnte vor allem an den Überlebenden der Atombombenexplosionen des Jahres 1945 in Japan beobachtet werden. Als stark erhöht erwies sich in erster Linie das Leukämierisiko, aber auch andere Krebsarten (vor allem Schilddrüsen-, Lungen- und Brustkrebs) traten gehäuft auf. Die krebserzeugende Wirkung von Röntgenstrahlen wurde bei den Radiologen der Anfangszeit der Röntgendiagnostik entdeckt, die sich noch nicht schützten und später häufig an Krebs erkrankten. Auch ein früher beliebtes Röntgenkontrastmittel (Thorotrast) mußte wegen seiner krebserzeugenden Strahlung aus dem Verkehr gezogen werden. Diese und andere Erfahrungen haben dazu geführt, daß heute im medizinischen Bereich eine stärkere Zurückhaltung bei Diagnostik und Therapie mit Strahlen geübt wird (s. Beitrag Sauer, Tumorbestrahlung, Kap. 5).

Die *ultravioletten Strahlen* des Sonnenlichtes, insbesondere dessen mittel-/langwelliger Anteil, das UV-B (Wellenlänge 290–320 nm), fördern die Entstehung der bösartigen Pigmentgeschwülste der Haut (Melanome). Die vermehrte Tendenz, sich die Haut intensiv bräunen zu lassen, hat zu einer Zunahme dieser bösartigen Hauttumoren geführt.

Chemische Karzinogene

Eine große Zahl chemischer Verbindungen hat karzinogene oder kokarzinogene Wirkung. Sie sind in erster Linie durch die *Arbeitsmedizin* bekanntgeworden, indem bei bestimmten Berufsgruppen gehäuft Krebserkrankungen beobachtet wurden (Blasenkrebs in der Farbstoffindustrie durch aromatische Amine, Pleura- und Lungentumoren bei Asbestarbeitern, Leberkrebs durch Vinylchloridexposition usw.). Für die einzelnen betroffenen Betriebe sind diese Zusammenhänge im Sinne der Notwendigkeit prophylaktischer Maßnahmen von größter Wichtigkeit. Auf die Gesamtbevölkerung bezogen ist aber die Bedeutung der Berufskrebse zahlenmäßig gering.

Luftverschmutzung, Nahrungsmittelzusätze. Die Rolle der *Luftverschmutzung* in der chemischen Karzinogenese kann nicht von der Hand gewiesen werden, wird aber im allgemeinen überschätzt. Nach wissenschaftlichen Modellrechnungen können beispielsweise unter städtischen Verhältnissen höchstens 10% der Lungenkrebsfälle auf die karzinogene Wirkung der Luftschadstoffe zurückgeführt werden, 90% sind durch das Rauchen bedingt. Auch das Krebsrisiko durch freiwillige und unfreiwillige *Nahrungsmittelzusätze* wie Farbstoffe, Konservierungsmittel oder

Rückstände von Insektenvertilgungsmitteln ist weit weniger hoch, als oft angenommen wird. Der seit Jahrzehnten anhaltende Rückgang der bösartigen Neubildungen von Speiseröhre und Magen sowie weitere Anhaltspunkte sprechen dafür, daß gegenwärtig auf diesem Weg – eine strikte staatliche Lebensmittelkontrolle vorausgesetzt – keine große Gefahr droht.

Arzneimittel. Auch in der Medizin haben sich einige Arzneimittel nachträglich als karzinogen erwiesen. So ist in letzter Zeit entdeckt worden, daß die langdauernde Einnahme von phenazetinhaltigen Schmerzmitteln Nierenbecken- und Harnblasentumoren erzeugen kann. Auch gewisse in der Krebstherapie angewandte Medikamente können längerfristig Krebs erzeugen, was ein sorgfältiges Abwägen von Therapierisiko und -erfolg erfordert.

Die Schwierigkeiten in der Beurteilung der Karzinogenität neuer chemischer Verbindungen bestehen vor allem in der sehr *langen Latenzzeit,* die bis zu eventuellen Krebsmanifestationen verstreicht (oft 20 Jahre und mehr).

Lebensgewohnheiten

Ernährungsweise

Neben der bereits erwähnten Möglichkeit der Krebsentstehung durch fertige Karzinogene in der Nahrung scheint in erster Linie die *allgemeine Ernährungsweise* eine Rolle zu spielen. Der durchschnittlich zu hohe Fettgehalt der Nahrung in den meisten industrialisierten Ländern wird mit der hohen Erkrankungshäufigkeit an Tumoren des Dickdarms, aber auch der Brust und der Prostata in Verbindung gebracht, wobei aber über die ursächlichen Mechanismen Unklarheit besteht. Auch dem Mangel an Rohfaserprodukten in der westlichen Nahrung wird eine ungünstige Wirkung im Hinblick auf die Entstehung von Dickdarmkrebs zugeschrieben. Auf der anderen Seite scheinen gewisse Vitamine und Spurenelemente unter bestimmten Voraussetzungen eine schützende Wirkung auszuüben. Vor allem die Rolle der Vitamine A und C sowie des Selens bildet z. Z. Gegenstand vieler Forschungsarbeiten. Die Kenntnisse über diese Zusammenhänge sind aber noch zu lückenhaft, um spezifische Empfehlungen im Sinne einer vor Krebs schützenden Diät aufzustellen. Eine abwechslungsreiche, vitamin- und ballaststoffreiche Nahrung mit einem nicht zu hohen Fettanteil ist allgemein im Hinblick auf die Förderung und Erhaltung der Gesundheit empfehlenswert und könnte, falls sich die Hypothesen bestätigen, auch einen günstigen Einfluß auf das Krebsrisiko haben.

Rauchen

Das Rauchen, vor allem das Inhalieren von Zigarettenrauch, ist die mit Abstand wichtigste heute bekannte Krebsursache. Wie Tab. 2.**1** zeigt, beschränkt sich das erhöhte Krebsrisiko des Rauchers keineswegs auf die Lunge, sondern betrifft viele andere Organe, die mit dem Rauch oder seinen Abbauprodukten in Kontakt kommen. Nach zuverlässiger Schätzung könnte die Krebssterblichkeit insgesamt um etwa 25 %, bei Lungenkrebs um 80–90 % gesenkt werden, wenn nicht geraucht würde. Neuere Untersuchungen sprechen dafür, daß Nichtraucher in rauchhaltiger Umgebung ebenfalls gefährdet sind.

Die Kombination von Tabak- und Alkoholmißbrauch führt außerdem zu einem deutlich erhöhten Risiko für Mundhöhlen- und Speiseröhrenkrebs.

Faktoren im Zusammenhang mit Sexualität und Schwangerschaft

Gewisse Angaben aus der Geschlechts- und Geburtenanamnese können bis zu einem gewissen Grad Hinweise auf ein erhöhtes bzw. vermindertes Krebsrisiko bei hormonell abhängigen Tumoren geben (z. B. beim Mammakarzinom das Alter bei Menarche und Menopause sowie das Alter bei der ersten Geburt). Wahrscheinlich spielen die mit diesen Ereignissen verbundenen Umstellungen im Hormonhaushalt der Frau eine ursächliche Rolle, die aber im einzelnen noch zu wenig erforscht sind. Näheres siehe unten.

Tabelle 2.**1** Relatives Krebsrisiko des Zigarettenrauchers, verglichen mit dem des Nichtrauchers (Risiko des Nichtrauchers = 1,0) (aus Hammond, E. C.: Nat. Cancer Inst. Monogr. 19 [1966] 127)

Lokalisation	**Alter** 45–64	65–79
alle Organe	2,1	1,8
Mundhöhle	9,9	2,9
Ösophagus	4,2	1,7
Magen	1,4	1,3
Pankreas	2,7	2,2
Kolon, Rektum	1,0	1,2
Kehlkopf	6,1	9,0
Lunge	7,8	11,6
Blase	2,8	3,0

Viren

Aus Tierexperimenten wissen wir, daß gewisse Tumoren durch Viren erzeugt werden können (Hühnerleukämie, Mammakarzinom bei der Maus, Nierenkrebs beim Frosch).

Den Viren kommt wahrscheinlich auch in der Genese menschlicher Tumoren eine größere Bedeutung zu, als bisher angenommen wurde. So sind Zusammenhänge zwischen dem Hepatitis-B-Virus sowie wahrscheinlich auch dem Hepatitis-C-Virus und dem primären Leberkrebs aufgezeigt worden. Es scheinen auch Zusammenhänge zwischen einzelnen Typen menschlicher Papillomaviren (HPV-16 und HPV-18) und dem Gebärmutterhalskrebs zu bestehen. Die Immunschwächekrankheit Aids führt zum gehäuften Auftreten von Tumoren, insbesondere Malignen Lymphomen und Kaposi-Sarkomen. Die Abwehrschwäche scheint dabei für die Tumorgenese wichtiger zu sein als eine direkte Einwirkung des Virus. Bekannt ist der Zusammenhang zwischen dem Epstein-Barr-Virus und einem vorwiegend in Afrika vorkommenden Lymphknotenkrebs (Burkitt-Lymphom). Auf die immunologischen Aspekte der (Ko-)Virusgenese wird im Beitrag Tumorbeeinflussung durch Immuntherapie, Kap. 5, hingewiesen. An dieser Stelle sei auch darauf hingewiesen, daß Krebserkrankungen in keiner Weise ansteckend sind.

Umwandlung normaler Zellen in Krebszellen und ihre Folgen

Im vorhergehenden Abschnitt haben wir die bisher bekannten Krebsursachen besprochen. Damit ist jedoch noch nicht erklärt, was in den Körperzellen selbst passiert, wenn diese Faktoren auf sie einwirken und sie zu Krebszellen umwandeln. Die Krebsforscher haben diese Vorgänge an den Zellen eingehend studiert. Unsere Kenntnisse sind aber immer noch sehr lückenhaft. Die Krebszelle unterscheidet sich von der Körperzelle in der Beschaffenheit des Zellkerns, speziell der genetischen Substanz, in den Eigenschaften der Zellmembran, im Stoffwechsel und in ihren antigenen Eigenschaften. Aus der experimentellen Forschung wissen wir, daß sich die Umwandlung einer Körperzelle in eine Krebszelle nicht plötzlich innerhalb einer Zellgeneration abspielt, sondern daß die Körperzelle unter der Einwirkung krebserzeugender Substanzen ihre Eigenschaften stufenweise ändert.

Maligne Tumoren. Man stellt sich heute vor, daß die meisten malignen Tumoren durch die unkontrollierte Wucherung einer Einzelzelle und ihrer Nachkommen zustande kommen und daß sie sich den Kontrollmechanismen des Körpers entzogen haben. Tumoren sind somit definitionsgemäß Klone, in denen oft alle beteiligten Zellen dieselben genetischen Abnormitäten zeigen. Diese erworbenen Veränderungen des Erbguts der Zellen (der Chromosomen), die in normalen Zellen des Körpers fehlen, sog. somatische Mutationen, spielen bei der Krebsentstehung wahrscheinlich eine wichtige Rolle. Viele von ihnen sind mit großer Wahrscheinlichkeit nicht etwa Folge, sondern Ursache der bösartigen Entgleisung einer Zelle zur Krebszelle oder verantwortlich für die Weiterentwicklung eines bereits etablierten malignen Tumors. Diese geänderten Eigenschaften werden bei der Zellteilung auf die Tochterzelle übertragen, und schließlich resultiert daraus eine Krebszelle. Man hat errechnet, daß diese Umwandlungsphase, die sog. Induktionsphase, etwa 15–30 Jahre dauert.

In-situ-Phase, Manifestationsphase, Disseminationsphase. Die neugebildete Krebszelle beginnt allerdings nicht sofort unkontrolliert in die Gewebe des Körpers einzuwachsen. Während einer wechselnd langen Zeit bleibt sie am Ort ihrer Entstehung liegen. Wir sprechen dann von der sog. *In-situ-Phase* des Krebses, was etwa mit „örtlich beschränktem Krebs" übersetzt werden kann. Diese In-situ-Phase dauert beim Menschen, wie wir vor allem von Beobachtungen beim Gebärmutterhalskrebs der Frau wissen, etwa 5–10 Jahre. Erst dann beginnen die Krebszellen, oft unter Einwirkung zusätzlicher Faktoren wie Hormonwirkungen oder abgeschwächter Abwehrkräfte, unkontrolliert ins Gewebe einzuwachsen, also zum klinisch manifesten Krebs zu werden. Wir sprechen dann von der *Manifestationsphase* des Krebses. Mit Einbruch der Krebszelle in die Lymph- und Blutgefäße kommt es im letzten Stadium zur generellen Ausbreitung in alle Körperorgane, zur sog. *Disseminationsphase.* Während einzelne Krebsarten, wie der Brustkrebs und der kleinzellartige Lungenkrebs, schon frühzeitig in diese Disseminationsphase eintreten, bleiben andere Krebsarten lange Zeit auf den Ort ihrer Entstehung beschränkt, wie z. B. der Gebärmutterhalskrebs oder der Dickdarmkrebs.

Da die Krebsursachen, z. B. der Tabakrauch oder die mit der Nahrung aufgenommenen chemischen Karzinogene, auf zahlreiche Körperzellen in den Schleimhäuten des Bronchialbaumes oder des Magen-Darm-Kanals einwirken, ist es verständlich, daß der Krebs häufig gleichzeitig an verschiedenen Stellen im gleichen Organ entsteht. Wir sprechen dann von der „multizentrischen Entstehung". Diese Tatsache ist für die Krebsbehandlung wichtig.

Präkanzerosen. Am günstigsten sind die Behandlungsaussichten, wenn wir den Krebs in der In-situ-Phase erfassen, in einem Moment also, in dem die Krebszellen bereits vorhanden sind, aber noch nicht in die Gewebe eindringen und sie zerstören. Diese Frühstadien des Krebses sind heute in zahlreichen Organen bekannt. Sie lassen sich nur durch die mikroskopische Untersuchung von Gewebsproben diagnostizieren. Klinisch verursachen sie keine oder wenig Symptome. Sie werden in der Regel als Präkanzerosen bezeichnet. Präkanzerose heißt wörtlich übersetzt „Vorkrebs". Im Einzelfall können wir bei der mikroskopischen Untersuchung nicht sicher entscheiden, ob bereits voll entwickelte Krebszellen oder Körperzellen in Umwandlung zu Krebszellen vorliegen, ob es sich also um Vor- oder Frühstadien des Krebses handelt. Wir sprechen dann von einer echten Präkanzerose, wenn wir wissen, daß sich die Veränderung bei etwa 20–30% der Träger im Laufe der Zeit in ein manifestes Karzinom umwandeln wird. Wie lange es dauert, bis sich eine Präkanzerose in ein Karzinom umwandelt, können wir den einzelnen Patienten nie sagen. Wir wissen nur, daß dieser Vorgang im Durchschnitt mehrere Jahre dauert. Neben den echten Präkanzerosen, bei denen die Umwandlung in einen Krebs häufig ist, gibt es noch sog. fakultative Präkanzerosen, d. h. Zustände, von denen wir wissen, daß sie häufiger mit Krebs einhergehen als zu erwarten wäre. Dazu gehören z. B. die schwere fibrozystische Mastopathie der Frau oder die Polypen im Dickdarm.

Krebsrisiko. Es ist bei den fakultativen Präkanzerosen zwar erhöht, aber nicht so hoch, daß sich größere therapeutische Eingriffe rechtfertigen. Oft genügt eine regelmäßige Befundkontrolle.

Neben Umweltfaktoren wird der familiären Belastung mit Krebskrankheiten immer mehr Gewicht zugemessen. Es lohnt sich, bei jedem Krebspatienten eine genaue Familienanamnese aufzunehmen, um einerseits bereits erkrankte Personen zu identifizieren und andererseits (vielleicht noch wichtiger) gesunde Personen mit einem gewissen Krebsrisiko zu erfassen. Beispiele sind die familiäre Häufung von Mammakarzinomen oder von Kolonkarzinomen. Daneben gibt es seltene Krebsformen, die eigentliche Erbkrankheiten darstellen, so z. B. ein seltener Tumor der Augen, das Retinoblastom, das im Kindesalter auftreten kann.

Onkogene und Tumorsuppressorgene

Fortschritte auf dem Gebiet der Molekulargenetik führten in den letzten Jahren zur Entdeckung der Onkogene. Wir wissen heute noch nicht, welche praktische Bedeutung dieser Entdeckung zukommen wird, doch hat sie bereits jetzt unser Verständnis der Tumorbiologie auf molekularer Ebene wesentlich bereichert.

Die *Chromosomen* im Zellkern sind die Träger der Erbanlagen. Sie enthalten Gene, welche über jede Struktur und Funktion einer Zelle bestimmen. Diese Gene bestehen ihrerseits aus *Nukleinsäuresequenzen* in der DNA des Zellkerns, den „Worten" des genetischen Kodes. Durch koordinierte Aktivierung bestimmter Genabschnitte kommt es zu einer sinnvollen „Satzaussage", zu einer funktionellen oder strukturellen Leistung einer Zelle. Beispiele hierfür sind die Albuminsynthese durch Leberzellen oder die Expression eines Adhärenzmoleküls, welches einem Granulozyten den Durchtritt durch eine Gefäßwand ins Gewebe ermöglicht.

Onkogene

F. P. Rous entdeckte 1911, daß Hühnersarkome experimentell durch zellfreie Tumorextrakte übertragbar sind. Das später nach ihm benannte Rous-Sarkom-Virus (RSV) enthält die genetische Information zur Umwandlung einer gutartigen Bindegewebezelle in eine Sarkomzelle (maligne Transformation). Das RSV gehört zu einer Gruppe von Viren, welche wegen ihrer Fähigkeit zur malignen Transformation (*Onkos* = Geschwulst) und weil sie chemisch aus Ribonukleinsäuren (RNA) bestehen, *Onkornaviren* genannt werden. Das RSV besteht aus vier Genen. Das virale Gen, welches für die maligne Transformation verantwortlich ist, wird *virales Onkogen (v-Onc)* genannt. Das Genprodukt ist ein Eiweißmolekül, das Transformationsprotein.

Überraschenderweise fand nun Weinberg 1980, daß jede Zelle unseres Körpers in ihrer Erbsubstanz (Genom) Genabschnitte enthält, welche genau die gleichen Nukleinsäuresequenzen aufweisen wie die viralen Onkogene. In Analogie zu den viralen Onkogenen nennt man sie *zelluläre Onkogene (c-Onc).* Es stellt sich nun die Frage, welche Funktion diesen zellulären Onkogenen normalerweise zukommt. Diese Frage ist noch nicht vollumfänglich beantwortet, doch deuten alle bisherigen Befunde darauf hin, daß es sich um Gene handelt, welche für die Produktion von Zellwachstums- und Differenzierungsfaktoren oder deren Rezeptoren verantwortlich sind. In der „Ruhephase" einer Zelle schlummern diese Gene und werden nur dann aktiviert, wenn die Zelle in eine Proliferations- oder Differenzierungsphase eintritt. Der Aktivierungsschritt unterliegt einer feinen regulativen Kontrolle. Inaktive zelluläre Onkogene *(Protoonkogene)* können durch verschiedene Aktivierungsmechanismen aktiviert werden. Unabhängig von der Ursache einer malignen Transformation (ionisierende Strahlen; chemische Karzinogene) kann es bei der Entartung zu Chromosomenbrüchen, Auswechslungen einzelner Genabschnitte auf verschiedenen Chromosomen oder zu strukturellen Veränderungen eines umschriebenen Genabschnittes kommen. Man spricht von *chromosomalen Deletionen, Translokationen und Mutationen.* Durch diese Veränderungen können nun inaktive Protoonkogene in die Nachbarschaft aktiver Genabschnitte gelangen und so zu ständiger Aktivität gezwungen werden. Das Onkogen bleibt angeschaltet; man spricht von *konstitutiver Genexpression* und versteht darunter eine Genaktivierung, welche unabänderlich festgelegt, also den physiologischen Regulationsmechanismen entzogen ist.

Die Entdeckung der Onkogene und der von ihnen gesteuerten Eiweißmoleküle hat uns also einen Einblick in die Regulationsmechanismen der Zellvermehrung und -differenzierung ermöglicht, welche uns vielleicht einen Schlüssel zum Verständnis unkontrollierten Wachstums und gestörter Zelldifferenzierung liefern wird. Viele Fragen bleiben offen. Es gilt als gesichert, daß die ausschließliche Aktivierung eines Onkogens noch nicht zur Entstehung eines malignen Tumors ausreicht. Wir wissen nicht, weshalb in einzelnen menschlichen Tumoren (derselben Tumorart) Onkogene aktiviert sind, in anderen jedoch nicht. Wir wissen aber, daß Onkogene bei einzelnen Tumoren eine entscheidende Rolle in der Aufrechterhaltung der malignen Eigenschaften der Tumorzellen spielen. Beispiele dazu sind das *c-abl* (zelluläres Onkogen, das dem Abelson-Leukämievirus entspricht) bei der chronisch myeloischen Leukämie (CML) und das *c-myc* bei malignen lymphoproliferativen Erkrankungen (Non-Hodgkin-Lymphomen) (Tab. 2.**2**). Ihre klinische Bedeutung als *biologische Tumormarker* ist noch ungewiß.

Tumorsuppressorgene

Nicht nur durch zusätzliche oder falsch positionierte Gene kann es zu Krebsentwicklung kommen, sondern auch durch Verlust bestimmter Gene. Insbesondere wenn Gene ausfallen, deren (einzige uns bekannte) Funktion darin besteht, den Zellzyklus und damit das Zellwachstum unter Kontrolle zu halten. Eine ganze Gruppe derartiger Tumorsuppressorgene oder „Anti-Onkogene“ wurde in den letzten Jahren gefunden und charakterisiert (Tab. 2.**3**). Allen gemeinsam ist der „rezessive Erbgang“ der Tumorsuppressorgene. Das bedeutet, daß der Verlust nur eines der in jeder menschlichen Zelle vorkommenden paarig angelegten (außer den Geschlechtschromosomen X und Y) Gene die Gesamtfunktion der Zelle nicht relevant beeinträchtigt. Bei jeder Zellteilung muß die gesamte Erbinformation verdoppelt werden, so daß jede Tochterzelle genau dieselbe Information erhält. Diese Abschrift kann fehlerhaft sein wie jeder physikalisch-chemische Prozeß. Nicht nur spontan bei der Zellteilung können Defekte der chromosomalen Erbinformation entstehen, sondern auch durch Einwirkung bestimmter chemischer Stoffe, radioaktiver Strahlung oder Virenaktivität. Derartige Fehler geschehen andauernd. Die meisten Defekte werden jedoch durch eines der diversen, hocheffizienten Korrektursysteme erkannt und korrigiert. Sind diese Korrektursysteme selbst defekt, können Fehler in der Abschrift der Erbinformation nicht mehr erkannt und im schlimmsten Fall zur Entstehung von Krebs führen. Ein Beispiel für diesen Mechanismus der Krebsentstehung finden wir bei einer familiären Form des Dickdarmkrebses (erblicher, nicht polypöser Dickdarmkrebs, HNPCC).

Tabelle 2.2 Beispiele von Onkogenen, welche zur Krebsentstehung führen können (modifiziert nach Scientific American, Sept. 1996)

Onkogene	
Gene für Wachstumsfaktoren oder deren Rezeptoren	
PDGF	Kodiert den „platelet-derived growth factor" PDGF. Vorkommen bei einer Art von Hirntumoren (Gliomen).
erb-B	Kodiert einen Rezeptor für den „epidermal growth factor". Vorkommen bei einer aggressiven Form von Hirntumoren (Glioblastomen) und Brustkrebs.
erb-B2	(= HER-2/ = neu). Kodiert für einen (unbekannten) Wachstumsfaktor-Rezeptor. Vorkommen bei Brust-, Speicheldrüsen- und Eierstockkrebs.
Gene für Enzyme der Signalübermittlung von der Zelloberfläche zum Zellkern	
Ki-ras	Vorkommen bei Lungen-, Eierstock-, Dickdarm- und Bauchspeicheldrüsenkrebs.
N-ras	Vorkommen bei Leukämien.
Gene für Transkriptionsfaktoren, welche Wachstumsfaktoren aktivieren	
c-myc	Vorkommen bei Leukämien, Brust-, Magen- und Lungenkrebs.
N-myc	Vorkommen bei kindlichen Nervenzelltumoren (Neuroblastomen) und Glioblastomen.
L-myc	Vorkommen bei Lungenkrebs.
Gene, welche Zellzyklus und Apoptose steuern	
bcl-2	Kodiert ein Eiweiß, das normalerweise den programmierten Zelltod blockiert. Vorkommen bei Lymphknotentumoren (follikuläres B-Zell-Lymphom).
bcl-1	(= PRAD1). Kodiert Cyclin 1; ein Eiweiß, welches die Zellzyklusuhr stimuliert. Vorkommen bei Brustkrebs und Tumoren des ORL-Bereichs.
MDM2	Kodiert einen Gegenspieler des p53-Tumorsuppressor-Eiweißes

Tabelle 2.**3** Beispiele von Tumorsuppressorgenen, welche zur Krebsentstehung führen können (modifiziert nach Scientific American, Sept. 1996)

Tumorsuppressorgene	
Gene für Eiweiße im Zytoplasma	
APC	Kodiert den „platelet-derived growth factor" PDGF. Vorkommen bei einer Art von Hirntumoren (Gliomen).
DPC4	Kodiert für ein Enzym der Signalübermittlung von der Zelloberfläche zum Zellkern, welches die Zellteilung hemmt. Vorkommen bei Bauchspeicheldrüsenkrebs.
NF-1	Kodiert für ein Eiweiß, welches ein stimulierendes Eiweiß (ras) hemmt. Vorkommen bei Neurofibromen, Phäochromozytomen und Myeloischen Leukämien.
NF-2	Vorkommen bei Meningeomen und Ependymomen sowie Schwannomen.
Gene für Eiweiße im Zellkern	
MTS1	Kodiert für ein Eiweiß (p16), ein bremsender Faktor auf die Zellzyklusuhr. Vorkommen bei diversen Krebsformen.
RB	Kodiert für das RB-Eiweiß, einen Hauptregulator des Zellzyklus. Vorkommen bei Retinoblastomen, Knochen-, Harnblasen, kleinzelligem Lungenkrebs und Brustkrebs.
p53	Kodiert für das p53-Eiweiß, welches den Zellzyklus stoppen und den programmierten Zelltod (Apoptose) induzieren kann. Vorkommen bei diversen Krebsformen.
WT1	Vorkommen bei kindlichen Nierentumoren.
Gene für Eiweiße, deren genaue Funktion noch unklar ist	
BRCA-1	Vorkommen bei Brust- und Eierstockkrebs.
BRCA-2	Vorkommen bei Brustkrebs.
VHL	Vorkommen bei Nierenzellkrebs.

Wenn nun durch Vererbung in jeder Zelle eines Organismus nur noch eines der sonst üblichen zwei funktionierenden Tumorsuppressorgene vorhanden ist, so ist leicht einsehbar, daß die Wahrscheinlichkeit, durch zufälligen Verlust oder Defekt genau dieses einzige Gen auch noch zu verlieren, viel größer ist, als wenn zwei intakte Gene vorhanden wären. Dadurch erklärt sich problemlos, daß derartige Tumoren auch in der Normalbevölkerung vorkommen können, nur eben viel seltener.

Apoptose. Es scheint, daß die meisten bekannten Zellen über Mechanismen verfügen, im Falle eines relevanten Fehlers in der Zellsteuerung mittels vorbereitetem Zelltod eine Art Notbremse ziehen zu können. Durch diesen programmierten Zelltod – Apoptose genannt – kann eine sonst drohende, ungehemmte Zellvermehrung mit all ihren bekannten fatalen Folgen für den Gesamtorganismus vermieden werden. Bei der Apoptose wird die Zelle durch einen noch nicht vollständig geklärten Mechanismus innerhalb kürzester Zeit derart in seine Bestandteile zerlegt, daß kein weiterer Schaden entstehen kann durch die Freisetzung von Enzymen, Botenstoffen oder von Fragmenten der (defekten) Erbsubstanz. Ob nun eines der Apoptosegene selbst (z. B. bcl-2 Gen bei Lymphomen) oder Regulationsgene, welche die Apoptose einleiten können (z. B. p53 bei vielen Formen von Krebs), defekt sind; beide Wege können zu ungehemmter Zellteilung führen. Eine Zusammenstellung heute bekannter Tumorsuppressorgene findet sich in Tabelle 2.**3**.

Spezielle Epidemiologie einiger Krebsarten

Die Epidemiologie als Lehre der Verteilung und Ursachen von Krankheiten in einer Bevölkerung zeigt, daß sich die Krebskrankheit, wenn sie einmal manifest geworden ist, je nach befallenem Organ ganz anders verhält, und zwar sowohl in bezug auf Häufigkeit, Alters- und Geschlechtsverteilung, Früherfassungsmöglichkeiten als auch auf die Überlebenschancen. Die Unterschiede sind z. T. so groß, daß wir in der Praxis nicht von Krebs sprechen sollten, sondern von Lungenkrebs, Magenkrebs, Brustkrebs, Leukämie usw.

Im folgenden sind die wichtigsten epidemiologischen Daten von sechs bedeutenden Krebsarten stichwortartig zusammengefaßt. Für weitergehende Angaben muß auf die Spezialliteratur verwiesen werden.

Bronchuskarzinom (Lungenkarzinom)

Inzidenz*:	♂ 81, ♀ 15 pro 100 000 Einwohner
Mortalität:	♂ 60, ♀ 14 pro 100 000 Einwohner

* Mortalität gemäß schweizerischer Todesursachenstatistik des Jahres 1994, Inzidenz geschätzt aufgrund von Krebsregisterdaten.

Abb. 2.**2** zeigt die wesentlichsten epidemiologischen Besonderheiten des Bronchuskarzinoms:

- Deutlicher Anstieg der Lungenkrebshäufigkeit mit steigendem Zigarettenkonsum.
- Latenzzeit von ca. 20 Jahren zwischen Exposition und Krebsmanifestation.
- Das heute noch seltenere Vorkommen des Lungenkrebses bei der Frau läßt sich weitgehend damit erklären, daß die Frauen später mit dem Rauchen angefangen haben.

85–90% der Bronchuskarzinomfälle sind durch das Rauchen verursacht. Es gibt keinen gefahrlosen Tabakkonsum; die Krebsgefährdung steigt mit zunehmender Anzahl gerauchter Tabakprodukte (vor allem Zigaretten) stetig an. Das Lungenkrebsrisiko ehemaliger Raucher vermindert sich kontinuierlich und nähert sich nach etwa 10 Jahren demjenigen der Nichtraucher. Neuere Untersuchungen zeigen übereinstimmend, daß auch das regelmäßige Einatmen von rauchhaltiger Luft durch Nichtraucher mit einem erhöhten Lungenkrebsrisiko verbunden ist, wenn auch in geringerem Ausmaß als bei aktivem Rauchen.

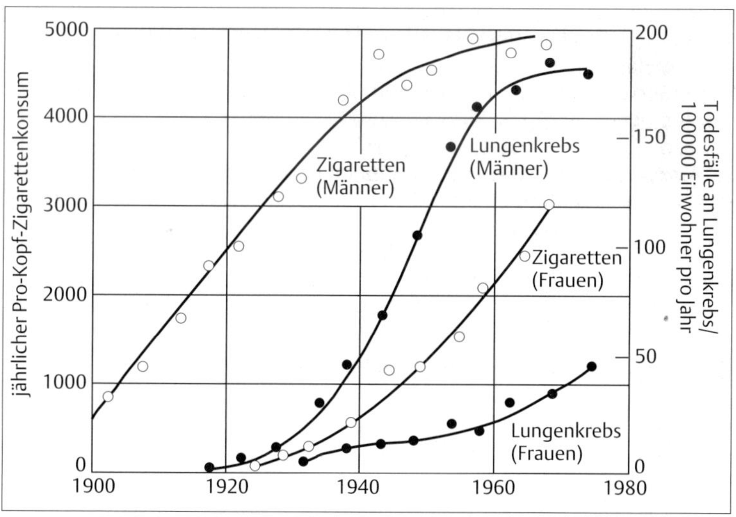

Abb. 2.**2** Vergleich von Zigarettenkonsum und Lungenkrebssterblichkeit bei Männern und Frauen (England und Wales) (aus Cairns, J.: Sci. Amer. 233 [1975] 64).

Mammakarzinom

Inzidenz:	♂ 1,0, ♀ 94 pro 100000 Einwohner
Mortalität:	♂ 0,4, ♀ 33 pro 100000 Einwohner

Der Brustkrebs ist der häufigste Krebs der Frau (22% der weiblichen Krebssterblichkeit) und kommt selten auch beim Mann vor. Trotz intensiver Bemühungen in Früherfassung und Therapie hat sich die Brustkrebssterblichkeit in den letzten Jahrzehnten kaum verändert. Die Ursachen des Mammakarzinoms sind nicht bekannt; wir kennen aber eine Reihe von sog. *Risikofaktoren,* bei deren Vorhandensein die Erkrankungswahrscheinlichkeit steigt. Das relative Risiko, an Brustkrebs zu erkranken ist 2,5 bei Brustkrebs mütterlicherseits im Vergleich zu 1,0 ohne erbliche Belastung. Kinderlosigkeit oder erste Geburt nach dem 30. Altersjahr, frühe Menarche und späte Menopause gehen ebenfalls mit einem erhöhten Brustkrebsrisiko einher. Das Risiko steigt auch mit zunehmendem Alter. Neuere Studien weisen darauf hin, daß übermäßiger Fett- und Alkoholkonsum sowie Übergewicht ebenfalls Risikofaktoren darstellen. Gewisse Formen der zystischen Mastopathie sowie frühere Erkrankung an bösartigen Neubildungen von Dickdarm, Brust, Uterus oder Ovar erhöhen das Brustkrebsrisiko ebenfalls.

Dickdarmkrebs (Kolon- und Rektumkarzinom)

Inzidenz:	♂ 54, ♀ 36 pro 100000 Einwohner
Mortalität:	♂ 18, ♀ 11 pro 100000 Einwohner

Im Gegensatz zum Magenkrebs nehmen Kolon- und Rektumkarzinom in den meisten Ländern eher zu. Über die Ursachen besteht noch Unklarheit; von verschiedenen Forschern wird ein Einfluß der Ernährungsgewohnheiten für wahrscheinlich gehalten (s. oben). Beim Dickdarmkrebs kennen wir vor allem die familiäre Polypose, die fast immer maligne entartet, als Risikofaktor. Auch ein Dickdarmkrebs in der Familienanamnese sowie frühere Erkrankung an Brust-, Dickdarm- oder weiblichem Genitalkrebs sind mit einem erhöhten Risiko verbunden.

Magenkarzinom

Inzidenz:	♂ 21, ♀ 15 pro 100000 Einwohner
Mortalität:	♂ 13, ♀ 6 pro 100000 Einwohner

Der Magenkrebs, der bis 1960 in der Schweiz die häufigste Krebstodesursache darstellte, ist seit 50 Jahren in allen Ländern mit westlichem Lebensstil rückläufig, in städtischen Gebieten stärker als in ländlichen. Die Ursachen dieses Rückgangs sind unbekannt, hängen aber wahrscheinlich mit den veränderten Ernährungsgewohnheiten und verbesserten Lagerungs- und Aufbewahrungsmöglichkeiten (Kühlung) für Lebensmittel zusammen.

Als besondere Risikogruppen gelten Personen mit Magensäuremangel, perniziöser Anämie, Vitamin-B_{12}-Mangel und besonderen Formen atrophischer Gastritis. Auch nicht ausheilende Magengeschwüre können mit der Zeit maligne entarten.

Uteruskarzinom

Inzidenz:	Zervix 11*, Korpus 23 pro 100 000 Frauen
Mortalität:	Zervix 5, Korpus 8 pro 100 000 Frauen

Bei Gebärmutterkrebs muß epidemiologisch streng zwischen dem *Zervixkarzinom* (am Gebärmutterhals) und dem *Korpuskarzinom* (im Gebärmutterkörper) unterschieden werden. Aus Abb. 2.**3** geht die völlig verschiedene Altersverteilung dieser beiden Krebsarten hervor. Am Beispiel des Gebärmutterhalses, der einer Inspektion durch den Arzt relativ leicht zugänglich ist, kann die Bedeutung der oben erwähnten In-situ-Phase, die sich meist über Jahre erstreckt, dargestellt werden (Näheres über die Früherfassung in Kap. 3).

Die Sterblichkeit an Zervixkarzinom hat in den letzten 20 Jahren deutlich abgenommen, was z. T. auf die steigende Verbreitung von gynäkologischen Vorsorgeuntersuchungen zurückgeführt werden kann. Wahrscheinlich spielt auch die Verbesserung der Genitalhygiene eine zusätzliche Rolle. Auch für das Zervixkarzinom kennen wir einige Risikofaktoren; im Vordergrund stehen dabei junges Alter beim Beginn des Geschlechtsverkehrs sowie häufiger Partnerwechsel.

Im Gegensatz zum Zervixkarzinom kommt das Korpuskarzinom eher bei der älteren Frau vor. Die Ursachen sind noch weitgehend ungeklärt.

Orale Kontrazeptiva (Antibabypille) können das Risiko für die Entstehung des Zervixkarzinoms geringfügig erhöhen. Auch kann die Östrogenzufuhr nach der Menopause, wie sie oft zur Linderung der Beschwerden in den Wechseljahren eingesetzt wird, bei langfristiger Anwendung das Korpuskarzinomrisiko erhöhen.

---

* Nur invasive Fälle (ohne Carcinoma-in-situ-Fälle).

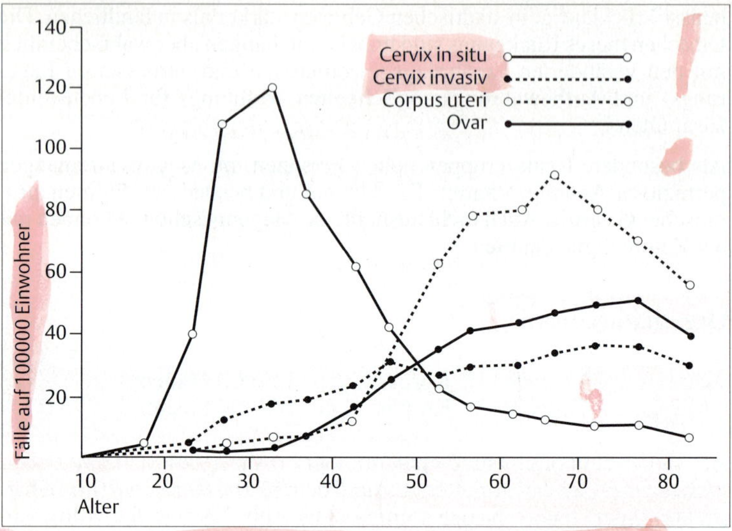

Abb. 2.3 Altersspezifische Häufigkeit weiblicher Genitalkrebse USA 1969/70 (aus Cramer, D. W., S. J. Cutler: Amer. J. Obstet. Gynec. 118 [1974] 443).

Prostatakarzinom

Inzidenz:	74 pro 100000 Männer
Mortalität:	60 pro 100000 Männer

Das Prostatakarzinom ist ein ausgesprochener Alterskrebs, der vor dem 50. Lebensjahr sehr selten vorkommt. Mit der zunehmenden Überalterung ist er in der Schweiz bereits zur zweithäufigsten Krebstodesursache beim Mann geworden. Über Ursachen und Risikogruppen ist so gut wie nichts Sicheres bekannt.

3

Präventivonkologie (primäre und sekundäre Tumorprophylaxe)

H. J. Senn

3 Präventivonkologie (primäre und sekundäre Tumorprophylaxe)

H. J. Senn

In der Präventivonkologie unterscheidet man, wie auch in anderen Gebieten der Präventivmedizin, zwei grundsätzlich verschiedene Arbeitsbereiche.

In erster Linie wird versucht, die Entstehung einer Krankheit zu verhindern. Solche Maßnahmen der *Krankheitsverhütung* werden unter dem Begriff der *primären Prophylaxe* zusammengefaßt. Primäre Prophylaxe ist im allgemeinen nur dann durchführbar, wenn die Ursachen der Krankheit zum mindesten teilweise bekannt sind.

Ist eine Krankheitsverhütung nicht möglich (z. B. infolge mangelhafter Kenntnis der Ursachen oder weil sich diese nicht ausschalten lassen), so kann man versuchen, den Krankheitsprozeß zu einem möglichst frühen Zeitpunkt zu erfassen, in der Hoffnung, damit einen günstigeren Heilungsverlauf und eine bessere Prognose zu erzielen. Diese *Krankheitsfrüherfassung* bezeichnet man als *sekundäre Prophylaxe.*

Möglichkeiten der primären Prophylaxe

Primäre Krebsprophylaxe ist im Prinzip durch die Bekämpfung aller in Kap. 2 aufgezählten Krebsursachen möglich. Maßnahmen der Krebsvorbeugung sind dabei meistens nicht medizinischer Natur, sondern entweder

- **gesetzgeberischer Art,** z. B. Vorschriften über Nahrungsmittelzusätze, über Grenzwerte für Luftschadstoffe; Besteuerung von Tabakwaren usw.;
- **technisch-organisatorischer Art,** z. B. Abschirmung von Strahlenquellen (Röntgengeräte, Kernkraftwerke), Ausschaltung krebserzeugender Chemikalien in der Industrie usw.;
- **pädagogischer Art,** z. B. Förderung des Nichtrauchens, Aufklärung über die Schädlichkeit übermäßiger Sonnenlichtexposition.

Für die Mehrzahl der bösartigen Neubildungen sind allerdings die Ursachen noch nicht genügend bekannt, so daß für sie keine konkreten Verhütungsmaßnahmen empfohlen werden können. Dies gilt auch noch für die große Zahl von Tumoren des Gastrointestinaltraktes (vor allem Magen, Kolon und Rektum), wo eine ursächliche Teilrolle der Ernährungsweise zwar grundsätzlich erwiesen erscheint, eine Umsetzung der Kenntnisse in konkrete und spezifische Ernährungsempfehlungen aber noch kaum möglich ist. Die allgemein der Förderung der Gesundheit zuträgliche Empfehlung einer abwechslungsreichen, ballaststoffhaltigen und fettärmeren Nahrung mit viel Gemüsen und Früchten kann aber mit einiger Wahrscheinlichkeit auch zur Verminderung einiger Krebskrankheiten führen.

Von den zuvor aufgezählten Möglichkeiten seien zwei Gebiete der primären Krebsprophylaxe herausgegriffen, denen im Alltag eine besondere praktische Bedeutung zukommt: die Verhütung der sog. Berufskrebse und die Bekämpfung des Rauchens.

Verhütung von Berufskrebsen

Von Berufskrebs spricht man, wenn eine Krebserkrankung auf meist langjährigen Kontakt mit krebserzeugenden Substanzen am Arbeitsplatz zurückgeführt werden kann. Bemühungen um die Eliminierung solcher Substanzen oder, wo dies nicht möglich ist, um den Schutz der Werktätigen, sind heute weit fortgeschritten, so daß Berufskrebse relativ selten geworden sind.

Bekämpfung des Rauchens

Mindestens 90% der Lungenkrebse sowie namhafte Prozentsätze zahlreicher weiterer Tumoren können auf das *Rauchen,* vor allem von inhaliertem Zigarettenrauch, zurückgeführt werden (s. Kap. 2). Trotz der unbestreitbar nachgewiesenen Schädlichkeit des Tabakkonsums erweisen sich die Bekämpfungsmaßnahmen als schwierig. Mit dem Tabakkonsum sind massive wirtschaftliche Interessen verbunden, und die Tabakindustrie ist mit Mitteln verschiedenster Art dafür besorgt, daß weitergeraucht wird und daß vor allem immer wieder neue Jugendliche mit dem Rauchen anfangen. Leider ist die Öffentlichkeit nicht bereit, der Tabak- (und Alkohol-)Werbung einen wirksamen Riegel vorzuschieben: „Werbefreiheit“ geht vor Volksgesundheit! Eine psychische, oft auch eine körperliche Abhängigkeit von Nikotin tritt bei vielen Konsumenten relativ bald ein. Die Gefahr der Abhängigkeitsbildung ist größer als beim Alkohol. Aus diesem Grund muß die Gesundheitserziehung nicht auf mäßigen Tabakkonsum, sondern auf *Abstinenz* ausgerichtet sein.

Das Nichtrauchen muß als „normale Verhaltensweise" des Menschen konsequent gefördert werden. Rauchende Ärzte und rauchendes Pflegepersonal richten hier großen Schaden an, da die Bevölkerung dieses Verhalten von medizinisch ausgebildeten Personen unwillkürlich als „Beweis" für die „relative Harmlosigkeit des Rauchens" interpretiert. Die Methoden zur Entwöhnung von erwachsenen Rauchern sind – wie bei allen Suchtbehandlungen – mit viel Schwierigkeiten und hohen Rückfallraten behaftet. Der Wechsel zu nikotinarmen Zigaretten ist nur eine Scheinlösung, da er – vor allem bei schwerer Nikotinabhängigkeit – oft nur eine Erhöhung der Zahl der gerauchten Zigaretten zur Folge hat.

Möglichkeiten der sekundären Prophylaxe

Problematik der Früherfassung bei Krebskrankheiten

Die klinische Erfahrung zeigt, daß die Heilungsaussichten bei einer Krebserkrankung meist besser sind, wenn das Tumorwachstum noch auf den Ursprungsort begrenzt ist, die Krankheit sich also noch nicht in andere Teile des Körpers ausgedehnt hat. Da jeder Tumor bis zur Disseminationsphase wahrscheinlich eine jahre- bis jahrzehntelange Entwicklung durchmacht (s. Kap. 2), scheint es aufgrund dieser Beobachtung sinnvoll, die Bemühungen auf eine *möglichst frühzeitige Erfassung* des Tumorgeschehens auszurichten.

Für die Praxis stellen sich dann allerdings einige wichtige Probleme, die anhand von Abb. 3.**1** am Beispiel des Brustkrebses verdeutlicht werden sollen:

- Wie kann man einen von außen nicht direkt zugänglichen Tumor früh erfassen? Welche *Methoden* stehen zur Verfügung?
- Was heißt früh in bezug auf die gesamte biologische Lebensdauer des Tumors? (Im Beispiel von Abb. 3.**1** hat der Krebs zum Zeitpunkt, an dem er 1 cm groß wird, bereits ¾ seiner Lebenzeit hinter sich). Die *echte* Früherfassung zu einem Zeitpunkt, in dem der Tumor makroskopisch unsichtbar und nicht tastbar ist, muß unterschieden werden von einer Früherfassung, die gezielt nach bereits makroskopisch nachweisbaren asymptomatischen Tumoren sucht.
- Wann in diesem Zeitablauf beginnt die *Disseminationsphase?* Setzt sie spät ein (Pfeil C, eventuell auch B in Abb. 3.**1**), so können Früherfassungsmaßnahmen sehr sinnvoll sein; beginnt sie dagegen schon früh (Pfeil A in Abb. 3.**1**), so kommen Früherfassungsmaßnahmen wahrscheinlich bereits zu spät.

Da diese Fragen (vor allem die dritte) im einzelnen noch nicht restlos geklärt sind, müssen Empfehlungen für die Praxis der Krebsfrüherfassung entsprechend vorsichtig formuliert werden.

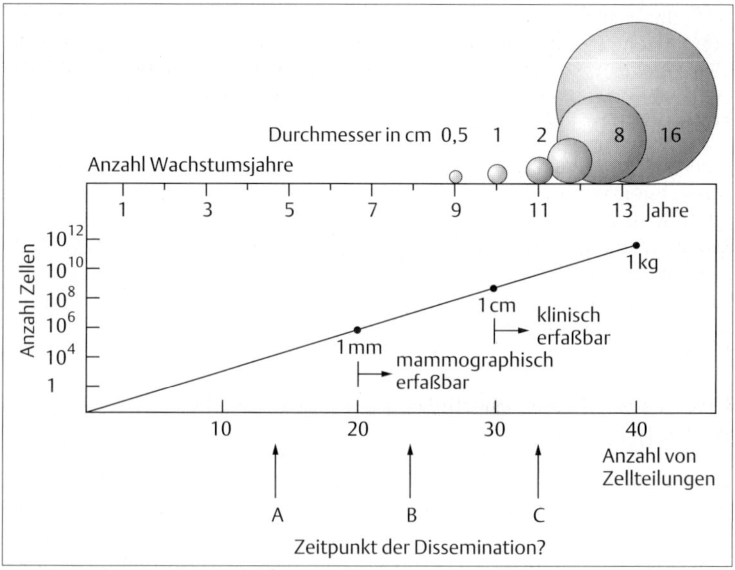

Abb. 3.1 Schematische Darstellung der Karzinomentwicklung am Beispiel des Mammakarzinoms (Annahme: Zellverdoppelungszeit = 100 Tage). Erklärung im Text (nach Gullino, P. M.: Cancer 39 [1977] 2697).

Durchführung der Früherfassung

Die Organisation der Krebsfrüherfassung kann erfolgen in Form von

- organisierten Reihenuntersuchungen,
- selektiver Untersuchung von (genetischen) Risikogruppen,
- individueller Früherfassung im Rahmen der ärztlichen Praxis,
- Information der Bevölkerung zur Beachtung charakteristischer Warn- und Frühsymptome.

Reihenuntersuchungen

Reihenuntersuchungen wenden sich an eine große Zahl *gesunder* Personen, die zur Durchführung einer *Vorsorgeuntersuchung* aufgefordert werden und bei denen mittels einer einfachen, billigen, schnellen und zuverlässigen Methode abgeklärt wird, ob Anhaltspunkte für eine bestimmte Krebsart vorhanden sind oder nicht. Ein *genereller* Krebstest existiert nicht (s. Kap. 4); die zur Verfügung stehenden Methoden sind jeweils nur auf eine bestimmte Krebsart anwendbar. Im allgemeinen sind sie für systematische Reihenuntersuchungen zu aufwendig oder zu unsicher in der Aussagekraft, so daß diese Form der Früherfassung sich in unseren Verhältnissen mit wenigen Ausnahmen bisher nicht richtig durchgesetzt hat (Einzelheiten siehe unten).

Von der Untersuchung asymptomatischer Gesunder ist die gezielte Untersuchung von *Risikogruppen* zu unterscheiden, die auch aufwendigere Methoden zuläßt. Diese selektive Untersuchung genetisch bestimmter Risikogruppen (z. B. potentielle Brustkrebs-[BRCA-1- oder BRCA-2-] Genträgerinnen bei familiärem Mammakarzinom) wird im Zeitalter der laufenden Entdeckung genetischer Prognosemarker außerordentlich wichtig, und erscheint zudem kostengünstiger.

Individuelle Früherfassung im Rahmen der ärztlichen Praxis

Die Suche nach eventuellen Krebsfrühformen erfolgt anläßlich einer Konsultation in der ärztlichen Praxis. Eine systematische Erfassung der Bevölkerung ist auf diese Weise meistens nicht möglich; dafür kann im individuellen Rahmen, u. a. aufgrund einer gezielten Befragung nach Risikofaktoren (Familiengeschichte, berufliche Exposition, Genußmittelkonsum usw.), viel differenzierter vorgegangen werden. Diese Art der Früherfassung setzt allerdings eine Bereitschaft der praktizierenden Ärzte für präventive Belange voraus, die noch nicht überall selbstverständlich ist.

Information der Bevölkerung zur Beachtung charakteristischer Warn- und Frühsymptome

Obwohl die ersten Anzeichen der meisten Krebsarten typischerweise recht uncharakteristisch sind, gibt es eine Reihe von Symptomen, die auf das Vorliegen einer Krebskrankheit hinweisen können, wenn sie auch keineswegs „krebsspezifisch“ sind. Der Gang zum Arzt sollte nicht wegen Unkenntnis dieser Warnzeichen unterbleiben. Die Vermittlung der *sieben Warnsignale* (Tab. 3.**1**) stellt eine gesundheitserzieherische Aufgabe dar. Allerdings wird auch bei Kenntnis der Symptome der Entschluß zur Abklärung der Situation oft aus Angst vor der möglichen Diagnose unterbleiben. Diese oft unbewußte *Angst* ist bei vielen Menschen ein Hindernis für die Inanspruchnahme von vorhandenen Früherfassungsmöglichkeiten. Ihr in geeigneter Form zu begegnen, stellt eine wichtige sekundärprophylaktische Aufgabe dar.

Tabelle 3.1 Sieben Warnsignale („Spätzeichen"!)

1. Fühlen eines Knotens oder einer Verhärtung, besonders in der Brust
2. Auffällige Veränderung einer Warze oder eines Muttermals
3. Änderungen in der Darm- oder Blasentätigkeit; immer häufiger auftretende Verdauungsstörungen
4. Andauernde Heiserkeit oder hartnäckiger Husten
5. Auftreten anhaltender Schluckbeschwerden
6. Blutungen oder Ausfluß aus einer Körperöffnung; auch Blutungen außerhalb der Periode
7. Eine Wunde, die nicht heilt; eine Schwellung, die nicht abklingt

Praktische Früherfassungsmöglichkeiten

Die folgende Zusammenstellung beschränkt sich auf die Beschreibung von Maßnahmen, die einfach und rasch bei einer größeren Zahl von Gesunden durchgeführt werden können. Aufwendigere Methoden (z. B. Biopsien, Endoskopien), wie sie zur Diagnosensicherung bei konkretem Krebsverdacht eingesetzt werden, sind nicht Gegenstand der Sekundärprophylaxe, außer bei klar umschriebenen Risikogruppen (z. B. Dickdarm-Polypose, vgl. S. 52).

Zervixkarzinom

Mit dem Abstrich nach Papanicolaou (Abb. 3.**2**) besteht die sonst seltene Möglichkeit, einen makroskopisch noch nicht sichtbaren Krebs durch mikroskopische Untersuchung des gewonnenen Zellmaterials in einem *wirklichen Frühstadium* und fast immer vor der Dissemination zu erfassen. In dieser In-situ-Phase des Krebses (s. Kap. 2) kann der Krebsherd meistens so entfernt werden, daß die Gebärmutter erhalten und funktionsfähig bleibt; die Heilungsrate liegt praktisch bei 100%. Die *Untersuchung* kann entweder im Rahmen von organisierten Reihenuntersuchungen oder auf individueller Basis in der ärztlichen Praxis vorgenommen werden. Die In-situ-Phase dauert im allgemeinen etwa 5–10 Jahre.

Nach dem heutigen Wissensstand ist ein Abstrich angezeigt:
– erstmals im Alter von 25 Jahren (bei frühem Beginn der regelmäßigen sexuellen Aktivität auch vorher),
– bei allen Wöchnerinnen anläßlich der üblichen Nachkontrolle.

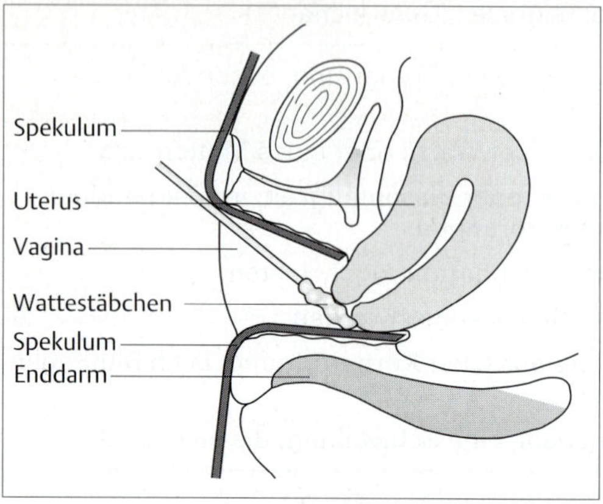

Abb. 3.2 Entnahme von Material beim Zervixabstrich. Zellen werden vom Gebärmuttermund und -hals entnommen; über die Situation im Innern der Gebärmutter (Corpus uteri) sagt diese Untersuchung aber nichts aus (aus Aumiller, J.: Niemand soll der Nächste sein. Das Buch zur persönlichen Krebsvorsorge. Goldmann, München 1978).

Wiederholungen sind erforderlich

- jährlich, bis 3 negative Befunde vorliegen, anschließend in Abständen von 3 Jahren bis zum 60. Lebensjahr (falls alle Befunde immer negativ sind);
- beim Auftreten verdächtiger Befunde: individuell je nach Situation.

Gesundheitserzieherisch ist zu beachten, daß Frauen aus unteren sozioökonomischen Schichten einerseits ein höheres Risiko für Zervixkarzinom aufweisen, sich andererseits aber weniger oder überhaupt nicht an Vorsorgeuntersuchungen beteiligen.

Mammakarzinom

Die Ausgangslage beim Mammakarzinom ist insofern ungünstiger, als normalerweise keine Möglichkeit besteht, den Tumor zu erfassen, bevor er makroskopisch sichtbar wird. Die Früherfassung beginnt also in einer späteren Phase als beim Zervixkarzinom. Die folgenden Methoden der Früherfassung stehen – einzeln oder kombiniert angewandt – zur Verfügung:

- Selbstuntersuchung der Brust,
- Brustuntersuchung durch den Arzt,
- Mammographie (und weitere bildgebende Verfahren).

Selbstuntersuchung der Brust. Sie hat den Vorteil, daß die Frau mit den Besonderheiten ihrer eigenen Brust vertraut ist und daher mit regelmäßiger Palpation (einmal im Monat) am besten in der Lage ist, eventuelle Veränderungen im Gewebe zu erkennen. *Nachteilig* wirkt sich aus, daß ein Knoten in der Brust mindestens 0,5–1 cm groß sein muß, damit er von einer Laienhand vom normalen Brustgewebe unterschieden werden kann. Die Selbstuntersuchung muß von einem Arzt oder einer erfahrenen Schwester *persönlich* instruiert und kontrolliert werden; die Abgabe von Merkblättern (Abb. 3.**3a** u. **b**) als Gedankenstütze ist nützlich, genügt aber als alleinige Maßnahme nicht. Obwohl bis heute nicht genau bekannt ist, wie sich eine konsequente Selbstuntersuchung auf die Krebssterblichkeit auswirkt, ist diese Methode als einfache und billige Maßnahme zu empfehlen. Allerdings muß im Einzelfall darauf geachtet werden, keine unnötigen Krebsängste zu erzeugen.

Untersuchung durch den Arzt. Diese sollte bei allen unklaren Befunden erfolgen. Eine regelmäßige Kontrolle der Brust im Rahmen der ärztlichen Praxis sollte ein selbstverständlicher Teil der präventiven Tätigkeit eines praktizierenden Arztes sein. Die Palpation durch den Arzt kann auch im Rahmen von Reihenuntersuchungen eingesetzt werden; in diesem Fall ist aber zu überlegen, ob nicht als Ergänzung die Mammographie angeboten werden sollte.

Mammographie. Mit dieser können durch den geübten Radiologen kleinere Tumoren in einem früheren Stadium als mit der Palpation erfaßt werden (vgl. Abb. 3.**1**). Die Wirksamkeit dieser Früherfassungsmethode ist heute vor allem für die über 50jährige Frau erwiesen, auch wenn die Erfolge nicht gleich groß sind wie bei der Früherfassung des Zervixkarzinoms (keine Möglichkeit der Früherfassung im nur mikroskopisch sichtbaren Stadium). In den USA und auch in den meisten europäischen Ländern wird allgemein für die über 50jährige Frau eine 1- bis 2jährliche Mammographie, kombiniert mit einer ärztlichen Untersuchung, empfohlen. Bei unter 50jährigen Frauen gilt die Empfehlung nur für Risikogruppen (vor allem bei positiver Familienanamnese). Mit modernen Aufnahmegeräten ist die Strahlenbelastung für die Brustaufnahme derartig gering, daß sie auch für Reihenuntersuchungen verantwortet werden kann. In der Schweiz tut sich die Mammographie als Instrument der Früherfassung derzeit noch schwer. Die angeblich hohen Kosten sowie die heute allerdings nicht mehr gerechtfertigte Angst vor der Strahlenbelastung stehen der routinemäßigen Einführung dieser Methode vielerorts noch im Wege. Dazu bestehen weltweit auch noch ungelöste Probleme der Qualitätskontrolle bei der Befundung von Mammographien, u. a. bei jüngeren Frauen unter 45–50 Jahren.

Abb. 3.**3 a** u. **b** Methodik der Selbstuntersuchung der Brust (aus dem Merkblatt der Schweizerischen Krebsliga, Postfach 2284, CH-3001 Bern).

a Kontrolle der äußeren Beschaffenheit: Stellen Sie sich **vor den Spiegel.** Bei jedem der folgenden Schritte beachten Sie die folgenden Punkte:

- Haben sich Größe und Lage der Brust verändert?
- Hat sich die Form verändert (leichte Vertiefung oder Vorwölbung)?
- Stellen Sie Veränderungen an der Haut oder am Warzenhof fest?
- Haben sich die Brustwarzen eingezogen oder verändert?

1

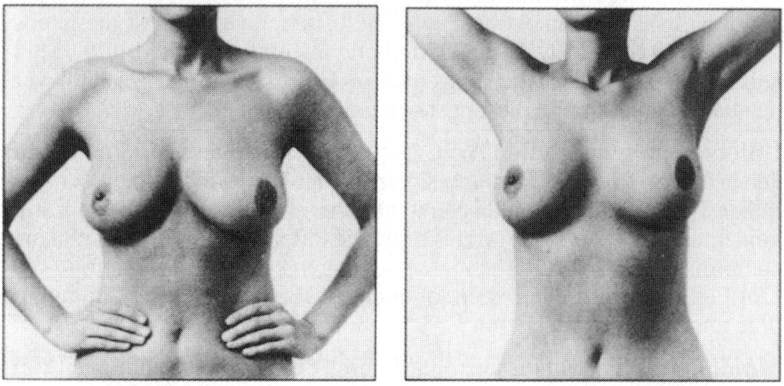

2

1 Stehen Sie aufrecht vor dem Spiegel, die Hände auf die Hüften gestützt, und klären Sie die vier obenstehenden Fragen.

2 Führen Sie die gleiche Kontrolle mit erhobenen, hinter dem Kopf verschränkten Armen durch.

3

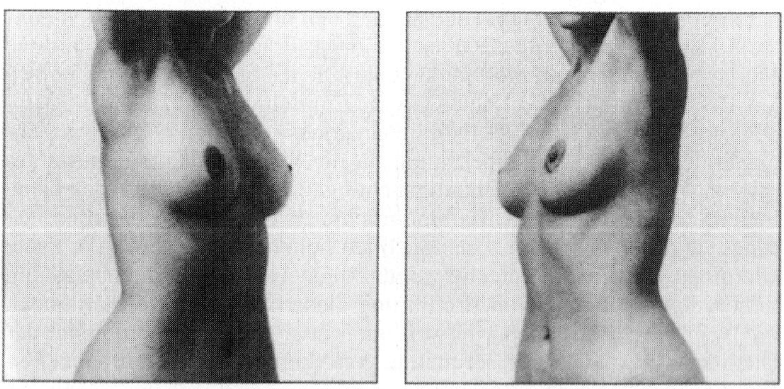

4

3 Drehen Sie nun den Oberkörper langsam nach links und führen Sie die gleiche Kontrolle nochmals durch.

4 Drehen Sie den Oberkörper langsam nach rechts und klären Sie wiederum die vier erwähnten Fragen.

b Kontrolle der Struktur und der Empfindlichkeit: Legen Sie sich auf den Rücken – mit einem gefalteten Handtuch zunächst unter der linken Schulter. Kontrollieren Sie mit der rechten Hand (mit geschlossenen Fingern) die linke Brust, indem Sie die gesamte Hautoberfläche kreisförmig mit sanftem Druck abtasten. Diese Kontrolle können Sie mit oder ohne Hilfe einer Creme durchführen.

1 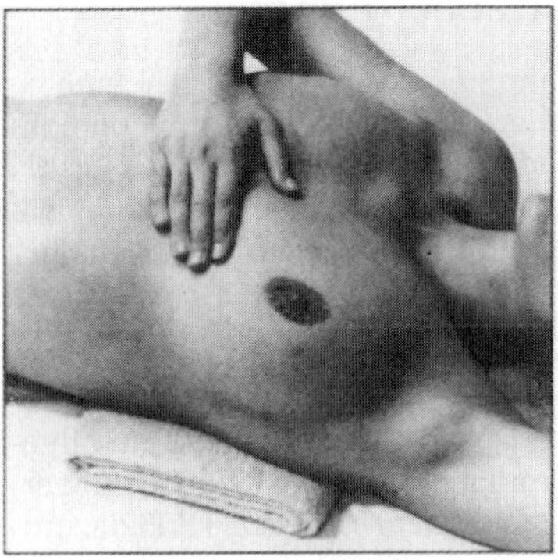

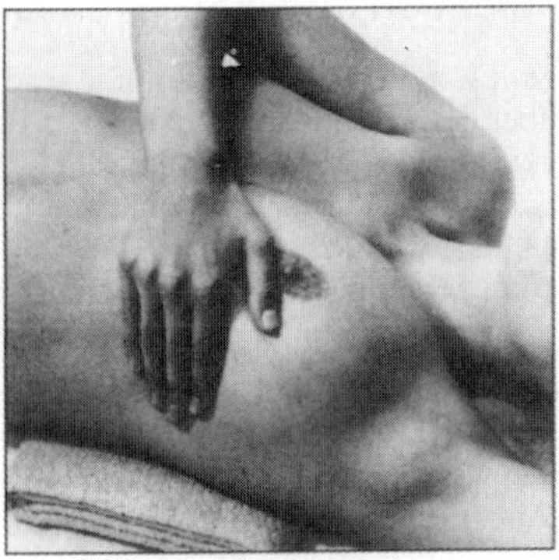 2

1 Kontrollieren Sie zuerst die innere Hälfte der linken Brust: Finden Sie Verhärtungen, Knoten oder schmerzempfindliche Stellen?
2 Tasten Sie nun die äußere, in der Regel etwas kräftigere Hälfte, schließlich die Gegend des Warzenhofes ab.

3 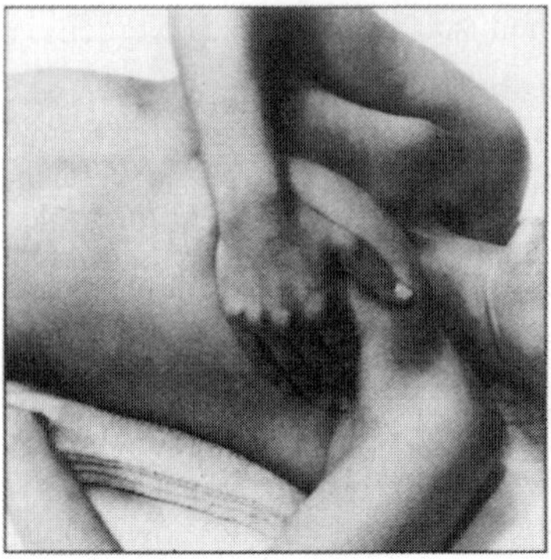

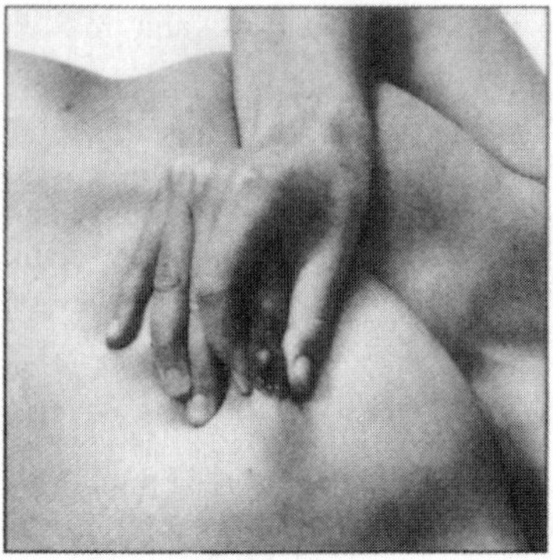 4

3 Beachten Sie die veränderte Lage des linken Armes. Tasten Sie mit den Fingerspitzen der rechten Hand in die Achselhöhle. Finden Sie Knoten?
4 Pressen Sie mit Daumen und Zeigefinger auf die Brustwarze und achten Sie dabei auf einen eventuellen Ausfluß.

Dickdarmkrebs (Kolon- und Rektumkarzinom)

Die Früherfassung von Dickdarmtumoren basiert auf drei Prinzipien:
- Palpation und Inspektion tiefsitzender Tumoren,
- Nachweis von okkultem (nicht sichtbarem) Blut,
- Beachtung der „Früh"-Symptome.

Palpation und Inspektion tiefsitzender Tumoren

Kolon- und Rektumkarzinome sind in ihrer Häufigkeit nicht gleichmäßig über den Darm verteilt. Nur ca. 10% aller Tumoren können mit dem Finger durch den Enddarm getastet werden, etwa die Hälfte bis zwei Drittel bei zusätzlicher Anwendung des Rektoskops. Die rektale Austastung hat daher zur Früherfassung nur einen beschränkten Stellenwert, kann aber doch gelegentlich einen Krebs vor der Dissemination erfassen.

Die rektale Palpation durch den Arzt ist nach dem 45. Lebensjahr zu empfehlen; vor allem bei Risikogruppen (s. Kap. 2) ist eine jährliche Untersuchung angezeigt. Die *Rektoskopie bzw. Koloskopie* bleibt im allgemeinen besonderen Risikogruppen (familiäre Polypose, Krebsgenträger) sowie der eigentlichen Diagnostik vorbehalten. *Polypen* (Präkanzerosen!) sollen gleichzeitig endoskopisch abgetragen werden.

Nachweis von okkultem Blut

Tumorgewebe blutet relativ leicht, oft aber nur in kleinen, *unsichtbaren* Mengen. Dieses Blut kann im Stuhl chemisch nachgewiesen werden.

Beim „Haemoccult-Test" können Testbriefchen zu Hause mit etwas Stuhl bestrichen und anschließend ins Labor geschickt werden, wo mit wenig Aufwand auch kleine Blutmengen nachgewiesen werden können. Abb. 3.**4** zeigt ein Abklärungsschema zur Früherkennung kolorektaler Karzinome bei asymptomatischen Patienten, Abb. 3.**5** bei symptomatischen Kranken mit Verdacht auf ein kolorektales Leiden.

Beachtung von Frühsymptomen

Änderung der Stuhlgewohnheiten (Wechsel von Durchfall und Verstopfung, zunehmende Verstopfung, längerdauernde Durchfälle) sowie Blut- und Schleimabgänge können erste, wenn auch keine eigentlichen Frühsymptome eines Kolonkarzinoms sein. Die Kenntnis dieser Symptome sowie die Einsicht in die Notwendigkeit einer raschen Abklärung sind zu fördern.

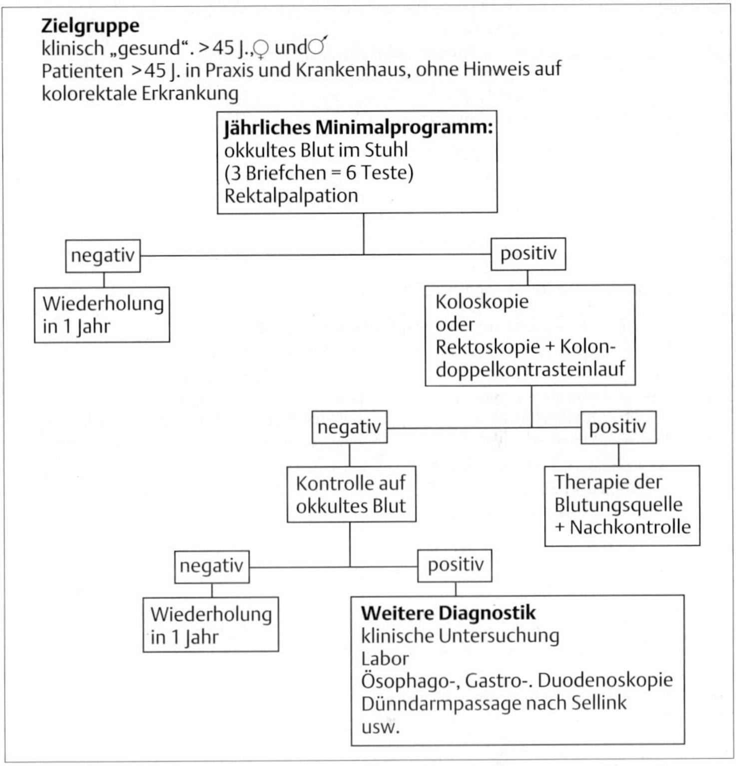

Abb. 3.**4** Abklärungsschema zur Früherkennung kolorektaler Karzinome bei *asymptomatischen* Patienten (nach Gnauck).

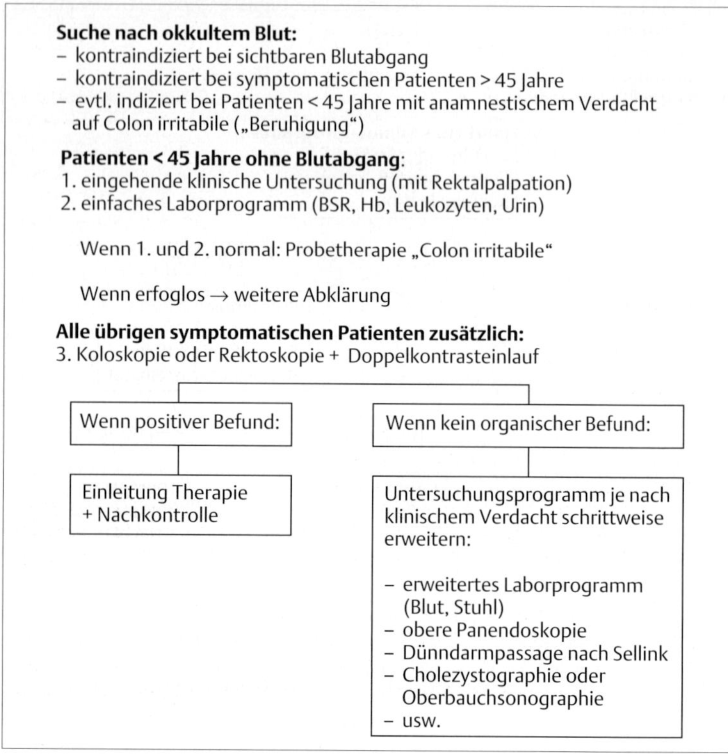

Abb. 3.**5** Abklärungsschema bei symptomatischen Patienten mit Verdacht auf kolorektale Erkrankung.

Prostatakarzinom

Große Teile der Prostata sind bei der Austastung des Enddarmes einer Beurteilung zugänglich (Abb. 3.**6**). Allerdings muß auch hier ein Tumor bereits eine gewisse Größe erreicht haben, damit er palpiert werden kann. Von einer echten Früherfassung kann also *nicht* gesprochen werden. Über die Wirksamkeit dieser Früherfassungsmethode bestehen keine zuverlässigen Daten. Da das Prostatakarzinom zu den ausgesprochenen *Altersleiden* gehört, erübrigt sich eine gezielte Suche vor dem 50. Lebensjahr.

Neuerdings besteht Hoffnung, mit der Kombination von Enzymbestimmungen im Blut (Prostata-spezifisches Antigen = PSA) und rektaler Sonographie in der Prostatakarzinom-Vorsorge Fortschritte zu erzielen.

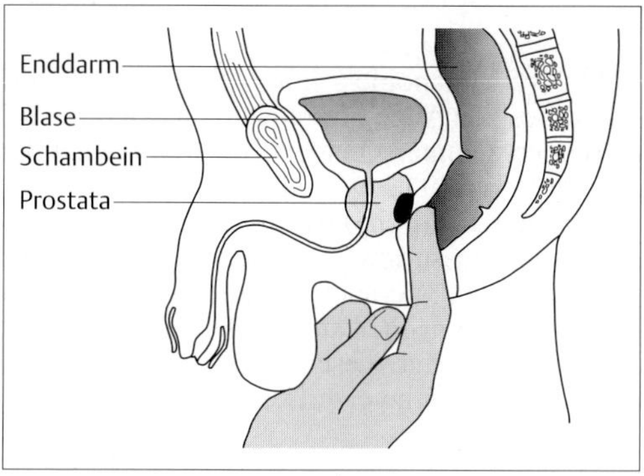

Abb. 3.**6** Palpation der Prostata bei der Rektaluntersuchung (aus Aumiller, J.: Niemand soll der Nächste sein. Das Buch zur persönlichen Krebsvorsorge. Goldmann, München 1978).

Lungen-(Bronchus-)Karzinom

Es sind zahlreiche Versuche unternommen worden, mit Hilfe von Röntgenreihenuntersuchungen den Lungenkrebs in einem früheren Stadium sichtbar zu machen. Tatsächlich gelingt es, eine größere Zahl von Lungentumoren vor dem Auftreten von Symptomen zu erfassen. Offenbar beginnt aber vor allem bei den *anaplastischen, kleinzelligen Karzinomen* die Disseminationsphase in den meisten Fällen schon vor dem frühestmöglichen Zeitpunkt der röntgenologischen Entdeckung, so daß die schlechte Prognose dieser Krebsart durch die Früherfassung bisher kaum wesentlich beeinflußt wird. Karzinome anderer Histologie sind leider meist auch bei „Früherkennung" aus chirurgischen oder internistischen Gründen schon inoperabel. Jedenfalls wirkt sich die Früherfassung generell *nicht* in einer Überlebenszeitverlängerung aus. Die präventivmedizinische Bekämpfung des Lungenkrebses muß daher ganz auf die *primäre Prophylaxe* ausgerichtet sein (s. S. 43).

Magenkrebs

Eine systematische Früherfassung des Magenkrebses ist bei uns nicht üblich, zumal keine einfache Testmethode zur Verfügung steht. In Japan, wo der Magenkrebs bis 5mal häufiger als bei uns vorkommt, sind an gewissen Orten Reihenuntersuchungen mittels Gastroskopie bzw. Gastrokamera üblich. Das hohe Krebsrisiko veranlaßt wohl viele Gesunde dazu, die Gastroskopie als Reihenuntersuchungsmaßnahme zu akzeptieren, was in der gegenwärtigen Situation bei uns kaum denkbar wäre. Die Situation könnte sich ändern, wenn es gelingt, durch Labortests besondere, für Magenkrebs anfällige Risikogruppen zu definieren.

Hautkrebs

Bösartige Hauttumoren inklusive Melanome können grundsätzlich gut früh erfaßt werden, sind allerdings von Auge oft schwer von den viel häufigeren gutartigen Veränderungen zu unterscheiden. Im Hinblick auf die steigende Inzidenz und auch Mortalität, vor allem an Melanomen (s. Kap. 2), wird neben der primären Prophylaxe in den letzten Jahren auch den Möglichkeiten der Früherfassung vermehrte Aufmerksamkeit geschenkt. In den USA, in Australien wie auch in vielen europäischen Ländern wird die Bevölkerung in Kampagnen auf die Bedeutung der Beobachtung von Hautveränderungen hingewiesen. Ziel ist es, folgende Gefahrenzeichen bekannt zu machen (Schweizerische Krebsliga):
Ein brauner Fleck, der

- über 6 mm wächst und Knoten bildet,
- die Farbe ändert,
- unregelmäßig begrenzt ist,
- sich entzündet,
- juckt und/oder blutet,
- auf vorher unveränderter Haut nach der Pubertät entsteht.

Solche Veränderungen sollen zu einem baldigen Arztbesuch samt histologischer Abklärung führen.

Andere Krebsarten

Die bis hierher beschriebenen Krebsarten sind für etwa 60% der Krebssterblichkeit verantwortlich. Bei den verbleibenden bösartigen Neubildungen gibt es einige, die sich nach dem heutigen Wissensstand noch jeder Früherfassung entziehen (z. B. Pankreas, Ovar, Niere) oder die in unseren Gegenden so selten sind, daß sich der Aufwand für systematische Reihenuntersuchungen nicht lohnt. Unter *speziellen Umständen* (z. B. berufliche Karzinogenexposition) sind weitere gezielte Früherfassungsprogramme prinzipiell durchaus denkbar. So sind Mundhöhle, Rachen, Speiseröhre und Blase in ähnlicher Weise wie der Magen endoskopisch zugänglich. Möglich und sinnvoll (und billig) wäre auch eine durch Selbstpalpation frühere Erfassung *maligner Hodentumoren* in der Risikogruppe der 15- bis 30jährigen Männer.

Schlußfolgerungen

Die Möglichkeiten der Krebsprävention sind noch *beschränkt.* An dieser Tatsache wird sich auch in absehbarer Zukunft kaum etwas ändern. Im vollen Bewußtsein dieses relativ engen Rahmens müssen aber die vorhandenen Möglichkeiten besser genutzt werden. Vertreter der *Pflegeberufe* können dabei unter Beachtung der folgenden Punkte eine wichtige Rolle spielen:

- Nicht nur Krebstherapie, auch Krebsvorsorge erfolgt am wirksamsten, wenn im *persönlichen Gespräch* auf die speziellen Bedürfnisse des Individuums eingegangen wird. Krebsvorsorge ist daher in erster Linie Aufgabe des *praktizierenden Arztes* und nicht unpersönlicher Institutionen.
- Versuche, Gesunde vom Wert der aufgeführten Vorsorgeuntersuchungen zu überzeugen, dürfen nicht zur Verstärkung verborgener *Krebsangst* beitragen: Krebsvorsorge gehört *nicht* ins Krankenhaus!
- Fundiertes Wissen über Möglichkeiten und Grenzen der Krebsvorsorge kann *falschen Hoffnungen,* aber auch *unnötiger Resignation* vorbeugen (z. B. Familien-Krebsberatung usw.).
- Das Pflegepersonal kann zur Präventivonkologie beitragen, einerseits durch das *eigene Vorbild* (z. B. nicht rauchen), andererseits durch die Bereitschaft zum Gespräch über gesunde Lebensführung und konkrete Risikofaktoren.

Europäischer Kodex gegen Krebs

Im Jahre 1989 hat die Kommission der Europäischen Gemeinschaft den Versuch unternommen, den aktuellen Wissensstand zur Krebsprävention in praktische Verhaltensmaßnahmen umzusetzen. Sie sind von den Ländern der Europäischen Gemeinschaft wie auch von der Schweiz als „Europäischer Kodex gegen Krebs" übernommen worden. Die Empfehlungen sind nachfolgend unverändert abgedruckt:

Europäischer Kodex gegen Krebs
„Werden diese ‚Zehn europäischen Gebote' beachtet, kann die Zahl der Krebstoten in der Europäischen Gemeinschaft deutlich fallen – bis zum Jahr 2000 um bis zu 15%" (Ausschuß der Krebssachverständigen der Europäischen Gemeinschaft).

Bestimmte Krebskrankheiten können vermieden werden

1. Rauchen Sie nicht! Raucher sollten dies so schnell wie möglich befolgen und schon gar nicht in Anwesenheit anderer rauchen.
2. Verringern Sie Ihren Alkoholkonsum: Bier, Wein, Spirituosen.
3. Vermeiden Sie starke Sonnenbestrahlung.
4. Beachten Sie die Sicherheitsvorschriften für Ihren Arbeitsplatz, wenn Sie dort krebserregende Stoffe herstellen, handhaben oder gebrauchen.

Ihr allgemeiner Gesundheitszustand wird durch die folgenden zwei Empfehlungen gefördert, die auch das Risiko mancher Krebskrankheiten vermindern:

5 Essen Sie häufig frisches Obst und Gemüse sowie Getreideprodukte mit hohem Fasergehalt.

6 Vermeiden Sie Übergewicht, und begrenzen Sie die Aufnahme fettreicher Nahrungsmittel.

Mehr Krebskrankheiten werden geheilt, wenn sie früh erkannt werden.

7 Gehen Sie zum Arzt, wenn Sie eine ungewöhnliche Veränderung bemerken, eine Veränderung an einem Hautmal oder eine abnorme Blutung.

8 Gehen Sie zum Arzt, wenn Sie andauernde Beschwerden haben, wie chronischen Husten oder Heiserkeit, dauerhafte Anfälligkeiten bei der Verdauung, oder einen ungeklärten Gewichtsverlust bemerken.

Für Frauen:

9 Gehen Sie regelmäßig zur gynäkologischen Vorsorgeuntersuchung.

10 Untersuchen Sie regelmäßig Ihre Brüste; wenn Sie über 40 sind, gehen Sie, wenn möglich, in regelmäßigen Abständen zur Mammographie.

Literatur

Chamberlain, J., S. Moss: Evaluation of Cancer Screening. Springer, S. 33–36, 1996

Hornung, R.: Krebs. Wissen, Einstellungen und präventives Verhalten der Bevölkerung. Hans Huber Verlag, Bern 1986

Queisser, W., H. Huber: Aktion gegen den Krebs. Früherkennung und Vorbeugung. Onkologie 18 (1995) 1–64 (Sonderheft Früherkennung)

4 Grundlagen der Tumordiagnostik

W. F. Jungi

4 Grundlagen der Tumordiagnostik

W. F. Jungi

Das in der Medizin allgemeingültige Gesetz **Keine Therapie ohne Diagnose** hat in der Tumormedizin ganz besondere Bedeutung. Angesichts der beträchtlichen Auswirkungen auf den Tumorpatienten (verstümmelnde Operationen, Nebenwirkungen von Strahlen- und Chemotherapie) ist es nicht zu verantworten, einem Patienten ohne gesicherte Tumordiagnose eine derart eingreifende Therapie zuzumuten. Dies ist höchstens als Notfallmaßnahme von einem Erfahrenen bei klinisch eindeutiger Situation zu verantworten (s. Kap. 21).

Eine sichere Diagnose des Primärtumors und eine möglichst genaue Abklärung seiner Ausbreitung im übrigen Körper sind die entscheidenden, *unabdingbaren Voraussetzungen* einer erfolgversprechenden Tumorbehandlung. Sie sind die Grundlage einer rationalen, gründlichen, heute stets interdisziplinären Behandlungsplanung. Diese hat stets den ganzen Menschen und nicht nur den Fall eines bestimmten Tumors in Betracht zu ziehen.

Bei *veränderter Situation,* z.B. bei Erreichen einer Vollremission oder bei rasch wieder wachsendem Tumor, müssen mindestens einzelne, gezielte Untersuchungen wiederholt werden, um eine sog. Zwischenbilanz zu ziehen.. Erst auf dieser Grundlage kann ein neuer Therapieentscheid gefällt werden.

Um den Verlauf einer Tumorkrankheit mit oder ohne Behandlung beurteilen zu können, müssen unbedingt Kriterien bestimmt werden, die vor der Behandlung wenn immer möglich *quantitativ* festgehalten und in regelmäßigen Abständen unter der Behandlung kontrolliert und mit den *Anfangswerten verglichen* werden (sog. Verlaufsparameter). Es kann sich dabei um tast- bzw. meßbare Tumore (Lymphome, Lungenmetastasen), vergrößerte Organe (Leber), Körperhöhlenergüsse (Pleuraexsudate), Laborabnormitäten (Blutbild und Knochenmark bei hämatologischen Neoplasien, bestimmte Hormone bei bestimmten hormonproduzierenden Tumoren) oder auch nur um den sog. Allgemeinzustand, d.h. subjektive Symptome wie Schmerzen, Appetit usw., des Tumorpatienten

Tabelle 4.1 Einstufung des Allgemeinzustandes des Patienten nach Zubrod (WHO) (aus Senn, H.-J. et al: Checkliste Onkologie. Thieme Verlag, Stuttgart 1997)

0	Normale körperliche Aktivität, keine besondere Pflege erforderlich
1	Mäßig eingeschränkte körperliche Aktivität und Arbeitsfähigkeit, nicht bettlägerig
2	Arbeitsunfähig, meist selbständige Lebensführung, wachsendes Ausmaß an Pflege und Unterstützung notwendig, weniger als 50% bettlägerig
3	Unfähig, sich selbst zu versorgen, kontinuierliche Pflege oder Hospitalisierung notwendig, rasche Progredienz des Leidens, mehr als 50% bettlägerig
4	100% krankheitsbedingt bettlägerig

handeln. Alle diese Dinge sollen durch Messung so gut und genau als möglich festgehalten werden.

Nicht meßbare Dinge (z. B. der Allgemeinzustand) werden in einer Skala, z. B. der WHO-Skala nach Zubrod, eingestuft (Tab. 4.**1**). Eine häufig angewandte Skala ist auch die Skala nach Karnofsky (100-0).

Allgemeines

Die Abklärung eines Tumorpatienten soll so kurz, so zielgerichtet und so wenig belastend wie möglich für den Patienten, seine Familie und das Krankenhaus sein. Sie muß *individuell*, d. h. der Situation und der Persönlichkeit des Patienten angepaßt, erfolgen. Falls ein Patient im Rahmen einer *kontrollierten klinischen Studie* behandelt wird, können unter Umständen zusätzliche Untersuchungen notwendig werden. Grundpfeiler bleiben Anamnese (Befragung) und Untersuchung.

Jede Untersuchung auf Krebs muß an folgenden **Anforderungen** gemessen werden:

1 **Sicherheit:** Zu bestimmen ist hier die Rate der falsch positiven (Spezifität) wie die der falsch negativen Ergebnisse (Sensitivität). Beispiel: Ein Test, z. B. der Blutnachweis im Stuhl, der in einem nennenswerten Prozentsatz positiv ausfällt, d. h. auf Krebs verdächtig ist, obwohl kein Krebs vorliegt (falsch positiv), ist unbrauchbar. Er führt zur Beunruhigung von Patient, Familie und Arzt und zu einer oft langen, erfolglosen Abklärung. Auf der anderen Seite ist ein Test, der nur bei der Hälfte der

an einem bestimmten Tumor leidenden Patienten positiv ausfällt (damit bei der Hälfte falsch negativ), ebenfalls unbrauchbar. Diese Problematik ist besonders aktuell bei Vorsorgeuntersuchungen.

2 **Praktische Durchführbarkeit:** Eine Methode ist als Routinetest, speziell bei Reihenuntersuchungen Gesunder, nur verwendbar, wenn er
- einfach,
- zumutbar,
- wiederholbar,
- überall durchführbar,
- kostengünstig ist.

So ist z. B. eine Gastroskopie (Magenspiegelung) die beste und sicherste Methode zur Früherfassung von Magenkrebs – aber weder einfach, billig, noch überall durchführbar.

Wir unterscheiden *direkte*, d.h. die Existenz und Natur eines Tumors zweifelsfrei beweisende Untersuchungen, sowie *indirekte,* höchstens die Existenz und Lokalisation einer Geschwulst anzeigende Methoden. Die direkten Methoden haben selbstverständlich den Vorrang.

Nach Sicherung der Diagnose des Primärtumors bzw. der Natur der Erkrankung muß möglichst bald deren Ausbreitung, das sog. *Tumorstadium,* bestimmt werden (Stadienabklärung, englisch „staging" genannt). Die Stadieneinteilung beruht auf der Tatsache, daß die meisten Organtumoren zuerst begrenzt lokalisiert wachsen, später in die Umgebung infiltrieren und auf dem Lymph- oder Blutweg *Metastasen* in andere Organe setzen. Daneben gibt es von Anfang an *generalisierte* (im ganzen Körper befindliche) Geschwulsterkrankungen (wie z. B. Leukämien), deren Ausbreitungs- und Schweregrad aber ebenfalls quantitativ festgehalten werden kann. Je höher das Stadium, d. h. je weiter ausgebreitet der Tumor, desto schlechter im allgemeinen die Prognose für den betreffenden Patienten.

Zur Festhaltung des Tumorstadiums bei verschiedenen Krebsformen sind von verschiedenen Forschern und Organisationen Schemata aufgestellt worden. Früher wurde vor allem das einfache Schema in Tab. 4.**2** verwendet.

Tabelle 4.**2** Einfaches Schema der Stadieneinteilung maligner Tumoren

I.	Lokal begrenzter Primärtumor (evtl. mit Untergruppen je nach Infiltration in das umgebende Gewebe)
II.	Befall der regionären Lymphknoten
III.	Fernmetastasen

Tabelle 4.**3** Klinische TNM-Stadien-Einteilung maligner Tumoren (UICC), dargestellt am Beispiel des Mammakarzinoms (vereinfacht) (aus: TNM-Klassifikation maligner Tumoren, 4. Aufl. 2. Revision Springer, Berlin 1992)

T – Primärtumor

TIS präinvasives Karzinom (Carcinoma in situ)

T1 Der Tumor mißt in seiner größten Ausdehnung 2 cm oder weniger
- T1 a 0,5 cm oder kleiner
- T1 b 0,5–1 cm
- T1 c 1–2 cm

T2 Der Tumor mißt in seiner größten Ausdehnung 2–5 cm

T3 Tumor größer als 5 cm

T4 Tumor jeglicher Größe mit Infiltration in die Brustwand oder Haut
- T4 a mit Ausdehnung auf die Brustwand
- T4 b mit Ödem, Infiltration (Apfelsinenhaut), Ulzeration der Haut oder Satellitenmetastasen in der Brust
- T4 c 4 a + 4 b gemeinsam
- T4 d entzündliches Karzinom

N – regionale Lymphknoten

N0 keine tastbaren Lymphknoten in der gleichseitigen Achselhöhle

N1 tastbare, bewegliche Lymphknoten in der gleichseitigen Achselhöhle
- N1 a Mikrometastasen $\leq$ 0,2 cm
- N1 bi 1–3 LK-Metastasen $>$ 0,2 – $<$ 2 cm
- N1 bii $\geq$ 4 LK-Metastasen $>$ 0,2 – $<$ 2 cm
- N1 biii $\leq$ 2 cm mit LK-Kapseldurchbruch

N2 wie N1, aber an andere Strukturen oder untereinander fixiert

N3 Lymphknoten ipsilateral entlang der A. mammaria interna
Achtung: Die klinische TNM-Einteilung widerspricht nicht selten dem histologischen Befund!
N+ = Lymphknoten *histologisch* tumorbefallen
N– = Lymphknoten *histologisch* tumorfrei!

M – Fernmetastasen

M0 keine Fernmetastasen nachweisbar

M1 Fernmetastasen vorhanden, einschließlich tumoröser Hautinfiltration außerhalb des Brustdrüsenbereiches

In den letzten Jahren hat die „Union internationale contre le cancer" (UICC) eine für alle Tumoren, ausgenommen primär disseminierte Erkrankungen, anwendbare Klassifikation entwickelt, die auf den drei Pfeilern T = Primärtumor, N = Lymphknotenmetastasen, M = Fernmetastasen beruht (sog. TNM-Klassifikation). Als Beispiel sei die TNM-Klassifikation des Brustkrebses aufgeführt, die auf der *klinischen* Untersuchung beruht (Tab. 4.**3**).

Zur Stadieneinteilung gehören heute auch die Bestimmung des histologischen Reifegrads (sog. „grading") und Analyse weiterer prognostischer Eigenheiten des Tumors wie Tumormarker und *Hormonrezeptoren*. Diese sind für bestimmte Hormone spezifische Empfängerproteine im Gewebe. Ihr Gehalt gibt bei hormonabhängigen malignen Tumoren Hinweise auf Prognose und Beeinflußbarkeit durch Hormone (s. Kap. 5, Internistische Tumorbehandlung). Von praktischer Bedeutung sind die Östrogen- und Progesteronrezeptoren beim Mammakarzinom (s. Kap. 12).

Untersuchungsmethoden

Direkte Methoden

Eine sichere Diagnose liefert nur die Gewebsuntersuchung, die nach *chirurgischer Gewebsentnahme* (Biopsie) *histologisch* oder gegebenenfalls durch *Abstrich, Absaugen* oder *Feinnadelbiopsie zytologisch* erfolgen kann. Vorrang hat wegen ihrer größeren Sicherheit die chirurgische Biopsie. In den letzten Jahren hat aber auch die Feinnadelbiopsie (Abb. 4.**1**) große Verbreitung gefunden. Durch eine feine Nadel wird eine minimale Tumormenge aspiriert und gleich ausgestrichen und gefärbt. Sie verlangt sowohl in der Entnahme wie in der Beurteilung große Erfahrung. Gegenüber der chirurgischen Biopsie hat sie den Nachteil einer größeren Rate falsch negativer Ergebnisse, vor allem bei unsachgemäßer Technik, ist aber viel einfacher und billiger.

Die Feinnadelbiopsie (ggf. eine Stanz- oder Bohrbiopsie) eignet sich vor allem für leicht zugängliche Tumoren (Haut, Lymphknoten, Brustdrüse, Prostata), kann aber z. B. kombiniert mit Ultraschall, Computertomographie oder Röntgenbildverstärker auch bei inneren Organen angewendet werden.

In der überwiegenden Zahl der Fälle ist es mit Sicherheit möglich, einen bösartigen Tumor als solchen zu identifizieren. Unsicherheiten bestehen gelegentlich bei ungenügendem oder durch die Entnahme bzw. Aufarbeitung ungünstig verändertem Gewebsmaterial und können durch erneute Gewebsentnahme, wenn möglich an einem anderen Ort, oder im Verlauf geklärt werden. Fälschliche Etikettierung als „bösartig", d. h. Krebs, oder „gutartig" ist äußerst selten.

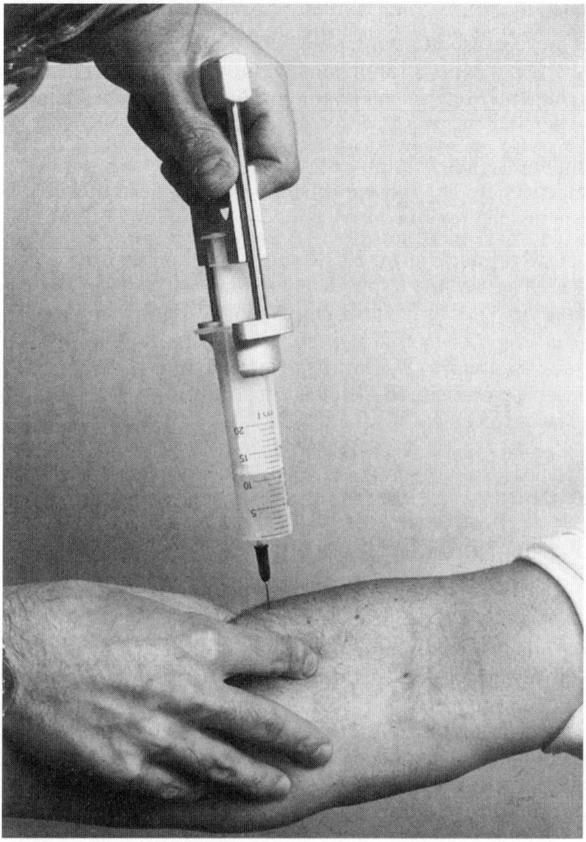

Abb. 4.1 Vorgang der Biopsie: Eine Hand hält den verdächtigen Befund fest; mit der anderen wird punktiert und gleichzeitig aspiriert (Tragen von Handschuhen empfohlen).

Durch die direkte Gewebsuntersuchung ist es möglich, die oft prognostisch sehr unterschiedlichen Unterformen der betreffenden Tumorerkrankung herauszufinden. Für Beispiele dazu sei auf die betreffenden Kapitel 12–20 verwiesen. Die Gefahr einer Tumorzellverschleppung durch eine Biopsie irgendwelcher Art ist gering und hat im allgemeinen keinen Einfluß auf den Krankheitsverlauf.

Durch die Entwicklung der medizinischen Technik (Endoskopie, Röntgen, Computer- und Kernspintomographie, Ultraschall) gelingt es heute in den meisten Fällen, oft im Zusammenhang mit anderen Untersuchungen rasch und genügend Material zur histologischen Tumoruntersuchung zu gewinnen.

Bei einigen wenigen, seltenen Tumorerkrankungen kann aufgrund sog. Tumormarker eine sichere Diagnose aus Blut bzw. Urin gestellt werden. Es handelt sich in erster Linie um

- *Plasmozytom* (Myelom: abnorme Eiweiße im Blut oder Urin);
- Tumoren, die ein bestimmtes, spezifisches Hormon produzieren, wie *Trophoblasttumoren* der Frau, bestimmte maligne *Hodentumoren* des Mannes, *primäres Leberzellkarzinom, Karzinoid-, Phäochromozytomtumoren, medulläre Schilddrüsenkarzinome* u.a. (s. unten). Auch bei diesen Tumoren muß gleichzeitig eine histologische Bestätigung angestrebt werden.

Indirekte Methoden

Nuklearmedizinische Untersuchungen

Neben den selteneren Funktionstesten handelt es sich in erster Linie um die sog. *Szintigramme,* die für verschiedene Organe (Skelett, Schilddrüse, Lunge, Leber, Hirn, Niere) möglich sind. Diese Untersuchungen sind keinesfalls gleichwertig; so sind z.B. Leber- und Hirnszintigramme zu wenig treffsicher, während z.B. die Skelettszintigraphie in der Früherkennung dieses Metastasierungstyps erfolgreich eingesetzt werden kann. Alle diese Untersuchungen sind aber nicht spezifisch, indem sie nur die Aufnahme des bestimmten Isotops in ein bestimmtes Organ, oft bei gesteigertem Gewebsumbau, anzeigen.

Radiologische Untersuchungen

Die moderne Radiologie stellt der Tumormedizin eine ganze Reihe von wertvollen Hilfsmitteln zur Verfügung. In vielen Fällen ist bereits nach der Röntgenuntersuchung der „Fall klar", z.B. bei Magenkarzinomen, Knochensarkomen, bösartigen Nierentumoren (Abb. 4.**2**–4.**4**) usw. In der Diagnostik von Magen-Darm-Tumoren ergänzen sich Endoskopie und Radiologie und ermöglichen eine gezielte Biopsie. Auf die Aufzählung aller möglichen Untersuchungsmethoden wird verzichtet (s. Kap. 12–20). Die endgültige Diagnose liefert stets die gezielte Gewebsuntersuchung.

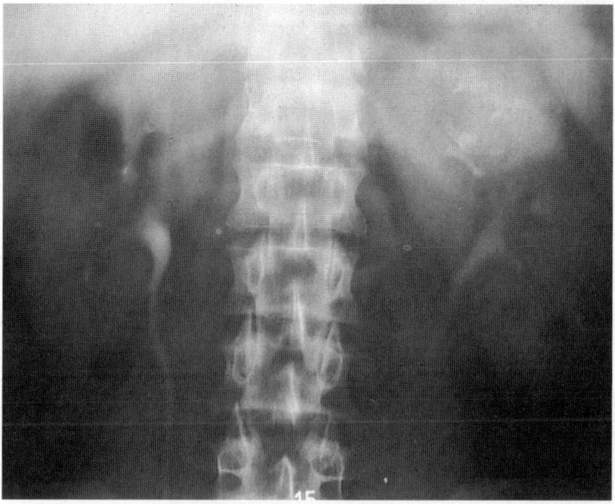

Abb. 4.**2** Intravenöses Urogramm (Tomographie): großer Tumor der linken Niere, teilverkalkt, konturdeformierend. Kompression des kranialen Nierenbeckenkelchsystems. (Für die freundliche Überlassung der Abb. 4.**2**–4.**5** sei Prof. Dr. M. Haertel, Chefarzt des Instituts für Radiologie, Kantonsspital St. Gallen, herzlich gedankt).

Computertomographie

Durch eine schichtweise Untersuchung des ganzen Körpers bzw. einzelner Körperteile (Schädel, Abdomen) lassen sich bisher kaum nachweisbare Tumoren mittels Computertomographie (CT) darstellen (Abb. 4.**4**). Damit ist häufig die Indikation zu einem chirurgischen Vorgehen zur definitiven Sicherung der Histologie bzw. zur Entfernung des Tumors gegeben. Diese Untersuchung liefert in vielen Fällen die entscheidende Information (Schädel, Abdomen).

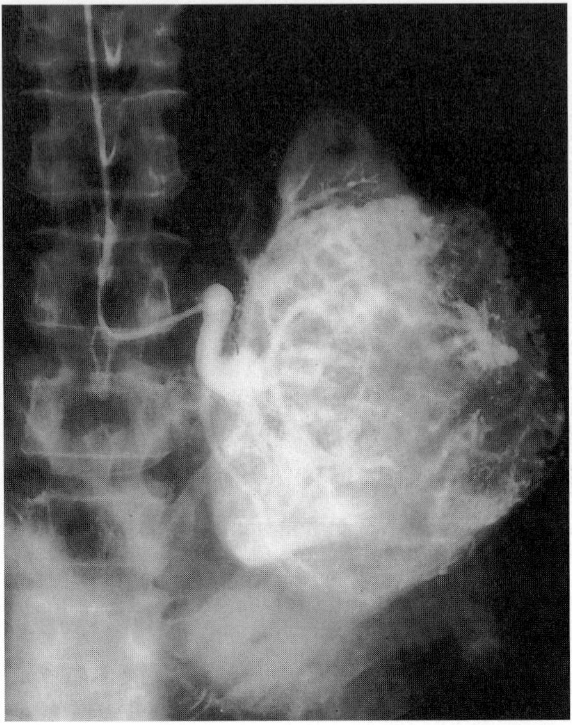

Abb. 4.**3** Nierenangiogramm links: sehr stark durchbluteter Nierentumor (Nierenzellkarzinom) mit zahlreichen, pathologischen Gefäßen.

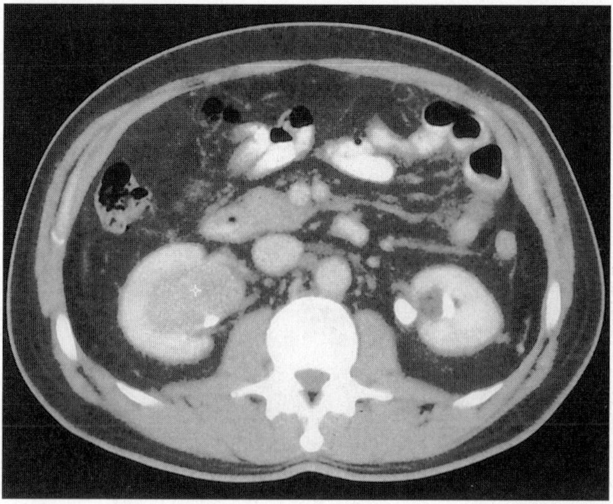

Abb. 4.**4** Nierencomputertomogramm: voluminöser Tumor der weitgehend zerstörten rechten Niere.

Kernspintomographie (Magnetresonanz = MR)

Das Prinzip der Magnetresonanztomographie (Abb. 4.**5**) beruht auf kernphysikalischen Prozessen – in aller Regel der Wasserstoffatome – im Magnetfeld, wobei nach Einstrahlen eines feldstärkeabhängigen Hochfrequenzimpulses (Radiowellen) gewebscharakteristische Resonanzsignale gemessen werden. Diagnostisch besonders aufschlußreich sind kernspintomographische Untersuchungen des zentralen Nervensystems und des muskuloskelettalen Apparates – stets ohne Verwendung ionisierender Strahlung! Untersuchungstechnisch hinderlich sind inkorporierte ferromagnetische Materalien unterschiedlichster Art (metallische Fremdkörper, Herzschrittmacher u. a.) oder klaustrophobe Tendenzen.

Positronen-Emissions-Tomographie (PET)

Dieses neue nuklearmedizinische Verfahren ermöglicht es, räumliche und zeitliche Verteilung kurzlebiger Radioisotopen im Körper darzustellen. Damit können Organe wie das Gehirn dreidimensional abgebildet und ihre Funktion erfaßt werden.

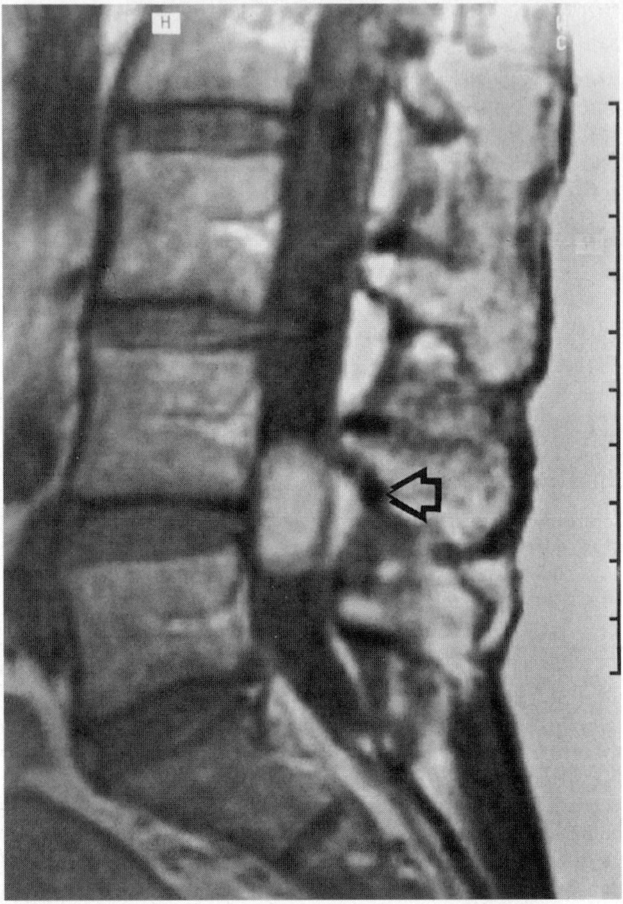

Abb. 4.**5** Lumbovertebrales Kernspintomogramm (sagittal): Neurinom der Cauda equina (→) als signalintensive Läsion mit Enhancement nach Gadolinium-Gabe (MR-Kontrastmittel).

Ultraschall

Die ungefährliche, nicht mit ionisierenden Strahlen arbeitende Ultraschalluntersuchung (Abb. 4.**6**) kann vor allem im Abdomen sehr wertvolle Hilfe bei der Entdeckung von Tumoren in der Leber, im Pankreas, in den paraaortalen Lymphknoten, in der Niere, in der Brustdrüse und in den Geschlechtsorganen leisten. Dasselbe Prinzip benutzt die Echokardiographie. Sie ist einfach, relativ billig, für den Patienten nicht belastend, aber stark von der Erfahrung des Untersuchenden abhängig.

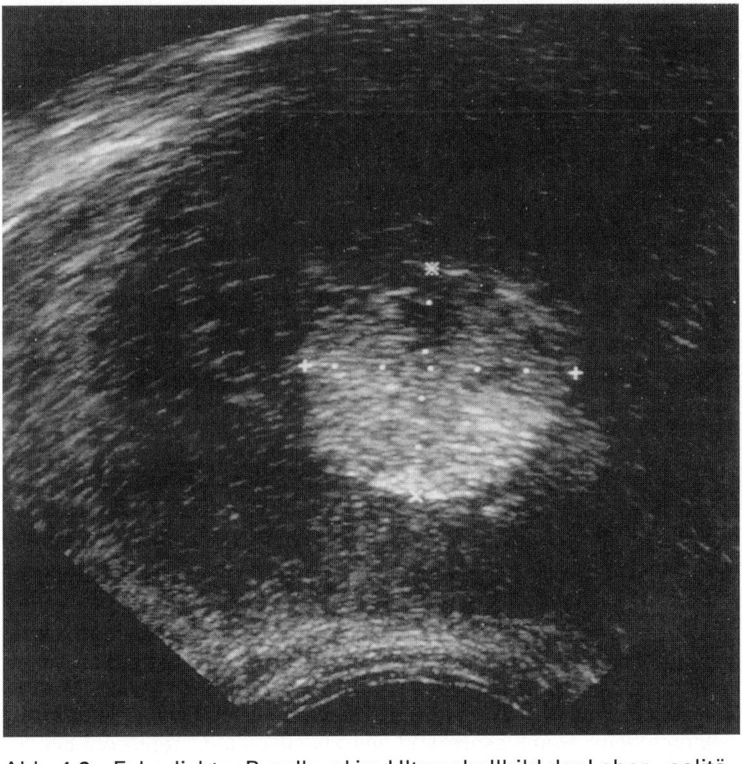

Abb. 4.**6** Echodichter Rundherd im Ultraschallbild der Leber = solitäre Lebermetastase eines Dickdarmkrebses (Dr. J. Binek, Gastroenterologie, Kantonsspital St. Gallen).

Laboruntersuchungen

Bisher hat sich kein einzelner Labortest oder eine Kombination von Labortesten zur Früherkennung von Tumorkrankheiten bewährt. Einzig spezifische Tumorprodukte wie bestimmte Hormone und Eiweiße können direkt zur richtigen Diagnose führen; alle anderen können wohl den Verdacht auf ein Malignom wecken, machen aber das in Tab. 4.**4** erwähnte Vorgehen keineswegs überflüssig.

Tabelle 4.**4** Rationale Tumordiagnostik

1. Anamnese (Risikofaktoren?)
2. Genaue klinische Untersuchung
3. Kritischer Einsatz von Labor/Röntgenologie/Nuklearmedizin
4. Möglichst rascher direkter, histologischer/zytologischer Tumornachweis (oft mittels Endoskopie oder chirurgischen „Staging"-Eingriffen, s. Tumorchirurgie, Kap. 5)

Tumormarker. Unter dem Begriff Tumormarker werden generell zelluläre und/oder humorale Bestandteile des menschlichen Organismus verstanden, die auf ein Tumorleiden hinweisen. Sie können zur Charakterisierung des Tumors beitragen oder Angaben zum Wachstum und zum Ansprechen auf eine Therapie ermöglichen. Die bis heute bekannten Tumormarker sind nicht spezifisch für malignes Wachstum, sondern werden auch bei benignen Erkrankungen, teilweise sogar beim Gesunden gefunden (Tab. 4.**5**). Tumormarker haben sich in Verlaufskontrolle und Therapieüberwachung sowie zu einem kleinen Teil auch in der Diagnostik bewährt. Die langgehegte Hoffnung, verläßliche Marker zu finden, die ein Tumorwachstum frühzeitig anzeigen, haben sich bisher nicht erfüllt.

Zu den zellulären Tumormarkern zählen morphologisch definierte Marker zur Organdifferenzierung, immunhistologische Marker vor allem bei gering differenzierten Tumoren, Oberflächenmarker hämatologischer Malignome und Marker genetischer Anomalien (Onkogene). Ihre Bestimmung wird, abgesehen von wenigen Ausnahmen – wie Hormonrezeptoren beim Mammakarzinom und Philadelphia-Chromosom bei der chronischen myeloischen Leukämie – zur Zeit noch nicht innerhalb der klinischen Routinediagnostik durchgeführt.

Für die heute praktizierte Laboratoriumsdiagnostik maligner Tumoren stehen drei große Klassen von Tumormarkern im Vordergrund des Interesses (Tab. 4.**6**):

Tabelle 4.5 Spezifität von Tumormarkern

Marker mit relativ hoher Organspezifität (≥ 80 % richtig positiv)	
Kalzitonin:	medulläres Schilddrüsenkarzinom
PSA:	Prostatakarzinom
β-HCG/AFP:	Keimzelltumoren
AFP:	Leberzelltumoren
NSE:	SCLC, neuroendokrine Tumoren
Marker mit limitierter Organspezifität (40 bis 80 % richtig positiv)	
CA 19–91:	Pankreaskarzinom
CA 125:	Ovarialkarzinom
CA 72–4	Magenkarzinom
CA 15–3/MCA:	Mammakarzinom
Marker ohne Organspezifität	
CEA TPA (TPS) β_2-M CRP	

- primäre, tumorassoziierte Marker;
- sekundäre, tumorproduzierte Marker;
- tertiäre, tumorinduzierte Veränderungen.

Ausnahmslos weisen alle Marker erst dann auf einen Tumor hin, wenn sie eine bestimmte Konzentrationsschwelle überschreiten. Sie sind also mehr oder minder vom Ausmaß der Tumorkrankheit abhängig. Es gibt keinen Tumormarker, der die erste maligne veränderte Zelle anzeigt.

Tabelle 4.**6** Drei Klassen von Tumormarkern

Primäre, tumorassoziierte Marker

Membran-integrierte	CEA	onkoembryonal
sezernierte Antigene	AFP β-HCG CA 19–9, 12–5, 15–3	onkoembryonal
(von Blutgruppen abgeleitete Antigene)	SCC-Antigen MCA	

Sekundäre, tumorproduzierte Marker

- unspezifische Proliferationsantigene: TPA, β-2-Mikroglobulin
- Proteine, z. B.: PSA, Hormonrezeptoren; monoklonale Immunoglobuline bzw. Bruchstücke
- Hormone, z. B.: Serotonin, Katecholamine, Prolaktin, PTH, Kalzitonin, Insulin, T3, T4
- Enzyme, z. B.: NSE, PAP, Phospho-Isomerase, alkalische Phosphatase, LDH, CK-B, α-Amylase

Tertiäre, tumorinduzierte Veränderungen

- ektopische Hormonproduktion, „paraneoplastisches Syndrom"
- Enzymaktivitätsänderungen, z. B. Transaminasen, GGT, CHe
- Proteine, Änderung ihrer Serumkonzentrationen, z. B.: Albumin, CRP u. a. akute Phasen-Proteine, Ferritin, Immunglobuline
- Lipide und Lipoproteine

Paramedizinische „Krebsteste"

In Kap. 1 und 2 wurden die Gesetze malignen Wachstums dargestellt. Auch wenn noch sehr viele Fragen offenstehen, sind doch die Gesetzmäßigkeiten des Tumorwachstums so weit geklärt, daß sie zu einer rationalen Tumordiagnostik, wie oben geschildert, ausreichen. Neben diesen wissenschaftlichen Theorien existieren aber zahlreiche andere, die alle unbewiesen, geheimnisvoll, widersprüchlich, also im gesamten *irrational* sind. Ausfluß dieser irrationalen Krebsentstehungstheorien sind zahlreiche „Krebsteste", die vor allem in den deutschsprachigen Ländern trotz ihrer offensichtlichen Unsinnigkeit und Nutzlosigkeit immer wieder angepriesen und durchgeführt werden. Auf die Einzelheiten dieser schillernden Palette soll hier nicht eingegangen werden. Eine Übersicht gibt Tab. 4.**7**.

Tabelle 4.7 Krebsteste unbewiesener Aussagekraft

„Krebstest"	Beispiel (Autor)
1. Krebserreger	Protozoen, Viren, Endobionten, Pilze
2. Atypien der Erythrozyten	Erythrozyten-Veränderungsindex
3. Atypien des gerinnenden Blutes	Urin-Blut-Test
4. Kontrolle unbewiesener Heilverfahren	Kapillardynamischer Test (Kaelin)
5. Eiweißausfällung und -fraktionierung	Kupferchloridreaktion (Pfeiffer), Mesenchymtest
6. Farbstoffveränderung im Serum und Urin	Carcinochromreaktion (Gutschmidt)
7. Krebsenzyme	(Abderhalden, Nitsche)
8. Pseudoimmunologie	Magnolipin-Test
9. Bioelektronische und elektrochemische Teste	R-T-Meßmethodik (Vincent), Elektroakupunktur RCR (Rilling)
10. Andere Teste:	
Irisdiagnostik	
Thermodiagnostik	
Spektralanalyse	
Cholesterin/Zucker:	
Lipidphosphor	(Leupold)
ICU-Test	
HACA-Test	(Guettner)
Aurasskopie	(Auras)
ERY-Test	(Häfeli)

Alle diese Teste sind unsicher (zu wenig spezifisch und sensitiv), damit nutzlos und gefährlich (Verängstigung bei falsch positivem, falsche Beruhigung bei falsch negativem Resultat). Viele „Wunderheilungen" durch Außenseitermethoden betreffen allein durch solche Teste „bewiesene" Krebserkrankung.

Metastasen bei unbekanntem Primärtumor

Daß ein maligner Tumor erst an seinen *Metastasen* erkannt wird, ist nicht selten (10–20%). Die Metastasen befinden sich dabei am häufigsten in Lymphknoten, Haut, Knochen, Hirn oder Lungen. Durch genaue Befragung (Anamnese) und Untersuchung gelingt es in rund der Hälfte der Fälle bereits, den Primärtumor ohne weitere Untersuchungen herauszufinden. In den anderen Fällen soll möglichst *gezielt,* d.h. auf eventuelle Beschwerden oder Abnormitäten ausgerichtet, vorgegangen werden. Bei Stuhlunregelmäßigkeiten soll z.B. zuerst der Magen-Darm-Trakt, bei Rauchern zuerst Lunge und HNO-Gebiet, bei Blutbeimengung zum Urin zuerst Niere und Blase abgeklärt werden. In vielen Fällen kann der Pathologe aufgrund der histologischen Untersuchung der Metastase wertvolle Hinweise auf den Sitz des Primärtumors geben.

Diese Primärtumorsuche muß unter Berücksichtigung der Gesamtsituation und der Persönlichkeit des Tumorpatienten, ganz besonders seines Alters und seines Allgemeinzustandes, erfolgen. Es ist völlig unsinnig, einem alten Patienten eine ganze Batterie von eingreifenden Untersuchungen zuzumuten, wenn daraus ohnehin keine Indikation zu einer erfolgversprechenden Behandlung abgeleitet werden kann. Durch den Nachweis der Metastasierung sind in vielen Fällen bereits eine schlechte Prognose und die Unmöglichkeit der Erreichung einer Vollremission oder Heilung gegeben. Es kann daher sinnvoll sein, die Primärtumorsuche abzubrechen und eine dem Stadium und der Histologie entsprechende Behandlung einzuleiten oder überhaupt auf weitere Abklärung und Tumorbehandlung zu verzichten.

Literatur

Brand, A.: Diagnostische Außenseitermethoden. Dtsch. med. Wschr. 108 (1983) 870

Dahlmann, N.: Alte und neue Tumormarker. Dtsch. med. Wschr. 114 (1989) 1848

Fateh-Moghadam, A., P. Stieber: Tumormarker und ihr sinnvoller Einsatz. 2. Aufl. Hartmann, Harloffstein-Rathsberg 1993

Hermanek, P., O. Scheibe, G. Spiessl, G. Wagner (Hg.): UICC: TNM-Klassifikation maligner Tumoren, 4. Aufl. Springer, Berlin 1987

Jungi, W. F.: Diagnose und Therapiestrategie beim CUP-Syndrom. Educationals, 22. Deutscher Krebskongreß Berlin 1996, S. 26–29

Jungi, W. F., B. Osterwalder: Vorgehen bei Metastasen mit unbekanntem Primärtumor. Schweiz. med. Wschr. 120 (1990) 1273

Lamerz, R., K. Mann: Tumormarker, Kapitel 10 (S. 265). In H. J. Schmoll, D. Peters, U. Fink: Kompendium der internistischen Onkologie, Teil 1., 2. Aufl. Springer, Berlin 1996

Senn, H.-J., P. Drings, A. Glaus; W. F. Jungi, R. Sauer, P. Schlag: Checkliste Onkologie. Thieme 4. Auflage Stuttgart 1997

5

Grundlagen der Behandlung maligner Tumoren

5 Grundlagen der Behandlung maligner Tumoren

W. F. Jungi, R. Stieger, R. Sauer und R. Oettli

Onkologische Chirurgie

R. Stieger

Die für Patienten, Pflegende und betreuende Ärzte befriedigendste Tumortherapie ist auch heute noch die radikale operative Entfernung eines Tumors mit dem Ziel der Heilung. Oft ist diese in kurativer Intention durchgeführte Operation aber nicht (mehr) möglich. Tumorart, -biologie, -ausdehnung und -lokalisation und reduzierter Allgemeinzustand des Patienten können die Operabilität beeinflussen bzw. einen Eingriff unratsam machen. Hier liegt das Hauptbetätigungsfeld für das *interdisziplinäre Onkologieteam.* Konkret ist die Zusammenarbeit zwischen Patient, Angehörigen, Pflegedienst, Hausärzten, Spezialärzten der Onkologie, diagnostischen Radiologie, Radiotherapie, Chirurgie und Nuklearmedizin gefordert. Zusammen wird ein *multimodales Therapiekonzept* für jeden individuellen Patienten anhand wissenschaftlich erwiesenem Vorgehen einerseits und Gesamtsituation des Patienten andererseits erarbeitet.

Hoffnung, Mut, Vertrauen und Erwartungshaltungen des Patienten, der Pflegenden, der zuweisenden und behandelnden Ärzte werden dabei zur ganzheitlichen Beurteilung eines jeden Individuums mit einer Tumorkrankheit einbezogen.

Der chirurgische Anteil dieses Konzeptes kann primär in einer *operativen Diagnostik* zur Feststellung der Tumorart und -ausdehnung liegen oder aber auch in einer *palliativen operativen Therapie* wie Beseitigung oder Prävention von Tumorfolgen (Schmerzen, Stenose, Perforation, Blutung) oder Tumorreduktion zur Verbesserung der Überlebenszeit und vor allen Dingen der Lebensqualität des Patienten. Die Kooperation des Patienten in dieser oft belastenden Therapie kann am besten durch eine seriöse und ausführliche Information durch den betreuenden Arzt zusammen mit der Pflegeperson erreicht werden. Erfahrungsgemäß kann damit das Vertrauen des Patienten gewonnen werden. Die Hoffnung und der Mut des informierten Patienten helfen ihm, seine Angst vor dem Tumor und der Behandlung zu verarbeiten und sein Kämpfen gegen die Krankheit zu unterstützen. Im folgenden sollen die erwähnten operativen Zielsetzungen näher aufgezeigt und anhand konkreter Beispiele erläutert werden.

Diagnostische Chirurgie

Die neueren Methoden der Radiodiagnostik mit Endosonographie, Angio-CT und MR-Angiographie haben zusammen mit den bewährten Abklärungen wie Endoskopie mit Biopsie und Kontrastmitteldarstellungen eine hohe Aussagekraft bezüglich Tumorart, -ausdehnung, -lokalisation und eventueller Metastasierung. Den schlüssigen Beweis für das Vorliegen eines Tumorleidens kann aber in jedem Fall nur die Biopsie (evtl. computertomographisch gesteuerte Feinnadelbiopsie) oder die operative Freilegung mit Schnellschnitthistologie erbringen. Auch Inoperabilität soll deshalb nur mit diesen histologisch verifizierten Methoden diagnostiziert werden.

Stadienabklärung. Die Stadienabklärung eines Tumorleidens erfordert zur Festlegung eines multimodalen Therapiekonzeptes in der modernen interdisziplinären Onkologie oft einen operativen diagnostischen Eingriff. Als Beispiel dafür soll die *diagnostische Laparoskopie* beim Magenkarzinom erwähnt werden: Wenn nicht ohnehin eine palliative Operationsindikation wegen einer Blutung oder Stenosierung vorliegt, kann hier die Laparoskopie, allenfalls ergänzt mit *laparoskopischer Sonographie,* zuverlässig eine Lebermetastasierung oder eine Peritonealkarzinose mit Biopsie nachweisen oder ausschließen. Es hat sich gezeigt, daß in diesen Fällen nicht die primäre operative Therapie, sondern eine neoadjuvante Chemotherapie und bei Ansprechen eine sekundäre Resektion die besten Resultate ergibt. Bei Nichtansprechen kann dem oligosymptomatischen Patienten allenfalls eine palliative Operation erspart bleiben.

Eine *diagnostische Mediastinoskopie* mit Biopsie unklarer mediastinaler Befunde beim Bronchuskarzinom sowie die *diagnostische Thorakoskopie* mit intraoperativer *Schnellschnitthistologie* beim unklaren peripheren Lungenrundherd verschaffen klare Grundlagen für ein Therapiekonzept. Mit den beschriebenen Methoden kann die *diagnostische Laparotomie* oder *Thorakotomie* Einzelfällen, z. B. dem Staging eines Lokalrezidivs beim Rektumkarzinom, vorbehalten bleiben. Diese **„Second look“-Eingriffe** können sowohl diagnostisch als auch therapeutisch indiziert sein. Als klassisches Beispiel soll hier das Ovarialkarzinom erwähnt werden: Nach primärer zytoreduktiver Operation erfolgt eine Chemotherapie und anschließend die Relaparotomie zur Entfernung der Resttumoren. Grundsätzlich soll nicht ohne histologische Verifizierung eine lokale Inoperabilität oder eine Fernmetastasierung diagnostiziert und damit dem Patienten die Chance für eine kurative Operation genommen werden.

Zum Schluß soll die diagnostische *systematische Lymphadenektomie* erwähnt werden. Gerade beim Mammakarzinom kann mit dem Ausräumen der axillären Lymphknoten und deren histologischen Aufarbeitung erst das Tumorstadium zusammen mit der Hormonrezeptorenbestimmung definitiv festgelegt werden. Damit kann eine adjuvante Chemo-, Hormon- und Radiotherapie stadiengerecht individuell geplant werden. Auch bei Kolon-, Magen- oder Bronchuskarzinom hat sich dieses Lymphknotenstaging bei der Resektion als Grundlage für Prognose und adjuvante Therapie bewährt.

Kurative Operation

Grundsätzlich sollte jeder Patient mit einem lokalisierten malignen Leiden unter dem Aspekt einer möglichen kurativen Operation an einer *interdisziplinären Konferenz* mit dem Chirurgen besprochen werden. Auch eine isolierte Fernmetastasierung soll dabei kein Hindernisgrund sein, zeigen doch neuere Untersuchungen klar, daß z. B. Patienten mit isolierten Lebermetastasen eines kolorektalen Karzinoms in mehr als 30 % der Fälle länger als 5 Jahre überleben und damit geheilt werden können. In der Regel verläuft der Eingriff zweizeitig: Zuerst erfolgt die Entfernung des Primärtumors und nach einigen Wochen die Leberresektion.

Resektion. Die *operative Radikalität* mit kompletter Resektion des Tumors hat eine große prognostische Bedeutung. Immer soll eine sog. R 0-Resektion, d. h. eine Resektion ohne Resttumor, angestrebt werden. Wird dieser Resttumor lediglich in der histologischen Untersuchung mit befallenen Resektionsrändern nachgewiesen, sprechen wir von einer R 1-Resektion, bei bereits makroskopischem Resttumor von einem R 2-Eingriff. Die Operation wird mit verbleibendem Resttumor zum Palliativeingriff, und die Prognose für den Patienten verschlechtert sich massiv. Andererseits wurde nachgewiesen, daß durch eine Erweiterung des Eingriffs mit zusätzlicher Resektion von Nachbarorganen, z. B. Kolon, Milz oder Teilen des Pankreas beim Magenkarzinomeingriff die Prognose für den Patienten stark verbessert wird, wenn damit eine R 0-Resektion erreicht werden kann.

Selten ist ein Tumor chirurgisch technisch nicht resezierbar. Dies liegt vor allem bei breiter Infiltration in lebenswichtige Organe vor. Technisch möglich und in seltenen Fällen auch onkologisch erfolgversprechend ist selbst eine Resektion von großen Blutgefäßen wie Aorta, Pfortader oder Vena cava mit Rekonstruktion mit einer Gefäßprothese. In der Regel gelten aber diese Tumoren aus onkologischen Gründen mit zu vermutender Fernmetastasierung bei massivem Gefäßeinbruch als nicht operativ heilbar, und die Langzeitresultate sind entsprechend enttäuschend. Bei Skelettumoren bleiben aus denselben Gründen ultraradikale und verstümmelnde Eingriffe wie eine Hemipelvektomie gut ausgewählten Einzelfällen vorbehalten. Durch radikale Kompartimentresektionen bei neoadjuvant chemo- und allenfalls radiotherapeutisch vorbereiteten Patienten können in letzter Zeit bessere Heilungsraten erreicht werden.

Radikalität. Zur Radikalität vieler Tumoroperationen gehört auch die Entfernung der Lymphknotenstationen und das Vermeiden einer intraoperativen Tumoraussaat durch eine *subtile Operationstechnik* wie z. B. die präliminäre Ligatur der zentralen Venen und Lymphbahnen beim Kolonkarzinom. Krebsoperationen können deshalb sehr anspruchsvolle Eingriffe werden, die dem Geübten vorbehalten bleiben sollten. Denn nur so kann eine anhaltend hohe Qualität der Resektion (meßbar an der Rate von R 0-Resektionen und an der Anzahl resezierter Lymphknoten) und damit das Wahrnehmen der Chance für eine bestmögliche Prognose des Patienten gewährleistet werden. Durch eine *adjuvante Radio-, Chemo- oder Hormontherapie* kann eine technisch insuffiziente Operation nicht korrigiert werden! Lediglich der radikal operierte Patient kann voll von diesen adjuvanten Maßnahmen profitieren.

Als bestes Beispiel für eine gute interdisziplinäre Tumortherapie soll wieder das Mammakarzinom dienen: In den meisten Fällen ist heute eine lokale, brusterhaltende Operation möglich. Die technischen Anforderungen an den Eingriff bezüglich lokaler Radikalität, Kosmetik und axillärer Lymphknotenentfernung sind höher als bei der Ablatio mammae. Eine makellose Technik ist aber zusammen mit einer obligaten lokalen Radiotherapie Voraussetzung dafür, daß einer Frau die Brust guten Gewissens erhalten und eine Verstümmelung vermieden werden kann. Muß aus Radikalitätsgründen eine Brust trotzdem geopfert werden, sollen nicht technische Insuffizienzen die Möglichkeit einer Rekonstruktion verhindern.

Damit sind wir bei einem weiteren Prinzip der radikalen Tumorresektion: Ziel der kurativen onkologischen Chirurgie muß es sein, Wege zu finden, eine *mutilierende Ausdehnung eines Eingriffes zu reduzieren, ohne die Radikalität zu gefährden.* Hier gilt das tiefe Rektumkarzinom als Beispiel: Mußte früher meistens die Resektion des Schließmuskels und damit eine Stomaanlage durchgeführt werden, erlauben die heutigen Operationstechniken den Erhalt des Sphinkterapparates und die sehr tiefe Anastomose bei gleichbleibender Radikalität.

Muß trotzdem ein Organ und damit eine Funktion zugunsten einer R 0-Resektion geopfert werden, soll möglichst eine frühe Rekonstruktion angestrebt werden. Müssen z. B. bei der radikalen Operation eines sehr tiefen Rektumkarzinoms die Schließmuskeln mitreseziert werden, bestehen heute Möglichkeiten der kontinenzerhaltenden Operation mittels Analsphinkterrekonstruktion. Wenn bei einem Krebseingriff der ganze Magen entfernt werden muß, können durch eine Ersatzmagenbildung die schweren postoperativen psychischen und somatischen Folgen des andauernd fehlenden Hungergefühls und dem damit verbundenen Kampf gegen das Untergewicht und die Mangelernährung vorgebeugt werden.

Bei biologisch eher günstigen Tumoren wie dem Kolonkarzinom soll auch bei Vorliegen von isolierten *Metastasen* in Lunge oder Leber der Primärtumor nach den erwähnten Radikalitätskriterien technisch sauber operiert werden, damit anschließend die Metastase im günstigsten Fall ebenfalls kurativ reseziert werden kann und nicht ein Lokalrezidiv des Primärtumors die Prognose negativ beeinflußt. Dies gilt auch speziell für die Situation, in der diese Lebermetastasen gut auf eine palliative Chemotherapie ansprechen.

Palliative Tumorchirurgie

Nirgends ist die interdisziplinäre Zusammenarbeit in der Onkologie so stark gefordert wie bei der Planung eines *Therapiekonzeptes* für einen Patienten, den man durch eine Operation nicht von seinem Leiden definitiv befreien kann. Vielfältig sind hier die Einflüsse auf die Indikationsstellung für eine Palliativoperation. Nebst wissenschaftlich erwiesenen Fakten spielen auch die subjektive Einschätzung des Patienten, die entsprechende Beratung durch Angehörige, Pflegende und die betreuenden Ärzte eine große Rolle.

Die chirurgischen Interventionen bei *komplikativen Tumorverläufen* wie Stenosierung, Perforation, Blutungen bei einem intestinalen Karzinom oder Hirndrucksymptomatik bei einem zerebralen Tumor sind oft sinnvoll, bedürfen aber immer die Betrachtung der Situation insgesamt und den informierten Entscheid des Patienten. Ebenfalls sind Beschwerden bei kolovesikalen oder kolovaginalen Fisteln beim Kolonkarzinom unerträglich, und die operative Versorgung kann die Lebensqualität des Patienten verbessern. Patienten mit Skelettmetastasierung erleiden bei Bagatellunfällen *pathologische Frakturen* oder werden bei Befall der Wirbelsäule von einer möglichen Querschnittlähmung bedroht und müssen deshalb unter Umständen umgehend operiert werden. Ziel ist hier nicht eine Verlängerung des Lebens, sondern wiederum der Erhalt oder die Wiederherstellung einer menschenwürdigen Lebensqualität. In diesen Bereich gehören auch die operativ angelegten Zugänge zu den Blutgefäßen: Venöse oder arterielle Katheterverweilsysteme mit punktierbarer Kammer erlauben eine sichere und atraumatische Chemotherapie.

Schwieriger ist die Indikationsstellung für einen resezierenden Palliativeingriff mit dem Ziel einer Verlängerung der Überlebenszeit. Beim Ovarialkarzinom ist eine *zytoreduktive Operation* (Tumordebulking) mit anschließender Chemotherapie oft sehr erfolgversprechend bezüglich Überleben und Lebensqualität einerseits und Vermeiden von Komplikationen (Fisteln, Blutungen, Stenosen, Ileus und Schmerzen bei Einwachsen in die sakralen Nervenplexus) andererseits.

Letztlich liegt für solche Eingriffe die Entscheidung beim *mündigen* und *informierten Patienten.* Unser aller Aufgabe bleibt es, den Tumorkranken offen und ehrlich soweit zu informieren, daß er wissend über den möglichen Nutzen, die Auswirkungen bei Durchführung oder Unterlassung sich für oder gegen einen Eingriff, eine alternative Therapie oder den Spontanverlauf entscheiden kann. Bezüglich Pflege nach Operationen verweisen wir auf die Spezialliteratur.

Literatur

Herfarth, Ch., P. Schlag: Richtlinien operativer Therapie maligner Tumoren. Demeter, München 1993

Schlag, P., A. Sensmeyer: Krankenpflege in der chirurgischen Onkologie. Kohlhammer, Stuttgart 1990

Tumorbestrahlung (Radioonkologie)

R. Sauer

Allgemeines

1895 entdeckte Röntgen die von ihm als X-Strahlen bezeichneten Röntgenstrahlen. Dafür erhielt er 1901 als erster den Nobelpreis für Physik. Zwar stand vorerst die *diagnostische Anwendung* dieser Strahlen im Vordergrund (Röntgenaufnahmen und Röntgendurchleuchtung), doch wurden bereits wenige Monate später die ersten *Therapieversuche* unternommen.

1898 entdeckten Marie und Pierre Curie gemeinsam die radioaktiven Elemente Polonium und Radium.

1900 wurden die ersten Heilungen von Hautkrebs veröffentlicht.

1928 stellte Wideroe Konzepte für die Beschleunigung von Elektronen vor (Abb. 5.**1**): entweder auf einer Kreisbahn *(Kreisbeschleuniger/*Betatron) oder auf einer geraden Wegstrecke *(Linearbeschleuniger).*

1941 baute Kerst das erste betriebsfähige Betatron; medizinisch angewendet wurde es erstmals 1948 in Göttingen. Linearbeschleuniger sind seit den 70er Jahren im Einsatz (Abb. 5.**2**).

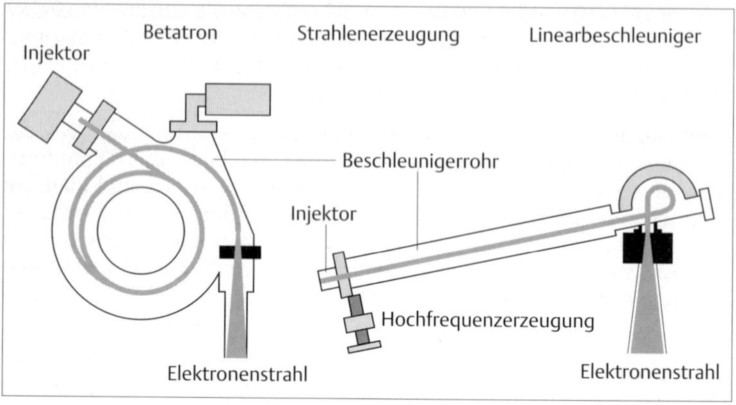

Abb. 5.**1** Schematische Darstellung der Elektronenbeschleunigung in einem Kreisbeschleuniger (Betatron) und einem Linearbeschleuniger (nach Sauer).

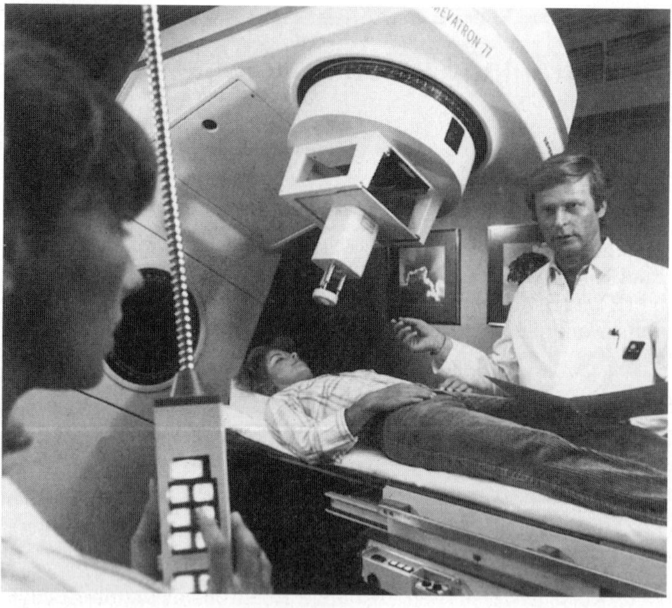

Abb. 5.**2** Einstellung einer Patientin zur Elektronentherapie am Linearbeschleuniger (Werksfoto).

Telegammageräte (Telekobalt, Telecäsium) nutzen die beim radioaktiven Zerfall von Kobalt 60 oder Cäsium 137 freiwerdende Gammastrahlung (Abb. 5.**3**) aus. Seit den 50er Jahren sind sie in die Therapie eingeführt.

Hochvolttherapie. Beschleuniger und Telekobaltgeräte erzeugen hochenergetische und deshalb des Körper besser durchdringende Photonenstrahlen (elektromagnetische Wellenstrahlen) als die herkömmlichen Röntgenröhren. Diese Hochvolttherapie (auch als Megavolttherapie oder Hartstrahltherapie bezeichnet) bringt dem Patienten den Vorteil, daß die Strahlenmenge (Dosis) im Tumorgebiet erhöht werden kann, ohne das gesunde Körpergewebe über Gebühr zu belasten. Sie reduziert das Ausmaß von unerwünschten Behandlungsfolgen.

Elektronentherapie. Die in einem Betatron oder Linearbeschleuniger beschleunigten Elektronen können aber auch, bevor sie auf die Antikathode aufschlagen und Bremsstrahlung (die obengenannte Photonenstrahlung) erzeugen, ausgelenkt und ihrerseits zur Therapie benutzt werden. Die Elektronentherapie zeichnet sich durch eine besonders gute Ver-

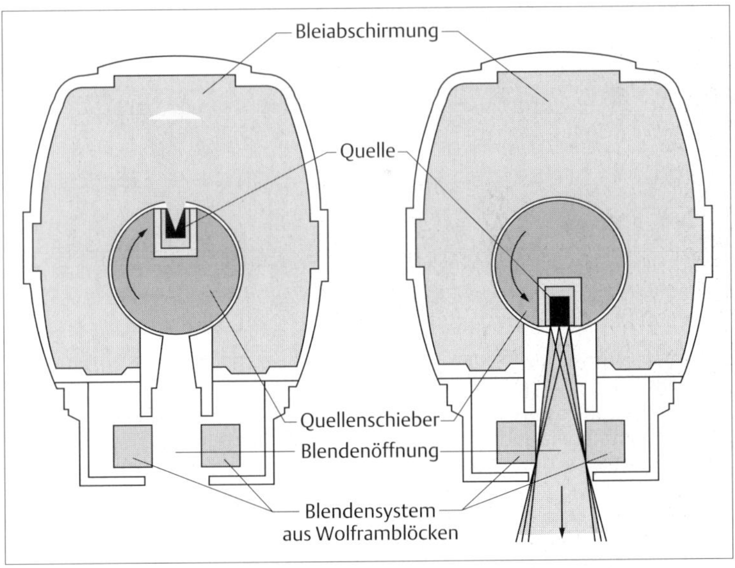

Abb. 5.**3** Schematischer Schnitt durch den Strahlerkopf eines Telekobaltgerätes in Verschluß- und Bestrahlungsposition, links verschlossen, rechts geöffnet (nach Sauer).

träglichkeit und dadurch aus, daß über die Wahl der Strahlenenergie ihre Eindringtiefe in den Körper sehr genau gesteuert werden kann.

Brachycurietherapie. Bei dieser Therapie wird ein radioaktiver Strahler direkt in den Tumor oder in seine unmittelbare Nachbarschaft gebracht. Entsprechend unterscheidet man zwischen interstitieller Therapie (Spikkung) (mit Radiogold, Radiojod, Radioiridium, Abb. 5.**4**) und Kontaktbestrahlung (intrakavitäre Therapie), z. B. Einlage bei gynäkologischen Tumoren oder radioaktive Moulagen im Rachenbereich. Die Technik des Nachladeverfahrens (Afterloading) eliminiert dabei jegliche Strahlenbelastung für das Personal.

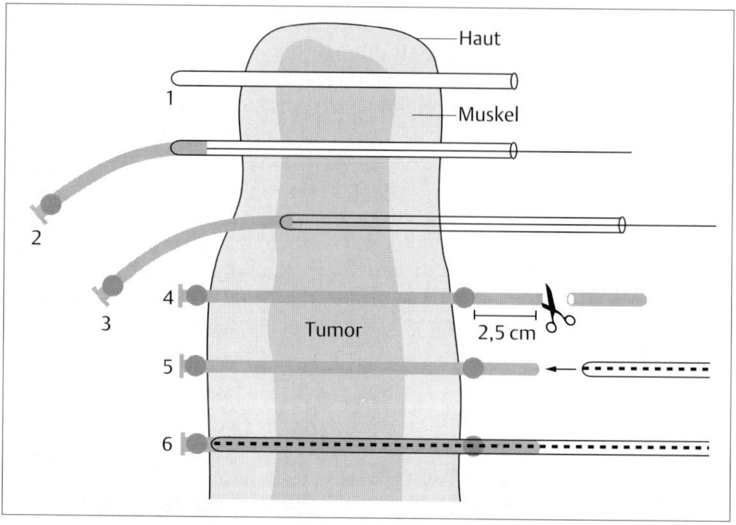

Abb. 5.**4** Interstitielle Therapie mit Iridium-192-Drähten im Nachlade-(Afterloading-)Verfahren:
1 = Kanüle aus rostfreiem Stahl wird eingeführt.
2 = Ein Plastikschlauch wird an das stumpfe Nadelende angesetzt und mittels eines durch die Kanüle durchgezogenen Führungsfadens fixiert.
3 = Indem man die Nadel entfernt, wird der Plastikschlauch in den Tumor eingezogen. Er dient als Führungsschiene für das radioaktive Material.
4 = Fixierung des Plastikschlauches an der Körperoberfläche.
5 = In den Plastikschlauch wird der Iridium-192-Draht eingeführt.
6 = Iridium-192-Draht während der Bestrahlung.

Überwärmungsbehandlung. Mit 41 – 42,5 °C (Hyperthermie) macht sie das Tumorgewebe für Strahlentherapie und Chemotherapie empfindlicher. Diese Sensibilisierung wird seit dem Ende der 70er Jahre im Rahmen der Strahlentherapie, dann auch der Chemotherapie, eingesetzt. Sie erfolgt lokal, regionär oder als Ganzkörperhyperthermie.

Radiotherapie. Sie ist heute zusammen mit der Chirurgie und Chemotherapie eine der drei Säulen der Krebsbehandlung. Bei ca. 50 % aller geheilten Patienten wurde eine Strahlentherapie vorgenommen, teils allein, teils als Kombinationsbehandlung. Ungefähr 70 % der nicht mehr heilbaren Patienten erhalten eine Strahlentherapie aus palliativen (lindernden) Überlegungen.

Grundlagen

Wenn ionisierende Strahlung (Korpuskularstrahlung, wie u. a. Elektronen, Protonen, Alphateilchen, schwere Ionen, oder Photonenstrahlung [elektromagnetische Wellenstrahlung], wie Röntgen- und Gammastrahlung) durch Materie dringt, wird Energie absorbiert. Diese *Energieübertragung* ionisiert Atome und Moleküle (daher die Bezeichnung: ionisierende Strahlung) oder regt sie an. Nur die im Körpergewebe *absorbierte Strahlung* ist biologisch wirksam, und dies auch nur in der bestrahlten Region. Ionisation bedeutet das Auftreten von Molekülen/Atomen mit Elektronenüberschuß oder -defizit. Dadurch werden Molekülbindungen gesprengt und weitere chemische Folgeprozesse in Gang gesetzt. Durch Anregung nimmt die chemische Reaktionsbereitschaft von Atomen und Molekülen zu.

Diese Vorgänge setzen Schäden an Geweben und Organen, die sich erst nach einer gewissen Latenzzeit zeigen. Es wird von sog. Treffern gesprochen. Nicht jeder Treffer ist biologisch wirksam. Ihre Zahl hängt von der Größe der Strahlenmenge (Dosis) und von der Zeitspanne ab, in welcher sie verabreicht wird. Eine kurzzeitig eingestrahlte Dosis ist wirksamer als eine protrahiert gegebene, weshalb sie – um *gleiche biologische Wirkung* zu erzielen – niedriger gehalten werden kann als bei länger dauernder Bestrahlung.

Grundsätzlich sind die Schäden am Tumorgewebe und am Normalgewebe qualitativ dieselben. Das **Prinzip der Strahlenbehandlung** beruht nun darauf, daß

- am Tumorgewebe mehr Treffer biologisch wirksam werden und daß
- sich das Normalgewebe von einer Strahleneinwirkung weitgehend erholen kann, was für Tumorgewebe nicht in gleichem Maße zutrifft (Elektivität).

Um diese *Elektivität der Strahlenwirkung* auf das Tumorgewebe zu steigern, fraktioniert oder protrahiert man die Strahlendosis. *Fraktionierung* bedeutet, daß im übertragenen Sinn „die heiße Suppe nicht auf einmal ausgetrunken, sondern vorsichtig über mehrere Wochen teelöffelweise gegessen wird". Dadurch können sich die gesunden Zellen zwischen den Bestrahlungssitzungen immer wieder erholen, während der Schaden am Tumorgewebe irreversibel zunimmt. *Protrahierung* meint eine kontinuierliche Strahleneinwirkung über mehrere Stunden oder Tage bei geringer Dosisleistung (Dosis/Zeit). Die Dosisleistung wird so niedrig gewählt, daß sie zwar das Tumorgewebe zerstört, auf das gesunde Gewebe aber keine oder nur minimale Wirkung hat. Bei der interstitiellen Therapie (Tumorspickung) und bei der Kontaktbestrahlung (z. B. in der Gynäkologie) wird in dieser Weise die Dosis protrahiert.

Dosisangaben

Der Dosisbegriff ist in der Radiologie ähnlich definiert wie in der Pharmakologie, nämlich als „Menge" pro Gramm Materie. Ziel ist es, mit der Dosis das Ausmaß der biologischen Wirkung voraussagen zu können. So enthalten die Bestrahlungskurven und die Arztbriefe einer Strahlenklinik neben den Angaben zur Bestrahlungstechnik und Strahlenqualität auch eine Reihe von Dosisangaben:

Referenzdosis (D_{ref}). Sie bezeichnet die an einem bestimmten Punkt, dem *Referenzpunkt,* festgesetzte Energiedosis. Dies ist die präziseste Dosisangabe, und deshalb werden alle anderen Dosisbezeichnungen, wie Zielvolumendosis und Maximaldosis, in Prozentangaben von der Referenzdosis (100 %) angegeben.

Zielvolumendosis (D_{ZV} = Herddosis). Diese ist die Energiedosis im Zielgebiet (Zielvolumen). Sie wird entweder an einem vom Arzt zu bestimmenden Punkt oder auf einer das Zielvolumen einschließenden Isodose kalkuliert. Sie bezeichnet die geringste/minimale Dosis im oder um das Zielvolumen (D_{min} = Minimaldosis).

Maximaldosis (D_{max}). Sie ist der höchste Energiedosisbetrag, der im durchstrahlten Volumen auftritt. Er liegt an einem bestimmten Punkt, und zwar bei einem einzelnen Stehfeld auf oder unter der Haut, bei Mehrfeldertechniken oder Bewegungsbestrahlungen gewöhnlich im Zielvolumen.

Isodosenlinien verbinden im durchstrahlten Objekt alle Punkte mit gleicher Dosis. Sie werden entweder in Prozentwerten von der Referenzdosis (100 %) angegeben, z. B. als 90 %-Isodose, oder mit einem absoluten Dosiswert, z. B. 55 Gy-Isodose, bezeichnet.

Dosiseinheiten. Es wird zwischen Ionendosis (Einheit: Coulomb/kg, früher R = Röntgen), Energiedosis (Einheit: Gray [Gy], früher rd = Rad) und Äquivalentdosis (Einheit: Sievert [Sv], früher rem) unterschieden.

Bei der *Ionendosis* wird die Anzahl der Ladungen (positiv bzw. negativ) pro Gramm Luft bestimmt, d.h. diejenige Strahlenmenge, von der ein Objekt getroffen wird. Die Ionendosis verliert in der Praxis immer mehr an Bedeutung. Die *Energiedosis* beschreibt die in einem beliebigen Material absorbierte (!) Energie, bezogen auf die Masse. Sie ist, von Ausnahmen abgesehen, nicht direkt meßbar und wird aus der Energiedosis in Luft (Ionendosis) unter Berücksichtigung der Absorptionskoeffizienten der verschiedenen Materialen bezeichnet. Die *Äquivalentdosis* wird im Strahlenschutz verwendet, weil sich gezeigt hat, daß dieselbe Dosis nicht immer die gleichen biologischen Veränderungen hervorruft. Die Äquivalentdosis berücksichtigt deshalb die unterschiedlichen, von der jeweiligen Strahlenart abhängigen Ionisationsdichten. Die Äquivalentdosis ist das Produkt aus der Energiedosis und einem effektiven, von der Strahlenart abhängigen Qualitätsfaktor.

Radioaktivität. Sie beruht auf der Instabilität von Atomkernen, wodurch aus dem Atomkern Energie freigesetzt wird. Dies kann entweder kinetische Energie in Form geladener Teilchen sein (Korpuskularstrahlung), oder sie liegt als elektromagnetische Strahlungsenergie (Photonenstrahlung) vor. Diesen Übergang des instabilen Atomkerns in eine stabile Konfiguration bezeichnet man als radioaktiven Zerfall. Und nun ist die Radioaktivität einer Substanz definiert als die mittlere Anzahl der Zerfälle pro Zeiteinheit. Die gültige Einheit ist das Becquerel (1 Bq = 1 Zerfall/Sekunde). Manchmal wird noch (sollte aber nicht!) die Einheit Curie gebraucht ($1\ Ci = 3.7 \times 10^{10}\ Bq = 37\ GBq$).

Kurative Radiotherapie

Indikation

Ein kuratives Behandlungskonzept bezweckt die bleibende Tumorheilung. Es ist dann gerechtfertigt, wenn mit einer gewissenhaften prätherapeutischen Diagnostik das Vorliegen einer lokalisierten Erkrankung bestätigt und Fernmetastasen soweit wie möglich ausgeschlossen wurden. Des weiteren sollte aufgrund von Tumorhistologie und Allgemeinzustand des Patienten eine *faßbare Heilungschance* bestehen.

Die Strahlentherapie wird in vielen Fällen die Operation nicht ersetzen. „Stahl und Strahl" sind gleichberechtigte kurative Lokalmaßnahmen mit eigenständiger Indikation. Man wird einer Strahlenbehandlung aber jeweils dann den Vorzug geben, wenn bei ausreichender Strahlensensibilität des Tumors dieselbe Heilungsaussicht bei besserem funktionellen und kosmetischen Ergebnis besteht. Das ist der Fall bei malignen Lymphomen, Seminomen, kleinzelligen Bronchialkarzinomen, beim Ewing-Sarkom, Medulloblastom, bei Frühstadien von Karzinomen des Larynx, der Lippe, der Gebärmutter, der Harnblase, der Prostata und des Penis. Rivalität ist nicht am Platz. Im Gegenteil, man wird im Rahmen eines *onkologischen Gesamtkonzeptes* beide therapeutischen Möglichkeiten kombinieren. Sonst wird – wie leider immer noch häufig – der Chirurg nach aller Erfahrung die Situation zu günstig beurteilen, primär operieren und den Patienten entweder überhaupt nicht oder lediglich zu einer nichtssagenden prophylaktischen Nachbestrahlung dem Strahlentherapeuten überweisen. Je radikaler der Primäreingriff, desto unsinniger wird eine schematische Nachbestrahlung. Eine Reihe von Tumoren (Ewing-Sarkom, Wilms-Tumor, malignes Hodenteratom, kleinzelliges Bronchialkarzinom, Mammakarzinom) weisen häufig bereits zum Zeitpunkt der Erstbehandlung *klinisch verborgene Fernmetastasen* auf. In diesen Fällen ist deshalb eine unterstützende (adjuvante) Chemotherapie in das kurative Gesamtkonzept einzubeziehen. Durch ein vorurteilsfreies, in gemeinsamen Tumorsprechstunden entwickeltes kameradschaftliches Zusammenwirken sollte es heute möglich sein, mehr als die Hälfte aller Tumorerkrankungen endgültig zu heilen (vgl. auch Interdisziplinäres Tumorbehandlungskonzept, in Kap. 5).

Präoperative Bestrahlung

Mit der präoperativen Bestrahlung werden unterschiedliche Ziele verfolgt:

1. Bei primär nicht kurativ resektablem Tumor: Verkleinerung und bessere Abgrenzung, um eine kurative Resektion im Gesunden zu ermöglichen.
2. Zerstörung von bereits in die Lymphbahnen des umgebenden Gewebes eingedrungenen Tumorzellen, um Lokalrezidive zu vermeiden.
3. Verminderung bzw. Verhinderung einer intraoperativen Tumorzellverschleppung.
4. Devitalisierung der Tumorzellen, um das Angehen und Wachsen von lokal oder über Blut- und Lymphbahnen verschleppten Zellen zu Rezidiven bzw. Fernmetastasen zu vermeiden.

Bei der *Langzeit-Vorbestrahlung* steht das Erreichen der Ziele 1–3 im Vordergrund. Meist werden 40–50 Gy in 4–5 Wochen gegeben. Die Operation folgt 3–4 Wochen später.

Bei der *Kurzzeit-Vorbestrahlung* werden die Ziele 2–4 als vordringlich erachtet. Die Bestrahlungsdosis ist niedriger angesetzt. Die Operation folgt unmittelbar im Anschluß an die letzte Bestrahlungssitzung.

Die präoperative Bestrahlung erwies sich z. B. beim Brustkrebs der Frau, beim Blasenkarzinom und bei Karzinomen des Verdauungstraktes als wirksam.

Postoperative Bestrahlung

Die postoperative Bestrahlung soll lokoregionalen Tumorrückfällen (Rezidiven) vorbeugen und die Überlebenszeit der Patienten verlängern. Das gelingt auf folgenden Wegen:

1. Beseitigung von im Operationsgebiet verbliebenen Tumorresten.
2. Sterilisierung von manifesten oder okkulten, aufgrund allgemeiner Erfahrung jedoch zu erwartender Tumorabsiedlungen im Ausbreitungsgebiet des Primärtumors (Lymphabflußgebiet, Peritoneal- und Pleurahöhle, Liquorraum).

Es gilt, Operation und Bestrahlung zeitlich und räumlich aufeinander abzustimmen. Wird voroperiertes Gebiet bestrahlt, ist mit mehr Nebenwirkungen zu rechnen als nach einer alleinigen Strahlenbehandlung.

Routinemäßige prophylaktische Nachbestrahlungen sind zu vermeiden. Die Indikation zur kombinierten Therapie sollte in Abhängigkeit von der histologisch bestimmten Operationsradikalität, der Tumorhistologie und aufgrund des Lokal- und Allgemeinbefindens für jeden Einzelfall gestellt werden. Wurde z. B. radikal im Gesunden operiert, erübrigt sich eine nachfolgende Radiotherapie. Wurde jedoch eingeschränkt operiert oder verblieben Tumorreste im Absetzungsgebiet, muß zusätzlich bestrahlt werden.

Kombinierte Radiochemotherapie

Die Kombination aus Radiotherapie und Chemotherapie als Behandlungskonzept erfolgt entweder sequentiell oder simultan. Hier gibt es vier grundsätzlich verschiedene Ansätze:

1. Hochmaligne Tumoren mit exzessiver Metastasierungstendenz, welche mit Lokalmaßnahmen allein nicht heilbar sind, werden einer kombinierten Radiochemotherapie zugeführt. Als Beispiele seien genannt das kleinzellig anaplastische Bronchialkarzinom, eine Reihe von Knochen- und Weichteilsarkomen sowie die Non-Hodgkin-Lymphome von hohem Malignitätsgrad.
2. Die simultane Radiochemotherapie zielt auf eine Wirkungsverstärkung am Tumorgewebe mit Substanzen, welche die Nebenwirkungen der Strahlentherapie nicht verstärken und umgekehrt. Hier handelt es sich um ein hochaktuelles Forschungsgebiet. Beeindruckende

Tumorrückbildungen wurden beispielsweise bei Blasenkarzinomen, Analkarzinomen und Karzinomen im Kopf-Hals-Bereich erreicht.

3 Bei primär disseminierten Tumoren, die durch eine Chemotherapie in eine Vollremission gebracht wurden, soll die klinische Symptomfreiheit in zytostatisch schlecht zugänglichen Organen konsolidiert werden (Beispiele: ZNS-Bestrahlung bei akuter lymphatischer Leukämie oder kleinzellig anaplastischem Bronchialkarzinom, Mediastinalbestrahlung bei malignen Lymphomen).

4 Lokal weit fortgeschrittene, durch eine Radiotherapie allein nicht beherrschbare Tumoren sollen durch eine vorausgehende Chemotherapie verkleinert und in einen bestrahlbaren Zustand überführt werden (Beispiele: Karzinome der Mundhöhle, im Oro- und Hypopharynx). Dieses Vorgehen ist der simultanen Radiochemotherapie sicher unterlegen.

Palliative Radiotherapie

Liegt eine bereits unheilbar weit fortgeschrittene Tumorerkrankung vor oder ist dem Patienten die Belastung einer kurativen Therapie nicht mehr zuzumuten, kommt nur noch eine palliative (lindernde) Behandlung in Betracht. Leider werden manchmal diese Möglichkeiten von Außenstehenden geringgeschätzt und falsch verstanden. Die nichtkurative Radiotherapie im besonderen fügt sich in das onkologische Gesamtkonzept ein und stellt eine wichtige und dankbare ärztliche Aufgabe dar. Zwei Formen werden unterschieden: die Stabilisierungs- und die Schmerzbestrahlung.

Stabilisierungsbestrahlung

Eine Stabilisierungsbestrahlung verfolgt das Ziel, Tumormanifestationen zu verkleinern oder doch so weit in ihrem Wachstum aufzuhalten (zu stabilisieren), daß der Patient vor drohenden schweren Komplikationen *bewahrt* bzw. von bereits eingetretenen Notsituationen *befreit* wird. Seine Lebensqualität soll erhalten bzw. verbessert werden. Eine Stabilisierungsbestrahlung bietet sich in folgenden Situationen an:

- wenn strahlenempfindliche Tumoren sich zeitweilig beherrschen oder günstig beeinflussen lassen,
- wenn inoperable Rezidivtumoren Beschwerden bereiten (z.B. bei oberer Einflußstauung durch Mediastinaltumor),
- wenn bei weitgehender Strahlenresistenz doch in Ausnahmefällen ein kuratives Resultat erwartet werden kann,
- wenn unter der Chemotherapie ein metastasierter Tumor lokal fortschreitet und Probleme macht,

- wenn Fernmetastasen von strahlenempfindlichen Tumoren die Stabilität des Skeletts gefährden oder im Gehirn zu schweren neurologischen Ausfällen führen.

Die erforderliche Dosis beträgt etwa zwei Drittel der sog. Tumorvernichtungsdosis, also beispielsweise beim Mammakarzinom, Bronchialkarzinom oder Rektumkarzinom 40–45 Gy in 4–5 Wochen.

Schmerzbestrahlung

(s. auch Kap. 6, Unterstützungsmaßnahmen)

Tumorbedingte Schmerzen lassen sich bereits mit niedriger Strahlendosis lindern, dauerhaft jedoch nur mit stabilisierenden Dosen beseitigen. Dadurch kann man Analgetika sparen und den Patienten auch in der letzten Phase seines Lebens bei vollem Bewußtsein halten. Erforderlich ist $1/4$–$1/3$ der Tumorvernichtungsdosis, d.h. bei den meisten Tumoren 10–20 Gy, u.U. eine Einzeitbestrahlung mit 6–10 Gy.

Pflege des Bestrahlungspatienten

In der onkologischen Radiotherapie sind Strahlenfolgen nicht gänzlich zu vermeiden. Ein Großteil der während einer Strahlenbehandlung auftretenden Nebenwirkungen ist jedoch rückbildungsfähig. Die Krankenschwester, auch wenn sie nicht in einer Strahlenklinik ausschließlich mit Bestrahlungspatienten arbeitet, sollte diese Nebenwirkungen kennen. Sie lassen sich nämlich durch geeignete Pflege wesentlich lindern oder sogar verhindern.

Haut

Während einer Hochvolttherapie reagiert die Haut lediglich mit Schuppung und geringfügiger Rötung. Sie ist in der Leistenregion und in den Achselhöhlen besonders empfindlich. Doch immer dann, wenn der Papillar- und Kapillarkörper hochdosiert mitbestrahlt wird (wenn das zu bestrahlende Zielvolumen nahe oder in der Haut gelegen ist), treten Rötung, Haarausfall, Dermatitis (Hautentzündung) und unter Umständen auch eine feuchte Epithelablösung auf.

Prophylaxe. Die bestrahlten Hautstellen bedürfen sorgfältiger Pflege, üblicherweise mit einem Puder mit starker Kühlwirkung sowie gutem Feuchtigkeitsbindevermögen (Tab. 5.**1**). Mechanische, physikalische und chemische Reize (Waschen, Reiben, Bürsten, Wärmeanwendung, Sonneneinstrahlung, Rotlicht, Deodorantien, Parfüm usw.) müssen unterbleiben. Doch auch Unreinlichkeit reizt die Haut. Gegen lauwarme

Tabelle 5.1 Behandlung der bestrahlten Haut

Prophylaxe
Keine mechanischen, thermischen oder chemischen Reize
Azulon-Puder mehrmals täglich auf bestrahlte Hautfelder, evtl. etwas Babyöl (bei Bewegungsbestrahlungen sinnlos!)
Akutes Exanthem (I)
Wasser-in-Öl-Emulsionen (Cremes) mit hohem Fett- und niedrigem Wasseranteil, z. B. Lipo-Cordes-Creme. Betaisodona-Salbe
Öl-in-Wasser-Emulsionen (Salben) schmieren und kleben, deshalb weniger zu empfehlen, z. B. Azulon-Salbe, Bepanthen-Salbe
Exsudation (II)
Reinigung mit Kamillosan oder Kaliumpermanganat
Offener Verband mit Gittertüll (Branolind, Sofratüll etc.)
Salbenkompressen mit Bepanthen-Roche, Azulon-Homburg, Betaisodona, Braunovidon, Ringelblumensalbe, Actoreginek etc.
Nach Abheilung Babyöl, Ringelblumensalbe, Murfulan, Neo-Ballistol etc.
Defekte (III)
Nekrosen-Entfernung (chirurgisch oder medikamentös)
Spülungen mit 0,9% NaCl mehrmals täglich (mit Fön trocknen)
Salbenkompressen (granulationsfördernde Salben)

Bäder und Spülungen des Intimbereichs und der Achselhöhlen ist nichts einzuwenden. Im allgemeinen reichen diese Maßnahmen aus. Man beachte auch die Pflege der einem bezeichneten Strahlenfeld abgewendeten Körperpartie: Hier kann die Austrittsdosis besonders hoch sein, oder ein dort gelegener Strahleneintritt wird bei bestimmten Bestrahlungstechniken nicht gekennzeichnet.

Therapie. Stärkeres Schuppen, Ziehen oder Brennen der Haut behandeln wir mit Wasser-in-Öl-Emulsionen (Cremes), z. B. Lipo-Cordes-Creme oder Babyöl. Öl-in-Wasser-Emulsionen (Salben), z. B. Azulon-Homburg-Salbe, Bepanthen-Roche-Salbe, Mirfulan, schmieren und verkleben leicht und sind hier weniger zu empfehlen. Wundflächen sollte man mit Kamillosan oder Kaliumpermanganat reinigen und mit Gittertüll (Branolind, Sofra-Tüll) offen oder mit Salbenkompressen (Bepanthen-Roche, Betaisodona, Braunovidon, Ringelblumensalbe, Actovegin) geschlossen behandeln (Tab. 5.**1**).

Bei tieferen Defekten sind zuerst Nekrosen zu lösen, drei- und mehrmals täglich mit 0,9% NaCl zu spülen und granulationsfördernde Salben aufzutragen.

Mundschleimhaut

Bei Bestrahlungen im Kopf- und Halsbereich kommt es rasch zu Geschmacksverlust, Verschleimung und Mundtrockenheit, später zu schmerzendem Enanthem sowie zur Exsudation. Dieses zeigt sich in Form weißlicher fibrinöser Beläge.

Die Radiomukositis bildet sich meist innerhalb von 2 Wochen nach Bestrahlungsende zurück. Der Geschmack kehrt nach 3–6 Monaten wieder. Leider bessert sich die Mundtrockenheit im Verlauf der Zeit nur wenig.

Prophylaxe. Die Reaktionen sind hinauszuzögern, wenn die Patienten zusätzlich zu ihrer täglichen Nahrung hyperkalorisch ernährt werden (per os/mit Nährsonde/u. U. perkutane endoskopische Gastrostomie – 2000–3000 kcal/Tag), mehrmals täglich inhalieren und den Mund mit Kamillosan, Salbei, Chlorhexidin, Azulon oder Bepanthen-Roche-Lösung spülen (Tab. 5.**2**). Exogene Noxen wie Nikotin und Alkohol sind zu vermeiden. Zusätzlich kann man Antiphlogistika, Venorutonintens und Spülungen mit Kaliumpermanganatlösung oder 1%igem Wasserstoffsuperoxid einsetzen.

Therapie. Bei Schmerzen sind Novalgin-Tropfen, Xylocain-Viskös, Anaesthesinbonbons. Die Nahrung sollte weich, nicht sauer und nur wenig gewürzt sein; sie muß eventuell zerkleinert oder verflüssigt werden. Unter Umständen muß eine Nasensonde, über die der Patient hyperkalorische Sondennahrung erhält, gelegt werden. Häufig treten *Soorinfektionen* auf, vor allem dann, wenn die Patienten gleichzeitig Antibiotika oder Kortikoide erhalten. Hier sollte man rasch mit Ampho-Moronal und anderen lokal anwendbaren Antimykotika eingreifen (Tab. 5.**2**). Grundsätzliches zur Mundpflege siehe Kapitel 6.

Zahnpflege

In dem Maße, wie die Speichelproduktion versiegt, leidet auch die Selbstreinigung der Mundhöhle. Das Zahnfleisch zieht sich zurück; die Zahnhälse liegen frei. Zahnkaries und Parodontose treten selbst bei vormals intakten Gebissen manchmal in einem Maße auf, daß nichts anderes

Tabelle 5.2 Behandlung der Mundschleimhaut

Prophylaxe
Zahnsanierung
gute Mund-/Zahnhygiene
Fluoridierung verbliebener Zähne (Miniplastschiene)
Spülung mit Kamillosan, Bepanthen Roche, Salbei
Chlorhexidin
Inhalationen mit Sole (+ Bepanthen Roche, Bisolvon)
Antiphlogistika
hyperkalorische Zusatzernährung (2000–3000 kcal/Tag)
Mundtrockenheit
Glandosane
Artisial-Lösung
Schmerzen
Novalgin-Tropfen
Xylocain-Viskös
Anaesthesinbonbons
Nährsonde/PEG
Pilzbefall
Ampho-Moronal-Suspension, Candio-Hermal, Daktar-Mundgel, Pimafucin-Lutschtabletten etc.
Kortikoide erst bei Abschluß der Behandlung, bei Ödemen und starken fibrinösen Belägen

bleibt, als die Zähne zu extrahieren. Schadhafte, beherdete Zähne, Wurzelreste und Zahngranulome werden beseitigt. Der Patient wird zu *peinlich genauer Mundpflege* ermahnt, in atraumatischer Zahnpflege unterwiesen und zur Fluoridierung von Zähnen und Zahnhälsen angehalten. Dazu erhält er individuell angefertigte Miniplastschienen.

Lunge

Gefürchtet bei Lungenbestrahlung sind die *Lungenfibrose* und ihr z. T. rückbildungsfähiger Vorläufer, die Strahlenpneumonitis. 20% davon sind radiologisch nachweisbar. Glücklicherweise verursacht nur 1% klinische Symptome wie Kurzatmigkeit, unproduktives Husten und gelegentlich subfebrile Temperaturen. Zusätzliche Infektionen der Lunge sind häufig.

Prophylaxe. Sie ist wichtiger als die Behandlung. Gegen die Strahlenfibrose gibt es keine wirkungsvolle therapeutische Maßnahme. Vom Rauchen wird abgeraten. Mindestens einmal täglich soll mit Sole inhaliert werden, welcher Bepanthen Roche, Bisolvon oder Tacholiquin beigefügt werden kann (Tab. 5.**3**). Unterstützend wirken hyperkalorische Ernährung, Polyvitaminpräparate, Antiphlogistika, durchblutungsfördernde und gefäßabdichtende Mittel.

Tabelle 5.**3** Behandlung der Strahlenpneumonitis

Prophylaxe
Nikotinabstinenz
Inhalationen (Ultraschall!) mit Sole (+ Bisolvon, Ventolin, Kortikoide)
hyperkalorische Ernährung, Polyvitaminpräparate
Antiphlogistika, Venoruton-intens 3 × 2/Tag
Therapie
Inhalation
Kortikosteroide systemisch
Sekretolytika, Expektoranzien
Antibiotika
Atemgymnastik

Dünndarm

Die Strahlenenteritis äußert sich in der klassischen Trias Übelkeit, Erbrechen und Durchfall. Hinzu kommen Meteorismus, Tenesmen, Blut- und Schleimabgänge. Besonders frühzeitig tritt die Strahlenenteritis während einer großvolumigen Abdominalbestrahlung auf, seltener bei kleinvolumiger Therapie der Beckenorgane.

Man kann sowohl eine Beschleunigung der Magen-Darm-Passage als auch eine Verzögerung beobachten. Häufig ist eine Malabsorption für Glukose, Fette und Elektrolyte. Bei stärkerer Schleimhautschädigung treten Eiweiß-, Mineral- und Wasserverlust hinzu.

Prophylaxe. Bei der Therapie sollte Volumen gespart und der Darm nach Möglichkeit aus dem Bestrahlungsgebiet herausverlagert werden (gefüllte Blase!). Durch Lagewechsel des Patienten während der Behandlung verschiebt sich das Dünndarmkonvolut, so daß nicht immer dasselbe Teilstück exponiert wird. Für leicht verdauliche, schlacken- und fettarme Kost ist zu sorgen, ebenfalls für Elektrolyt- und Flüssigkeitsersatz. Gerade bei Kindern empfiehlt sich eine gluten- und laktosefreie Diät ohne Milch und Milchprodukte. Auch hier gilt, daß eine intravenöse Hyperalimentation die Strahlenreaktion günstig zu beeinflussen vermag (Tab. 5.**4**).

Tabelle 5.**4** Strahlenenteritis, Prophylaxe und Therapie

1. Leicht verdauliche, schlackenarme Kost
   fettarm (Diätmargarine)
   Joghurt, Quark u. ä.
2. Hyperalimentation + Elektrolyte + Flüssigkeitszufuhr
   u. U. zur Darmentlastung parenterale Ernährung über zentralen Venenkatheter oder voll implantierbare Katheter zur Langzeiternährung (Broviac, Hickman)
3. Begrenzung des durchstrahlten Volumens
   Lagewechsel während Bestrahlung
   Kompression des Abdomens, Blasenfüllung

Therapie. Von Fall zu Fall sind Antazida, Antiemetika, Phenothiazine, Spasmolytika, Anticholinergika und Tranquilizer indiziert. Bei Diarrhoe gibt man Imodium und Reasec, gegebenenfalls Opium-Tinktur, bei Obstipation Stuhlgleitmittel, z. B. Paraffinöl. Bei schwerer chronischer Strahlenenteritis hat sich Salazosulphapyridin (Azulfidine) bewährt. Acetylsalizylsäure ist ein Prostaglandin-Synthetase-Hemmer und wirkt bei Diarrhoe, Schmerzen und Flatulenz, Pyridoxinhydrochlorid kann bei Anorexie, Nausea und Unwohlsein versucht werden.

Rektum

Obwohl die Strahlensensibilität des Enddarms deutlich unter derjenigen des Dünndarms liegt, sind *Strahlenproktitiden* bei Bestrahlungen der

Beckenorgane gefürchtet. Die Strahlenproktitis äußert sich in häufigen und schmerzhaften kleinen Stuhlentleerungen, seltener in Durchfällen. Im fortgeschrittenen Stadium treten Blut- und Schleimbeimengungen als Zeichen von offenen Schleimhautläsionen auf.

Therapie. Stuhlregulierende Maßnahmen und die Lokalbehandlung mit Bepanthen Roche, Phosphalugel, Sulfonamiden usw. spielen die größte Rolle. Auch Vitamin-A- und Öleinläufe sind gebräuchlich (Tab. 5.**5**). Vor langdauernder Kortikoidmedikation sei gewarnt. Kortikoide haben auf die Strahlenproktitis nur einen vorübergehenden Einfluß, verstärken aber die *Spätschäden.*

Tabelle 5.**5** Strahlenproktitis, Therapie

1. Stuhlregulierung Diarrhoe: Imodium, Reasec Obstipation: Paraffinöl 2. Klistiere Bepanthen Roche, Olivenöl, Vitamin A Sulfonamide Hämostyptika, Phosphalugel (Kortikoide)	3. Allgemeine Therapie Sedierung leicht verdauliche Kost 4. Operative Therapie Bypassoperationen bevorzugen! Resektionsverfahren vermeiden!

Ernährung während der Strahlentherapie

Wir empfehlen eine hochkalorische, proteinreiche, schlackenarme Kost mit knapper Fettmenge (bei Bestrahlung des Abdomens) und Beschränkung der Kohlenhydrate. Milch, Milchprodukte, Milchmixgetränke (als Zwischenmahlzeiten) und Quarkspeisen sollten reichlich gegeben werden. Wichtig ist hochwertiges Brot.

Der Krankenschwester fällt bei der Überwachung der Nahrungsaufnahme und Eßgewohnheiten des Tumorpatienten eine Schlüsselrolle zu. Früher als allgemein üblich muß die orale Ernährung forciert werden: hochkalorische, proteinreiche Zwischenmahlzeiten, Zusatznahrung in Form einer kommerziell erhältlichen Formuladiät. Wenn der Gewichtsverlust 5 kg bzw. 10% des Körpergewichts in der 3.–4. Behandlungswoche übersteigt, ist eine nasogastrale Sondenernährung (besser: perkutane endoskop. Gastrostomie) erforderlich, entweder mit kommerziell erhältlicher Sondennahrung (Formuladiät = nährstoffdefinierte Diät) oder in speziellen Fällen mit Elementardiät (chemisch definierte Diät). Die tägliche Kalorienzufuhr soll 2000–3000 kcal betragen. Eine positive Stickstoffbilanz ist anzunehmen, wenn der Patient 2–3 kg an Gewicht zugenommen hat. In Extremfällen wird man auf eine intravenöse Hyperalimentation nicht verzichten können. Weiteres zum Thema Ernährung s. auch Kap. 6.

Literatur

Frommhold, W., H. Gajewski, H. D. Schoen: Medizinische Röntgentechnik für Unterricht und Praxis, Bd. I, 4. Aufl. Thieme, Stuttgart 1979

Lissner, J. (Hrsg.): Radiologie I. Lehrbuch für den 1. klinischen Studienabschnitt. Enke, Stuttgart 1986

Sauer, R.: Strahlentherapie für Technische Assistenten in der Medizin. Urban & Schwarzenberg, München 1992

Scherer, E.: Strahlentherapie – Radiologische Onkologie, 3. Aufl., Springer, Berlin 1987

Senn, H.-J., P. Drings, A. Glaus, W. F. Jungi, R. Sauer, P. Schlag: Checkliste Onkologie, 4. Aufl. Thieme, Stuttgart 1997

Strahlenschutz im Krankenhaus

R. Oettli

Ionisierende Strahlung

Ionisierende Strahlung wird in der Medizin zu diagnostischen und therapeutischen Zwecken verwendet. Sie wird von Geräten erzeugt oder beim Zerfall künstlich hergestellter Strahlenquellen ausgesandt:

1. Geräte zur Erzeugung ionisierender Strahlung (Auswahl):
   - Röntgengeräte,
   - Elektronenbeschleuniger.
2. Geschlossene Strahlenquellen für die Therapie (Auswahl):
   - Kobalt-60,
   - Caesium-137,
   - Iridium-192.
3. Offene Strahlenquellen (Auswahl):
   - Radioisotope (I-123, I-131) für die Schilddrüsendiagnostik bzw. -therapie,
   - Technetium-99 m-markierte Radiopharmaka,
   - kurzlebige Radionuklide (C-11, N-13, O-15, F-18) für die Positronen-Emissions-Tomographie.

Außerdem werden ionisierende Strahlen respektive deren radioaktive Ausgangssubstanzen in der Industrie und Forschung verwendet (z. B.

Tritium in Leuchtfarben auf Uhrzifferblättern, Americium in Brandmeldern).

Ionisierende Strahlung ist ein Bestandteil unserer natürlichen Umwelt. Sie stammt aus dem Weltall (kosmische Strahlung) oder wird von radioaktiven Substanzen in der Erde (terrestrische Strahlung) und daraus gefertigten Baumaterialien emittiert. Weiter nehmen wir über die Nahrung und das Trinkwasser radioaktive Elemente auf, die ihrerseits spontan in unserem Körper zerfallen und dabei ionisierende Strahlung freisetzen.

Radioaktivität. Spontaner Zerfall von Nukliden (Atomkernen) unter Emission (Aussendung) ionisierender Strahlen.

Ionisierende Strahlung. Sie ist eine kurzwellige elektromagnetische Wellenstrahlung (Röntgen oder γ) oder Korpuskularstrahlung (α, β und viele andere), die so energiereich ist, daß beim Durchgang durch Materie eine Ionisierung (Veränderung der Elektronenzahl in der Atomhülle, so daß positiv und negativ geladene Teilchen entstehen) der Atome respektive der Moleküle stattfindet.

Im Durchschnitt akkumuliert jeder Europäer, ohne jeglichen Kontakt mit zivilisatorischen Quellen, eine Dosis von 2–3 mSv/Jahr (Maßeinheit für die von einem Körper aufgenommene Energie). Wird bei einer erkrankten Person eine radiologische Abklärung durchgeführt, nimmt sie eine zusätzliche Dosis auf. Diese beträgt z.B. für ein Thoraxröntgen < 0.01 mSv, für ein Abdomen-Computertomogramm ca. 8 mSv, eine Lungenperfusionsszintigraphie ca. 1,2 mSv.

Unkontrolliert verabreichte ionisierende Strahlung kann zu Körperschädigungen führen. Diese reichen von harmlosen, vorübergehenden Hautrötungen und Haarverlust über irreversible Organschäden bis zum akuten Strahlentod. Als Spätfolge kann Krebs entstehen, oder es können über negative Genmutationen Mißbildungen induziert werden. Alle Maßnahmen, die der Vermeidung einer unnötigen Bestrahlung dienen, faßt man unter dem Sammelbegriff *Strahlenschutz* zusammen.

Schutzmaßnahmen

Je nach Art der Anwendung unterscheiden sich die Strahlenschutzmaßnahmen. Orte potentieller Strahlenfreisetzung werden durch das Gefahrenzeichen für ionisierende Strahlung gekennzeichnet (Abb. 5.**5**).

Röntgendiagnostik

Strahlen werden hier nur freigesetzt, wenn die Röntgenröhre für die Aufnahme unter elektrischer Spannung steht (meistens für einen Bruchteil einer Sekunde).

Abb. 5.5 Gefahrenzeichen für ionisierende Strahlung.

Strahlenschutzmaßnahmen. Bauliche Vorkehrungen erleichtern das patientenorientierte Arbeiten. Während der Aufnahme wird der Untersuchungsraum grundsätzlich vorübergehend verlassen. Gelegentlich muß bei nicht kooperierenden Patienten, insbesondere bei Kindern oder speziellen Untersuchungstechniken (z. B. Darmuntersuchung, Angiographie), eine Person beim Patienten bleiben und sich durch eine Bleischürze, die einen großen Teil der Strahlung absorbiert, schützen.

Radioonkologie (Strahlentherapie)

Der Patient wird für kurze Zeit (Minuten) von einer im speziellen Behandlungsraum installierten Anlage bestrahlt.

Strahlenschutzmaßnahmen. Diese sind baulicher Art. Während der Bestrahlung wird der Patient von einer Person außerhalb des Behandlungsraums beobachtet, in der Regel durch eine Televisionskamera. Die Bestrahlungsräume sind so gesichert, daß beim Betreten des Raumes ein Kontakt ausgelöst wird, der die Bestrahlung unterbricht. Für das Personal auf den Pflegeabteilungen sind keine Strahlenschutzmaßnahmen erforderlich, da der Patient nach der Bestrahlung nicht radioaktiv ist, d. h., er sendet keine ionisierenden Strahlen aus.

Nuklearmedizin

Dem Patienten werden für diagnostische Zwecke geringe Mengen radioaktiver Substanzen verabreicht, die sich je nach Substanz im zu untersuchenden Organ anreichern bzw. von dort ausgeschieden werden, wodurch über dessen Funktion eine Aussage möglich wird. Der Patient „strahlt“ für kurze Zeit (Minuten bis Stunden) während und nach der erfolgten Aufnahme. Es braucht besonders empfindliche Apparaturen, um diese Strahlung erfassen und in ein Bild (Szintigramm) umsetzen zu können.

Strahlenschutzmaßnahmen. Nach diagnostischen nuklearmedizinischen Untersuchungen sind wegen der eingesetzten kurzlebigen und geringen Aktivitätsmenge keine speziellen Strahlenschutzmaßnahmen für das Pflegepersonal und auch nicht gegenüber anderen Patienten erforderlich. Bei therapeutischen Maßnahmen wie der nuklearmedizinischen Behandlung der Schilddrüsen mit Radiojod sind dagegen spezielle Strahlenschutzmaßnahmen erforderlich:

- Unterbringung des Patienten in einem baulich strahlenschutzkonformen Therapiezimmer (ausreichend dicke, abgeschirmte Wände, Abwassersammelanlage),
- zeitlich eingeschränkte Pflege, d. h. der Patient muß relativ selbständig sein.

Das Pflegepersonal, das auf einer nuklearmedizinischen Therapiestation arbeitet, wird im Umgang mit diesen Patienten besonders geschult und medizinisch überwacht (Personendosimetrie). Die zusätzliche Dosis für Pflegende beträgt in der Regel nur einen Bruchteil der natürlichen Jahresdosis. Nach Entlassung des Patienten aus den nuklearmedizinischen Therapiezimmern, die auf der Grundlage gesetzlicher Vorschriften erfolgt, sind im Umgang mit ihm keine weiteren Strahlenschutzmaßnahmen zu treffen.

Zusammenfassung

Nach Entfernen einer Strahlenquelle und nach dem Abschalten der Geräte, die ionisierende Strahlung erzeugen, ist außer der natürlichen keine Strahlung mehr meßbar. Sind jedoch die Geräte im Betrieb oder sind dem Patienten offene Strahlenquellen verabreicht worden, gilt es in Abstimmung mit den erforderlichen pflegerischen Maßnahmen folgende Regeln einzuhalten.

Strahlenschutzregeln:
- Abstand halten,
- Abschirmung benützen,
- Aufenthaltszeit begrenzen.

Internistische Tumorbehandlung

W. F. Jungi und A. Glaus

Allgemeines

Wir können grundsätzlich 2 verschiedene Therapiemöglichkeiten bei malignen Tumoren unterscheiden:

- lokale bzw. lokoregionäre Therapie: Chirurgie, Bestrahlung;
- systemische (im ganzen Körper wirkende) Therapie: zytostatische und endokrine Therapie, Immuntherapie.

Die *internistische (medikamentöse) Tumorbehandlung* hat verschiedene Vorteile und Nachteile (Tab. 5.**6**).

Trotz dem Überwiegen der Nachteile hat sich die medikamentöse Krebstherapie in den letzten Jahrzehnten einen festen Platz in der Gesamtstrategie gegen bösartige Tumorkrankheiten erobert. Sie stellt eine *dritte, gleichberechtigte Dimension* neben der Chirurgie und der Strahlentherapie. Außerdem ist in den letzten Jahren die Immunotherapie zu einer weiteren Behandlungsform entwickelt worden. Die Tumorbehandlung ist oft multidisziplinär (Abb. 5.**6**).

Der Einsatz tumorhemmender Medikamente erfolgt also keineswegs als letzter verzweifelter Versuch (sog. Ultima ratio) in hoffnungslosen, weit fortgeschrittenen Fällen. Vielmehr muß die Indikation zur medikamentösen Tumorbehandlung im *interdisziplinären Gespräch* abgewogen und festgelegt werden. Je nach Art, Lokalisation und Stadium der Tumorerkrankung hat eine internistische, systemische Tumortherapie mehr oder

Tabelle 5.**6** Vorteile und Nachteile internistischer Tumorbehandlung

Vorteile	**Nachteile**
– wirkt im ganzen Organismus, auch auf nicht nachweisbare, im Körper verstreute Tumorzellen – überall durchführbar, auch außerhalb spezialisierter Kliniken	– wirkt ungezielt, unspezifisch, nicht nur auf Tumorzellen, sondern auf alle sich teilenden Zellen – relativ schwache Wirkung – Wirkung dosisabhängig – oft beträchtliche Nebenwirkungen (schmale sog. therapeutische Breite) – kann von jedermann, damit auch von Ungeübten betrieben werden

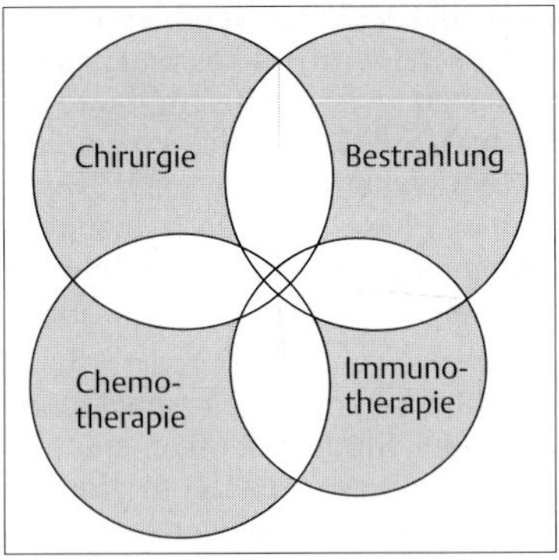

Abb. 5.**6** Stellung der Chemotherapie im Rahmen der multidisziplinären Tumorbehandlung: gleichberechtigte Therapiemodalität (manchmal ergänzt durch die Immunotherapie).

weniger Erfolgschancen. Falls ein Tumor von Anfang an im ganzen Körper verteilt oder mindestens an verschiedenen Stellen auftritt, stellt sie – ergänzt durch Operation und/oder Bestrahlung – die einzige möglicherweise zum Erfolg führende Behandlungsmethode dar und soll gleich zu Beginn eingesetzt werden. Beispiele für solche disseminierte, generalisierte Tumorerkrankungen sind z. B. hämatologische Neoplasien (Leukämien, maligne Lymphome, s. Kap. 17 und 18), aber auch ein kleinzelliges Bronchuskarzinom mit Knochenmetastasen (s. Kap. 13) u. a. m.

Die medikamentöse Krebstherapie wurde in den letzten 40 Jahren entwickelt. Unzählige tumorhemmende Substanzen wurden zuerst im Laboratorium im Reagenzglas und im Tierversuch, später in der Klinik am Menschen getestet. Ungefähr 40 von ihnen haben sich bis heute als wirksam erwiesen und können erfolgreich eingesetzt werden. Die entscheidenden Bewährungsproben sind sog. *kontrollierte klinische Studien.* Nur auf diesem langen, aufwendigen Weg der klinischen Tumorforschung konnten die z. T. beachtlichen Erfolge moderner Tumorchemotherapie erzielt werden. Klinische Studien sind in 3 Phasen aufgeteilt.

Phasen der klinischen Studien

Wenn ein Medikament für die Behandlung auf dem Markt verfügbar wird, wurde es bereits intensiven Testungen unterzogen, sowohl am Tier als an Menschen. Die Testung am Menschen ist in 3 Phasen aufgeteilt:

1 **Phase 1.** Erster klinischer Test am Menschen, mit dem Ziel, die Maximal Tolerierte Dosis (MTD) zu definieren. MTD wird hier als die Dosis definiert, bei welcher die Toxizität vorübergehender Natur, behandelbar und nicht lebensbedrohlich ist. In Phase-1-Studien wird

auch erforscht, in welchem Schema und welcher Verabreichungsform das Medikament am besten eingesetzt wird, und es finden auch pharmakokinetische Untersuchungen statt (z. B. die Bestimmung der Medikamentenspiegel im Blut). Phase-1-Studien beinhalten eine genaue Dokumentation der Wirkung und Nebenwirkung einer Dosissteigerung. Bei Patienten, die an einer Phase-1-Studie teilnehmen, wurden vorher alle üblichen Therapiemöglichkeiten ausgeschöpft. Die Zahl der an der Studie teilnehmenden Patienten ist klein (ungefähr 20–30 Patienten).

2 **Phase 2.** Sobald ein anwendbares Verabreichungsschema entwickelt wurde, was ungefähr bei der Hälfte aller Studienmedikamente der Fall ist, folgt die Phase 2. Das Ziel dieser Phase 2 ist die Erkennung der Antitumorwirkung des Medikamentes bei verschiedenen Tumorformen. Dafür sind homogene, kleine Patientengruppen mit dem gleichen Tumortyp und -stadium nötig. Die Risiken einer solchen Studie dürfen nicht größer sein als der mögliche Nutzen. Die Wirksamkeit und die Toxizität werden weiter untersucht und rechtfertigen das Fortfahren oder Abbrechen weiterer Studien.

3 **Phase 3.** Das neue Medikament muß sich im Vergleich zu den konventionellen, bereits geprüften Therapien als wirksame und sichere Behandlung beweisen. Dies erfolgt in großen, klar definierten Patientengruppen und erfordert die Behandlung nach dem Prinzip des Zufalls, d. h. mittels Randomisation. Diese Wahl der Behandlung mittels Zufallsprinzip erfolgt in einer vorgegebenen, nicht bekannten und nicht auswählbaren Reihenfolge, z. B. mittels numerierter, verschlossener Couverts, in welchen die Behandlungsart enthalten ist. Die Randomisation beugt einer die Resultate verfälschenden Selektion bestimmter Patienten vor und ermöglicht die vorurteilsfreie Wahl zwischen verschiedenen, gegeneinander zu prüfenden Behandlungsformen.

Ethische Aspekte der klinischen Forschung

Es ist unabdingbar, daß solche Studien nur im Einverständnis mit dem Patienten durchgeführt werden. Das Patientenrecht fordert in klinischen Studien den *„informed consent“*. Dieser beinhaltet die drei Elemente Information über die Therapie, Verständnis der Therapie und die freiwillige Teilnahme. Die Herausforderung liegt darin, daß die schriftlichen Unterlagen dem Patienten verständlich gemacht werden, bevor er sich entscheidet und allenfalls mit seiner Unterschrift zur Behandlung einwilligt. Den Pflegepersonen, insbesondere den in der Forschung tätigen, kommt hier eine besonders anspruchsvolle Aufgabe zu. Krankenpflegepersonen äußern manchmal Skepsis gegenüber Studien. Die Entscheidung für oder gegen eine Behandlung nach Studie kann aber nur der Patient selber fällen. Dazu braucht er das intensive Gespräch mit gut informierten Ärzten und Pflegenden.

Klinische Studien sind nur dann ethisch, wenn sie methodisch korrekt sind und wenn sie mit großer Wahrscheinlichkeit zu einer neuen, relevanten Erkenntnis führen. An den meisten Orten existiert eine interdisziplinäre Ethik-Kommission, die prüft, ob die Voraussetzungen zur Bewilligung erfüllt sind.

Zytostatische Therapie (Chemotherapie)

Grundlagen malignen Wachstums und des Angriffspunkts der Zytostatika

Ansatzpunkt für die Zytostatika sind Unterschiede im Wachstum zwischen normalen und Tumorzellen. Die wichtigsten Unterschiede betreffen die Gesetzmäßigkeiten der *Teilung* und *Verdoppelung* (Proliferation) sowie der *Ausreifung* (Differenzierung) der Zellen, aufgrund deren viele Wirkungen der Zytostatika erklärt werden können (sog. Zellkinetik). Nicht minder bedeutungsvoll sind biochemische, immunologische und andere biologische Unterschiede.

Das Wachstum von Tumorzellen ist im Gegensatz zum gesunden Gewebe *unkontrolliert* und *ungehemmt,* aber abhängig von der Größe des Tumors und seiner Blutversorgung. Die Zeit, die es zur Verdoppelung einer bestimmten Tumormasse braucht, wird mit zunehmender Tumorgröße immer länger, d. h., der Tumor wächst immer langsamer. In einem sog. semilogarithmischen Maßstab graphisch dargestellt (Abb. 5.**7**), folgt das Tumorwachstum also nicht einer Geraden (A), sondern einer anfangs steilen, im späteren Verlauf sich immer mehr der Horizontalen nähernden Linie (B).

Zytostatika können – mit Ausnahmen – nur Zellen hemmen, die sich teilen. Die Teilung erfolgt in einem sog. *Zellzyklus* (Abb. 5.**8**), der in vier verschiedene Teilungs- und in eine Ruhephase unterteilt werden kann:

G_0 = Ruhephase: Nur ein Teil dieser Zellen kann wieder in den Zyklus eintreten (Rekrutierung).

G_1 = präsynthetische und postmitotische Phase. Bereitstellung der für den späteren Zellaufbau notwendigen Substanzen (Nukleinsäuren, Proteine usw.).

S = Synthesephase. Aufbau der Desoxyribonukleinsäuren (DNA) (wichtigste Kernbestandteile), aus denen die Chromosomen aufgebaut werden. In dieser Phase intensiven Stoffwechsels ist die Zelle besonders empfindlich.

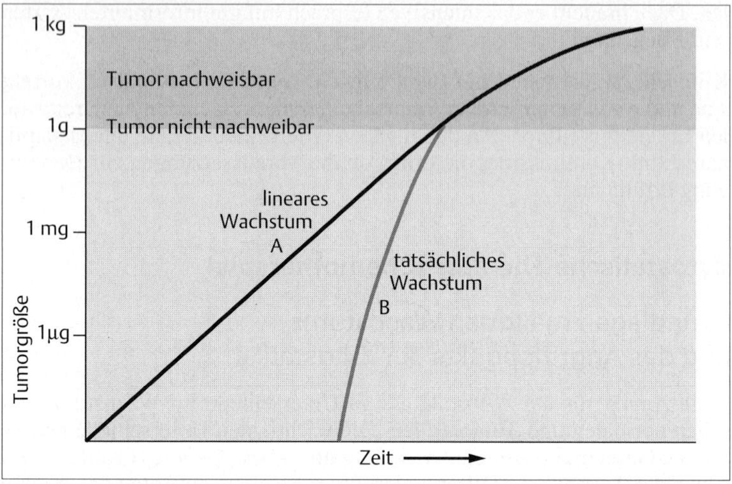

Abb. 5.7 Schematische Darstellung malignen Wachstums (semilogarithmischer Maßstab): Je größer der Tumor, desto langsamer wächst er.

G_2 = postsynthetische und prämitotische Phase. Eiweißaufbau, Umbau der Zellmembran als Vorbereitung für

M = Mitosephase (eigentliche Zellteilung). Gruppierung der nun sichtbar werdenden, verdoppelten Chromosomen in einer Spindelform, Durchschnürung der Zelle und Teilung in zwei neue Zellen gleichen Inhalts.

Je mehr Zellen sich teilen, desto besser – je mehr Zellen in der Ruhephase, desto schlechter die Wirkung der Zytostatika. Während sich ein Teil der Zellen definitiv nicht mehr am Zyklus beteiligt, können andere spontan, nach operativer Tumorverkleinerung (sog. „debulking") oder durch gewisse Kunstgriffe wieder in den Zyklus, d. h. zur Verteilung gebracht und damit dem Angriff der Zytostatika ausgesetzt werden. Je kürzer die Verdoppelungszeit, d. h. je kleiner der Tumor, desto besser ist die Wirkung der Zytostatika.

Die meisten Zytostatika haben genau bekannte *Angriffsorte im Zellzyklus* (Abb. 5.**8**). Einige wirken nur in einer ganz bestimmten Phase des Zellzyklus, vorwiegend in der S-Phase. Andere wiederum hemmen die zur Zweiteilung der Zelle notwendige Spindelbildung der Chromosomen in der M-Phase. Wieder andere Zytostatika wirken über längere Phasen des Zellzyklus oder völlig unabhängig von ihm. Leider ist es bisher nicht ge-

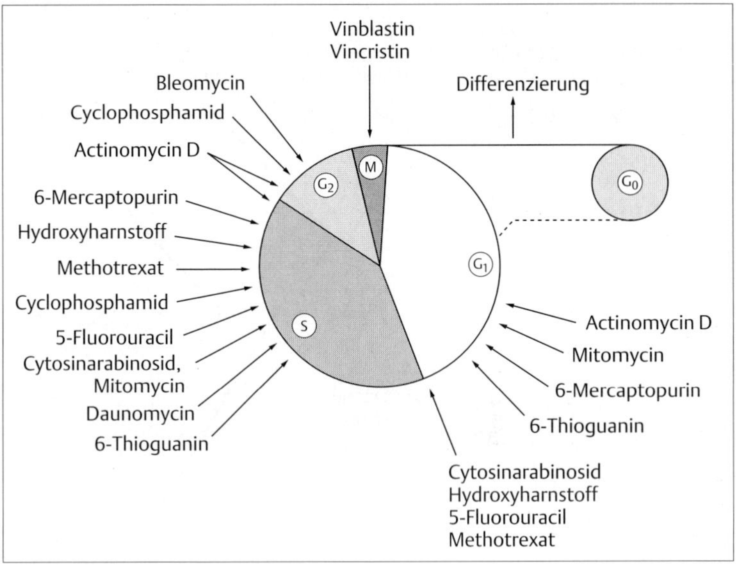

Abb. 5.**8** Zellzyklus und Angriffsort(e) verschiedener Zytostatika.

lungen, Zellen nachhaltig in ihrem Teilungsverhalten so zu beeinflussen, daß sie in größerer Zahl gemeinsam eine bestimmte Phase des Zellzyklus durchlaufen würden und so durch Zytostatika noch wirkungsvoller bekämpft werden könnten (sog. Synchronisation).

Die Wirkung der Zytostatika ist von Tumor zu Tumor sehr unterschiedlich. Sie können stets nur einen bestimmten Prozentsatz der anfänglich vorhandenen Gesamttumormasse (bzw. Anzahl Tumorzellen) zerstören. Dies führt zu einer stufenweisen Verkleinerung des Tumors in mehreren Schritten, die im Erfolgsfall bis in den Bereich des unsichtbaren, nicht mehr nachweisbaren Tumors führt. In dem in Abb. 5.**9** grauen Bereich kann möglicherweise die körpereigene Abwehr den Tumor definitiv erledigen (Heilung). Was wir als *Vollremission* bezeichnen, ist aber meistens nur ein Verschwinden des Tumors in den unsichtbaren Bereich mit späterem erneutem Größerwerden (Spätrezidiv). *Teilremissionen* spielen sich in dem in Abb. 5.**9** oberen, weißen Bereich mit nachweisbarem Tumor ab und sind meist nur von kurzer Dauer. Der Rückfall (Rezidiv) erfolgt dementsprechend früher. Die Ursachen eines Rückfalls unter korrekter Therapie liegen entweder darin, daß die Tumorzellen gelernt haben, den An-

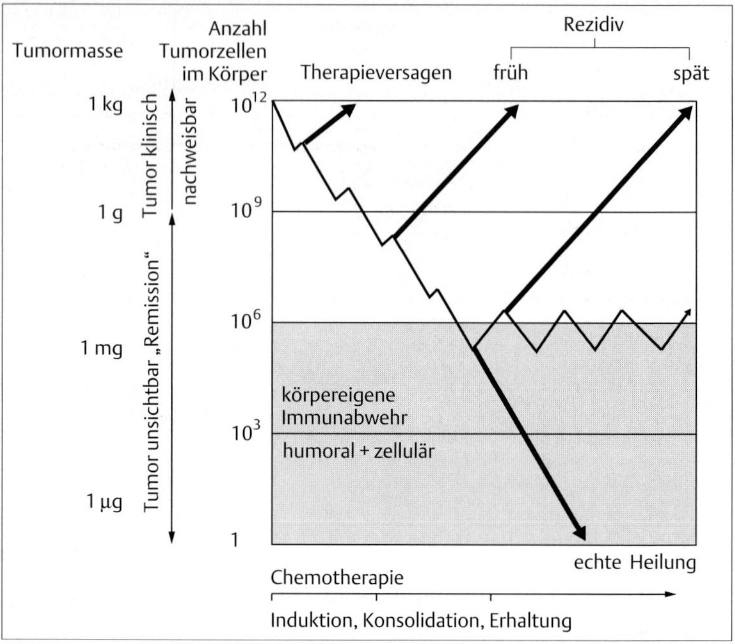

Abb. 5.**9** Schematische Darstellung der Tumorzerstörung im Körper (semilogarithmischer Maßstab).

griff der Zytostatika zu umgehen, d.h. sich trotzdem weiterzuteilen (Resistenzbildung s. unten), oder daß wohl ein Teil der Zellen anspricht, andere, primär resistente Zellen aber dadurch die Überhand gewinnen. Maligne Tumoren stellen eine Mischung von Zellen verschiedener Eigenschaften dar, wie das Beispiel des Prostatakarzinoms in Abb. 5.**10** zeigt. Der Tumor wird damit bösartiger; die Zellen teilen sich schneller und entziehen sich oft einem erneuten Angriff mit anderen Medikamenten.

Resistenz

Primär resistente Tumorzellen sprechen auf keine Chemotherapie an. *Sekundär* resistente Zellen entwickeln durch Adaptation oder Mutation nach anfänglichem Ansprechen die Fähigkeit, sich dem Angriff bestimmter Zytostatika zu entziehen. Mit „Multidrug resistance“ (MDR) wird die Unempfindlichkeit (Resistenz) von Krebszellen gegenüber vie-

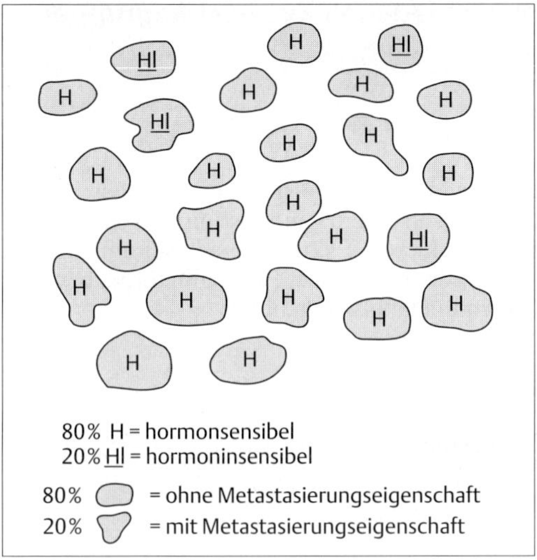

Abb. 5.**10** Tumorzellheterogenität am Beispiel des Prostatakarzinoms: neben hormonsensiblen auch hormoninsensible Zellen mit verschiedener Metastasierungskapazität (nach Coffey u. Isaacs).

len Zytostatika zu gleicher Zeit bezeichnet. Sie kann primär oder im Laufe einer Zytostatika-Behandlung auftreten.

Eine Sonderform von MDR ist verursacht durch ein Protein in der Membran von Krebszellen, welches die betroffenen Zytostatika nach deren Einstrom in die Zelle bindet und umgehend wieder nach außen transportiert. Damit geht die Wirkung des Zytostatikums an der Tumorzelle verloren. Dieses „Pump-Protein" wurde P-Glykoprotein genannt und ist das Produkt eines bestimmten Gens, welches beim Menschen als mdr1-Gen bezeichnet wurde.

In den letzten Jahren wurde bei verschiedenen Krebserkrankungen des Menschen das mdr1-Gen bzw. P-Glykoprotein nachgewiesen, insbesondere bei Patienten, welche nicht auf Chemotherapie ansprachen. Im Rahmen von Forschungsprojekten wird heute versucht, die MDR mit bestimmten Substanzen, z. B. Verapamil, zu überwinden bzw. die Tumorzellen wieder zytostatikaempfindlich zu machen.

Übersicht über die verschiedenen Zytostatikagruppen

(Details s. Anhang I)

Antimetaboliten

Darunter verstehen wir Substanzen, die ausgeprägt von den Zellzyklusphasen abhängig wirken und an einem ganz bestimmten Ort die Vorstufen der Nukleinsynthese blockieren. Es handelt sich oft um sog. falsche Bausteine, die den Aufbau der Purin- oder Pyrimidinkörper bzw. der Folsäure hemmen. Zu den Antimetaboliten gehören

- Amethopterin,
- Cytosinarabinosid,
- 6-Mercaptopurin,
- 5-Fluorouracil und Verwandte,
- 6-Thioguanin,
- Hydroxyharnstoff,
- Fludarabin,
- Cladribin,
- Gemcitabin.

Antibiotika

Erst spät ist man auf die zytostatische Wirkung vieler Antibiotika gestoßen. Diese wirken ja auch bei Infektionserregern in erster Linie zytostatisch. Tumorhemmende Antibiotika binden sich mit der Desoxyribonukleinsäure (DNA) und blockieren die Ribonukleinsäure (RNA-) und Proteinbildung. In klinischem Einsatz sind z. B.

- Adriamycin, Epirubicin, Idarubicin,
- Daunomycin,
- Bleomycin,
- Mitomycin-C,
- Actinomycine,
- Mithramycin,
- Aclarubicin.

Alkylierende Substanzen

Diese beruhen auf der Beobachtung der Zellhemmung durch Kampfstoffe im 1. Weltkrieg (Kampfgas, Stickstofflost). Die Alkylanzien binden sich mit Enden ihres Moleküls an die doppelsträngigen Desoxyribonukleinsäuren und führen damit zu falscher Verknüpfung. Dies verhindert eine weitere Zellteilung. Dazu gehören u. a.

– Cyclophosphamid, Ifosfamid, Trofosfamid, Thio-TEPA,
– Chlorambucil,
– Busulfan, Treosulfan,
– Melphalan,
– Nitrosoharnstoffe (CCNU, BCNU, Methyl-CCNU).

Spindelgifte

Diese aus Pflanzen gewonnenen Substanzen blockieren die sog. Spindelbildung (s. oben). Zu ihnen gehören z. B.:

– Vincristin,
– Vinblastin,
– Vindesin,
– Vinorelbin,
– Podophyllotoxine (Etoposid, Teniposid).

Enzyme

Leider ist bisher nur ein einziges Enzym bekannt, das gezielt den Stoffwechsel von gewissen Tumorzellen blockieren kann:

– L-Asparaginase.

Andere Zytostatika

Beispiele:

– Mitoxantrone,
– Procarbazin,
– Dacarbazin,
– Cisplatin, Carboplatin, Oxaliplatin,
– o,p′-DDD,
– Amsacrin,
– Topotecan, Irinotecan,
– Docetaxel,
– Paclitaxel,
– Raltitrexed.

Grundsätze zytostatischer Therapien

▶ Eine verläßliche Austestung einzelner oder mehrerer Zytostatika im Reagenzglas bzw. in der Zellkultur im Hinblick auf den klinischen Einsatz bei einem bestimmten Tumor gibt es noch nicht (Onkobiogramm, Stammzellkulturen). Die Auswahl erfolgt aufgrund der klinischen Erfahrung.

- Die Kombination von Zytostatika verschiedener Wirkungsweise *(Kombinationschemotherapie)* ist im allgemeinen erfolgversprechender als der Einsatz einzelner Substanzen *(Monochemotherapie)*. Es ist in der Kombination möglich, die Dosis des einzelnen Medikaments tiefer zu halten und damit die Nebenwirkungen zu reduzieren (Abb. 5.**11**). Beim Betrachten von Abb. 5.**8** wird klar, daß der zellabtötende Effekt größer wird, wenn die Zellen mehrmals im Ablauf ihres Teilungszyklus durch in ihrer Wirkung unterschiedliche Zytostatika angegriffen werden.
- Zytostatika müssen wie alle Medikamente in der wissenschaftlichen Medizin adäquat, d. h. in der *richtigen, wirksamen* und *meßbaren* Dosis gegeben werden. Wirkung und Nebenwirkungen sind proportional der Dosis. Jedes Medikament wird bei Überdosierung zu Gift. Hochdosis-Chemotherapie ist daher nur durchführbar, wenn potentiell lebensgefährliche Nebenwirkungen durch entsprechende Gegenmaßnahmen (wie z. B. autologe Knochenmarks-Rücktransfusion und/oder Blutstammzellen-Wachstumsfaktoren) verhindert werden können. Unterdosierung ist auch verhängnisvoll: Nebenwirkungen werden wohl vermieden; die gewünschte Wirkung kann aber nicht eintreten, vor allem wegen rascher Resistenzbildung der Tumorzellen.

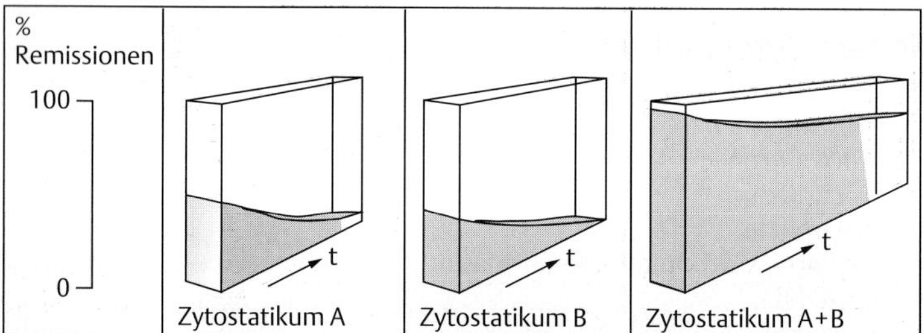

	Zytostatikum A	Zytostatikum B	Zytostatikum A+B
Wirkung:	alkylierend (zyklusunspezifisch)	Mitoseblock (zyklusspezifisch)	umfassend
Remissionsquote:	mäßig	mäßig	sehr gut
Remissionsqualität:	mäßig	schlecht	gut
Remissionsdauer:	kurz	kurz	lang
Toxizität:	z. B. Knochenmark	z. B. neurologisch	komplex, jedoch verteilt

Abb. 5.**11** Gegenüberstellung der Monochemotherapie mit zwei Einzelsubstanzen und ihrer Kombination.

- Die geringe therapeutische Breite der Zytostatika bedingt, daß *Nebenwirkungen* in Kauf genommen werden müssen. Vor allem die Wirkungen auf das blutbildende System dienen der Kontrolle, ob das Medikament überhaupt im Körper aufgenommen wird und welche biologischen Reaktionen es hervorruft.
- Die meisten Zytostatika werden meist nicht dauernd, sondern *stoßweise* (intermittierend) gegeben, um dem Körper im behandlungsfreien Intervall die Möglichkeit zur Erholung in jeder Hinsicht zu geben (z.B. Blutbildung im Knochenmark, Immunsystem, Schleimhäute, Magen-Darm usw.).
- Die Anwendung von Zytostatika bedingt *Kenntnis ihrer Wirkungen und Nebenwirkungen* sowie regelmäßige, den betreffenden Zytostatika entsprechende *Kontrollen.* Eine intensive Zytostatikabehandlung soll nur durch Spezialisten (Kliniken, niedergelassene Fachärzte) durchgeführt werden.
- Eine zytostatische Behandlung soll so lange weitergeführt werden, bis sie entweder nicht mehr notwendig (Heilung, Behandlungsdauer 2–3 Jahre) oder nicht mehr wirksam ist (gesichertes Rezidiv). Bei Behandlungsabbruch in Remission muß stets eine genaue diagnostische Bilanz gezogen werden, um den Patienten durch den Abbruch der erfolgreichen Behandlung bei noch vorhandenem Tumor nicht zu gefährden.

Hochdosis-Chemotherapie

Für die zytostatische Chemotherapie gilt eine strenge Dosis-Wirkungs-Beziehung: Je höher die Dosis, desto stärker die Wirkung. Dabei haben bisher unvermeidbare, potentiell lebensgefährliche Nebenwirkungen eine obere Dosislimite gesetzt. Diese kann heute mit 3 Methoden überwunden werden:

- **Knochenmarkrekonstitution/-transplantation.** Die Rücktransfusion von autologem, das heißt dem gleichen Patienten in Remission entnommenem Knochenmark erlaubt die Anwendung von bisher unverträglich hohen Dosen von Zytostatika. Die Beschreibung der autologen Knochenmarktransplantation, besser Knochenmarkrekonstitution genannt, findet sich im Kap. 18. Die Methode ist kompliziert und aufwendig.
- **Periphere Stammzellen.** Aus dem Blut des Patienten können pluripotente Stammzellen gewonnen und in der Phase der Knochenmarksaplasie zurückgegeben werden. Damit können die Infektgefahr gebannt und die Hospitalisation verkürzt werden.
- **Hämatopoetische Wachstumsfaktoren (Colony stimulating factors [CSFs]).** CSFs sind eine Anzahl von humoralen Glykoproteinen, die die Bildung der Blutzellen im Knochenmark stimulieren. Sie

können heute gentechnologisch hergestellt werden. Erythropoietin ist verantwortlich für die Bildung der Erythrozyten, Thrombopoietin für die Bildung von Thrombozyten. Bei den Leukozyten ist es der Granulozyten Colony stimulating factor (G-CSF) beziehungsweise der Granulozyten-Makrophagen Colony stimulating factor (GM-CSF).

CSFs werden bei Krebspatienten mit intensiver Chemotherapie und Knochenmarktransplantation sowie bei Patienten mit myelodysplastischen Syndromen angewendet. Studien haben gezeigt, daß CSFs einen dosisabhängigen Anstieg der weißen Blutzellen bewirken, der nach Absetzen der Faktoren wieder zurückgeht. Dies weist darauf hin, daß die Dauer und die Intensität der Neutropenie bei Chemotherapie reduziert werden können. Dies ist besonders wichtig, weil die Knochenmarkdepression oft eine dosislimitierende Toxizität darstellt, die zu Verzögerungen oder Reduktion einer wirksamen Therapie führt. Intensive Hoch-Dosis-Chemotherapie in kurativer Absicht sowohl adjuvant wie bei fortgeschrittener Tumorerkrankung ist somit möglich geworden. Die Nebenwirkungen dieser Wachstumsfaktoren sind relativ gering.

Nebenwirkungen der Zytostatika

(vgl. auch Anhang I und Kapitel 6)

Es ist oft schwierig, unumgängliche Nebenerscheinungen zytotoxischer Wirkung von ungewollten, oft schweren Nebenwirkungen zu unterscheiden. Die schmale therapeutische Breite aller Zytostatika bringt es mit sich, daß wir Nebenwirkungen in Kauf nehmen und sie in geeigneter Weise bekämpfen oder mindestens lindern müssen. Nebenwirkungen der Tumorchemotherapie sind häufig und stellen für Patient und Pflegepersonal oft große Probleme.

Akute, kurzfristige, meist reversible (wieder verschwindende) Nebenwirkungen

- Störung der Blutbildung, Abfallen der Leukozyten und Thrombozyten, damit Infekt- und Blutungsneigung, seltener Anämie;
- Wirkungen auf Magen-Darm (teils via Brechzentrum im Gehirn): Appetitlosigkeit, Widerwillen gegen bestimmte Speisen, Übelkeit, Erbrechen, selten Durchfall;
- Haarausfall;
- nervöse Störungen: Kribbeln in den Fingern (Parästhesien), Darmträgheit bis zur Darmlähmung (Ileus); Heiserkeit, evtl. Lähmungen, Geschmacksstörungen, Störungen der Flüssigkeitsregulation;

- Haut: Ausschläge, Verdickung/Schwielen, Braunfärbung;
- Schleimhäute: Entzündungen, Geschwüre, Aphthen in Mund und Rachen, evtl. Pilzbefall, Augenbindehautentzündung;
- Temperaturerhöhung (meist allergische Reaktion auf einzelne Zytostatika oder deren Begleitstoffe);
- Niere und ableitende Harnwege: Einschränkung der Nierenfunktion, Blasenblutungen infolge hämorrhagischer Zystitis;
- Herz, Kreislauf: Rhythmusstörungen, Blutdruckabfall;
- Leber: Ansteigen von Bilirubin (Ikterus) und Transaminasen, verminderte Produktion von Gerinnungsfaktoren.

Die entsprechenden Unterstützungsmaßnahmen werden in Kap. 6 beschrieben.

Später auftretende, länger dauernde, oft irreversible Nebenwirkungen

- Immunsuppression (Schwächung der körpereigenen Infekt- und Tumorabwehr, die sich in erhöhter Infektneigung und allgemeiner Abwehrschwäche äußert);
- Geschlechtsorgane/Fortpflanzung: bei Frauen Ausbleiben der Menstruation (Amenorrhö), bei beiden Geschlechtern Unfruchtbarkeit (Infertilität);
- Zentralnervensystem: degenerative Veränderungen (Nekrosen);
- Lunge; bindegewebige Verhärtung (Fibrose);
- Herz: Herzmuskelschaden;
- Zweitmalignome: vor allem nach Alkylanzien und nach langdauernder ununterbrochener Behandlung.

Individuelle Unterschiede

Es muß betont werden, daß alle diese Nebenwirkungen *keineswegs immer,* d.h. bei allen Patienten, und *vor allem nicht bei allen Zytostatika* auftreten. Jedes Zytostatikum hat sein charakteristisches Spektrum von Nebenwirkungen, wie es aus Anhang I ersichtlich ist. Die Reaktion eines Organismus auf ein Zytostatikum oder eine Kombination ist aber individuell stark verschieden, so daß die Reaktion gelegentlich stärker, oft aber auch weniger stark als erwartet ausfällt. Die Patienten sollen wohl auf mögliche Nebenwirkungen hingewiesen, deswegen aber nicht verängstigt oder neurotisiert werden.

Beispiele: Viele, aber nicht alle Zytostatika verursachen Haarausfall, einige häufig und stark (z.B. Adriamycin), andere selten oder nie (z.B. Chlorambucil). Die gleichen Adriamycindosen führen bei einem Patienten zu raschem, fast vollständigem Haarausfall, während ein anderer Patient das volle Kopfhaar behält.

Praktische Zubereitung und intravenöse Verabreichung von Zytostatika

Entsprechend den heutigen Kenntnissen über die Therapiemöglichkeiten verschiedener Tumoren wird vom Arzt der Einsatz von Zytostatika und/oder Hormonen bestimmt. Er berechnet die Dosis der Zytostatika anhand der aus Gewicht und Größe berechneten Körperoberfläche des Patienten. Dies ermöglicht eine individuelle Dosierung, wobei Alter, Allgemeinzustand, Nieren-, Leber- und Knochenmarksfunktion sowie persönliche Erfahrungen mit früheren Behandlungen berücksichtigt werden müssen.

Angesichts der Häufigkeit von Nebenwirkungen zytostatischer Chemotherapien und der sich daraus ergebenden Belastung für den Patienten ist eine sorgfältige und eingehende *Information* vor Therapiebeginn im Gespräch mit Arzt und Krankenschwester unumgänglich. Diese wird erleichtert durch entsprechende Informationsbroschüren, wie sie z. B. die schweizerische Krebsliga unter dem Titel „Medikamentöse Tumortherapie“ herausgibt. Erst bei ausdrücklichem Einverständnis des Patienten darf eine so einschneidende Behandlung begonnen werden.

Eine möglichst gute Kenntnis der Wirkungen und Nebenwirkungen der Zytostatika ist Voraussetzung für optimale Vorbereitung, Früherkennung von Nebenwirkungen und Einsatz von wirksamen Gegenmaßnahmen. Zytostatisch behandelte Patienten bedürfen guter Pflege und sorgfältiger Beobachtung.

Allgemeine Bedingungen

Eine kompetente Therapieplanung durch onkologische Fachärzte, die den Einfluß der Therapie auf die Krankheit, auf den ganzen Menschen, seine Selbständigkeit und auf seine Lebensqualität abzuschätzen vermögen und die den Folgeerscheinungen voraussehend vorbeugen können, ist ein grundsätzliches Ziel für eine erfolgreiche Behandlung.

Eine individuelle, fachkompetente onkologisch-pflegerische Betreuung kann sich nicht mit der korrekten Zubereitung und Verabreichung der tumorhemmenden Substanzen allein begnügen, dazu gehörende Konzepte betreffen z. B. die Patienteninformation, Anleitung zur Selbsthilfe und Unabhängigkeit, Erhaltung der Lebensqualität durch Vorbeugung von Nebenwirkungen und der Schutz vor einer Zytostatikakontamination.

Kantonsspital St. Gallen
Medizinische Klinik C
Zytostatika-Verordnungsblatt
Chemotherapiezyklus Nr. .....

Größe cm	
Gewicht kg	
Körperoberfläche aktuell m^2	
Körperoberfläche ideal m^2	

Patientenkleber

Datum (Tag, Monat, Jahr)									
Antitumortherapie (Markenname) mg/m² in der Reihenfolge der Verabreichung!	Verabreichungs-Art	Verabreich. Dauer	Tag ...	Tag ...	Tag ...	Tag ...	Tag ...	Tag ...	Tag ...
anzustrebende Gesamtflüssigkeitsmenge/24 h i.v. p.o.									
Infusionen/zusätzliche									
Coldcap (ja/nein)									
Antiemetika (n. hausinternen Richtlinien)	mit Uhrzeit: Stunde 0 = Beginn der Zytostatika-Verabreichung								

Reservemedikation Erbrechen:
1) 2)

andere Reservemedikation:

Antizipatorisches Erbrechen bekannt:	ja ( )	nein ( )
Late Emesis (24 h nach Chemotherapie) zu erwarten	ja ( )	nein ( )
Antiemetika-Unverträglichkeit bekannt:	ja ( )	nein ( )
Verträglichkeitsdokumentation siehe Blatt 2	ja ( )	nein ( )

(durch Patienten auszufüllen)

Visum Assistenzarzt: .... *(leserlich!)*

Visum Oberarzt: ....

Abb. 5.**12** Zytostatika-Verordnungsblatt (Kantonsspital St. Gallen).

Die Verabreichung von Zytostatika ist deshalb gut instruierten Fachpersonen vorbehalten, die die Wirkungen und Nebenwirkungen kennen, informieren und entsprechende Maßnahmen treffen können. Dies gilt sowohl für Ärzte als auch für diplomierte Pflegepersonen.

Die Verordnung von Zytostatika inklusive der Supportivmaßnahmen erfolgt aus Sicherheitsgründen immer schriftlich. Ein Beispiel eines möglichen Verordnungsblattes ist als Beispiel in der Abb. 5.**12** dargestellt.

Merkpunkte zur Zubereitung von Zytostatika

Allgemeine Hinweise zur Zytostatikazubereitung sind am Anfang des Anhanges I beschrieben. Den Hinweisen folgt eine Liste mit den am häufigsten verwendeten Zytostatika, alphabetisch nach Stoffklassen geordnet, in der die praktische Zubereitung von jeweils einem Präparat beschrieben ist.

Kontrollen vor der Verabreichung

1. Handelt es sich bei der Verordnung um übliche Dosierungen? Im Zweifelsfalle Rücksprache mit dem verordnenden Arzt.
2. Hat der verordnende Arzt die neuesten Blutkontrollen gesehen? Im Zweifelsfalle Rücksprache nehmen.
3. Berichtet der Patient über etwas, das durch eine nächste Therapie verschlimmert werden könnte (z. B. nicht ausgeheilte Stomatitis, Durchfälle, Phlebitis)? Hat er dies dem verordnenden Arzt mitgeteilt? Im Zweifelsfalle Rücksprache nehmen.
4. Kennt der Patient die zu erwartende Wirkung? Kann er sie akzeptieren, und hat er die Kraft, mit der Therapie gegen die Krankheit zu kämpfen?
5. Wie präsentiert sich der Zustand der Venen? Ist eine kapilläre Blutentnahme vor der Therapie zur Venenschonung möglich? Ist angesichts der geplanten Therapie die Implantation eines Dauervenenkatheters nötig und erwünscht (Implantierte Dauervenenkatheter, s. Kapitel 6)?

Intravenöse Injektion von Zytostatika

Die Verabreichung von Zytostatika muß absolut korrekt intravenös erfolgen, da viele Zytostatika bei unsachgemäßer, paravenöser Injektion oder Infusion eine Entzündung in und um die Vene herum bewirken können. Bereits Tropfen einiger Substanzen können zu schwerer Phlebitis oder, im schlimmsten Falle, zu einer schmerzhaften, schlecht heilenden Nekrose führen (Abb. 5.**13**). Besonders gefährlich sind diesbezüglich zytostatische Antibiotika wie z. B. Adriamycin, Daunomycin, Mitomycin so-

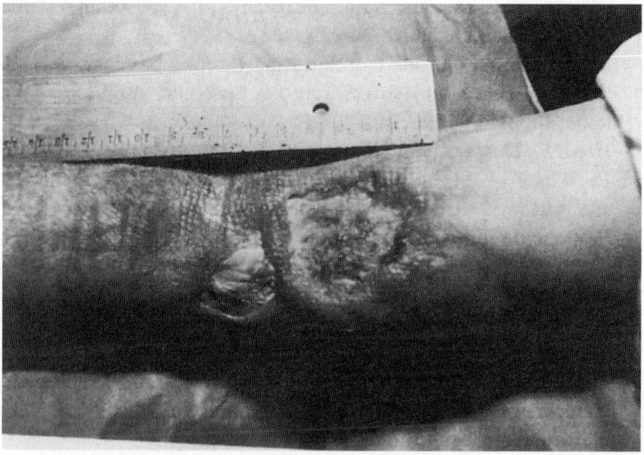

Abb. 5.**13** Nekrose nach paravenöser Zytostatika-Injektion (77 Tage) (aus Köstering, H., G. A. Nagel: Onkologie 6 [1980] 317).

wie die Spindelgifte, wie z. B. Vincristin, Vinblastin, Vindesin. Äußerste Vorsicht und Sorgfalt bei der Verabreichung dieser Medikamente und sehr gute Patienteninformation können den Patienten vor unnötigen, schmerzlichen Folgen und die verabreichende Fachperson vor viel Kummer und Haftpflichtsorgen bewahren. Grundsätzlich können intravenös verabreichte Zytostatika lokal folgende Probleme auslösen:

- *Irritation der Vene,* Schmerzen entlang der Vene, mit/ohne Entzündungsreaktion (z. B. Dacarbazin, Carmustin, Etoposid, s. Anhang I),
- *Gewebeschädigung/Nekrose* am Ort der Injektion, wenn die Substanz nicht streng in die Vene injiziert wird (z. B. Vinblastin, Vincristin, Doxorubicin, Epirubicin, Mitomycin, Dactinomycin, s. Anhang I),
- *Extravasation:* das Ausfließen einer gewebeschädigenden Substanz in das Subkutangewebe, es entsteht ein Paravasat.

Die erfolgreiche, komplikationslose Zytostatikaverabreichung umfaßt die Bereiche:

1. Korrekte Zubereitung der Zytostatika,
2. Selektion der richtigen Vene,
3. Selektion der richtigen Kanüle,
4. korrekte Injektion/Infusion unter geeigneten zeitlichen und räumlichen Bedingungen.

Vorbereitung/Durchführung der Injektion

- Information der Patienten, daß es beim Injizieren nicht brennen oder schmerzen darf und daß dies sofort gemeldet werden müßte.
- Wahl der richtigen Kanüle: für kurze Therapien Butterflynadeln (Abb. 5.**14**) (gut fixierbarer Ansatz, kein Verschieben in der Vene), möglichst dünn; bei mehr als einem Tag dauernder Infusion nekrotisierender Mittel einen dünnen Verweilkatheter einlegen.
- Wahl der richtigen, „besten" Vene (möglichst großes Gefäß).
- Korrekte Injektionsstelle wählen; vorzugsweise nicht über Sehnen, Gelenke: *1. Wahl Vorderarm, 2. Wahl Handrücken, 3. Wahl Kubitalvene* (oft leichtester und sicherster Zugang, schwierig für die sofortige Entdeckung des Paravasates). Bei schlecht sichtbaren Venen den Arm im Warmwasserbad vorwärmen.
- Bei mißlungener Punktion Injektionsstelle wechseln, proximal, da sonst das Ausfließen des Medikamentes aus der defekten Vene möglich ist.
- Vor der Injektion der Medikamente 10–20 ml Kochsalzlösung injizieren (Sicherung). Im Zweifelsfall *nie* injizieren, Fachkollegin rufen.
- Zuerst die nekrotisierenden Substanzen in kleinen Volumina, langsam (nicht unnötig langsam) injizieren.
- Überwachung der Injektion/Infusion, zwischendurch Blutrückflußkontrolle (Achtung bei sedierten, schläfrigen Patienten!). Arm gut fixieren.
- Spülung der Kanüle nach der Injektion mit Kochsalzlösung.

Das Risiko eines Paravasates kann auch bei besten Voraussetzungen nie vollständig ausgeschlossen werden. Eine professionelle Verabreichung

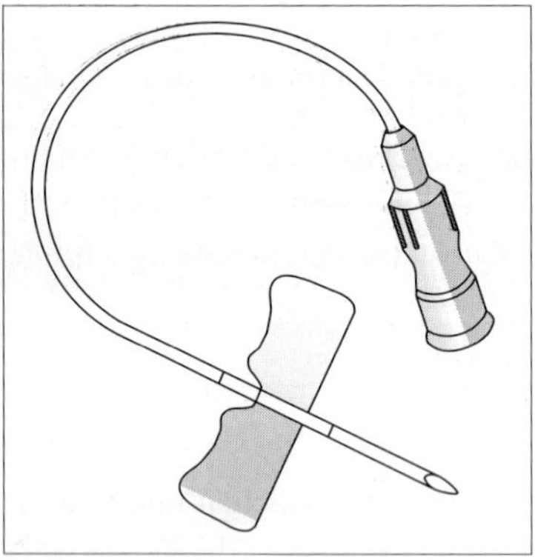

Abb. 5.**14** Butterflynadel.

muß aber die Früherfassung eines Paravasates garantieren, damit der Schaden begrenzt bleibt.

! Frühzeitiges Erkennen begrenzt das Ausmaß der Gewebeschädigung.

Beachte. Schmerzen, Brennen, Stechen, Rötung um die Nadel herum, Schwellung sofort oder später, Dysästhesie, fehlender Blutrückfluß, verlangsamtes Infundieren. Cave: Ein Paravasat kann auch bei der Benützung eines Port-A-Cath-Systems auftreten.

Vorgehen bei einem Paravasat

Das Ereignis eines so schwerwiegenden Vorfalls muß umgehend der ärztlichen und pflegerischen Leitung gemeldet werden, damit über das weitere Vorgehen beraten werden kann. Die Rolle sog. Antidota bei Paravasaten ist unklar. Ein echtes Antidot von Mechlorethamin ist Thiosulfat, dessen intrakutane Applikation ist jedoch umstritten (weitere schmerzhafte Reizung?).

Die lokale Auflage von Dimethylsulfoxid (DMSO) bei zytostatischen Antibiotika hat in Einzelfällen positive Resultate gezeigt (Auflage DMSO-getränkte Kompresse, alle 12 Stunden während 4 Stunden, mindestens 4mal wiederholen).

In der Tab. 5.7 ist die systematische Vorgehensweise bei einem Paravasat dargestellt.

Tabelle 5.7 Schritte beim Vorgehen im Falle eines Zytostatikaparavasates

Phase 1 – Extravasation
– bei Verdacht sofortiges Anhalten der Injektion – Nadel belassen, Aspiration der Substanz aus Schlauchsystem und Nadel (wenn möglich) – erfahrenes Pflegepersonal und Arzt rufen, um die Lage zu klären und den evtl. Einsatz eines Antidotes diskutieren – niemals ein Antidot durch die noch liegende Nadel injizieren, wenn das Zytostatikum im Schlauchsystem nicht vollständig aspiriert werden konnte – Nadel entfernen

Fortsetzung ▶

Tabelle 5.7 (Fortsetzung)

Phase 2 – Post-Extravasation I
– evtl. Applikation von warmen Auflagen (trocken) bei Vinka-Alkaloiden, sofern der Patient dies verträgt (Förderung der systemischen Absorption) – evtl. Applikation von kalten Auflagen (trocken) bei Antrazyklinen (Hemmung der Zelltoxizität) – Hochlagerung und Ruhigstellung des Armes – Schmerzbehandlung, wenn nötig (Schmerzen treten oft erst Tage später auf) – antiinflammatorische Medikamente einsetzen (z. B. Diclofenac, systemisch)
Phase 2 – Post-Extravasation II
– Dokumentation entsprechend der Politik der Institution (Fotographie, Paravasat-Dokumentationsformular) – Information des zuständigen Arztes und der Pflegedienstleitung (Verantwortlichkeit, Haftpflicht, rechtliche Aspekte) – den Patienten regelmäßig beobachten, bei ambulanter Behandlung gute Instruktion des Patienten und evtl. der Angehörigen und regelmäßige Kontakte aufrechterhalten – Anmeldung an Haftpflichtversicherung (wenn ein Schaden entsteht)
Phase 3 – Nachsorge
– Physiotherapie zur Kontrakturenprophylaxe (wenn Armbewegung eingeschränkt) – Hinzuziehung des plastischen Chirurgen, wenn Schmerz und Rötung zunehmen und Anzeichen eines Gewebeschadens (Nekrose) auftreten; ohne Exzision der Nekrose ist eher eine Zunahme des Schadens zu erwarten als eine Heilung – Vorkommnis besprechen, aus Fehlern lernen (Qualitätsmanagement)

Vorsichtsmaßnahmen im Umgang mit Zytostatika

In den vergangenen Jahren wurde diskutiert, ob ein wiederholter, regelmäßiger Kontakt mit Zytostatika zu Gesundheitsschäden bei exponiertem Personal führen kann. Diesbezügliche Untersuchungen (z. B. Mutagenitätstests im Urin exponierter Schwestern) haben jedoch widersprüchliche Ergebnisse geliefert und sind aus technischen Gründen kaum als Maß einer repetierten Mikrokontamination (Haut, Atemluft etc.) geeignet. Art und Ausmaß der Gesundheitsgefährdung konnten nicht erwiesen werden. Diese ist aber nicht ausgeschlossen und erfordert entsprechende Schutzmaßnahmen, die in verschiedenen Ländern sehr unterschiedlich durchgeführt werden. Eine Arbeitsgruppe der schweizerischen Arbeitsgruppe für klinische Krebsforschung konnte feststellen, daß bisher keine eindeutig durch Zytostatika bedingte Gesundheitsschädigung am betroffenen Personal nachzuweisen war. Auch bei Krankenschwestern mit *hoher Exposition* ließen sich weder durch direkte chemische Bestimmung (Blut, Filteratemluft, Urin) noch mit dem Ames-Mutagenitätstest im Urin eindeutige Zytostatikawirkungen nachweisen. Im Sinne einer *Vorsichtsmaßnahme* hat diese Kommission dennoch Empfehlungen zum Umgang mit Zytostatika erarbeitet. Diese Empfehlungen wurden von der Schweizerischen Unfallversicherungsanstalt veröffentlicht. Ihr Wortlaut ist folgender:

Richtlinien für die sichere Handhabung von Zytostatika

Allgemeines

! Für den Umgang mit Zytostatika soll nur Personal eingesetzt werden, das über die Gefährdung instruiert und mit der korrekten Handhabung vertraut gemacht worden ist.

Neben dem Pflegepersonal, das bei der Zubereitung und Verabreichung von Zytostatika eingesetzt wird, soll auch das Reinigungs- und Laborpersonal über die notwendigen Schutzmaßnahmen instruiert werden, sofern es bei entsprechenden Arbeiten mit Zytostatika in Kontakt kommen kann.

! Die Anzahl der gegenüber Zytostatika exponierten Arbeitnehmer ist zu beschränken. Eine Zentralisierung oder Teilzentralisierung der Zubereitung und Verabreichung von Zytostatika ist deshalb anzustreben.

! Schwangere sollen nicht für die Zubereitung von Zytostatika eingesetzt werden.

Zubereitung und Verabreichung von Zytostatika

! Die Bildung von Aerosolen bzw. Stäuben von Zytostatika ist möglichst zu verhindern. Es muß gewährleistet werden, daß Aerosole bzw. Stäube von Zytostatika nicht in den Atembereich der Beschäftigten gelangen.

1 Bei der Zubereitung von Zytostatika bzw. beim Herrichten von Spritzen oder Infusionen sind deshalb geeignete Abzüge zu verwenden. Geeignet sind z. B. Sicherheitswerkbänke der Klasse 2 gemäß DIN 12 950.

2 Sofern Zytostatika nicht regelmäßig und täglich mehrmals zubereitet werden, kann auf einen Abzug verzichtet werden. Dies ist dann der Fall, wenn weniger als drei Applikationen täglich zubereitet werden (Applikation = Zubereiten der Zytostatika für einen Patienten). In diesem Fall ist die Bildung von Aerosolen bzw. Stäuben von Zytostatika durch verhaltensbezogene Maßnahmen zu verhindern. Damit Aerosole von Zytostatika nicht in die Atemwege gelangen können, soll eine partikelfiltrierende Halbmaske der Kategorie P2 (DIN 58 645/3 181) getragen werden. Das Tragen einer P2-Maske ist auch bei ausschließlicher Verwendung von geschlossenen Systemen ebenfalls noch zu empfehlen, bis Untersuchungen über die mögliche innere Belastung der Arbeitnehmer durch Zytostatika bei Verwendung dieser Systeme vorliegen.

3 Zytostatika sollen möglichst im geschlossenen System gemischt bzw. gelöst werden.

4 Sofern kein Abzug oder geschlossenes System zur Verfügung steht, sollten hydrophobe Druckausgleichsfilter (Filter 0,22 μm) verwendet werden; dabei soll auf langsamen Druckausgleich geachtet werden.

5 Ampullen mit gelösten Zytostatika sollen so geöffnet werden, daß der Austritt von Aerosolen vermieden wird.

! Direkter Kontakt von Haut und Augenbindehaut mit Zytostatika ist zu vermeiden.

Bei allen Arbeiten, bei denen eine Kontamination der Haut möglich ist, sind Latex-Handschuhe von mindestens 0,2 mm Dicke zu tragen. Handschuhe aus PVC sind wegen ihrer höheren Durchlässigkeit nicht zu empfehlen. Bei längerdauernden Arbeiten sollten auch Latex-Handschuhe mindestens stündlich gewechselt werden. Latex-Handschuhe sind auch zu wechseln nach akuter Kontamination durch Zytostatika oder wenn sie Risse aufweisen.

Sofern kein Abzug und kein geschlossenes System verwendet wird, ist eine Schutzbrille oder ein anderer Augenschutz empfehlenswert.

! Die Kontamination von Arbeitskleidern mit Zytostatika ist zu vermeiden.

Bei der Zubereitung von Zytostatika sollen langärmlige Überschürzen getragen werden.

Bei der Verabreichung von Zytostatika sind langärmlige Überschürzen oder Kunststoffschürzen nur zu tragen, wenn mit einer Kontamination gerechnet werden muß.

! Die Kontamination von Arbeitsplätzen sowie von Nebenarbeitsplätzen durch Zytostatika soll vermieden werden.

Die Arbeitsfläche ist mit einer saugfähigen Unterlage abzudecken. Verunreinigungen durch verschüttete Zytostatika auf Arbeitsflächen oder auf dem Boden sind unverzüglich zu beseitigen. Die kontaminierten Flächen sind anschließend sorgfältig mit Wasser zu reinigen.

Arbeitsplätze für die Zubereitung von Zytostatika sollen abseits stark frequentierter Verkehrsflächen eingerichtet werden.

! Sofern auf gebrauchsfertige Injektionslösungen zurückgegriffen werden kann, sollen bevorzugt Fertigspritzen mit der gewünschten Arzneimitteldosis verwendet werden.

Arbeitnehmerschutz bei der Entsorgung

! Direkter Hautkontakt mit Körperausscheidungen von zytostatisch behandelten Patienten ist zu vermeiden.

Beim Umgang mit Körperausscheidungen von zytostatisch behandelten Patienten ist es deshalb erforderlich, Schutzhandschuhe zu tragen.

! Direkter Hautkontakt mit Medikamentenresten oder kontaminierten Arbeitsinstrumenten ist zu vermeiden.

Einwegspritzen sind ohne Aufsetzen der Kanülenschutzkappe und unzerlegt in durchstichsicheren Behältnissen in den Abfall zu geben, das gleiche gilt für Infusionssets. Die übrigen zytostatikakontaminierten Abfälle sind in spezielle, widerstandsfähige und verschließbare Abfallbehälter zu geben. Bei allen Arbeiten, bei denen eine Hautkontamination mit Zytostatika möglich ist, sind Schutzhandschuhe zu tragen.

! Abzüge, die bei der Zubereitung von Zytostatika verwendet werden, sind regelmäßig zu warten. Bei den Unterhaltsarbeiten und bei der Entsorgung der Filter ist eine Kontamination der Umgebung zu vermeiden. Kontaminierte Filter sollen so entsorgt werden, daß ein direkter Hautkontakt bzw. die Bildung von Aerosolen oder Stäuben vermieden wird.

Bei der Entsorgung der Filter müssen deshalb Schutzhandschuhe, eine langärmlige Überschürze sowie eine Schutzmaske getragen werden. Die Filter sind in spezielle, widerstandsfähige Abfallbehälter zu geben. Die Wartungsabstände richten sich nach den Vorschriften des Lieferanten.

! Die Entsorgung von Zytostatika bzw. zytostatikakontaminierten Materialien ist mit den zuständigen Behörden abzusprechen.

Allgemeine Indikationen und Kontraindikationen zur zytostatischen Behandlung

Voraussetzungen und Indikationen:

- Histologische oder zytologische Sicherung des Tumors, möglichst genaue Stadienabklärung;
- Einsatz einerseits bei disseminierten, lokal nicht oder nur durch Verstümmelung entfernbaren oder nicht erfolgreich zu bestrahlenden Tumoren, andererseits prä-/postoperativ bei hohem Metastasierungs- und Rezidiv-Risiko.
- rasch wachsende Tumore und starke Beschwerden;
- besonders bei Befall der inneren Organe (Lunge, Leber, Brust- und Bauchfell);
- lebensbedrohliche Situationen;
- Information und Einverständnis des Patienten und seiner Angehörigen.

Kontraindikationen sind in erster Linie ein rein lokalisierter, durch chirurgische oder strahlentherapeutische Maßnahmen entfernbarer Tumor. Wichtige Entscheidungsfaktoren sind daneben aber auch Alter, Allgemeinzustand, Nieren- und Leberfunktion, schwere Begleiterkrankungen (vor allem schwere Infekte), die eine intensive zytostatische Behandlung als zu riskant erscheinen lassen. Oft läßt sich eine solche auch wegen ungünstiger seelischer Verfassung oder mangelnder Aufklärung des Patienten über sein Leiden nicht durchführen.

Bilanz zytostatischer Tumorbehandlung

Abb. 5.**15** und Tab. 5.**8** geben eine Übersicht über die Erfolge der zytostatischen Behandlung maligner Tumoren. Die größten Fortschritte wurden zwischen 1960 und 1970 erzielt (z.B. beim Morbus Hodgkin oder bei akuten Leukämien). Nach 1970 sind die Verbesserungen geringer und fallen erst bei Betrachtung größerer Zeitspannen auf. Immerhin ist es gerade in diesen Jahren gelungen, z.B. metastasierende Hodenkarzinome einer echten Heilung zuzuführen (s. Kap. 15).

Die angegebenen Zahlen gelten nur für manifeste, sichtbare bzw. anderswie nachweisbare Tumoren; für die in den letzten Jahren immer häufiger durchgeführte adjuvante zytostatische Chemotherapie sei auf den Beitrag Senn, Interdisziplinäres Tumorbehandlungskonzept (Kap. 5) verwiesen.

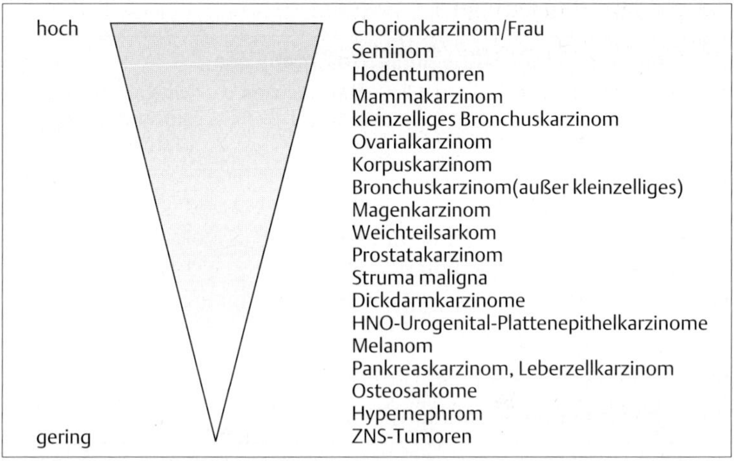

Abb. 5.**15** Stark vereinfachte Darstellung der Erfolgschancen einer zytostatischen Behandlung metastasierender solider Tumoren bei Erwachsenen.

Tabelle 5.**8** Erfolgsbilanz internmedizinischer Tumortherapie

1. Kurative Aussichten	Remissions-rate (%)	5-Jahres-Überlebensrate* (%) (tumorfrei)
akute lymphatische Leukämie	90	70
Morbus Hodgkin III/IV	90	> 70
Chorionkarzinom (Trophoblast-tumoren) der Frau	80	> 50
Burkitt-Lymphom (Afrika)	80	50
Nicht-Hodgkin-Lymphome (Stadien III – IV)	70	50
Hodenkarzinome (metastasierend)	90	80–90

Fortsetzung ▶

Tabelle 5.**8** (Fortsetzung)

2. Lang- bis mittelfristige palliative Ergebnisse	Remissionsrate (%)	Mittlere Remissionsdauer** (Jahre)
chronische Leukämien	90	3–4
multiples Myelom	60–70	3–4
Mammakarzinom (disseminiert)	60–70	1–2
kleinzelliges Bronchuskarzinom	60–80	1–2
Ovarialkarzinom (III u. IV)	50–60***	1–2
akute myeloische Leukämie	50–60***	1–2
Prostatakarzinom (disseminiert)	40–50	1–2
3. In Ausmaß und Dauer noch unbefriedigende Teilremissionen	Remissionsrate (%)	
Plattenepithelkarzinome (Bronchus, HNO- und Urogenitalbereich)	30–40	
disseminierte Knochen- und Weichteilsarkome	30–40	
Adenokarzinome (Lungen, Magen-Darm-Trakt)	30–40	
ZNS-Tumoren	20–30	
maligne Melanome (metastasierend)		20
Hypernephrom (disseminiert)	10–20	

* Bei den übrigen Patienten oft langfristige Tumorremissionen
** Mittlere Überlebenszeiten länger, da Rezidive meist durch Zweittherapien erfolgreich zu behandeln
*** z. T. Langzeitremission/Heilung

Endokrine Tumortherapie (Hormontherapie)

Allgemeines

Einige bösartige Geschwülste sind in ihrem Wachstum von Hormonen abhängig. Ein Einfluß von Geschlechtshormonen ist nachweisbar beim Mammakarzinom bei beiden Geschlechtern, bei den Karzinomen der weiblichen Geschlechtsorgane, beim Prostatakarzinom des Mannes und – weniger deutlich – beim Hypernephrom und beim malignen Melanom. Hormone der Nebennierenrinde (Cortison bzw. synthetische Präparate wie Prednisolon) beeinflussen Tumoren des lymphatischen Systems inklusive akute lymphatische Leukämien. Nebennierenrindenhormone werden aber auch aus anderen Gründen in der Onkologie häufig angewendet (Bekämpfung von Hirnödem, Hyperkalzämie, Brechreiz, zur Appetitsteigerung).

Hormonrezeptoren. Die Entdeckung der Hormonrezeptoren (spezifische Empfänger, Abb. 5.**16**) in bzw. auf Tumorzellen hat wesentlich mehr Klarheit über die Wirkung der Hormone allgemein und in der Tumorbehandlung gebracht. Also nicht die sog. „gegengeschlechtliche" Wirkung bestimmter Geschlechtshormone, sondern das Vorhandensein der spezifischen Hormonrezeptoren entscheidet darüber, ob eine endokrine Tumorbehandlung Erfolg haben kann oder nicht. Eine schematische Darstellung der verschiedenen Hormonrezeptoren gibt die Abb. 5.**16**. Man kann den Gehalt der wichtigsten Östrogen- und Progesteronrezeptoren im Gewebe oder in der einzelnen Tumorzelle als Voraussetzung für eine Behandlungsentscheidung bestimmen.

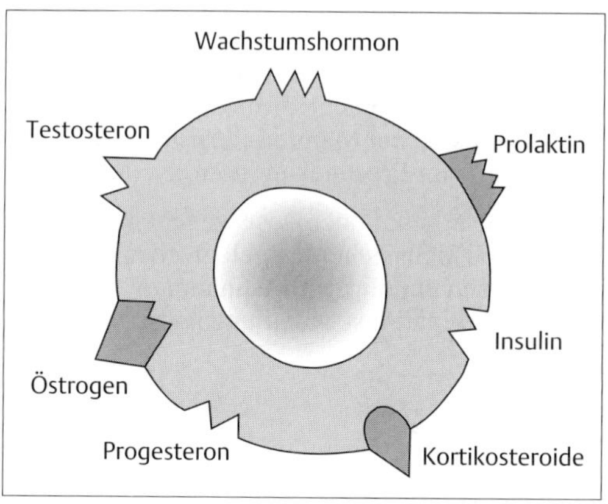

Abb. 5.**16** Hormonrezeptoren auf einer Tumorzelle (schematisch, am Beispiel Mammakarzinom).

Anti-Hormone haben daneben auch eine Rezeptoren-unabhängige Wirkung. So beeinflußt das Antiöstrogen Tamoxifen den Tumor durch Steigerung des Wachstumsfaktors TGF-β.

Möglichkeiten endokriner Tumorbehandlung

Wir unterscheiden drei Möglichkeiten:

1. **Ablative Hormontherapie.** Darunter verstehen wir die Entfernung eines hormonproduzierenden Organs. Die *Ovarektomie* (meist chirurgisch, gelegentlich durch Bestrahlung) wird beim metastasierenden Mammakarzinom der jungen, noch menstruierenden Frau mit positivem Östrogenrezeptorennachweis durchgeführt. Bei fehlenden Rezeptoren ist dieser Eingriff sinnlos. Nach erfolgreicher Ovarektomie wird gelegentlich später durch Bestrahlung mit Radioisotopen eine *Hypophysektomie* (Ausschaltung der Hirnanhangdrüse), kaum je aber eine Adrenalektomie (Entfernung der Nebennierenrinde) durchgeführt. Beim Prostatakarzinom sowie beim seltenen männlichen Mammakarzinom wird eine *Orchiektomie* (beidseitige Entfernung der Hoden) ausgeführt. Anstelle der ablativen Hormontherapie werden heute weitgehend Antihormone eingesetzt (s. unten).
2. **Additive Hormontherapie.** Dies bedeutet eine Zuführung von Hormonen in sehr hoher Dosis. *Geschlechtshormone* (Östrogene, Gestagene, Androgene) wirken bei Karzinomen der Brustdrüse, der Gebärmutter, des Eierstocks, der Prostata und selten bei Nierenkarzinomen und Melanomen. *Nebennierenrindenhormone* werden bei hämatologischen und lymphatischen Neoplasien eingesetzt. *Schilddrüsenhormone* haben keinen direkten Wirkeffekt auf das Tumorwachstum, müssen jedoch nach vollständiger Entfernung der Schilddrüse wegen Karzinoms zur Verhütung eines Nachwachsens dauernd gegeben werden.
3. **Antihormontherapie.** Die Forschung der letzten Jahre hat uns verschiedene wertvolle Antihormone gebracht: Antiöstrogene, Aromatasehemmer und LHRH-Agonisten bei Mamma-, Prostata- und Korpuskarzinom, Antiandrogene beim Prostatakarzinom.

Wie erwähnt werden die Hormone in sehr hoher Dosis gegeben. Für viele Indikationen ist die optimale Dosis nicht sicher festgelegt, ebenso in welcher Reihenfolge die verschiedenen endokrinen Maßnahmen eingesetzt werden sollen. Die endokrine Kombinationsbehandlung hat sich nicht als überlegen erwiesen.

Nebenwirkungen

1 **Ablative Therapie.** *Ovarektomie* führt zu abrupter künstlicher Menopause mit Amenorrhö und Wallungen. Selbstverständlich dürfen diese Erscheinungen nicht durch erneute Östrogenzufuhr gedämpft werden, vielmehr durch Mutterkornpräparate oder Psychopharmaka. Der Ausfall der *Hypophyse* muß hormonell substituiert werden (Schilddrüsen- und Nebennierenrindenhormone). *Orchiektomie* wird körperlich meist gut, psychisch wie die Ovarektomie oft schlecht vertragen.

2 **Additive Therapie.** Nebennierenrindenhormone: Magenbeschwerden (Entzündung, selten Geschwür), Flüssigkeitsansammlung im Gewebe (Ödeme), Entkalkung des Knochens (Osteoporose), Blutzuckersteigerung, psychische Veränderungen, selten Hüftgelenksnekrose.
Weibliche Geschlechtshormone:

- *Östrogen:* erhöhte Thrombose/Embolieneigung, Übelkeit/Erbrechen, z.T. durch Hyperkalzämie bei Knochenmetastasen, Abbruchblutungen, Gynäkomastie (Anschwellen der Brustdrüsen beim Mann), Leberfunktionsstörungen.
- *Gestagene:* erhöhte Thrombose/Embolieneigung, Gewichtszunahme, Blutzuckeranstieg, vaginale Blutungen, Kopfschmerzen, Haarausfall, Zittern.

Männliche Geschlechtshormone: Vermännlichung der Frau (abnormer Haarwuchs, tiefere Stimme, Klitorishyperthrophie, Libidosteigerung), Gallenstauung.

3 **Antihormontherapie.** Sie verursacht analoge Ausfallserscheinungen wie die ablative Hormontherapie, meist aber in milderer Form.
Antiöstrogene: Amenorrhö/Wallungen, Hyperkalzämie, Thrombopenie, Vaginalblutung, selten Korpuskarzinom.
Antiandrogene: Gynäkomastie, Müdigkeit, Depression, selten Thrombopenie.
Aromatasehemmer: Exanthem, Müdigkeit, Depression, Übelkeit.
LH-RH-Analoge: Wallungen, Kopfschmerzen, Schlafstörungen, Libidominderung.

Indikationen und Erfolgsbilanz

Die Möglichkeiten hormoneller Behandlung maligner Tumoren sind in der Tab. 5.**9** zusammengefaßt.

Durch die Bestimmung der Hormonrezeptoren ist es heute in den meisten Fällen möglich, vorauszusagen, ob eine hormonelle Therapie überhaupt eine Chance auf Erfolg hat. Gerade beim Brustkrebs der Frau soll diese

Tabelle 5.**9** Endokrine Behandlungsmöglichkeiten maligner Tumoren

ablativ	Ovarektomie	Mammakarzinom
	Hypophysektomie	Mammakarzinom
	Orchiektomie	Prostatakarzinom
additiv	Östrogene	Prostatakarzinom (beim Brustkrebs veraltet)
	Gestagene	Mammakarzinom, selten Prostata, Gebärmutterkörperkarzinom, Hypernephrom, selten Ovarialkarzinom
	Androgene	selten beim Mammakarzinom
Antihormone	Antiöstrogene	Mamma, Korpus, Prostata
	LH-RH-Agonisten	Prostata, Mamma
	Antiandrogene	Prostata
	Aromatasehemmer	Mamma, Prostata

Tabelle 5.**10** Vergleich Zytostatika – Hormone am Beispiel des metastasierenden Mammakarzinoms (nach Nagel)

	Hormone	**Zytostatika**
Remissionsrate	generell 30% rezeptorpositiv 60–70% rezeptornegativ 1%	50–60%
Remissionsdauer	kein Unterschied	
Remissionsqualität	kein Unterschied	
Wirkungseintritt	langsam, verzögert	rasch
Wirkung, rezeptorspezifisch	ja	nein
Wirkung abhängig vom Menopausealter	ja	nein
Wirkung, abhängig vom Intervall seit der Mastektomie	ja	nein
Nebenwirkungen, Initialtherapie	mäßig	groß

Untersuchung immer im Primärtumor, wenn möglich auch in Metastasen (Haut, Lymphknoten) durchgeführt werden. Eine Hormontherapie bei fehlenden Hormonrezeptoren kann nicht zum Erfolg führen. Bei positivem Rezeptornachweis sprechen dagegen rund $^2/_3$ der Patienten auf eine Hormontherapie an (Tab. 5.**10**).

Die Erfolge der Hormontherapie werden oft überschätzt, da häufig eine rasche subjektive Verbesserung eintritt und mit wenig Nebenwirkungen oft lange Remissionen erzielt werden. Objektive Remissionen sind dagegen seltener als nach zytostatischer Chemotherapie.

Kombinierte zytostatisch-endokrine Tumorbehandlung hat die in sie gesetzten Hoffnungen einer additiven Wirkung bisher nur in wenigen Situationen erfüllt.

Literatur

Achenbach, W.: Rationale Praxis – Onkologie Perimed. Spitta, Balingen 1994

Barton, M.: Cancer Chemotherapy – A Nursing Process Approach. Jones and Bartlett. 2nd ed. Boston 1996

Berdel, W. E., U. Fink, J. Rastetter: Umgang mit Zytostatika. Münch. med. Wschr. 129 (1987) 319–324

Gross, J.: Clinical research in Cancer chemotherapy. Oncology Nursing Forum 13 (1), (1986) 59–65

Haeuber, D., Di Julio: Hemopoietic colony stimulating factors: an overview. Oncology Nursing Forum 16 (1989) 247–255

Huhn, D., R. Herrmann (Hrsg.): Medikamentöse Therapie maligner Erkrankungen. G. Fischer, 3. Aufl. Stuttgart 1995

Jost, M., M. Rüegger: Umgang mit Zytostatika: Gefährdung, Schutzmaßnahmen, 1990. Als Broschüre erhältlich bei: Schweizerische Unfallversicherungsanstalt, Abteilung Arbeitsmedizin, Postfach, 6002 Luzern.

Jungi, W. F.: Häufige Fehler bei der Planung und der Durchführung von Tumortherapien. Schweiz. Rdsch. Med. Prax. 80 (1991) 196–199

Margulies, A., K. Fellinger et al: Onkologische Krankenpflege. Springer, Berlin 1994

Seeber, S., J. Schütte: Therapiekonzepte Onkologie. Springer Verlag, Berlin 1993

Senn, H.-J., A. Glaus, B. Schmid: Sicherheit im Umgang mit Zytostatika – Empfehlungen für Schutzmaßnahmen und Kommentar zur Lage, Schweiz. Ärzteztg. 66 (1985) 1407–1410

Senn, H.-J., P. Drings, A. Glaus, W. F. Jungi, R. Sauer, P. Schlag: Checkliste Onkologie, 4. Aufl. Thieme, Stuttgart 1997

Simon, R. M.: Design and Conduct of clinical trials. In: De Vita, V. T. et al: Cancer, Principles and Practice of Oncology. Lippincott, Philadelphia 1993

Schmoll, H.-J., H. D. Peters, U. Fink: Kompendium internistische Onkologie, 2. Aufl. Springer, Berlin 1996/97

Tumorbeeinflussung durch Immuntherapien und Retinoide

R. Morant

Seit vielen Jahren besteht die Hoffnung, daß neben der üblichen zytostatischen Therapie neue medikamentöse Wirkmechanismen in der Behandlung fortgeschrittener Tumorleiden gefunden und ausgenutzt werden können. Zu diesen neuartigen Ansatzpunkten gehören die therapeutische Ausnützung natürlicher bzw. erworbener Abwehrmechanismen *(Immuntherapie)*, die Verhinderung der Neubildung von Blutgefäßen in wachsenden Tumoren *(Hemmung der Neoangiogenese)*, Versuche zur *Hemmung von Metastasenbildung* wie auch Ansätze in der sog. *Differenzierungstherapie.*

Seit vielen Jahren deuten klinische, pathologische und experimentelle Erkenntnisse darauf hin, daß das Immunsystem beim Wachstum bzw. dessen Hemmung von Tumorzellen eine Rolle spielen kann. Zu diesen Beobachtungen gehören das gehäufte Auftreten maligner Tumoren bei Patienten mit angeborenen oder erworbenen Immundefekten. Bei AIDS-Patienten wie auch bei Patienten unter immunsuppressiver Behandlung nach Organtransplantation treten maligne Lymphome gehäuft auf.

Pathologische Untersuchungen zeigen mikroskopisch bei manchen Tumoren das Vorhandensein von tumorinfiltrierenden Lymphozyten, was in einigen Situationen mit der Prognose korreliert werden konnte. Das gehäufte Auftreten von Rückfällen bei chemotherapierten knochenmarkstransplantierten Leukämiepatienten, bei welchen die T-Lymphozyten aus dem Knochenmark des Spenders entfernt wurden, ist ein Indiz für die Wirksamkeit dieser transplantierten T-Lymphozyten bei der Bekämpfung von Leukämiezellen. Die (seltene) Beobachtung, daß Tumorregressionen bzw. Heilungen auftreten können, ohne Tumortherapie, oft nach schweren Infekten oder Sepsis, deutet auch auf die Rolle immunologischer Vorgänge bei der Tumorabwehr hin.

Immunologische Grundlagen

Das Immunsystem hat sich im Laufe der Evolution entwickelt in der ständigen Auseinandersetzung gegen eindringende Mikroorganismen (Viren, Bakterien, Pilze, Parasiten). Es muß in der Lage sein, „fremd" von „selbst" zu unterscheiden. Die Erkennung von „fremd" wird dann in eine effiziente Abwehrfunktion umgesetzt. Diese Abwehrfunktionen erfolgen auf mehreren unterschiedlichen Wegen, welche sich gegenseitig beeinflussen und auch wieder gehemmt werden, um übermäßige Reaktionen zu blockieren. Das ganze Immunsystem bildet ein enorm komplexes

Wechselspiel, welches trotz enormer Fortschritte in den letzten Jahrzehnten immer noch nicht in allen Details bekannt ist. Es spielen dabei unspezifische angeborene sowie spezifische erworbene Abwehrmechanismen auf zellulärer und humoraler Ebene eine Rolle. Die Abb. 5.**17** zeigt, wel-

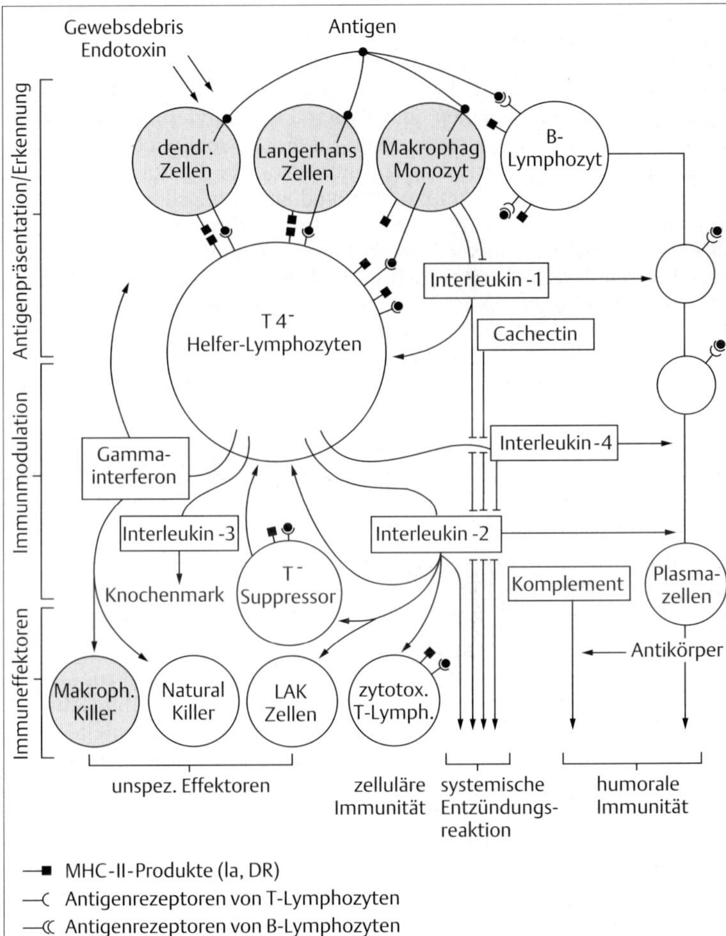

Abb. 5.**17** Immunabwehr: Beteiligte Zellen und Zellprodukte (aus: Grob, P. J., M. Holch, W. Brunner: Schweiz. med. Wschr. 117 [1987] 471).

che Immunzellen und welche von ihnen gebildeten Vermittlermoleküle an den verschiedenen Abwehrreaktionen des Körpers beteiligt sind.

Unspezifische antigenunabhängige Abwehrmechanismen

Zirkulierende und gewebeständige Monozyten und Makrophagen sowie Granulozyten übernehmen als Phagozyten (Freßzellen) Funktionen des Abbaus von Gewebemüll bzw. die Vernichtung von mit Antikörpern markierten Mikroorganismen oder Zellen. Die Aktivierung von Makrophagen führt zur Freisetzung weiterer, für die Abwehr wichtiger Schlüsselsubstanzen (z. B. Interleukin-1, Tumor-Nekrose-Faktor). Interferone sind von Makrophagen, Lymphozyten und anderen Zellen gebildete Eiweißstoffe, welche in der Abwehr viraler Infekte durch verschiedene Mechanismen, so der Hemmung virusbefallener Zellen, eine Rolle spielen. Verschiedene Interleukine greifen in die Regulation des Immunsystems ein sowie auch in die Aktivierung begleitender Mechanismen. So führt die Freisetzung von Interleukin-1 über eine Einwirkung auf hypothalamische Zentren der Temperaturregulation zu Fieber und in der Leber zur Bildung von sog. Akutphaseproteinen, welche eine Rolle in der Inaktivierung von nicht mehr benötigten Abbaustoffen spielen. Ein solches Akutphaseprotein, das CRP (C-reactive protein) ist im Serum ein guter Parameter von Entzündungsreaktionen. Daneben spielen weitere Stoffe wie das Komplementsystem eine Rolle.

Spezifische, antigenabhängige, erworbene Abwehrmechanismen

B-Lymphozyten reagieren auf die Anwesenheit von Antigenen mit der Bildung von Antikörpern. Dies sind Eiweißstoffe, bestehend aus schweren und leichten Ketten, welche sich spezifisch an das jeweilige Antigen anlagern und dessen weitere Zerstörung bzw. Entfernung einleiten. Die antikörperproduzierenden B-Lymphozyten heißen Plasmazellen. Jede Plasmazelle bildet spezifisch nur einen Typ Antikörper. Ein *Antikörper-Antigen-Komplex* kann zur Auslösung spezifischer Immunreaktionen und Freisetzung verschiedener anderer Stoffe führen. Der Kontakt zwischen B-Lymphozyt und Antigen führt auch zu einer Vermehrung der entsprechenden Lymphozytenpopulation. Antigen-Antikörper-Komplexe können durch Phagozyten aus dem Blut entfernt werden.

Spezifische, zelluläre, erworbene Abwehrmechanismen

Auch die Antikörperbildung ist auf die Hälfte von T-Lymphozyten angewiesen. Diese entwickeln sich aus Vorläuferzellen im Thymus und besiedeln dann die Lymphknoten, Milz und das Knochenmark. Man unterscheidet Helfer- und zytotoxische Lymphozyten. Letztere sind in der Lage, Zielzellen zu zerstören, welche ein entsprechendes Antigen tragen. Dieses Antigen kann z. B. ein intrazelluläres Virus sein, dessen proteolytische Abbauprodukte an die Zelloberfläche gelangen und auf speziellen Oberflächenantigenen (Histokompatibilitätsantigene) den Lymphozyten präsentiert werden. Die Helferlymphozyten haben eine regulatorische Aktivität auf die Entwicklung von B- und T-Lymphozyten. Die Aktivierung des zellulären Abwehrsystems führt auch zur Bildung verschiedener Zytokine, welche lokale und systemische Entzündungsreaktionen zur Folge haben. Manche der Symptome bei einer Virusinfektion, wie Gliederschmerzen, Müdigkeit, Fieber, Kopf- und Muskelschmerzen, sind auf die Wirkung solcher Zytokine zurückzuführen.

Therapieformen und Nebenwirkungen

Immunmodulatoren (BRM = Biological Response Modifiers)

Als Immunmodulatoren bezeichnen wir Substanzen, welche in der Lage sind, eine Immunreaktion zu verändern. Bei manchen therapeutisch verwendeten Substanzen sind neben einer immunregulatorischen auch andere Wirkungsmechanismen für eine Antitumorwirkung verantwortlich. Der Begriff BRM wurde deshalb auch in weiterem Sinne für verschiedene nicht zytostatische Tumorbehandlungen verwendet.

Cooley aus New York hatte in den 20er Jahren dieses Jahrhunderts vielen Krebspatienten ein Bakterienlysat verabreicht. Dadurch ausgelöste heftige Entzündungsreaktionen führten gelegentlich zu einer Tumorreduktion. Wissenschaftliche Untersuchungen hatten später gezeigt, daß durch Bakterienbestandteile (Endotoxin) das körpereigene Zytokin TNF (Tumor-Nekrose-Faktor) durch Makrophagen gebildet und in die Zirkulation abgegeben wird. Therapeutische Anwendungen von TNF in der Klinik verliefen im allgemeinen jedoch eher enttäuschend wegen der ausgeprägten Nebenwirkungen. Bewährt hat sich eine lokale Perfusionsbehandlung von TNF in Kombination mit Melphalan und evtl. Interferon in der Behandlung von Weichteilsarkomen bzw. Melanomen der Extremitäten.

Alpha-2-Interferon (α2-IFN, Roferon A, Intron A)

Interferone haben vielfältige Wirkungsmechanismen: Immunmodulatorisch, Hemmung der Zellteilung, Veränderung von Oberflächenantigenen und Onkogenexpression. Interferon wird je nach Indikation und Verträglichkeit in unterschiedlichen Dosierungen subkutan verabreicht. Die Injektionen werden z. B. 3mal pro Woche, z. T. auch täglich oder in anderen Zeitintervallen verabreicht. Die Nebenwirkungen einer solchen Behandlung sind dosisabhängig und reversibel. Indikationen und Nebenwirkungen sind in den Tab. 5.**11** und 5.**12** beschrieben.

Tabelle 5.**11** Klinischer Einsatz von Alpha-2-Interferon in der Onkologie

- in der adjuvanten Situation nach operiertem Melanom mit hohem Rezidivrisiko
- metastasierte Melanome (oft in Kombinationsbehandlungen)
- fortgeschrittene Nierenzellkarzinome
- niedrig maligne Non-Hodgkin-Lymphome
- Haarzelleukämie
- chronisch myeloische Leukämie
- Myelome (zur Remissionsverlängerung)
- Karzinoide

Tabelle 5.**12** Nebenwirkungen von Interferon

- Fieber
- Schüttelfrost
- Übelkeit
- Erbrechen
- Anorexie
- Inappetenz
- Müdigkeit
- Muskelschmerzen
- Kopfschmerzen
- Leberenzymerhöhungen
- Knochenmarkstoxizität
- Depression
- hormonelle Störungen
- Aufflackern von Autoimmunerkrankungen

Pflege des Patienten mit Interferontherapie

Viele Patienten sind motiviert, eine im eigentlichen Sinne biologische Therapie durchzuführen. Die Information über die Wirkungsweise des Medikamentes wie auch über die zu erwartenden Nebenwirkungen ist wichtig. Die Zubereitung der Injektionslösung sowie die subkutane Injektion wird von den meisten Patienten nach entsprechender Instruktion selber durchgeführt. Die nötige Anleitung kann mit schriftlichen Unterlagen und Bildmaterial unterstützt werden. Eine Injektion am Abend ist oft besser verträglich (einige akute Nebenwirkungen treten während des Schlafes auf und werden somit weniger bemerkt). Häufig treten als Nebenwirkung grippale Symptome auf (Abgeschlagenheit, Müdigkeit, Muskelschmerzen). Diese können durch die regelmäßige Einnahme von Paracetamol oder Antirheumatika gut beeinflußt werden.

Die Durchführung einer Interferontherapie erfolgt oft in Zusammenarbeit mit dem Hausarzt und einer Gemeindekrankenschwester. Eine Interferonbehandlung bringt hohe Medikamentenkosten mit sich, die je nach Land und Versicherung nur teilweise von den Kassen getragen werden.

Interleukin-2 (Proleukin)

Interleukin-2 ist ein von Lymphozyten gebildetes Lymphokin, welches wieder auf andere Lymphozyten stimulierend wirkt und zur Proliferation anregt. Es löst eine Kaskade weiterer Zytokinbildung aus. Diese ausgeprägten entzündlichen Reaktionen bringen eine ganze Palette von dosisabhängigen Nebenwirkungen hervor. Neben ähnlichen Nebenwirkungen wie bei Interferon ist zusätzlich das „Capillary Leak Syndrome" zu erwähnen. Es handelt sich dabei um Austritt von Serumflüssigkeit in das Gewebe, was einen Blutdruckabfall, irreversiblen Anstieg der Nierenfunktionswerte sowie Ödeme peripher wie auch Pleuraergüsse und Aszites bewirken kann. Interleukin-2 kann bei Nierenzellkarzinomen, speziell bei kleinerer multipler Lungenmetastasierung, bei einem Teil der Patienten langanhaltende Vollremissionen erzielen.

Die Behandlung ist allerdings mit starken Nebenwirkungen verbunden. Die initialen, fast sensationellen Erfolgsmeldungen basierten auf einer aggressiven Behandlung, bestehend aus wiederholten Bolusinjektionen. Die meisten Patienten mußten in einer Intensivstation behandelt werden. Spätere Behandlungsmodifikationen waren weniger nebenwirkungsreich wegen Durchführung einer kontinuierlichen, intravenösen Infusion von Interleukin-2 sowie niedriger dosierter bzw. subkutan applizierter Behandlung. Interleukin-2 wird auch in Kombinationen, z. B. mit Interferon oder zytostatischer Therapie verwendet.

Therapieerfolge werden neben dem bereits erwähnten Nierenzellkarzinom auch bei metastasierenden Melanomen gesehen. Der Wert von Interleukin-2-Behandlungen in anderen Indikationen ist gering und weiterhin umstritten.

Behandlung mit monoklonalen Antikörpern

Seit bald 20 Jahren können monoklonale Antikörper in vitro mittels Zellkulturen gewonnen werden. Spezifisch gegen einzelne Oberflächenmarker von Lymphomen gerichtete Antikörper konnten auch in Fällen von zytostatikaresistenten Lymphomen teilweise anhaltende Remissionen hervorbringen. Oft wird auch versucht, solche Immunglobuline mit Zytoxinen bzw. radioaktiven Isotopen zu verbinden, um die Wirkung einer solchen Behandlung zu verstärken.

Probleme von Behandlungen mit monoklonalen Antikörpern sind einerseits, überhaupt solche Antikörper gegen tumorspezifische Antigene zu finden, und andererseits eine unspezifische Verteilung dieser Antikörper nach intravenöser Applikation in Milz, Leber und Knochenmark, was zu unangenehmen Nebenwirkungen führen kann, insbesondere wenn die Antikörper mit radioaktiven Substanzen oder anderen Zelltoxinen verbunden sind. Die monoklonalen Antikörper können in ihrem Aufbau den Antikörpern von Mäusen vergleichbar sein (murine Antikörper), was zu Sensibilisierungen führen kann.

In der Forschung, jedoch noch nicht in der Routine, werden verschiedene monoklonale Antikörper gegenüber Zelloberflächenantigene solider Tumoren eingesetzt, so bei Hepatomen und kleinzelligen Bronchuskarzinomen. Die Wirksamkeit solcher Behandlungen ist jedoch noch offen.

Behandlung mit Lymphozyten

In Zusammenhang mit Interleukin-2-Behandlungen wurde bei Patienten mit Nierenzellkarzinomen Blut entnommen, die Lymphozyten gereinigt und in vitro mit Interleukin-2 aktiviert und vermehrt. Diese derart behandelten und vermehrten Lymphozyten (LAK-Zellen = Lymphokin aktivierte Killerzellen) wurden dem Patienten nach einigen Tagen reinfundiert. Eine kritische Evaluation von Therapieergebnissen zeigte jedoch, daß die Behandlungsergebnisse durch diese zusätzliche Therapie im Vergleich zu einer alleinigen Interleukin-2-Behandlung nicht verbessert worden sind. Diese sehr aufwendige Behandlung wurde seither weitgehend wieder verlassen. In einem nächsten Schritt wurden Lymphozyten aus dem Tumor isoliert, in vitro expandiert und dem Patienten wieder infundiert (TIL = tumorinfiltrierende Lymphozyten).

Vakzine

Die prophylaktische Impfung gegen Karzinome ist ein langersehnter Traum der Menschheit. Eine Infektion mit Hepatitisviren kann nach einer langen zeitlichen Latenz zu Hepatomen (Leberzellkarzinomen) führen. Eine Impfung gegen Hepatitis-B und -C kann diesem Kausalzusammenhang somit vorbeugen. Dieser Therapieansatz kann große Bedeutung haben in Ländern mit epidemiologisch gehäufter Hepatitis wie in Afrika und China.

Das Bakterium BCG (Bacille Calmette Guérin) wird zur Impfung gegen Tuberkulose verwendet. Es führt zu einer allgemeinen passageren Immunstimulation. Eine wiederholte (adjuvante) Instillation von BCG nach Therapie oberflächlicher Blasenkarzinome kann die Rezidivrate deutlich verringern. Andere Anwendungen von BCG haben sich in der Praxis nicht bewährt.

Vielversprechende Forschungsergebnisse zeigen sich durch Gewinnung und Modifikation von Oberflächenantigenen bestimmter Melanome. Eine Injektion derartiger, z.T. in vitro hergestellter Antigenkomponenten, kann zu einer immunstimulierenden tumorprotektiven Wirkung führen. Anwendungen werden zur Zeit in der adjuvanten Situation wie auch bei metastasierten Melanomen geprüft.

Levamisole

Levamisole hat eine immunstimulierende Wirkung und wird in der Veterinärmedizin seit einiger Zeit zur Therapie von Wurmbefall eingesetzt. Eine alleinige Behandlung mit Levamisole zeigte beim Menschen keine Wirkung gegen Tumoren. In der Kombination mit dem Zytostatikum 5-Fluorouracil wird es jedoch in der adjuvanten Therapie nach operiertem Kolonkarzinom erfolgreich eingesetzt.

Retinoide

Retinoide sind weitverbreitete Stoffe, welche vor allem in der Embryogenese, der Retina und bei der Epitheldifferenzierung eine große Rolle spielen. Ihre Wirkung entfalten sie über spezifische Retinoidrezeptoren. Retinoide sind Vorläufer bzw. Abkömmlinge des Vitamin A. Sie spielen eine Rolle in der Regulation der Zellproliferation. In vitro können sie Tumorzellen, welche morphologisch unreif aussehen, in reifere Formen bringen (Differenzierung), was auch einen Verlust der Teilungsfähigkeit mit sich bringt und in einigen Fällen zum programmierten Zelltod (Apoptose) führt.

Neben den natürlich vorkommenden Retinoiden sind auch synthetische Derivate entwickelt und klinisch geprüft worden. Das Therapieprinzip der Differenzierung konnte bei der akuten promyelozytären Leukämie erfolgreich eingeführt werden. Die in Form von Tabletten verabreichte Alltransretinsäure *(Atra)* kann die leukämischen Blasten zur Differenzierung in granulozytenartige Zellen bringen. Diese bleiben morphologisch weiterhin als Tumorzellen identifizierbar *(Auerstäbchen),* haben jedoch ihre Teilungsfähigkeit verloren. Es handelt sich hiermit um eine prinzipiell ganz andersartige Tumortherapie als der Einsatz von Zytostatika.

Klinische Studien haben auch einen prophylaktischen Wert von Retinoiden zur Verhinderung von Zweitkarzinomen im Hals-Nasen-Ohren-Bereich gezeigt. Die Kombination von 13-cis-Retinsäure (Isotretinoin, Roaccutan) mit Interferon-alpha brachte bei Patienten mit Nierenzellkarzinom und Zervixkarzinom vielversprechende Ergebnisse, welche allerdings in weiteren Studien noch überprüft werden müssen. Als Nebenwirkungen werden vor allem (reversible) trockene Schleimhäute und Hautreizungen beobachtet, im Labor Erhöhungen von Blutlipiden und Lebertransaminasen.

Die Hoffnung, daß eine prophylaktische Gabe von Retinoiden die Tumorhäufigkeit verringern kann, hat sich allerdings bis jetzt in größeren Studien nicht bestätigen lassen. Im Gegenteil dazu wurden sogar erhöhte Raten von Bronchuskarzinomen nach prophylaktischer Retinoidgabe beobachtet.

Ein Teil der Resistenz von Tumoren auf peroral verabreichte Retinoide kann auf einen schnellen Metabolismus und Abbau zurückgeführt werden. Die Verlangsamung dieses Abbaus von Retinoiden durch neue Medikamente hat zu ersten vielversprechenden Studien bei Patienten mit Prostatakarzinomen geführt.

Literatur

Atzpodien, J., H. Kirchner, H. Poliwoda: Interleukin-2-haltige ambulante Therapie des metastasierenden Nierenzellkarzinoms. Med. Klin. 91 (1996) Suppl 3: 38–43

De Vita, V. T., S. Hellmann, S. A. Rosenberg: Biologic Therapy of Cancer. Lippincott, Philadelphia 1995

Dummer, R., F. O. Nestle, G. Burg: Moderne Tumortherapie am Beispiel des Melanoms. Schweiz. Rundsch. Med. Prax. 85 (1996) 1609–1614

Fink-Puches, R., J. Smolle, H. Kerl: Retinoide in der Chemoprävention von Haut- und Schleimhauttumoren. Theoretische Grundlagen und praktische Anwendungen. Hautarzt 45 (1994) 671–677

Schuler, M., W. E. Aulitzky, F. Schneller, C. Peschel, C. Huber: Interferon-alpha in der Therapie maligner Hämoblastosen. Internist 36 (1995) 1133–1138

Staines, N., J. Brostoff, K. James: Immunologisches Grundwissen. G. Fischer Verlag, Stuttgart 1994

Tallmann, M. S.: Differentiating therapy with all-trans retinoic acid in acute myeloid leukemia. Leukemia 10 (1996) Suppl 1: 12–15

Interdisziplinäres (adjuvantes) Tumorbehandlungskonzept

H.-J. Senn

Begründung und Zielsetzung

Die nüchterne Betrachtung der 5- und 10-Jahres-Überlebenszeiten sowie insbesondere der Mortalität der meisten menschlichen Tumorkrankheiten zeigt mit erschreckender Deutlichkeit, daß sich die Prognose der meisten „radikal operablen" bzw. „kurativ bestrahlten" Krebsformen im Verlauf der letzten 3–4 Jahrzehnte nicht wesentlich verbessern ließ. Dies gilt in typischer Weise für das *Mammakarzinom,* dem weitaus häufigsten Tumor der Frauen in unseren westlichen Ländern: Trotz Radikalisierungsversuchen des chirurgischen Eingriffs (supraradikale Mastektomie, s. auch Kap. 12) und unterschiedlichen Variationen der Zusatzbestrahlung (prä- und postoperativ) haben sich die Heilungschancen bis vor kurzem nicht nennenswert verbessert. Die Mortalität an Brustkrebs ist z. B. in der Schweiz und in der Bundesrepublik Deutschland von 1920–1985 im Rahmen der allgemeinen, leichten Häufigkeitszunahme dieser Krebsart langsam angestiegen. So seltsam dies klingen mag, haben sich im Lauf der letzten 20 Jahre vorwiegend die längerfristigen Überlebenschancen für Patienten mit Tumorkrankheiten verbessern lassen, bei welchen wegen primär schon ausgedehnter Tumorverschleppung eine *intensive zytostatische Chemotherapie* – evtl. kombiniert mit ausgedehnten Zusatzbestrahlungen – im Vordergrund stand, z.B. bei Leukämien, malignen Lymphomen, beim multiplen Myelom und bei metastasierten Hodentumoren.

Aus diesem Hintergrund therapeutischer Stagnation schob sich das **interdisziplinäre** (d.h. mehrere Tumorbehandlungsdisziplinen umfassende) Therapiekonzept als Ergänzung bisher vorwiegend *lokal erfolgreicher* Primärbehandlung (Chirurgie, Radiotherapie) zunehmend ins Rampenlicht der modernen Onkologie.

Wichtig ist vor Behandlungsbeginn ein gemeinsam (durch Chirurgen, Strahlentherapeuten und internistische Onkologen sowie evtl. weitere Fachärzte) abgesprochener interdisziplinärer Behandlungsplan.

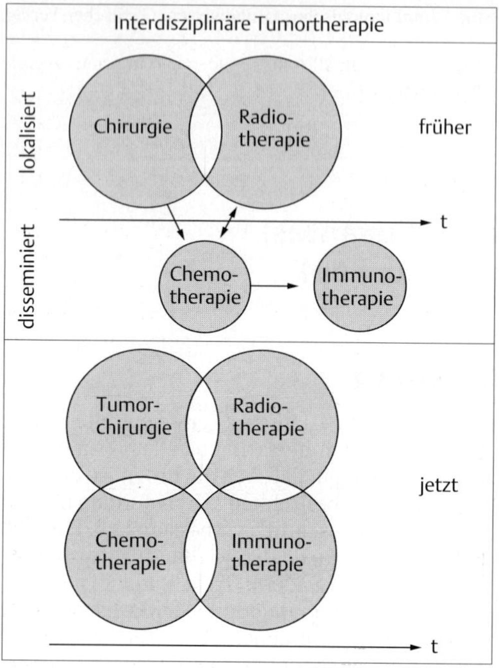

Abb. 5.**18** Schematische Darstellung derzeit sich abspielender Veränderungen der Beziehungen der einzelnen Tumorbehandlungsdisziplinen.

Das Ineinanderflechten sinnreich gestaffelter, unterschiedlicher Behandlungsformen ist in Abb. 5.**18** graphisch veranschaulicht. Durch die Überlagerung *lokal* wirksamer Behandlungsschritte (operative Tumorentfernung oder evtl. primäre Tumorbestrahlung) mit *systemisch* (d. h. im ganzen Körper) wirksamen medikamentösen Behandlungsplänen wird versucht, die Zahl der leider häufigen Tumorrückfälle und -metastasierungen zu vermindern und damit die Überlebenschance der Patienten zu erhöhen.

Okkulte (versteckte) Mikrometastasierung

Es gilt heute als allgemein anerkannt, daß die Ursache der Stagnation in der Behandlung der meisten kurativ operablen Tumoren in einer okkulten *Tumorzellenaussaat* zu suchen ist, welche offenbar viel häufiger und früher als erwartet sowohl über die Lymphbahnen wie auch auf dem Blutweg geschieht. Leider kommt es bei vielen häufigen Tumoren (z. B.

Mammakarzinom, kleinzelliges Bronchuskarzinom usw.) schon sehr früh zur vorerst noch unsichtbaren Tumormikrometastasierung, während sich der langsam wachsende Primärtumor den Möglichkeiten unserer heutigen Nachweismethoden noch entzieht (s. auch Kap. 3). Eingehende Untersuchungen mit Durchführung routinemäßiger Punktionsbiopsien häufiger Metastasierungsorgane (z. B. Knochemark und Leber) ergaben trotz Vornahme ungezielter Punktionen erschreckend hohe Anteile von Patienten mit zunächst lediglich mikroskopisch nachweisbarer okkulter Tumormetastasierung. Dies trifft insbesondere für Patienten mit *kleinzelligem Bronchuskarzinom, Prostatakarzinom* und scheinbar lokalisierten Stadien von *Nicht-Hodgkin-Lymphomen* zu. Diese anfangs noch „stummen" Mikrometastasen bestimmen jedoch (ungeachtet der Radikalität der Entfernung des Primärtumors) später den ungünstigen Verlauf der Tumorkrankheit und sind die Quelle für Krankheitsrückfall und vorzeitigen Tod nach Monaten oder gar Jahren der Tumorfreiheit.

Tierexperimentelle Grundlagen

In zahlreichen Untersuchungen an *tierischen Modelltumoren* wurde mit Hilfe von frühzeitig verabreichten Zytostatika versucht, die Wahrscheinlichkeit eines Tumorrückfalls (Rezidiv) nach erfolgreicher Operation des Primärtumors zu vermindern. Eine Untersuchung an einem frühzeitig metastasierenden Lungenkarzinom der Maus (Abb. 5.**19**) soll hier als Beispiel für andere gelten. Nach subkutaner Übertragung der Tumorzellen in eine vorher gesunde Laboratoriumsmaus kommt es schon nach kurzer Zeit zum Tod an Lungenmetastasen, *trotz erfolgreicher Operation* des Primärtumors am 12. Tag nach der Tumorimpfung. Kontrolltiere (gleiche Tumorüberimpfung, ohne Operation) haben keine schlechtere Prognose. Auch die ausschließliche Behandlung eines Teils der tumortragenden, jedoch nicht operierten Mäuse mit dem bekannten *Zytostatikum Cyclophosphamid (Endoxan, Cyclostin)* verbessert die Überlebenschancen nicht wesentlich. Hingegen überleben alle Tiere wesentlich länger, und ca. die Hälfte davon ist geheilt, wenn dieselbe Zytostatikabehandlung unmittelbar im Anschluß an die Radikaloperation des Primärtumors anschließt. Daraus läßt sich logischerweise folgern, daß die Heilungsaussichten einer zusätzlichen zytostatischen Behandlung stark von der Tumorzellmasse abhängen.

Kleine, postoperativ noch vorhandene Mikrometastasen sind offensichtlich durch tumorhemmende Medikamente gut beeinflußbar, *große* (hier im Beispiel nicht operativ entfernte) Tumorherde aber nicht.

Wenn das Ziel einer Rezidivverminderung und einer Erhöhung der Heilungsquote menschlicher Tumorkrankheiten erreicht werden soll, müssen ähnliche gemeinsame, d. h. interdisziplinäre Behandlungspläne für

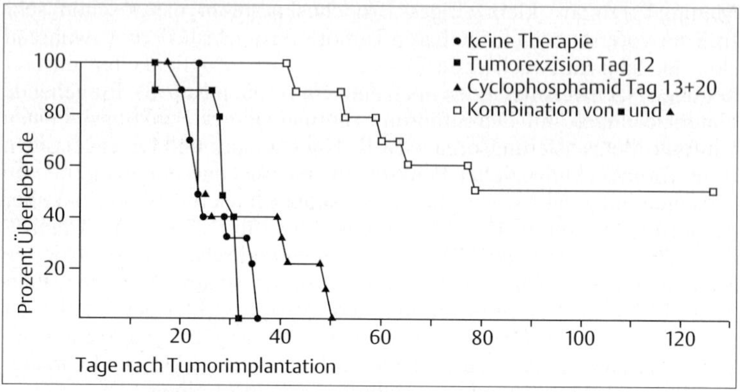

Abb. 5.**19** Abhängigkeit der Überlebenswahrscheinlichkeit von Mäusen mit subkutan übertragenem Lewis-Lungen-Karzinom von der Art bzw. Zeitfolge der Therapie. Bei der Tumorexzision wurde nur der subkutan gewachsene Tumor entfernt (aus Schabel, F. M.: Cancer [Philad.] 40 [1977] 558).

besonders geeignete Tumorarten entwickelt werden. Der Zeitpunkt des Einsatzes einer zusätzlichen, auf dem Blutweg (fast) überall wirksamen zytostatischen Chemotherapie muß dabei so früh als möglich nach der lokalen Primärbehandlung (Operation oder Bestrahlung) oder vielleicht sogar vorher erfolgen. Solche Behandlungsprogramme mit primärer Chemotherapie laufen schon beim lokal fortgeschrittenen Mammakarzinom (Tumorverkleinerung vor Operation!).

Derzeitige Möglichkeiten und Erfolge interdisziplinärer Behandlungspläne

Tab. 5.**13** zeigt eine Zusammenstellung derzeit mehr oder minder gesicherter Indikationen zur interdisziplinären (adjuvanten) Tumorbehandlung. Es muß jedoch klar vermerkt werden, daß dieses Behandlungskonzept (insbesondere die Art, Intensität und Dauer einer zusätzlichen postoperativen Chemotherapie) sich derzeit noch in einer *wissenschaftlichen Entwicklungsphase* befindet. Weitere sorgfältig geplante und verantwortungsvoll durchgeführte klinische Studien werden über Erfolg oder Mißerfolg dieses hoffnungsvollen Behandlungskonzepts bei den zahlreichen, prognostisch teilweise ungünstig verlaufenden Tumorkrankheiten entscheiden. Es läßt sich jedoch nicht übersehen, daß die Zahl der Tumorpatienten, welche von diesen interdisziplinär abgesprochenen Therapiemaßnahmen profitieren, in den letzten Jahren stark angestiegen ist.

Tabelle 5.**13** Indikationsliste für die interdisziplinäre (adjuvante) Tumortherapie, Stand 1997 (aus Senn, H. J., et al.: Checkliste Onkologie, Thieme, Stuttgart, 4. Aufl., 1997)

Tumorkrankheit/ Indikationsgrad	Resultate: Rezidiv-senkung	Resultate: Über-lebens-gewinn	Kombinierte Modalitäten
1. Gesicherte Indikation (Routine)			
– Wilms-Tumor	++	++	Chir. + (RT) + CT
– Ewing-Sarkom	++	++	RT + CT
– osteogenes Sarkom	++	++	Chir. + CT
– Rhabdomyosarkom	++	++	Chir. + RT + CT
– operiertes Mammakarzinom	++	++	Chir. (+ RT) + CT
– Nichtseminom-Hodenkarzinome	++	++	Chir. + CT
2. „Hoffnungsvolle" Indikation (klinische Studien)			
– Morbus Hodgkin I + II + III	++	++	RT + CT
– Nicht-Hodgkin-Lymphome I + II	++	+	CT + RT
– Ovarialkarzinom Ic – II	++	+	Chir. (+ RT?) + CT
– kleinzelliges Bronchuskarzinom	++	+?	CT + RT
– gastrointestinale Karzinome v. a. Kolonkarzinom	+	(+)?	Chir. + (RT) + CT
– Melanom	+?	+?	Chir. + CT + IT?
3. Derzeit ungesicherte Indikationen (zu wenig Daten bzw. noch erfolglos)			
– Plattenepithelkarzinom Lunge + ORL-Bereich	+?	0?	Chir. + (RT) + CT + IT?
– Uteruskarzinom Portiokarzinom	+?	0?	Chir. (+ RT) + CT
– Hypernephrom	0	0	Chir. (+ RT) + CT
– ZNS-Tumoren	0	0	Chir. (+ RT) + CT

Chir. = Operation CT = adjuvante Chemotherapie
RT = kurative Radiotherapie IT = adjuvante Immuntherapie
(Einzelheiten siehe Behandlungsrichtlinien und Prognose in den speziellen Kapiteln 12–21)

- In der ersten Gruppe **(gesicherte Routineindikationen)** in Tab. 5.**13** finden sich bösartige Tumorkrankheiten des Kindes- und Jugendlichenalters, wie z. B. der *Wilms-Tumor* (s. auch Kap. 15) oder die *Knochen- und Weichteilsarkome* (s. auch Kap. 16). Bei diesen erfahrungsgemäß früh auf dem Blutweg metastasierenden Tumorkrankheiten ist es in den letzten 10 Jahren durch geeignete zytostatische Zusatztherapiepläne (nach Operation und/oder Bestrahlung) gelungen, die Zahl der Tumorrezidive stark zu senken und die langfristigen Überlebenschancen erfreulich zu verbessern. Dies gilt nach internationalen Sammelstatistiken (sog. Meta-Analysen) auch für das operable Mammakarzinom (prä- und postmenopausale Patientinnen).
- Die zweite Gruppe in Tab. 5.**13 (hoffnungsvolle Resultate in klinischen Studien)** umfaßt z. T. ausgesprochen häufige menschliche Tumorkrankheiten (wie z. B. operable Magen-Darm-Tumoren, die *malignen Lymphome* usw.). Derzeit durchgeführte, streng überwachte Behandlungsstudien zeigen zumindest eine deutliche Senkung der Tumorrückfall- bzw. Metastasierungsquote innerhalb von 3–5 Jahren nach erfolgreicher Primäroperation. Bei einzelnen Krankheiten zeichnet sich auch ein Trend zu höheren Heilungsraten durch adjuvante (unterstützende) zytostatische Chemotherapie ab.
- Die dritte Gruppe in Tab. 5.**13 (derzeit noch ungesicherte bzw. erfolglose Indikationen)** umfaßt diejenigen menschlichen Tumorkrankheiten, bei denen bisherige oder laufende interdisziplinäre Behandlungsstudien noch keine nachgewiesenen Erfolge erkennen lassen. Leider befinden sich darin einige zahlenmäßig sehr häufige und bisher prognostisch recht ungünstig verlaufende Krebsformen wie die *Karzinome der Lunge, des zentralen Nervensystems* und des *Gebärmutterkörpers.*

Für keine der genannten Tumorgruppen ist derzeit das volle *Langzeitrisiko* dieser interdisziplinären Behandlungspläne abzuschätzen, insbesondere was den längerfristigen Einsatz einer adjuvanten zytostatischen Chemotherapie anbelangt. Die Möglichkeit der Induktion (Wachstumsbegünstigung) späterer *Zweittumoren* durch diese interdisziplinären Behandlungen ist für befristete adjuvante Chemotherapien sehr klein (z. B. beim operablen Mammakarzinom), für andere, insbesondere hämatologische Tumorkrankheiten deutlich höher (Beispiel: Kombination ausgedehnter Radiotherapie und intensiver Chemotherapie beim Morbus Hodgkin mit erhöhter Chance des Auftretens akuter Leukämien nach 10 Jahren Tumorfreiheit).

Dieses Risiko muß bei jeder Tumorkrankheit im Vergleich mit der ungünstigen Überlebenschance lediglich konventionell behandelter Patienten abgewogen werden. Wie in vielen anderen Situationen in der Medizin wird man wahrscheinlich auch hier lediglich zwischen dem größeren und dem kleineren Übel auszuwählen haben, ein Entscheidungsprozeß, an welchem der informierte Patient von heute in sachlicher Weise beteiligt werden sollte.

Es ist voraussehbar, daß sich die sinnreichen und erfolgreich geprüften Indikationen zur Durchführung solcher interdisziplinärer Behandlungspläne im Laufe der kommenden Jahre weiter stark vermehren werden, vor allem auch die präoperativen (sog. neoadjuvanten) Chemotherapien.

Das **Pflegepersonal** wird (vor allem in Krankenhäusern mit aktivem klinischem Forschungsprogramm) deshalb in zunehmender Weise mit diesem Problem technisch und auch psychologisch konfrontiert. Es ist deshalb wünschenswert, daß sich auch die Krankenschwestern und -pfleger in steigendem Ausmaß mit den konzeptmäßigen Hintergründen, der technischen Durchführung und auch der psychischen Begleitung von Patienten mit solchen anfangs oft belastenden Behandlungsplänen auseinandersetzen. Nur auf diese Weise wird es möglich sein, durch Kombination heute vorhandener Behandlungsarten einer steigenden Zahl von Tumorpatienten mehr „tumorfreie Überlebenszeit" und in vielen Fällen auch eine echt erhöhte Heilungschance zu bieten.

Literatur

Becher, R., K. Höffken: Die Systemtherapie des Mammakarzinoms. Zuckschwerdt, München 1989

Fiebig, H. H., D. Schmähl: Kombinierte operative und zytostatische Therapie (adjuvante Chemotherapie) von Krebserkrankungen aus heutiger Sicht. Akt. Chir. 12 (1977) 143

Salmon, S. E.: Adjuvant Therapy of Cancer VII, Lippincott, Philadelphia, 1992

Schmoll, H. J., et al.: Kompendium der Internistischen Onkologie. 2. Aufl. Springer, Heidelberg 1996

Senn, H. J.: Aktueller Stand der adjuvanten Chemo- und Hormontherapie des operablen Mammakarzinoms. Schweiz. Rsch. Med. Prax. 43 (1987) 1193–1199

Senn, H. J., et al.: Checkliste Onkologie. 4. Aufl. Thieme, Stuttgart 1997

6

Unterstützungsmaßnahmen bei Krebspatienten (Supportivbehandlung und -pflege)

A. Glaus, R. Sauer und H.-J. Senn

6 Unterstützungsmaßnahmen bei Krebspatienten (Supportivbehandlung und -pflege)

A. Glaus, R. Sauer und H.-J. Senn

Das Konzept der Supportivbetreuung hat sich in den letzten zwei Jahrzehnten entwickelt. Nachdem der medizinische Fortschritt es möglich gemacht hatte, daß Menschen mit einigen Tumorarten geheilt werden konnten oder längerfristig überleben durften, gewann die Diskussion um die Lebensqualität an Bedeutung. Dabei ging es nicht nur um die Lebensqualität derjenigen Patienten, die geheilt werden konnten. Supportivbetreuung hat ihr Ziel in der Förderung und Erhaltung der Lebensqualität während allen Phasen der Krankheit – vom Zeitpunkt der Diagnosestellung, durch die Therapiephase hindurch, beim Krankheitsrückfall, beim Geheiltwerden und auch beim Leben in der letzten Zeit. Während in der aktiven Krebstherapiephase eher der Begriff *Supportivbetreuung* gebraucht wird, spricht man in der Sterbephase eher von *Palliativpflege.* Supportiv, d.h. unterstützend, sind all jene Aktivitäten, die Nebenwirkungen zu verhüten oder Leiden zu lindern vermögen, sei es im körperlichen oder psychischen oder sozialen Bereich.

Unterstützung bei Venenproblemen: Der Einsatz von total implantierten venösen Dauerkathetern

Die Verabreichung intensiver, langfristiger venöser Chemotherapien bedeutet eine starke Beanspruchung des Venensystems. Wiederholte Venenpunktionen können für den Patienten zu einer unerträglichen Belastung werden, und für die Betreuer kann das auch eine unnötige Streßsituation darstellen. Selbst für sehr geübtes Pflegepersonal und Ärzte zeichnet sich manchmal die Grenze des Machbaren ab.

Grundsätzlich gibt es 4 Möglichkeiten, eine mehrtägige, repetierte intravenöse Therapie zu verabreichen:

1 Die periphere Einlage einer Butterflynadel für eine kurze Therapie (z.B. bis 12 Stunden). Hier gilt es aber individuell abzuklären, ob das

Medikament eine Gefährdung bezüglich Venenirritation oder Gewebeschädigung darstellen könnte. Weiteres dazu s. Kap. 5 (Verabreichung).

2 Die periphere Einlage einer feinen, kurzen Verweilkanüle für längere Therapien (z. B. über 12 Stunden). Dies ist sinnreich bei guten Venenverhältnissen, nichtirritierenden Medikamenten (Phlebitis) und absehbarer Therapiedauer.

3 Die Einlage eines zentralen Venenkatheters (Subklavia/Jugularis). Diese traditionellen Katheter werden eingelegt, wenn peripher keine Punktionsmöglichkeiten vorhanden sind, die Therapie lokal irritierend oder gewebeschädigend ist und die Therapiedauer absehbar ist. Die repetierte Einlage eines solchen Katheters ist aber auch mit Komplikationsgefahren verbunden: Einlage oft nicht einfach und für den Patienten belastend (Pneumothorax, Blutung).

4 Die Einlage eines **vollimplantierten Dauervenenkatheters mit Portsystem.**
Indikation: Langfristige, intravenöse Chemotherapie, schlechte periphere Venenverhältnisse, hohe lokale Toxizität der Therapie. Für Patienten mit großer Angst vor Venenpunktionen stellt dieses jederzeit zugängliche System eine große Erleichterung dar und mag die Motivation zur Therapie wesentlich zu stützen. Das System wird bei Patienten mit allen Formen von Tumoren eingesetzt, teilweise auch bei Leukämiepatienten.
Definition: Der Dauervenenkatheter mit Port besteht aus der von außen anstechbaren Kammer mit Silikonmembran. Die Kammer ist heute vorzugsweise aus Plastik, was Störungen beim Röntgen und Bestrahlen ausschließt. Das Septum der Kammer ist aus Silikon und verschließt sich bei korrekter Handhabung nach jeder Injektion (bis 2000 Stiche möglich). Der Katheter ist an der Kammer fixiert. Es gibt verschiedene Arten von Kathetern, solche mit der üblichen Öffnung und solche mit einer selbstschließenden Klappe, z. B. den Groshong-Katheter.

Unterstützende Information des Patienten zur Entscheidung für oder gegen die Implantation

Die Pflegenden können Patienten bei der Entscheidungsfindung hilfreich unterstützen, indem sie ein Portmodell und dazu gehörende Broschüren demonstrieren und über Vorteile und mögliche Folgen informieren. Ein Gespräch mit einem Mitpatienten, der ein solches System erfolgreich trägt, kann bei der Entscheidung helfen.

Vorbereitungen vor der Implantation

Die Einlage eines Portsystems erfolgt nach guter Information und bei gegenseitiger Vereinbarung mit dem Patienten. Der Chirurg/die Chirurgin bespricht den Eingriff mit ihm und legt die Implantationsstelle fest. Dabei wird bei der **Position des Ports** auf folgendes geachtet:

- nicht direkt unter Büstenhalter- oder Hosenträger (evtl. einzeichnen),
- nicht auf der Seite eines Mammakarzinoms,
- nicht über Rippen- oder Klavikulametastasen,
- seitlich zur Narbe (nicht unter der Hautinzisions-Narbe),
- bei Frauen nicht zu tief (nicht auf Mamma),
- die gute Zugänglichkeit zum Anstechen erfordert eine Stelle, an der der Port nicht zu tief versinkt (bei Adipositas),
- Kachexie, vorbestrahlte Stellen oder Hautmetastasen sind zu berücksichtigen.

Implantation

Diese erfolgt in der Regel in Lokalanästhesie. Nach der Hautinzision wird der Katheter zur gewünschten Vene geführt (meist Subklavia oder Jugularis). Dann wird der Katheter durch einen subkutanen Tunnel zur vorher präparierten Porttasche geführt und mit der Kapsel verbunden und mit dem Sicherheitsring befestigt. Nachher wird die Kammer in der subkutanen Tasche fixiert (Abb. 6.**1**). Noch unter der Wirkung der Lokalanästhesie erfolgt ein erstes Anstechen zur Funktionskontrolle; meist wird die Nadel dann gleich belassen, um ein schmerzhaftes Anstechen in der postoperativen Phase zu umgehen (Nadel und Infusion in den Operationssaal mitgeben). Meist wird unmittelbar nach der Implantation via Port eine Dosis Antibiotika infundiert, um das Infektrisiko zu senken.

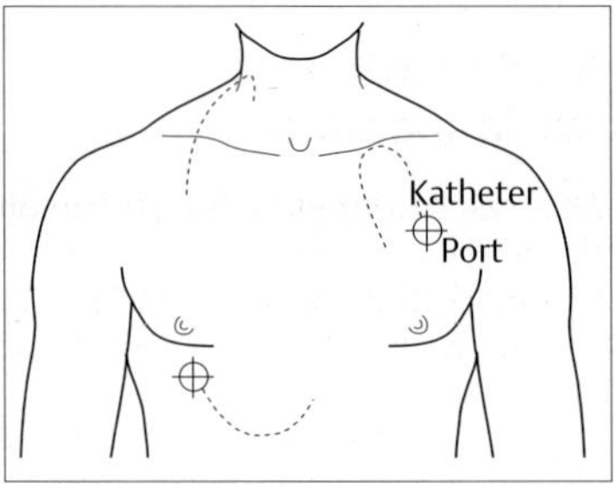

Abb. 6.**1** Empfohlene Implantationsstellen für den i. v. und i. a. Katheter mit Port (aus Senn, H.-J., P. Drings, A. Glaus, W. F. Jungi, R. Sauer, P. Schlag: Checkliste Onkologie, 4. Aufl. Thieme, Stuttgart 1997).

Handhabung des Systems

Das System kann unmittelbar nach der Implantation genutzt werden. Voraussetzung für eine komplikationslose Benützung sind:

- die Verwendung des richtigen Materials (nur Nadeln mit Spezialschliff verwenden),
- streng aseptische Arbeitsweise,
- korrektes Vorgehen, was eine gute Instruktion der Pflegenden und Ärzte über Technik und Komplikationsgefahren voraussetzt.

Punktion des Ports

- Auf Wunsch des Patienten Oberflächenanästhesie der über dem Port liegenden Haut mit anästhesierender Salbe (z. B. Emla, haselnußgroß, mit Folie, 1 Std. vorher auflegen)
- Vorbereitung/Bereitstellung des Materials. Wahl der richtigen Huber-Nadel:
  - richtige Länge, der Fettschicht entsprechend,
  - richtiges Lumen, entsprechend Grund für die Punktion,
  - Form (gerade oder gebogen) entsprechend Langzeit oder Kurzzeit Anwendung
- Ankoppelung der Nadel an Dreiweghahn mit/ohne Verlängerung,
- großflächige, gründliche Desinfektion der Haut,
- Anziehen steriler Handschuhe, streng aseptisches weiteres Vorgehen,
- Punktion der Membran, bis die Nadel am Boden der Kammer anstößt,
- Spülung mit 10 ml Kochsalzlösung *vor* der Aspiration, damit ein evtl. vor dem Katheterausgang liegendes Fibrinblatt nicht aspiriert wird (Verstopfungsgefahr).

Die Darstellung des Ports während der Injektion ist in der Abb. 6.**2** festgehalten.

Blutentnahme

- *Nach* der Spülung 10 ml Blut aspirieren, verwerfen, dann Blut für Proben entnehmen,
- anschließend Spülung des Systems mit 20 ml Kochsalzlösung,
- danach Heparin-Lock setzen: Spülung mit 3–5 ml heparinisierter Kochsalzlösung (100 IE/ml),
- Entfernen der Nadel unter Injektion der heparinisierten Lösung mit positivem Druck: Patient hält die Kammer während des Herausziehens der Nadel gegen sich gedrückt, dies verhindert auch, daß sich

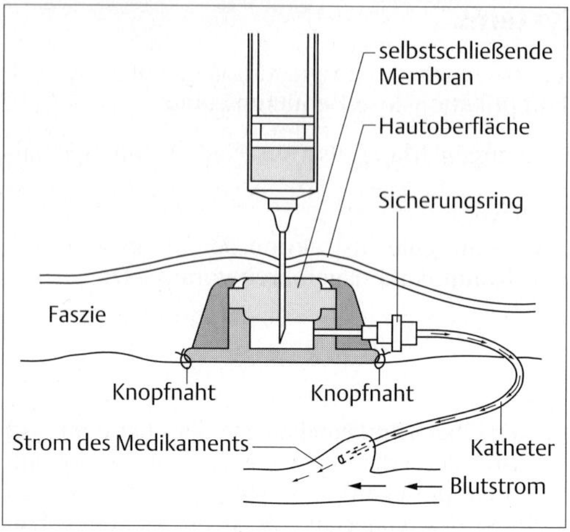

Abb. 6.2 Darstellung des Ports während der Injektion bzw. Infusion (aus Senn, H.-J., P. Drings, A. Glaus, W. F. Jungi, R. Sauer, P. Schlag: Checkliste Onkologie, 4. Aufl. Thieme, Stuttgart 1997).

die Pflegeperson beim Herausziehen infolge eines reflexartigen Zurückschnellens selber sticht.

Bolusinjektion

- Punktion wie oben beschrieben,
- Spülung des Systems mit 10 ml Kochsalzlösung,
- Prüfung des Blutrückflusses (*nach* der Spülung),
- Injektion; zwischen einzelnen Medikamenten mit Kochsalzlösung spülen, weil es sonst bei Inkompatibilität zu Ausflockungen kommen könnte.
  Achtung: Ausflockungen können das System definitiv blockieren und unbrauchbar machen (Explantation nötig!).
- Spülen mit 20 ml Kochsalzlösung,
- Heparin-Lock setzen (wie oben beschrieben).

Längerfristige Infusionen (Tage)

- Es gilt das gleiche Prozedere wie oben (Injektion), es wird aber eine gebogene Nadel eingelegt; für Infusionen über mehrere Tage Spezialnadeln (z. B. Gripper) verwenden,
- auf die richtige Nadellänge achten, damit keine Druckstellen entstehen, eine zu lange Nadel ist instabil und damit dem Herausfallen und der Infektion förderlich.

Bleibt eine Infusion angeschlossen, ist die Injektionsstelle gut zu desinfizieren. Sterilen Tupfer unter die Nadel legen und eine sterile Klarsichtfolie anbringen. Gute Fixierung. Häufige Kontrolle der Infusion bezüglich Einlaufgeschwindigkeit, damit das System nicht verstopft. Das Wechseln des Verbandes und der Nadel erfolgt nach Bedarf, was die tägliche Kontrolle des Verbandes und der Einstichstelle erfordert. Nach Transfusionen und bei parenteraler Ernährung (Fette, Eiweiße) empfiehlt sich eine Spülung des Systems.

Spülung des Systems bei Nichtgebrauch/Spezielles

Bei Nichtgebrauch des Portsystems ist eine Spülung des Systems mit Kochsalz und heparinisiertem Kochsalz alle 3–6 Monate sinnvoll. Der Patient dokumentiert in einer Broschüre alle Manipulationen am Port und evtl. Besonderheiten und trägt die Broschüre auf sich. Patienten mit metallenem Port können einen Ausweis verlangen, um Problemen bei Sicherheitskontrollen (z.B. am Flughafen) vorzubeugen. Bei wahrscheinlicher Heilung kann das System auch explantiert werden.

Komplikationsgefahren

Fehlender Blutrückfluß (bei gleichzeitiger Infundierbarkeit). Dieses ist ein relativ häufiges Problem und stört besonders dann, wenn die Sicherheit der Paravasat-Verhütung garantiert werden soll (nekrotisierende Zytostatika).

Problemlösungsansätze sind:

- Lagewechsel (drehen, flach lagern, Kopf tief lagern, Arm unter den Kopf legen, pressen, husten).
- Ziehen des Armes (weg vom Patienten) der betroffenen Seite hilft, wenn der Katheter über der Klavikula liegt und dadurch zugepreßt wird.
- Wenn das alles nichts hilft, zuerst eine Infusion ohne Beimengung anschließen, ca. eine halbe Stunde einlaufen lassen bis zum erneuten Versuch der Aspiration.
- Wenn der Blutrückfluß nicht gelingt, die Infusion gut infundiert und eine Zytostatikatherapie appliziert werden muß, empfiehlt sich vor der Injektion eine Röntgenaufnahme, um die korrekte Lage zu garantieren.

Verstopfung eines Portsystems. Sie kann durch unregelmäßiges Einlaufen (Stoppen) der Infusion erfolgen. Eine andere Möglichkeit ist die Bildung eines Fibrinblattes an der Katheterspitze, welches bei der Aspiration in den Katheter aspiriert wird (deshalb immer zuerst spülen vor der

Blutentnahme). Tritt eine Verstopfung des Systems auf, ist zuerst die Lage der Nadel zu prüfen. Manchmal genügt deren Umplazierung (Nadelöffnung steckt evtl. noch in der Membran). Ist der Katheter wirklich verstopft, empfiehlt sich die Deblockierung mittels Urokinase. Ein solches Deblockierungsschema ist in der Tab. 6.**1** dargestellt.

Infektionsgefahr. Diese ist bei korrekter, aseptischer Einlage und Handhabung relativ gering. Sie ist dann höher, wenn es bei der Einlage Schwierigkeiten gab und wenn der Durchfluß gestört ist. Die Einstichstelle muß täglich beobachtet werden, und die Entfernung der Nadel soll selbst bei geringen Anzeichen einer Entzündung erfolgen. Eine Nadel, die aus der Portmembran herausrutscht, darf nicht wieder vorgeschoben, sondern muß entfernt werden. Wenn eine Infektion lokal sichtbar wird, darf der Port vor Ablauf der Infektion nicht erneut angestochen werden (Implantation von Bakterien). Wenn bei Patienten mit Fieber Blutkulturen abgenommen werden müssen, empfiehlt es sich, sowohl periphere Blutproben als auch Blutproben aus dem Portsystem zu entnehmen, um einen Infekt im Portsystem auszuschließen.

Dislokation des Katheters vom Port. Sie ist immer dann auszuschließen, wenn eine Blutaspiration aus dem System nicht möglich ist. Die Erfahrung hat gezeigt, daß Katheter im Blutkreislauf zum Herz wandern können. Im Zweifelsfalle kann eine Röntgenaufnahme die nötigen Informationen verschaffen.

Paravasat. Es kann bei einer Dislokation des Katheters auftreten, weshalb bei fehlendem Blutrückfluß vor der Verabreichung einer Chemotherapie die röntgenologische Prüfung nötig ist. Ein Paravasat ist aber auch dann möglich, wenn die Nadel neben der Kammer liegt oder aus dem Portsystem herausrutscht. Diese Komplikationsgefahr ist insbesondere bei der Verabreichung nekrotisierender Substanzen zu beachten und erfordert die genaue Instruktion des Patienten und die Ruhigstellung während der Infusion/Injektion. Im Zweifelsfalle die Infusion/Injektion sofort stoppen. Weiteres Vorgehen s. auch Kap. 5, Verhaltensschritte bei einem Zytostatikaparavasat. Die sichere Verabreichung von intravenösen Zytostatika ist ebenfalls im Kap. 5 beschrieben.

Armvenenthrombose. Sie kann manchmal nach der Einlage oder nach einer Überbeanspruchung des Armes (höhere Thromboseneigung bei vielen Tumorpatienten) auftreten. Diese Komplikation erfordert die rasche Antikoagulation.

Tabelle 6.1 Anleitung zur Deblockierung eines verstopften, implantierten Dauervenenkatheters

Problem	Vorgehen		
Der Katheter ist nicht mehr durchgängig, es kann nichts mehr oder nur sehr langsam infundiert werden. Dies unterscheidet sich vom fehlenden Blutrückfluß bei vorhandener Infundierbarkeit, wofür andere Vorgehensweisen gelten.	1. **Deblockierung mit liqueminisierter Kochsalzlösung** – mit 100 E Liquemin/ml spülen (mind. 5-ml-Spritze), ohne massiven Druck – bei weiterer Blockierung: Nadel ziehen und erneutes Anstechen nach guter Desinfektion unter Aussparung der verletzten Hautstelle; ein Verschieben der liegenden Portnadel (vor-/rückwärts) ist wegen Infektionsgefahr nicht erlaubt – bei weiter Blockierung: vom Arzt die Deblockierung des Katheters mit Urokinase verordnen lassen	2. **Deblockierung mit Urokinase** – Deblockierung durch instruierte Krankenschwestern oder Ärzte – Präsenz des Arztes wegen allergischer Reaktionsmöglichkeiten vorteilhaft (insbesondere wenn Urokinase bereits verabreicht wurde, d. h., wenn der Patient bereits darauf sensibilisiert sein könnte) – Urokinase-Ampulle à 10 000 E mit 2 ml Aqua dest. auflösen (Urokinase ist in verschiedenen Ampullengrößen erhältlich) – 1 ml dieser Lösung injizieren (Achtung: entspricht 5000 E Urokinase) – 20–30 Minuten einwirken lassen – Flüssigkeit (Urokinase) aus dem Port aspirieren – mit 20 ml NaCl 0,9% spülen – falls erforderlich, diesen Vorgang wiederholen (bis 3mal)	3. **Mißerfolg der Deblockierungsmaßnahmen** – Entfernung der Nadel nach Absprache mit dem zuständigen Arzt erfolgt eine röntgenologische Kontrolle der Katheterlokalisation – die Deblockierung wird je nach Befund zu einem späteren Zeitpunkt wiederholt – Katheter mit Port, der nicht mehr durchgängig wird, muß chirurgisch entfernt werden

Verhütung und Bekämpfung von Blutungen

Die Blutungsgefahr bei Tumorpatienten kann aufgrund folgender Ursachen auftreten:

1 Thrombopenie (zuwenig Thrombozyten).

- Tumorinfiltration des Knochenmarks (Verdrängung der blutbildenden Knochenmarkszellen durch Tumorzellen),
- Zytostatika/Bestrahlung (vorübergehende Knochenmarkdepression),
- Splenomegalie (vermehrter Abbau von Thrombozyten in der vergrößerten Milz),
- (Auto-)Immunthrombopenie (Antikörper gegen Thrombozyten mit beschleunigtem Abbau).

2 Gestörte Thrombozytenfunktion (z.B. bei chronischer myeloischer Leukämie oder nach bestimmten Medikamenten).

3 Gerinnungsstörungen anderer Art:

- schwere Leberfunktionsstörung (verminderte Bildung wichtiger Gerinnungsfaktoren, z.B. bei ausgedehntem Tumorbefall der Leber),
- Vitamin-K-Mangel (z.B. bei andauernder Mangelernährung),
- Antikoagulation (medikamentös induzierter Vitamin-K-Mangel),
- disseminierte intravasale Gerinnung (z.B. bei akuter promyelozytärer Leukämie, bzw. Sepsis).

Die Thrombozyten werden im Knochenmark gebildet (Normwert 150–350 $\times 10^9$/l). Sie haben eine Schlüsselstellung in der Blutgerinnung. Zytostatika schädigen nicht die reifen Thrombozyten im peripheren Blut, sondern die sich rasch teilenden Vorläuferstammzellen im Knochenmark. Dies hat zur Folge, daß die normal absterbenden Thrombozyten im peripheren Blut, welche eine Lebensdauer von ca. 10 Tagen aufweisen, nicht ersetzt werden können.

Die Blutungsgefahr wird in der Regel bei Thrombozytenwerten unter 20 $\times 10^9$/l groß. Bei älteren Patienten (zunehmende Gefäßbrüchigkeit) und bei Vorliegen mehrerer der oben erwähnten Blutungsursachen kann eine verstärkte Blutungsneigung (hämorrhagische Diathese) bereits bei wesentlich höheren Thrombozytenwerten eintreten. Erste Anzeichen einer Blutung sind oft Purpura der Haut und der Schleimhäute (punktförmige rotviolette Flecken), Nasenbluten, Blutungen des Zahnfleisches oder im Augenhintergrund (Retina). Schwerwiegendere, oft zu rasch zunehmender Anämie führende Blutungen treten im Magen-Darm-Bereich, in den Harnwegen oder in der Lunge auf. Besonders gefürchtet sind lebensgefährliche Blutungskomplikationen im Gehirn.

Thrombozytenersatz ist in der Regel nötig bei:

- manifesten Blutungszeichen oder
- prophylaktisch bei Thrombozytenabfall unter 10×10^9/l (Gefahr schwerwiegender Blutungskomplikationen vor allem während anfänglicher intensiver Behandlungsphasen bei Leukämien sehr groß).
- Bei erhöhtem Thrombozytenverbrauch im Körper (Fieber, Infekt) oder gleichzeitig bestehender Gerinnungsstörungen wird die Grenze für prophylaktische Thrombozytentransfusionen meist auf 20^9/l erhöht.

Thrombopenien aufgrund von Antikörpern sprechen auf diese Maßnahme schlecht an, wenn nicht gleichzeitig Immunsuppressiva (die Antikörperbildung unterdrückende Medikamente wie z.B. Prednison) verabreicht werden. Splenektomie oder Milzbestrahlung kommt dann in Frage, wenn die vergrößerte Milz als Ursache einer Thrombopenie nachweisbar eine ausschlaggebende Rolle spielt.

Die Thrombozytenkonzentrate werden in der Regel in den Blutspendezentren zubereitet. Dazu werden die Spender an einen Zellseparator angeschlossen, und ein Teil der Thrombozyten wird in einem extrakorporalen Kreislauf beim Durchlauf durch den Separator heraus filtriert. Das restliche Blut wird dem Spender zurückgegeben.

Bei der Verabreichung der Thrombozytenkonzentrate werden oft spezielle Transfusionsfilter verwendet. Damit wird das Risiko der Autoimmunisierung und die Gefahr der Zytomegalieübertragung vermindert. Die Bestrahlung der Thrombozytenkonzentrate vor deren Verabreichung wird dann verordnet, wenn bei Patienten nach allogener oder autologer Knochenmarktransplantation einer Graft Versus Host Disease (GVHD = Abstoßungsreaktion) vorgebeugt werden soll.

Pflegerische Unterstützungsmaßnahmen zur Vorbeugung von Blutungen

Pflegediagnose

Potentielle Gefährdung durch eine lebensbedrohliche Blutung.

Erwartetes Ergebnis

Minimale Blutungskomplikationen während der Phase der Thrombopenie.

Pflegeinterventionen

1. Gute Information des Patienten über Ursache und mögliche Folgen der Thrombopenie,
2. Vermeidung von körperlicher Betätigung, eingeschränkte Mobilisation, insbesondere bei Werten unter 10^9/l (Blutungsgefahr bei Sturz),
3. **Sorgfältige** Mundpflege mit weicher Bürste, Vermeidung von Zahnseide, gute Lippenpflege (Mundpflege **nicht** unterlassen, da dies zu Infektionen und sekundär zu Blutungen führen kann)
4. Ernährung, die die blutungsgefährdeten Mund- und Rachenschleimhäute nicht verletzt (nicht säurehaltig, scharf),
5. Rasur mit elektrischem Apparat, ohne Rasiermesser (Blutungsgefahr),
6. sorgfältiges, nur leichtes Schneuzen der Nase,
7. Nagelschneiden vermeiden,
8. keine stark einengenden Kleider tragen,
9. auf geregelten Stuhlgang achten (Verhütung von Verstopfung, Vermeidung der Bauchpresse wegen Blutungsgefahr),
10. Vermeidung von Einläufen,
11. Verbot von intramuskulären, subkutanen Injektionen (Hämatome),
12. keine Operationen, Extraktionen, Kathetereinlagen ohne vorher geplanten Thrombozytenersatz,
13. Vermeidung von Aspirin-haltigen und blutungsfördernden Medikamenten,
14. bei der Behandlung mit Steroiden: Evtl. Medikamente zur Verhütung einer Blutung im Gastrointestinaltrakt (Säureblocker), milde Zwischenmahlzeiten,
15. auf Blutungszeichen achten: Purpura an Haut und Schleimhäuten, Blut im Urin/Stuhl, Nasenbluten, neurologische Störungen (Sehstörungen, Kopfweh),
16. sofortiges Rapportieren von Blutungszeichen und neurologischen Störungen.

Verhütung und Bekämpfung von Infektionen

Ursachen und Prophylaxe von Infektionen

Eine erhöhte Infektionsanfälligkeit stellt bei Tumorkrankheiten eine häufige Begleiterscheinung dar. Sie kann folgende Ursachen haben:

- *Granulozytopenie* (Abfall der Granulozyten unter $1{,}0 \times 10^9$/l) bei Verdrängung des normalen blutbildenden Knochenmarks durch Tumorinfiltration oder im Ablauf einer Zytostatikabehandlung oder intensiven Strahlentherapie;
- *Beeinträchtigung der zellulären Abwehr* (vorwiegend bei Patienten mit malignen Lymphomen und akuten Leukämien mit besonders stark verminderter Resistenz gegen Virus- und Pilzinfektionen sowie Tuberkulose);
- *Antikörpermangelsyndrom* (Verminderung der Bildung funktionstüchtiger Antikörper, vor allem beim multiplen Myelom und bei Nicht-Hodgkin-Lymphomen bekannt, mit gehäuften Infektionen durch Bakterien und Viren);
- *tumorbedingte Obstruktion* (Passagebehinderung) im Bereich der Luft- oder Gallenwege, des Magen-Darm-Kanals oder der Harnwege mit nachfolgender Infektion im rückgestauten Bereich.

Durch die Zytostatikatherapie werden Knochenmarkstammzellen geschädigt, die eine Generationszeit von 6–24 Stunden haben. Dadurch wird die Fähigkeit des Knochenmarks vermindert, die benötigten reifen, weißen Blutzellen, die eine Lebensdauer von ca. 6 Stunden haben, für das periphere Blut herzustellen. Die Reduktion der Zellen durch die Chemotherapie ist berechenbar, sie tritt üblicherweise ca. 7–14 Tage nach der Verabreichung auf, je nach Medikament. Der tiefste Punkt der Blutzellen im peripheren Blut wird Nadir genannt. Der Eintritt des Nadirs ist bei verschiedenen Zytostatika unterschiedlich. Der Grad der Knochenmarkdepression ist auch von anderen Faktoren abhängig, wie von Dosierung, Ernährungszustand, Alter, Vorbehandlung, anderen Medikationen.

Eine Leukopenie wird unter heutigen Voraussetzungen meist erwartet, gelegentlich gar angestrebt (höchste wirksame Dosis). Intensivtherapien und Hochdosistherapien sind oft mit längeren Phasen der Leukopenie oder Agranulozytose (absolute Granulozytenzahl unter $0{,}5 \times 10^9$/l) verbunden. Infektionen stellen dabei eine der häufigsten, lebensbedrohlichen Komplikationen dar. Die unterstützenden Maßnahmen zielen deshalb in Richtung Verhütung, Früherfassung und sofortige Behandlung von Infektionen.

Der wichtigste und größte Risikofaktor für bakterielle Infektionen ist die Verminderung der neutrophilen Blutzellen. Das Kennen der absoluten

Zahl dieser Zellen im peripheren Blutbild ist bei intensiv behandelten Tumorpatienten unabdingbar. Diese Zahl wird folgendermaßen errechnet: Gesamtzahl der Leukozyten × 10^9/l × % der neutrophilen Zellen (stabkernige und segmentkernige Granulozyten). Normalerweise machen die neutrophilen Zellen 50–70% aller Leukozyten aus. Als Neutropenie wird die Gesamtzahl der neutrophilen Zellen unter 2,5 × 10^9/l bezeichnet.

Je länger die Neutropenie andauert, desto größer ist das Risiko der Infektion. Heute wird deshalb versucht, während der Phase von Leukopenie oder Agranulozytose, die Neubildung von neutrophilen Zellen mit den Wachstumsfaktoren G-CSF (granulocyte colony stimulating factor) oder GM-CSF (granulocyte makrophage colony stimulating factor) anzuregen und so die gefährliche Phase zu verkürzen.

Studien haben bewiesen, daß die Patienten-eigenen Bakterien in 85% für die Infektionen verantwortlich sind. Fieber ist oft ein erstes Zeichen, da wegen mangelnder neutrophiler Zellen die Eiterbildung oder ein sichtbares Infiltrat fehlen können. Wenn ein neutropenischer Patient mit fiebrigem Infekt nicht sofort antibiotisch behandelt wird, kann sich innerhalb Stunden eine lebensbedrohliche Sepsis ausbreiten, sie stellt eine medizinische Notfallsituation dar. Wenn Breitbandantibiotika die Infektion nicht zu bekämpfen vermögen und das Fieber anhält, werden oft zusätzlich Fungistatika eingesetzt.

Grampositive Keime wie Staphylococcus aureus und Staphylococcus epidermidis scheinen immer häufiger nachgewiesen zu werden. Die häufigsten Lokalisationen der Infektion sind obere und untere Luftwege (Pneumonie), Blut (Sepsis), Pharynx (Pharyngitis, Stomatitis), Ösophagus, Analregion, Harntrakt, Haut.

Häufig sind auch Infektionen mit gramnegativen Mikroorganismen, wie Pseudomonas aeruginosa, Klebsella pneumoniae und Escherichia coli. Häufig vorkommende Pilze sind Candida albicans und aspergillus.

Für das Pflegepersonal ist es wichtig zu wissen, auf welchem Wege die krankmachenden Mikroorganismen zum Patienten gelangen und wie sich eine Infektion ausbreiten kann. Die Herkunft und Art der Keime ist in der Abb. 6.**3** dargestellt.

Abb. 6.**3** Infektionsquellen im Krankenhaus für immungeschwächte Patienten. ▶

Exogene Mikroflora → Besiedelung → Endogene Mikroflora

Herkunft		Art	Reduzierte Immun-Abwehr	
Luft	Ventilationssysteme Gebäude-Materialien	Enterobakterien Pseudomonas Staphylokokken Aspergillen Varizella Zoster		
Nahrung	Milchprodukte frische Früchte, Gemüse ungekochtes Fleisch	Enterobakterien Pseudomonas Klebsiellen Staphylokokken Streptokokken	Gastrointestinal Trakt Schleimhautmembrane Haut-Oberfläche Orifizien Leisten Achselhöhlen	Schleimhaut – Hautdefekte Humorales oder zelluläres Immundefizit Mangelernährung Reduzierte Phagozytose → Infektions-Komplikation
Wasser	Hahnenwasser, Eis Luftbefeuchter Ablaufbecken, Bad, Toiletten Schnittblumen	Enterobakterien Pseudomonas Klebsiellen Legionellen	Antibiotika induzierte Veränderungen	
Katheter Infusionen Geräte	Infusionslösungen Blutprodukte Katheter, Drainagen Tubus, Endoskope Stethoskop Türfallen	Staphylokokken Enterobakterien Klebsiellen Toxoplasma Viren Pilze		
Kontakte Berührung	Personal (Hände!) andere Patienten Besucher	Staphylokokken Enterobakterien Pseudomonas		

In Anlehnung an: Pizzo P, Meyers J, et al, 1993, Infection in the cancer patient. In: De Vita V, Hellmann S, Rosenberg S, Cancer, Principles and Practice of Oncology (ed. 4). Philadelphia, Lippincott Company.

Unterstützungsmaßnahmen bei der Pflege von zytostatisch behandelten Patienten mit Knochenmarkdepression (Granulopenie oder Agranulozytose)

In den letzten Jahren hat sich die Form der Pflege bei Patienten mit längerfristiger Granulozytopenie stark verändert. Die Möglichkeit des Einsatzes von Wachstumsfaktoren zur Verkürzung der Aplasiephase sowie die moderne autologe Knochenmarkrekonstitution (s. Kap. 18) haben die früher unter intensiven, schwierigen Bedingungen gestaltete Pflege wesentlich vereinfacht. Die Pflege in einer komplett sterilen Einheit (Life Island) wird heute noch vorwiegend für Patienten mit allogener Knochenmarktransplantation durchgeführt. In der modernen Onkologie werden Patienten mit Knochenmarkdepression, außer bei allogener Knochenmarktransplantation, mehrheitlich mit einfacheren Maßnahmen der Infektprophylaxe gepflegt (ähnlich der früheren Umkehrisolation), und die Schwerpunkte liegen vermehrt in schützender Verhaltensweise der Betreuer, in der Information und Instruktion der Betroffenen und in gezielter Beobachtung zur Früherfassung von Infektzeichen. Im folgenden ist die Pflege unter Berücksichtigung der Infektprophylaxe beschrieben. Für die Pflege von Patienten in einer Sterileinheit verweisen wir auf die Spezialliteratur.

Unterstützende Pflege von Patienten mit einer Leukopenie/Agranulozytose (außerhalb einer Sterileinheit)

Pflegediagnose

Gefährdung für die Entwicklung lebensgefährlicher Infektionen.

Erwartetes Ergebnis

Minimale Infektionskomplikationen während der Phase der Leukopenie/ Agranulozytose.

Pflegeinterventionen (bei Granulozyten unter 0,5 × 10^9/l)

Information des Patienten und der Angehörigen über die Ursache, den voraussichtlichen Verlauf und die Folgen/Komplikationsmöglichkeiten des Granulozytenmangels.

1 Erhebung des Wissensstandes und der Lernmöglichkeiten des Patienten.

2 Dem individuellen Patienten angepaßte, geplante Informationsvermittlung bezüglich der Ursache und der Auswirkungen/Gefahren des Mangels an Leukozyten.

3 Nach der mündlichen Information Abgabe eines schriftlichen Textes zur Vertiefung des Wissens.

Einrichtung von Schutzmaßnahmen zur Verhütung bakterieller Exposition.

1 Hospitalisation in einem Einbettzimmer oder mindestens nicht gemeinsam mit infektiösen Patienten im gleichen Raum.

2 Anbringen einer Tafel vor der Zimmertüre, auf welcher alle Personen, die eintreten wollen, zu folgenden Maßnahmen aufgefordert werden: sorgfältige Händedesinfektion, Mitbringen von Blumen und Pflanzen untersagt, kein Eintritt für Personen mit Erkältungen.

3 Vermerk in der Pflegedokumentation „Infektprophylaxe".

4 Äußerst sorgfältige Händedesinfektion der Betreuer zwischen Handlungen an anderen Patienten und vor jedem Eintritt ins Zimmer.

5 Vermeidung von invasiven Prozeduren (z. B. Urinkatheter), wenn immer möglich.

6 Tägliche Desinfektion der Türfallen, WC-Sitze, Duschraum.

7 Vor dem Gebrauch von Wasser im Patientenzimmer und in der Dusche zuerst Wasser 3 Minuten durchlaufen lassen (niedrigere Keimzahl).

8 Im Zimmer keine Schnittblumen, Topfpflanzen und nicht leicht abwaschbare Früchte aufbewahren.

9 Wenn das Eintreten von Personen mit Erkältungen ins Zimmer unumgänglich ist, sollen sie einen Mundschutz tragen.

10 Verlassen der Station nur nach Absprache mit dem Pflegepersonal und mit einem Mundschutz.

11 Vermeidung des Aufenthalts in einer Ansammlung von Personen (sofern der Patient sein Zimmer kurzfristig verlassen darf).

Reduktion der bakteriellen Exposition durch spezielle Körperpflege.

1. Tägliche Dusche oder Ganzwaschung mit desinfizierender Seife (z. B. Hibiscrub).
2. Vor dem Waschen/Duschen den Wasserhahn 3 Minuten öffnen (tiefere Keimzahl).
3. Desinfektion der Füße (zuerst) und Hände nach der Dusche mit Desinfektionsmittel (z. B. Hibital).
4. Vorsicht und Zurückhaltung beim Verwenden von Salben und Körperlotionen, keine angebrochenen Packungen verwenden.
5. Intimpflege täglich und nach jeder Darmentleerung (mit Papiertüchern und z. B. Hibiscrub), anschließende Händedesinfektion (mit z. B. Hibital). Wo vorhanden, den hygienisch speziell gewarteten Closomat benutzen.
6. Mundhygiene:
   - Zahnreinigung nach jeder Mahlzeit und vor jeder Nachtruhe, mit einer weichen Zahnbürste (auch bei tiefen Thrombozyten sorgfältig durchführen, nicht unterlassen, da dies eine hohe Infektionsgefahr darstellt),
   - nach jeder Zahnreinigung den Mund eine Minute lang gut spülen mit Chlorhexidin 0,12 %, Becher täglich wechseln,
   - bei schwerer Granulozytopenie und wenn der Patient bekannterweise Träger von Herpesviren ist, werden prophylaktisch oft Virostatika verabreicht (z. B. Acyclovir), um einer Herpes-induzierten Stomatitis vorzubeugen.

Reduktion der patienteneigenen Keime im Gastrointestinaltrakt durch medikamentöse Dekontamination.

1. Zur Verminderung der potentiell gefährlichen Bakterienbesiedelung des Gastrointestinaltraktes erhält der Patient orale Antibiotika.
2. Um der Pilzbesiedelung vorzubeugen (besonders im Mund und Ösophagus), werden meistens auch Fungistatika dazu gegeben (z. B. Ketoconazol).

Ein Schema eines solchen Dekontaminationsschemas ist in der Tab. 6.2 dargestellt. Medikamente und Dosierungen werden unterschiedlich eingesetzt.

Tabelle 6.2 Beispiel eines Dekontaminationsschemas für Patienten bei spezieller Infektprophylaxe

Tageszeit	Morgen	Mittag	Abend	Nacht
Ganzkörperwaschung mit Chlorhexidin	•			
gute Zahnhygiene und Mundspülungen mit z. B. Chlorhexidin 0,12% (nach dem Essen)	•	•	•	•
Darmdekontamination				
Medikamente zum Schlucken, z. B.				
Sulfamethoxazol + Trimethoprim oder Ciprofloxacin	•		•	
Amphomoronal oder Fluconazol	•		•	
Acyclovir (Virostatikum)				
Intimpflege mit Chlorhexidin nach jeder Darmentleerung				

Reduktion der bakteriellen Exposition durch keimreduzierte Ernährung

1. Information des zuständigen Küchenpersonals über das Ziel der keimarmen Ernährung, die jedoch nährstoff-, kalorien- und vitaminreich sein soll. Es ist wünschenswert, daß sich der Patient täglich bestellen kann, was er essen mag.
2. Kritische Speisen:
   - Blattsalat, Beeren (erlaubt sind gekochte Salate, gut waschbare, geschälte Früchte),
   - Joghurt,
   - Schlagrahm, Sauerrahm (nur wenn ganz frisch zubereitet),
   - Schimmelkäse (portionierter Weichkäse, Schmelzkäse erlaubt),
   - kalte Wurstwaren (gekocht, heiß erlaubt, ebenso Bündnerfleisch),
   - rohe Eier (gekocht erlaubt),
   - Eisspeisen, offene (abgepackte, frische Einzelportionen erlaubt),
   - Erdnüsse, Pommes frites, Chips,
   - Fruchtsäfte aus angebrochenen Packungen (über 24 Stunden),
   - Wasser vom Wasserhahn (Mineralwasser, Tee, Kaffee, Milch, Frappés erlaubt).

Kontinuierliche Beobachtung zur Erfassung von Frühzeichen einer Infektion.

1. Kontrolle der Körpertemperatur mindestens 2mal täglich.
2. Vitalzeichenkontrolle 2mal täglich bei erhöhter Temperatur.
3. Regelmäßige Bestimmung der Granulozyten.
4. Tägliche Inspektion der Mundhöhle (Schleimhautdefekte, Soor), Haut (Druckstellen, Purpura), Rektum (soweit möglich durch Patient selber).
5. Tägliche Kontrolle von Kathetereinstichstellen, Wunden (**Achtung:** fehlende Rötung und Eiterbildung bei Granulopenie möglich).
6. Beobachtung von Urin, Stuhlgang, Auswurf (Farbe, Menge, Geruch).
7. Information des Arztes über Veränderungen, Infektanzeichen, Abnahme von Blutkulturen, Verabreichung von Antibiotika nach Verordnung.

Verhütung von Blutungen als infektionsvorbeugende Maßnahme.

Blutungen (z. B. Hämatome) können zur Quelle einer Infektion werden. Da eine Granulopenie oder Agranulozytose sehr oft mit einer Thrombopenie einhergeht, ist in der Pflege auf blutungsverhütende Interventionen zu achten.

Unterstützung des Patienten im psychischen, sozialen und seelischen Bereich als Grundlage guter Genesungsvoraussetzung.

Die Zeit der Agranulozytose und damit der erhöhten Infekt- und Blutungsanfälligkeit bedeutet für die Betroffenen eine außerordentliche Streßsituation. Die ständige Gefahr kann Angst erzeugen. Gleichzeitig sind diese Patienten oft mitten in der Auseinandersetzung mit der schweren Krankheit, die zum Tode führen könnte. Wichtige Elemente zur Hilfe bei der Verarbeitung sind:

1. Gute Information über die Befunde und Laborwerte. Oft hilft es dem Patienten, ein eigenes Verlaufsblatt zu führen.
2. Integration der Nächsten in diesen Prozeß.
3. Betreuung durch Ärzte und Pflegende mit Fachkompetenz, die auch Sozialkompetenz aufweisen; am besten wirksam im Bezugspflegesystem (Kontinuität).
4. Entlastungsmöglichkeit für die Betreuer, um hilfreich zu bleiben (z. B. durch Team-Supervision).
5. Unterstützung durch Psychotherapie, Musiktherapie, Seelsorge, Ergotherapie, je nach Bedürfnis des Patienten.
6. Soziale Hilfe nach Bedarf (Hilfe zu Hause, finanzielle Sorgen).
7. Kontakt zur Außenwelt durch Radio, TV, Telefon.

Verhütung und Behandlung von Schleimhautaffektionen

Eine Mukositis ist eine Entzündung der Schleimhäute, die als Folge einer Schädigung der sich rasch teilenden Schleimhautzellen durch Chemo- oder Radiotherapie auftreten kann. Entsprechend der anatomischen Lokalisation handelt es sich um eine Stomatitis (Mundhöhle) oder Ösophagitis (Speiseröhre); im Darmtrakt manifestiert sich eine Mukositis meist mit Diarrhoe oder im Rektum mit einer Proktitis.

Stomatitis

Die Stammzellen der Mundschleimhaut haben eine Lebensdauer von 3–5 Tagen, die äußere Epithelschicht wird alle 7–14 Tage vollständig ersetzt (Beck u. Yasko 1984). Es gibt Hinweise dafür, daß die Schädigung des Gewebes 5–7 Tage nach der Chemotherapie beginnt. Die Tab. 6.**3** illustriert die Entwicklung der Stomatitis auf der Basis eines Streß-Antwort-Modells nach Engleking. Die Symptome der Phasen „Alarm, Resistenz, Erschöpfung und Erholung“ sind über eine Zeitspanne von 21 Tagen aufgezeichnet.

Die Amerikanische Onkologieschwestern-Vereinigung hält in ihren Guidelines for Cancer Nursing Practice an folgender Gradeinteilung der Stomatitis fest:

Grad I Rötung der Mundschleimhaut.
Grad II Vereinzelte kleine Ulzerationen oder weiße Flecken. Keine wesentlichen Probleme zu essen oder zu trinken.
Grad III Ineinanderfließende Ulzerationen oder weiße Flecken, die mehr als 25 % der Mundschleimhaut bedecken. Patient kann nur noch trinken.
Grad IV Blutende Ulzerationen, die über 50 % der Mundschleimhaut bedecken. Patient kann nicht mehr essen und trinken.

Faktoren, die den Schweregrad der Stomatitis beeinflussen, sind die Dosis der Zytostatika, der Ernährungszustand, Mundhygiene und kombinierte Chemo-/Radiotherapie im Kopf-Hals-Bereich. Die Inzidenz ist ungefähr 40 % und wird vor allem mit den Antimetaboliten (speziell Methotrexat und 5-Fluorouracil) und den zytostatischen Antibiotika (Doxorubicin, Bleomycin) in Zusammenhang gebracht.

Da zahlreiche Geschmackspapillen die Zunge bedecken, kommt es bei deren Schädigung zu Störungen der Geschmacksempfindung. Schmerzen in Folge von Ulzerationen führen zu Schluck- und evtl. zu Sprechstörungen. Dies wiederum führt zu einem größeren Ernährungsdefizit, was die Schleimhautdefekte fördert und die Heilung verzögert.

Tabelle 6.**3** Reaktion der Schleimhäute auf physiologische Stressoren (nach Engleking 1988)

Pathophysiologische Veränderungen Pharmakologische Substanzen		– Stressoren – Thermische Reize Chemische Reize Physische Reize		Ernährungsdefizit Schlechte Mundhygiene
		↓ Mundschleimhaut ↓ – Antwort auf Streß – (Verlauf der Stomatitis)		
Gleichgewicht → (Tag 0)	Alarm → (Tag 5–7)	Resistenz → (Tag 7–10)	Erschöpfung → (Tag 10–14)	Erholung (Tag 14 →)
– rosa, feuchte intakte Mukosa	– fahle, trockene Mukosa	– rote, trockene, faltige Mukosa	– stark entzündete Mukosa	– Entzündung: Mukosa, Lippen Zunge rückläufig
– Keine Störung durch Schmerz oder Brennen	– trockene Zunge mit erhöhten Papillen, trockene Lippen	– geschwollene Zunge mit erhöhten Papillen und schützendem, weißen Belag	– stark entzündete Zunge	– Granulation, Gewebe sichtbar an Stellen der Läsionen
– Keine Störung der Geschmacksempfindung	– rotes Halszäpfchen	– entzündete mukokutane Übergänge	– Lippen trocken, gesprungen, entzündet, geschwollen	– Schmerz nachlassend, weniger Blutung, keine Geschmacksstörung

Gleichgewicht → (Tag 0)	Alarm → (Tag 5–7)	Resistenz → (Tag 7–10)	Erschöpfung → (Tag 10–14)	Erholung (Tag 14 →)
– normaler Speichelfluß	– Wölbung oder Furchen in der Mukosa entlang der Zähne	– Schleimhautulzerationen (isolierte Läsionen)	– Schleimhautulzerationen (zusammenfließende Läsionen)	
	– Kribbeln oder Brennen	– Schmerz (evtl. gelindert durch lokale Anästhetika)	– Schmerz (bedarf systemischer Analgetika)	
	– erhöhter Speichelfluß	– veränderte Geschmacksempfindung	– Infektion, Blutung, Geschmacksempfindung gestört	
		– weniger Speichelfluß		

Die verschiedenen Ursachen der Stomatitis sind in der Tab. 6.**4** dargestellt. Es ist wichtig, zwischen der direkten und indirekten Schädigung der Schleimhautzellen zu unterscheiden. Bei der direkten Schädigung ist es das Ziel, Komplikationen zu verhüten.

Die indirekte Schädigung der Schleimhaut entsteht durch die Neutropenie mit dem erhöhten Risiko von Infektionen und Blutungen. Kleine Verletzungen ermöglichen dann Superinfektionen mit Bakterien, Pilzen oder Viren und stellen Eintrittspforten für systemische Infektionen dar, die für den Patienten lebensbedrohliche Folgen haben können. Bakterielle In-

Tabelle 6.**4** Mögliche Ursachen einer Stomatitis unter Tumortherapie. Einige Zytostatika (vor allem Antimetaboliten und zytostatisch wirksame Antibiotika) können eine Entzündung mit Gewebeschädigung der Schleimhäute, insbesondere der Mundschleimhäute, verursachen

Ursachen einer Stomatitis unter Tumortherapie	
direkte Schädigung der Schleimhautzellen durch Zytostatika und/oder Strahlen	**indirekte Schädigung**
– tritt je nach Medikament, ca. 5–7 Tage nach Chemotherapiebeginn auf – ist abhängig von der Dosis der Medikamente oder Strahlen, die gleichzeitige Anwendung der beiden Modalitäten, vor allem im Kopf-Hals-Bereich, gleichzeitige intrathekale Zytostatikatherapie, Ernährungsdefizit und schlechte Mundhygiene erhöhen das Risiko einer schweren Stomatitis – Geschmacksstörungen, Schmerzen, Schluck- und Sprechprobleme sind Folgen der direkten Schädigung – die direkte Schädigung ist letztlich nicht vermeidbar, gezielte Prophylaxe und Therapie können aber Komplikationen, z. B. systemische, gefährliche Infektionen, verhüten und auch Linderung verschaffen	– durch die Neutropenie: als Therapiefolge oder Krankheitsfolge (Leukämie) – Schleimhautschädigungen stellen Eintrittspforten für Bakterien dar (speziell Pseudomonas, Escherichia coli, Klebsiella, Proteus), Pilze (Candida albicans) und Viren (Herpes simplex) und können zu lokaler und systemischer Infektion führen – durch eine Xerostomie (Mundtrockenheit); infolge der Schleimhautschädigung, besonders nach lokaler Radiotherapie, ist die Reinigungskapazität vermindert, was das Infektionsrisiko erhöht

fekte sind beim immunsupprimierten Patienten meistens durch Organismen wie Pseudomonas, Escherichia coli, Klebsiella und Proteus verursacht, Pilzinfektionen durch Candida albicans. Ein zusätzliches Risiko für Pilzinfektionen stellt die immunsupprimierende Behandlung mit Kortikosteroiden dar.

Pflegerische Maßnahmen zur Verhütung von und Pflege bei einer Stomatitis

Erhebung des Mundhöhlenzustandes (Assessment)

Die Erfassung des Zustandes der Mundhöhle erfolgt vor Beginn der Chemotherapie, damit Risikofaktoren wie schlechte Mundhygiene, schlechter Ernährungszustand, Parodontose, Zigaretten- oder Alkoholkonsum festgestellt werden können. Eine gute Mundinspektion erfordert den Gebrauch von Stablampe, Spatel und evtl. Handschuhen. Je nach Intensität der Behandlung und Zustand der Zähne muß der Zahnarzt oder Dentalhygieniker beigezogen werden.

Je nach Ziel des Assessments wird eine mehr oder weniger intensive Bestandsaufnahme gemacht. Für das Assessment vor intensiver Tumortherapie (z. B. vor aplasierender Therapie) oder zum Zwecke der Mundpflegeforschung ist ein differenziertes Erfassungsinstrument erforderlich. Ein solches Instrument ist in der Tab. 6.**5** dargestellt.

Prophylaxe und Pflege

Das Ziel der Mundpflege ist:

1. Instruktion des Patienten über gute Mund- und Zahnhygiene und Anleitung zur Selbstpflege.
2. Verhüten von Infektionen.
3. Frühes Erfassen von Störungen.
4. Förderung von Wohlbefinden und guter Ernährung.

Das Ziel der guten Mund- und Zahnreinigung ist es, die Schleimhaut feucht, sauber und ohne Nahrungsüberreste zu erhalten, damit die Schleimhautbarriere intakt und infektionsfrei bleibt. Dies erfordert die sorgfältige, genaue Reinigung mit weicher Zahnbürste und Zahnseide (letzteres nur bei normalen Thrombozyten) nach jeder Mahlzeit und vor dem Einschlafen, wozu ein künstliches Gebiß herausgenommen werden muß. Dies hilft zu verhüten, daß das Milieu im Mund sauer wird und somit ein geeigneter Boden für Bakterienwachstum entsteht. Solange der Speichelfluß normal ist, bleibt die Infektionsgefahr ebenfalls geringer. Sofern Mundwässer verwendet werden, sollten diese keinesfalls Alkohol enthalten, da dieser der Schleimhaut die Flüssigkeit entzieht. Diese Infor-

Tabelle 6.5 Erhebung (Assessment) des Mundhöhlenzustandes.

Parameter	**Beschreibung**	**Grad** (Zahl ins Feld setzen)
Stimme/ Sprechen	normal	Ja/nein
	heiser, Schmerzen beim Sprechen	☐
Trinken	normal	ja/nein
	Schmerzen beim Trinken	☐
	unfähig zu trinken	ja/nein
Essen	normal	ja/nein
	Brennen	☐
	Schmerzen beim Essen	☐
	unfähig zu essen	ja/nein
Geschmacks-empfindung	normal	ja/nein
	eingeschränkt	☐
Lippen	normal (weich, rosa und feucht)	ja/nein
	trocken oder gesprungen	☐
	offene Stellen, Geschwüre	☐
	Fieberblasen	ja/nein
Zunge	normal (rosa, feucht, intakt)	ja/nein
	entzündet	☐
	weißlich belegt	☐
	Furchen	☐
	Ulzerationen (offene Stellen)	☐
	Blutungen	ja/nein
Schleimhaut Mundhöhle	normal (rosa, feucht, intakt)	ja/nein
	belegt	☐
	entzündet	☐
	Ulzerationen (offene Stellen)	☐
	Blutungen	ja/nein
Speichel	normaler Speichelfluß	ja/nein
	übermäßiger Speichelfluß	☐
	Speichel dick oder zäh (Faden bildend)	☐
	Speichel eingeschränkt bis fehlend	☐
Zahnfleisch (Gingiva)	normal (rosa, fest)	ja/nein
	geschwollen, mit oder ohne Rötung	☐
	Blutungen	ja/nein
Zähne	normal (sauber, keine Rückstände)	☐
	Plaques oder Rückstände: stellenweise	☐
	Plaques oder Rückstände: ganzer Zahnapparat	☐

Beurteilung: Bei „Nein"-Antworten die Gradeinteilung beachten:

(0 = normal) / 1 = leicht / 2 = ziemlich stark / 3 = stark / 4 = sehr stark.
Gradeinteilung der Ulzerationen (Geschwüre) (nach McNally, 1986):

A = vereinzelte, kleine, offene Stellen
B = ineinanderfließende, offene Stellen, mehr als 25% der Schleimhaut bedeckend
C = ineinanderfließende, offene Stellen, mehr als 50% der Schleimhaut bedeckend

---

mationen, die Beherrschung der korrekten Reinigungstechnik und das Wissen um die mögliche Gefährdung sowie die Empfehlung von Alkohol- und Nikotinabstinenz sind für den Patienten wichtige Instrumente zur Verhütung oder Verminderung einer Stomatitis.

Bei einer Intensiv-Chemotherapie mit hohem Stomatitisrisiko wird in der Regel als Zusatz zur peinlich genauen Mundpflege die Spülung mit einem keimreduzierenden Mittel empfohlen. Chlorhexidin 0,12% wurde in einer Doppelblindstudie an 49 Intensivchemotherapie-Patienten als erfolgreich in der Senkung von Mundschleimhautentzündungen und Pilzinfektionen bestätigt. Ein systematisches Vorgehen in Prophylaxe und Pflege, unter Berücksichtigung des Stomatitisrisikos, ist in der Tab. 6.**6** dargestellt.

Die Auffassungen bezüglich Behandlung einer Stomatitis sind sehr geteilt. Entscheidend dürfte dabei die Häufigkeit, Gründlichkeit und Regelmäßigkeit einer Maßnahme sein. Das generelle Ziel ist die Reinhaltung der Mundhöhle und das Vermeiden lokaler Irritation. Als erfolgreich werden die regelmäßige Anwendung, 2–4 stündlich, von Chlorhexidin 0,12% (bakterizid, fungizid, löst Zahnplaques auf), Natriumbikarbonat (alkalinisierend, löst dickflüssigen Schleim), isotonische Kochsalzlösung oder Wasser beschrieben. Massive Mundtrockenheit (Xerostomie) nach Chemo- oder Radiotherapie verlangt nach regelmäßiger, häufiger Anwendung von künstlichem Speichel, da die Trockenheit unangenehm ist (sprechen, essen) und das Risiko von Infektionen und Zahnschäden erhöht. Bei Pilzbefall werden systemisch Anti-Pilz-Medikamente verordnet, und/oder es wird nach der Mundreinigung mit einem lokalen Fungistatikum gespült. Bei Grad-III- und -IV-Stomatitis ist eine 2 stündliche Spülung, bei zähem Schleim mit Natriumbikarbonat, lindernd; u. U. werden lokale Antibiotikaspülungen verordnet. Abgeraten wird vom Gebrauch von Lemon-Glyzerin-Stäbchen (Dekalzifizierung der Zähne, schafft saures Milieu) und den meisten sich im Handel befindenden Mundpflegemitteln. Schädlich sind Substanzen, die schmerzen, brennen,

Tabelle 6.**6** Übersicht: Prophylaxe und Pflege von Mundhöhlenentzündungen bei Zytostatikatherapie

1. **Bei Zytostatikatherapie mit kaum zu erwartender Stomatitis** (s. Nebenwirkungen Anhang Zytostatika)
   Prophylaxe:
   - Information über Notwendigkeit einer guten Mund- und Zahnhygiene
2. **Risikopatient** (Chemotherapie mit zu erwartender, leichter Schleimhauttoxizität, Radiotherapie im Kopf-Hals-Bereich, zusätzlich intrathekale Chemotherapie)
   Prophylaxe:
   - Information über Notwendigkeit einer guten Mund-/Zahnhygiene nach jeder Mahlzeit und vor dem Schlafengehen
   - zusätzlich nach jeder Zahnreinigung spülen mit milden Substanzen, z. B. mit Kamille, Beginn bei Chemotherapie, ca. 10–20 Tage
   - keine Verwendung von schleimhautschädigenden Substanzen mit alkoholischer Basis, Nikotinabstinenz
3. **Hochrisikopatient** (Hochdosis-Chemotherapie mit zu erwartender, schwerer Schleimhauttoxizität, Granulopenie, kombinierte Chemo-/Radiotherapie im Kopf-/Hals-Bereich)
   Prophylaxe:
   - wie 2., jedoch spülen mit Chlorhexidin 0,12%, nach jeder Mahl- und Zwischenmahlzeit und vor dem Schlafen, bei Therapiebeginn, ca. 20 Tage
   - Infektprophylaxe mit Virostatika, Fungistatika, Antibiotika nach Verordnung
   - evtl. schleimhautschützende Mittel, z. B. Cytotec
4. **Grad-I-Stomatitis**
   Therapie:
   - wie 2. und 3.
   - zusätzlich weiche, milde Nahrung, Oberflächenanästhetikum flüssig, oral nach Bedarf
   - Mundhygiene intensiv weiterführen mit weicher Zahnbürste und Spülungen mit Chlorhexidin 0,12%
5. **Grad II-, III-, IV-Stomatitis**
   Therapie:
   - wie 3. und 4.
   - weiterhin Spülungen mit Chlorhexidin, jedoch 2stündlich oder häufiger
     (Ausweichmöglichkeit: Betadine buccal, hat die gleiche antibakterielle und leicht fungizide Wirkung, keine Alkoholbasis)
   - evtl. Fungistatika, Virostatika, Antibiotika
   - zusätzlich oral flüssige Oberflächenanästhetika, Schmerzmittel, evtl. in die Infusion (z. B. Morphin)
   - parenterale Ernährung (Vitamine, Nährstoffe) bei Ernährungsdefizit
   - Zuwendung, Unterstützung

gerben, Zucker enthalten oder färben (letzteres wegen Einschränkung der Beurteilungsmöglichkeit und wegen der Entstellung des Patienten, z. B. durch Gentianaviolett). Es gibt keine wissenschaftliche Grundlage für die Verwendung anderer Substanzen.

Linderung verschafft die lokale Anwendung von flüssigen Anästhetika. Unter Umständen ist jedoch auch der Einsatz von parenteralen Schmerzmitteln, manchmal gar Morphininfusionen, nötig um die äußerst unangenehme Zeit mit schmerzhafter Stomatitis gut zu überstehen. Auch die parenterale Ernährung mit den nötigen Nährstoffen und Vitaminen ist dann indiziert.

Bei sterbenden Tumorpatienten bleiben die Grundsätze der Mundpflege die gleichen, die Schwerpunkte sind jedoch ganz nach der Befindlichkeit des Patienten zu richten, und die strikten Maßnahmen sind unter Umständen nicht sinnvoll. Die häufige Spülung mit Wasser wird oft als wohltuend empfunden. Für die Reinigung der (eigenen) Zähne ist so lange wie möglich die Zahnbürste das hilfreichste Mittel, wenn dies nicht mehr möglich ist, eignen sich Mundpflegestäbchen (keine Metallklemmen verwenden). In der letzten Lebensphase tritt häufig eine störende Mundtrockenheit auf, die durch häufiges Trinken, Luftbefeuchtung, künstlichen Speichel, Lutschen von milden, weichen Bonbons gelindert werden kann.

Unterstützung bei zytostatisch induzierter Übelkeit/Erbrechen (Nausea und Emesis)

Übelkeit und Erbrechen sind häufig im Zusammenhang mit zytostatischen Therapien. Die Verhütung dieser unangenehmen Nebenwirkungen wurde in den letzten Jahren zunehmend erfolgreicher. Die vorbeugenden Unterstützungsmaßnahmen sind zu einem standardisierten Bestandteil der Chemotherapie geworden. Die erzielten Fortschritte beinhalten Erkenntnisse über verschiedene Formen der Nausea und der Emesis, die Dokumentation/Messung, die Identifikation wirksamer Antiemetika, die Entwicklung von wirksamen Dosierungen und Schemata dieser Substanzen und die Anwendung geeigneter Forschungsmethodik.

Ursache und Mechanismen bei Zytostatika-induzierter Nausea/Emesis

Meistens sind Nausea/Emesis bei Patienten mit Zytostatika durch die Therapie verursacht. Grundsätzlich sind aber immer auch andere Ursachen, wie die Tumorkrankheit selber (Obstruktion, Leber-/Hirnmetastasen, Hyperkalzämie), in Betracht zu ziehen, insbesondere dann, wenn die antiemetische Standardtherapie nicht erfolgreich ist.

Man nimmt an, daß Nausea/Emesis (N/E) im Brechzentrum (laterale, retikuläre Formation) des vierten Hirnventrikels kontrolliert wird. Es wird durch die afferenten Impulse stimuliert und koordiniert die emetische Antwort. Die Impulse kommen aus folgenden Bereichen:

- Chemorezeptor-Triggerzone (4. Ventrikel), stimuliert durch Substanzen im Blut oder in der zerebrospinalen Flüssigkeit,
- Gastrointestinaltrakt, durch sympathische und vagale Einflüsse, Freisetzung von Neurotransmittern (vermutlich entscheidende Rolle von 5-HT3 Antagonisten),
- höhere Hirnzentren, durch Transmission psychologischer Stimuli,
- Vestibulärapparat (wahrscheinlich hier weniger bedeutsam).

Populationen, die ein erhöhtes Risiko für Nausea/Emesis aufweisen:
- Frauen,
- junge Patienten,
- bereits erlebte, Zytostatika-induzierte N/E,
- früheres Schwangerschaftserbrechen, Reisekrankheit,
- andere emetogene Medikationen, begleitende pathologische Befunde.

Einflüsse, die den Grad der Nausea/Emesis wesentlich bestimmen:
- Typ des Zytostatikums oder Kombination,
- Dosierung, Verabreichungsdauer, Verabreichungsart,
- persönliche Erfahrung.

Formen der Nausea/Emesis

Die Mechanismen der Entstehung von Nausea/Emesis nach Zytostatikaverabreichung sind noch nicht vollständig geklärt. Grundsätzlich sind drei Typen von Chemotherapie-induzierter N/E beschrieben.

Akute Nausea Emesis (N/E)

Bei den meisten emetogenen (brechreizauslösenden) Zytostatika beginnt die N/E *1 bis 3 Stunden nach dem Start der ersten Chemotherapie.* Eine Ausnahme bilden Cyclophosphamid oder Carboplatin, bei denen N/E in der Regel erst 9–18 Stunden später einsetzen. Dies unterscheidet sich von der später eintretenden N/E, die noch Tage nach der Therapie anhalten kann.

Bei der akuten N/E müssen zwei Prinzipien beachtet werden:

1. der Grad an potentieller N/E durch ein bestimmtes Medikament, damit die Antiemetikatherapie entsprechend gestaltet werden kann;
2. bei einer Kombinationschemotherapie muß diesbezügliche jedes einzelne Medikament beurteilt werden.

Das sorgfältige Einsetzen von antiemetischen Therapien bei spezifischen Zytostatikakombinationen ist für die erfolgreiche Behandlung nötig. Die Tab. 6.**7** stellt die gebräuchlichsten Zytostatika mit ihrer emetischen Aktivität und auch die Assoziation mit dem zeitlichen Eintreffen der verzögerten N/E dar.

Tabelle 6.**7** Emesisgrad von Zytostatika

Emesisgrad		Zytostatikum (Generic)	Markenname (Beispiele)	Abkürzung
0	in der Regel fehlend	Bleomycin	Bleomycin	BLEO
		Busulfan	Myleran	BUS
		Chlorambucil	Leukeran	CLB
		2 Chlorodeoxyadenosin		2-CDA
		Hydroxyurea	Litalir	HU
		Melphalan p. o.	Alkeran	L-PAM
		6-Mercaptopurin	Puri-Nethol	6-MP
		Navelbin	Vinorelbin	
		6-Thioguanin	Lanvis	6-TG
		Tomudex	Tomudex	
		Vinblastin	Velbe	VLB
		Vincristin	Oncovin	VCR
		Vindesin	Eldisine	DVA
I	gering	Cyclophosphamid** (< 500 mg)	Endoxan	CYT
		Docetaxel	Taxotere	
		Etoposid	Vepesid	VP-16
		5-Fluoruracil	Fluoruracil	5-FU
		Gemcitabin	Gemzar	GEM
		Paclitaxel	Taxol	TAXOL

Fortsetzung ▶

Tabelle 6.7 Emesisgrad von Zytostatika (Fortsetzung)

Emesisgrad	Zytostatikum (Generic)	Markenname (Beispiele)	Abkürzung
II mäßig	Cyclophosphamid** (≥ 500 mg – 1 g)	Endoxan	CYT
	Cytarabin	Alexan, Cytosar	Ara-C
	Daunorubicin	Cerubidin	DNR
	Doxorubicin	Adriblastin	ADM
	Epirubicin	Farmorubicin	EPI
	Ifosfamid** (< 2 g)	Holoxan	IFO
	Melphalan i. v.	Alkeran	L-PAM
	Methotrexat (Amethopterin)	Methotrexate	MTX
	Mitomycin-C	Mitomycin	MMC
	Mithramycin	Mithracin	
	Mitoxantron	Novantrone	NOV
	Procarbacin	Natulan	PRO
	Topotecan	Hycamtin	
III stark	Actinomycin-D/Dactinomycin	Cosmegen	Act-D
	Carboplatin**	Paraplatin	Carbo
	Carmustin	BiCNU	BCNU
	Cisplatin/Platin**	Platinol	DDP
	Cyclophosphamid** (> 1 g)	Endoxan	CYT
	Dacarbazin	DTIC Dome	DTIC
	Ifosfamid** (> 2 g)	Holoxan	IFO
	Lomustin	CiNU	CCNU
	Mechlorethamin	Mustargen	HN2

** = typisch verzögerte, später eintretende Nausea/Emesis, 3–5 Tage andauernd

Verzögerte Nausea/Emesis (N/E)

Während die Patienten am häufigsten an akuter N/E leiden, kommt es vor, daß diese Nebenwirkungen erst in den Tagen nach der Chemotherapie einsetzen. Erst nach der Einführung wirksamer Antiemetikatherapien hat man erkannt, daß die verzögerte N/E, *24 Stunden oder später nach der Chemotherapie* auftretend, eine andere Form der N/E darstellt. Sie kann 3–7 Tage dauern, und obwohl die verspätete N/E, auch „delayed emesis" genannt, in der Regel weniger akut und schwer ist, wird sie doch als sehr belastend empfunden. Sie kann, bei wiederholten Chemotherapiezyklen, dazu beitragen, daß Patienten in den Zustand der Dehydratation und Unterernährung gelangen.

Antizipatorische Nausea/Emesis (N/E)

Diese Form der N/E tritt *vor Beginn der Chemotherapie* und typischerweise bei Patienten auf, bei denen bei vorgängiger Therapie nur eine ungenügende Kontrolle der N/E erzielt werden konnte. Da es sich um eine konditionierte Reaktion handelt, kann das Erbrechen oder die Übelkeit bereits beim Anblick des Spitals, beim Einatmen der Spitalluft, dem Anblick der Infusion, deren Farbe, Geruch und ähnlichem auftreten. Je größer die Wahrscheinlichkeit der Emesis und je schlechter die Kontrolle der Zytostatika-induzierten N/E, desto größer ist die Wahrscheinlichkeit für die Entwicklung einer antizipatorischen N/E. Diese antizipatorische Reaktion zeigt auf, daß die Entwicklung von N/E sehr komplex ist und daß psychische und körperliche Mechanismen sehr verflochten sind.

Vorbereitende Maßnahmen vor der Chemotherapie

Der psychogene Einfluß auf den Verlauf einer N/E-Reaktion darf nicht unterschätzt werden. Deshalb ist es sehr wichtig, daß vor der ersten Therapie alle Möglichkeiten der Prophylaxe ausgeschöpft werden, mit dem Ziel, die Entwicklung einer antizipatorischen N/E zu verhüten. Die gute Aufklärung über die Krankheit selber scheint für die Krankheitsverarbeitung wichtig zu sein und dürfte auch die Verträglichkeit der Therapie beeinflussen. Die Motivation zur Therapie dürfte sich ebenfalls positiv auswirken. Oftmals hilft es dem Kranken, wenn er sich die Therapie als Freund im Kampf gegen seine Krankheit vorzustellen versucht. Dies bedingt das Reden mit ihm über die Behandlung, die manchmal eher als „schädliches Gift“ empfunden wird, nicht zuletzt auch durch die Betreuer:

- Die Betreuer müssen den zu erwartenden Grad der N/E einer Chemotherapie kennen (s. Tab. 6.**7**). Viele Zytostatika verursachen keine oder wenig N/E. Oftmals können den Patienten diesbezügliche Ängste genommen werden, da bei Laien und Medizinalpersonal manchmal die Meinung vorherrscht, daß jede Chemotherapie N/E auslöse.
- Erwarteter Emesisgrad und die -dauer (akut, verzögert) bestimmen die Art/Intensität, Dauer der N/E-Prophylaxe; die Auswahl und Dosierung wird auf die einzelnen Zytostatika zugeschnitten (hohe Dosen mit Emesisgrad-II-Mitteln können hochemetogen sein).
- Das Risikoprofil des individuellen Patienten muß eingeschätzt werden (z. B. antizipatorische N/E, negative Erfahrungen mit Chemotherapien).

Kantonsspital St. Gallen/Medizinische Klinik C
Erfassung und Dokumentation von Übelkeit und Erbrechen

Patientenkleber

(gemäß Anleitung unten die Zeichen einfügen; wenn möglich durch Patienten selber ausfüllen lassen)

Datum					
Uhrzeit					
Übelkeit (nach Legende) Wann? Wie lange?					
Erbrechen (nach Legende) Wann? Wievielmal?					
Andere Nebenwirkungen Was/Wann? Wie lange?					
Übelkeit/Erbrechen vor der Therapie	ja ( ) nein ( )				
Übelkeit/Erbrechen 24 h nach der Therapie	ja ( ) nein ( )				

Dokumentation durch Patient ( )

Dokumentation durch Pflegepersonal ( )

Visum Pflegeperson ....

Legende: Übelkeit (laufend dokumentieren)
keine Übelkeit = 0
leichte Übelkeit = + (keine Beeinträchtigung der Aktivitäten)
mäßige Übelkeit = ++ (Beeinträchtigung der Aktivitäten)
schwere Übelkeit = +++ (Übelkeit, Zwang zur Bettruhe)

Erbrechen: I = eine Brechepisode
(Erbrechen oder Würgen innerhalb 5 Min.)

- Die Verordnung der N/E-Prophylaxe ist schriftlich festgelegt, inklusive Reservemedikationen, zusammen mit der Zytostatikaverordnung.
- Es erfolgt eine verständliche Patienteninformation, die N/E als mögliche, nicht aber unabdingbare Nebenwirkung darstellt, mit der Versicherung für bestmögliches Vorbeugen.
- Information des (ambulanten) Patienten über die mögliche Einschränkung der Fahrtauglichkeit.
- Gute Information und Anleitung an die Pflegenden für die korrekte Durchführung der antiemetischen Behandlung, zeitliche Planung der Durchführung der N/E-Prophylaxe und Chemotherapie.
- N/E-Dokumentation durch Patienten, evtl. Pflegepersonal vorbereiten (für weitere Therapien unabdingbar). Ein Beispiel eines Nausea/Emesis-Dokumentationsformulars ist in der Abb. 6.**4** dargestellt.

Beispiel eines Stufenschemas zur Durchführung der antiemetischen Therapie

Vorgehen bei nicht zu erwartender N/E (Grad 0)

- Sachrichtige Information (Patienten erwarten oft N/E),
- keine Antiemetika, jedoch für außerordentliche Reaktionen vorbeugend eine *Reservemedikation* mitgeben: z. B. Metoclopramid: Kps. 20 mg 12 stdl. oder 3mal 1 Supp. für 2–3 Tage;
  Alternative (gleiche Zeitfolge wie oben): Thietylperazine 6,5 mg, Tbl./Supp., Domperidon 20 mg Tbl./Supp.

Vorgehen bei Zytostatika mit Emesisgrad I (gering) oder N/E bei Versagen Grad-0-Behandlung

- Reservemedikation prophylaktisch einsetzen (s. oben), besonders zu Beginn einer Chemotherapie.

Vorgehen bei Zytostatika mit Emesisgrad II (mäßig) oder N/E bei Versagen Grad-I-Behandlung

- *Metoclopramid:* 20–40 mg p. o. 12 stdl., 2–3 Tage lang, 1. Dosis 2 Std. vor der Chemotherapie, 2. Dosis ca. 4 Std. nachher;
  bei ambulanten Pat.: 1. Dosis 2 Std. vor der Therapie, evtl. i. v. (20 mg) anschließend 12 stdl.;
- *Reservemedikation:* Metoclopramid als Supp. 20 mg, im Spital 25–50 mg als Kurzinfusion i. v.

◀ Abb. 6.**4** Erfassung und Dokumentation von Übelkeit und Erbrechen (Kantonsspital St. Gallen).

- *Weitere Möglichkeit der Antiemetikabehandlungen bei Emesisgrad II:*
  - Dexamethason: 4 mg p. o. alle 12 Std., 1–2 Tage lang, 1. Dosis 2 Std. vor Therapie, evtl. direkt vorher i. v.,
  - **bei N/E-Risikopatienten** wird Dexamethason primär mit Metoclopramid kombiniert (höhere Wirksamkeit bewiesen),
  - Ondansetron: 4–8 mg p. o. alle 12 Std., 1–2 Tage lang, 1. Dosis 2 Std. vor Therapie, evtl. direkt vorher als Kurzinfusion i. v.,
  - Tropisetron: 5 mg i. v. oder p. o., alle 12–24 Std., 1–2 Tage lang, 1. Dosis vor Therapie als Kurzinfusion i. v.

Vorgehen bei Zytostatika mit Emesisgrad III (stark) oder N/E bei Versagen Grad-II-Behandlung

- *5 HT3-Antagonisten:* z. B. Ondansetron 8 mg i. v. oder p. o. alle 12 Std., 1–3 Tage lang,
  mind. 1. Dosis i. v., vor Therapiebeginn, z. B. Tropisetron 5 mg i. v. oder p. o., vor Therapiebeginn, alle 12–24 Std., 1–3 Tage lang, mind. 1. Dosis i. v.

5 HT3-Antagonisten sind Metoclopramid überlegen und verursachen weniger Nebenwirkungen (keine extrapyramidalen Symptome, bekannt sind Kopfschmerzen, Verstopfung, leicht behandelbar).

- *Weitere Möglichkeit der Antiemetikabehandlung bei Emesisgrad III*(weniger teuer, mehr Nebenwirkungen):
  - Metoclopramid: 1–1,5 mg/kg Körpergewicht als Kurzinfusion i. v. 30 Min. vor und 90 Minuten nach der Therapie plus
  - Dexamethason: 8 mg i. v. 30 Min. vor und 90 Min. nach Therapie plus
  - Lorazepam: 1 mg p. o. bei Therapiebeginn, 12–24 stdl. wiederholen.

Vorgehen bei zu erwartender, verzögerter N/E (delayed emesis)

- *Nachfolgetag der Therapie:*
  - Metoclopramid, 40 mg p. o. (= 2 Kps. oder 2 Supp.) alle 12 Std., 3–5 Tage lang, bei Bedarf zusätzlich
  - Dexamethason, 4 mg p. o. alle 12 Std., 1–3 Tage lang.

Die beste Wirkung wurde mit der Kombination dieser beiden Substanzen erreicht (vor allem nach Platintherapie). 5 HT3-Antagonisten scheinen in der Behandlung der verzögerten N/E nach Platin weniger wirksam zu sein als Metoclopramid und Dexamethason.

Reservemedikationen für N/E-Durchbrüche unter Antiemetikatherapie

- Metoclopramid, 20 mg Tbl. p. o. (nicht in Retard-Form, langsamer Effekt) oder als Supp. à 20 mg rektal
  oder als Kurzinfusion, 25–50 mg i. v.
  oder als Dauerinfusion, 50–100 mg i. v. über 24 Std.,

- Ondansetron, 8 mg i. v. oder Tropisetron 5 mg i. v.,
- Haloperidol, 1,25 – 2,5 mg langsam i. v.,
- Thiethylperazin 6,5 – 13 mg als Kurzinfusion i. v.

Vorgehen bei antizipatorischer N/E

- Gute Antiemetikatherapie vor dem Start der ersten Chemotherapie,
- Sedation vor der Therapie, z. B. mit Lorazepam 1 mg p. o. am Vorabend (retrograde Amnesie),
- psychologische Begleitung (Entspannung, Verhaltenstherapie),
- organisatorische Hilfen (keine langen Wartezeiten, gut vorbereitete Therapie, die rasches Durchführen ermöglicht, Warten im Freien),
- individuelle Bewältigung.

Nebenwirkungen der antiemetischen Therapie

- Metoclopramid löst, insbesondere bei jungen Patienten, gelegentlich extrapyramidale Symptome (Muskelkrämpfe) aus. Maßnahmen: Biperidin (Akineton), 2,5 – 5 mg langsam i. v. oder prophylaktisch p. o.
- Lorazepam macht Patienten schläfrig. Bei intravenösen Zytostatikatherapien muß die Injektionsstelle durch die Betreuer gut beobachtet werden, da der Patient dazu manchmal nicht in der Lage ist (Paravasatrisiko).
- Die Autofahrtauglichkeit kann reduziert sein.
- Patienten benötigen eine gute Information bezüglich Notwendigkeit der Antiemetikatherapie, evtl. auch noch in den Folgetagen zu Hause.

Pflegediagnosen und Pflegeinterventionen zur Verhütung von und Unterstützung bei Nausea und Emesis

Pflegediagnose

Angst vor Nausea und Emesis.

Pflegeinterventionen

1. Auf Ängste hören und dem Patienten Gelegenheit geben, seine Gefühle zu äußern,
2. emotionale Unterstützung (Anteilnahme, Verständnis, Ermutigung),
3. lange Wartezeiten vermeiden,
4. darauf achten, daß nicht gleichzeitig ein anderer Patient mit Brechreiz im Behandlungsraum ist,
5. Verabreichung angstreduzierender Medikationen auf Verordnung (z. B. Lorazepam am Vorabend),

6 Entspannungsmaßnahmen während der Therapie, individuell, z. B. Musik hören,
7 Sorge für frische Luft und Sauberkeit im Behandlungsraum,
8 Ausstattung des Behandlungsraums mit beruhigenden Bildern,
9 Ausstrahlung von Ruhe und Sicherheit durch die Onkologieschwester,
10 Bereithalten von Brechschale und Papiertüchern (eher versteckt bereithalten).

Pflegediagnose

Metallischer Geschmack im Mund während der Chemotherapie.

Pflegeintervention

1 Bonbons nach eigener Wahl lutschen, um den Geschmack abzulenken.

Pflegediagnose

Unwohlsein durch Erbrechen bei der Chemotherapie.

Pflegeinterventionen

1 Schutz vor „Zuschauern" und Mitpatienten,
2 sofern Nausea/Emesis auftritt, den Patienten versichern, daß andere Behandlungsmaßnahmen möglich sind (Verhütung der Antizipation),
3 verordnete Reservemedikation verabreichen,
4 Helfen beim Mundspülen nach dem Erbrechen, lüften,
5 Dokumentation der N/E.

Pflegediagnose

Flüssigkeits- und Ernährungsdefizit durch mehrmaliges Erbrechen.

Pflegeinterventionen

1 Sorge für ein antiemetisches Anschlußprogramm zur Behandlung nach der Therapie (evtl. rektale Medikamente in Reserve), Instruktion des Patienten über Selbsthilfemaßnahmen.
2 Anleitung zum Trinken von kühlen, kalorienhaltigen Flüssigkeiten (mindestens 1 Liter) in kleinen Mengen, z. B. Coca Cola, Schweppes, nach Wunsch.
3 Patienten darin bestätigen, daß er sich melden soll, wenn das Erbrechen anhalten sollte (Flüssigkeitsdefizit!).

4 Information des Patienten über leichte Mahlzeiten bei Aversion gegen das Essen, z. B. Toast, Bouillon, Hüttenkäse, Joghurt, Cornflakes und ähnliches.

5 Instruktion zur Einnahme oraler Zytostatika nach den Mahlzeiten (bei vollem Magen).

6 Instruktion über Ernährung vor der nächsten Chemotherapie: eine spezielle, hilfreiche Diät zur besseren Verträglichkeit der Zytostatika ist nicht erwiesen. Leichte Kost nach Gutdünken. Das Nüchternbleiben hat sich nicht bewährt, Patienten beschreiben dies als nachteilig.

Pflegediagnose

Möglicher Verlust an Kontinuität und Information bis zur nächsten Therapie.

Pflegeinterventionen

1 Dokumentation des Befindens, speziell evtl. Nausea und Emesis auf einem extra Verlaufsblatt. Bei gutem Wohlbefinden Instruktion des Patienten zur Dokumentation.

2 Dokumentation der antiemetischen Therapiemaßnahmen.

Verhütung des Haarausfalls (Alopezie)

Ursache des Haarausfalls

Die Haarwurzelzellen werden wegen ihrer raschen Zellteilung von bestimmten Medikamenten (z. B. Adriamycin) intensiv betroffen; das kann von leichter Lichtung bis zur totalen Alopezie führen. Vielen Patienten macht diese Nebenwirkung am meisten zu schaffen. Das Fehlen der Haarpracht und vor allem die kahle Kopfhaut, welche ein krankmachendes Aussehen verleiht, sind psychisch außerordentlich traumatisch. Vor jeder Therapie, die möglicherweise zu einer Alopezie führen könnte, muß der Patient gut informiert werden. Nebst der Information muß er aber auch der Hilfe versichert werden in bezug auf Verhütung des Haarverlusts oder auf einen akzeptablen Haarersatz. Die Zusicherung, daß der Haarausfall *nie definitiv* ist, bedarf der wiederholten Information.

Heute kann bei ca. 50 % der Patienten mit einer epirubicin- oder adriamycinhaltigen Chemotherapie der Haarausfall verhütet werden mittels der Kopfhautunterkühlung, auch *Skalphypothermie* genannt. Die Indikation zu dieser Maßnahme wird vom Arzt und dem erfahrenen Pflegepersonal gestellt.

Kopfhautunterkühlung mittels Kühlhaube

Die Unterkühlung der Kopfhaut mittels einer speziellen Kältehaube bewirkt eine Vasokonstriktion der Skalpblutgefäße. Die dadurch erreichte Minderdurchblutung schützt die Haaransatzzellen vor der vorübergehenden „Anflutung“ (Spitzenkonzentration) der entsprechenden, i. v. verabreichten Zytostatika. Vor Beginn der Maßnahme muß der Patient gut informiert und motiviert werden. Die Angaben bezüglich Wirkungswahrscheinlichkeit müssen realistisch und Grund für die Entscheidung des Patienten für oder gegen die Maßnahme sein.

Technik

- Hochgesteckte Haare auflösen.
- Haare leicht anfeuchten (bessere Kälteleitung).
- Schutz der empfindlichen Kopfpartien (Stirn, Schläfe, Ohren, Nakken), z. B. mit Zellstoff.
- Mindestens 5 Minuten vor der (Epirubicin/Adriamycin-)Chemotherapie das bei -13 °C tiefgekühlte Chemocap aufsetzen und eng am Kopf befestigen (Abb. 6.**5**). Der Patient nimmt dabei mit Vorteil eine halbsitzende Stellung ein.

Abb. 6.**5** Kühlhaube, z. B. die „Spenco-Haube“ (Grauba, Basel).

- Nachdem die Kühlhaube mindestens 5 Minuten gewirkt hat, wird das Zytostatikum als Bolus oder als Kurzinfusion (maximal 10–15 Minuten) verabreicht (bei Hochdosis-Chemotherapie nicht möglich).
- Das Chemocap wird anschließend noch mindestens 30 Minuten belassen. Werden mehrere Zytostatika gleichzeitig verabreicht, muß dasjenige, welches am stärksten eine Alopezie verursacht, am Anfang injiziert werden.
- Nach der Prozedur soll der Patient die Möglichkeit haben, sich die Haare zu trocknen (nicht heiß) und zu kämmen.

Erfolgskriterien

Der Erfolg der Skalphypothermie ist stark abhängig von der genauen und perfekten Durchführung der Methode, aber auch von der Leberfunktion des Patienten und der Epirubicin-/Adriamycindosis. Gleichzeitig verabreichtes Cyclophosphamid vermindert den Erfolg ebenfalls. Nutzlos ist die Anwendung der Kopfhautunterkühlung bei haarverlustbewirkenden Medikamenten, die oral eingenommen werden, bei Zytostatika mit langer Halbwertszeit (z.B. Podophyllotoxine), oder bei gleichzeitig oder später folgender Kopfbestrahlung. Die Beschränkung auf sinnreiche Indikationen ist unumgänglich.

Der Haarausfall tritt 2–3 Wochen nach der ersten oder zweiten Chemotherapie mit Epirubicin/Adriamycin oft innerhalb weniger Tage ein. Nach einer Alopezie (teilweise oder total) wachsen die Haare immer wieder nach. In der Regel geschieht dies noch unter der Therapie, meist nach 6–8 Chemotherapiezyklen. Mehrmaliges Ausfallen der Haare wird dann beobachtet, wenn die Behandlungszyklen in unregelmäßigen Abständen durchgeführt werden müssen.

Die Anwendung der Skalphypothermie bei der Verabreichung von Paclitaxel (Taxol) wird derzeit untersucht. Die Anwendung dieser neueren Substanz, die eine totale Alopezie bewirkt, hat die Diskussion über die Skalphypothermie wieder in Gang gebracht. Auch neue Geräte zur Skalphypothermie, z.B. Hauben mit Kaltluft, werden derzeit geprüft.

Erleidet der Patient trotz Kopfhautunterkühlung eine Alopezie, ist der frühzeitige Gang zu einem Perückenspezialisten ratsam, damit eine Perücke noch angepaßt werden kann, bevor alle Haare ausgefallen sind. Die Kosten dafür übernimmt in der Schweiz die Invalidenversicherung, in Deutschland und Österreich die Krankenkasse. (Weiteres zum Thema Perücke s. Kap. 10, Rehabilitation.)

Schmerzbekämpfung bei Tumorpatienten

Definition

„Schmerz ist eine vom Patienten mitgeteilte, unangenehme Sensation und emotionale Erfahrung im Zusammenhang mit tatsächlichen oder potentiellen Gewebeschäden. Schmerz ist immer subjektiv. Jede Person erlebt die Bedeutung von Schmerz durch Erfahrung in der früheren Kindheit. Schmerz ist assoziiert mit einem oder mehreren Teilen unseres Körpers, aber er verursacht zusätzlich auch eine allgemeine Störung des Wohlbefindens und stellt deshalb auch ein emotionales Erlebnis dar" (Definition der „Internationalen Gesellschaft zum Studium des Schmerzes", 1966).

Diese Definition ist besonders passend für Schmerzen, welche durch eine Krebskrankheit verursacht sind. Das Vorhandensein des Schmerzes stellt eine quälende Erinnerung an die Krankheit dar und kann die mögliche Realität des krankheitsbedingten Todes ständig präsent halten. Weil die Begriffe „Krebs – Schmerz – Tod" in der breiten Bevölkerung so eng miteinander verwoben sind, auch bei Ärzten und Pflegenden, ist eine hilfreiche, rationale Schmerzbekämpfung oft stark erschwert. Einerseits kann beobachtet werden, daß Krebspatienten unnötigerweise mit starken Schmerzmitteln behandelt werden (wahrscheinlich weil die Annahme vorherrscht, daß Krebs und Schmerz zusammengehören), andererseits erhalten Patienten manchmal aus unterschiedlichsten, irrationalen Gründen zuwenig Schmerzmittel.

Obwohl das Wissen um eine wirksame, differenzierte Schmerztherapie heute vorhanden ist, leiden nach Aussage vieler Studien immer noch zu viele Menschen an unnötigen Schmerzen. Es handelt sich also nicht um einen Mangel an Wissen, sondern darum, daß dieses Wissen nicht in Anspruch genommen und nicht in die Praxis umgesetzt wird. Für den Patienten bedeutet der ungenügend behandelte Schmerz eine Einbuße bezüglich der täglichen Aktivitäten, der Selbstpflegefähigkeiten, und der Schmerz beeinflußt Gefühle, Motivation, die Lebensqualität insgesamt und die Beziehung zu Angehörigen und Freunden.

Barrieren zu einer wirkungsvollen Schmerzbekämpfung

Diverse Gründe werden als Ursache ungenügender Schmerzbekämpfung genannt:

- Das Wissen über die Natur von krebsbedingten Schmerzen sowie über die Verfügbarkeit von Schmerzmitteln wird von Ärzten und Pflegenden in der Praxis ungenügend angewandt.

- Die Schmerzbekämpfung hat eine niedrige Priorität in der Medizin und Pflege, möglicherweise basierend auf Mangel an strukturierter Ausbildung bezüglich Schmerz und dessen Behandlung, aber auch basierend auf einem Mangel an Interesse an einer Medizin die „nur palliativ wirken, nicht aber heilen kann".
- Die ergänzende Zusammenarbeit zwischen verschiedenen Disziplinen, z. B. zwischen Onkologen und Anästhesisten, Psychologen und weiteren, ist nicht immer gegeben.
- Die ergänzende Zusammenarbeit zwischen Pflegenden und Ärzten, die ihre Beobachtungen wahrnehmen und austauschen, die ihre ergänzenden Rollen bei der Schmerzbekämpfung gegenseitig respektieren, ist erst in Entwicklung.
- Die Kommunikation zwischen Patient und Betreuer ist schlecht (Patienten äußern sich zuwenig, Betreuer vernachlässigen die regelmäßige Messung).
- In einigen Ländern erschweren rechtliche Gesetzgebungen mit bürokratischen Vorschriften die leichte und rasche Verfügbarkeit von Betäubungsmitteln.

Auch unbegründete Ängste der Betreuer beeinträchtigen die Qualität der Schmerzbekämpfung. Die Angst vor Nebenwirkungen, insbesondere vor Atemdepression, ist weitverbreitet unter Ärzten. Die Erfahrung zeigt, daß die Atemdepression selbst bei Patienten mit sehr hohen Dosen an Morphin ein seltenes Problem darstellt, wenn die Dosen fachkundig angepaßt, der allgemeine Zustand des Patienten und weitere gleichzeitige Medikationen berücksichtigt werden. Die Angst, der Patient könnte sich mit Morphin umbringen oder es könnte in die Drogenszene gelangen (bei Selbstmedikation), ist ebenfalls unbegründet. Studien aus England haben gezeigt, daß unbedeutende Mengen an Narkotika über das Gesundheitssystem in die Szene gelangen. Die Angst vor Abhängigkeit ist sowohl bei den Betreuern als auch bei Patienten vorhanden. Fachleute sagen jedoch, daß der Schmerz selber ein „Antagonist" zur Abhängigkeit darstelle, und die Erfahrung zeigt, daß Abhängigkeit bei Tumorpatienten mit chronischen Schmerzen praktisch nie zu einem Problem wird.

Das frühere Verständnis von hierarchischer Pflege und Medizin trug oft einen Kern von Macht in sich, was die gute Schmerzbekämpfung erschwerte. Das Betteln um eine Dosis Schmerzmittel war Teil des Ausgeliefertseins an diese Macht. Der Patient war abhängig vom Wohlwollen seiner Betreuer und davon, ob sie ihm wirklich glaubten, daß er Schmerzen hatte. Das Verabreichen von Plazebos ist eine unrühmliche Erinnerung an diese Vergangenheit. Solche Maßnahmen waren oft nicht aus bösem Willen durchgeführt worden, sondern entsprangen teilweise einem unbewußten Wunsch des Arztes oder des Pflegepersonals, die Kontrolle in einer desolaten Situation nicht vollständig zu verlieren.

Diese Erfahrungen zeigen, daß erfolgreiche Pflege die Reflexion der eigenen emotionalen Reaktionen wahrnehmen und reflektieren muß. Macht ist nicht immer so offensichtlich und ist besonders in der Schmerzbekämpfung gefährlich. Ein modernes Verständnis von professioneller Pflege beinhaltet eine partnerschaftliche Beziehung zum Patienten. Die Schmerzdefinition „Schmerz ist, was immer der Patient sagt, was es sei und wann immer er ihn erleide" (Mc Cafferey 1985), ist eine Definition, die zu einer partnerschaftlichen Beziehung paßt. Es bedeutet, daß die Meinung und Aussage des Patienten ernst genommen wird und daß ein Dialog darüber entsteht.

Aber auch die Patienten selber haben manchmal Mühe, eine wirkungsvolle Schmerzbehandlung zu akzeptieren. Auch sie haben Angst, speziell vor der regelmäßigen Einnahme von Morphin. Sie befürchten nicht nur Abhängigkeit, sondern auch, daß sie davon immer mehr benötigen würden und daß eines Tages alle Möglichkeiten erschöpft wären. Die Idee, daß nur Schwerstkranke und Sterbende Morphin zu sich nehmen würden, mag sie zurückhalten, denn sie möchten sich unter Umständen nicht mit dieser Gruppe von Patienten identifizieren. Morphin ist in breiten Kreisen der Bevölkerung mit mythischen, beängstigenden Vorstellungen verbunden.

Häufigkeit von Schmerzen bei Tumorpatienten

20–30% der Tumorpatienten leiden in der ersten Zeit ihrer Krankheit, 60–70% der Patienten im fortgeschrittenen Stadium an starken Schmerzen. Die Art der Tumorkrankheit ist dabei ausschlaggebend. Eine Studie zeigt bezüglich Schmerzhäufigkeit folgende Reihenfolge auf: Am häufigsten sind Tumoren der Lungen mit Schmerz verbunden, gefolgt von Tumoren des Darmes, der Brust, von Zervix/Uterus, Magen, Prostata, Lymphomen, Leukämien.

Ursprung der Schmerzen. Er liegt bei der Mehrheit von Krebspatienten in der Tumorinfiltration in Weichteilgewebe, Knochen oder Nervenbahnen oder in deren Kompression:

- 70–80% durch direkte Beteiligung des Tumors (z. B. Invasion, Obstruktion),
- 10–20% im Zusammenhang mit der Tumortherapie (z. B. Mucositis),
- 10% im Zusammenhang mit der Krebskrankheit (z. B. paralytischer Ileus),
- 10% andere Ursachen als der Tumor (z. B. degenerative Veränderung).

Die Abklärung der Schmerzen erfordert folgende Schritte:

- klinisches Staging (Diagnostik zum Ausschluß der Tumorprogression),
- Plausibilitätskontrolle (Ist damit das Schmerzsyndrom geklärt?), viele Tumorpatienten haben mehr als eine Schmerzursache,
- Schmerzdiagnostik (Wo ist der genaue Ursprung des Schmerzes?),
- Schmerzerfassung/Dokumentation (Ort, Intensität, Art des Schmerzes?),
- „Umfassende Strategie": Ist der Schmerz das Hauptsymptom/-problem? In welcher psychischen und sozialen Verfassung befindet sich der Patient?

Die Schmerzerfassung und Dokumentation umfaßt:

- die Erhebung der onkologischen Krankengeschichte durch den Arzt, die Erhebung der Pflegeanamnese durch die Pflegenden,
- Schmerzanamnese und Erfahrungen mit Schmerzen und frühere Behandlungen (soziokultureller Hintergrund),
- Diagnose der genauen Schmerzursache,
- die regelmäßige Schmerzdokumentation zur Verlaufskontrolle, in Ruhe und Bewegung, auf einer Meßskala möglichst durch den Patienten selber.

Zur Schmerzdokumentation werden heute verschiedene Instrumente gebraucht. Dabei handelt es sich meist um eine Quantifizierung dessen, was der Patient als seinen Schmerz bezeichnet, d.h., es ist in der Regel eine Selbsterfassung mittels sog. Visual-Analog-Skalen (kurz VAS genannt). Diese Quantifizierung ist eine wichtige Grundlage der Behandlung. Sie darf jedoch das Sprechen über den Schmerz und die umfassende Sicht des Schmerzes nicht ersetzen. Erst das Wahrnehmen der Befunde in diesen Skalen und deren kontinuierliche Verwendung bei der Schmerzbehandlung machen sie wirklich sinnreich. Mit der Führung dieser Skalen wird dem Patienten ein Instrument in die Hand gegeben, mit dem er selber eine gewisse Kontrolle in der Schmerzbehandlung übernehmen kann, was eine günstige Voraussetzung für deren Wirkung darstellen kann. Manchmal ist es nötig, daß die Pflegenden den Patienten beim Ausfüllen der Skala unterstützen, ihm helfen, seine Beurteilung auf das Papier zu bringen. Sie bildet dann die Grundlage für die weiteren Maßnahmen im Team „Patient – Pflegende – Arzt". Ein Beispiel einer solchen Schmerzmeßskala ist in der Abb. 6.**6** dargestellt. Es ist zu beachten, daß die Skala den Schmerz bei Bewegung und in Ruhe separat erfaßt. Dies ist wichtig bezüglich dem individuellen Ziel der Schmerzbekämpfung: Kann Schmerzfreiheit erwartet werden bei der Mobilisation, oder ist die Schmerzfreiheit in Ruhe das realistische Ziel?

KANTONSSPITAL ST. GALLEN
Medizinische Klinik C
Abteilung für Onkologie

(Patientenkleber)

SCHMERZVERLAUFS-
KONTROLLBLATT Nr.

Hauptschmerzort:

Datum:

keine Schmerzen: — unerträgliche Schmerzen:

0700:
1200:
1700:
Nacht:

o = in Ruhe
x = in Bewegung

Datum:
0700:
1200:
1700:
Nacht:

Datum:
0700:
1200:
1700:
Nacht:

Datum:
0700:
1200:
1700:
Nacht:

Datum:
0700:
1200:
1700:
Nacht:

Datum:
0700:
1200:
1700:
Nacht:

Datum:
0700:
1200:
1700:
Nacht:

keine Schmerzen: — unerträgliche Schmerzen:

Bitte Schmerzintensität als Kreis (o) bzw. Kreuz (x) auf den Linien eintragen. Danke.

Abb. 6.**6** Schmerzverlaufskontrollblatt (Kantonsspital St. Gallen).

Multimodale Schmerztherapie bei Tumorpatienten. Die oft komplexe Schmerzbekämpfung bei Tumorpatienten ist meist multidisziplinär. Eine Zusammenfassung heutiger Methoden ist in der Tab. 6.**8** dargestellt.

Medikamentöse Schmerztherapie bei Tumorpatienten. Am häufigsten können Schmerzen, die durch den Tumor verursacht sind, mit medikamentösen Maßnahmen behoben werden. Die Weltgesundheitsorganisation (WHO, 1992) teilt die Schmerzmedikamente (Analgetika) in eine 3-Stufen-Leiter ein. Sie gibt ein systematisches Vorgehen in der Intensitätssteigerung vor:

- Nicht-Opioide +/– Zusatzmedikation (Adjuvans),
- schwache Opioide +/– Nicht-Opioide, Zusatzmedikation
- starke Opioide +/– Nicht-Opioide, Zusatzmedikation.

Ein solches Stufenschema ist in der Tab. 6.**9** praktisch umgesetzt dargestellt. Oft sind einfache Schmerzmittel in genügender Dosierung wirksam. Wenn diese nicht genügend wirksam sind, erfolgt der Wechsel zur nächsten Stufe. Häufig werden zusätzlichen Medikation (Adjuvans) dazu verordnet.

Akute Schmerzzustände. Sie bedürfen der Behandlung mit rasch wirkenden Mitteln, Medikamente mit Langzeitwirkung sind dann nicht die Methode der Wahl. Dies gilt auch für durchbrechende Schmerzen unter der Therapie: die Reservemedikation muß ein rasch wirksames Medikament sein (z.B. Morphintropfen, nicht aber Langzeit-Morphinpräparate).

Chronische Tumorschmerzen. Diese erfordern eine Schmerzprophylaxe. Wenn ein schmerzauslösendes Tumorleiden nicht kausal beeinflußt werden kann, ist eine chronische Schmerzbehandlung unumgänglich. Dies erfordert eine regelmäßige Schmerzbehandlung, die das Ziel hat, ein Wiederauftreten des Schmerzes zu verhindern: die Schmerzprophylaxe. Diese beinhaltet die Applikation eines Mittels in regelmäßiger, zeitlich definierter Folge (entsprechend der Wirkungsdauer), in einer für den Patienten nebenwirkungsfreien Dosis, unter regelmäßiger Messung der Wirkung. Die Dosierung wird solange gesteigert, bis die individuell angestrebte Schmerzfreiheit erreicht ist.

Tabelle 6.8 Methoden der Schmerzbekämpfung

– **kausal**	– Chemo-, Radio-/Hormontherapie der Tumorkrankheit
– **symptomatisch/ lokoregional**	– Chirurgie/Orthopädie (Behebung der Obstruktion, Fixation der Läsion), – Anästhesie: Nervenblock, -lyse, epidurale, intraspinale Opiate, nur bei lokalisierten Schmerzen – Radiotherapie: Osteolysen, Leberkapselschmerz
– **systemisch/analgetische Pharmakotherapie**	– Nicht-Opioide (nichtsteroidale antiinflammatorische Mittel, kurz NSAID genannt), z. B. Diclophenac – Opioide (Morphin-Sulfat), slow release Morphin (MST-continus), Buprenorphin, Methadon – analgetische Zusatzmedikationen (Adjuvantien): Kortikosteroide, Antidepressiva, Neuroleptika, Muskelrelaxantien, Antikonvulsiva
– **Körperpflege**	– bedürfnisgerechte, schmerzarme Lagerung und Umlagerung – Lockerung, Entspannung durch Bewegung, Massage – warme Wickel, Eisauflagen – Physiotherapie, Bewegung im Wasser – physiotherapeutisch unterstützte, schmerzarme Mobilisation – Ruhigstellung, Schutz eines Körperteils durch Schlingen, Schienen usw. – dem Zustand angepaßte, wohltuende Körperhygiene – Unterstützung der Körperfunktionen (Darm, Blase)
– **psychosoziale Unterstützung**	– Information, psychologische Begleitung, Seelsorge, Musiktherapie u. a.

Tabelle 6.**9** Stufenschema zur medikamentösen Schmerztherapie bei Tumorpatienten (Onkologiezentrum, Kantonsspital St. Gallen)

Stufe	**Medikamente**	**Wirkungsdauer (Std.)**	**Dosis pro 24 Std.**
1 **mäßig**	– Paracetamol	4	4–6 × 0,5–1,0 g
	– Ibuprofen	3–4	4–6 × 400–600 mg
	– Diclofenac (evtl. + Adjuvantien)	4–8	2–3 × 100 mg
2 **stark**	– Tramadol	4–8	4–6 × 50–100 mg
	– Codein (evtl. + Stufe 1 + Adjuvantien)	2–3	4–6 × 20–100 mg
	– Tilidin-N (evtl. + Stufe 1 + Adjuvantien)	2–4	4–8 × 50–100 mg
3 **schwer**	– Morphin-Sulfat (Tropfen, Suppositorien)	2–4	4–8 × 10–30 mg
	– Morphin-Retard (MST-Continus R)	12	2–3 × 20–80 mg
	– Buprenorphin	> 30	2–3 × 0,2–0,4 mg
	– Fentany TTS (transdermal)	48–72	25–100 µg/Std

Adjuvantien = Zusatzmedikationen mit Neuroleptika (Levomepromazin, Haloperidol) bzw. Antidepressiva (Clomipramin, Maprotilin) und/oder Kortikosteroide nach Bedarf

Chronische Schmerzen: Pflegediagnosen und Pflegeinterventionen bei der medikamentösen Schmerztherapie

Pflegediagnose

Verlust an Lebensqualität durch chronische Schmerzen.

Pflegeinterventionen

1. Reduktion von Unklarheit und Ungewißheit durch Vertiefung der Information des Patienten über die Schmerzursache.
2. Information des Patienten über die sog. Schmerzprophylaxe: Begründung, Ziel, Wirkungserwartung.
3. Anleitung zu und Sorge für eine regelmäßige Einnahme der Medikamente, entsprechend ihrer Wirkungsdauer (Schmerzdurchbruch verhindern); Verwendung eines Zeitplans.
4. Anwendung von langzeitwirksamen Medikamenten, die das repetierte Auftreten des Schmerzes verhindern und eine ein- oder zweimalige Einnahme pro Tag erlauben.
5. Anstreben von Schmerzfreiheit bei Bewußtsein und soviel Mobilität wie möglich. Dies wird durch das Finden der geeigneten Dosierung und Art des Mittels möglich und erfordert unter Umständen den Zusatz anderer Schmerzmaßnahmen (z. B. peridurale Analgesie).
6. Dokumentation der regulären und zusätzlich benötigten Schmerzmitteldosen. Errechnung der Zusatzdosen in 24 Stunden und Adaptation dieses Bedarfs an die Grunddosierung.
7. Dokumentation des Schmerzverlaufs. Anwendung eines patientenfreundlichen Schmerzerfassungssystems zur Kontrolle des Therapieerfolgs.
8. Engagement für die interdisziplinäre Zusammenarbeit zwischen Pflegenden, Onkologen, Anästhesisten, Radioonkologen, Neurologen, Psychologen, Seelsorgern und Angehörigen, besonders bei schweren Schmerzproblemen.

Pflegediagnose

Verlust an Unabhängigkeit durch den Schmerz und dessen Behandlung.

Pflegeinterventionen

1. Der Einnahme von oralen Medikamenten oberste Priorität geben, damit die Einnahme selbständig erfolgen kann. Solange das Schlucken und die Resorption im Gastrointestinaltrakt gewährt sind, besteht kein Grund zur parenteralen Verabreichung.
2. Vermeidung des Einsatzes von technischen Schmerzbekämpfungsmaßnahmen (Katheter, Pumpen), die den Patienten an ein Zentrum binden, wenn andere Maßnahmen möglich sind.
3. Dem Patienten die Schmerzmittel zur Selbstmedikation in Reichweite geben (soweit er dazu in der Lage ist). Damit ist die nächste Dosis für ihn gesichert, was seine Schmerzschwelle durch die Reduktion der Angst heben kann.
4. Instruktion des Patienten zur Dokumentation des Schmerzes auf einer Schmerzerfassungsskala, soweit der Zustand dies zuläßt. Unterstützung des Patienten bei der Schmerzdokumentation soweit nötig.
5. Auswertung der Schmerzmessungen (täglich) mit dem Patienten und dem Arzt. Aushandlung einer möglichen Dosisanpassung.

Pflegediagnose

Leiden durch Nebenwirkungen der Schmerztherapie.

Pflegeinterventionen

1. Vorsichtiges Eintitrieren (langsames Steigern) der Mittel, vor allem der Opiate, zur Verhinderung von Verwirrtheit, Übelkeit/Erbrechen.
2. Eine Opiattherapie bedingt ein gleichzeitiges Einsetzen von Antiemetika über ca. eine Woche zur Verhütung von Übelkeit und Erbrechen. Die Übelkeit verschwindet meist nach ca. 7 Tagen unter Opiattherapie.
3. Die Regulation der Darmfunktion ist erforderlich, solange eine Opiattherapie erforderlich ist (es gibt keine Toleranzentwicklung). Es empfiehlt sich die regelmäßige Anwendung eines Kontaktlaxans (z. B. Importal). Quellmittel sind hier nicht geeignet. Das Unterlassen der Darmregulation kann zu hartnäckigem Stuhlverhalten führen, was wiederum unangenehme, schmerzhafte Interventionen erfordern kann.
4. Die Beachtung einer guten Mundpflege fördert das Wohlbefinden und verhindert zusätzliche Komplikationen: Opiate und psychoaktive Substanzen können zur Mundtrockenheit führen. Die Anwendung von künstlichem Speichel kann indiziert sein.

5 Anpassung der Ernährung an die individuellen Bedürfnisse; genügend Flüssigkeit, gewünschte Speisen zur Unterstützung des möglicherweise eingeschränkten Appetits.

6 Das Kennen der Organfunktionen bestimmt die Wahl und Dosierung der Mittel und verhütet so eine Toxizität der Schmerzmedikation (der Arzt berücksichtigt: vorhandene Niereninsuffizienz, Dehydratation, andere Medikationen).

Pflegediagnose

Senkung der Schmerzschwelle durch die schwierige Krankheitssituation.

Pflegeinterventionen

1 Angebot an psychologischer Begleitung/Unterstützung nutzen. Seelsorge, Musiktherapie und ähnliche Unterstützungsformen zur Verarbeitung der Situation vorschlagen.

2 Interesse/Anteilnahme an der persönlichen Geschichte des Patienten zeigen: zuhören, reden lassen, verstehen.

3 Unterstützung durch gute Information und Instruktion über den Krankheitsprozeß und die Schmerzbehandlung.

Möglichkeiten der parenteralen, pharmakologischen Schmerzbehandlung

Wenn die orale Schmerzbehandlung nicht möglich ist (Schluck-, Resorptionsprobleme), wird zuerst nach einer Methode gesucht, die den Patienten nicht von Betreuern abhängig macht. Alternativen sind:

- Rektale Verabreichung von Suppositorien, z. B. Morphin Supp.,
- transdermale Medikamente, z. B. Fentanyl TTS,
- subkutane Infusionen mit Morphin,
- Medikamente via Schmerzpumpe, in der Regel subkutan, oft auch kombiniert mit Antiemetika,
- bei schon vorhandenem, implantiertem Venenkatheter auch intravenös via Pumpe oder Infusion (je nach Möglichkeit der Pflege).

Die Umstellung der oralen Behandlung auf eine subkutane oder intravenöse, erfordert die Anpassung der Dosierung. Die Dosierung intravenöser Opiate entspricht ca. 50% der oralen Dosis. Dabei ist auch darauf zu achten, daß die Spitzenkonzentration im Plasma bei Injektionen anfallsweise viel höher ist (was mehr Toxizität bedeuten kann) und daß die Wirkung kürzer ist als bei oralen Medikamenten.

Heute wird bei Unmöglichkeit oder Nichterfolg einer oralen Therapie häufig die kontinuierliche, subkutane Verabreichung mit Hilfe einer kleinen, tragbaren Medikamentenpumpe angewendet (bei bereits vorhandenem Dauerkatheter auch intravenös). Die subkutane Verabreichung kann via Butterflynadel erfolgen, vorzugsweise am vorderen Thorax, unter dem Schlüsselbein, so daß die Bewegungsfreiheit gewährleistet ist. Diese Pumpen ermöglichen bei Bedarf meistens auch die Verabreichung eines Extrabolus (Extradosis). Wenn der Patient diese Therapie selber kontrolliert, wird von der patientenkontrollierten Analgesie gesprochen (PCA). Diese Pumpen können längerfristig gemietet werden und sind auch für die Heimpflege geeignet.

Rückenmarksnahe (spinale) Verabreichung von Schmerzmitteln: epidurale und intrathekale Schmerzkatheter

Die spinale Verabreichung von Medikamenten (meist Opiate oder Lokalanästhetika) entspricht der Verabreichung nahe dem Rückenmark, das kann epidural (innerhalb des Epiduralraums) oder intrathekal (innerhalb der Dura mater, im Spinalkanal) sein. Die Opiate verteilen sich in der zerebrospinalen Flüssigkeit und penetrieren in das Rückenmark. Sie gelangen so nahe an die Opiatrezeptoren und wirken sehr schnell.

Epidurale und intrathekale Katheter werden vorwiegend bei Patienten mit fortgeschrittener Tumorkrankheit eingelegt. Sie sind bei gut lokalisierten Schmerzen wirksam. Der epidurale oder intrathekale Katheter wird subkutan an eine vom Patienten einsehbare Stelle verlegt, anfänglich mit Zugang von außen. Wenn sich die Methode als wirksam erweist, wird unter Umständen eine Kammer (Port) angeschlossen und das ganze System subkutan versorgt. Häufig wird dann auch eine Schmerzpumpe zur kontinuierlichen Abgabe des Medikamentes angeschlossen. Die Vorteile dieser Schmerzbekämpfung sind:

- relativ niedriger Opiatbedarf,
- wenig Sedierung und Nebenwirkungen,
- verbesserte Lebensqualität,
- keine neurologischen Ausfälle, keine Dauerschädigung.

Die Pflege bei Patienten mit solchen Kathetern ist relativ einfach. Oft erlernen die Patienten oder ihre Angehörigen das Injizieren selber. Das aseptische Vorgehen ist dabei sehr wichtig, um eine Infektion zu vermeiden.

Ernährung des Tumorpatienten

Ursache der Ernährungsstörungen

Eine gute Ernährung ist für die Gesundheit nötig und bei kranken Menschen besonders wichtig. 25–50% aller Tumorpatienten haben schon vor der Behandlung einen deutlich reduzierten Ernährungszustand. Die Ursachen können tumor-, patienten- und therapiebedingt sein. So behindern fortgeschrittene Tumoren der Atem- und Verdauungsorgane durch infiltratives, stenosierendes und verdrängendes Wachstum die Passage und machen sie im Extremfall unmöglich. Bösartige Tumoren tragen oft auch durch erhöhte Stoffwechsellage und einen erhöhten Energieverbrauch zur sog. Tumorkachexie bei. Die Patienten leiden häufig unter einer (pathophysiologisch noch nicht geklärten) Anorexie, für die auch ausgeprägte Veränderungen der Geschmacks- und Geruchsempfindung eine wesentliche Rolle spielen dürften. Trotz dieses schlechten prätherapeutischen Ernährungszustandes ist bei vielen Patienten eine aggressive multimodale Tumortherapie notwendig. Sie verschlechtert ihrerseits den Ernährungszustand weiter. Mangelernährung ist, andererseits, eine schlechte Voraussetzung für eine erfolgreiche Therapie.

Beispielhaft seien hier nur ausgedehnte Operationen, wie z. B. die Entfernung des Magens und der Speiseröhre, erwähnt. Oder die Strahlentherapie beeinträchtigt den Magen-Darm-Trakt direkt. Z. B. liegt bei Kopf-Hals-Tumoren notwendigerweise ein Teil der Schluckstraße im Bestrahlungsfeld. Die dadurch ausgelöste Mukositis, der Geschmacksverlust, die Mundtrockenheit und eine Zahnkaries erschweren die Nahrungsaufnahme. Die Chemotherapie kann durch allgemeine Nebenwirkungen wie Appetitlosigkeit, Übelkeit, Erbrechen und Entzündung der Mundschleimhaut zu einer Beeinträchtigung der Nahrungsaufnahme bzw. zu Resorptionsstörungen führen.

Stufenkonzept unterstützender Ernährung

Es liegt deshalb auf der Hand, daß neben anderen supportiven Maßnahmen eine Ernährungstherapie notwendig ist. Sie erfolgt nach einem **Stufenkonzept:**

1. **Diätetische Beratung** (u. U. zusätzliche kommerzielle Formuladiäten = Zusatznahrung) bei geplanter aggressiver Therapie oder wenn zu befürchten ist, daß der Patient Gewicht verliert bzw. vielleicht sogar schon verloren hat.
2. **Enterale Sondenernährung** mit Nasogastralsonde, perkutaner endoskopischer Gastrostomie (PEG) oder Feinnadel-Katheter-Jejunostomie: erforderlich bei Patienten mit Tumoren im oberen Aerodige-

stivtrakt, die einer aggressiven multimodalen Therapie, z. B. Radio-Chemo-Therapie, oder einer interstitiellen Strahlenbehandlung unterzogen werden. Auch bei starker, länger anhaltender Stomatitis oder Mangelernährung unter Chemotherapie ist eine PEG zu erwägen. Sie wird empfohlen, wenn der Patient bereits 10% seines normalen Körpergewichts verloren hat.

3 **Parenterale Ernährung** über einen zentralvenösen Zugang oder voll implantierbare venöse Dauerkatheter. Indikationen dazu sind: Stenosen im oberen Gastrointestinaltrakt oder Resorptionsstörungen des Dünndarms etc.

Erforderliche Zusammensetzung der Nahrung

Es ist hier festzustellen, daß es keine wissenschaftlich belegte krebsverhütende oder krebsbekämpfende Diät gibt. Viele Tumorkranke erhoffen sich von einer der vielen durch Heilpraktiker und Gesundheitsblätter angepriesenen „Krebsdiäten" eine wundersame Besserung oder eine Verminderung des Tumorwachstums ohne Nebenwirkungen. Auf diese Probleme wird in Kapitel 11 („Unbewiesene Krebsbehandlungsmethoden") näher hingewiesen. Viele dieser Diäten erlauben dem oft ohnehin oft mangelernährten Patienten nur eine sehr einseitige Zufuhr von Nährstoffen und sind somit für den Kranken eher eine Bedrohung als eine Unterstützung. Durch die teils extreme Unausgewogenheit in der Ernährung wird die ohnehin schon geschwächte Abwehrkraft gegen den Tumor und gegen komplizierende Infekte noch mehr beeinträchtigt.

In der Ernährung von Tumorkranken ist vielmehr auf eine Ausgewogenheit der Nährstoffe zu achten: 50–60% Kohlenhydrate, 30–35% Eiweiß, 10–20% Fett. Je nach Körpergröße braucht der Patient 2200–3000 kcal pro Tag. Auch der Bedarf an Vitaminen und Spurenelementen muß gedeckt sein.

Diätetische Beratung

Viele Patienten leiden in der Therapiephase unter Appetitverlust. Neben der Verabreichung antiemetischer Medikamente vor den Mahlzeiten (z. B. in Form von Tropfen oder Zäpfchen) muß dem Patienten erklärt werden, daß die Ernährung ein wichtiger Teil der Therapie ist.

Vorschläge zur vermehrten Nahrungseinnahme

- Klare Planung der Essenszeiten; häufige, kleine Mahlzeiten; Anbieten von nahrhaften Zwischenmahlzeiten (z. B. Eiweißcocktails wie Quark/Früchte-Getränke usw.);
- Zusatz von Rahm in Desserts, Suppen oder andere Gerichte;
- Zusatz von Butter zu Toast, Brot usw.;
- Zusätze zum Frühstück, z. B. ein Ei, Cornflakes usw.;
- Ausrechnen des minimalen Kalorien- und Flüssigkeitsbedarfs und dessen Berücksichtigung (s. unten).

Möglichkeit zu Wunschkost, gepflegte Tischatmosphäre, langsames Essen und Ruhezeiten nach dem Essen können hilfreich sein. Die Verabreichung von zusätzlichen Vitaminen (vor allem B-Komplex, C, D) in Form von Multivitaminpräparaten zur Verhütung von Mangelerscheinungen im Bereich der Schleimhäute ist zu empfehlen. Patienten mit Inappetenz oder Aversion gegen Spitalnahrung profitieren von Vorschlägen sowie illustrierten Speisekarten und der Beratung durch die Diätassistentin.

Ernährungsprobleme bei Schluckstörungen

Ulzerationen der Mundschleimhaut (häufig bei Agranulozytose und als Nebenwirkung einzelner Zytostatika wie z. B. Methotrexat), Mundtrokkenheit, Defekte des Gebisses, Schluckstörungen, fehlende Geschmacksempfindung können die Nahrungsmitteleinnahme beträchtlich hemmen. Im Vordergrund steht die Behandlung der Störung, z. B. Stomatitispflege (s. Kap. 6), Schlucktraining usw. Jeder Patient braucht dabei eine individuelle Beratung. In der Regel soll die Nahrung weich, breiig (evtl. flüssig) und säurearm sein.

Die Ernährung bettlägeriger Patienten bietet oft besondere Probleme (erschwerter Schluckakt im Liegen) und erfordert nicht nur viel Geschick, sondern vor allem Geduld. Aufrechte Lagerung des Kranken zum Essen, die Verabreichung kleiner Portionen und aufmunterndes Zureden von seiten des Pflegepersonals, evtl. unterstützt von den Angehörigen, sind oft hilfreich. Auf keinen Fall darf der Patient durch seine Helfer in einen unerfüllbaren Leistungszwang gebracht werden.

Enterale Sondentherapie

Die enterale Nahrungsaufnahme hat gegenüber einer parenteralen mehrere Vorteile: Die Nährstoffzufuhr erfolgt auf physiologischem Wege, durch Anregung der Magen-Darm-Motorik werden Streßulzera vermieden, Komplikationen, wie z. B. Kathetersepsis, sind selten, die Behandlung ist leicht erlernbar und kann in fast allen Fällen ambulant durchgeführt werden.

Perkutane, endoskopisch kontrollierte Gastrostomie (PEG)

Einlage-Technik

Die PEG wird während einer Ösophagogastroskopie gelegt. Nach Einführen des Instrumentes in den Magen wird der Patient in Rückenlage gebracht. Der Magen wird durch Luftinsufflation aufgedehnt und die geeignete Punktionsstelle mittels Diaphanoskopie festgelegt. Nach lokaler Betäubung der Bauchdecke sticht man eine Plastikkanüle in den Magen und führt einen Führungsdraht über diese Plastikkanüle in den Magen, der mittels einer endoskopischen Zange gefaßt und zusammen mit dem Gerät aus dem Magen herausgezogen wird. Der Führungsdraht geht damit vom Mund über den Magen zur äußeren Bauchhaut. Die PEG-Sonde wird am oralen Ende des Führungsdrahtes befestigt und dann durch Ziehen am anderen abdominellen Ende in den Magen eingeführt und durch die Bauchdecke herausgezogen. Eine innere Plastikscheibe hält die Sonde im Magen, eine zweite auf der Bauchhaut fest. Das abdominelle Ende der Sonde kann entweder im Magen oder im Duodenum plaziert werden.

Handhabung

Nach Anlage einer PEG wird der Patient für 1–2 Tage stationär überwacht, um mögliche Komplikationen, wie z. B. eine Bauchfellentzündung, sofort behandeln zu können. Je nach Allgemeinzustand des Patienten kann bereits am Tag der Anlage bzw. am darauffolgenden Tag stufenweise mit der Ernährung begonnen werden. Am ersten Tag wird dabei zumeist nur Tee, in den folgenden Tagen eine kommerziell käufliche Formuladiät appliziert (Abb. 6.7). Über eine Nährstoffpumpe kann der Patient dann die Geschwindigkeit der Nahrungszufuhr individuell regeln. Die käuflichen Formuladiäten haben einen Energiegehalt von 1–1,5 kcal/ml (4–6 kJ/ml). Der Energiegehalt setzt sich zusammen aus 15–20% Eiweiß, 30–35% Fetten und 45–55% Kohlenhydraten. Bei ausschließlicher Ernährung mittels käuflicher Formuladiäten sollte der Patient in regelmäßigen Abständen klinisch überwacht werden, um Mangelzustände bei Spurenelementen wie Zinn und Kupfer vorzubeugen. Die PEG selbst muß nach jeder Nahrungsaufnahme gespült und mindestens 2–3 mal wöchentlich verbunden werden. Als Spülflüssigkeit eignet sich gekochtes Wasser. Obstsäfte und Früchtetees sind verboten! Medikamente dürfen nicht mit der Nahrung vermischt werden (Ausflokkung, Verstopfungsgefahr!). Auftretende Komplikationen wie Durchfall oder Verstopfung lassen sich meist durch eine Änderung der Geschwindigkeit der Nährstoffzufuhr vermeiden. Ein besonderer Vorteil der PEG liegt darin, daß die Sonde von außen nicht sichtbar ist.

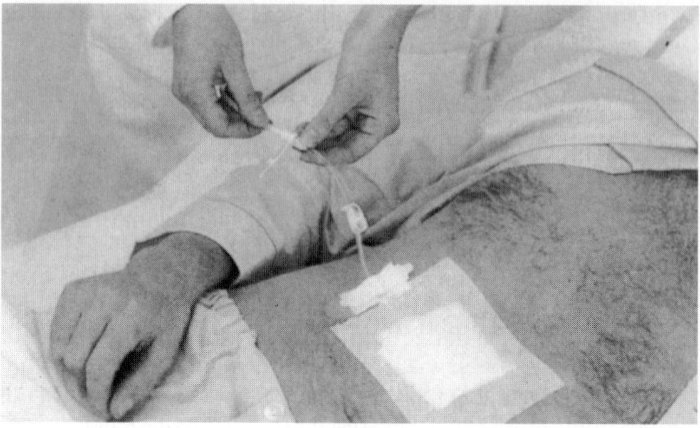

Abb. 6.7 Nahrungsaufnahme via perkutane, endoskopische Gastrostomie (PEG) (mit freundlicher Genehmigung der Firma Fresenius).

Technik der Feinnadelkatheter-Jejunostomie

Bei der Feinnadelkatheter-Jejunostomie am offenen Abdomen wird die Sonde über eine 8 cm lange Hohlnadel, die unterhalb des linken Rippenbogens von außen nach innen eingestochen wird, in den Bauchraum eingeführt. Durch eine zweite 12 cm lange Splitkanüle wird eine Dünndarmschlinge antimesenterial subserös über eine Strecke von mindestens 10 cm getunnelt. Die Sonde wird über diese Nadel jetzt ca. 15 cm in den Darm eingeführt und durch Nähte gesichert.

Voll implantierbare venöse Dauerkatheter

Für die zentralvenöse Ernährung stehen heute fertige Eiweiß/Kohlenhydrat/Fett-Lösungen zur Verfügung. Dazu werden Hickmankatheter, heute häufiger Port A cath's, auch doppellumige, verwendet.

Besondere Ernährungsprobleme und Stoffwechselkomplikationen

Hier wird in der Regel individuell vorgegangen. Patienten mit ausgedehnten Lebermetastasen oder Tumorkompression der Gallenwege haben meistens den Wunsch, fettarm zu essen. Die Nahrung sollte auch nicht zu eiweißreich sein. Tumorkranke mit Hyperkalzämie (s. auch Kap. 21) erhalten kalziumarme Diät (keine Milchprodukte, viel kalziumarme Flüssigkeit). Bei (osteolytischen) Knochenmetastasen und Übergewicht wird eine gewichtsreduzierende Kost empfohlen (Entlastung des Skeletts), die jedoch möglichst eiweißreich sein soll (Verhinderung einer zusätzlichen Osteoporose). Ein Diabetes mellitus bedarf auch bei Tumorpatienten entsprechender Diättherapie.

Entspannende Maßnahmen

Durch ein Krebsleiden kommen viele Spannungen in das Leben eines Menschen. Es sind Spannungen, die primär psychischer Natur sind und mit der Bedrohung des Lebens durch eine potentiell tödliche Krankheit zusammenhängen sowie mit der Krankheitsbewältigung. Andererseits stellen Krankheitsfolgen wie Schmerz und Therapiefolgen, z. B. Übelkeit, Haarverlust etc., eine Quelle von Streß dar. Im Rahmen einer ganzheitlichen Gesundheitsauffassung haben wir uns nicht nur mit Krankheit und Therapie sowie deren Folgen, sondern auch mit der individuellen Reaktionsweise und dem Streßausmaß des Kranken auseinanderzusetzen. Da es in diesem Unterkapitel nicht das Ziel sein kann, die diversen Entspannungstechniken im Detail zu beschreiben, werden hier nur einige Formen „entspannender Aspekte" in der Krankenpflege erwähnt.

Partnerschaftliche Beziehung zwischen dem Patienten und den Pflegepersonen und Ärzten

Es gibt für den Krebskranken wohl kaum etwas Belastenderes als der Mangel an Vertrauen und das Gefühl des Nichtverstanden- und Nichtangenommenwerdens. Betreuer, die sich mit dem Mythos Krebs auseinandergesetzt und die daraus resultierenden Barrieren überwunden haben, werden leichteren Zugang finden. Gut ausgebildetes Pflegepersonal, das durch Weiterbildung und Erfahrung Ruhe und Sicherheit ausstrahlt, kann den Kranken das Gefühl von Geborgenheit und Vertrauen vermitteln. Diese Aspekte wirken sich im Pflegealltag sehr stark aus und haben auf den Patienten und seine Familie eine sehr entspannende Wirkung. Weiteres über die Rolle der Krankenschwester und des Krankenpflegers bei der Pflege von Tumorkranken s. Kap. 7.

Information und Wahrhaftigkeit

Patienten äußern häufig, daß die spannungsgeladenste Zeit während ihrer Krankheitsphase die des „Noch-nicht-Wissens" war, sei dies vor Bestätigung der histologischen Diagnose, vor dem Entscheid einer Therapiewahl etc. Ungewißheit und Unwissen tragen eine große Spannung mit sich. Um vor unnötiger, schwerwiegender emotionaler Belastung zu schonen, müssen Krankenschwestern/-pfleger und Ärzte ehrlich darum bemüht sein, dem Patienten eine ihm angepaßte, Hoffnung nicht zerstörende Informationspolitik zu betreiben. Dies gilt einerseits für die Mitteilung der Diagnose, andererseits aber auch für die alltäglichen Kleinigkeiten, bei denen sich rasch und gern Halbwahrheiten einschleichen. Weiteres zu diesem Punkt s. Kap. 8, „Wahrhaftigkeit am Krankenbett".

Entspannungstechniken

Alternierendes An- und Entspannen verschiedener Muskelgruppen. Dieses wird als Methode beschrieben, die eine Verminderung des negativen Effektes von Streß bewirkt. Zu deren Erlernung ist ein regelmäßiges Training nötig. Der Patient kann so fähig werden, die Verspannungen verschiedener Muskelgruppen zu kontrollieren. Er lernt, diese Muskelgruppen systematisch anzuspannen und zu entspannen. Diese Methode verhilft zur Wahrnehmung unterschiedlicher Spannungszustände und fördert das Köperbewußtsein.

Autogenes Training. Das ist eine altbekannte Methode, die zum Ziel hat, die „innere Harmonie" wiederherzustellen. Die Person stellt sich Wärme- und Schwereempfindungen vor, um so ein systematisches Inventar der verschiedenen Körperteile zu erstellen. Bestimmte Menschen können sich mit dieser Technik vollständig entspannen.

Massage. Sie ist ein wohltuender und beruhigender Teil der Krankenpflege, welcher leider aus Zeit- und/oder Ausbildungsgründen oft zu kurz kommt. Das Einreiben des Rückens, Nackens, eines Beines etc. bewirkt Lockerung und Entspannung und stellt gleichzeitig eine therapeutische Berührung dar. Zugewandte Hände haben lindernden Charakter. Gerade dann, wenn Menschen in großer Not und durch Aggression, Feindseligkeit oder Trauer blockiert sind, vermag die Berührung mit den Händen viele Worte zu ersetzen und trotzdem eine innere Beziehung herzustellen. Das in der Grundausbildung erworbene Können im Bereich der Massagen genügt oft für diese Zielsetzung. Pflegepersonal, das besonderen Wert auf diesen Aspekt legt, eignet sich mit Vorteil besondere Kenntnisse durch spezielle Kurse an. Da es jedoch Tatsache ist, daß die Pflegepersonen im allgemeinen wenig Zeit finden, um eigentliche Massagen durchzuführen, können sie versuchen, den Kranken bewußt anzufassen, wenn sie ihn sowieso berühren, sei dies bei der Körperpflege, beim Lagern, Mobilisieren usw. Kleine Massagen bei verspannten Muskelgruppen, Spannungskopfweh, Schmerzen etc. werden von den Patienten sehr geschätzt. Für eine klassische, therapeutische Massage, die ein fundiertes Wissen erfordert, wird in der Regel die Physiotherapeutin beigezogen.

Reflexzonenmassage. Sie ist in jüngster Zeit in Krankenpflegekreisen sehr aktuell geworden. Dabei werden, meist an der Fußsohle, bestimmte

Punkte lokalisiert, wo die entsprechenden Organe sich stimulieren lassen sollen. Dies geschieht mit einer präzisen Druckausübung mit genau definierter Krafteinwirkung. Diese Methode kann durchaus als entspannende Maßnahme eingesetzt werden und eine Form der Zuwendung darstellen. Sie soll jedoch in keinem Falle eine neue Technik der Krankenpflege darstellen, die eine Zuwendung von Angesicht zu Angesicht verdrängt.

Visualisierungsmethoden. Sie ermöglichen eine bildhafte Darstellung, z. B. der Krankheit, der Therapie etc. Es gibt verschiedene Formen dieser Methode. Die *planmäßige Visualisierung* entspricht z. B. der vielzitierten *Simonton-Methode*. Der Patient wird aufgefordert, sich seine Krankheit, seine weißen Blutkörperchen, seine Behandlung, die Vertreibung der zerstörerischen Zellen, die Verkleinerung der Geschwulst bildhaft vorzustellen. Der Patient hat bei dieser Methode die Chance, sich ein Bild der eigenen Krankheit zu machen und selber etwas beizutragen. Dies regt seine Kreativität und seine Eigeninitiative an. Erfolge dieser Methode in Zusammenhang mit „Krankheitsheilungen" wurden in der Literatur erwähnt, jedoch wissenschaftlich nie bestätigt. Bei der *offenen Visualisierung* ist die Person in einem Entspannungszustand und läßt Gedanken frei aufkommen. Bei der *geführten Visualisierung* leitet eine Person den Ablauf der bildhaften Vorstellung. Dies kann z. B. das Sich-Vorstellen einer schönen Erinnerung sein mit Einbezug von Farbe, Ton etc. vor dem Beginn einer gefürchteten Therapiemaßnahme. Solche entspannenden Bildvorstellungen können auch mittels Tonbandkassetten vermittelt werden.

Mal- und Musiktherapie. Sie sind moderne Therapieformen mit dem Ziel der nichtverbalen Kommunikationsförderung und der Entspannung.

Beruhigende Teesorten, Wickel, Auflagen etc. Diese sind eine wirkungsvolle Ergänzung in einer umfassenden Pflege. Gerade Patienten mit Chemo- und Radiotherapie haben oft Hemmungen, zur Beruhigung und Entspannung weitere chemische Mittel zu sich zu nehmen. Der Einsatz von beruhigendem Tee, Wickel oder Auflagen wird von den Patienten meistens geschätzt. So kann z. B. ein mit Honig gesüßter heißer Orangenblütentee, gebracht von der Pflegenden im Nachtdienst, die noch einige Worte mit dem Patienten spricht, sehr wohltuend und beruhigend wirken auf die Nacht. Zum Studium dieser Unterstützungsmaßnahmen wird auf die Spezialliteratur verwiesen.

Medikamentöse Behandlung von Unruhe und Angstzuständen. Sie ist heute oft die Therapie der Wahl. So ist z. B. die Bekämpfung von Nausea und Emesis bei zytostatikainduziertem Erbrechen heute mit Hilfe differenzierter Medikamente viel besser möglich geworden, insbesondere auch im Zusammenhang mit anderen entspannenden Maßnahmen. Krebspatienten mit lang andauernder, möglicherweise vorbestehender Depression profitieren oft von einer antidepressiven Behandlung mit Medikamenten.

Seelsorge. Sie trägt, neben der *psychologischen Betreuung,* einen wichtigen Teil zur Wiederherstellung des geistlichen und seelischen Gleichgewichtes bei. Seelsorge, die Gefühle und Worte aufkommen läßt, die behutsam durch verschiedene Phasen hindurch begleitet und den Trost des frohmachenden Evangeliums enthält, ist wohl zweifellos für die meisten Menschen Überlebenshilfe und Zukunftshoffnung. Seelsorge sowie auch, je nach Wunsch des Patienten, die psychologische Unterstützung sind im Rahmen einer umfassenden Betreuung sicher entspannend.

Literatur

Barton, M., M. Gail, et al: Cancer Chemotherapy: a Nursing Approach. Jones and Bartlett, 2 nd ed. Boston 1996

Beck, S., J. M. Yasko: Guidelines for Oral Care. Cary/III., Sage Products 1984

Bodey, G. P.: Current status of prophylaxis of infection with protected environments. The Amer. J. Med. 76 (1984) 678–684

Engleking, C.: Managing stomatitis: a nursing process approach, in supportive care for the patient with cancer. Richmond, Va: A H Robins Co, 1988

Ferreti, G. A., I. A. Hanse: Effect of chlorhexidine mouthrinse on mucosa in patients receiving intensive chemotherapy. J. dent. Res. 66 (1987) (special issue): 342

Glaus, A., H.-J. Senn, (Hrsg.): Unterstützende Pflege von Krebskranken. Springer, Heidelberg 1988

Grossman, S.: Pain control in patients with cancer. In: Klastersky, J., et al: Handbook of Supportive Care in Cancer. Marcel Dekker Inc., New York 1995

Higby, D. G.: Supportive Care in Cancer Therapy. Nijhof, Amsterdam 1985

International society for the study of pain: definition of pain. Pain 6 (1976) 249–259

Joss, R., J. Kiser: Fighting alopecia in cancer chemotherapy. In Senn, H. J., A. Glaus: Supportive care in cancer patients (Recent results in cancer research). Springer, Heidelberg 1988

Juchli, L.: Heilen durch Wiederentdeckung der Ganzheit. Kreuz Verlag, Stuttgart 1985

Klocke, M., N. de Stoutz: Symptomorientierte, onkologische Therapie. Springer Verlag, Heidelberg 1995

Mc Caffrey, M.: Nursing the patient in pain. Harper & Row, New York 1985

Mc Nally, J. C., J. Stair: Guidelines for Cancer Nursing Practice. Grune & Stratton, Orlando 1985

Meerwein, F.: Einführung in die Psycho-Onkologie. Hans Huber Verlag, 4. Aufl. Bern 1991

Pizzo, P., et al: Infections in the Cancer patient. In: De Vita V., S. Hellman, S. Rosenberg: Cancer, Principles and Practice in Oncology. Lippincott Company, Philadelphia 1993

Poletti, R.: Wege zur ganzheitlichen Krankenpflege. RECOM, Basel 1985

Schmoll, H. J., et al: Kompendium Internistische Onkologie, Teil 1. Springer Verlag, 2. Aufl. Berlin 1996

Schultz, I. H.: Das autogene Training, 9. Aufl. Thieme, Stuttgart 1991

Senn, H.-J.: Schmerzerfassung und -dokumentation bei Tumorkranken: Theorie oder Realität? Schweiz. Rundschau Med. Praxis 82 (1993) 244–250

Senn, H.-J., P. Drings, A. Glaus, W. F. Jungi, R. Sauer, P. Schlag: Checkliste Onkologie. Thieme 4. Aufl., Stuttgart 1997

Simonton, C.: Getting Well Again. Tharcher, Los Angeles 1987
Swarm, R., et al: Anaesthetic techniques for pain control. In: Doyle, D., G. Hanks, et al: Oxford textbook of palliative medicine. Oxford University Press Inc., New York 1993
Tonnato, M., et al: Management of nausea and vomiting. In: Klastersky, J., S. Schimpff, H. J. Senn: Handbook of supportive care in cancer. M. Decker Inc., New York 1995
WHO: Cancer pain relief and palliative care. Technical Report Series 804. Geneva 1992
Yasko, J. M.: Holistic management of nausea and vomiting caused by chemotherapy. Top. clin. Nursing (April) (1985) 26–29

7

Rolle des Pflegepersonals in der Pflege Tumorkranker

A. Glaus und R. Meier

7 Rolle des Pflegepersonals in der Pflege Tumorkranker

A. Glaus und R. Meier

Stellung der Onkologiepflege

Noch vor kurzer Zeit war die Pflege von Tumorpatienten eher unbeliebt. Nur wenige Krankenschwestern und -pfleger wollten sich langfristig dafür einsetzen oder sich gar in diesem Gebiet spezialisieren. Die meisten empfanden die Pflege als mühsam und entmutigend. Geprägt vom Erfolgsdenken der modernen Medizin, ist es für viele Betreuer schwer, sich mit der Tatsache abzufinden, daß für manche Patienten wenig oder keine Überlebenschancen bestehen und daß oft keine Therapie zur Heilung angeboten werden kann.

Heute zeichnet sich jedoch eine Wende dieser Einstellung ab. Die Pflege Tumorkranker hat Eingang gefunden in die Grundausbildung des Krankenpflegepersonals, und an verschiedenen Orten wird bereits eine Weiterbildung für diplomiertes Personal angeboten. Erfahrene Berufsleute in der onkologischen Krankenpflege sind sich ihrer wichtigen Aufgabe und Verantwortung bei der positiven Beeinflussung der Lebensqualität von Krebskranken bewußt geworden. Sie haben gelernt, sich vom medizinischen Erfolgsdenken unabhängig zu machen, ihr Wissen und ihre Erfahrung in der Pflege dieser Patienten zu vertiefen und sich dafür einzusetzen, ohne daß die zunehmend schwindende Hoffnung auf eine medizinische Heilung des Patienten zu schweren seelischen Belastungen führen muß.

Um miteinander Erfahrungen auszutauschen, voneinander zu lernen und sich gegenseitig anzuregen, haben sich in vielen Ländern regionale und nationale Arbeitsgruppen für Pflegende auf onkologischen Stationen gebildet. Übergeordnet existieren eine europäische und eine internationale Vereinigung. Diese Entwicklungen der jüngeren Zeit haben die Enttabuisierung der Pflege Krebskranker gefördert, den Stellenwert der Pflege verbessert, und durch Weiterbildung und Unterstützung Pflegender konnte bereits viel zur Verbesserung und Betreuung Krebskranker beigetragen werden.

Diesen Fortschritten zum Trotz ist Krebs immer noch eine sehr gefürchtete und verabscheute Diagnose, von welcher man allgemein immer noch am liebsten nicht zu viel spricht. Krebs zu haben, bedeutet noch heute, bald zu sterben, und selbst in unserer schnellebigen und modernen Welt bleiben viele, Fachleute und Laien, uninformiert und verängstigt.

Aufgaben

Wenn sich fachlich qualifiziertes, motiviertes Pflegepersonal für Tumorpatienten einsetzen will, sind die Aufgaben vielfältig. Durch Wissen, Erfahrung, Sicherheit und Hinwendung kann dem Patienten geholfen werden, seine Krankheit und Therapie besser zu verstehen und zu lernen, damit weiterzuleben. Ein offenes und aufmerksames Verhalten des Betreuers läßt das Aussprechen von Ängsten und Erwartungen zu und unterstützt Hoffnung, welche nicht auf Lüge, sondern auf Ehrlichkeit, Anteilnahme und Takt beruht. Als *Informationsträger* hat er die Aufgabe, eine dem Patienten angepaßte Information über die ärztlich mitgeteilte Diagnose, die Therapie und Pflegemaßnahmen zu vertiefen. Er kann die Bedürfnisse durch sein tägliches „Mitleben" oft besser als andere ergründen oder hören und bei der Pflegeplanung das Pflegeziel diesen Erfahrungen anpassen. Durch die Aufnahme einer Pflegeanamnese können die Ressourcen des Kranken erkannt und aktiviert werden, sei es zur Genesung oder zur Erhaltung des Gesunden im Kranken. Das Pflegepersonal ist auch *Vermittler* zwischen dem Patienten und den verschiedenen inner- und außerhalb des Krankenhauses arbeitenden Instanzen und befindet sich somit in einer *Schlüsselstellung,* die es ermöglicht, den Patienten mit den Menschen zu verbinden, die er benötigt und die ihn benötigen. Es kann auch *Vertreter* des Willens des Kranken sein und sein Wohlbefinden wesentlich beeinflussen durch professionelle Förderung und Hilfeleistungen. Krankenschwester und -pfleger sind meistens die für den Patienten am ehesten verfügbaren Personen. Zur Aufgabe gehören ebenfalls der Einsatz eines fundierten Fachwissens sowie viele pflegerischtechnische Fertigkeiten, die dem Patienten eine detaillierte, sorgfältige und unterstützende Pflege zu geben vermögen und die sehr viel zur Verbesserung der Lebensqualität beitragen können, sei es bei der Diagnosestellung, der Therapie oder auch in der Sterbephase.

Konfrontation und Auseinandersetzung mit dem Mythos Krebs

Am Anfang der Pflege Krebskranker steht die Auseinandersetzung mit der Mystifizierung des Krebses. Ein junger Patient mit einem metastasierenden Teratokarzinom des Hodens bezeichnete seine Krankheit als eine „in ihm tickende Zeitbombe". Diese und ähnliche Umschreibungen stellen den Schrecken und die Angst vor diesen Krankheiten dar. Menschen aus allen Bevölkerungsschichten sind von dieser Angst betroffen, sowohl Erkrankte selbst als auch ihre Betreuungspersonen, insbesondere auch das Krankenpflegepersonal. Ungeachtet allen Fortschritts bei der Krebsbehandlung unterscheiden viele Menschen immer noch nach der Gleichung „Krebs = Tod". Sontag schreibt in ihrem Buch „Krankheit als Metapher": „Solange eine besondere Krankheit als ein bösartiger, unbezwingbarer Feind und nicht einfach nur als Krankheit behandelt wird, werden die meisten Menschen mit Krebs in der Tat demoralisiert sein, wenn sie erfahren, was für eine Krankheit sie haben. Die Lösung kann wohl kaum darin bestehen, daß man Krebspatienten nicht länger die Wahrheit sagt, sondern nur in der Berichtigung der Vorstellung von dieser Krankheit, ihrer Entmythisierung."

Sachliche Auseinandersetzung. Häufig wird in den Krankenpflege-Ausbildungsstätten nur mit Resignation und therapeutischem Nihilismus über das Gebiet der malignen Tumoren doziert. Diese Art des Lehrens ist nicht geeignet, angehende Krankenschwestern und -pfleger für den Sinn der Pflege von Tumorkranken zu motivieren oder zu ermutigen. Im Rahmen einer sachlichen Auseinandersetzung über viele Krebsformen und deren Therapiemöglichkeiten – insbesondere auch in der internistischen Onkologie – können bereits in der Ausbildung viele Mißverständnisse geklärt werden. Die Schüler müssen zuerst ihre eigenen negativen Vorstellungen über die Krankheit Krebs erkennen lernen, um dann zu verstehen, daß Krebs nicht notgedrungen Tod und Schmerz bedeutet, sondern daß es sich dabei um mehr als hundert verschiedene Krankheiten handelt, von denen es heute heilbare, über längere Zeit stabilisierbare und auch unheilbare Formen gibt. Nur so kann ein negativistisches Bild dieser Krankheiten analysiert und bekämpft werden.

Bei der Pflege von Tumorpatienten steht die Onkologieschwester, objektiv betrachtet, vor der gleichen Situation wie das Pflegepersonal, das sonst irgendwo in der inneren Medizin oder an einer Intensivstation arbeitet (wenn dies auch von den meisten subjektiv anders empfunden wird). Es gibt viele „bösartige" Krankheiten, z. B. Herz-, Leber-, Nierenkrankheiten, die chronisch sind und letztlich zum Tode führen. So ist es auch in der Tumormedizin. Die Krankenschwester pflegt Kranke, die geheilt, und Kranke, die mit medizinischer und pflegerischer Hilfe über eine gewisse Zeit rehabilitiert werden können. Sie pflegt aber auch Tumorpatienten, die an ihrem Leiden sterben wie an einer anderen Krankheit auch. Wenn die Krankenschwester lernt, den Schrecken und die Angst vor dem Mythos Krebs zu überwinden, wird sie fähig werden, den Patienten in einer angepaßten, nicht isolierenden Form zu begegnen und sich bei der Pflege herausgefordert, aber nicht unwohl zu fühlen. Ihr Beitrag zum besseren Überleben in allen Krankheitsphasen gibt Anlaß zu realistischen Hoffnungen – für sich selbst und für die Patienten.

Beitrag des Pflegepersonals zur psychischen Unterstützung des Patienten und seiner Familie

Unterstützung bei der Krankheitsinformation und -bewältigung

Der Beitrag der Krankenschwester zur Problemverarbeitung ist beeinflußt von der Wahrhaftigkeit des Arztes gegenüber dem Patienten. Ist der Arzt wahrhaftig und teilt die Natur der Krankheit taktvoll, ehrlich und einfühlsam mit – was für eine erfolgreiche Verarbeitung der Krankheit als unerläßlich zu betrachten ist –, wird die Pflegeperson zu einem wichtigen *Informationsträger.* Sie hat den Patienten als *Gesprächspartner* durch die Zeit, in der er ihr anvertraut ist, zu begleiten. Nach einer Arztvisite sagen Kranke oft: „Schwester, was hat der Arzt vorhin genau gemeint?" Es ist wünschenswert, daß die Krankenschwester bei solchen Visitengesprächen mit dabei war oder sich zumindest darüber informiert, wie ein solches Gespräch ablief, um dann die gleiche Information wieder aufgreifen zu können. Diese Aufgabe fordert das Zuhörenkönnen und ein sorgfältiges Eingehen auf ausgesprochene und unausgesprochene Ängste und Fragen. Eine verständliche Alltagssprache ohne medizinische Fremdwörter läßt Mitteilungen klarer beim Empfänger ankommen. Es geht dabei einerseits um *Informationsvermittlung,* aber auch um *Anteilnahme.* Die emotionale Beteiligung bei solchen Gesprächen läßt den Patienten spüren, daß er nicht nur Patient Nummer „X", sondern ein Patient mit einer einmaligen Geschichte ist.

Wenn der Patient vom Arzt die Mitteilung erhält, daß er an einem potentiell tödlichen Leiden erkrankt ist, gerät sein seelisches Gleichgewicht aus den Fugen. Von Kübler-Ross (1974) wissen wir, daß Patienten nach Mitteilung einer solchen Information verschiedene Reaktionsphasen durchmachen können: Schock, Verdrängung, Aggression, Depression, Annahme/Verklärung (Abb 7.**1**). Diesen verschiedenen Reaktionen richtig zu begegnen, ist eine wichtige – wenn auch nicht immer leichte – Aufgabe der Krankenschwester. So können z. B. Aggressionen des Patienten auf die Krankheit zu *Aggressionen* gegen die Betreuer werden. Diese richtig zu verstehen, zu deuten und angepaßt darauf zu reagieren, muß gelernt sein. So kann z. B. Aggression hinterfragt werden: Was meint der Kranke damit; wogegen und gegen wen richtet sie sich? Auch der Umgang mit der *depressiven Verstimmung* ist nicht immer einfach, ist sie doch oft von langer Dauer und fordert vom Betreuer viel Geduld. Sicherlich nützt es dem Patienten nichts, wenn ihm auf die Schulter geklopft und gesagt wird: „Es wird schon wieder besser ..." Es scheint besser zu sein, die Trauer hervorkommen zu lassen, deren Aussprache und Ausdruck zu fördern. Der Betreuer muß jedoch aufpassen, daß er dabei nicht selber bedrückend wirkt und die Depression mit seinen Gefühlen noch verstärkt; er kann mit seiner

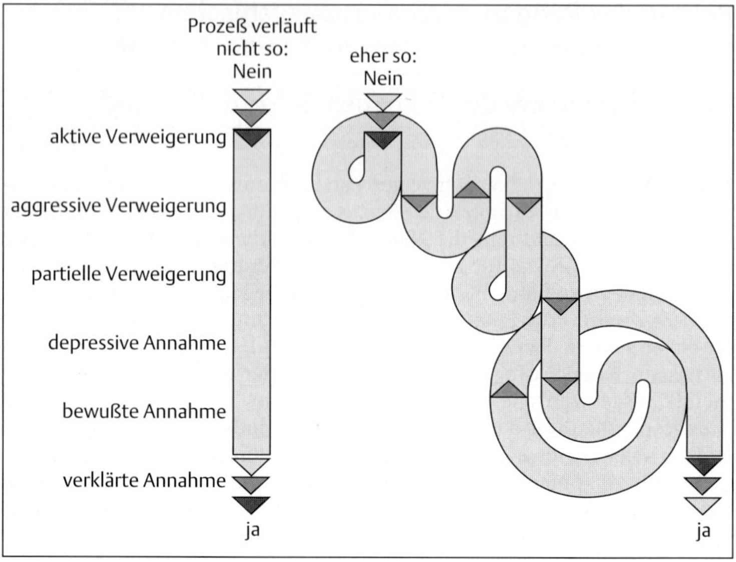

Abb. 7.1 Verarbeitung der Reaktionsphasen nach Information über die Betroffenheit von einer bösartigen Erkrankung (aus Bertschi, H. P., in Herzig: Die Betreuung Sterbender. ROCOM. Hoffmann-La Roche, Basel 1979).

natürlichen Distanz versuchen, angepaßt aktivierend und aufmunternd zu sein. Die *Verdrängung der Wahrheit* durch den Patienten läßt immer wieder schwierige Situationen aufkommen. So kommt es vor, daß gut informierte Patienten plötzlich so reden, als ob sie nie eine Information erhalten hätten, weil sie gerade in jenem Moment die Wahrheit nicht ertragen können oder wollen. Die psychische Verarbeitung der Krankheit verläuft nie schematisch, sondern bedeutet immer wieder, einen Schritt vorwärts zu kommen, gelegentlich aber auch wieder Rückschritte zu machen usw. Dazu ein Beispiel: Eine sterbende Mammakarzinompatientin in der Phase der Annahme sagt der Krankenschwester beim Waschen, daß sie für den kommenden Sommer Ferien auf den Kanarischen Inseln buchen wolle. Die sonst offen über den Tod sprechende Patientin hat plötzlich Funken von Hoffnungen verspürt und zu träumen gewagt.

Es kann nicht unsere Aufgabe sein, solche unrealistischen Verarbeitungsmomente anzuregen. Aber wir können lernen, diese Spannungen auszuhalten, bis der Patient wieder auf den Boden der Realität zurückkehrt. Aus solchen Momenten ergeben sich oft intensive Gesprächsmöglichkeiten. Eine mögliche Reaktion der Schwester wäre beim erwähnten Beispiel das Innehalten, Zuhören und Ausharren in der folgenden Stille – oder das Formulieren von Rückfragen z. B.: „Möchten Sie gern noch einmal solche Ferien erleben?“ etc. Beim *aktiven Hinhören* auf die Antwort oder auf die bleibende Stille kommt der echte Inhalt solcher Äußerungen meistens klar zum Vorschein, und nicht selten ergibt sich darauf ein Gespräch über den bevorstehenden Tod und die Angst.

Von entscheidender Wichtigkeit ist *die innere Präsenz der Betreuer,* um zu erfassen, wie der Patient sie braucht; dies bedeutet, offene Ohren und Augen zu haben für den Moment, da er sie als *Gesprächspartner* sucht. Dies bedeutet, *wirklich beim Patienten zu sein* während der pflegerischen Tätigkeiten. Gerade dann sind die Chancen, ihn verstehen zu lernen, groß. Es ergibt sich eine ungekünstelte Situation, oft mit Hautkontakt (z. B. beim Waschen, bei einer Injektion), in der die helfende Beziehung zwischen Patient und Schwester intensiviert werden kann. In der Hektik des Krankenhausalltags ist es oft nicht möglich, regelmäßig Gespräche zu führen; solche lassen sich ja auch nicht erzwingen. Nein, es bedeutet vielmehr, in der vorhandenen Zeit für Pflege und Betreuung innerlich präsent zu sein; den Kranken von seiner Körpersprache und seinen verbalen Ausdrucksformen her zuhörend zu verstehen.

Vom Bewußtsein, an einem bösartigen Leiden erkrankt zu sein, ist nicht nur der Patient selber, sondern auch *seine Familie* stark betroffen. Es ist deshalb wünschenswert, wenn die dem Kranken nahestehenden Personen, auf *seinen Wunsch* selbstverständlich, bei Informationsgesprächen dabeisein können. Dies schafft in der Familie eine Atmosphäre der Offenheit, in welcher das Unausgesprochene aussprechbar wird. Damit ist ein wichtiger Grundstein zur gemeinsamen Verarbeitung gelegt. Angehörige haben meistens auch viele Rückfragen in bezug auf ihr Verhalten, ihre Möglichkeit des Beitrags zur Gesundung und auch in bezug auf die Therapie und den Verlauf. Unter normalen Umständen sind eine freie Besuchszeit in den Krankenhäusern und das *Integrieren von Angehörigen* und Freunden in die Pflege sehr wünschenswert. Es tut ihnen fast ausnahmslos sehr gut, etwas für den Kranken tun zu können, sei es z. B. das Herrichten des Essens, die Zubereitung einer speziell beliebten Speise, das Mithelfen beim Waschen und Betten etc. Aus dieser Integration entsteht auch ein umfassenderes Verständnis für die soziale Situation des Kranken, und dies schafft mehr Klarheit über dessen Bedürfnisse. Es ist so auch eine gewisse Möglichkeit geboten, Angehörigen in verschiedenen Phasen der Verarbeitung zu begegnen. In einer Studie weist Kesselring (1986) darauf hin, daß das Unterstützungsnetz des Tumorpatienten das Schwergewicht bei Angehörigen und Freunden findet. Dies relativiert ein Stück weit die Wichtigkeit des Pflegepersonals, fordert jedoch ganz klar eine intensivere Unterstützung der Freunde und Angehörigen, ein Aspekt, der heute in den Krankenhäusern noch sehr im argen liegt.

Unterstützung bei der Krankheitsbewältigung kann nicht durch Pflegepersonal oder Ärzte allein erfolgen. Der *multidisziplinäre* Ansatz umfaßt die Zusammenarbeit mit und Ergänzung durch Fachpersonen aus dem psychosozialen Bereich. So ist *Seelsorge* oft ein notwendiger Beitrag, da Ängste und Probleme im Zusammenhang mit der Frage nach Gott, dem Tod oder dem Leben nach dem Tod nahe liegen. Schuldgefühle, Sehnsucht nach dem Trost des Glaubens verlangen nach seelsorgerlich tätigen Helfern. *Sozialarbeit* vermag manche zusätzliche soziale, finanzielle Last zu mindern (s. Kapitel 9). *Psychologische* oder auch *psychiatrische* Hilfe zur Unterstützung im Krankheitsverarbeitungsprozeß sind oft nötig, sei es für den Patienten, seine Angehörigen oder auch die Betreuer. *Kunsttherapie* in Form von Malen, Musizieren, sich Ausdrücken, ist ein neueres, für manche Patienten hilfreiches Betreuungsangebot.

Unterstützung durch das Vermitteln von Hoffnung

Hoffnung ist ein unentbehrliches Element im Leben jener, die an Krebs erkranken. Hoffnung ermöglicht, besser weiterzuleben oder die Sterbephase erträglicher werden zu lassen. Krankenschwestern sind in einer einzigartigen Stellung, um den Patienten und seiner Familie Hoffnung zu vermitteln. Oft verlieren Schwerkranke, ihre Angehörigen und ihre Betreuer die Hoffnung, besonders wenn der Tod nahesteht. Hoffnung bedeutet jedoch nicht nur, um Heilung zu ringen. Hoffnung kann ein kurzfristiges Ziel sein, z.B. eine weitere gute Woche ohne Beschwerden, schmerzfrei zu sein, die Möglichkeit, einer nahestehenden Person auf Wiedersehen zu sagen, einen letzten Frühling zu erleben, von der Geburt eines Enkels erfahren oder auch einen guten Tod zu erleben, einen Tod in Würde mit den Nächsten am Krankenlager. Hoffnung ist ein Bedürfnis, um mit Krebs zu überleben. Es gibt viele Quellen der Hoffnung – der Patient selbst, seine Familie und Freunde, Krankenschwestern, Ärzte, Laien und unterstützende Berufsgruppen, Religion, palliative Hilfeleistungen etc. Jeder Patient und seine Familie entfalten Hoffnung in einer individuellen Weise.

Realistische Hoffnung ist praktische Hoffnung. Ein sterbender Patient, der auf ein Wunder hofft, hat keine praktische Hoffnung. Viele Menschen, bei denen die Diagnose Krebs gestellt wurde, haben eine realistische Hoffnung auf Heilung. Krankenschwestern können helfen, eine realistische Hoffnung durch Instruktion über Krankheit, Therapie und Verlauf zu fördern. So ist es für einen Patienten z. B. nicht selbstverständlich, wenn seine Blutzellen nach Leukopenie wieder ansteigen – solche Informationen wecken Hoffnung.

Unrealistische Hoffnung andererseits mag für eine gewisse Zeit sinnvoll sein. Sie ermöglicht dem Patienten oder seiner Familie zu überleben, bis wieder mehr Reserven für eine angepaßte Verarbeitung geschaffen sind, um realistisch zu hoffen. Das Pflegepersonal kann dabei helfen, realistische von falscher Hoffnung zu trennen und sorgfältig in die richtige Richtung zu lenken. Religion ist eine *Quelle der Hoffnung,* die für viele Menschen unabdingbar ist. Erfassen geistlicher Bedürfnisse ist ein Teil der ganzheitlichen Pflege. Krankenschwestern können eine Beziehung zum Seelsorger fördern.

Ein selten erwähnter Aspekt der Hoffnung ist *Humor.* Es gibt verschiedene Wege, Humor und Lachen zu fördern. Es wäre meistens ideal, wenn sich Betreuer frei fühlen könnten, offen mit Patienten, Familien und Kollegen zu lachen. Nur Lachen ohne Einfühlung kann falsch sein. Krankenschwestern haben erlebt, daß selbst von sterbenden Patienten humoristische Äußerungen gemacht wurden, und haben dabei den spannungslösenden Effekt als sehr befreiend empfunden.

Unterstützung durch Information und Instruktion

Für den Patienten ist die fachliche Sicherheit der Krankenschwester besonders wichtig. Meistens kann er den Wirkungsmechanismus der Chemotherapie schlecht verstehen – das Ganze ist für ihn schwieriger faßbar als z. B. eine Operation. Das gleiche gilt für eine Strahlentherapie. Für die Krankenschwester ergibt sich deshalb eine wichtige *Instruktionsaufgabe.* Es ist interessant zu beobachten, wie Patienten, die von motivierten, psychologisch und fachlich gut ausgebildeten Pflegenden die Therapie verabreicht bekommen, weniger Nebenwirkungen wie z. B. Übelkeit zeigen. Als *Lehrerin* hat die Krankenschwester die Aufgabe, die Information über Krankheit, Therapie und hilfreiche Lebensweise zu vertiefen und Unsicherheiten abzubauen. An den meisten Orten steht dafür verschiedenes Material, wie z. B. die Broschüre „Medizinische Tumortherapie", von der Schweizerischen Krebsliga herausgegeben, zur Verfügung. Wissen bedeutet auch für den Patienten Macht und Möglichkeit zu verstehen, mitzureden und etwas zur Genesung beizutragen. Er gewinnt damit Boden unter den Füßen und fühlt sich weniger wie „eine Feder im Wind". Somit können Eigeninitiative gefördert und das Gefühl von Hilflosigkeit vermindert werden. Der gut aufgeklärte und instruierte Patient wird weniger an den Folgen einer therapeutischen Maßnahme leiden, weil er versteht, worum es geht, und lernt, wie er damit am besten zurechtkommt.

Oft wünschen Patienten mehr Informationen von ärztlicher Seite. Die Krankenschwester kann dieses *Bedürfnis nach Information durch den Arzt* erfassen und zu solchen Gesprächen aufmuntern und sie vermitteln.

Die innere Haltung der Krankenschwester überträgt sich automatisch auf den Patienten. Wenn sie selbst z. B. Abscheu hat vor einem Medikament, das Brechreiz oder Haarausfall verursachen könnte, wird der Patient dies wahrnehmen und auch entsprechend reagieren. Durch das Erwerben von fundiertem Fachwissen kann sie zudem viel dazu beitragen, den Patienten *vor unnötiger Toxizität zu bewahren.* Sie ist fähig, wichtige Merkmale zu erkennen, mitzudenken, komplizierte Therapien kompetent durchzuführen usw. Die helfende, positiv-realistische Einstellung ermöglicht dem Patienten, die meist vorübergehenden Nebenwirkungen und die angestrebten Wirkungen in der richtigen Relation zu erkennen, und hilft somit über unangenehme Phasen hinweg.

Die Supportivpflege setzt sich mit der Verhütung von Krankheits- und Therapiefolgen auseinander (unterstützende Pflege), sowohl im körperlichen wie im psychologischen Bereich. Das Hauptziel ist dabei das Verhindern und Lindern von Leiden in den Phasen der Krankheit.

(Zu den unterstützenden, pflegerischen und medizinischen Maßnahmen bei der Behandlung und Pflege Krebskranker s. Kap. 6, „Unterstützungsmaßnahmen in der Behandlung und Pflege von Tumorkranken".)

Pflege des sterbenden Tumorpatienten

Wann beginnt die Sterbephase? Beginnt sie dann, wenn ein Patient über den bösartigen Charakter seiner Krankheit informiert wird, beginnt sie beim Krankheitsrückfall oder in den letzten Wochen, Tagen oder gar Stunden eines Lebens? Die sehr individuelle Empfindung jedes Sterbenden und seiner Nächsten ist einzigartig und hängt von vielen äußeren und inneren Umständen ab. Für viele Betroffene bedeutet das Abbrechen von kurativen Behandlungsmaßnahmen den Beginn der letzten Zeit. So stellt z. B. für viele Patienten der Einsatz von Morphin zur Bekämpfung starker Schmerzen eine der letzten Maßnahmen dar.

Als Pflegende hören wir oft Aussagen wie: „Ich habe keine Angst vor dem Tod, aber ich habe Angst vor dem Sterben." Dabei geht es einerseits um Angst vor Schmerzen, vor Atemnot etc., aber auch um Angst vor dem Übergang, vor dem Loslassen, davor, den Weg allein gehen zu müssen. Wenn solche offenen Gespräche über das Sterben zwischen Patient, Betreuer und Angehörigen möglich sind, sind die Tore geöffnet, um in unterstützender Weise den Tod vorzubereiten und einen Teil der Angst abzubauen.

Begegnung mit Sterbenden

Wie lernt die Pflegeperson, dem Sterbenden zu begegnen? Obwohl heute in den Schulen viel offener über die Begleitung Sterbender gesprochen wird, sind die ersten Begegnungen mit Sterbenden im Krankenhaus im Leben einer jungen Krankenschwester meist emotional erschütternd. Sie wird sehr hautnah mit dem Tod konfrontiert und steht schon früh mitten in der Auseinandersetzung mit den existenziellen Fragen um Leben und Tod.

Bildung einer Lebensphilosophie. Die Lehrmeister sind die Sterbenden selber, ihre Vorbilder meist erfahrene Krankenpflegepersonen oder Ärzte. Die ersten Begegnungen mit Sterbenden stellen ein Experiment dar: Halte ich die Spannung aus? Wie werde ich reagieren? Wie werde ich mit den Angehörigen umgehen? Der Kontakt mit Patienten, die in der Sterbephase offen über die letzte Wegstrecke sprechen können, lehrt uns, mit all diesen Fragen besser umzugehen. Durch sie lernen wir, daß es möglich ist, über diese Dinge zu sprechen, und daß wir es wagen dürfen, mit ihnen einen offenen Dialog zu führen. Ist dies erst einmal gut gelungen, so wird sich diese Fähigkeit bei weiteren Patienten entwickeln und sowohl bei ihnen als auch beim Betreuer selber zum Abbau von Hemmungen und Angst führen, was für die Intensivierung der Beziehung sehr fruchtbar ist. Von der Krankenschwester ist für diese Tätigkeit die Bildung einer Lebensphilosophie fast unabdingbar. Aus welchen Quellen sie letztlich Einstellung und Ansicht über den Tod bezieht, ist eine sehr persönliche Frage. Die biblische Offenbarung durch Johannes bietet im Kap. 21.4 eine Grundlage in bezug auf das ewige Leben an, nach dem sich wahrscheinlich alle Menschen sehnen: „Und er wird abwischen alle Tränen von ihren Augen, und der Tod wird nicht mehr sein, und kein Leid noch Geschrei, noch Schmerz wird mehr sein, denn das Erste ist vergangen." Ein vom christlichen Glauben überzeugter Betreuer wird versuchen, von diesem wunderbaren Angebot zu erzählen, und vielleicht gelingt es ihm, damit tragende Hoffnung zu vermitteln. Wenn Sterbende mit den Pflegenden über die „Heimkehr zu Gott" sprechen können, entwickelt sich manchmal die für beide Seiten tröstliche Vorstellung der inneren Untrennbarkeit durch den Tod.

Bei weitem schwieriger ist die Betreuung eines Sterbenden, der seinen Zustand verdrängt. Die Sterbephase kann dann nur schlecht bewältigt werden, weil ja über die wichtigsten Dinge weder gesprochen noch gefühlt werden darf. Das Sterben wird dann zu etwas Unantastbarem, Kaltem und Unpersönlichem. Obwohl dies für das Krankenpflegepersonal eine sehr schwierige Situation darstellt, muß auch eine solche Haltung respektiert werden. Es ist anzunehmen, daß seelsorgerliche oder psychologische Beratung in solchen Fällen helfen kann, Kommunikationsbarrieren abzubauen.

Folgende Worte eines Sterbenden aus dem Buch „Reifer werden zum Tode" von Kübler-Ross geben uns praktische Anleitung:

„Ich weiß, Ihr fühlt Euch unsicher, Ihr wißt nicht, was Ihr sagen oder was Ihr tun sollt. Aber glaubt mit bitte, wenn Ihr Euch sorgt, dann könnt Ihr gar keine Fehler machen." „Alles, was ich wissen will, ist, daß da jemand sein wird, um meine Hand zu halten, wenn ich das nötig habe. Ich habe Angst. Der Tod mag für Euch eine Routine werden, aber er ist neu für mich .... Ich würde wirklich nicht viel von Eurer Zeit beanspruchen, denn Ihr seid ja ohnehin oft in meinem Zimmer."

Die Verarbeitungsweisen des Patienten berühren auch die Betreuer. Nicht immer gelingt es Pflegenden und Ärzten, dem Patienten zu folgen und, *genauso wie er, ja zu sagen* zum Unausweichlichen. Es kann beobachtet werden, daß die Sterbephase dann sehr lange dauert, wenn die Betreuer nicht ja sagen können zu diesem vom Patienten vollzogenen Schritt oder die Angehörigen ihn nicht loslassen können. Diese unterschiedlichen Ziele führen zu unangepaßtem Verhalten, sei es zu weiteren medizinischen Maßnahmen oder zur Störung der Kommunikation. Andererseits wird bei medizinisch und pflegerisch schwieriger und anspruchsvoller Situation der Wunsch nach einem raschen Tod oft sehr vordergründig. Durch den Versuch der Überlebenshilfe in der Sterbephase können wir viel dazu beitragen, daß ein Mensch nicht für tot erklärt wird, bevor er gestorben ist. Dies hat pflegerische Auswirkungen – so ist es z. B. falsch zu denken, daß sich eine gute Dekukbitusprophylaxe nicht mehr lohne, weil der Tod schon so nahe sei. Wie oft haben wir uns in bezug auf das Überleben geirrt! Eine lange Sterbephase fordert sehr viel Geduld und Ausdauer und eine tägliche Anpassung der Pflegemaßnahmen. Es ist eine Kunst, in dieser Situation das Gesunde (die Ressourcen) zu erhalten und das Leiden nicht durch Sekundärerkrankungen zu vergrößern, ohne daß unsere Maßnahmen zu einer Belastung für den Kranken werden.

Todeswunsch der Betreuer. Er kann auch Ausdruck der Ablehnung dieser letzten Phase sein, die so sehr an unsere Vergänglichkeit erinnert und herausfordert. Vielleicht gibt es Menschen mit einem gewissen Charisma zur Hilfe in der Sterbephase: Menschen, die versuchen, trotz ihrer Ohnmacht gegenüber dem Tod sich mit ihm auseinanderzusetzen. Die Krankenschwester, welche den Tod sehr nahe erlebt, tut gut daran, dies zu tun. Wenn sie selbst bereit ist, sich mit dem Sterben zu beschäftigen, wird ihr ein wichtiger Beitrag zur Sterbehilfe gelingen: der Aufbau einer engen Beziehung zum *todkranken Menschen.* Dann kann sie ihn bejahen und mit fürsorglicher Pflege an ihn herantreten. Nicht indem sie ihn vor Gesprächen über den inneren Schmerz „verschont", sondern indem sie ihre Person öffnet und Äußerungen über die Angst vor dem Sterben, über Kummer in bezug auf seine Hinterbliebenen, über Gott usw. zuläßt.

Oft ist es auch ein Hineinhorchen in den Patienten, da Gefühle nicht immer geäußert werden. Ihm ist damit geholfen, daß wir bereit sind, ihn auf dem letzten Weg zu begleiten.

Möglichkeiten der Gestaltung der Pflege des Sterbenden im Krankenhaus

Als Krankenschwestern haben wir viele Möglichkeiten, dem vielberüchtigten und beschriebenen Sterben im Badezimmer eines anonymen Krankenhauses entgegenzuwirken. Wenn die Heimpflege nicht möglich ist (s. folgenden Abschnitt), gibt es auch in öffentlichen Krankenhäusern Wege, diese letzte Lebensphase eines Patienten persönlich und individuell zu gestalten. Mit etwas Phantasie ist es meistens möglich, ein *angepaßtes Zimmer* zu finden. Patienten im Mehrbettenzimmer möchten manchmal, wahrscheinlich aus Angst, nicht herausgenommen werden. In sorgfältiger Abwägung mit dem Mitpatienten muß entschieden werden, ob dies für alle Beteiligten erträglich ist. Besonders bei *Einsamen,* die wenig Besuch haben, kann das Sterben in einem Mehrbettenzimmer unterstützend sein. Krankenschwestern können sich dies zwar schlecht vorstellen, folgendes Beispiel zeigt es deutlich: Eine Krankenschwester will eine sterbende Patientin aus einem 5-Betten-Saal herausholen und in ein kleines Zimmer bringen. Während die Krankenschwester die Patientin zügeln will, sagen die Mitpatienten: „Schwester, lassen Sie sie doch bei uns sterben; wir möchten nicht, daß sie allein ist." Solche Erlebnisse zeigen, daß unter günstigen Umständen auch sehr viel Solidarität und Mittragen unter den Patienten herrschen kann. Wenn jedoch eine intensive *Betreuung durch Angehörige und Freunde* im Krankenhaus möglich ist, ist die Verlegung in ein kleines Zimmer fast unumgänglich. Nebst den für die Pflege nötigen Utensilien und Geräten sollen auch patienteneigene Sachen genügend Raum finden: Fotos, Zeichnungen, Kartengrüße, evtl. eigene Bettwäsche usw.

Wenn genügend Angehörige da sind, ist es von Vorteil, einen eigentlichen Betreuungsring, möglichst über 24 Stunden, aufzubauen. Für das Dableiben in der Nacht soll ein Liegebett oder ein zusätzliches Bett ins Zimmer gestellt werden, damit sich die Angehörigen zwischendurch ausruhen können.

Integration der Angehörigen

Solche intensive Begleitungsmöglichkeiten durch Angehörige sind für den Sterbenden das Wertvollste und auch für das Pflegepersonal von großer Hilfe und Unterstützung. Das gemeinsame Trinken eines Kaffees, das liebevolle Zurechtmachen der Liegemöglichkeit, ein Gespräch zwischendurch, Aufmunterung und Bestätigung sind alles Maßnahmen, die, durch die Krankenschwester gegeben, die *Angehörigen wiederum unterstützen* und ermutigen. Manchmal brauchen sie auch konkrete Anleitung, was sie z. B. tun dürfen, wie Getränke zu verabreichen, wie zu berühren, wie in der Nähe zu verweilen. Das Miteinbeziehen in die Pflege, sei es beim Waschen, Einreiben oder Betten etc., unterstützt die helfende Beziehung zum Kranken. Schwierigkeiten bei der Nahrungsaufnahme können manchmal dadurch behoben werden, indem ein Angehöriges eine Lieblingsspeise mitbringt, diese vielleicht in der Abteilungsküche selber zubereitet und auch eingibt. Das Anlegen einer Infusion zur Verhütung eines Flüssigkeitsdefizits kann oft damit umgangen werden, indem Angehörige instruiert werden, regelmäßig löffelweise Flüssigkeit einzugeben. Essen und Trinken müssen in dieser Situation völlig ungesetzlich sein können; auch der Wunsch nach ungewohnten Getränken, z. B. einem Glas Wein, kann kaum auf begründete Ablehnung stoßen.

Kommt ein Patient, der keine Angehörige und Freunde hat, zum Sterben ins Krankenhaus, stellt dies eine besondere Anforderung an die Organisation der Station dar. An vielen Orten gibt es freiwillige Helfer, die bereit sind, stunden- oder tageweise bei einsamen Menschen zu verbringen (das Einverständnis des Kranken vorausgesetzt). Eine gute Absprache mit den Seelsorgern für regelmäßige Besuche ist notwendig. *Vom Stationsteam her muß die Begleitung eines einsamen Sterbenden oberste Priorität* haben. Dies kann z. B. bedeuten, andere, weniger wichtige Dinge zu verschieben, um jemanden freizustellen, einen großen Teil des Arbeitstages bei diesem Menschen zu verbringen. Dies erfordert ein hohes Maß an Führungsfähigkeit, Flexibilität und Umsicht. Nicht alle Patienten brauchen zur gleichen Zeit gleich viel Zuwendung, und bestimmte betriebliche Aufgaben und materielle Belange können oft noch etwas aufgeschoben werden. Auch die Kontinuität der Pflegeperson ist zu berücksichtigen. Wenn möglichst oft die gleiche Person pflegt, ist der Baustein zu einer guten Beziehung gelegt, und es kann besser und individueller auf die Bedürfnisse eingegangen werden. Die Kommunikation innerhalb der Pflegegruppe ermöglicht eine gute Information aller Pflegenden über die Bedürfnisse des Sterbenden.

Nicht immer sind die personellen und betrieblichen Voraussetzungen gegeben, um das Sterben im Krankenhaus optimal zu gestalten. Grenzen vielerlei Art sind oft gegeben, und das Sterben in Würde ist nicht immer so möglich, wie wir es gern hätten. Diese realistischen Grenzen sollen uns aber nicht hindern, diese einmalige Lebenssituation der Patienten immer wieder nach unserem besten Wissen und Können bewältigen zu helfen.

Heimpflege für Sterbende

Ein Teil der Kranken zieht die Pflege zu Hause einem Krankenhausaufenthalt vor. Der ungezwungene Tagesablauf, die gewohnte Umgebung, die Nähe der Liebsten ermöglichen bei besten Beziehungs- und Pflegevoraussetzungen eine erträglichere Krankheitsphase oder sogar ein gut vorbereitetes, würdiges Sterben im Kreise der engsten Angehörigen.

Voraussetzungen

Die Voraussetzung für die Pflege zu Hause ist primär der *Wunsch des Patienten* selber. Je nach Art seiner Beschwerden, seiner psychischen Verarbeitung und nach seinen persönlichen Verhältnissen wird er sich die Heimpflege wünschen. Gleichzeitig muß die *Bereitschaft der Angehörigen* abgeklärt werden. Sind sie bereit und genügend belastbar? Können sie sich beruflich freistellen lassen, um die nötige Zeit zu investieren? Wer macht Ablösedienst für die Nächte, Wochenenden etc.? Voraussetzung für die Pflege zu Hause ist auch die *Durchführbarkeit spezieller pflegerischer Maßnahmen* wie das Verabreichen von Schmerzmitteln etc. Grundlegend für das Gelingen der Heimpflege ist in jedem Falle eine gute Beziehung und Offenheit zwischen Patient und Angehörigen.

Im weiteren ist eine solche Pflege nur möglich, wenn *Gemeindekrankenschwester* sowie ein *Hausarzt,* der regelmäßige Hausbesuche macht, und weitere Betreuungspersonen wie *Hauspflege, Pro Senectute,* kirchliche Organisationen u. a. zur Mitarbeit bereit sind. Zudem müssen *geeignete Räumlichkeiten* vorhanden sein, ein Lift oder eine Parterrewohnung, sanitäre Installationen auf gleicher Ebene etc.

Organisatorische Maßnahmen

Unabdinglich ist eine *frühzeitige Kontaktnahme* mit Angehörigen, Hausarzt und Gemeindekrankenschwester durch die Ärzte, Krankenschwestern und Sozialarbeiter des Krankenhauses. So kann der Pflegeplatz zu Hause durch die Gemeindekrankenschwester und die Angehörigen gut vorbereitet werden. Als Krankenzimmer eignet sich ein zentraler Raum, z. B. der Wohnraum, damit der Kranke nicht isoliert ist. Bei Bettlägerigkeit muß ein verstellbares Bett mit Bettbügel bereitgestellt werden, ebenso Antidekubitusmaterial zur optimalen Lagerung. Gemeindekrankenschwestern verfügen aus dem Krankenmobilienmagazin oft auch über Nachtstuhl, Krankentisch, Infusionshaken, Rollstuhl, Rufanlage etc. Sauerstoffgeräte und Inhalationsgeräte können in lokalen Sanitätsgeschäften gemietet werden.

Zu den administrativen Vorbereitungen gehört auch die Abklärung, ob für die Nachtwache eine Person gesucht werden muß. Die Angehörigen benötigen auch das frühzeitig ausgestellte Rezept für Medikamente und Verbandmaterial (Achtung: Fürs Wochenende Reserve mitgeben!). Der Krankenhausarzt berichtet dem Hausarzt umgehend über den Zustand des nach Hause zu verlegenden Kranken. Er stellt auch ein Zeugnis aus für die Krankenkasse.

Die Krankenschwester orientiert die Gemeindeschwester frühzeitig und mit einem ausführlichen Rapport über spezielle pflegerische Maßnahmen und den psychosozialen Zustand des Patienten. Dies betrifft Medikamentenverabreichung, evtl. Spritzen/Infusionen, Umgang mit Kathetern, sei es ein Urin-, Venen- oder Periduralkatheter etc., Pflege von Stomata (Tracheo-, Darm- oder Urostoma), Sauerstoffverabreichung, verschiedene Verbände, besondere Risiken und Gefahren u. a. Es ist von großem Vorteil, wenn die Gemeindekrankenschwester den Patienten bereits im Krankenhaus kennenlernt und dort auch rückfragen kann. Diese Kontaktaufnahme gibt dem Kranken selber auch das Vertrauen, daß er zu Hause ebensogut gepflegt werden wird.

Soweit möglich, ist die Instruktion der Angehörigen über Pflegemaßnahmen sinnvoll, z. B. das Überwachen der Infusionen, Verabreichen von Schmerzmedikamenten. Vermitteln von Wissen bedeutet für sie Reduktion der „Machtlosigkeit“.

Betreuungsinstanzen zu Hause

In einigen Krankenhäusern wird die Krankenpflege vom Krankenhaus aus durch erfahrene, extern tätige Onkologie-Krankenschwestern/Pfleger gefördert und unterstützt. Diese stehen zur Verfügung für die Beratung zu Hause, für spezielle Behandlungen oder Pflegeprobleme und zur psychischen Unterstützung des Kranken und dessen Familie. Je nach Land gibt es auch Sozialberaterinnen der Krebsligen oder der Gemeinden, welche für die psychosoziale Unterstützung, finanzielle Hilfeleistungen, Organisation von Haushaltshilfen und Transporten, Nachwachen etc. zuständig sind. Hauspflegeorganisationen garantieren Mithilfe im Hausdienst zur Unterstützung der Angehörigen. Auch die Betreuung durch Selbsthilfegruppen, Seelsorger und Sozialarbeiter der Gemeinde ist zu erwägen. Die Pro Senectute bzw. Altershilfe nimmt verschiedene hilfreiche Dienste wie Mahlzeitenlieferung etc. vor.

Angehörige und deren Sterbende wagen den Heimaufenthalt eher, wenn sie wissen, daß verschiedene Leute dasein werden, die für eine kompetente Pflege und Betreuung sorgen können. Der Entscheid dazu wird auch eher gefällt, wenn bewußt ist, daß jederzeit wieder ins Krankenhaus zurückgekehrt werden kann. Manchmal bewährt sich zuerst ein „Urlaub“ aus dem Krankenhaus, z. B. für 2 Tage. Ein gelegentlicher Besuch durch eine vertraute Besuchsperson aus dem Krankenhaus kann ebenfalls unterstützend und beruhigend wirken. Die gute Zusammenarbeit zwischen den externen Instanzen und den Krankenhausangehörigen wirkt sich positiv aus. Um die Heimpflege in Erwägung zu ziehen, empfehlen sich Gruppengespräche mit den Angehörigen und auch mit den Gemeindekrankenschwestern.

Grundsätze der Palliativpflege

Wenn eine Krankheit nicht mehr kurativ behandelt bzw. geheilt werden kann, erhält jede weitere Therapiemaßnahme eine veränderte Zielsetzung. In der Palliativpflege geht es nicht darum, „nichts mehr zu tun", sondern viel mehr um die Gestaltung einer intensiven Betreuung, die das Wohlbefinden des Kranken an die erste Stelle setzt. Es handelt sich dabei um das Akzeptieren einer gegebenen Situation, in der die Behandlung sich danach ausrichtet, Symptome zu bekämpfen und allgemeine Beschwerden zu lindern. Saunders (1982) sagt dazu: „Das Akzeptieren dieser Situation hat nicht mehr die Bedeutung, daß ‚nichts mehr gemacht werden kann', sondern es wird ausgesprochen, daß alles Hilfreiche gemacht wird, was möglich ist." Der Tod wird als natürliches Ereignis und Sterben als Teil des Lebens aufgefaßt. Die umfassende Betreuung des Kranken und seiner Angehörigen schließt körperliche, psychische, seelsorgerliche und soziale Bedürfnisse ein, was den Einsatz eines multidisziplinären Teams erfordert. Wenn es gelingt, dem Kranken zu einem beschwerdefreien oder mindestens beschwerdearmen Dasein zu verhelfen, wächst die Möglichkeit, daß er und seine Angehörigen sich innerlich auf eine für sie befriedigende Weise auf den Tod einstellen können.

Der Begriff **Palliation** kommt vom lateinischen Wort „Pallium", was „Mantel" bedeutet. Dieser Mantel symbolisiert das Zudecken, Sorgen, Lindern. Der Begriff *Palliativpflege* umfaßt folgende Hauptaspekte:

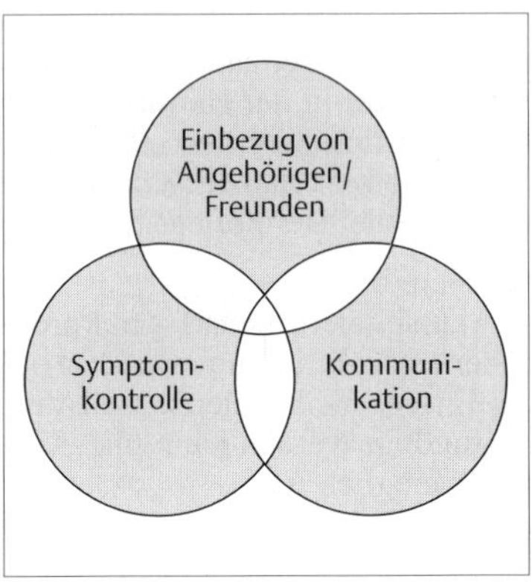

Symptomkontrolle: Bedeutet das Lindern der Beschwerden, sei es Schmerz, Atemnot, Erbrechen, Ernährungsstörungen, Husten, Darmentleerungsprobleme, Angst, Depression und viele andere.

Kommunikation: Bedeutet hier das Ausdrücken und Wahrnehmen von verbalen oder averbalen Informationen/Gefühlen durch Kranke, Angehörige oder Betreuer. Die wahrhaftige Haltung erhält einen hohen Stellenwert, und das Reden oder Ausdrücken von Gefühlen in der letzten Lebensphase wird bewußt unterstützt und gefördert. Krankheit, Sterben und Tod sind in der Palliativpflege keine Tabus. Trotz aller Vorstellung von idealer Offenheit zum Reden, wird jedoch die individuelle Art der Verarbeitung des Kranken respektiert.

Integration von Angehörigen und Freunden in der Pflege: Versucht der Tatsache gerecht zu werden, daß eine zum Tod führende Krankheit immer auch eine Angelegenheit der Angehörigen ist. Die Betreuung umfaßt deshalb auch die Nahestehenden, welche wiederum auch zu Helfern in der letzten Lebensphase werden können. Oft übernehmen sie, soweit dies psychisch und zeitlich möglich ist, einen Teil der Pflege.

Die medizinische, pflegerische, seelische und soziale Betreuung hat den gleichen Stellenwert. Jede Maßnahme erfordert die Information und das Einverständnis des Kranken. Belastende, lebensverlängernde Maßnahmen haben in der Palliativpflege keinen Platz. Dagegen sind alle Interventionen, die Linderung verschaffen können, möglich, wie z. B. eine Schmerzbestrahlung oder Chemotherapie zur Linderung von bestimmten Tumorsymptomen.

Palliativpflege betont das Leben und eine gute Lebensqualität. Überlebenshilfe in der letzten Lebensphase hat nichts mit „Euthanasie“ gemeinsam, sondern ist angestrebte „Eubiose“. Ein gutes Überleben bis zum Tod kann zur Sinnfindung beitragen. Solche Zeit wird kostbar.

Palliative Pflege kann überall praktiziert werden, sei es in besonderen Hospizen, in Palliativstationen, in Spitälern oder in der Heimpflege. In Deutschland, Österreich und der Schweiz existiert sie in verschiedenen Organisationsformen. In jedem Fall wird angestrebt, daß der Kranke dort sterben kann, wo er es wünscht. Die Förderung der Heimpflege bekommt hier besondere Bedeutung.

Der Aufbau von Palliativstationen in Akutspitälern bedarf der Förderung. Gerade dort, wo viele Menschen sterben, z. B. in Tumorzentren, ist die „Kunst der Palliativpflege“ am nötigsten, nicht zuletzt, weil dort durch Lehre und Forschung die Praxis fundiert werden kann und Ausstrahlung inner- und außerhalb des Spitals möglich ist.

Palliativstationen erfordern mehr Personal als übliche Krankenstationen. Oft ergänzen freiwillige Helfer das Betreuungsteam. Krankenpflegepersonen brauchen für diese Tätigkeit besondere Gaben und Fähigkeiten, besonders bezüglich lindernder Pflege, Symptomkontrolle und Kommunikation. Eine regelmäßige Supervision kann eine solche Arbeit tragen helfen und ist hier, wie bei jeder Arbeit mit Schwerkranken, sehr zu empfehlen.

Konfrontation der Krankenschwester und des Krebskranken mit paramedizinischen Maßnahmen

Untersuchungen zeigen, daß mehr als die Hälfte der Krebspatienten, die medizinisch behandelt werden, noch zusätzliche paramedizinische Maßnahmen in Anspruch nehmen. Meistens werden solche Aktivitäten gegenüber der Krankenschwester oder dem Arzt verheimlicht, aus der Angst heraus, belächelt zu werden oder die Betreuer zu verletzen. Diese Tatsache stellt den tiefen Graben zwischen sog. Schulmedizin und Naturheilmedizin dar. (Darstellung über die Definition und Gründe zur Inanspruchnahme unbewiesener Krebsbehandlungsmethoden, deren Charakteristika und eine Übersicht über z. Zt. angepriesene gängige Methoden s. Kapitel 11, „Unbewiesene Krebsbehandlungsmethoden".) An dieser Stelle geht es nicht um die Methoden, sondern um den Umgang des Krankenpflegepersonals damit.

Wenn bekannt wird, daß ein Mensch an Krebs erkrankt ist, wird er oft unaufgefordert von Bekannten und Unbekannten mit unzähligen Ratschlägen überhäuft. Angehörige setzen Betroffene manchmal richtig unter Druck, bedrängen sie, Tropfen, Säfte etc. einzunehmen. Einzelne Produktelieferanten sind mafiaartig organisiert und machen aus der Krebsangst ein großes Geschäft. Zurück bleiben oft zerstörte Hoffnungen und große Rechnungen. Eine besondere Gefahr liegt bei den Patienten, die eine potentiell heilbare Krankheit haben und wegen unbewiesener Krebsbehandlungsmethoden ihre medizinische Therapie abbrechen und so Überlebenschancen verpassen. Solche, echt „alternativen" Behandlungsformen sind zu unterscheiden von „additiven" Maßnahmen, die zusätzlich angewandt werden. Gegen eine unschädliche, auf Wunsch des Patienten die medizinische Behandlung begleitende Maßnahme kann kaum etwas eingewendet werden. Um eine Hinwendung zu schädlichen paramedizinischen Maßnahmen zu verhüten oder den Patienten darin beratend zu begleiten, muß die Rolle des Krankenpflegepersonals neu reflektiert werden. Mangelndes Ernstnehmen, zuwenig Information sowie das Verwehren der Selbstverantwortung mögen Lücken in der Form unserer Betreuung sein.

Bei der alltäglichen Pflege lassen sich mit guter Beobachtung und Hellhörigkeit im Krankenzimmer oft *Anzeichen alternativmedizinischer Bemühungen* entdecken. Manchmal stehen Flaschen mit speziellen Säften herum; unter dem Kopfkissen liegen spezielle Tüchlein, auf dem Nachttisch möglicherweise Broschüren und Bücher, die aufhorchen lassen. In nicht belächelndem, sondern verstehendem Verhalten kann die Krankenschwester versuchen, auf solche Dinge einzugehen und herauszufinden, welche Erwartungen und Hoffnungen der Patient hegt.

Nur die *Offenheit der Betreuer* gegenüber unbewiesenen Behandlungsmethoden ermöglicht das offene Gespräch. Hinter der Inanspruchnahme zusätzlicher Heilmethoden verbergen sich oft tief liegende Ängste. Wieso genügt die naturwissenschaftliche Behandlung nicht? Steckt dahinter nicht viel mehr als nur, „noch etwas Zusätzliches getan zu haben“? Ist es Verzweiflung, Hoffnung auf Gesundheit um jeden Preis? Geht es letztlich um die Angst vor dem Tod? Eine andere Erklärungsmöglichkeit wäre, daß der Patient mit der Schulmedizin unzufrieden ist, ihr nicht vertrauen kann. Interessanterweise wird aber die Verwendung einer zusätzlichen paramedizinischen Maßnahme häufig bei Patienten beobachtet, welche sich in einer Remission befinden und die es offenbar nicht aushalten, nach Beendigung der Therapie nichts mehr weiter gegen die Krankheit zu tun.

Der Patient steht als *individueller Mensch* im Mittelpunkt unserer Bemühungen. Seine Ansichten und Vorstellungen über die Krankheit und mögliche Heilungsmechanismen sowie -ressourcen und seine Persönlichkeit werden ernst genommen und akzeptiert (er ist nicht „nur ein Fall“). Der Patient und auf Wunsch auch seine Angehörigen werden im wiederholten Gespräch angepaßt über Krankheit, Therapie, Wirkungen und Nebenwirkungen sowie den Verlauf informiert. So kann er besser verstehen, was mit ihm passiert, und hat ein sicheres Gefühl – er fühlt sich nicht wie eine Feder im Wind. *Selbsthilfe* und *Eigenaktivität* erhöhen das Gefühl der *Eigenverantwortung* und *vermindern das Gefühl des Ausgeliefertseins.* Dies bedarf jedoch der guten Information darüber, was er selber zu seinem Wohlergehen beitragen kann, z. B. indem er weiß, wie den Nebenwirkungen am besten vorzubeugen (z. B. der Stomatitis). Dazu gehört auch eine umfassende Beratung zu einer gesunden Lebensführung bezüglich Essen, Sport, Rauchen etc.

Im Gespräch über paramedizinische Maßnahmen muß auf eventuelle Gefahren hingewiesen werden, insbesondere auch auf möglicherweise gefährdete Heilungschancen. Auch die Schädlichkeit bestimmter Maßnahmen, z. B. einer Hungerkur, bedarf vollumfänglicher Information. Gute Information und Instruktion über palliative Maßnahmen sind notwendig. Gerade dann ist es wichtig zu vermitteln, daß alles getan wird, um sein Wohlbefinden zu fördern. Wenn Betroffene trotzdem paramedizinische Helfer aufsuchen, ist dies ein zu akzeptierender Entscheid. Die Rückkehr ins Krankenhaus ist in den meisten Fällen sicher, wenn manchmal auch erst zum Sterben. Diese Betreuung in der Terminalphase wird von „alternativ Tätigen“ selten angeboten. Unsere Beziehung zum Kranken soll auch dann helfend und ohne Vorwürfe sein. (Gedanken zum Umgang mit Aspekten der Paramedizin aus der Sicht der Psychoonkologie s. Kap. 9.)

Individualität in der Krankenpflege vermag dem Patienten zu helfen, sich im Großbetrieb eines Krankenhauses mit rationalbegründeter Medizin besser zurechtzufinden. Das Überdenken von routinehaften Abläufen und unnötigen Sachzwängen ermöglicht eine individuellere und freundlichere Betreuung. In der heutigen Zeit ist man sich der Wichtigkeit zusätzlicher, altbekannter Linderungsmaßnahmen auch wieder vermehrt bewußt.

Weiteres über pflegerische und psychosoziale Unterstützungsmaßnahmen zur Besserung des Wohlbefindens s. Kap. 6, „Unterstützungsmaßnahmen“.

Rolle der Krankenschwester in Behandlung und Pflege von krebskranken Kindern

Die Häufigkeit der Krebserkrankungen bei Kindern ist glücklicherweise viel geringer als bei Erwachsenen. Die Erfolge in der Behandlung von tumorkranken Kindern haben zugenommen, und einige Formen wie akute Leukämien und maligne Lymphome, das Neuroblastom und Nephroblastom, Knochentumoren, wie osteogenes Sarkom und Ewing-Sarkom, z.T. ZNS-Tumoren, können heute zu einem hohen Prozentsatz geheilt werden. Die Tatsache, daß viele Kinder überleben und eine normale Lebenserwartung haben, führt zu ganz neuen Gesichtspunkten in der Betreuung des Kindes und seiner Familie durch das multidisziplinäre, pädiatrisch-onkologische Betreuungsteam. Es versteht sich von selbst, daß die psychosozialen Aspekte in bezug auf die Kinder- und Familienpsychologie einen besonderen Platz einnehmen. Die Krankenschwester steht bei der Pflege mitten in diesen vielfältigen Problemkreisen und kann durch ihre Erfahrung und ihr Verständnis viel zur Wiederherstellung des seelischen Gleichgewichtes von Kind und Familie beitragen. Auch in bezug auf Pflegemaßnahmen kann sie unterstützend durch schwierige Phasen hindurch begleiten.

Information über die Krankheit

Entgegen früherer Ansichten ist man heute der Auffassung, daß ein Kind verstehen soll, um welche Art der Krankheit es sich handelt, damit es sich entsprechend damit auseinandersetzen und auch kooperativ sein kann. Nur wenige Kinder fragen direkt danach, ob sie Krebs haben und wie die Prognose ist. Was gesagt wird, soll aber ehrlich und vollständig sein. Wesentlich scheint nicht die Nennung der Diagnose, sondern das Erwecken von Verständnis für die Krankheit, damit das Unbekannte in der Phantasie des Kindes nicht zum Ungeheuerlichen wird. Die Information muß bezüglich Quantität und Qualität den Bedürfnissen des Kindes, seinem Alter, seinem physischen und psychischen Zustand, seiner seelischen Belastbarkeit und seiner familiären Situation angepaßt werden. Im Vordergrund steht die Orientierung der Eltern als rechtliche Vertreter des Kindes. Es steht ihnen eine vollständige Information bezüglich Therapie,

Nebenwirkungen und Prognose zu, wobei auch bei ihnen die Art und Weise der Informationsvermittlung nicht zur Hoffnungslosigkeit und Resignation führen darf.

Die Pflege des Kindes erfordert immer wieder das Eingehen auf das *Verständnis der Krankheit.* Ängste und Probleme werden nur selten geäußert. Sie sprechen manchmal von Märchenfiguren wie Hexen, bösen Geistern oder wilden Tieren, mit denen sie das Krankheitsgeschehen erklären möchten. Wichtig ist, daß Pflegende auf die Fragen der Kinder antworten und sich nicht mit Ausreden aus der Sache ziehen wollen. Die *gute Vorbereitung auf diagnostische Eingriffe, Therapie und deren Nebenwirkungen* ist für die Kooperation unabdingbar. Dies kann z. B. durch das Üben einer solchen Maßnahme an der Puppe geschehen, mit Hilfe von Zeichnungen oder in Rollenspielen. Dies ersetzt jedoch eine gute, medikamentöse Vorbereitung in bezug auf Beruhigung oder Schmerzbekämpfung nicht, sind doch die Kinder bei intensiven Therapien oft massiven und schmerzhaften Eingriffen ausgesetzt.

Verhaltensprobleme

Die Bedrohung durch eine schwere Krankheit löst bei Kind und Familie eine Verhaltensveränderung aus. Die Angst um das Kind läßt Eltern oft ihre *Erziehungsmaßstäbe ändern.* Ein häufig beobachtetes Problem ist das Zukommenlassen von *zu viel Nachsicht,* was zu Problemen mit der *Disziplin* führen kann. Für die Geschwister ist dies ärgerlich, da sie sich dann vernachlässigt vorkommen und da das ständige Rücksichtnehmen wiederum zu massiven Aggressionen führen kann. Übertriebene Nachsicht äußert sich möglicherweise auch in *Essensproblemen.* Das Kind ißt vielleicht nur das, was es wirklich gern mag und lehnt eine angepaßte Ernährung ab, was bei den Eltern sofort wieder Ängste auslöst. Ein besonderes Problem stellen Zwillinge dar. Der gesunde Zwilling bedarf einer guten Information, um das Verständnis zu haben, warum die Eltern so verängstigt sind und warum sie so viel Zeit für das andere Kind investieren. Das Gefühl des Vernachlässigtwerdens kommt sonst rasch auf, und durch übermäßig gutes oder schlechtes Betragen wird dann die Aufmerksamkeit auf sich gelenkt; es kommt zu *Rivalitätskonflikten. Schlafprobleme* des kranken Kindes werden in der Regel den Hospitalisationsphasen zugeschrieben, und es scheint wichtig, daß das Kind nach der Heimkehr so rasch als möglich wieder in seinem eigenen Bett schläft, insbesondere auch um der Geschwister willen.

Der Zuzug eines *Kinderpsychologen* erweist sich im Verlauf der Therapie und Krankheitsphase sowohl für das Kind als auch seine Familie als hilfreich. Auftretende Schwierigkeiten können analysiert und bekämpft werden. Von großem Wert scheint auch die *Kontinuität der Betreuer* zu sein. Die Anwesenheit des gleichen Arztes, der gleichen Pflegeperson, des Sozialarbeiters oder des Psychologen ermöglicht erst eine effektive Beratung und Unterstützung. In einigen Zentren besteht die Möglichkeit, daß eine Pflegeperson oder ein Sozialarbeiter vom Krankenhaus aus schon bald nach der Entlassung das Kind und seine Familie aufsucht. Dabei können Probleme besser erkannt werden, und die ganze Familie hat die Chance mit einem erfahrenen Spezialisten über Ängste in bezug auf Behandlung und Prognose zu sprechen.

Schulprobleme

Schon während eines längeren Krankenhausaufenthalts wird sobald wie möglich die Schulung wiederaufgenommen. Die meisten größeren Krankenhäuser verfügen über einen eigenen Lehrer, der diesen Kindern individuell nachgehen kann. Dies fördert die schnellere Rückkehr ins normale Leben und verhindert einen massiven Schulstundenausfall. Vor der Rückkehr in die Schule der Wohngemeinde ist es unabdingbar, schon früh Kontakt mit dem zuständigen Lehrer aufzunehmen. Der Lehrer erklärt den Mitschülern die Zusammenhänge über Krankheit und Schulausfall des Kindes und bereitet sie auch vor auf äußere Veränderungen wie z.B. das Tragen einer Perücke. Wenn Mitschüler gut darüber informiert werden, daß diese und jene Erscheinung infolge der Krankheit und Therapie aufgetreten ist, verhalten sie sich in der Regel verständnisvoll und unterstützend. Sie reagieren nur dann roh und seltsam, wenn sie nur Halbwahrheiten wissen und keine Erklärungen für eine spezielle Situation erhalten haben.

Eine *Angst,* die viele Eltern für ihr Kind haben, ist die des *Infektionsrisikos*. Begründeterweise werden Masern und Windpocken außerordentlich gefürchtet. Mit den heutigen Möglichkeiten der Behandlung, z.B. mit Acyclovir oder Prophylaxe mit Immunglobulinen, kann diese Angst reduziert werden. Eltern tun gut daran, trotz allem ein möglichst normales Schul- und Freizeitleben des Kindes zu fördern. Eine Überbehütung kann die emotionale Entwicklung hemmen. Es ist Aufgabe der Krankenschwester, die Eltern diesbezüglich zu beraten und zu ermuntern.

Unterstützungsmöglichkeiten der Eltern

Die *Beziehung zwischen den Ehepartnern* kann durch das Ereignis einer solch schweren Krankheit enorm belastet werden. Vorher bestandene Krisen kommen noch drastischer zum Ausdruck und können gar zur Trennung oder zur Scheidung führen. Durch aufmerksames Hören auf die Eltern kann im Bedarfsfall die Hinzuziehung eines Psychologen vorgeschlagen werden. Dies gilt auch für Kommunikationsprobleme, welche möglicherweise schon vorher bestanden und die durch die anfallenden Probleme noch intensiver geworden sind.

Die *Krankenschwester,* die Hausbesuche durchführt, ist oft in der Lage, schwierig Auszusprechendes zu erwähnen und damit die offene Atmosphäre zu fördern. Depressive Verstimmungen der ganzen Familie und bedrohende Angst zeigen sich möglicherweise in Schlafstörungen, Appetitverlust, Konzentrationsschwäche etc.

Auch *Finanzprobleme* treten oft auf. Insbesondere dann, wenn ein Elternteil die Arbeit aufgeben muß, um für das Kind zu sorgen. Auslagen in Zusammenarbeit mit Behandlung und Therapie, aber auch mit dem Einkauf von unangepaßt teuren Geschenken für das „arme Kind" können den Rahmen sprengen und bedürfen der Abklärung und der Unterstützung durch den Sozialarbeiter der Gemeinde oder der Krebsliga.

An vielen Orten werden *Elterngruppen* gebildet. Sie treffen sich zu gemeinsamen Abenden, Ausflügen oder gar Ferien mit den Kindern und zu Problembesprechungen. Diese Gruppen, im Sinne von Selbsthilfegruppen mit fachlicher Beratung, sind außerordentlich unterstützend und jeder betroffenen Familie anzuraten.

Bei Kindern, die an ihrem Leiden sterben, ist das Ziel der *Heimpflege in der Terminalphase* wünschenswert. Voraussetzungen dazu sind unter „Organisation der Heimpflege" (s. S. 182) beschrieben. Zu Hause bleibt dem Kind die ständige Trennungsangst erspart, und wenn die Pflege im Sinne der „hôpitalisation à domicile" durchgeführt werden kann, ist dies sicher das Beste. Vielerorts gibt es auch Gruppen von Eltern verstorbener Kinder, die sich zur Verarbeitung des Todeserlebnisses noch lange regelmäßig treffen, woraus oft Freundschaften besonderer Tiefe für das ganze Leben entstehen.

Kinderzeichnungen

Kinderzeichnungen verraten außerordentlich viel und sind eine dem Kind angemessene Kommunikationsform. Sie sind ein einfaches Mittel für den Therapeuten, mit welchem er dem Pflegepersonal und auch den Eltern sonst unausgesprochene Bedürfnisse eines Kindes verständlich machen kann. Zeichnungen werden auch in Zusammenhang mit dem Beitrag zur Frühdiagnose, Prognose und Therapie von Kindern mit malignen Tumoren gebracht. Der im Hinblick auf den Krankheitsverlauf präzise, prognostische Gehalt von Kinderzeichnungen läßt den Betreuer oft verblüffen. Streng wissenschaftlich gibt es darüber jedoch keine Daten. Als Beispiel werden hier sechs Bilder eines Kindes im Verlauf seiner Krankheit dargestellt (Abb. 7.**2a–f**).

a

Abb. 7.**2 a–f** Bilder eines 6½ Jahre alten Kindes (Armin) mit lymphatischem Lymphosarkom (aus Bürgin, D.: Das Kind, die lebensbedrohende Krankheit und der Tod. Huber, Bern 1978).
a Entstanden am Anfang der Therapie. Auffallend an der dargestellten Dampflokomotive ist z. B., daß sie in der Luft hängt, nur drei Räder miteinander und mit der Lok verbunden sind, eines ganz isoliert ist und daß die sechs Kohlestückchen im Tender wahrscheinlich einem Hinweis auf das eigene Alter entsprechen.

b

b Auffälliger Baum, offener Boden und Himmel; repetiert dreifach den Hinweis auf das Lebensalter: sechs Äste, sechs Zaunpfähle – und entspricht einer nachdrücklichen Standortbestimmung.

c

c Nach prophylaktischer Kopfbestrahlung mit ausgedehntem Haarausfall: Max, das Selbstbild vorher, Moritz, dieses nach der Bestrahlung? „Hühnerfalle" als Pluszeichen der Zusammengehörigkeit der beiden Figuren?

d

d 26 Monate später entstanden. Im Intervall war ein erstes Knochenmarkrezidiv aufgetreten, wonach nur noch eine Teilremission mäßigen Ausmaßes hatte erzielt werden können. Der Sockel der Blumenvase hat die gleiche Struktur wie der der Kerze. Armin weist also auf die Zugehörigkeit hin, betont aber auch den Unterschied zwischen sich (Kerzenstumpf) und den restlichen drei Familienmitgliedern (blühende Pflanzen). Das Faktum des Auslöschens ist akzeptiert (Original farbig).

e

e 4 Tage danach: Das Züglein ist über eine sehr schwache Brücke gefahren, die von acht ausgesprochen dünnen Pfeilern getragen wird (er ist zu diesem Zeitpunkt achtjährig). Das Ende der Fahrt (der Tod) steht bevor. Es geht in einen dunklen Tunnel (Grab). Allerdings ist die dazugehörige Steigung kaum zu überwinden, und auch der Rauch der Lok scheint sich dagegenzustellen. Das Unausweichliche wird noch nicht 100%ig akzeptiert. Noch besteht eine fühlbare Ambivalenz: Wenn ich nur stehenbleiben könnte! (Original farbig).

f
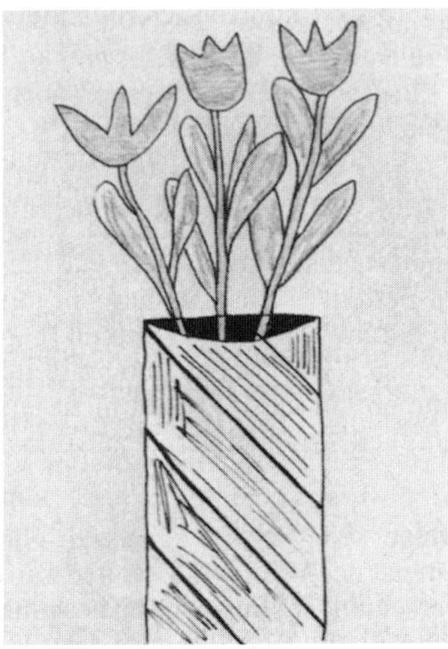

f 4 Tage später, 5 Tage vor dem Tod: Die Kerze fehlt. Armin greift voraus auf das Weiterbestehende: die drei Hinterbliebenen der Familie. Er hat aufgegeben. Von ihm ist nur noch der Name da, der links und rechts am Fuß der Vase angebracht ist (auf Reproduktion weggelassen). Die Zeichnung ist sehr farbig, fast fröhlich. Es ist, als versuchte er, seine Angehörigen zu trösten: Nehmt das nicht so tragisch; es war alles bloß ein böser Traum!

Für die Rolle und Aufgabe des Krankenpflegepersonals bei der Schmerzbekämpfung, Verminderung von Übelkeit/Erbrechen, Verhütung von Haarverlust, Schleimhautproblemen, Blutung, Infektionen und bei Problemen der Venenpunktion wird auf das Kap. 6, „Unterstützungsmaßnahmen in der Behandlung und Pflege von Tumorkranken“, verwiesen.

Viele Kinder können heute geheilt werden, und es ist außerordentlich wichtig, daß sie sobald als möglich wieder ein normales Leben führen und sich normal weiterentwickeln können. Die Unterstützung des Kindes als auch seiner Familie ist dabei notwendig und wertvoll. Es besteht auch immer die Gefahr, daß Betreuer sich zu stark in die Rolle der Unterstützung begeben. Als Professionelle müssen wir herausfinden, welches die richtige Balance ist zwischen verfügbarer, unterstützender und anbietender Beratung, ohne die Fähigkeit der Familie, ihre eigenen Entscheidungen zu treffen, zu beeinträchtigen.

Pflege von Krebskranken: Belastungen des Betreuers, Auswirkungen und vorbeugende Unterstützungsmaßnahmen

Psychische Belastungen in der Pflege Tumorkranker

Zweifellos werden Pflegende bei der Betreuung Krebskranker psychologisch ganz besonders herausgefordert. Sie sind konfrontiert mit mehr oder weniger bösartigen Krankheiten, die an die *Vergänglichkeit des menschlichen Lebens* und an ihren *eigenen Tod* erinnern. Die *Trauer der Patienten* und deren Angehörigen und das sich wiederholende *Abschiednehmen* beeinflussen die Gemütslage und können als belastend empfunden werden. Junge Krankenschwestern/-pfleger beginnen oft mit viel Enthusiasmus und großem Helferwillen, Tumorkranke zu pflegen. Nach einer gewissen Einarbeitungszeit beginnen sie dann zu erfassen, daß dieses Helfen nicht so einfach ist, daß der Betreuer selbst, zusammen mit dem Kranken, die Verarbeitungsphasen durchwandern lernen muß. Dabei kann er selber eine *Persönlichkeitsentwicklung* erleben und an Reife und Tragfähigkeit gewinnen, es sei denn, er hält diese Phasen nicht aus und verspürt für sich selber die Notwendigkeit, das Fachgebiet zu verlassen.

Psychische Belastung durch die Pflege von Schwerkranken. Sie kommt, nach eigenen Beobachtungen, meist nach einigen Monaten zum Durchbruch und manifestiert sich auf verschiedene Weise. Oft ist es eine undefinierbare Unzufriedenheit mit sich selber, Arbeitsunlust, das Gefühl, den Patienten und den Mitarbeitern nicht zu genügen. Auflehnung oder Aggressivität gegenüber Mitarbeitern, den Strukturen und Patienten werden beobachtet. Falsche Vorstellungen vor Stellenantritt über „unbegrenzten menschlichen und zeitlichen Einsatz auf onkologischen Stationen“ führen zu Enttäuschungen. Die eigene Unfähigkeit, sich im Rahmen des Möglichen für Krebskranke übermäßig zu engagieren, wird oft auf Mitarbeiter und Betrieb projiziert. In einer solche Phase ist es besonders wichtig, daß fachlich und psychologisch erfahrene Mitarbeiter sich um die Kollegin kümmern. Einzelgespräche mit erfahrenen Pflegepersonen sowie supervisionierte Gruppengespräche können helfen, diese Krisenzeiten zu analysieren und sich sachlich auseinanderzusetzen, aber auch, angestaute Gefühle auszudrücken. Fachliche, praktische Hilfe und gute Instruktion vermögen Überforderung, Unsicherheit und Angst abzubauen. Kollegialität im Team ist zu diesem Zeitpunkt mitentscheidend über das Verbleiben der Krankenschwester am Arbeitsplatz. Nicht jede Krankenschwester hat die Gabe, längerfristig mit Tumorpatienten zu arbeiten. Dies muß im gemeinsamen Gespräch abgewogen und erkannt werden. Die Pflegeperson, welche sich nach einer schwierigen Phase erneut in adaptierter Form für die Pflege von Tumorkranken einsetzen will, wird eine belastungsfähige und hilfreiche Onkologieschwester werden.

Burn-out-Phänomen = Ausgebranntsein

Die Betreuung von Krebskranken braucht auch für erfahrenes Krankenpflegepersonal immer wieder viel Kraft, Ausdauer und Zuversicht. Pflegende und Ärzte, welche für diese Arbeit zuwenig Unterstützung erhalten oder annehmen, sind besonders gefährdet, vom sog. Burn-out-Phänomen betroffen zu werden. Maslach (1982) definiert es als Syndrom physischer und emotionaler Erschöpfung, welches zu einer negativen Einstellung gegenüber sich selbst und dem Berufsbild sowie zum Verlust von patientenbezogenen Gefühlen führt. Die Ursachen des Syndroms sind vielfältig. Meistens handelt es sich um eine Anhäufung mehrerer Problemkreise, welche persönlicher, beruflicher, ausbildungstechnischer oder auch betriebsorganisatorischer Natur sein können. Nach Freudenberger (1974) gibt es Risikogruppen, die für das Burn-out-Syndrom prädisponieren. Es betrifft vor allem Personen, welche die Arbeit als Ersatz für das Privatleben sehen, Vorgesetzte, die sich unersetzlich fühlen, autoritäre Mitarbeiter und solche, die zu einem Auftrag nie nein sagen können.

Besonders *gefährdet* sind ebenfalls Personen, die sich *mit den Patienten zu stark identifizieren.* Bei dieser Identifikation kommt es zu Schwierigkeiten, indem die Probleme des Patienten zu den persönlichen Problemen des Pflegepersonals werden. Die Betreuer leben die Verarbeitungsphasen mit und verlieren die natürliche Distanz, die ein solches Miterleben erträglich macht. Da es aber unmöglich ist, das wiederholte Leiden der vielen Patienten an sich selber zu erleben, ist das Ausgebranntsein vorprogrammiert. Der Gefahr einer zu intensiven Identifikation mit den Kranken sind auch Betreuer ausgesetzt, die kürzlich die Erkrankung eines nahestehenden Familienmitgliedes erlebten. Die persönliche, innere Belastung durch die Krankheit eines Familienmitgliedes wird dann möglicherweise in die anderen Patienten hineinprojiziert, was zu einer untragbaren Last wird. Personen mit hohen Erwartungen an sich selbst und mit starkem Bedürfnis, akzeptiert zu werden und geliebt zu sein, sind ebenfalls gefährdet. Unrealistische, unzahlbare Betreuungsformen sind manchmal Zielvorstellungen, die Frustrationen auslösen, weil sie nie erreicht werden können. Eine weitere Ursache des Burn-out-Phänomens liegt mit Sicherheit in der wiederholten Konfrontation mit dem Tod bzw. mit Sterbenden und mit den trauernden Angehörigen.

Engagierte Krankenschwestern haben gerade wegen ihrer intensiven Patientenbeziehung oft auch Schwierigkeiten, den Wert und die Ethik gewisser *Forschungsprogramme* zu akzeptieren. *Betriebliche Mängel* wie *mangelnde Unterstützung* und Beratung des Pflegepersonals, *komplizierte oder mangelnde Strukturen, schlechte Kommunikation* und kleinliche Vorschriften sowie die Überlastung einzelner zehren an der Energiereserve und tragen so ebenfalls zum Burn-out-Phänomen bei.

Typische Symptome des Ausgebranntseins. Als diese werden Kopfweh, Magenschmerzen, steifer Nacken, Schlaflosigkeit, Rückenschmerzen, Infektanfälligkeit (häufige Erkältungen) und Müdigkeit beschreiben. Auch psychische Symptome wie Entscheidungsschwierigkeiten, Nichtzuhörenkönnen, rasches Wütendwerden bzw. emotionale Reizbarkeit und Affektlabilität sind zu beobachten. Es entsteht eine Neigung zu sturem und rigidem Verhalten, was die Teamatmosphäre belasten kann. Wiederholtes, zu langes Verweilen am Arbeitsplatz, ohne entsprechende Mehrleistung, leitet die Betroffenen in die soziale Isolation. Als terminale Phase des Burn-out-Syndroms wird die totale Abscheu gegenüber sich selbst, allem und jedem beschrieben.

Viele berufsabhängige sowie berufsunabhängige Faktoren scheinen eine Rolle zu spielen, so z.B. die Anzahl der Berufsjahre als Onkologieschwester sowie das Alter. Nach einer bestimmten Zeit und positiver Überwindung erster Schwierigkeiten werden Pflegende zuversichtlicher und erfahrener; vielleicht lernen sie auch, helfende Methoden besser zu ergreifen, welche über ausbrennende Arbeitsaspekte hinweghelfen. Interessant ist die Feststellung, daß die höchste Stufe von Burn-out-Gefühlen im Zusammenhang mit der Organisation des Betriebs und mit den Ärzten verzeichnet wurde. Die niedrigste Stufe dieses Phänomens wurde in Zusammenhang mit den Patientenproblemen gebracht. Dies führt zur Folgerung, daß die Probleme im Zusammenhang mit Betrieb und Zusammenarbeit mit anderen Berufsgruppen oft bedeutend belastender sind als die Patienten selber, bei deren Pflege auch sehr viel Schönes und Erfüllendes erlebt wird. *Neuere Untersuchungen* zeigen auch auf, daß *Onkologieschwestern,* im Vergleich zu anderweitig tätigen Krankenschwestern im Krankenhaus z. B. in Notfallstationen oder im Gebärsaal, *einem ähnlich erhöhten Risiko* des Ausgebranntwerdens ausgesetzt sind. Es scheint, daß gut auf die Arbeit vorbereitete Pflegepersonen auch besser lernen, hilfreiche Entlastungs-Strategien anzuwenden; sie lernen Grenzen zu akzeptieren und achten auf Überforderungssymptome.

Unterstützungsmaßnahmen für die Betreuer

Es gibt viele Möglichkeiten, daß Burn-out-Phänomen zu verhüten. Dies kann jedoch nur in sehr individueller Weise angegangen werden:

- Besuch einer Balint-Gruppe oder die Durchführung von regelmäßigen Gruppengesprächen an Stationen mit Schwerkranken,
- Austausch im Kollegenteam,
- Erhöhung des Selbstimage und der Berufszufriedenheit durch die Bestätigung der Betreuer, die Förderung durch Weiterbildungsmöglichkeiten, angepaßte Entlohnung und Dienstzuteilung im Betrieb,
- regelmäßige Kontakte und gute Beziehungen zu Freunden,
- Verarbeiten der Probleme und Kraftschöpfen in einer tragenden Gottesbeziehung,
- geregelte Freizeit, ausgewogene Ernährung und regelmäßiger Sport tragen zu physischer und psychischer Erholung bei.

Jeder Betreuer müßte lernen, wirksam für sich selbst zu sorgen, sich auch selbst pflegen zu lassen. Nach der Arbeit „abzuschalten", bedeutet z. B. für die einen, ein heißes Bad nehmen, für die anderen, zum Friseur gehen, sich in einer Krisenzeit etwas besonders Schönes zu kaufen usw. Sich selbst eine Freude bereiten, ist etwas Individuelles und muß von jedem Betreuer für sich selbst erkannt und gepflegt werden.

An manchen Kliniken sind, oft auf Verlangen der Onkologieschwestern, besondere Hilfsprogramme in der Form von supervisionierten Gruppenzusammenkünften organisiert. Angst vor Krankheit und Tod sowie Unkenntnis und mangelnde Übung im mitmenschlichen Umgang geben oft das Motiv zu solchen Gruppensitzungen. Ziele solcher Gespräche können sein: Erleichterung der Kommunikation der Betreuer untereinander, Reduktion inneren Unbehagens, Steigerung der gegenseitigen Unterstützung und besseres Verständnis der Patienten.

Es gilt als Regel, daß eine gute Krankenschwester keine „bösen" oder feindseligen Gedanken über Patienten haben darf. Verspürt sie aber dennoch Aggressionen gegen einzelne schwierige Patienten, fühlt sie sich unter ihren Kolleginnen isoliert und kann nicht mehr offen mit ihnen kommunizieren. Außerdem kann sie, wenn sie ihre eigenen Gefühle nicht versteht und annimmt, auch diejenigen der Patienten nicht verstehen und annehmen. Dadurch kann die Arbeitsfähigkeit wesentlich beeinträchtigt werden. In Gruppensitzungen unter der Leitung eines Psychologen können derartige Reaktionen aufgefangen werden. Die Erkenntnis, daß auch Ärzte in solchen Lagen nicht „omnipotent" sind, kann das Klima zwischen Pflegenden und Ärzten wesentlich verbessern.

Wenn nebst der psychischen Belastung auch noch die Überforderung durch zu hohe Arbeitslast dazu kommt, läßt das „Ausgebranntwerden" nicht lange auf sich warten. Es ist deshalb unabdingbar, daß Pflegedienstleitungen und Krankenhausverwaltungen diesem Aspekt Rechnung tragen und die Stellenpläne entsprechend überwachen.

Literatur

Bürgin, D.: Das Kind, die lebensbedrohende Krankheit und der Tod. Huber, Bern 1978

Cook, D. J.: Music as an intervention in the oncology setting. Cancer Nurs. 9 (1986) 23–28

Freudenberger, H. J.: Staff burn-out, J. soc. Iss. 30 (1974) 159–165

Glaus, A.: Pflege von Tumorkranken. Hilfsmittel für den berufskundlichen Unterricht. RECOM, Basel 1987 (S. 167)

Glaus, A.: Analyse der Belastungen der Helfer in der Onkologie. In: Österreichische Gesellschaft für Psychoonkologie, Beiträge zur Psychoonkologie. Facultas Universitätsverlag, Wien 1991.

Hickey, S.: Enabling hope. Cancer Nurs. 9 (1986) 133–137

Horner, A.: Unterstützung des krebskranken Kindes und seiner Familie. In: Glaus, A., H.-J. Senn: Unterstützende Pflege Tumorkranker. Springer, Heidelberg 1988

Jenkins, F. J.: Evaluation of burn-out in oncology nurses. Cancer Nurs. 9 (1986) 108–116

Kesselring, A.: Social network and support perceived by Swiss cancer patients. Cancer Nurs. 9 (1986) 156–163

Kübler-Ross, E.: Reif werden zum Tode, 2. Aufl. Gütersloher Verlagshaus, Gütersloh 1982

Maslach, C.: Burn-out, a review of the literature with application to cancer nursing. Cancer Nurs. 3 (1982) 211–217

Meerwein, F.: Einführung in die Psycho-Onkologie. Huber, 4. Aufl. Bern 1991

Pfeiffer, S.: Gesundheit um jeden Preis, 8. Aufl. Brunnen Verlag, Basel 1983

Senn, H.-J., P. Drings, A. Glaus, W. F. Jungi, R. Sauer, P. Schlag: Checkliste Onkologie. Thieme, 4. Aufl. Stuttgart 1997

Sontag, S.: Krankheit als Metapher. Fischer, Frankfurt 1981 (S. 23)

Vachon, M. L. S.: Measurement and management of stress in health professionals working with advanced cancer patients. Death educat. (1978) 365–375

8 Wahrhaftigkeit am Krankenbett bei Tumorpatienten

H.-J. Senn

8 Wahrhaftigkeit am Krankenbett bei Tumorpatienten

H.-J. Senn

Krebs ist ein ausgesprochenes – und oft auch nicht ausgesprochenes – Reizwort. Es löst bei den meisten Menschen automatisch eine ganze Welle negativer Gefühle aus und wird sowohl von den Betroffenen wie auch deren Umwelt meist unmittelbar mit Vorstellungen von *Schmerzen, Leiden* und *Tod* in Zusammenhang gebracht.

Dieses vorurteilhafte Denken ist nicht nur in der Bevölkerung (den sog. medizinischen Laien) noch weit verbreitet, sondern greift tief hinein in die Reihen der Ärzteschaft und der Pflegeberufe, was für Krebskranke und deren nächste Bezugspersonen u. U. zu einem schwerwiegenden Kommunikationsproblem werden kann.

Wird im Rahmen der Behandlung nichtmaligner Tumorkrankheiten mit vergleichbar schlechter Prognose in erster Linie das Positive erlebt und im Gedächtnis festgehalten, so wird im Umgang mit Krebskranken viel eher das Negative fixiert, d. h., man zählt sich selbst und anderen dauernd auf, wie viele bekannte oder unbekannte Menschen dieses „Scheusal unter den Krankheiten" (Zitat aus der Diplomarbeit einer Pflegeschülerin) bereits dahingerafft hat. Die Tatsache, daß im Durchschnitt heute jeder dritte Tumorpatient langfristig „geheilt" werden und gesund und sozial integriert sein Leben heute vielleicht viel bewußter gestalten kann als früher, wird weitgehend verdrängt.

Man gewinnt in diesem Zusammenhang als Arzt und Betreuer vieler Tumorkranker oft den Eindruck, ein Patient dürfe an allen anderen, „normalen" Krankheiten bzw. Todesursachen sterben – nur nicht an Krebs.

Auf diesem emotional vorurteilshaften Hintergrund ist es nicht verwunderlich, daß das Informationsproblem und der Kontakt zwischen Tumorpatient, Angehörigen, Ärzten und Pflegepersonal eine andere Dimension aufweist als die psychosoziale Erlebniswelt in anderen Bereichen der medizinischen Betreuung. Es ist eine leidige Tatsache, daß es mit der Arzt-Patient-Angehörigen-Beziehung bei Tumorkranken bei uns noch nicht zum besten bestellt ist. Dabei hätten gerade viele dieser vom Schicksal ohnehin schwer geprüften Patienten und deren mitbetroffene

Angehörige eigentlich ein spezielles Anrecht auf eine besonders gute psychologische Betreuung durch Arzt und Pflegepersonal. Bis in die 90er Jahre hinein entzogen sich viele Ärzte und Schwestern dieser zeitraubenden, herausfordernden, jedoch wichtigen und dankbaren Aufgabe.

Das Bild hat sich indessen in den letzten Jahren tiefgreifend verändert. Eine große Mehrheit insbesondere jüngerer Arztkollegen und Pflegepersonal erachtet es heute als selbstverständlich, daß auch Tumorkranke grundsätzlich und in angepaßter Weise über ihre Krankheit sowie deren Folgen und Behandlungsmöglichkeiten informiert werden. Im Vordergrund steht dabei längst nicht mehr das „Ob", sondern das „Wie" und das „Wann", vielleicht auch noch die Frage „Durch wen"? Anders wäre wohl auch die Durchführung differenzierter onkologischer Therapiepläne gar nicht mehr denkbar.

Immer wieder begegnet man indessen im täglichen Umgang mit Krebspatienten und deren Angehörige auch heute noch Situationen von hilfloser bis krasser und folgenschwerer Nicht- bzw. Fehlinformation, und es ist schwer abzuschätzen, welche Art von Informationstaktik in der durchschnittlichen Hausarztpraxis oder im typischen Allgemeinspital landauf und -ab gehandhabt wird. Wahrscheinlich bestehen diesbezüglich auch erhebliche nationale und regionale Unterschiede, basierend auf soziokulturellen sowie didaktischen Differenzen.

Besondere Probleme des Tumorpatienten

Was macht denn die Tumorkranken „anders" als andere Patienten in der Praxis oder im Spitalzimmer? Die psychologischen Probleme im Umgang mit dieser Patientengruppe sind mannigfaltig. Sie haben einerseits zu tun mit eher unspezifischen, dem erfahrenen Arzt und der erfahrenen Pflegeperson gut vertrauten Problemkreisen wie z. B. der Auswirkung körperlicher Leiden auf die Psyche des Kranken, die Interaktionen der Angst des Patienten mit somatischen Körperfunktionen und Bedürfnissen, der Umgang mit sozialen, beruflichen und finanziellen Nöten und Sorgen, welche alle in wechselnder Palette auch chronische Krankheiten anderer Art unterschiedlich stark begleiten.

Neu dazu gesellt sich jedoch ein weiterer Problemkreis, welcher für Tumorkranke zwar nicht spezifisch, jedoch außerordentlich charakteristisch ist, nämlich die (oft unbewußte) negative Einstellung zu einer Patientengruppe, über welcher – entsprechend tiefverwurzelten gesellschaftlichen Vorurteilen – in offener oder verkappter Weise das Damoklesschwert der Unheilbarkeit und des möglichen Siechtums schwebt, verbunden mit bevorstehender bzw. endgültiger ärztlicher Ohnmacht. Die Schlagwort-Kaskade „Krebs = Schmerz (Leiden) = Tod" prägt auch heute noch unser Denken bis tief hinein in die Arzt- und Pflegekreise. Nur allzuoft werden diese tumorassoziierten psychologischen Probleme und Barrieren von den Betreffenden verdrängt, was sich u. U. für das Arzt-Patienten-Verhältnis und auch für eine objektiv angepaßte medizinische Entscheidungsfindung ungünstig auswirken kann.

Dabei ist nicht zu verkennen, daß viele der heute noch tätigen Ärzte in der Praxis und in leitender Stellung in Klinik- und Weiterbildungspositionen im Laufe ihres eigenen Studiums und während ihrer eigenen Assistentenjahre durch Wort, Weisung und Vorbild eher dazu erzogen wurden, unangenehmen Gesprächen mit sog. unheilbaren Patienten auszuweichen. Teilweise wurden sie nicht nur zum Schweigen und zum Fliehen, sondern auch zur „gnädigen Lüge“ angeleitet – einleuchtenderweise im Interesse des ohnehin durch sein Schicksal schwer geprüften Krebspatienten. Nach eigenen Erfahrungen waren und sind es fast ausschließlich Tumorkranke, bei welchen dieses fragwürdige Ausweichmanöver praktiziert wird. Das ist eigentlich erstaunlich, gibt es doch (zumindest im Erfahrungsbereich des Internisten) noch eine ganze Reihe weiterer, letztlich ebenfalls „unheilbarer“ Krankheiten im Leben auf Zeit: chronische Niereninsuffizienz, dekompensierte Leberzirrhose, chronische Herzinsuffizienz usw. Es ist indessen wahrscheinlich, daß die Krebspatienten in bezug auf das ärztliche Informationsproblem von seiten der Aids-Szene Gesellschaft erhalten: Der sarkastische (jedoch nicht ganz unzutreffende) Spruch „Lieber Krebs als Aids“ ist zumindest in den USA bereits zu einem gesellschaftsfähigen Schlagwort geworden!

Ausmaß der Konfrontation mit Sterben und Tod

Besondere Schwierigkeiten im Umgang mit sog. unheilbaren Patienten haben nach unserer Erfahrung viele operativ tätigen Kollegen, aber leider auch auffallend viele Hausärzte, und dies nicht nur aus der älteren Generation. Dieser auf den ersten Blick paradoxe Umstand läßt sich vielleicht zum Teil aus Abb. 8.**1** erklären. In dieser Grafik wurde versucht, die klinik- bzw. fachspezifischen „Todeskonfrontationen“ der einzelnen Kliniken des Kantonsspitals St. Gallen aus dem Jahre 1980 quantitativ darzustellen: Anders ausgedrückt, es wurde der Anteil der in der betreffenden Klinik verstorbenen Patienten als Prozentwert der Gesamteintritte errechnet.

Auf den ersten Blick wird evident, daß der Spitalinternist und sein zugeordnetes Arzt- und Pflegepersonal die Hauptlast dieser Sterbekonfrontation mit unheilbaren Patienten zu tragen haben, sehen sie doch im Durchschnitt jeden 10. eintretenden Patienten in seiner Klinik sterben. Dieser

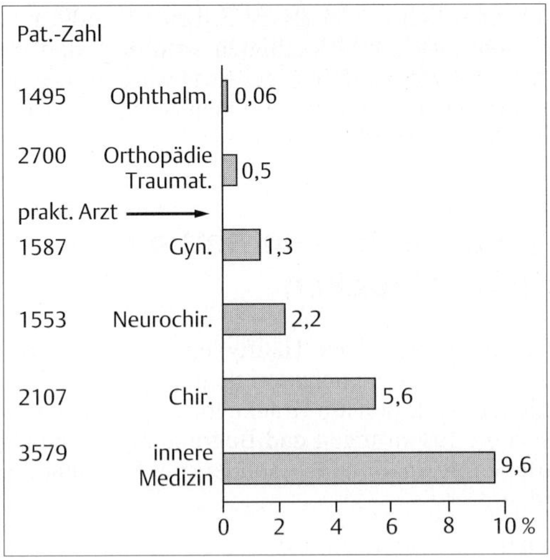

Abb. 8.**1** Prozentsatz der in den Bettenstationen verstorbenen Patienten, gemessen am Total der stationären Eintritte der betreffenden Klinik; Kantonsspital St. Gallen, 1994.

hohe Prozentsatz sinkt in der Viszeralchirurgie oft getrennt von der orthopädischen Chirurgie) auf immerhin noch 5 % ab und liegt bei den übrigen Kliniken um 1–2 %. Todesfälle in der Augenklinik und in der Dermatologie sind eine seltene Tragödie; meistens werden entsprechende Patienten vorher noch in die medizinischen Abteilungen verschoben.

Nicht zu verkennen ist auch, daß der Großteil der praktizierenden Ärzte in dieser Grafik ebenfalls ganz weit oben, d. h. im tiefsten Bereich der Todeskonfrontationen angesiedelt werden müßte. Angesichts der Tatsache, daß auch heute noch über 60–70 % (in größeren Städten bis 90 %) der Todesfälle in Spitälern und Pflegeheimen stattfinden, sieht ein Hausarzt bei einer mittleren Sterberate von 10 pro Jahr und 1000 Lebende in seinem Sprengel zu Hause jährlich höchstens 3–4 Todesfälle, davon vielleicht *einen* terminalen Krebspatienten. Selbstverständlich müßte neben den quantitativen Aspekten dieser Sterbekonfrontationen auch die Art und Dauer dieser Patienten-Arzt-Interaktionen bei terminalen Kranken gewertet werden. Zudem dürften von Praxis zu Praxis in Stadt und Land erhebliche Unterschiede bestehen. Es bleibt zu hoffen, daß sich die derzeit recht einseitig verteilte Last der Sterbekonfrontationen in den internistischen Spitalabteilungen durch effektivere Spitex-Bemühungen wieder vermehrt in die hausärztliche Praxis und auf mehr Schultern verlagert. Dafür allerdings bedarf es nicht nur eines ärztlichen, sondern vielmehr eines grundsätzlichen Umdenkens und einer gewichtigen Motivationsänderung in der Bevölkerung, d. h. bei Angehörigen, Freunden und Nachbarn. Der Tod müßte gesellschaftlich wieder als ein Teil unserer irdischen Existenz betrachtet und nicht von allen Beteiligten verdrängt und im Endeffekt als ein ärztliches Mißerfolgserlebnis gewertet werden! Davon sind wir aber noch weit entfernt, v. a. in der ärztlichen, weniger ausgeprägt in der pflegerischen Grundausbildung.

Gründe für und gegen eine wahrhaftige Information bei Tumorkranken

Nachdem wir anhand der unterschiedlichen Häufigkeit von Sterbekonfrontationen einige Rückschlüsse auf die Schwierigkeiten einzelner Ärztegruppen im Umgang mit der „Wahrheit am Krankenbett" zu ziehen versuchten, interessieren auch die Erklärungen und Begründungen, die bis heute noch gegen eine offene Information insbesondere bei Krebspatienten ins Feld geführt werden.

Tab. 8.**1** faßt vorerst einmal die Gründe zusammen, welche aus internistisch-onkologischer Sicht *für* eine offene, wahrhaftige Information – auch und gerade bei Krebspatienten – sprechen. Dabei handelt es sich nicht um trockene Schreibtischargumente, sondern um Einsichten und Verhaltensmusteränderungen, welche die Frucht einer langjährigen praktischen Auseinandersetzung mit diesem ganzen Fragenkomplex beinhalten.

Tabelle 8.**1** Gründe für eine offene Patienteninformation

1. Vertrauensbasis schaffen
   die ohnehin sinkende Glaubwürdigkeit der Ärzteschaft nicht durch Unwahrhaftigkeit aufs Spiel setzen
2. Vermeiden zusätzlicher Isolation des Patienten von seinen Betreuern
3. Verständnis wecken für seine Krankheit und für nötige Behandlung (Kooperation)
4. Erleichterung von Pflege und seelischer Begleitung des Kranken
5. den Patienten nicht um wertvolle Lebenszeit betrügen (Reifung, Ablösung, Verarbeitung)

In Tab. 8.**2** sind eine Reihe von Gegenargumenten zusammengefaßt, welche vielfach von ärztlicher – auffallend wenig indessen von pflegerischer – Seite *gegen* eine offene, wahrhaftige Informationsvermittlung bei Tumorpatienten vorgebracht werden. Bei diesen Gegenargumenten über-

Tabelle 8.**2** Gründe gegen eine offene Patienteninformation

1. Angst vor den Folgen der Information: Schutz des Patienten durch „gnädige Lügen" (oder vielleicht Selbstschutz des Arztes?)
2. Intelligenz- und Reifegrad des Kranken
3. Suizidgefahr bei Krebspatienten
4. therapeutischer Nihilismus (kasuistische Einzelerfahrung, Vorurteile, mangelhafte Weiterbildung)
5. Angehörigeninformation genügt: sei „einfacher" für den Arzt und „schütze" den Kranken

kommen uns immer große Zweifel in bezug auf deren Altruismus. Insbesondere bei der oft ins Feld geführten „Angst vor den Folgen eines offenen Gesprächs" fragt man sich immer, wer denn da eigentlich mit der vorenthaltenen oder gar entstellten Wahrheit vor was geschützt werden soll: der angeblich nicht belastbare Tumorpatient vor der bitteren Einsicht in seine schlimme Lage – oder etwa der medizinisch machtlose Informationsvermittler vor den unangenehmen Rückfragen und Reaktionen des Patienten.

Diesselbe Frage stellt sich vielfach auch bei entsprechenden „Informationsverboten", welche man im Umgang mit Krebskranken häufig von völlig überwältigten (und sich dadurch selbst schützen wollenden) Angehörigen erhält. Es ist oft erstaunlich, was in diesbezüglichen eingehenden Gesprächen mit Arztkollegen, Pflegepersonen und Angehörigen an uneingestandener „Krebsangst" und verdrängter eigener Todesangst zum Vorschein kommt.

Bezüglich *Suizidgefahr* bei Tumorpatienten gehen die Ansichten etwas auseinander. Die meisten (europäischen) Autoren sind der Ansicht, daß Selbsttötungsversuche und erst recht geglückte Suizidfälle in dieser schwer geprüften Patientenkategorie prozentual seltener seien als in der gesunden Durchschnittsbevölkerung. Neuere amerikanische Untersuchungen weisen indessen auf eine möglicherweise doch leicht erhöhte Suizidrate bei Krebskranken hin. Während unseres eigenen jahrelangen klinischen und poliklinischen Umgangs mit über 20.000 Tumorkranken haben wir mit Wissen lediglich 4 Fälle erlebt, in denen das Erfassen von Diagnose und Prognose möglicherweise zum (erfolgreichen) Suizid führte. In allen 4 Fällen handelte es sich ausnahmslos um auffällige prämorbide Persönlichkeiten bzw. um Menschen in arger psychosozialer oder familiärer Bedrängnis nebst ihrer Krebskrankheit. Es ist im Gegenteil immer wieder erstaunlich zu erleben, wie viele dieser vom Schicksal hart angepackten Kranken im Laufe ihrer monate- bis jahrelangen Krankheit zu einer tragfähigen Verarbeitung ihres Leidens und ihrer Prognose heranreifen!

Was meint der Tumorpatient zur Wahrhaftigkeit seiner Betreuer?

Im Gegensatz zur hausärztlichen Praxis und dem Allgemeinkrankenhaus betreut ein Tumorzentrum viele Hunderte dieser medizinisch und psychisch oft schwierigen und anspruchsvollen Patienten. Es entwickelt sich daraus zwangsläufig zu diesen Patienten eine *vertiefte Beziehung*, welche nicht zuletzt Frucht vieler eingehender Gespräche ist – Schicksalsgemeinschaften, welche oft bis in die Sterbephase bestehenbleiben. Vielfach sind der Tumorspezialist und Onkologipflegepersonen nicht so sehr kraft ihrer besseren modernen Therapiemöglichkeiten als kraft ihrer *größeren menschlichen Erfahrung im Umgang mit Tumorkranken* eine Art von „Ombudsmann", welcher in der verständlichen Verzweiflungssituation des Patienten zwischen diesem, seinen Angehörigen, dem überlasteten Hausarzt und dem am Problem nicht länger interessierten früheren Chirurgen vermitteln soll.

Das Ausmaß des Informations- und Kommunikationsnotstands im Umgang mit Tumorkranken in Praxis und Allgemeinkrankenhaus kann nur ermessen, wer gewohnt – und auch bereit – ist, sich mit diesen Menschen und ihren Sorgen zusammenzusetzen. Die Tab. 8.**3** enthält einige der häufigsten *Klagen* Tumorkranker. Es handelt sich dabei nicht um zusammengesuchte Raritäten, sondern um Musterbeispiele von Antworten und Gesprächen Hunderter von Krebspatienten. Diese Patientenaussagen sind es wert, ernst genommen und überdacht zu werden. An dieser Kommunikationsnotlage ändert sich auch dann nichts Wesentliches, wenn stets die-

Tabelle 8.**3** Häufigste Klagen schlecht oder nicht informierter Tumorkranker

- „Ich glaube, mein Hausarzt hat Angst vor mir. Er läßt mich während der kurzen Zeit in der Sprechstunde nie zu Wort kommen und geht mir wo immer möglich aus dem Weg."
- „Ich bin froh, wieder einmal ins Krankenhaus kommen zu dürfen. Hier kann ich endlich wieder offen über meine Krankheit und meine Probleme reden."
- „Ich komme mir vor wie aussätzig oder ausgestoßen. Man tuschelt mit meinen Angehörigen und weicht mir aus. Alle sind so komisch."
- „Mein Arzt meint zwar, ich wüßte nicht, daß ich Krebs habe. Ich möchte ihn damit nicht auch noch belasten."
- „Warum hat man mir das nicht alles viel früher gesagt? Man hat mich um eine wichtige Zeit meines Lebens betrogen. Die Ärzte sind alle Lügner."

selben Beispiele unheilvoller Effekte eines allzu offenen Umgangs mit unheilbaren Patienten zitiert werden. Daß es ausnahmsweise zu solchen negativen Informationsfolgen kommen kann, ist kaum zu bestreiten. Das dadurch in Einzelfällen gestiftete Unheil dürfte erfahrungsgemäß in keinem Verhältnis stehen zur inneren Not einer großen Zahl nicht oder falsch informierter und damit von ihrer pflegenden Umgebung irgendwie isolierter Tumorkranker.

Hilfreiche Erstinformation

Wie schon einleitend festgestellt wurde, ist es eine unverkennbare Tatsache, daß die große Mehrheit der Patienten von heute für eine offene, sachliche und anteilnehmende Informationspolitik und Gesprächsbereitschaft ihrer Ärzte und Pflegepersonen dankbar ist. Dies wurde sowohl in eigenen wie auch anderweitigen Umfragen genügend bestätigt. Ebenso wahrscheinlich ist, daß insbesondere Tumorpatienten sonst in eine zusätzliche, unheilvolle Isolation gegenüber ihren Betreuern getrieben werden.

Die internistischen und radiotherapeutischen Onkologen sind jedoch in der Regel nicht die erste, sondern meistens die zweite oder dritte ärztliche Instanz im Krankheitsverlauf eines Tumorkranken. Das Problem einer zweckmäßigeren, angepaßten Erstinformation über die Natur und die Therapie- und Verlaufsmöglichkeiten einer solchen Krankheit kann daher beim besten Willen nicht durch noch so erfahrene Fachärzte allein gelöst werden: Es läßt sich nur durch eine voruteilsfreiere und hilfreichere Begegnung zwischen Patient und Arzt (Schwester) in den *ersten Anlaufstellen* unseres Gesundheitswesens, d. h. in der hausärztlichen Praxis und insbesondere in den operativen Abteilungen unserer Akutspitäler lösen! Dabei ist es essentiell, den Patienten nicht zu „überfallen", sondern ihn in seinem Wissens- und Fragenstand „abzuholen" und schrittweise zur nötigen Einsicht in seinen wirklichen Zustand zu führen.

Unter dieser „schrittweisen Information" sind allerdings keine kurzsichtigen oder hilflosen Zwecklügen gemeint, welche sich mit dem Aufbau eines persönlichen Vertrauenverhältnisses zwischen Arzt und Patient außerordentlich schlecht vertragen: Was am Anfang (aus welchen Motiven auch immer) falsch gemacht wurde, kann später – und dann meistens durch andere Kollegen – nur noch mühsam geflickt werden. Durch inadäquate Erst- und Folgeinformationen erleidet dann nicht selten der ganze Ärztestand Einbuße an Glaubwürdigkeit. Dabei geht es keineswegs um ein schamloses Hausieren mit der angeblichen „Wahrheit", wie dies heute leider vielerorts in mehr juristischer Pflichterfüllung als ärztlicher Anteilnahme zwischen Tür und Angel, d. h. im Streß der verspäteten Visite oder in der überfüllten Sprechstunde, geschieht: Erstinformationen und auch weitere Gespräche mit Krebspatienten (und oft auch deren Angehörigen) brauchen nicht nur Zeit, sondern auch unsere ganze kognitive und emotionale Präsenz.

Wie will der Tumorpatient informiert werden

Die Sektion Psycho-Onkologie der „Schweizerischen Arbeitsgemeinschaft für Klinische Krebsforschung" (SAKK) hat vor einigen Jahren eine interessante Studie zum wichtigen Thema „Das Erstgespräch in der Abteilung für Onkologie" durchgeführt. In der Auswertung kristallisierten sich 3 Dimensionen im Gesprächsverhalten der Ärzte heraus:

1. **Informationsgehalt**. Diese Dimension des Gesprächs erfaßt sämtliche Gesprächsaspekte, die sich auf die diagnostische, therapeutische sowie prognostische Informationen des Patienten beziehen. Dazu gehören auch: eine angemessene, verständliche Sprache, Vermeidung eines starren Anamneseschemas, Vermeidung unnötiger, komplizierender Nebenaspekte (Cave: Überinformation!), Verwendung der Ich- anstelle der unpersönlichen Man- und Wir-Form sowie eine möglichst symmetrische Verteilung der Redezeiten zwischen Arzt und Patient.
2. **Emotionale Wärme.** Während vom informierenden Arzt – auch aus juristischen Gründen – klinische Objektivität verlangt wird, ist eine ausreichende, aber auch nicht überschießende Anteilnahme am Schicksal des Kranken unerläßlich. Das Nähe-Distanz-Problem stellt sich in jedem einzelnen Gespräch neu. Es wird keinesfalls nur durch das Persönlichkeitsmuster des Arztes, sondern auch durch dasjenige des Patienten bestimmt. In dieser „emotionalen Dimension" manifestiert sich der Grad der Verbundenheit nicht nur in ihren positiven, sondern auch in ihren negativen Aspekten: so etwa, wenn der allzu verbundene, oft auch noch befreundete Arzt der Tragik der Situation erliegt oder etwa die depressive Haltung des Kranken übernimmt, und dies in wenig hilfreicher Weise in seinen eigenen Äußerungen zum Ausdruck bringt.
3. **Patientenzentriertheit.** Durch Patientenzentriertheit kann sich der Kranke besser verstanden fühlen. Der hellhörige Arzt greift verbale sowie averbale Patientenäußerungen auf und geht auf Fragen, Kritik und Bedenken des Kranken ein. Der Patient kann so auch auf die Bedeutung der vorliegenden Krankheit für sein Leben aufmerksam machen. Im „Idealgespräch" wird so nicht ohne objektive Grundlage bagatellisiert oder getröstet, sondern die Möglichkeit zur Beruhigung des Kranken aufgrund objektiver Befunde ergriffen. Eine zu hohe Patientenzentriertheit des Gesprächs führt indessen zur sog. „Überidentifikation" des Arztes mit dem Kranken, was z. B. die Durchführung

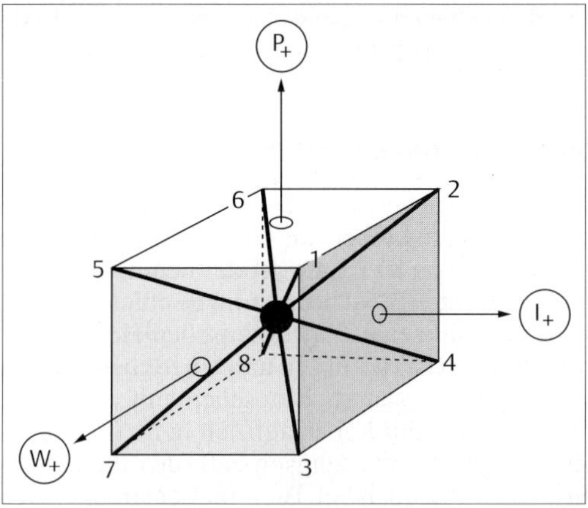

Abb. 8.**2** Bildliche Möglichkeiten der kombinierten Ausprägung der drei Dimensionen eines ärztlichen (oder auch pflegerischen) Patientengesprächs: I = Informationsgehalt, W = Emotionale Wärme, P = Patientenzentriertheit.
1 = „Idealgespräch": Informationsgehalt, emotionale Wärme und Patientenzentriertheit sind angepaßt und ausgewogen vorhanden.
8 = „Total daneben": Dieses „Gespräch" läßt alle drei Dimensionen völlig vermissen und ist nicht nur unnütz, sondern schädlich.

kurativer Intensivtherapien zum Schaden des Patienten erschweren oder gar verhindern kann. Diese psychologisch und prognostisch nicht ungefährliche Situation läßt sich im Umgang mit Tumorpatienten nicht selten bei Krankenschwestern beobachten.

Idealerweise sind die 3 erläuterten Gesprächsdimensionen Information, emotionale Wärme und Patientenzentriertheit in einem einigermaßen ausgewogenen Ausmaß vorhanden. Abb. 8.**2** zeigt dies als mustergültige und erstrebenswerte Variante 1. Variante 2 charakterisiert ein wohl informatives wie auch patientenzentriertes Gespräch, dem jedoch die emotionale Wärme fehlt. Die folgenden, numerierten Balken in Abb. 8.**2** versuchen weitere, immer unvorteilhaftere Gesprächsvarianten darzustellen bis hin zur Variante 8, einer hoffentlich selten vorkommenden Nichtkommunikation, welche in allen Beziehungen ins Leere geht.

Gesprächstechnik bzw. *-methodik* kann man schulen, und dies sei Ärzten sowie Pflegepersonen, klinischen Seelsorgern und weiteren beruflichen Betreuern von Krebs- und anderen chronischen Patienten in entsprechenden therapeutischen Gruppen sehr empfohlen. Gesprächsbereitschaft und emotionale Wärme muß man haben – oder es kann sie auch der beste psychologische Berater in uns nicht schaffen!

Der Kreislauf der Informationsverarbeitung

Das Charakteristische und Ärgerliche an vielen Tumorkrankheiten ist ihr rezidivierender Verlauf, dessen Ungewißheit im Hinterhalt dauernd die Möglichkeit eines späteren Rezidivs oder gar des Todes beinhaltet. Aller elaborierten Biostatistik zum Trotz läßt sich das Einzelschicksal eines bestimmten Patienten nicht im Sinne eines „medizinischen Horoskops" aus noch so sorgfältig kalkulierten Risikoprofilen und Überlebenskurven ablesen. Es ist jedoch immer wieder erstaunlich zu sehen, mit wie vielen Überraschungssmomenten Patienten mit Leben auf Zeit in ihrem Krankheitsablauf reifen können. Dieser Verarbeitungsprozeß (den die Angelsachsen „coping" nennen), verläuft jedoch bei Tumorpatienten und auch deren Betreuern keinesfalls so linear von der Rebellion bis zur getrosten Annahme ab, wie dies in mißverständlicher Auslegung der Publikationen von Frau Kübler-Ross didaktisch schematisiert wurde. Dieser Prozeß verläuft in Wirklichkeit meist in jeder Hinsicht „krumm" und in undurchsichtigen Serpentinen (s. Abb. 7.**1**, S. 222). Es ist dabei für Ärzte und Schwestern sowie auch für die nächsten Angehörigen gar nicht mehr so leicht, den Kranken am richtigen Ort bzw. in adäquater Weise in diesem „Kreiselverkehr" zu erfassen. Das Durchlaufen dieses wechselvollen Verarbeitungsprozesses kann bei jedem weiteren Krankheitsrückfall von vorne beginnen, dabei unter Umständen mit verstärkter Heftigkeit. Daraus erklärt sich auch ein Teil der oft eklatanten Informationslücken früher wiederholt und eingehend über ihr Leiden aufgeklärter Tumorpatienten. Verdrängung des „gewußten Wissens" in längeren Remissionsphasen der Krankheit und aggressives Aufbäumen bis zur undankbaren Ablehnung inzwischen erfolgter ärztlicher oder pflegerischer Hilfe können in solchen Phasen zu schwierigen Geduldsproben für die bisherigen Betreuer werden!

Praktische Ratschläge im Umgang mit Krebspatienten

Es gibt wohl gute Hilfen, aber keine allgemeingültigen Patentrezepte für den wahrhaftigen Umgang mit Tumorkranken! Betreuer in der täglichen Auseinandersetzung mit diesen Anforderungen wissen sehr wohl um die Unvollkommenheit und Begrenztheit der ärztlichen Informationsvermittlung und der bestgewollten pflegerischen „Übersetzungsversuche" all dessen, was der Arzt gut gemeint und der Kranke dennoch anders verstanden hat. Das Erkennen und Eingestehen der eigenen Grenzen kann aber auch den Weg freimachen für hilfreiche und korrigierende Kontakte, nötigenfalls unter Einbezug erfahrener Psychotherapeuten oder klinischer Seelsorger. Die folgende Aufstellung – als Führungshilfe und Denkanstoß gedacht – möchte abschließend einige *Kernpunkte* des Umgangs mit Krebspatienten aus praktischer Sicht hervorheben:

1 Den Patienten vor längeren Informationsgesprächen kennenlernen! Ein persönliches Vertrauensverhältnis schaffen, ohne zwingenden Grund nicht bei der Erstuntersuchung informieren.

2 Den Informationsstand des Kranken ergründen, seine unausgesprochenen Fragen abholen. Informative Gegenfragen stellen: „Was meinen Sie selbst zu Ihrer Krankheit, zu Ihrer Zukunft?" Über 90% der Tumorpatienten ahnen sowohl Diagnose wie grobe Prognose!

3 Sich durch Indifferenz und Schweigen bestimmter Patienten nicht täuschen lassen, die klärende Gesprächsmöglichkeit zumindest anbieten. Sich nicht scheuen, evtl. geeignete Gesprächspartner wie den Seelsorger, einen anderen Arzt oder eine erfahrene Pflegeperson einzuschalten.

4 Taktvoll und dem Verständnis des Patienten angepaßt informieren, eher von bösartigem Tumor bzw. von einer bestimmten, organbezogenen Krebskrankheit als einfach von Krebs reden. Dem Patienten die große Vielfalt und die vielen prognostischen Verlaufsformen sachlich erklären.

5 Das Tumorleiden des Patienten in den Kontext anderer ernsthafter Krankheiten stellen; sachliche und verständliche Quervergleiche benützen (eine ganze Reihe von Tumorkrankheiten hat heute viel günstigere Überlebenschancen als andere internmedizinische Leiden wie z. B. Herzinfarkte, Niereninsuffizienz, Leberzirrhose).

6 Hoffnung offenlassen, auch in sog. hoffnungslosen Situationen, jedoch keine billigen Illusionen züchten! Wenn immer möglich mit dem Patienten einen (evtl. auch nur symptomatisch-palliativen) Therapie- und Betreuungsplan erstellen. Auch prognostisch äußerst ungünstige Tumorleiden können für den einzelnen in einer nicht vorhersehbar günstigen Weise verlaufen: Man kann ausnahmsweise auch mit einem nicht operablen Pankreas-Ca sowie mit einer rezidivierenden akuten myeloischen Leukämie jahrelang relativ beschwerdefrei überleben!

7 Nach Absprache mit dem informierten, urteilsfähigen Patienten (= Hauptbetroffener) engste Angehörige und evtl. nahestehende Drittpersonen informieren – wenn möglich, gemeinsam mit dem Patienten. Die primäre Angehörigeninformation nach Möglichkeit vermeiden, da sie meist zusätzliche Belastungen zur Folge hat. Muß sie aus zeitlichem oder sachlichem Zwang erfolgen, immer die soziale

Tragfähigkeit und Integrität der betreffenden Ehe, Familie oder Freundschaft beurteilen (Kollaps brüchiger Strukturen, Erbschaftshandel, geschäftliche Benachteiligungen usw.).

8 Alle am selben Patienten mitwirkenden Ärzte und Pflegepersonen möglichst gleichsinnig informieren. Absprache eines gemeinsamen Therapie- und Betreuungsplans. Wichtige Rückinformationen, v. a. von seiten der Pflegepersonen und weiterer Betreuer, ernst nehmen.

9 Den Patienten weiter akzeptieren, wenn er das Wissen um seine Krankheit phasenweise verdrängt, und ihn auch noch verstehen, wenn er aus Verzweiflung ausgerechnet gegen seine ihm bisher vertrauten Betreuer Aggressionen entwickelt.

10 Bei Bedarf den Patienten abschirmen gegen die oft drohenden und überbordenden Ratschläge zu paramedizinischer Polypragmasie (Krebsseren, Krebsdiäten, Krebswundermittel) ratender Drittpersonen: sich aktiv erkundigen, da die Patienten sich oft schämen, diese Problemkreise anzuschneiden und doch darunter leiden!

Informationsgespräche mit Krebspatienten über ihr Leiden sind jedesmal eine große Herausforderung für den Arzt, aber auch für Pflegepersonen und weitere Betreuer. Wir stellen immer wieder neu die Grenzen unseres Einfühlungsvermögens fest. Manchmal ist es übermäßiges Mitleid, dann wieder übermäßige Identifikation mit dem Betroffenen, welche die Nützlichkeit des Gesprächs mit dem Patienten vermindern. Bezüglich „Wahrhaftigkeit“ sollten wir uns an die alte Faustregel halten: „Nicht alles sagen, was wahr ist – aber alles, was wir sagen, soll wahr sein!“ Jede dieser schwierigen Patienten-Interaktionen bedeutet indessen nicht nur eine Belastung: Sie darf immer auch als Chance zum eigenen Reifungsprozeß und damit zu unserer persönlichen inneren Bereicherung verstanden werden.

Literatur

Ahnson, E.: Wahrheit am Krankenbett. Pustet, Salzburg 1979

Glaus, A., H. J. Senn: Aufklärung und Wahrhaftigkeit bei Tumorkranken. Gynäkol. Praxis 11 (1987) 729–735

Kübler-Ross, E.: Interviews mit Sterbenden, 8. Aufl. Kreuz, Stuttgart 1974

Meerwein, F.: Einführung in die Psycho-Onkologie, 4. Aufl. Huber, Bern 1991

Senn, H. J.: Psychosoziale Aspekte in der Betreuung Krebskranker. Schweiz. Rsch. Med. Prax. 72 (1983) 1397–1399

Senn, H. J., A. Glaus: Wahrhaftigkeit am Krankenbett – auch bei Tumorpatienten? Schweiz. Rsch. Med. Prax. 79 (1991) 200–205

Stiefel, F., M. Volkenandt, W. Breitbart: Suizid und Krebserkrankung. Schweiz. Med. Wschr. 119 (1989) 891–895

Sporken, P.: Menschlich sterben, 2. Aufl., Patmos, Düsseldorf 1973

9

Psyche des Krebskranken

F. Meerwein † und F. Stiefel

9 Psyche des Krebskranken

F. Meerwein † und F. Stiefel

Krebskrankheit als psychosoziale Krise

Mit der Diagnose Krebs ist für beinahe jeden Menschen, der von ihr betroffen wird, die Vorstellung eines meist unheilbaren, chronischen, unter Schmerzen letztlich zum Tode führenden Leidens verbunden. Sie leitet fast regelmäßig eine tiefe Lebenskrise ein. Schwerpunkte dieser Krise sind: Angst vor den Folgen der psychischen Bedrohung durch die Krankheit, Trauer um den Verlust der körperlichen Integrität und der Lebensfreude, Veränderungen vieler mitmenschlicher Beziehungen und der bisherigen Lebensziele, Angst vor sozialer Isolierung, Einsamkeit und schließlich Bewältigung der mit der Krankheit verbundenen Todesangst. Ohne Mitbeteiligung des sozialen Umfeldes des Kranken, seiner Familie, Freunde und Bekannten, aber auch der medizinischen Pflegepersonen, Ärzte, Krankenschwestern, Sozialarbeiter usw. ist ein gutes Bestehen der Krise, ob nun der Kranke geheilt wird, chronisch krank bleibt oder seiner Krankheit erliegt, nicht denkbar. Die Wahrnehmung dieser Aufgabe ist jedoch oft ihrerseits mit krisenhaften Reaktionen im Umfeld des Kranken verbunden. Sie kann auch dort Todesängste, Versagensängste, Wünsche nach Rückzug und Kontaktvermeidung oder aber heimliche Auflehnung gegen den als Belastung oder Bedrohung erlebten Kranken auslösen, die den Umgang mit ihm schwer behindern und in einen Teufelskreis einmünden können, der die vom Kranken gefürchtete soziale Isolierung verstärkt und den inneren, emotionalen Kontakt mit ihm letztlich unterbricht.

Vorenthalten der Diagnose. Man hat lange Zeit geglaubt, der Entwicklung dieser Krise mit allen Folgen für Patient und Umgebung sei dadurch am besten vorzubeugen, daß man den Kranken eine wahrheitsgemäße Aufklärung über ihren Zustand vorenthalte. Dadurch sollten sie vor allen Folgen solcher Aufklärung wie psychischem Schock, Verzweiflung und Depression geschützt werden. Hoffnung sollte auf dieser Weise in ihnen wachgehalten und ein günstiger Einfluß auf den Krankheitsverlauf ausgeübt werden können. In manchen Kliniken gehörte es deshalb bis vor kurzem noch zur offiziellen Doktrin, Krebskranke grundsätzlich nicht über die Natur ihres Leidens zu informieren. Die ärztliche Lüge galt dabei aus ethisch-psychologischen Gründen als sanktioniert.

Heute weiß man, daß unwahrhaftiger Umgang mit dem Kranken die Entwicklung der Krise nicht nur nicht verhindert, sondern diese sogar oft noch vertieft. Ein gutes Bestehen der Krise ist an eine wahrhaftige, sachgemäße, aber auch hoffnungserschließende Information des Patienten durch seinen Arzt gebunden. Die Persönlichkeit des Kranken sowie die Strategien, die er und seine Umgebung zur Bewältigung der Krise anwenden, werden ihren Ausgang mitbestimmen.

Gibt es eine Risikopersönlichkeit?

In Anlehnung an die Körpermedizin, die nach spezifischen Ursachen bestimmter Krankheitsstände forscht, hat sich auch die medizinische Psychologie das Ziel gesetzt, bestimmen Krankheitsbildern spezifische psychische Besonderheiten zuzuordnen. Heute gilt so gut wie sicher, daß solche Zuordnungen für die meisten Krankheiten, somit auch für die Krebskrankheiten, nicht angenommen werden können. Sowenig, wie angesichts der verschiedensten Erscheinungs- und Verlaufsformen der Krebse von *der* Krebskrankheit gesprochen werden kann, kann *die* Persönlichkeit des Krebskranken als von der Persönlichkeit anderer Kranken verschieden beschrieben werden. Die Psyche des Krebskranken ist somit von derjenigen anderer Kranker oder Gesunder nicht zu unterscheiden und kann nicht von ihr abgegrenzt werden.

Krebspersönlichkeit und psychosoziale Risikofaktoren

Diese wissenschaftlich nie nachgewiesene Hypothese einer sog. **Krebspersönlichkeit** – die Psyche verursacht die Krebserkrankung – ist eine bei Patienten, Angehörigen und auch Behandelnden weitverbreitete Ansicht. Tatsache ist, daß bis jetzt keine Zusammenhänge zwischen psychischen Faktoren und dem Entstehen einer Krebserkrankung nachgewiesen sind und daß diese Hypothesen meist aus einem Kontrollbedürfnis angesichts der mit Ohnmacht erfahrenen Bedrohung verstanden werden können. So ist zu beobachten, daß Krebspatienten, die mit den Gedanken einer Psychogenese ihrer Erkrankung verbundenen Schuld- und Insuffizienzgefühle den mit einer „sinnlosen Erkrankung" einhergehenden Ohnmachtsgefühlen vorziehen. Den Bemühungen um Sinnfindung in der Erkrankung muß immer mit Respekt begegnet werden, da es sich um ein Streben nach innerem Gleichgewicht und Kontrolle handelt. Von diesen authentischen Arten der Krankheitsverarbeitung sind pseudowissenschaftliche Anleitungen abzugrenzen, die den Weg zur Heilung über „einen Weg nach innen" versprechen. Diese populären Anleitungen können vorübergehend ein Gefühl von Kontrolle vermitteln, das sich bei Fortschreiten der Erkrankung in Selbstvorwürfe, Versagensgefühle und Depressionen wandeln kann. Der Unterschied zwischen einem vom Patienten selbst erarbeiteten Weg und einer von außen vermittelten Anleitung wird deutlich.

Psychosoziale Risikofaktoren. Während weder klinisch noch wissenschaftlich Anhaltspunkte für eine Psychogenese von Krebserkrankungen bestehen, sind inzwischen eine Reihe von psychosozialen Risikofaktoren bekannt, die das Entstehen einer Erkrankung begünstigen und den Verlauf beschleunigen können. Dazu gehören das Verhalten (Rauchen, Alkoholgenuß, Eßverhalten, sexuelle Gewohnheiten), die Compliance (für präventive und therapeutische Maßnahmen) und die soziale Situation (Isolation, Streß). Auch konnte in kontrollierten Studien nachgewiesen werden, daß psychosoziale Interventionen sich sowohl auf Symptomkontrolle und Lebensqualität als auch auf das Überleben von Krebspatienten günstig auswirken können. Unklar bleibt bis anhin, wie die Erfolge auf das Überleben zu deuten sind. Während grundsätzlich die Möglichkeit einer psychoimmunologischen Beeinflussung des Krankheitsverlaufs angenommen werden kann, ist eine Beeinflussung der Patient-Arzt-Interaktion durch diese psychosozialen Interventionen ebenso wahrscheinlich. Anhänger dieser Hypothese gehen davon aus, daß durch die psychosozialen Interventionen das Selbstvertrauen der Patienten gestärkt und ihre Autonomie gefördert wird, was zu einer adäquateren medizinischen Versorgung und längerem Überleben führt. Möglich ist auch, daß verschiedene Mechanismen an diesen Resultaten beteiligt sind.

Psychische Verarbeitungsmechanismen

Wie jede Lebenskrise folgen auch der Krise Krebs psychische Reaktionen, die – in Anlehnung an die Untersuchungen von Kübler-Ross (1974) – als Schock, Verleugnung, Auflehnung und Depression bezeichnet werden müssen.

Psychischer Schockzustand. Der Eröffnung der Diagnose Krebs folgt beim Patienten, auch wenn Vorahnungen ihn beunruhigt haben, meist ein psychischer Schockzustand. Dieser ist die Folge der bereits erwähnten, unheilvollen Vorstellungen, die mit dieser Diagnose verbunden sind. Er kann durch ärztliche Lügen nicht verhindert werden, sondern muß durch geeignete, begründbare Hoffnung auf Behandelbarkeit enthaltende Information sowie durch innere und äußere Verfügbarkeit der Pflegepersonen aufgefangen werden. Totale Verlust-, Isolations- und Weltuntergangsgefühle kennzeichnen diesen Schockzustand. Bei geeigneter ärztlicher und pflegerischer Führung klingt er jedoch in der Regel nach kürzerer oder längerer Zeit ab und wird von einer kooperativen, von Hoffnung getragenen Grundeinstellung des Kranken abgelöst.

Adaptive Verleugnung. Vielen Kranken gelingt es allerdings nur durch die Entwicklung einer als Verleugnung benannten Einstellung, ihre hoffnungsvolle Grundstimmung aufrechtzuerhalten. Als Verleugnung wird die Neigung bezeichnet, der Tatsache der Erkrankung nicht voll Rechnung zu tragen, sondern so zu fühlen, zu handeln und sich zu verhalten, als ob diese Tatsache nicht wahr oder doch nicht im zur Kenntnis gebrachten Ausmaß wahr sei. Vorstellungen, der Arzt habe sich in der Diagnose getäuscht, Labor- oder Röntgenbefunde seien verwechselt worden usw., können diese Verleugnungsneigung des Kranken unterstützen. Dadurch schützt sich der Kranke einerseits selber vor der angstvollen Erkenntnis seiner Krankheit; andererseits möchte er dadurch die Familie, Ärzte, Krankenschwestern, bei guter Gestimmtheit erhalten. Er fürchtet, als Krebskranker für alle diese Personen zur Belastung zu werden, und sucht durch seine Verleugnungsneigung diese Belastung zu verringern und damit seiner mitmenschlichen Isolation vorzubeugen. Da diese Art der Verleugnung die innere und äußere Anpassung des Kranken an seine Situation erleichtert, wird sie als *adaptiv* (anpassend) bezeichnet. In ihr kommt ein innerer Beitrag des Patienten zur Krankheitsverarbeitung zum Ausdruck, der durch die Umgebungspersonen respektiert und nicht (beispielsweise durch Warnungen vor allzu großem Optimismus usw.) in seiner Entwicklung beeinträchtigt werden soll.

Mißtrauen und Angst. Schreitet die Krankheit trotz eingeleiteter Behandlung weiter fort und tritt sie in das Stadium der Metastasierung ein, kann die adaptive Verleugnung allerdings schwer erschüttert werden. Mit dem Schwinden der Hoffnung auf Heilung stellt sich Mißtrauen gegenüber den bis jetzt angewandten Behandlungsmethoden ein, und die Ängste des Patienten verstärken sich erneut. Die Beziehung zu den Umgebungspersonen wird erneut belastet; das Isolationsgefühl nimmt wieder zu. Die Angst, fallengelassen oder aufgegeben zu werden, kann sich einstellen. Fragen, die sich dem Kranken aufdrängen, werden nicht mehr gestellt, da befürchtet wird, durch solches Fragen zum unangenehmen Patienten zu werden, von dem sich Ärzte und Schwestern zurückziehen. „Ich weiß, wie sehr meine Krankenschwester selber unter meinem Rückfall leidet. Ich möchte sie jetzt nicht mit meinen Fragen belästigen, ihre knapp bemessene Zeit in Anspruch nehmen oder als undankbarer und aufdringlicher Patient erscheinen." An die Stelle direkten Fragens tritt dann oft ein stilles, fortgesetztes Beobachten der pflegerischen Handlungen, aus denen der Patient Schlüsse über seinen Gesundheitszustand ziehen will. Das Gespräch mit den Pflegepersonen ist dabei jedoch weitgehend verstummt.

Maladaptive Verleugnung. Die Verleugnungsneigung, die sich in diesem Krankheitsstadium zwischen dem Kranken und einzelnen oder allen seiner Umgebungspersonen einstellen kann, wird als *maladaptiv* (nicht anpassend) bezeichnet. Sie bringt zum Ausdruck, daß sowohl der Kranke als auch seine Familienangehörigen oder Pflegepersonen ein offenes Gespräch über den Krankheitsverlauf und die nun zu ergreifenden Maßnahmen oder zu erwartenden Entwicklungen vermeiden und sich dabei innerlich aus dem Wege gehen. Nicht nur der Kranke selber, auch seine Umgebung kann sich auf diese Weise vor unangenehmen, weil mit Angst- und Insuffizienzgefühlen belasteten Gesprächssituationen schützen wollen. Das mit der maladaptiven Verleugnung verbundene Isolations- und Leidensgefühl ist jedoch meist so stark, daß es zur ärztlichen Aufgabe wird, durch geeignetes, taktvolles, die innere Beteiligung zum Ausdruck bringendes und immer wieder Hoffnung auf Zuwendung und Behandlungs- und Linderungsmöglichkeiten beinhaltendes Vorgehen das verstummte Gespräch wahrheitsgemäß wieder in Gang zu bringen.

Im Stadium der maladaptiven Verleugnung kann es oft zu Spaltungen innerhalb des Pflegeteams kommen, indem der Patient beispielsweise das Gespräch mit dem Arzt zwar meidet, mit der Schwester jedoch sucht. Die Schwester kann sich dabei dann in ihrem Kompetenzbereich durch den Patienten überfordert, durch den Arzt aber im Stich gelassen fühlen. Die daraus sich entwickelnde Neigung zur Vermeidung des Patientenkontaktes einerseits, aber auch der inneren, oft nur schwer äußerbaren Auflehnung gegen den Arzt andererseits kann sie in ihrer Arbeits- und Einsatzfreudigkeit schwer beeinträchtigen. Offene, regelmäßige Aussprachen des ganzen mit der Behandlung betrauten Pflegeteams können solchen Entwicklungen vorbeugen (s. auch Kap. 7).

Gereiztes, herablassendes Verhalten des Patienten. Im Stadium der Progredienz der Krankheit erhöht sich jedoch nicht nur die Gefahr der Entwicklung einer gegenseitigen maladaptiven Verleugnung bei Patient und Pflegeteam. Manche, wenn auch nicht alle Patienten können in diesem Stadium zu unzufriedenen, gereizten und innerlich wie äußerlich aufgebrachten, ja arroganten und herablassenden Menschen werden. Einerseits stellen sie an die Pflegepersonen hohe Ansprüche bezüglich pflegerischer Leistungen und fortdauernder Präsenz und Verfügbarkeit; andererseits fühlen sie sich dennoch andauernd unbefriedigt und in vieler Hinsicht vernachlässigt. In einer derartigen seelischen Verfassung sind die Patienten für ihre Umgebung oft schwer erträglich. Die Gefahr, daß die Gereiztheit und Unzufriedenheit auf die Pflegepersonen übergreift und dadurch zu einer gespannten, ja oft geradezu haßerfüllten Beziehung Anlaß gibt, ist dabei außerordentlich groß. Diese Stimmungen können ja meist nicht offen zum Ausdruck gebracht, sondern müssen unterdrückt und verheimlicht werden. Verständnis für Ursache und Anlaß des auflehnenden Verhaltens des Patienten sowie die Möglichkeit, in gemeinsamen Gesprächen des Pflegeteams die gegen den Kranken aufgestauten negativen Gefühle zum Ausdruck zu bringen und auch dabei Verständnis zu finden, können Wege darstellen, aus dieser pflegerisch schwierigen Situation mit dem Kranken wieder herauszukommen.

Die Befürchtungen, fallengelassen und aufgegeben zu werden, die Stolz und Selbstgefühl verletzende Erkenntnis, schuldlos erkrankt zu sein, oder aber heimliche Vorstellungen, die Krankheit selbst verschuldet zu haben, sowie schließlich ein gewisser Neid auf die gesunden, von der Krankheit nicht betroffenen Umgebungspersonen („Warum bin ich erkrankt und nicht du?") können den inneren Anlaß zum gereizten, herablassenden Verhalten des Kranken darstellen. Es bringt das Gefühl einer tiefen, ängstigenden und quälenden Persönlichkeitsverletzung zum Ausdruck und ist nur in den seltensten Fällen im Sinne eines persönlichen Angriffes auf bestimmte Pflegepersonen zu verstehen. Es ist wichtig, daß sich die Pflegepersonen diese Erkenntnis immer wieder vergegenwärtigen, denn sie können durch dieses Wissen vor offener oder heimlicher negativer Einstellung gegenüber dem Patienten ihrerseits geschützt und dabei ebenfalls vor quälenden Schuldgefühlen dem Patienten gegenüber bewahrt werden.

Depressive Reaktionen. Während gereizte, schwierige, offen aggressive Patienten zur Auseinandersetzung mit ihnen direkt herausfordern, so besteht demgegenüber die Gefahr, daß die viel häufigeren depressiven Reaktionen vieler Krebskranker von den Pflegepersonen nicht beachtet werden. Der depressive Patient verhält sich meist still und in sich zurückgezogen. Seine körperlichen und seelischen Ausdrucksmöglichkeiten sind gehemmt, seine Grundstimmung ist gedrückt, ja oft stumm verzweifelt. Pflegerische Maßnahmen läßt er meist passiv über sich ergehen und kann so, oberflächlich gesehen, als angenehmer, leicht zu pflegender und zu behandelnder Patient gelten. Oft wird er selber seine depressive Verfassung der ärztlichen Umwelt gegenüber zu verbergen suchen, da er sie sich als Schwäche ankreidet oder da er fürchtet, dafür kein Verständnis zu finden. Die Angst, die oft knappe ihm von Ärzten und Pflegepersonen zur Verfügung gestellte Zeit durch die Erörterung seelischer Probleme aufzubrauchen und diese dadurch von körperlicher Untersuchung und Behandlung abzulenken, kann zur Tendenz, depressive Reaktionen zu verheimlichen oder zu übersehen, beitragen.

Depressionen treten jedoch im Verlauf der Krebskrankheiten sehr häufig, im Stadium der Metastasierung fast regelmäßig auf. Oftmals können sie sich aber auch erst zu einem späteren Zeitpunkt, wenn der zunächst geheilte Patient vor der Aufgabe seiner familiären oder beruflichen Wiedereingliederung steht, einstellen. Mastektomierte Frauen beispielsweise, denen die Lösung der mit dem Verlust der Brust verbundenen Selbstwertproblematik nicht gelungen ist, können, trotz Heilung und fehlender klinischer Progredienz, eine chronische, monatelange Depression entwikkeln. Sie ist dann meist aber auch die Folge einer ausgebliebenen oder mißglückten Rehabilitation.

Annahme der Krankheit. Ziel aller pflegerischen Maßnahmen muß es – in psychologischer Hinsicht – sein, dem Kranken die Annahme seiner Krankheit zu ermöglichen. Dies gilt sowohl für den Kranken mit guten Heilungsaussichten, der mit dem Bewußtsein, Krebspatient gewesen zu sein, weiterlebt, wie für denjenigen, der seiner Krankheit letztlich erliegt. Vergegenwärtigt man sich, daß die Angst vor innerer Einsamkeit und psychosozialer Isolation ein wesentliches Hindernis auf dem Wege zu dieser Annahme bildet, so wird deutlich, daß allen pflegerischen Maßnahmen, die die Vereinsamung des Kranken zu überwinden geeignet sind, direkte psychotherapeutische Wirkung zukommt. Sorgfältige körperliche Pflege, Stillung sog. „oraler Bedürfnisse" des Kranken, d. h. seiner Wünsche nach innerer Teilnahme und Verfügbarkeit der Pflegepersonen, nach Sicherheit und Geborgenheit, Respektierung der mit der Krankheit oft verbundenen Scham- und Schuldgefühle, offene Kommunikation, Bereitschaft zum taktvollen Umgang mit den Angehörigen oder nötigenfalls zur Vermittlung zwischen diesen und dem Patienten, schließlich eine angemessene Schmerzbehandlung (s. „Unterstützungsmaßnahmen bei Krebspatienten", Kap. 6) stellen Elemente dieser Maßnahmen dar.

Die Erfüllung dieser Forderungen setzt die Pflegepersonen der Kranken verständlicherweise oft großen inneren Belastungen aus. Die Befürchtung, ihnen nicht gewachsen zu sein, ist deshalb nicht nur unter Krankenschwestern, sondern auch unter Ärzten weit verbreitet.

Beziehungsstörungen

Beziehungsstörungen zwischen dem Kranken und dem Pflegeteam können folgende Ursachen haben:

- **Störungen der Einfühlung.** Die Einfühlung in den Kranken kann bei Mitgliedern des Pflegeteams eigene Krankheits- oder Todesängste auslösen, die u. U. nur schwer unter Kontrolle zu bringen sind. Überstarke Bindung an den Kranken oder zunehmende Vermeidung des Kontaktes mit ihm kann die Folge solcher Einfühlungsstörungen sein.

- **Störungen der Aggressionsverarbeitung.** Intensive Pflege- und Abhängigkeitswünsche der Kranken, verbunden mit einer fordernden oder herablassenden Grundeinstellung, können im Pflegeteam Gegeneinstellungen gegen den Patienten bewirken. Werden solche Gegeneinstellungen, die dem Berufsideal der Krankenschwester widersprechen, nicht im Gruppengespräch richtig verstanden und aufgearbeitet, können Arbeitsunlust, depressive Verstimmung und quälende Zweifel an der eigenen beruflichen Qualifikation mit allen Folgen für die Beziehung zum Kranken daraus hervorgehen (sog. „Burn-out-Syndrom").
- **Störungen des Selbstgefühls.** Manche Krebskranke können ihrerseits den Kontakt mit dem Pflegeteam meiden und sich ganz auf sich selbst zurückziehen wollen. Sie bringen damit zum Ausdruck, daß sie psychische Hilfe nicht von außen, sondern nur von sich selber, ihrem eigenen Mut und ihrer eigenen Tapferkeit erwarten. Bei den Pflegepersonen können sie dadurch den Eindruck erwecken, daß diese nur zu Handreichungen und Dienstleistungen benutzt, nicht aber als hilfsbereite Mitmenschen geschätzt und akzeptiert werden. Die daraus resultierende psychische Verletzung und Entwertungsgefühle z. B. der Krankenschwester, bedürfen ebenfalls der Beachtung und der Verarbeitung.
- **Störungen im Dreieck Arzt – Patient – Krankenschwester.** Zeitliche Überlastung des Arztes, oft aber auch Vermeidungs- und Abwehrhaltungen dem Kranken gegenüber, Furcht des Patienten vor der Autorität „Arzt", die er nicht mit unangenehmen Fragen belästigen möchte usw., führen oft dazu, daß Patienten ihre Fragen, Beunruhigungen und Ängste lieber mit der Krankenschwester als mit dem Arzt besprechen. Diese kann sich dadurch überfordert und in schwieriger Situation ebenso wie der Patient vom Arzt im Stich gelassen fühlen, wodurch ihre Arbeitsfreudigkeit beeinträchtigt und dem Patienten, der die Spannung zwischen Arzt und Krankenschwester spürt, ein weiteres Problem aufgebürdet wird.
- **Störungen im Gesprächsbereich.** Die Auffassung ist weit verbreitet, es müsse mit Krebskranken, vor allem mit den sog. „terminalen" Kranken, über den Tod oder die Frage des Lebens nach dem Tode geredet werden. Tatsächlich kann eine solche Auffassung nur richtig sein, wenn sich diese Reden seitens der Pflegepersonen auf fundierte, persönliche Überzeugungen stützt und den diesbezüglichen Wünschen bzw. dem Abwehren der Patienten Rechnung getragen wird. Die den Kranken zu vermittelnde Hoffnung gründet sich aber oft stärker auf die Sicherheit, in der Krankheits- oder Sterbezeit nicht allein gelassen zu werden, als auf Gespräche über Glaubensinhalte. Jedenfalls kommt diesen für den Kranken oft weniger Bedeutung zu als der Erfahrung der Sicherheit und Geborgenheit in der Pflegesituation. Sterbende Krebskranke erwarten von ihren Pflegepersonen nicht in

erster Linie Trost, sondern oft vor allem die Garantie der Befriedigung aller ihrer Bedürfnisse nach Nahrung, Schmerzstillung und Zuwendung bis zu ihrem Ende. Sie wünschen, als liebenswerte, tapfere Menschen in die Erinnerung der Hinterbliebenen einzugehen und die Versicherung zu spüren, daß dies auch so sei. Wenn sie noch angesichts des unmittelbar bevorstehenden Todes von ihren Zukunftsplänen sprechen, was häufig vorkommt, so tun sie dies nicht aus Unwissenheit über ihren Zustand oder aus Feigheit, sondern oft ihrer Umgebung zuliebe, um dieser so eine seelische Belastung durch die bevorstehende Trennung zu ersparen. Korrigierende Aufklärung solchen Überlebensphantasien gegenüber ist deshalb meist fehl am Platze und stellt eine Verletzung des Patienten dar.

- **Störungen der Trauerarbeit.** Besonders bei der Pflege von terminalen Krebskranken kann die Erfahrung der medizinischen Machtlosigkeit und des immer wieder eintretenden Todes das Pflegeteam emotional erheblich belasten. Die immer wieder geforderte Trauerarbeit um den Verlust eines Kranken stellt einen inneren sog. Streß dar, der oft demjenigen beim Verlust eigener Verwandter nahekommt. Die Schwester hat Anspruch darauf, diesen Streß im gemeinsamen Gespräch in einer durch geeignete Fachkräfte geleiteten Gruppenzusammenkunft mit Arbeitskolleginnen, von denen sie sich gehalten wissen kann, zu verarbeiten.

Wunsch nach Alternativmedizin

Es gibt kaum eine andere Gruppe von Kranken, welche in derart ausgesprochenem Maße zur Anwendung sog. alternativmedizinischer Maßnahmen neigt wie die Gruppe der Karzinomkranken. Dies hängt mit den inneren Vorstellungen zusammen, welche sich vieler dieser Kranken über Natur und Wesen ihrer Krankheit bilden. Mit Tumorkrankheiten ist oft das unbestimmte Gefühl einer inneren körperlichen oder seelischen „Vergiftung“ verbunden. Es besteht die Vorstellung, maligne, d. h. bösartige Kräfte in sich aufgenommen oder durch schuldhaftes Verhalten innerlich erzeugt zu haben, denen der Betroffene nun wehrlos ausgeliefert ist. Viele sog. alternativmedizinische Behandlungsverfahren bauen auf solchen Vorstellungen auf. Sie beinhalten die Idee der natürlichen Abfuhr oder Austreibung dieses „Bösen“ mit „natürlichen“ Methoden und nicht mit Verletzung oder mit „Gift“, als was die schulmedizinischen Methoden oft erlebt werden.

Alternativmedizin vermittelt auf psychischer Ebene das Gefühl einer Art Rückkehr (Regression) in einen allmächtigen, mütterlichen Schoß, den Schoß der Natur, welchem magische und schützende Heilkräfte von alters her zugeschrieben werden. Dies gilt vor allem für alternative Produkte pflanzlicher oder tierischer Herkunft. Außer dieser „reinigenden" Wirkung und ihrer Wiederverbindung mit der verlorenen Natur vermitteln diese Methoden dem Kranken das Gefühl, selbst ein Mittel in der Hand zu haben, welches hilft, und somit selbst etwas zu seiner Heilung beitragen zu können. Das Gefühl einer völligen Auslieferung an die Macht der Ärzte kann damit ganz oder teilweise aufgehoben werden, was für die Erhaltung einer guten Lebensqualität wichtig ist. Deshalb fürchten viele Kranke, oft zu Recht, ihre Pflegepersonen durch die Mitteilung, daß sie alternative Methoden anwenden, zu kränken, und verschweigen dies häufig.

Für das Gespräch mit Patienten, die alternative Heilmethoden in Anspruch nehmen, erscheinen folgende Überlegungen von Bedeutung:

1. Der *eigene Standpunkt* muß reflektiert sein, und es muß bedacht werden, daß Vorbehalte gegenüber alternativen Methoden nicht auf die individuelle Situation des Patienten Anwendung finden können und daß eigene Vorstellungen und Wertungen nicht mit denen des Patienten verwechselt werden sollten.
2. Die *somatische Situation* des Patienten ist von Bedeutung. Handelt es sich um eine heilbare oder palliativ behandelbare Erkrankung, deren Behandlung durch alternative Methoden gefährlich verzögert werden könnte, so ist es notwendig und sinnvoll, das Gespräch unter Einbeziehen des behandelnden Arztes zu führen.
3. Die *psychische Verfassung* des Patienten ist zu berücksichtigen: Handelt der Patient aus eigener Motivation, wird er von Angehörigen dazu gedrängt, oder ist er den körperlichen Symptomen, Angst, irrationalen Vorstellungen über die Erkrankung oder Ohnmachtsgefühlen dermaßen ausgeliefert, daß vor einem Gespräch über Alternativmedizin die Wiederherstellung eines Gleichgewichts von Bedeutung ist?
4. Die *Art der alternativen Methode* ist in bezug auf die Kosten und das gesundheitliche Risiko zu beurteilen. Dazu sind gegebenenfalls mit dem Arzt die entsprechenden Informationen zu beschaffen.
5. Es stellt sich die *Frage, wie* mit dem Patienten *dieses Thema zu erörtern ist.* Aus dem bisher Gesagten geht hervor, daß die Frage eines Patienten zu alternativen Methoden nicht einfach mit „Ja, das nützt" oder „Nein, das nützt nichts" beantwortet werden kann. Ein möglicher Weg ist es, dem Kranken zu vermitteln, daß Verständnis für sein Anliegen besteht und daß es den Behandelnden ja ähnlich geht, indem das Menschenmögliche getan werden will, um die Krankheit zu stoppen. So können die mit der Inanspruchnahme von nicht schulmedizinisch sanktionierten Methoden verbundenen Scham- und Schuldgefühle (und „heimliche Behandlungen") vermindert und Solidarität geschaffen werden. Die oft als asymmetrisch erlebte Beziehung zwischen Patienten und Behandelnden kann so ausgeglichen werden und

das Aushalten von Ohnmachtsgefühlen durch die Behandelnden wirkt therapeutisch (Identifikationsmöglichkeiten für den Patienten).

In der Folge können mit dem behandelnden Arzt die Möglichkeiten und Grenzen der kurativen und palliativen Behandlung der Schulmedizin besprochen und nach Motiven für den Wunsch nach alternativen Methoden erfragt werden. Es kann gemeinsam nach Möglichkeiten gesucht werden, wie der Patient selbst etwas zum Krankheitsverlauf beitragen kann (Bewegung, Eßgewohnheiten, genügend Schlaf, Compliance u. a.). Erst dann erscheint es sinnvoll, den eigenen Standpunkt darzulegen; es wäre naiv zu glauben, daß durch diffuse Mitteilungen oder gegenteilige Beteuerungen unsere Ansichten dem Patienten verborgen bleiben. Ein undifferenziertes Ablehnen alternativer Heilmethoden kann zu Reaktionen führen, die das therapeutische Bedürfnis nachhaltig stören und die mögliche Wirkung dieser Methoden gefährden. Andererseits kann durch eine undifferenzierte Unterstützung der Bemühungen des Patienten die Chance verpaßt werden, auf seine verborgenen Motive und Sorgen einzugehen.

Literatur

Bürgin, D.: Das Kind, die lebensbedrohende Krankheit und der Tod. Huber, Bern 1978

Egli, H.: Lungenkrebs und Lebensqualität. Eine qualitative Untersuchung der individuellen Wirklichkeit von Krebskranken, Onkologen und Psycho-Onkologen. Europäische Hochschulschriften, Reihe VI/Band 472. Peter Lang AG, Bern 1995

Kübler-Ross, E.: Interview mit Sterbenden, 8. Aufl. Kreuz, Stuttgart 1974

Meerwein, F.: Einführung in die Psycho-Onkologie, 3. Aufl. Huber, Bern 1985

Nagel, G. A.: Psychologische Probleme in der Tumortherapie. In Brunner, K. W., G. A. Nagel: Internistische Krebstherapie, 2. Aufl. Springer, Berlin 1979

Senn, H.-J.: Wahrhaftigkeit am Krankenbett aus der Sicht des medizinischen Onkologen. Schweiz. Ärzteztg 58 (1977) 234

Stiefel, F.: Wie verhalten sich Ärzte und Pflegepersonen gegenüber paramedizinsischen Krebsheilmethoden? Schweizer Krebs Bulletin 4 (1993) 126–128

Stiefel, F., M. Volkenandt, W. Breitbart: Suizid und Krebserkrankung. Schweiz. med. Wschr. 119 (1989) 891–895

Weismann, A. D.: Coping with Cancer. McGraw-Hill, Inc. New York 1979

10

Rehabilitation von Tumorkranken

W. F. Jungi, B. Wildhaber,
R. Frühwirth, R. Sauer, B. Feldges,
A. J. Feldges, Ch. Brunner und
H. Hausmaninger

10 Rehabilitation von Tumorkranken

W. F. Jungi, B. Wildhaber, R. Frühwirth,
R. Sauer, B. Feldges, A. J. Feldges, Ch. Brunner
und H. Hausmaninger

Begriff und Ziele

Die Rehabilitation von Tumorkranken hat zum Ziel, auch diesen Patienten medizinische Langzeittherapie sowie Hilfen bei der psychosozialen Wiedereingliederung in Familie, Beruf und Gesellschaft zu bieten. Bei Behinderten, Unfallopfern und anderen Kranken ist dies seit Jahren selbstverständlich.

Erst die Fortschritte der Krebstherapie ermöglichen die Rehabilitation von Tumorkranken. Somit ist die Krebsbekämpfung mit Operation, Bestrahlung und internistischer Therapie durch eine vierte Dimension – die Rehabilitation – ergänzt.

Die Maßnahmen sind um so erfolgversprechender, je früher sie im Rahmen des Nachsorgeplans beginnen. Die *Nachsorge* umfaßt alle Maßnahmen der Diagnostik, Therapie und Rehabilitation.

Problematik der Geschwulstleiden

Die Krebserkrankung und ihre Behandlungsfolgen, die oft mit dem Verlust eines persönlichkeitsprägenden Organs verbunden sind, führen zu schweren psychischen Belastungen.

Defekte und körperliche Verunstaltung beeinträchtigen das Selbstwertgefühl empfindlich und lösen eine existentielle Angst aus. Die Unwissenheit und mangelnde Aufklärung über Krankheit und Therapiemöglichkeiten bedrohen familiare und berufliche Sicherheiten und isolieren den Patienten, der in Furcht vor Schmerz und Tod vor seiner Zukunft resigniert.

Diese schwierige Situation ist nur in einer vertrauensvollen Partnerschaft zwischen Arzt, Pflegepersonal, Patient und seiner Familie zu überwinden. Voraussetzung dazu ist Offenheit und Wahrheit, die dem Patienten und seinen Angehörigen gegenüber in ertragbarer Form und mit einem hoffnungsvollen Weg in die Zukunft vermittelt werden muß (s. Kap. 8).

Das Pflegepersonal trägt bei der Rehabilitation eine große Verantwortung und muß den Patienten auf seinem Weg vom behandelten Objekt zum selbständig handelnden Menschen unterstützen. Dies verlangt neben gutem Fachwissen einen hohen persönlichen Einsatz in der Zuwendung zum Patienten. Die Entlassung aus dem Krankenhaus oder der Nachsorgeklinik ohne nachfolgende Betreuung überfordert sowohl den Patienten und seine Familie als auch Hausarzt und ggf. Pflegehilfen (Gemeindeschwester, Hauspflege o. ä.). Es gilt daher, frühzeitig mit diesen Kontakt aufzunehmen (s. Kap. 7).

Das therapeutische Ziel der Heilung ist nicht immer erreichbar, so daß ein Leben wie zuvor nicht selbstverständlich ist. Gemeinsames Ziel bleibt aber eine *Verbesserung der Lebensqualität.* Es sollte durch eine medizinische funktionale Rehabilitation zumindest die Erhaltung oder Wiederherstellung der selbständigen Beweglichkeit im häuslichen Bereich erzielt werden. Durch die psychologische Führung wird der Patient sein Schicksal leichter ertragen und die veränderte Körperlichkeit akzeptieren können, so daß er wieder „gesellschaftsfähig" ist.

Organ- bzw. tumorspezifische Probleme

Brustamputierte Patientinnen

Der Verlust einer Brust wegen Mammakarzinoms ist ein von den meisten Frauen nur schwer zu akzeptierender Zustand. Sie fühlen sich nur als halber Mensch und nicht mehr als richtige Frau. Die Brust stellt für die Frau ein Symbol ihrer Weiblichkeit dar. Daher ist eine Brustamputation für keine Frau nur irgendeine schwere Operation, sondern viele Frauen sind in Gefahr, dadurch ihr Selbstwertgefühl einzubüßen. Sie sind verunsichert, verwirrt und oft so angsterfüllt, daß sie in eine schwere Depression verfallen können.

Im allgemeinen reicht zu ihrer Aufmunterung und seelischen Gesundung das taktvolle Verhalten ihrer nächsten Angehörigen sowie ein offenes Gespräch mit dem Arzt aus. Da viele Frauen aus Verwirrung, Angst oder Scham nicht in der Lage sind, die entscheidenden Fragen zu stellen, soll der Arzt diese direkt ansprechen und der Patientin wenn möglich eine schriftliche Wegleitung (z. B. diejenige der Schweizerischen Krebsliga oder der Deutschen Krebshilfe, s. unten) übergeben. Viele dieser Fragen können auch von einer versierten Krankenschwester beantwortet werden, verbunden mit praktischen Ratschlägen, oder von Schicksalsgenossinnen in einer Selbsthilfegruppe.

Den meisten Frauen gelingt es, wieder den Anschluß an ein Normalleben zu finden, vorausgesetzt, daß ihnen jemand zur Seite steht, dem sie sich anvertrauen können. Frauen, die verständnisvolle Ehe- oder Lebenspartner und Kinder haben, bewältigen die Problematik besser als Alleinstehende.

Rehabilitationsmaßnahmen

Im Krankenhausmilieu, im Kontakt mit anderen Patienten und vom Pflegepersonal umsorgt, fällt es leichter, Angstgefühle zu unterdrücken. Erst nach der Entlassung sieht die Frau sich wieder mit den Aufgaben des täglichen Lebens konfrontiert.

Praktische Übungen als Beitrag zur Genesung

Gymnastik ist besonders wichtig, denn Arm und Schulter der betroffenen Seite sind nach einer Brustoperation in ihrer Beweglichkeit oft eingeschränkt. Eine regelmäßige Bewegungstherapie kann hier sehr viel helfen. Spezielle Übungen werden der Patientin bereits im Krankenhaus gezeigt. Zu Hause sollten diese konsequent weitergeführt werden. Anregungen gibt z. B. die Broschüre „Zurück zum Alltag“ der Schweizer Krebsliga oder der Ratgeber „Krebs – wie geht es weiter?“ der Deutschen Krebshilfe.

Lymphödem

Pathogenese. Die Schwellung des Armes der betroffenen Seite, das sog. Lymphödem, war früher nach radikaler Mastektomie, meist kombiniert mit Nachbestrahlung, relativ häufig (Abb. 10.**1**). Es kommt heute bei eingeschränkter Operationstechnik selten vor und nimmt kaum je stärkeres Ausmaß an. Es entsteht durch die operationsbedingte Unterbrechung der Lymphabflußbahnen und Venen in der Achselhöhle, die durch zusätzliche Bestrahlung noch verstärkt wird. Ein Lymphödem kann Monate bis wenige Jahre nach Operation auftreten. Die meisten Lymphödeme bedeuten eine lästige Komplikation, aber keinen Rückfall des Tumorleidens. Bei erstmaligem Auftreten eines Lymphödems muß ein solcher aber stets mit den geeigneten Untersuchungen ausgeschlossen werden.

Zur *Vorbeugung* sollten folgende Punkte beachtet werden:

- Regelmäßige gymnastische Übungen für Arm und Schulter,
- Häufiges Hochlagern des Armes mit Betätigung der Muskelpumpe fördert den Rückfluß der Gewebsflüssigkeit.
- Überlasten des Armes vermeiden, kein Heben und Tragen von schweren Gegenständen, Wäscheaufhängen, Fensterputzen, Plätten usw.

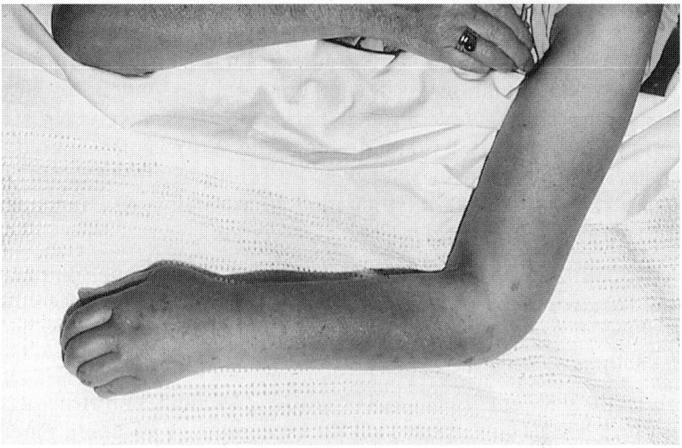

Abb. 10.**1** Lymphödem am Arm nach Mastektomie links und Nachbestrahlung axillär.

- Direkte Hitze- oder Kälteeinwirkung vermeiden.
- Am operierten Arm keine Blutdruckmessungen, Injektionen oder Blutentnahmen vornehmen lassen. Verletzungen vermeiden.
- Bei rascher Verdickung des Armes, Rötung, Überwärmung sofort den Arzt aufsuchen.

Behandlungsmaßnahmen beim Lymphödem:

- Medikamente helfen meist wenig und nur vorübergehend. Diuretika (wassertreibende Mittel) schaden mehr als sie nützen, indem sie wohl die Flüssigkeit kurzfristig vermindern, diese sich aber in kürzester Zeit wieder ansammelt. Günstig wirken systemisch Venalot und lokal Unguentum lymphaticum.
- Flüssigkeitsauspressende (dekomprimierende) Maßnahmen: Die verschiedenen zur Verfügung stehenden Apparate sind nicht zu empfehlen. Korrekte *Lymphdrainage-Therapie* im Rahmen einer komplexen physikalischen Entstauung (KPE) inkl. Bandagierung bringt nicht nur subjektiv angenehme Linderung, sondern kann ein Lymphödem vermindern und gelegentlich ganz beheben.
- Die dadurch erreichte Abschwellung muß durch einen individuell angepaßten *Stützstrumpf* (Varitex, Sigvaris, Jobst) erhalten werden.
- In seltenen Fällen, auf jeden Fall nur nach Ausschluß eines aktiven Tumorleidens, kann eine operative Korrektur versucht werden.
- Bei Infektverdacht (Erysipel!) sofort Antibiotika einsetzen.

Versorgung mit Brustprothesen

Nicht nur aus äußerlichen Gründen, sondern auch aus medizinischer Sicht ist nach Brustamputation das Tragen einer gut passenden Prothese unbedingt zu empfehlen. Viele Frauen haben große, schwere Brüste. Wenn die eine entfernt wird, wird naturgemäß die Wirbelsäule durch die verbleibende Brust einseitig belastet, was zu schmerzhaften Haltungsfehlern führen kann. In schweren Fällen muß die verbleibende Brust operativ in ihrer Größe reduziert oder abgesetzt werden.

Bis die Wundheilung abgeschlossen ist, kann den Patientinnen nur das Tragen einer *Erstversorgungsprothese* empfohlen werden. Dies ist eine leichte Prothese aus textilem Gewebe mit Baumwollhülle. Ab wann die definitive Prothese getragen werden darf, entscheidet der Arzt.

Es gibt heute verschiedene im Handel erhältliche Modelle von Brustprothesen. Es ist daher ratsam, wenn sich die Patientinnen in einem guten Wäsche- oder Sanitätsgeschäft beraten lassen. Unter Umständen kann diese Beratung, die neben Kenntnissen viel Takt und Einfühlungsvermögen erfordert, bereits im Krankenhaus erfolgen. Die Broschüre „Brustprothesen – welche paßt für mich?“ der Schweizerischen Krebsliga gibt erschöpfend Auskunft.

Grundsätzlich bestehen folgende Alternativen:

- **Flüssigkeitsprothese** (Vollprothese). Die poröse Schaumstoffbasis schmiegt sich dem Körper an und erwärmt sich auf Körpertemperatur, vermittelt damit ein natürliches Gefühl. Die Prothese kann direkt auf die Haut getragen oder in einer Trikothülle in den Büstenhalter eingenäht werden.
  Diese Prothesen sind pflegeleicht und beständig gegen Sonneneinstrahlung, Chlor- und Salzwasser. Die meisten der heute verwendeten Materialien verhindern ein Auslaufen oder Schrumpfen der Prothese. Sie können direkt in einem gut gearbeiteten Büstenhalter getragen werden.
- **Naturprothese** (meist Schalen- bzw. Hohlraumprothesen). Das wärmeleitende Prothesenmaterial (sog. additionsvernetztes Silikon oder Silikonkautschuk) erreicht sehr schnell die Körpertemperatur. Das Gewicht entspricht dem der natürlichen Brust. Das hautähnliche Material fühlt sich weich an, ist gut verträglich und kann entweder direkt auf der Haut getragen werden (u. U. auf Haftfläche) oder in einer Prothesentasche aus Baumwolle. Entscheidend ist die Wahl des für die betr. Patientin passenden Typs in der richtigen Größe. Als sichere Haltevorrichtung empfiehlt sich ein spezieller Prothesenbüstenhalter (Abb. 10.**2**).

Systemische Nebenwirkungen (rheumatische und neurologische Beschwerden) von Silikon sind umstritten und, wenn schon, selten. Lokal

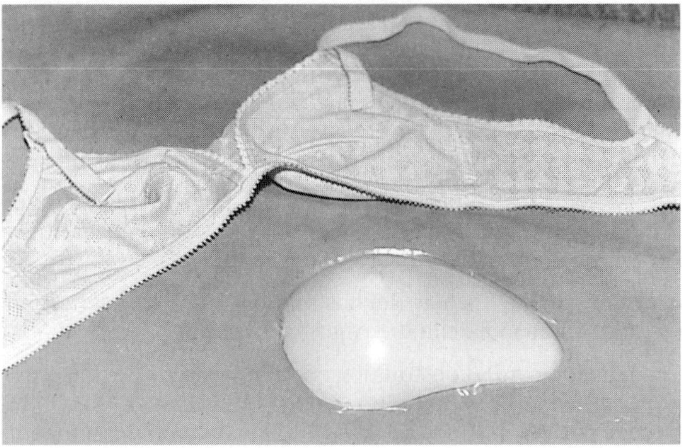

Abb. 10.2 Beispiel einer Naturbrustprothese mit speziellem Büstenhalter (zum Einlegen der Prothese) (Quelle: Recom, Basel).

kann es zu lästigen Kapselfibrosen kommen. Heute werden neue Materialien (Kochsalz, Soja) geprüft oder körpereigenes Material (Fett) verwendet (s. unten).

Wer bezahlt die Brustprothese?

- In der Schweiz: Die Invalidenversicherung (IV) übernimmt die Kosten für Brustprothesen bis zum 62. Lebensjahr, ab 63 die Alters- und Hinterbliebenenversicherung (AHV).
- In der Bundesrepublik Deutschland und in Österreich: Die Brustprothese ist rezeptpflichtig und wird von der Krankenkasse übernommen.

Chirurgische Rekonstruktion der Brust

Wenn immer möglich, wird heute *brusterhaltend operiert.* Bei Kontraindikationen dazu und im Interesse größtmöglicher Sicherheit vor einem Rückfall führen viele Operateure aber immer noch die Brustamputation durch. Unter günstigen Voraussetzungen (niedriges Tumorstadium, komplikationslose Heilung mit reizloser, korrekter Narbe, rückfallfreier Verlauf) kann nach einer Wartezeit von 2–3 Jahren ein Wiederaufbau der Brust verantwortet werden. Dazu stehen verschiedene plastisch-chirurgische Techniken zur Verfügung, einerseits mittels Expander-(Ausdehnungs-)Techniken und Prothesen, die unter den Brustmuskel eingepflanzt werden, andererseits durch Ersatz mit Muskel-Haut-Lappen

(z. B. mit dem großen Rückenmuskel oder dem queren Unterbauchlappen). Auch die Brustwarze kann aus eigenem Gewebe rekonstruiert werden, so daß die vorübergehende Verlagerung, z. B. in die Leiste, kaum mehr notwendig wird. Das Einlegen eines Expanders unmittelbar nach Entfernung der Brustdrüse zur schrittweisen Ausdehnung mit dem Ziel einer späteren Prothesenimplantation ist eine weitere Möglichkeit.

Die Kosten für eine Brustrekonstruktion, die stets in mehreren Schritten erfolgt und häufig eine Verkleinerung und Straffung der gegenseitigen Brust erfordert, übernimmt die Krankenversicherung.

Ein Beispiel einer erfolgreichen Rekonstruktion mit Expandertechnik inkl. Warze und Warzenhof zeigt die Abb. 10.**3 a** u. **b**.

Die Notwendigkeit einer Rekonstruktion entfällt, wenn zu Beginn brusterhaltend operiert wird. Entweder wird nur der Tumorknoten (sog. Lumpektomie) oder nur ein Teil der Brust (z. B. Quadrantenresektion) entfernt, inkl. Untersuchung der Achselhöhle. Ein solches Vorgehen kommt bei Patientinnen mit kleinem Primärtumor und histologisch negativen Achsellymphknoten in Frage. Eine Nachbestrahlung ist unumgänglich.

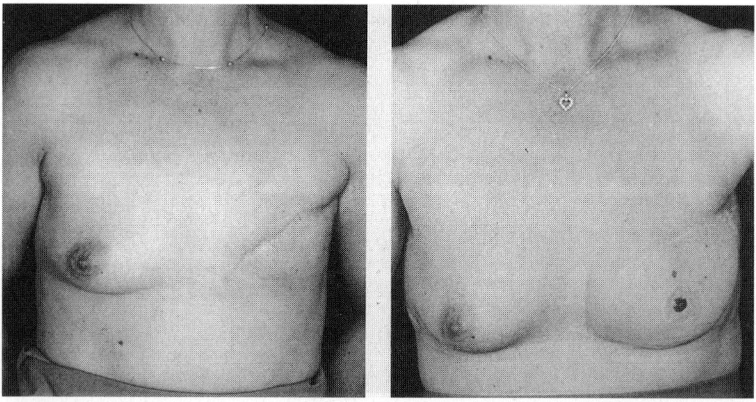

a b

Abb. 10.**3 a** u. **b** Beispiel einer Rekonstruktion der linken Brust nach modifiziert radikaler Mastektomie (**a**) und Zustand nach Nachbestrahlung (**b**) (aus H. Bohmert et al: Brustkrebs, Organerhaltung und Rekonstruktion. Thieme, Stuttgart 1989).

Selbsthilfegruppen

„Zurück zum Alltag" ist das Programm und die Bezeichnung einer Bewegung von Frauen, die das gleiche Schicksal einer Brustamputation erlitten haben und die anderen helfen möchten. Die Idee stammt von Therese Lasser, die 1953 in den Vereinigten Staaten die Bewegung „reach to recovery" gegründet hat, und von Francine Timothy, die seit 1974 am Aufbau von „vivre comme avant" in Europa und anderen Kontinenten arbeitet. In der Bundesrepublik Deutschland hat sich Ursula Schmidt große Verdienste erworben.

Frauen dieser Bewegung, die eine Brustoperation seelisch und körperlich erfolgreich überstanden haben, besuchen Patientinnen vor oder nach der Operation im Krankenhaus. Als verständnisvolle Gesprächspartnerinnen helfen sie somit wesentlich bei der Verarbeitung der verschiedensten Probleme und der Anpassung an das Alltagsleben. Die Krebsliga bzw. die Krebshilfe vermitteln Information und Adressen.

Stomaträger

(Patienten mit Ileo-, Kolo- und Urostomie)

Für die besonderen Probleme der Patienten mit Stomata wird auf Kap. 14 und 15 verwiesen.

Tumoren im Kopf- und Halsbereich, speziell Kehlkopflose

Geschwulsterkrankungen an Kopf und Hals bedrohen die körperliche und seelische Existenz der Patienten ganz besonders und führen beim Patienten und seiner Umgebung zu tiefer Betroffenheit. Die Behandlung kann Aussehen und Funktion dieser Körperregion verändern, und die Folgen bleiben der Umgebung der Patienten weniger verborgen als bei anderen Geschwulstleiden.

Ziele der Rehabilitation sind die Erhaltung und Wiederherstellung von Form und Funktion. Je besser das Aussehen und die Funktion nach der Krebsbehandlung sein werden, um so geringer sind die seelischen Probleme des Patienten. Atmen, Sprechen, Essen und Schlucken können durch entsprechende Behandlungsmethoden erhalten oder durch gewisse Techniken wiederhergestellt werden. Durch plastische Operationen oder Abdeckung von sichtbaren Defekten (Epithesen, vgl. Abb. 10.**4**) wird die gestörte Ästhetik überwunden, so daß der Patient wieder gesellschaftsfähig wird. Für alle Einzelheiten sei auf Kap. 19 verwiesen.

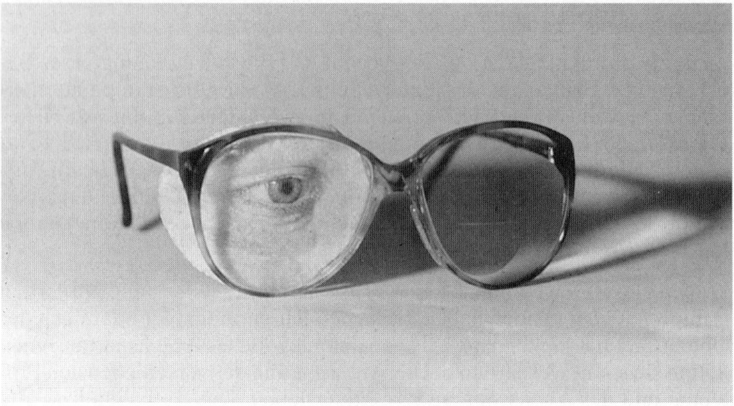

Abb. 10.4 Epithese nach Oberkieferresektion und Ausräumung der Orbita (Dr. H. H. Wespi, ORL-Klinik, Kantonsspital St. Gallen).

Wichtigste rehabilitative Maßnahmen

- Plastische Operationen mit Plastik von angrenzenden Weichteilen aus oder mit Verpflanzung von Haut- und Schleimhautlappen.
- Ersatz von Körperteilen durch körpereigenes oder körperfremdes Material (z. B. Ersatz des Unterkiefers mit Knochen vom Beckenkamm oder durch Endoprothese aus Metall).
- Epithesen aus hartem Kunststoff oder aus elastischem Silikon, Kautschuk (z. B. Nase, Wangen, Ohren), im Kieferbereich ergänzt durch entsprechende Zahnprothetik.
- Zur Verbesserung der Ästhetik kann evtl. durch Nervenplastik eine Parese gebessert und die Mimik wiederherstellt werden.
- Mundtrockenheit nach Bestrahlung erschwert das Schlucken und begünstigt Infekte im Nasen-Rachen-Raum. Die Mundpflege nach jeder Nahrungsaufnahme ist unerläßlich.
  Die Verordnung von synthetischem Speichel kann oft hilfreich sein. Synthetischer Speichel (Glandosane) mit Zitronengeschmack wird gut akzeptiert.
- Wenn die Speichelsekretion vermindert oder das Schlucken durch Mundhöhlendefekte und Narbenbildungen behindert ist, muß die Kost zerkleinert oder flüssig-breiig verabreicht werden, mit reichlich Getränken. Auf vitamin- und eiweißreiche Mahlzeiten unter Vermeidung saurer und scharf gewürzter Speisen ist zu achten. In extremen Situationen ist die Verordnung einer standardisierten Bilanzkost (sog. Astronautenkost) notwendig.

Rehabilitation des Kehlkopflosen

Die totale Entfernung des Kehlkopfes trifft den Patienten durch den Verlust der Sprache erdrückend schwer. Seine zwischenmenschlichen Beziehungen sind durch die gestörte verbale Kommunikation belastet, so daß es zur Vereinsamung und Isolation kommen kann.

Aber auch die Familie und der Freundeskreis leiden unter einer zunehmenden gegenseitigen Verfremdung. Da die Prognose der Laryngektomierten günstiger ist als bei anderen Krebslokalisationen der Luft- und Speisewege, ist eine gute Rehabilitation zur Überwindung der Behandlungsfolgen besonders wichtig.

Präoperative Beratung

Die Rehabilitation beginnt bei der Diagnose mit der präoperativen Beratung des Patienten und seiner Familie. Schon in dieser Phase sind Kontakte zu Kehlkopflosen von großem Vorteil.

Der ärztliche Rat zur Operation und die Beteuerung der postoperativen Verständigungsmöglichkeiten mit der Ösophagussprache können nie so wirkungsvoll sein wie das Gespräch mit einem Kehlkopflosen, der dem Patienten die Überwindung der Krankheit überzeugend demonstriert. So erst kann der Betroffene sich vorstellen, wie das Leben auch ohne Kehlkopf weitergehen kann.

Schwimmen

Die aktive Bewegungstherapie ist heute in der Rehabilitation selbstverständlich, und besonders effektiv ist dabei das Schwimmen. Auch Kehlkopflose sind vom Schwimmen nicht mehr ausgeschlossen. Unter Verwendung eines Schwimmgerätes (Aquamat o. ä.) kann auch der Kehlkopflose wieder gefahrlos schwimmen. Die durch die Nase eingeatmete Luft wird über einen Verbindungsschlauch vom Mund in die Luftröhre geleitet.

Selbstverständlich darf der Kehlkopflose dieses Gerät nur benützen, wenn er mehrere Stunden von einem kehlkopflosen Schwimmer im Gebrauch unterwiesen wurde. Ein Kehlkopfloser, der wieder sprechen und schwimmen kann, ist auch psychisch besser rehabilitiert und wird weniger Schwierigkeiten in seinem beruflichen und familiären Bereich haben. Die gegenseitige Hilfe im Rahmen von Selbsthilfegruppen ist bei diesen Patienten besonders effektiv.

Sprachliche Verständigung

Zur sprachlichen Verständigung bestehen mehrere Möglichkeiten:

- Bei der Operationsmethode nach Staffieri erfolgt die sprachliche Verständigung über eine kleine Öffnung am Luftröhrenende, die bei der Entfernung des Kehlkopfes belassen wird. Nachteil: Flüssige Speisen können in die Luftröhre gelangen! (Die Rekonstruktion eines künstlichen Kehldeckels ist noch nicht gelungen.)
- Die Verbindung zwischen Luft- und Speiseröhre kann auch durch das Einsetzen einer Singer-Bloom-Prothese, einem Einwegventil, hergestellt werden, das den obengenannten Nachteil der Aspiration reduziert.
- Die beste Methode ist die Verständigung durch die sog. *Ösophagussprache,* wobei Luft in die Speiseröhre geschluckt und kontrolliert ausgestoßen wird. Der durch Vibration der Speiseröhre und des Rachenraums erzeugte Ton ist etwas tiefer und nicht so laut; die sprachliche Verständigung ist aber doch sehr gut. Jeder Kehlkopflose sollte zur Erlernung der Ösophagussprache motiviert werden. Die logopädische Unterweisung ist fester Bestandteil der Nachsorge, kann in engem Kontakt mit dem behandelnden Arzt schon im Krankenhaus etwa ab dem 10. postoperativen Tag beginnen und muß so lange fortgesetzt werden, bis sich der Patient gut verständigen kann. Der Kontakt zu Kehlkopflosen einer Selbsthilfegruppe mit gemeinsamem Gespräch und Erfahrungsaustausch erleichtert das Erlernen der Ersatzsprache.
- Die *elektronische Sprechhilfe,* ein Gerät, das die Schwingungen am Hals in eine gut verständliche, aber monoton klingende Sprache überträgt, sollte eine Notlösung für ältere und stark gehemmte Patienten darstellen. Die Sprechhilfe kann auch erforderlich sein, wenn aus medizinischen Gründen, z. B. bei der Strahlenfibrose, das Erlernen der Ösophagussprache unmöglich ist (Abb. 10.**5**).

Auf jeden Fall sollte jeder Patient mit dem Sprachtherapeuten eine Verständigungsmöglichkeit erlernen. Flüstersprache und schriftliche Verständigung sollten der Vergangenheit angehören. Kehlkopflos ist nicht gleichbedeutend mit stumm, und der Kehlkopflose ist keineswegs isoliert und zur Vereinsamung verurteilt, wenn er sich mit der Erkrankung auseinandersetzt, die ihm gebotenen Hilfen annimmt und gemeinsam mit den Betroffenen den Mut zum Leben zu stärken weiß.

Ist dem Kehlkopflosen die Verständigungsmöglichkeit wieder gegeben, so hat er schon die größte Hürde der Rehabilitation genommen.

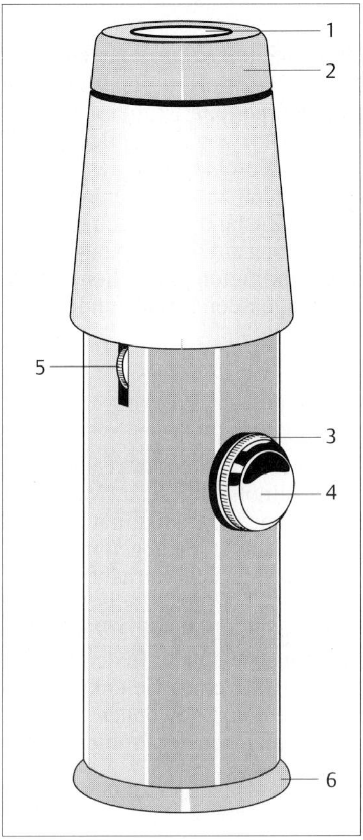

Abb. 10.5 Sprechhilfe (natürliche Größe). 1 = Hartmembran, 2 = Schraubkappe zur Feineinstellung auf reinsten Klang, 3 = Sperrling, 4 = Taster, 5 = Lautstärkeregulierung (Tonhöheregulierung andere Seite), 6 = Bodendeckel (abnehmbar).

Tracheostomapflege

Dafür wird auf die allgemeine Pflegeliteratur verwiesen.

Extremitätenamputierte

Im Interesse einer möglichst radikalen, vollständigen Entfernung des Tumors kann es notwendig werden, daß Arme oder Beine teilweise oder in ihrer Gesamtheit amputiert werden. Der Patient ist damit nicht nur entstellt und in seinem Körpergefühl beeinträchtigt, sondern er erleidet beträchtliche funktionelle Einbußen.

Ziel und Vorbereitung

Ziel der prothetischen Versorgung ist es, nicht nur die Intaktheit der äußeren Erscheinung, sondern vordringlicher die Funktion so gut als möglich wiederherzustellen. Der Ersatz fehlender Körperteile ist meist dauernd und definitiv. Er stellt eine gemeinsame Aufgabe von Arzt, Pflegepersonal, Orthopädist und Physiotherapeut dar. Die Beschaffung eines Körperersatzstückes genügt nicht, vielmehr gilt es, den zu amputierenden Patienten auf den Eingriff und seinen künftigen Zustand psychisch und körperlich vorzubereiten. Je besser die Vorbereitung auf die Amputation, desto einfacher und erfolgreicher ist die Rehabilitation. Glücklicherweise stehen hier viele Institutionen und Erfahrungen der Unfall- und Invalidenmedizin zur Verfügung.

Operatives Vorgehen

Unter *Amputation* verstehen wir den Verlust einer Extremität. Dabei wird die Gliedmaße herzwärts (proximal) des Tumors abgesetzt. Man wird versuchen, soviel wie möglich zu erhalten, ohne die Radikalität des Eingriffs zu beeinträchtigen. Antagonische (einander entgegenwirkende) Muskelgruppen werden miteinander als Muskelplastik vernäht und vor dem knöchernen Stumpfende vereinigt. Das korrekte Bedecken des Stumpfes ist von größter Bedeutung für die spätere Rehabilitation, wobei auch die Hautschnittführung (Narbe!) von entscheidender Bedeutung ist. Bei der *Exartikulation* wird das Glied auf Höhe eines Gelenkes abgesetzt. Die Knieexartikulation hat an Bedeutung gewonnen, da das Stumpfende nachher voll tragfähig und das Anziehen der Prothese leichter ist.

Stumpfhygiene

Bei Frischoperierten wird der Extremitätenstumpf mit einer elastischen Binde vor der Prothesenversorgung umwickelt, wodurch die postoperative Weichteilschwellung, die infolge der Durchtrennung von Blut- und Lymphgefäßen entsteht, vermindert wird. Das Einbinden erfolgt von distal nach proximal, d.h. immer herzwärts, und muß auch nach prothetischer Versorgung noch für mind. 6 Monate durchgeführt werden, wenn die Prothese nicht getragen wird.

Durch Stumpfwaschungen und Bäder werden Hautschäden, die durch die Einschließung des Stumpfes in die Prothese und durch mechanische Beanspruchung beim Gehen auftreten können, verhindert. Waschen mit warmem Wasser und milder Seife entfernt Talg- und Schweißdrüsenausscheidungen sowie Schmutz. Mit Abhärtungsmaßnahmen wie Abreiben mit Franzbranntwein, kalten Waschungen und Massagen wird die Durchblutung angeregt. Regelmäßige Luft- und Sonnenbäder sind günstig.

Prothesenversorgung

Der Ersatz eines Armes ist kosmetisch relativ einfach. Die verlorene Handfunktion ist dagegen nur teilweise ersetzbar (Gefühl, Druck). Bei einseitig Armamputierten bevorzugt man Eigenkraftprothesen, die mittels Schulterzug aktives Öffnen und Schließen der Prothesenhand ermöglichen oder – für nicht handwerklich tätige und ältere Patienten – sog. Schmuckprothesen. Nur bei Schwerbehinderten wird der Versuch einer elektrisch gesteuerten Handprothese sinnvoll sein.

Die Steh- und Gehfunktion kann von einer Unter- oder Oberschenkelprothese weit einfacher und erfolgreicher übernommen werden. Die meisten Unterschenkelprothesen übertragen die Stützkräfte durch eine Knieeinbettung bei fast voller Kniebeweglichkeit; die verschiedenen Fußgelenktypen versuchen alle, einen weichen Fersenauftritt und ein leichtes Abrollen zu erreichen. Bei der Oberschenkelprothese wird wahlweise ein arretierbares oder frei bewegliches Kniegelenk eingebaut (Abb. 10.**6**).

Die Prothesenabklärung soll vom Operateur, Orthopädisten und Therapeuten gemeinsam getroffen werden, um vor der Versorgung Maßnahmen ergreifen zu können, die den Beinstumpf „prothesengerecht" machen. Häufig muß der Orthopädist im Verlauf des Trainings und des spä-

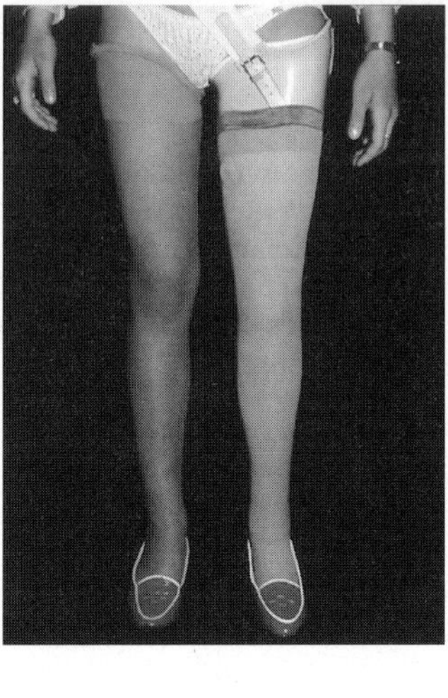

Abb. 10.**6** Beinprothese bei junger Frau nach Beinamputation wegen Osteosarkom (Quelle: Recom, Basel).

teren Tragens kleine Änderungen vornehmen, weshalb er regelmäßig in die Rehabilitation einzubeziehen ist.

Beim Anziehen der Prothese ist darauf zu achten, daß die Fußaußendrehung stimmt. Bei einem Haftschaft mit Ventil wird der Stumpf mit Hilfe einer Schlauchbinde oder einer spiralig angelegten elastischen Binde in den Prothesenschaft gezogen. Die Schlauchbinde oder das Bandagenende werden mit Pumpbewegungen durch die Ventilöffnung des Schaftes herausgezogen, und es wird ein Gummiventil aufgesetzt. Die Prothese hält dann mit einem Unterdruck (Abb. 10.**5**). Der Orthopädist soll die für den Patienten geeignetste Anziehmethode festlegen und mit Physiotherapeutin und Pflegepersonal üben.

Das Stumpfbett der Prothese sollte jeden Abend mit Seife und lauwarmen Wasser feucht ausgerieben werden. Bei der Unterschenkelprothese sollte der Stumpf durch einen speziellen Wollstrumpf geschützt werden. Der Strumpf wird täglich gewechselt.

Gliedmaßenerhaltende Operationen

Wenn immer möglich, wird heute versucht, eine Extremität auch nach radikaler Tumorentfernung zu erhalten. Dies ist zu verantworten, weil prä- und postoperativ wirksam zytostatisch behandelt werden kann. Mit verschiedenen technischen Methoden kann dem meist jungen Patienten ein funktionsfähiges Glied erhalten werden. Häufig ausgeführt wird die En-bloc-Resektion unter Einfügen eigenen Knochens oder einer Tumorendoprothese. Die radikalste Form einer Resektion unter Erhaltung des Unterschenkels stellt die Umkehrplastik dar: Der Unterschenkel wird um 180° gedreht; das Sprunggelenk ersetzt das Knie (Abb. 10.**7a–c**).

Gehschule

Bevor mit der eigentlichen Gangschulung begonnen werden kann, muß ein Konditionstraining des Stumpfes durchgeführt werden. Rhythmische Klopfübungen mit dem Stumpf in alle Bewegungsrichtungen in Kombination mit dem anderen Bein oder mit den Armen stellen die Funktionstüchtigkeit des Stumpfes wieder her. Zugleich werden Blutkreislauf und Gewebsernährung mit diesen Übungen gefördert. Zur Verhinderung einer Fehlstellung mit Mehrbelastung im Hüftgelenk sollen täglich die Hüftstreckmuskeln und auch die Muskeln der Gegenseite trainiert werden, indem der Stumpf in Bauchlage mehrmals kräftig nach hinten durchgestreckt wird. Die Gangschulung mit der Prothese wird von der Physiotherapeutin übernommen. Mit Gymnastik, Sport und Spiel wird die Gehschulung unterstützt. Im späteren Verlauf spielt der Invalidensport eine wichtige Rolle in der Rehabilitation von Amputierten.

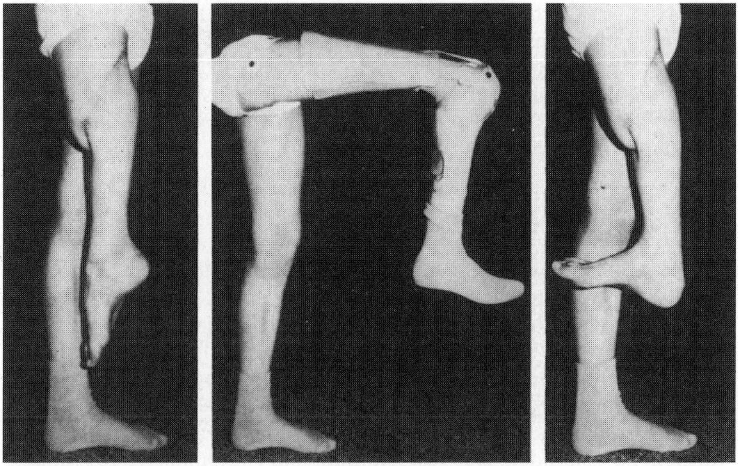

a b c

Abb. 10.7 **a – c** Umkehrplastik nach Resektion eines Osteosarkoms des distalen Oberschenkels. Das um 180° gedrehte Sprunggelenk stellt ein neues Knie dar, das eine Unterschenkelprothese aktiv bewegen kann (aus Kotz, R.: Onkol. Forum Chemother. H. 3 [1986] 12).

Phantomschmerz

Die meisten Amputierten spüren nach der Operation Schmerzen im entfernten Körperteil, wie wenn er noch da wäre. Bei den meisten Patienten verschwinden diese Schmerzen bei Tragen der Prothese oder werden vom Patienten nicht mehr als Schmerz realisiert. In seltenen Fällen bleiben diese Schmerzen bestehen und beeinträchtigen das Leben des Patienten stark. Sie sind therapeutisch schwierig anzugehen; unter Umständen kann autogenes Training Hilfe bringen.

Sonstige Rehabilitation bei Geschwulstbehandlungen

Haarersatz bei vorübergehendem Haarausfall durch Chemo- oder Radiotherapie

Kopfhaare, die infolge Bestrahlung oder Zytostatikatherapie ausgefallen sind, lassen sich durch Perücken ersetzen. Es ist wichtig, daß der Friseur oder der Perückenmacher den Patienten vor dem Haarausfall mit seiner eigenen, vollen Haartracht sieht, damit die Perücke in Farbe und Form optimal gewählt werden kann. Sofern ärztlich bestätigt wird, daß ein

Haaransatz zur Erhaltung oder Wiedererlangung der Arbeitsfähigkeit während mindestens 360 Tagen notwendig ist, wird die Schweizerische Invalidenversicherung (IV) bzw. AHV die Kosten zur Anschaffung und Reinigung der Perücke übernehmen, auch für Hausfrauen. In der Bundesrepublik Deutschland sowie in Österreich wird eine Perücke von der Krankenkasse bezahlt.

Stützkorsett und andere Hilfsmittel

Je nach Krankheit bzw. Folgen einer Tumorkrankheit oder ihrer Behandlung können weitere Hilfsmittel notwendig werden, die einen Patienten selbständig oder arbeitsfähig machen helfen. Dies kann auch für eine begrenzte Zeitspanne sinnvoll sein und unterstützt Hoffnung und Heilungswillen. Patienten mit Wirbelsäulenmetastasen benötigen gelegentlich ein orthopädisches Stützkorsett. Dieses soll aber nicht zu früh verordnet und vor allem nicht dauernd getragen werden, da sich sonst die tragenden Muskeln zurückbilden. Das Korsett muß vom Orthopädisten regelmäßig überprüft und wenn nötig korrigiert werden. Bei Korsettträgern ist das Rückenmuskeltraining eine zwingende Notwendigkeit, sonst macht die Muskelatrophie die Korsettfunktion unmöglich. Die Kosten werden in der Bundesrepublik Deutschland und in Österreich von der Sozialversicherung übernommen. Die Schweizerische Invalidenversicherung übernimmt die Kosten nur, wenn durch ein Stützkorsett eine mindestens teilweise Arbeitsfähigkeit erhalten oder wiedererlangt werden kann.

Gelähmte Glieder können durch *Stützschienen* kompensiert werden.

Stöcke, Krücken oder *Rollstühle* sind weitere Hilfsmittel, die meist ausgeliehen werden können.

Ersatz anderer Organe

Ein wegen einer Geschwulst (meist Melanom) entfernter Augapfel kann durch eine individuell anzufertigende Prothese ausgezeichnet, für Außenstehende nicht erkennbar, ersetzt werden. Der Einäugige kann sich in seiner Umgebung überraschend gut wieder zurechtfinden. Selten werden Hoden- und Penisimplantate nach Entfernung der betreffenden Organe wegen Tumors notwendig sein.

Allgemeine, soziale und psychosoziale Hilfe und Nachsorge

Bei der Rehabilitation Tumorkranker ist die Sozialberatung als fester Bestandteil innerhalb des Behandlungsplanes notwendig, um die Persönlichkeit des Kranken ganzheitlich erfassen zu können. Nicht nur die Erkrankung an sich, sondern auch die psychische Beeinträchtigung und soziale Faktoren können den Patienten bedrängen. Krankheiten stehen oftmals in Wechselwirkung zur sozialen Situation, und ungelöste Probleme können den Erfolg der besten medizinischen Behandlung hemmen. Daher darf gerade in diesem Bereich die enge Zusammenarbeit des Betreuerteams nicht unterschätzt werden. Wenn Sozialarbeit mit Kranken und ihren Familien für die Patienten sinnvoll und fruchtbar sein soll, muß sie ständig auf die medizinische Behandlung bezogen bleiben. Ebenso ist eine gute medizinische Behandlung abhängig davon, daß die Betreuer sich jederzeit der sozialen Umstände ihrer Patienten bewußt sind. Tumorkranke Menschen brauchen oft in vermehrtem Maße Fürsorge und Hilfe, und zwar gerade dann, wenn sie aus der eigentlichen medizinischen Behandlung entlassen worden sind und beginnen, sich allmählich mit den krankheitsbedingten Veränderungen ihres Lebens in Ehe, Alltag und Beruf zurechtzufinden.

Während der Sozialdienst im Krankenhaus in der Schweiz, der Bundesrepublik Deutschland und in Österreich gut organisiert ist und den Tumorpatienten umfassend betreut und berät, bestehen außerhalb des Krankenhauses noch Lücken, oft ungenügende Koordination und Unkenntnis über die zur Verfügung stehenden Möglichkeiten. Ein besonders kritischer Punkt ist die Entlassung aus dem Krankenhaus. Die Kontaktaufnahme zwischen krankenhausinternen und -externen Sozialinstitutionen muß möglichst frühzeitig erfolgen.

Zum Aufgabenbereich der Sozialhilfe gehören:

- *medizinische Leistungen* wie ärztliche Behandlung, Arznei- und Verbandmittel, Krankengymnastik, Logopädie, Bewegungs- und Beschäftigungstherapie usw.;
- *Hilfsmittel* wie Prothesen, Perücken, Stützkorsetts usw. einschließlich Ausbildung zu ihrem Gebrauch;
- *ergänzende Leistungen* wie Vermittlung von Kur- und Erholungsaufenthalt, Haushaltshilfen, ambulante Benützung von Spezialeinrichtungen;
- *Rehabilitation,* insbesondere *berufliche Wiedereingliederung;*
- *Rentenversorgung* bei Teil- oder Vollinvalidität.

Im folgenden wird das Angebot sozialer Hilfe für die Schweiz und das Fürstentum Liechtenstein, die Bundesrepublik Deutschland und Österreich vorgestellt. Besonderes Gewicht wird den Verschiedenheiten, Vor- und Nachteilen jedes Systems beigemessen.

Angebot sozialer Hilfe in der Schweiz und im Fürstentum Liechtenstein

Spitalinterne Beratungsstellen

Alle größeren Spitäler verfügen über einen Sozialdienst, der folgende Aufgaben hat:

- Abklärung der sozialen Situation;
- Beratung in persönlichen, familiären und beruflichen Schwierigkeiten;
- Zusammenarbeit mit Angehörigen, Arbeitgebern, Behörden, Sozialberatungsstellen anderer Institutionen;
- Abklärung von Versicherungsangelegenheiten und Wahrung rechtlicher Interessen;
- Vorbereitung der Spitalentlassung, Hilfe bei Unterbringung in Alters- oder Pflegeheimen;
- Verlegung in Erholungs- und Kurhäuser, Rehabilitationszentren, andere Krankenhäuser;
- Vermittlung von Heim- und Krankenpflegerinnen, Hilfsmitteln;
- finanzielle Hilfe bei Lücken im Versicherungsschutz.

Kantonale und regionale Beratungsstellen der Krebsliga

Die Aufgabe dieser Beratungsstellen ist es, auf freiwilliger Basis die Betreuung der Tumorkranken nach der Spitalentlassung weiterzuführen. Die Sozialarbeiterin/Gesundheitsschwester berät Patienten in allen Problemen, die durch die Krankheit verursacht oder verschärft werden, wie z. B.

- Hilfe, sich mit der Krankheit auseinanderzusetzen, deren Probleme anzugehen und sich an eine neue Lebenssituation anzupassen;
- Abklärung der Ansprüche auf Leistungen der Sozialversicherung, Beratung zu sachgemäßem Vorgehen;
- Beratung in Fragen der Wohnung, des Berufs, der Familie, der Erziehung, der Finanzen;
- Vermittlung von Hilfe Dritter wie Gemeindeschwester, Hauspflegerin, Mahlzeitendienste, Haushilfe für Betagte, Transportdienste und Finanzierungsmöglichkeiten dafür.

In einzelnen Kantonen übernehmen Onkologieschwestern und -pfleger Behandlung und Pflege zu Hause, in Zusammenarbeit mit praktizierenden Onkologen, Hausärzten und Spitälern.

Selbsthilfeorganisationen

Verschiedene Selbsthilfeorganisationen haben sich zum Ziel gesetzt, sich für das Wohlergehen und die Wiedereingliederung ihresgleichen einzusetzen. Durch die Selbsterfahrung der Krankheiten und der damit verbundenen Probleme besteht ein sehr starkes Zusammengehörigkeitsgefühl, welches dem einzelnen Patienten viel Mut und Hilfe geben kann. Die Hilfe reicht von der praktischen Anleitung eines Gerätes, dem Gespräch über Lebensprobleme bis zum gemütlichen Zusammensein.

Heute bestehen folgende Organisationen (Kontaktadressen s. Anhang II):

- Schweizerische Ileo-, Colo- und Urostomievereinigung (ILCO),
- Union Schweizerischer Kehlkopflosenvereinigungen,
- Vereinigung „Das Band“ = Selbsthilfewerk der Kranken und Genesenden,
- Kontaktgruppen für brustamputierte Frauen („vivre comme avant“).

Vieles steht noch in den Anfängen und bedarf dringend eines weiteren Ausbaus.

Eingliederungsmaßnahmen

Leistungen der Schweizerischen Invalidenversicherung (IV)

Medizinische Maßnahmen. Der Versicherte hat Anspruch auf medizinische Maßnahmen, die nicht auf die Behandlung des Leidens an sich, sondern unmittelbar auf die berufliche Eingliederung gerichtet und geeignet sind, die Erwerbsfähigkeit dauernd und wesentlich zu verbessern oder vor wesentlicher Beeinträchtigung zu bewahren. Die eigentliche Behandlung der Krankheit übernimmt die IV nicht; sie ist Sache der Krankenversicherung.

Berufliche Maßnahmen. Die IV gewährt Berufsberatung und Arbeitsvermittlung, erstmalige berufliche Ausbildung und Umschulung. Bei der erstmaligen beruflichen Ausbildung übernimmt sie die invaliditätsbedingten Mehrkosten. Unter bestimmten Voraussetzungen gewährt die IV Kapitalhilfen an Selbständige.

Hilfsmittel. Die IV finanziert im Zusammenhang mit der beruflichen Eingliederung Hilfsmittel wie Sprechhilfen, Hörgeräte, Prothesen, Perücken, Stützkorsetts, sofern sie der Erhaltung oder Wiedererlangung der Arbeitsfähigkeit dienen.

Renten. Die IV stellt in der Regel das Einkommen, das der Invalide nach eventuellen Eingliederungsmaßnahmen erzielen kann, dem Einkommen gegenüber, das er ohne Invalidität erzielen könnte. Diese Vergleichsrechnung ergibt den Invaliditätsgrad. Wenn der Invalide während 360 Tagen invalid ist, steht ihm eine IV-Rente zu.

Private Sozialinstitutionen

Die Leistungen der privaten Organisationen können nur als Ergänzung zu den öffentlichen Kostenträgern gesehen werden. Ihre Aufgabe besteht darin, dem Patienten und seinen Angehörigen zu helfen, die durch die Krankheit in finanzielle Bedrängnis geraten sind. Die finanziellen Konsequenzen einer Krankheit können zu einer echten Sorge werden: Behandlungskosten, Reisekosten, Heimpflege, Erholungsaufenthalt, besondere Hilfsmittel, krankheitsbedingter Wohnungswechsel usw. In all diesen Belangen werden fachliche Aufklärung und oft eine überbrückende finanzielle Unterstützung benötigt.

Angebot sozialer Hilfe in der Bundesrepublik Deutschland

(von R. Frühwirth und R. Sauer, Erlangen)

Die wichtigste Kontaktstelle für die Patienten ist vor der Entlassung aus dem Krankenhaus der „Sozialdienst im Krankenhaus". In den meisten Bundesländern ist der Sozialdienst im Krankenhaus gesetzlich verankert. Hier erfolgt die psychosoziale Beratung bei persönlichen, familiären oder beruflichen Problemen, der Kontakt zu Behörden, die Vermittlung von Erholungs- und Kuraufenthalten usw. Die Patienten erhalten durch den Sozialdienst auch Informationen über Hilfs- und Versorgungsmittel wie über Beratungsstellen oder Selbsthilfegruppen am Wohnort.

Eingliederungsmaßnahmen/Rehabilitation

Im Gegensatz zur Schweiz sind auch die Leistungen der Rehabilitation in Deutschland gesetzlich verankert. Die Leistungen umfassen medizinische und berufsfördernde Maßnahmen.

Medizinische Maßnahmen

Nach Abschluß der Primärbehandlung kann beim Rentenversicherungsträger eine Anschlußheilbehandlung für Versicherte und mitversicherte Familienangehörige (Ehepartner/Kinder) sowie auch für Rentner beantragt werden.

Es gibt in Deutschland für die medizinische Rehabilitation spezialisierte Nachsorgekliniken für Tumorpatienten (z.B. Park-Sanatorium Aulendorf, Gynäkologische Nachsorgeklinik Bad Trissl, Oberaudorf).

Je nach medizinischer Notwendigkeit kann in den darauffolgenden 3 Jahren nach der Erkrankung nochmals eine stationäre Nach- und Festigungskur beantragt werden.

Ist kein Rentenversicherungsträger kostenpflichtig, übernehmen die gesetzlichen Krankenkassen die Kosten. Besteht kein Versicherungsverhältnis, übernimmt das Sozialamt die Kosten.

Berufsfördernde Maßnahmen

- Arbeitsplatzumsetzung innerhalb des bisherigen Betriebes,
- Arbeitsversuche und Arbeitserprobung zur Feststellung der zuträglichen Belastung,
- berufliche Anpassung, Fortbildung und Ausbildung,
- evtl. Umschulung auf einen neuen Beruf,
- Kostenzuschuß zur Anschaffung eines behindertengerechten PKW, falls der Versicherte wegen Art und Schwere der Behinderung für die Fahrt zwischen Wohnung und Arbeitsplatz auf die Benutzung eines eigenen Kraftfahrzeuges angewiesen ist.

Die Rentenversicherungsträger arbeiten bei Einleitung derartiger Maßnahmen eng mit den Arbeitsämtern zusammen.

Schwerbehindertenausweis

Jeder Patient mit einem bösartigen Tumor kann beim zuständigen Versorgungsamt einen Antrag nach dem Schwerbehindertengesetz (1.5.74) stellen. Für Schwerbehinderte gilt ein besonderer Kündigungsschutz, erhöhter Urlaubsanspruch sowie steuerliche Vergünstigungen; auch besteht ein Anspruch auf einen Schwerbehindertenarbeitsplatz.

Leistungen der Kranken- und Rentenversicherungen

Grundsätzlich hat jeder Versicherte Anspruch auf Krankengeldleistungen. Krankengeld wird wegen ein und derselben Erkrankung innerhalb eines Zeitraums von 3 Jahren für 78 Wochen gewährt. Eine Rentengewährung steht immer an letzter Stelle des Leistungsspektrums der Sozialversicherungen. Prinzipiell gilt der Grundsatz „Rehabilitation vor Rente“. Ist nach dem Verlauf der Erkrankung absehbar, daß eine Berentung unumgänglich wird, ist der zeitlich befristeten Rente zunächst der Vorzug zu geben, da nach neueren Erkenntnissen die Dauerberentung noch weit häufiger als Zeitrenten negative psychische Auswirkungen zeigt. Eine Zeitrente kann für max. 6 Jahre gewährt werden.

Leistungen der Krankenkassen/Pflegeversicherung bei häuslicher Pflege

Ab 1. Januar 1995 wurden alle Mitglieder der Gesetzlichen Krankenversicherung kraft Gesetz Pflichtmitglieder in der sozialen Pflegeversicherung.

Wer Leistungen aus der Pflegekasse in Anspruch nehmen möchte, kann dies bei der Pflegekasse beantragen. Die Pflegebedürftigen werden in 3 Pflegestufen unterteilt:

- Stufe I – erheblich pflegebedürftig
- Stufe II – schwerpflegebedürftig
- Stufe III – schwerstpflegebedürftig

Maßgebend für die Zuordnung in die jeweilige Stufe ist der vom Medizinischen Dienst der Krankenversicherung im Einzelfall festgestellte Hilfebedarf, wenn er voraussichtlich mindestens 6 Monate andauert und bei folgenden täglichen Verrichtungen benötigt wird: Körperpflege, Ernährung, Mobilität, hauswirtschaftliche Versorgung. In Tab. 10.**1** werden die Leistungsarten und die zugeordneten Geldleistungen der 3 Pflegestufen dargestellt. Dem Pflegebedürftigen steht ein Wahlrecht zwischen der

Tabelle 10.**1** Leistungsarten und Geldleistungen der 3 Pflegestufen

Leistungsarten	**Stufe I** bis zu	**Stufe II** bis zu	**Stufe III** bis zu
Pflegesachleistungen monatlich (in besonderen Härtefällen)	750 DM –	1800 DM –	2800 DM 3750 DM
Pflegegeld monatlich	400 DM	800 DM	1300 DM
Urlaubs- und Verhinderungspflege für bis zu vier Wochen im Jahr. Voraussetzung: vorherige 12monatige Pflege	2800 DM	2800 DM	2800 DM
Tages- und Nachtpflege in einer teilstationären Vertragseinrichtung monatlich	750 DM	1500 DM	2100 DM
Kurzzeitpflege für bis zu vier Wochen im Jahr in einer vollstationären Einrichtung	2800 DM	2800 DM	2800 DM

Sachleistung (Pflegeeinsätze durch einen Vertragspartner der Pflegekasse, z.B. Sozialstation) und der Geldleistung (selbstbeschaffte Pflegekraft, z.B. Angehörige) zu. Auch eine Kombination von Sach- und Geldleistung ist möglich.

Leistungen der Krankenkassen bei Heil- und Hilfsmitteln

Die zuständigen Krankenkassen finanzieren die je nach Erkrankung notwendigen Hilfsmittel (Prothesen, Perücken, Stützkorsett etc.) mit bis zu 10%iger Eigenbeteiligung des Patienten.

Leistungen der mobilen Hilfsdienste/Sozial- und Diakoniestationen

Sozial- und Diakoniestationen sind in der Zwischenzeit nahezu flächendeckend eingerichtet worden. Die Haus- und Krankenpflege, die von den Sozialstationen übernommen wird, umfaßt pflegerische Maßnahmen (z.B. regelmäßige Behandlungen und Verrichtungen wie Injektionen, Verbände, Katheterismus, Dekubitusbehandlung etc.), wenn nötig auch zusätzliche Haushaltsversorgung.

Für Patienten, die nicht in der Lage sind, sich ihr Essen selbst zuzubereiten, besteht die Möglichkeit, sich von verschiedenen Organisationen des mobilen Hilfsdienstes „Essen auf Rädern" bringen zu lassen.

Selbsthilfeorganisationen

Trostreiche Partner für die Krebspatienten sind auch hier an vielen Orten der Selbsthilfegruppen der deutschen ILCO, der Kehlkopfverbände sowie der brustamputierten Frauen. Patienten, die unter der Krankheit psychisch in besonderer Weise leiden, können sich an eine sog. „Emotion-Anonymous"-Gruppe (EA) anschließen. Auskünfte über Beratungsstellen, Interessengemeinschaften und Selbsthilfegruppen erteilen auch die Deutsche Krebshilfe sowie der Förderkreis Krebsnachsorge, der auch Fortbildungstagungen für Sozialdienste und Krankenschwestern veranstaltet. Erwähnenswert sind noch die in verschiedenen deutschen Großstädten existierenden Hospizvereine. In diesen Hospizvereinen haben sich Ärzte, Schwestern, Geistliche, Sozialarbeiter, Psychologen und Laien zusammengeschlossen mit dem Ziel, Kranken mit befristeter Lebenserwartung und ihren Angehörigen Unterstützung und Hilfe zu geben. Die Betreuung zu Hause soll so lange wie möglich gewährleistet werden. Um dies zu erreichen, ist die Zusammenarbeit mit bereits bestehenden Institutionen und Hausärzten erforderlich. Die Beratung zur Schmerzfreiheit mit Hilfe einer ausgearbeiteten individuellen Schmerztherapie ist eine weitere wichtige Aufgabe des Hospizvereins.

Für ambulante Patienten und ihre Angehörigen gibt es regional und kommunal spezielle Beratungsstellen für Krebspatienten. Auch verschiedene freie Wohlfahrtverbände, wie z. B. Rotes Kreuz und die Arbeiterwohlfahrt, bieten Beratung für Tumorpatienten an.

Angebot sozialer Hilfe in Österreich

(von H. Hausmaninger, Salzburg)

Leistungen der Sozial- bzw. Pensionsversicherungen

Tumorpatienten sind in Österreich hinsichtlich der Inanspruchnahme von Sozialleistungen allen anderen Patienten gleichgestellt. Im Falle einer plötzlichen Erkrankung bzw. während diagnostischer und therapeutischer Maßnahmen befindet sich der Patient im Krankenstand, der je nach Versicherungszeit bzw. Beschäftigungsdauer bis zu 1 Jahr (und darüber) dauern kann. Es wird während dieser Zeit als Leistung der Sozialversicherung ein Krankengeld ausgezahlt, das sich an der Höhe des Gehaltes orientiert. Ist eine Wiederaufnahme der beruflichen Tätigkeit nicht mehr zu erwarten oder nicht mehr möglich, wird der Kranke durch die Pensionsversicherungsanstalten befristet oder dauernd berentet („Berufsunfähigkeits- bzw. Invaliditätspension").

Außer der finanziellen Unterstützung gewähren die Versicherungen Erholungs- oder Genesungsaufenthalte in anstaltseigenen Heimen oder speziellen Rehabilitationszentren. Auch die Rehabilitation bei bzw. nach Tumorerkrankungen gehört zu den Pflichtleistungen der Pensions- bzw. Sozialversicherungsträger, die Erholungs- oder Genesungsaufenthalte in anstaltseigenen Heimen oder speziellen Rehabilitationszentren anbieten.

Schließlich werden Unterstützungen für notwendige Behelfe gewährt. Sogar die Anschaffung eines Elektrofahrstuhls ist aus Mitteln der Sozialversicherung möglich. Die Kosten für notwendige Heilbehelfe und Hilfsmittel werden nach den Satzungsbestimmungen der einzelnen Versicherungsträger übernommen.

Sozialhilfe und -beratung im Krankenhaus

Bei Auftreten psychischer oder auch sozialer Notfälle kann bereits während des Krankenhausaufenthaltes sowohl eine psychiatrische als auch eine psychologische Beratung oder Hilfe durch die sozialmedizinischen Dienste der jeweiligen Landesregierungen bzw. Fürsorgeämter der Gemeinden eingeleitet werden. In Absprache mit dem Patienten und seinen Angehörigen erfolgt also bereits vor der Entlassung die Sicherstellung der weiteren häuslichen Betreuung.

Sozialhilfen außerhalb des Krankenhauses

Obwohl zahlreiche Institutionen noch im Aufbau befindlich sind, ist die häusliche Krankenbetreuung in manchen Bundesländern bereits vorbildlich organisiert.

Hauskrankenpflege. Gerade im Bundesland Salzburg hat sich ein System der Patientenbetreuung im häuslichen Milieu bereits bestens bewährt, indem von ausgebildeten Pflegepersonen im Zusammenwirken mit dem Hausarzt diverse Verrichtungen möglich sind, wie z. B. Verbandwechsel, Injektionen oder Überwachung von Infusionen usw. Diese Einrichtung eröffnet auch dem Tumorpatienten in seiner terminalen Lebensspanne die Möglichkeit der Pflege in seiner gewohnten Umgebung. Dieser Pflegedienst wird von den Krankenkassen bis zur Dauer von 3 Monaten durchgehend finanziert.

Nachbarschaftshilfe. Als nächster Schritt in der Unterstützung manchmal nur geringfügig behinderten Patienten wurde, vor allem von Institutionen des Österreichischen Roten Kreuzes, eine organisierte „Nachbarschaftshilfe" ins Leben gerufen, die durch Unterstützung bei täglichen Verrichtungen (Aufräumen, Einkaufen, Begleiten bei Spaziergängen usw.) dem Kranken die Aufrechterhaltung seines Haushaltes ermöglicht.

„Essen auf Rädern". Patienten, die nicht mehr in der Lage sind, ihre Speisen selbst zuzubereiten, kann durch Zusammenwirken von Sozialämtern und Hilfsdiensten täglich eine warme Mahlzeit ins Haus geliefert werden, was für viele, vor allem ältere Menschen, eine willkommene Hilfe bedeutet.

Selbsthilfegruppen. Diese bestehen auch in Österreich.

Familien- und Sexualberatung

Zu einem normalen Leben, wie es das Ziel aller Rehabilitationsmaßnahmen ist, gehört auch die Sexualität. Diesem Problemkreis wird meist zuwenig Aufmerksamkeit geschenkt, aus ganz verschiedenen Gründen. Der Patient selbst wird selten spontan Fragen über Sexuelles stellen. Daher müssen Arzt und Pflegende mit der gebotenen Diskretion und Sorgfalt diese Probleme direkt ansprechen, was bereits bei vielen Patienten zu einer großen Erleichterung führt. Diese Beratung erfordern viel Takt und Einfühlungsvermögen.

Empfängnisverhütung, Schwangerschaftsunterbrechung

Tumorpatienten sollen ein möglichst normales Geschlechtsleben führen können. Dabei gilt es aber zu berücksichtigen:

- Leider haben viele unserer Patienten nur eine begrenzte Lebenserwartung. Es muß daher gut überlegt und gründlich besprochen werden, ob der Wunsch nach einem Kind unterstützt werden soll, wenn dieses wahrscheinlich nach kurzer Zeit zur Waise werden wird. Im Zweifelsfall soll der Entscheid hinausgeschoben werden, bis mehr Klarheit über die Prognose besteht. Eine passende Methode zur Schwangerschaftsverhütung muß diskutiert werden.
- Ionisierende Strahlen wie Zytostatika können zu fetalen Mißbildungen führen, wenn sie in der Schwangerschaft (besonders in den ersten 3 Monaten) verabreicht werden. Nach dem 3. Schwangerschaftsmonat kann außerhalb des Bauchraums bestrahlt werden. Unter einer aktiven Tumortherapie darf es nicht zu einer Schwangerschaft kommen. Nach Abschluß der Behandlung kann nach einer individuell festzusetzenden Wartefrist einer Schwangerschaft zugestimmt werden (günstige Prognose vorausgesetzt), da später keine erhöhte Rate an Mißbildungen mehr anzunehmen ist.
- Bei verschiedenen hormonabhängigen Tumoren der Frau, ganz besonders beim Mammakarzinom, aber auch beim Melanom, kann es zu einer Beschleunigung des Tumorwachstums in der Schwangerschaft kommen. Frauen, bei denen ein Tumor in der Schwangerschaft aufgetreten oder rasch gewachsen ist, sollten auf weitere Schwangerschaften verzichten. In den anderen Fällen kann erst nach mindestens 2 Jahren Rückfallfreiheit zu einer Schwangerschaft geraten werden.
- Bei der Entdeckung eines bösartigen Tumors in der Schwangerschaft muß individuell und je nach Tumor vorgegangen werden. Eine Schwangerschaftsunterbrechung hat kaum hemmenden Einfluß auf den Tumor, kann sich aber mit Rücksicht auf die Mutter (Blutarmut, mechanische Hindernisse, Ermöglichung einer lebensnotwendigen Therapie) u. U. aufdrängen.

Unfruchtbarkeit

Unter zytostatischer Therapie kommt es beim Mann oft zur Unfruchtbarkeit, bei der Frau oft zu Störungen oder zum Ausbleiben der Periode (Amenorrhö). Da große individuelle Unterschiede bestehen, muß trotzdem auf eine Empfängnisverhütung geachtet werden. Potenzstörungen sind (mit Ausnahme von Prostatakarzinompatienten nach Orchiektomie und in 30% nach großvolumiger Bestrahlung) nicht therapiebedingt.

Während sich vor allem bei jungen Frauen die normale Menstruation nach Absetzen der Zytostatika meist wieder einstellt und die Fruchtbarkeit erhalten bleibt, bleiben bei Männern oft Fertilitätsstörungen (Mangel oder Fehlen von Spermien, Oligo- bzw. Aspermie) zurück. Bestrahlung der Ovarien führt nach 4 Gy und der Hoden bereits nach 1,5 Gy zu dauerhafter Infertilität. Die Gonaden müssen nicht nur vor dem Direktstrahl, sondern auch vor Streustrahlung geschützt werden. Heute schützt man den Hoden dreifach: durch eine Bleikapsel, patientennahe und -ferne Bleiabdeckung. Bei den Eierstöcken bietet nur die Seitwärtsverlagerung (in die ileokolischen Nischen bzw. an die Beckenwand) ausreichende Sicherheit. Die Verlagerung und Befestigung der Ovarien hinter dem Uterus erfordert einen sehr breiten Bleiblock auf die Beckenmitte. Dadurch könnte der Tumor unerwünschterweise geschont werden.

Bei jüngeren Männern mit Kinderwunsch kann vor der Therapie Samen tiefgefroren (Kryopräservation) und für eine evtl. spätere homologe Insemination (Einbringen von Samen des Ehemanns/festen Partners) aufbewahrt werden. Allerdings kennen wir heute zunehmend junge Männer und Frauen, die nach der Heilung von einer Tumorkrankheit Kinder haben durften, vorausgesetzt, daß nicht schon vor der Tumorerkrankung eine Unfruchtbarkeit bestand.

Während diese Themen mit Erwachsenen vor und während einer Tumortherapie besprochen werden können und müssen, ist dies bei kindlichen Patienten kaum möglich. Um so tragischer ist es dann, wenn einem nun erwachsenen, geheilten, ehemals pädiatrischen Tumorpatienten mitgeteilt werden muß, daß er keine Kinder haben kann. Erfolgversprechende Behandlungsmöglichkeiten bestehen in diesen Fällen nicht.

Partnerprobleme bei Kehlkopflosen, Stomapatienten, nach Brustamputation bzw. Unterleibsbestrahlung

Auch Träger von Ileo-, Kolo- oder Urostomata können ein Geschlechtsleben führen. Der Geschlechtsverkehr bietet hier aber wegen der relativ nah der Genitalorgane liegenden Öffnungen mit ihren Störungen besondere Probleme. Die Stomaöffnung kann mit einer speziellen Stomakappe verschlossen werden. Der vor allem bei Kehlkopflosen störende Geruch kann durch Antibiotika gegen anaerobe Keime korrigiert werden. Viele brustamputierte Frauen (oder ihre Partner) haben nach der Operation Angst vor Geschlechtsverkehr, da sie sich nicht mehr als vollwertig empfinden (s. oben). Diese psychischen Hemmungen können nur durch offene Gespräche, ggf. mit einer anderen mastektomierten Patientin („vivre comme avant"), und mit viel Liebe und Geduld überwunden werden. Gegebenenfalls muß der plastische Wiederaufbau der Brust ins Auge gefaßt werden.

Nach Bestrahlung des Unterleibs bei Frauen kann es zu Schrumpfungen und Verengungen der Scheide kommen. Durch medikamentöse und mechanische Maßnahmen ist es meist möglich, wieder eine durchgängige Scheide mit geschmeidiger Schleimhaut zu erzielen.

Auch hier gilt, daß die Patienten diese Probleme selten spontan ansprechen. Ärzte weichen ihnen aus Unsicherheit häufig aus. Sie sollten aber unbedingt offen besprochen, und es sollten Wege zur Lösung gesucht werden.

Gesunde Lebensführung und Ernährung

Im Sinne der eingangs formulierten Ziele der Rehabilitation gilt es, den Patienten möglichst bald und vollständig wieder in ein „normales" Leben zurückzuführen. Die Erkrankung an einem Tumorleiden führt nicht selten zu einer eigentlichen Lebensumstellung, die durchaus positiv sein kann. Damit ist aber keineswegs eine einseitige, oft fast sektiererische, extreme Haltung gemeint. Gesunde Lebensführung bedeutet:

! Maßvolle, ausgewogene Ernährung, ausreichende körperliche Betätigung, Arbeit und Entspannung, psychische Ausgeglichenheit.

Ein wesentliches Element dabei ist das Gefühl des Tumorpatienten, noch gebraucht zu werden, sei es in der Familie oder am Arbeitsplatz. Aus diesen Gründen sind sowohl längere Entfernung von zu Hause, z. B. durch Kuren, wie voreilige Invalidisierung fragwürdig. Der Patient soll möglichst bald wieder nach Hause zurückkehren und sein hoffentlich in positivem Sinn verändertes Alltagsleben wiederaufnehmen können.

Die *Ernährung* spielt eine wesentliche Rolle in der Entstehung verschiedener, aber längst nicht aller bösartigen Tumoren, ohne daß bisher einzelne Substanzen oder Verhaltensweisen als eindeutig krebserzeugend identifiziert werden konnten. So ist es auch bisher unmöglich, eine sicher krebshemmende Kostform zu definieren. Viele der angeblichen „Krebsdiäten" sind einseitig und extrem.

Rational betrachtet, gelten sowohl zur Vorbeugung bei Gesunden wie zur Ernährung von Patienten mit bekannten Tumorkrankheiten die gleichen allgemeinen Grundsätze: Die Ernährung soll ausgewogen, quantitativ und qualitativ maßvoll sein. Alle Extreme, insbesondere auch Überernährung, sind zu vermeiden. Insbesondere soll auf ballaststoffreiche Ernährung (viel Zellulose enthaltende Kleie und Vollkorn) zur Erreichung einer regelmäßigen, mindestens einmal täglich erfolgenden Darmentleerung geachtet werden. Frisches Gemüse und Obst (Vitamine und andere Antioxidantien) sind zu empfehlen. Fett soll maximal 30% der Gesamtkalorien ausmachen. Um auch die Zufuhr der gerade bei behandelten Tumorpatienten lebensnotwendigen Eiweiße und fettlöslichen Vitamine zu garantieren, umfaßt eine ausgewogene Ernährung auch Fleisch, Fisch und Milchprodukte. Die Natur dieser Milchprodukte, besonders der darin enthaltenen Milchsäure, spielt keine besondere Rolle. Im großen und ganzen gelten die gleichen Grundsätze für Tumorpatienten, wie sie generell für eine gesunde Ernährung gelten.

Hilfe bei gestörter zwischenmenschlicher Beziehung

Krebspatienten akzeptieren ihre veränderte Körperlichkeit manchmal schwer und leiden unter dem abrupten Abbruch der familiären und beruflichen Aktivitäten. Sie haben ein starkes Bedürfnis, sich über die Sorgen und Probleme offen auszusprechen, und daher ist die persönliche Zuwendung im Gespräch wichtig.

Operationsfolgen, Chemotherapienebenwirkungen oder Strahlenreaktionen werden vom informierten Patienten leichter ertragen. Viele unnötige Ängste vor neuen Krebssymptomen können durch sachliche Informationen vermieden werden. Die Angehörigen sollten zum besseren Verständnis frühzeitig in die Gespräche miteinbezogen werden (s. Kap. 8). Zur Konfliktbewältigung sowie zur Verbesserung der zwischenmenschlichen Beziehungen eignet sich die *Gruppentherapie* in besonderer Weise. Erwähnt seien hier das autogene Training, gemeinsames Schwimmen und Wandern sowie Ergo-, Mal- und Musiktherapie. Das Gestalten bei Tonarbeiten und der Ausdruck persönlicher Empfindungen mit Farbe oder Musik sind sehr geeignet zum Aufbau zwischenmenschlicher Kontakte unter gleichzeitiger Freigabe problembeladener Emotionen. Bei diesen Beschäftigungen werden das Selbstvertrauen wieder entdeckt, der Lebenswille gestärkt und die persönliche Einstellung zu den Lebensproblemen positiv beeinflußt. In schweren Lebenskrisen können Seelsorge, Psychotherapie individuell oder in Gruppen oder evtl. sog. Biofeedback-Methoden hilfreich sein.

Hat die Erkrankung den Kontakt in der Familie gestört und den Patienten bedrohlich isoliert, so könnte mit der *Familientherapie* das gegenseitige Verständnis und damit das Zusammenleben wesentlich erleichtert werden.

Literatur

Aker, S. N., P. Lenssen, K. Schumacher: Leitfaden zur optimalen Ernährung bei Tumorkrankheit – insbesondere während und nach Chemotherapie und Radiotherapie. Schattauer, Stuttgart 1985

Aulbert, E., N. Niederle (Hrsg.): Die Lebensqualität der chronisch Krebskranken. Thieme, Stuttgart 1990

Barth, V.: Ärztlicher Rat bei Erkrankungen der weiblichen Brust, 2. Aufl. Thieme, Stuttgart 1986

Bundesverband der Kehlkopflosen e. V., Bebra: Ratgeber für Kehlkopflose, 1986

Deutsche Krebshilfe e. V., Bonn: Ratgeber „Leitfaden für Laryngektomierte“, „Krebs im Mund-, Kiefer-, Gesichtsbereich = was dann?“, „Krebs – wie geht es weiter?“, „Wie kann man sich vor Krebs schützen?“, „Krebs im Kindesalter“

Földi, M., E. Földi: Das Lymphödem, 3. Auflage. Fischer, Stuttgart 1987

Hussain, M.: Der praktische Ratgeber für Frauen nach Brustkrebsoperationen, 5. Aufl. Zuckschwerdt, München 1993

Kotz, R., Operatives Management des Osteosarkoms. Onkol. Forum Chemother. 3 (1986) 12

Leitzmann, C., M. Weiger, M. Kurz: Ernährung bei Krebs. Gräfe + Unzer, München 1996

Matzker, J.: Ärztlicher Rat für Kehlkopflose. Thieme, Stuttgart 1975

Niederle, N., E. Aulbert (Hrsg.): Der Krebskranke und sein Umfeld. Thieme, Stuttgart 1987

Pichlmaier, H. (Hrsg.): Palliative Krebstherapie. Springer, Berlin 1991

Schweizerische Krebsliga, Bern: Broschüren: „Zurück zum Alltag“, „Brustprothesen: welche paßt für mich?“, „Kehlkopflos – was nun?“ „Krebs und Ernährung“ „Stomapflege und Versorgung“

11

Unbewiesene Krebsbehandlungsmethoden

W. F. Jungi

11 Unbewiesene Krebsbehandlungsmethoden

W. F. Jungi

Definition, Gründe

Der Gegensatz zwischen *Schulmedizin* und *Para-, Natur-, Alternativ-* bzw. *Erfahrungsmedizin* ist künstlich konstruiert und widersinnig. Nicht nur sind viele Medikamente der wissenschaftlichen Medizin natürlicher Herkunft, sondern sind „Schulmeinungen“ in der Alternativmedizin wesentlich ausgeprägter als in der an den Hochschulen gelehrten Heilkunde. Daher wird heute weiter von *Komplementärmedizin* gesprochen.

Die Medizin hat in den letzten 100 Jahren in erster Linie deshalb enorme Fortschritte gemacht, weil sie konsequent Gesetze der *Naturwissenschaft* berücksichtigte. Angesichts der Erfolge der modernen Medizin – deren negative Aspekte keineswegs übersehen werden sollen – ist es unsinnig, die zugrundeliegenden naturwissenschaftlichen Gegebenheiten zu negieren. Ein gutes Beispiel dazu ist der seit Jahrhunderten bekannte Zusammenhang zwischen Dosis und Wirkung (sog. Dosis-Wirkungs-Relation), der von einem Teil der Naturmedizin im Gefolge von Hahnemann und seiner homöopathischen Lehre bestritten wird. Häufig werden dabei sowohl die beträchtlichen Variationen des spontanen Krankheitsverlaufs auch bei Tumorkrankheiten sowie der sog. Plazeboeffekt (Wirkung einer Scheintherapie) jeder, auch der kleinsten Maßnahme übersehen bzw. vernachlässigt. Der wichtigste und entscheidende Unterschied zwischen Schul- und Alternativmedizin ist, daß Wirkung und Nebenwirkungen alternativer Methoden nicht oder nicht ausreichend geprüft sind.

Unbewiesene Krebsbehandlungsmethoden. Sie sind heute sehr populär. Mehr als die Hälfte unserer Tumorpatienten wenden sich zusätzlich solchen Methoden zu. Die Gründe dafür sind:

- *Versagen der schulmedizinischen Krebsbehandlung.* Dies ist wahrscheinlich das wichtigste Moment, weshalb viele sich nach alternativen Behandlungsmethoden umsehen. Die Mehrheit der häufigsten Tumoren ist auch heute noch unheilbar. Dazu kommen psychologische Fehler, mangelnde menschliche Zuwendung und Zeitmangel seitens der Schulmediziner.

- Das *„Geschäft mit dem Krebs“*. Es darf nicht verschwiegen werden, daß mit dem Krebs heute durch zweifelhafte Heiler und Helfer ein riesiges Geschäft gemacht wird, was durch die ständig anwachsende Flut von Publikationen und neuen Behandlungsmethoden illustriert wird.
- *Massenmedien.* Eine wichtige Rolle in der Verbreitung der naturmedizinischen Methoden spielen die Massenmedien, die oft voreilig, kritiklos und in marktschreierischer Aufmachung Wunderheilungen verkünden und angeblich verkannte Genies mit ihren Thesen zu Wort kommen lassen.
- *Krebsangst.* Krebs ist für viele das schlimmste vorstellbare Ereignis, so daß bei seinem Eintreten oft jede Vernunft über Bord geworfen und jede scheinbare Hilfe akzeptiert wird.
- Das Bedürfnis, *selbst einen Beitrag zur Genesung zu leisten.* Diese positiv zu wertende, ernst zu nehmende Haltung ist oft mit den Gefühlen einer alten Schuld verbunden, die durch Entbehrung (Hungerkur) oder einschneidende Lebensveränderungen abzutragen versucht wird.
- *„Grüne Welle“.* Damit sind Skepsis gegenüber Forschung, Technik, Statistik, Chemie und Zuwendung zum Natürlichen, Biologischen, Mystisch-Magischen gemeint.

Die meisten Patienten wollen nicht Schul- oder Alternativmedizin, sondern beides, die Naturheilkunde als Ergänzung der wissenschaftlich begründeten Krebsbehandlung.

Die unbewiesenen Methoden der Krebsbehandlung können nicht ohne gleichzeitige Berücksichtigung ähnlicher oder gleicher Methoden bezüglich Entstehung und Nachweis von Krebs betrachtet werden (s. Kap. 4).

Charakteristika unbewiesener Krebsbehandlungsmethoden

- Publikation nicht in wissenschaftlichen Zeitschriften, sondern oft zuerst in der Laienpresse, gegebenenfalls in besonderen Zeitschriften und Verlagen bzw. auf eigenen Kongressen.
- Behauptung, daß nur die Unterdrückung und Verfolgung durch die machtvolle Schulmedizin den Erfolg der Naturmedizin und ihrer Methoden verhindere.
- Berufung auf verkannte Genies wie Paracelsus, Hahnemann, Semmelweis, Kneipp, Künzle usw.
- Besondere, oft mystische Umstände der Behandlung (Herstellungsweise, Dosierung, Applikationsweise usw.), schlecht definierbare und kaum reproduzierbare Behandlungselemente. Der Erfolg der Behandlung ist ausgeprägt an die Person des Behandelnden gebunden.

- Besondere Sprache mit komplizierten, oft nichtssagenden Fremdwörtern (z. B. makrobiotisch, orthomolekular, Desoxybiose, Sophrologie, induzierpotentielle Energie, Syntheseregulation, Bioresonanz usw.).
- Negierung von Gesetzen der Naturwissenschaft, speziell der Zusammenhänge zwischen Dosis und Wirkung bzw. Nebenwirkungen.
- Behandlung auch *ohne* Sicherung von Diagnose und Stadium des Tumors, auf der vagen Basis oben erwähnter Krebsteste, bei angeblichen Präkanzerosen.
- Kombination mit oft zahlreichen anderen Methoden (sog. Polypragmasie). Damit ist es unmöglich zu erkennen, welche Maßnahme überhaupt gewirkt haben könnte.
- Unterlagen der Behandlung, z. B. Krankengeschichten, oft lückenhaft oder fehlend. Damit ist eine Nachprüfung oder statistische Auswertung unmöglich.
- Mangel an Kritik, speziell Selbstkritik: Naturmedizin kennt praktisch nur Erfolge, die nur durch Fallbeschreibungen und Dankesschreiben belegt werden. Aussagekräftige Vergleiche mit anderen Methoden oder dem Spontanverlauf (Plazeboeffekt!) werden abgelehnt. Naturmedizin hat angeblich keine Nebenwirkungen und verbessert das Allgemeinbefinden.

Beispiele unbewiesener Krebsbehandlungsmethoden

Potentiell zytostatisch wirksame Präparate

Dabei sind in erster Linie die *Mistelprodukte* der anthroposophischen Medizin (Iscador, Helixor, Plenosol u. a.) zu erwähnen. Die Misteltherapie des Krebses beruht auf geisteswissenschaftlichen Erkenntnissen von Rudolf Steiner, dem Gründer der Anthroposophie. Die Wirksamkeit der älteren Präparate bei manifestem Krebs wurde bisher nur ungenügend gegenüber Plazebo oder einem wirksamen Tumormedikament geprüft; dasselbe gilt für ihre adjuvante Anwendung. Ob die angebliche Immunstimulation von klinischer Bedeutung ist, ist unbewiesen. Im Mistelextrakt befinden sich, wie auch in anderen Naturpräparaten zytostatisch wirksame Substanzen. Diese Substanzen werden aber meist in stark verdünnter (und deswegen rational betrachtet unwirksamer) Dosis appliziert. Neue Präparate mit definiertem Wirkstoffgehalt müssen erst geprüft werden. Im Präparat *Ukrain* findet sich neben einem Extrakt aus dem Großen Schöllkraut ein Zytostatikum.

Heilkräuter

Wie erwähnt, sind einige unserer wichtigsten Zytostatika Produkte von Pflanzen (Vincristin, Vinblastin, Paclitaxel) oder Pilzen (alle Antibiotika). Dies sind jedoch hochgereinigte, in ihrer chemischen Zusammensetzung bekannte, dosierte Substanzen. Die *Zuordnung bestimmter Heilpflanzen zu bestimmten Organkrebsen* (oft wegen Ähnlichkeit der Form!) ist dagegen reine *Spekulation.* Eine erfolgreiche Krebstherapie mit Kräutern allein („Apotheke Gottes") ist nicht möglich.

Diättherapie

Es existieren unzählige Krebsdiäten verschiedenster Zusammensetzung. Sie widersprechen sich nicht selten in der Bewertung einzelner Nahrungsmittel (z. B. Tomate oder Kartoffel), haben aber meist das Gemeinsame der Verdammung tierischer Fette und Eiweiße, speziell des Schweinefleisches, des Zuckers (vor allem in raffinierter Form, besonders in der sog. linksdrehenden chemischen Struktur) und von Tabak und Kaffee. Die meisten Krebsdiäten basieren auf der auf Warburg zurückgehenden, in ihrer Allgemeingültigkeit längst widerlegten Auffassung, jede Krebszelle gäre (d. h. habe nur einen anaeroben Stoffwechsel). Ziel vieler Krebsdiäten ist daher verbesserte Sauerstoffversorgung der Zellen.

Von keiner der zahlreichen Krebsdiäten liegt bisher ein Beweis ihrer Wirksamkeit vor, weder präventiv noch therapeutisch. Dies gilt auch für die hochdosierte Vitamin-C-Behandlung nach Pauling und die Hungerkur nach Breuss. Die komplexen Zusammenhänge zwischen Ernährung und Krebs bedürfen weiterer Erforschung und erlauben zur Zeit erst allgemeine Empfehlungen für eine gesunde Kost.

Enzyme

Es ist verlockend, eine Tumorzelle an ihrer biochemischen Abartigkeit angreifen zu wollen, z. B. durch eiweißauflösende Enzyme. Bisher ist dies aber nicht möglich, mit Ausnahme des nur bei akuten Leukämien des Kindesalters wirkenden Enzyms L-Asparaginase. Die systemische Gabe anderer Enzympräparate steht auf unsicheren Füßen. Dagegen können sie möglicherweise bei lokaler Applikation (zur Verödung bei Pleuraergüssen) gute Dienste leisten.

Immunologische Methoden

Die Immuntherapie des Krebses (s. Kap. 5) steckt beim Menschen, von einigen seltenen Ausnahmen abgesehen, immer noch im experimentellen

Stadium. Die paramedizinischen Immunotherapien sind alle unbewiesen und z. T. gefährlich. Zu erwähnen sind hier die Behandlung mit Frischzellen oder Bestandteilen davon, lyophilisierten fetalen Zellen, die sog. zytoplasmatische Therapie mit makromolekularen Organextrakten, die Thymustherapie, die sog. autologe Target-Zytokin- und die immunoaugmentative Therapie etc. Eine sichere Immunstimulation, d. h. die Aktivierung der körpereigenen Abwehr, ist zwar bisher unerreichbar, bleibt aber nach wie vor Ziel und Inhalt wissenschaftlicher Forschung.

Psychotherapie

Daß die Psyche in der Entstehung und im Verlauf von Krebskrankheiten eine wesentliche Rolle spielt, ist unbestritten. Ob sich dies für eine Psychoprophylaxe oder gar Psychotherapie einer Krebskrankheit ausnützen läßt, ist unsicher (s. Kapitel 9). Abzulehnen sind sog. Geistheilungen (angebliche unblutige Entfernung von Tumoren, z. B. auf den Philippinen) und die Therapie nach Hamer.

Weitere Therapien

Hier sind zu erwähnen: Vitamin B_{17} = Laetrile (ein Extrakt aus Bittermandeln oder Aprikosenkernen, vor allem in Mexiko und den USA im Gebrauch), Petrol, Jonol, Recancostat comp., verschiedene physikalische Methoden (Abschirmung vor Erdstrahlen oder Wasseradern, Neuraltherapie, Akupunktur, Magnetfeldtherapie usw.) sowie die sog. Krebs-Mehrschritt-Therapie (von Ardenne); zur Zeit besonders populär ist die Hildegard-Medizin.

Daß naturmedizinische Methoden zur Verhütung und Bekämpfung von Krebserkrankungen so populär geworden sind, ist in erster Linie Folge der begrenzten Möglichkeiten der heutigen Medizin, das Krebsproblem in den Griff zu bekommen, und der daraus resultierenden *Krebsangst.* Vernünftige Gegenmaßnahmen sind ehrliche, sachliche Information über Möglichkeiten und Grenzen der Tumormedizin im vertrauensvollen Gespräch zwischen Arzt, Patient und Angehörigen. Dennoch lassen sich viele Patienten, oft unter dem Einfluß von Verwandten und Bekannten, nicht davon abhalten, einen Versuch mit einer anderen Methode zu machen. Falls damit nicht eine erfolgversprechende Therapie verweigert, behindert oder verzögert wird, ist gegen eine zusätzliche naturmedizinische Behandlung wenig einzuwenden, wenn Patient oder Angehörige daran festhalten wollen. Viele Patienten fühlen sich unter einer solchen Zusatztherapie besser. An der Forderung nach wissenschaftlichem Nachweis der angeblichen tumorhemmenden oder lebensqualitätsverbessernden Wirkung dieser Methoden muß aber festgehalten werden.

Die Rolle der Schwester in der Konfrontation mit paramedizinischen Maßnahmen ist ausführlicher in Kap. 7 dargestellt.

Literatur

Glaus, A.: Betreuung Krebskranker durch das Krankenpflegepersonal. therapeutikon 5 (1991) 271

Hager, E. D.: Komplementäre Onkologie. Forum Medizin, Gräfelfing 1996

Jungi, W. F., H.-J. Senn: Krebs- und Alternativmedizin I. Aktuelle Onkologie, Bd. 32. Zuckschwerdt, München 1986

Jungi, W. F., H.-J. Senn: Krebs und Alternativmedizin II. Springer, Heidelberg 1990.

Jungi, W. F.: Diättherapie maligner Tumoren. In I. Oepen: An den Grenzen der Schulmedizin. Deutscher Ärtzeverlag, Köln 1985 (S. 123 ff.)

Jungi, W. F.: Risiken alternativer Krebsbehandlung. Onkologie 9 (1986) 231–234

Morant, R., W. F. Jungi, C. Köhli, H.-J. Senn: Warum benützen Tumorpatienten Alternativmedizin? Schweiz. med. Wschr. 121 (1991) 1029

Nagel, G. A., D. Schmähl, D. K. Hossfeld: Krebsmedikamente mit fraglicher Wirksamkeit. Aktuelle Onkologie, Bd. 11 und 49, Zuckschwerdt, München 1984 bzw. 1989

Oepen, I. (Hrsg.): Unkonventionelle medizinische Verfahren. G. Fischer, Stuttgart 1993

Schweiz. Ges. Onkologie/Schweiz. Krebsliga, Dokumentationen der Studiengruppe über Methoden mit unbewiesener Wirkung in der Onkologie, Bern

Vogler-Hinze, S.: Unkonventionelle Methoden in der Krebstherapie. Hippokrates, Stuttgart 1995

12

Mammakarzinom

H.-J. Senn und A. Glaus

12 Mammakarzinom

H.-J. Senn und A. Glaus

Epidemiologie und Altersverteilung

Das Mammakarzinom ist in den meisten westlichen Industrieländern (Westeuropa, USA) nicht nur der häufigste maligne Tumor des weiblichen Geschlechts, sondern der häufigste bösartige Tumor eines einzelnen Organs überhaupt. Jede 10.–12. Frau wird in ihrer Lebenszeit an diesem Leiden erkranken, was ca. 6–8% der weiblichen Bevölkerung entspricht. Pro Jahr erkranken in der Schweiz und in Österreich zwischen 3000–4000 und in der Bundesrepublik Deutschland ca. 30000–40000 Frauen *neu* an diesem Tumor.

Die *Altersverteilung* (Abb. 12.**1**) der Patientinnen zum Zeitpunkt der Diagnose reflektiert die in den letzten Jahren beobachtete starke Zunahme des Mammakarzinoms in der Prämenopause: Etwa 35–40% der Patientinnen sind bei Entdeckung ihres Leidens unter 50 Jahre alt. Nach der Menopause tritt ein „Knick" in der altersabhängigen Inzidenzkurve auf. Der Tumor kommt jedoch auch in der 7. und 8. Lebensdekade immer noch recht häufig vor – und wird bei älteren Frauen nicht selten durch schamhafte Verheimlichung ihres Leidens erst in weit fortgeschrittenem Stadium ärztlich erfaßt.

Die *Ätiologie* des Mammakarzinoms ist noch nicht genügend geklärt. Über die heute bekannten genetischen und hormonalen sowie anderweitigen Risikofaktoren orientiert Kap. 2, über die heute gültigen und empfohlenen *Methoden zur Früherfassung* („Vorsorge") Kap. 3.

Von zunehmender Bedeutung sind genetische Prädispositionsfaktoren (BRCA-1 und BRCA-2 Brustkrebsgene in ca. 5% aller und ca. 50–60% aller familiär gehäuften Fälle!). Auch andere genetische Merkmale disponieren gehäuft zu Brustkrebs (p-53 u. a.) und signalisieren zudem einen eher ungünstigen prognostischen Verlauf.

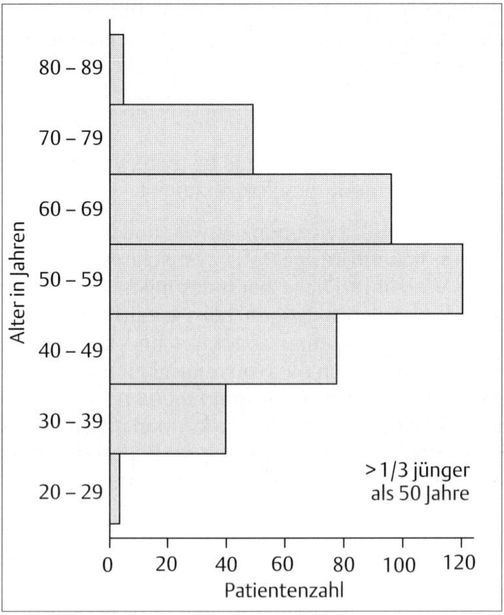

Abb. 12.**1** Altersverteilung von 385 Patientinnen mit Mammakarzinom (nach Smith u. Mitarb. aus Meuret, G.: Das Mammakarzinom. Thieme, Stuttgart 2. Aufl., 1995).

Klinisches Bild

Das Mammakarzinom tritt in der Regel als (scheinbar) lokalisierte Krankheit in Erscheinung (Tab. 12.**1**). Führendes Symptom ist eine *Verhärtung* bzw. ein *tastbarer Knoten* in der Brustdrüse, wobei man früher der topographischen Lokalisation des Primärtumors in den 4 Quadranten oder im Warzenhof (Mamille) aus prognostischen und therapeutischen Gründen große Bedeutung zugemessen hat. Obwohl die Primärlokalisa-

Tabelle 12.**1** Symptome, die zur Diagnose Mammakarzinom führten (aus Nagel, G., J. P. Obrecht, A. C. Mayr: Schweiz. med. Wschr. 103 [1974] 93)

Knoten, Verdickung der Haut	63%
Schmerzen, Druck, Spannung in Brust	19%
Peau d'orange, Entzündung	8%
Mamillenveränderung	6%
Sekretion aus der Mamille	4%

tion für das Behandlungsresultat nach neueren Untersuchungen wahrscheinlich unwesentlich ist, ist es aus didaktischen und präventivmedizinischen Gründen (Gesundheitserziehung der Mädchen!) gut zu wissen, wie sich die Tumorhäufigkeit auf die einzelnen Anteile der Brustdrüse verteilt (Abb. 12.**2**).

Es kann nicht genug betont werden, daß nicht jede tastbare Veränderung der Brustdrüse einem Mammakarzinom gleichzusetzen ist.

Fast die Hälfte aller Frauen entwickelt zwischen dem 25. und 50. Lebensjahr eine sog. *Mastopathie* (knötchenförmige, teils zystische Auftreibungen im Drüsenkörper, oft in Vielzahl). Diese Veränderungen sind in den meisten Fällen völlig harmlos, müssen jedoch bei Neuauftreten bzw. Größen- oder Dichtenveränderungen genau abgeklärt und kontrolliert werden (s. unten). Daraus ergibt sich auch die Notwendigkeit und Bedeutung der monatlichen und regelmäßigen *Selbstuntersuchung* der Brustdrüse durch jede einzelne Frau. Nur auf diese Weise können im Laufe der Zeit (Monate) gutartige von verdächtigen, d.h. sich verändernden bzw. wachsenden Brustdrüsenveränderungen unterschieden werden.

Besondere Bedeutung kommen in einer Minderzahl der Patientinnen *Einziehungen der Mamille* sowie blutigem oder serösem *Sekretausfluß aus der Mamille zu:* Solche Symptome müssen umgehend zu einer ärztlichen Abklärung führen, obwohl auch sie nicht zwingend für die Diagnose eines Mammakarzinoms sprechen.

Ausnahmsweise wird ein Mammakarzinom über den Umweg seiner lokoregionären *Lymphknotenmetastasen* (vor allem in der gleichseitigen Achselhöhle = Axilla) entdeckt. Das Auftreten vergrößerter Lymphkno-

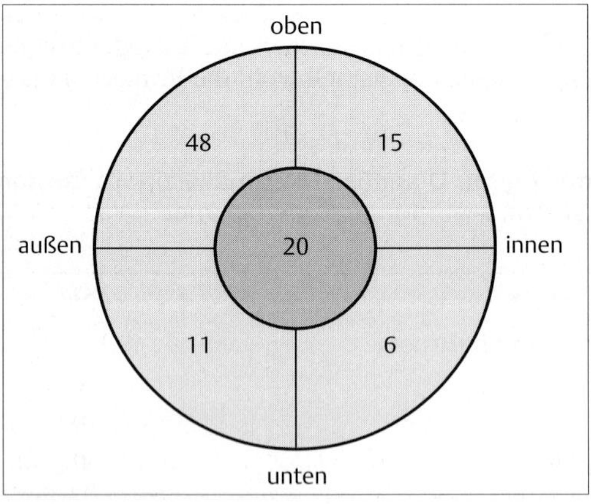

Abb. 12.**2** Prozentuale Verteilung des Auftretens der Mammakarzinome in den 4 Quadranten und im peripheren Bereich der weiblichen Brust.

ten axillär, insbesondere einseitig und bei Fehlen anderer Krankheitssymptome, sollte daher immer auch an das mögliche Vorliegen eines gleichseitigen Mammakarzinoms denken lassen.

Die überwiegende Mehrheit der Mammakarzinompatientinnen weist zum Zeitpunkt der Diagnose *keine Allgemeinsymptome* auf, d.h., diese Frauen fühlen sich anderweitig „gesund". Dieser Umstand verleitet leider viele Patientinnen (und teils auch ihre Ärzte) zur Verzögerung einer eingehenden diagnostischen Abklärung eines erhobenen Tastbefunds, was prognostisch verhängnisvolle Folgen haben kann: Man muß sich nicht krank fühlen, um Krebs zu haben. Das Vorhandensein von Müdigkeit, Atemnot, Skelettschmerzen usw. hat beim Mammakarzinoms nicht mit dem Primärtumor, sondern vielmehr mit der bereits erfolgten *Tumorausbreitung* (Metastasierung) in andere Organe wie z.B. die Lungen und das Knochensystem zu tun. Die häufigsten Ausbreitungswege werden im folgenden Unterkapitel genannt und müssen anläßlich der diagnostischen Bilanz mit besonderer Sorgfalt abgeklärt werden.

Da leider trotz unserer derzeitigen Behandlungsmaßnahmen (Operation, evtl. samt Bestrahlung oder zytostatischer Chemotherapie) immer noch ca. die Hälfte aller Mammakarzinompatientinnen einen Tumorrückfall bzw. eine weitere Tumorausbreitung in andere Organsysteme erlebt, kommt einer genauen ärztlichen Befragung nach solchen tumorverdächtigen Allgemein- oder Organsymptomen anläßlich der periodischen *Nachkontrolle* größte Bedeutung zu. Neu aufgetretene oder verstärkte Rückenschmerzen – oft als rheumatisch etikettiert und in ihrer Ursache verkannt – sind bei Patientinnen mit operiertem Mammakarzinom immer auf eine vorhandene *Skelettmetastasierung* verdächtig, bis eine genaue Abklärung (s. unten) dies nach menschlichem Ermessen ausschließt. Das gleich gilt für anderweitig ungeklärten *Reizhusten bzw. Atemnot* (Lungen- bzw. Pleurametastasierung, z.B. mit tumorbedingtem Brustfellerguß) oder für das Auftreten von *Appetitverlust, Gewichtsabnahme, Ikterus* (Lebermetastasen) bzw. von *Kopfschmerzen, Sehstörungen* und *Hirndruckzeichen* (Hirnmetastasen).

Besonders erwähnt werden muß in diesem Zusammenhang das sog. *Hyperkalzämiesyndrom,* eine gefährliche und ohne Behandlung rasch zum vorzeitigen Tode führende Stoffwechselkomplikation mit Erhöhung des Blut- und Urinkalziumspiegels, welche bei ca. 15–20% der Mammakarzinompatienten einmal oder mehrmals im Verlauf ihres Leidens auftreten kann. Diese Komplikation tritt meist bei Tumorbefall des Skeletts auf, vorwiegend bei bettlägerigen Patientinnen, welche wegen Schmerzen und/oder statischer Probleme der Wirbelsäule und des Beckengürtelskeletts immobilisiert sind. Eine rasche Verschlechterung des Allgemeinzustands innerhalb von Tagen, Müdigkeit, Muskelschwäche, Durst und Erbrechen charakterisieren diese symptomreiche Stoffwechselentgleisung, die eine umgehende Klinikeinweisung bedingt, jedoch einfach und mit günstigem Resultat behandelt werden kann (s. Kap. 21).

Diagnose

Primärtumor

Die Mehrzahl der Mammakarzinome wird heute aufgrund der oben beschriebenen Lokalsymptome, welche durch ärztliche Instruktion und über die Massenmedien bewußt gemacht wurden, *selbst* entdeckt. Leider vergehen im Durchschnitt immer noch 5–6 Monate, bis dann der verdächtige Befund einem Arzt mitgeteilt und nachuntersucht wird. Die Dauer dieser patientenbedingten Verzögerung nimmt mit steigendem Alter deutlich zu.

In einer nicht allzu voluminösen Brust lassen sich Tumorknoten ab ca. 1–1,5 cm Durchmesser tasten. Die Mehrzahl der heute zur Diagnose kommenden Frauen mit Mammakarzinom weist aber immer noch Tumordurchmesser von 2–5 cm auf, was die Chance für eine Heilung ungünstig beeinflußt. Etwa die Hälfte der Frauen weist bei Diagnosestellung des Primärtumors in den histologisch untersuchten gleichseitigen Achselhöhlen-Lymphknoten bereits regionäre Tumormetastasen auf, was ebenfalls in ungünstiger Weise mit der Prognose korreliert (s. unten).

Der erstkonsultierte Arzt muß aufgrund *seiner Beurteilung des Tastbefunds* und in Würdigung evtl. vorhandener *Risikofaktoren* (Alter, Familienanamnese usw.) den Entscheid zur Einleitung des nachfolgenden Abklärungsgangs stellen:

- **Mammographie** (Abb. 12.**3a** u. **b**, Technik und positives Bild). Diese einfache und – in vernünftigen Intervallen angeordnet – ungefährliche Röntgenuntersuchung der weiblichen Brust ist heute unbestritten die beste indirekte Hilfsmethode zur weiteren Abklärung eines verdächtigen Tastbefunds. Sie liefert bei unklarem Tastbefund oder Vorhandensein mehrerer Knoten in der Brustdrüse und insbesondere bei voluminöser, schlecht durchtastbarer Brust wertvolle Hinweise bezüglich der genauen möglichen Tumorlokalisation im Hinblick auf eine nachfolgende Gewebsentnahme. Zudem stellt eine erste Mammographie immer eine wertvolle Vergleichsbasis für spätere Wiederholungsuntersuchungen dar, wobei sich dann (wie bei der periodischen Nachkontrolle des Tastbefunds) *Veränderungen* erfassen lassen. Mammographisch lassen sich Karzinome der Brust ebenfalls ab 0,5 cm Durchmesser erfassen. Dies gilt insbesondere bei älteren (postmenopausalen) Frauen, deren Drüsenkörper im Röntgenbild wegen der altersbedingten Atrophie (Rückbildung der Drüsenläppchen, Verfettung) heller erscheint. Vor allem bei Frauen unter 50 Jah-

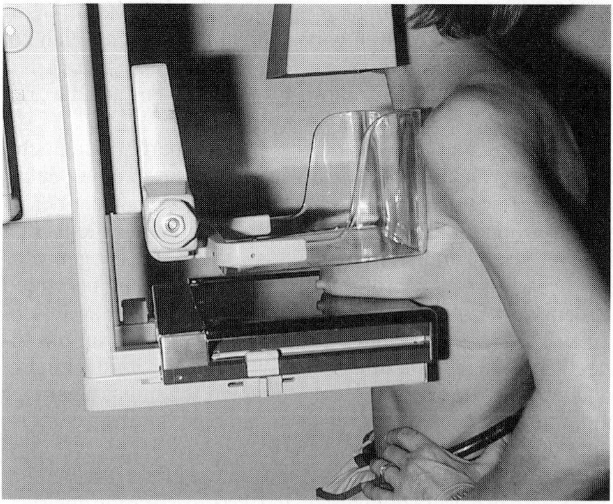

a

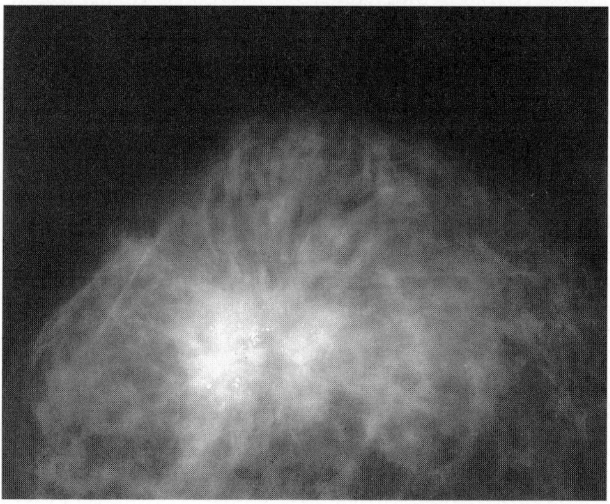

b

Abb. 12.**3 a** u. **b** Mammographie **a** Technik, **b** positives Bild, großes Mammakarzinom links mit typischen Mikroverkalkungen.

ren läßt sich ein Teil der Mammakarzinome durch die Mammographie schlecht erfassen („falsch negative“ Resultate wegen dichten, wolkigen Drüsenbildes), was u. U. zu folgenschweren *Fehlbeurteilungen* führen kann, wenn man sich im Zweifelsfall nur auf die „negative“ Röntgenuntersuchung verläßt.

- **Feinnadelpunktion.** Von außen gut tastbare und oberflächlich gelegene Brustdrüsenveränderungen lassen sich u. U. durch einen geübten Arzt mit einer feinen Nadel aspirieren, wobei aus gut- oder bösartigen Gewebsverdichtungen Zellverbände und aus evtl. vorliegenden Zysten Gewebsflüssigkeiten durch eine feine Nadel eingesogen werden können. Diese Technik ist für die Patienten zwar wenig belastend und ohne weiteren Aufwand ambulant in der Sprechstunde durchführbar, ihr *Aussagewert* ist heute der chirurgischen Biopsie mit histologischer Gewebsuntersuchung ebenbürtig. Bei verdächtigem Tastbefund und/oder Mammographiebefund und scheinbar negativer Feinnadelpunktion ist aus Sicherheitsgründen eine chirurgische Gewebsentnahme zu fordern.
- **Chirurgische Biopsie.** Diese meist ausgedehntere Gewebsentnahme erfolgt in der Regel in Narkose entsprechend der Lokalisation des Tastbefunds und/oder der Mammographie. Sie liefert bei korrekter Durchführung und sorgfältiger mikroskopischer Untersuchung mit praktischer Sicherheit eine klare Diagnose bezüglich Gut- bzw. Bösartigkeit des verdächtigen Befundes. Bei kleineren Mammakarzinomen wird durch die Biopsie oft der gesamte Primärtumor entfernt. Dabei ist jedoch zu berücksichtigen, daß Mammakarzinome in 25–40 % der Fälle *multilokulär* (d. h. in derselben Brust an mehreren Stellen) auftreten können, was in der Behandlungsplanung berücksichtigt werden muß.

Weitere (indirekte) Hilfsmethoden zur Abklärung des Primärtumors wie die *Thermographie* (Wärmemessung über der Brustdrüse) und die *Sonographie* (Ultraschalluntersuchung) bringen nach Ansicht der meisten Untersucher keine Verbesserung des oben dargestellten Abklärungsgangs.

Metastasen (Tumorstadium)

Im Anschluß an die histologisch gesicherte Diagnose eines Mammakarzinoms gilt es – wie bei den meisten potentiell heilbaren Tumoren –, das möglichst genaue Ausmaß des Tumorbefalls und alle wichtigen, den Therapieentscheid beeinflussenden Faktoren zu erfassen. Man nennt diese eingehende diagnostische Bilanz oft auch in Analogie zur amerikanischen Onkologie „staging“, d. h. Festlegung des Tumorausbreitungsstadiums.

Diagnostische Bilanz

Nur auf diese Weise gelingt es, einen für jede Patientin *optimalen Behandlungsplan* zu erstellen, d. h. ihr entsprechend ihrer jeweiligen Risikogruppe (Tumorstadium) die bestmögliche Heilungsprognose oder – bei metastasierenden Patientinnen – zumindest die bestmögliche Überlebenschance zu bieten. Die Dokumentation dieser diagnostischen Ausgangslage erfolgt bei lokal operablem Tumor in der Regel *postoperativ*, während sich die Patientin zur Wundheilung und Erholung nach der Tumorektomie (brusterhaltenden Entfernung des Tumorknotens) bzw. der Mastektomie ohnehin einige Tage in der Klinik befindet.

Die diagnostische Bilanz umfaßt heute in den meisten Krankenhäusern folgende therapeutisch und prognostisch wichtige Faktoren:

- Alter und endokriner Status (Menopausenalter: prä-, peri-, postmenopausal, je nach Vorhandensein bzw. Ausbleiben der monatlichen Regelblutungen),
- Allgemeinstatus und eventuelle Begleitkrankheiten (z. B. Kreislauf, Niere, Leber usw.),
- Lage und Größe des Primärtumors,
- Zahl der operativ entfernten und evtl. tumorbefallenen axillären Lymphknoten,
- evtl. nachweisbare Fernmetastasen in anderen Organen (s. auch Tab. 12.**2**, S. 324).
- Hormonrezeptoren (Östrogene und Gestagene) der Tumorzellen.

Um diese Bilanz mit genügender Aussagekraft zu erstellen, sind die in der Tab. 12.**2** aufgeführten Abklärungen unerläßlich.

Tumorklassifikation (Stadieneinteilung)

Die Bestimmung des möglichst realistischen Tumorstadiums berücksichtigt die in den vorangehenden Unterkapiteln dargelegten Elemente: Primärtumor, regionale Lymphknotenmetastasen und Fernmetastasen. Entsprechend internationalen Vereinbarungen *(TNM-Klassifikationssystem,* s. auch Kap. 4) werden die Patientinnen heute meist in vergleichbare Risikogruppen eingeteilt, was die vergleichende Überprüfung der Behandlungsergebnisse zwischen einzelnen Krankenhäusern und Ländern erleichtert und auch hilft, die Prognose schrittweise zu verbessern.

Die Tab. 12.**3** (s. S. 325) faßt die wichtigsten Tumorstadien beim Mammakarzinom zusammen. Wichtigster einzelner Faktor für die Behandlung und Prognose scheint nach heutiger Auffassung das *Ausmaß des Tumorbefalls in den gleichseitigen Achsellymphknoten* zu sein: Patientinnen ohne tumorbefallene axilläre Lymphknoten (nodalnegativ) überleben nach 5 und insbesondere 10 Jahren mit viel höherer Wahrscheinlichkeit als solche mit axillärem Befall (nodalpositiv). Dies ergibt sich aus der Tatsache, daß Frauen mit tumorpositiven axillären Lymphknoten (speziell mehr als 4) mit 70–80% Wahrscheinlichkeit bereits anläßlich der Diagnosestellung des Mammakarzinoms versteckte (okkulte) *Mikrometastasen* in ent-

Tabelle 12.2 Nötige Abklärungsuntersuchungen zum Ausschluß bzw. zur Erfassung einer Metastasierung beim Mammakarzinom

Klinische Untersuchung
– sorgfältige Untersuchung der Haut und der Lymphknotenstationen sowie der Brust (Gegenseite) – genaue Befragung nach eventuellen tumorverdächtigen Allgemein- oder Organbeschwerden sowie nach Menstruationsverhalten
Röntgen
– Thoraxröntgenbild (Lunge? Pleura?) – Beidseitige Mammographie (Multizentrischer oder Doppel-Tumor?) – Abdominalsonographie (Leber?) – bei klinischem Verdacht (Schmerzen, Funktionsausfall) gezielte Skeletträntgenbilder
Szintigraphie
– Skelettszintigramm als Suchmethode nach eventuellen „versteckten", noch asymptomatischen Knochenmetastasen (sog. Basisuntersuchung)
Laboruntersuchungen
– Blutsenkungsreaktion, kleines Blutbild – Serumchemiestatus, vor allem alkalische Phosphatase, Kalzium, Harnsäure, Kreatinin – Bestimmung der Hormonrezeptoren im entfernten Tumorgewebe (Speziallabor!) – „Tumormarker" (CEA, CA 15–3), als sog. Basiswerte
Besonderes
– weitere spezielle Untersuchungsmethoden wie thorakale bzw. abdominale Computertomographie usw. nur nach klinischem Bedarf im Einzelfall

Tabelle 12.**3** Wichtigste Tumorausbreitungsstadien beim Mammakarzinom

a) Internationale TNM-Klassifikation der UICC

Primärtumor („tumor" = T):

TIS	= präinvasives Karzinom. Duktales bzw. lobuläres Carcinoma in situ, ohne Infiltration
T1*	= Tumordurchmesser kleiner als 2 cm
T2*	= Tumordurchmesser zwischen 2,1 und 5 cm
T3*	= Tumordurchmesser mehr als 5 cm
T4*	= Tumor jeder Größe mit Infiltration in die darüberliegende Haut (Peau d'orange) oder in die Brustwand (Rippen, Zwischenrippenmuskeln, Brustfell lokal)
*	= a-Stadium: keine Fixierung an Pektoralisfaszie/-muskel b-Stadium: mit Fixierung an Pektoralisfaszie/-muskel

Regionale Lymphknoten („nodes" = N):

Nx	= LK nicht beurteilbar
N0	= keine tastbaren LK in der gleichseitigen Axilla
N1	= tastbare, bewegliche LK in der gleichseitigen Axilla
N2	= tastbare, miteinander oder der Unterlage verbackene LK
N3	= tastbare, gleichseitige supraklavikuläre oder infraklavikuläre LK oder Armödem
N–	= axilläre (entfernte) LK = ohne histologischen Tumorbefall
N+	= axilläre (entfernte) LK = histologische tumorbefallen

Fernmetastasen („metastases" = M):

M0	= keine nachweisbaren Fernmetastasen (nach Abklärung gemäß Tab. 12.**2** z. B.)
M1	= Fernmetastasen nachweisbar, inklusive Hauptmetastasen außerhalb des gleichseitigen Brustdrüsenbereichs

b) Ältere Stadieneinteilung (vor allem in den USA und Großbritannien)

Stadium I:	kleiner Primärtumor unter 2 cm, ohne Befall der axillären LK
Stadium II:	Primärtumoren bis etwa 5 cm, in der Regel mit axillärem LK-Befall
Stadium III:	Primärtumoren größer als 5 cm, in der Regel mit Infiltration in die Umgebung und axillärem LK-Befall
Stadium IV:	metastasierendes Mammakarzinom

fernten Organen aufweisen, auch wenn sich diese durch die Mittel unserer heutigen Diagnostik vorerst noch nicht nachweisen lassen (s. auch Beitrag Senn, Interdisziplinäres Tumorbehandlungskonzept, Kap. 5).

Im Gegensatz zu anderen Krebsarten wie z. B. den Lungenkarzinomen wird der *mikroskopisch-histologischen Einteilung des Mammakarzinoms* in verschiedene Untergruppen wenig Bedeutung für die Prognose zugemessen. Davon ausgenommen ist das sog. „inflammatorische Mammakarzinom", eine glücklicherweise seltene Variante mit frühzeitiger, an eine diffuse „Entzündung" erinnernder Ausbreitung in der Brustwand mit schlechter Überlebenserwartung bei alleiniger Operation und/oder Bestrahlung (primäre Chemotherapie!). Es liegen Hinweise vor, wonach *hormonrezeptorpositive Tumoren* weniger rasch proliferieren und später metastasieren als solche mit niedrigem oder fehlendem Rezeptorgehalt: Ein niedriger Hormonrezeptorgehalt erscheint daher als ein prognostisch ungünstiges Zeichen.

Therapie

Historisches

Es muß gleich von Anfang an klar gesagt werden, daß sich die Behandlung des Mammakarzinoms heute in einer Umbruchsphase befindet, woraus für alle Beteiligten (Patienten, Ärzte, Pflegepersonal) eine gewisse Verunsicherung entstand. Während mehr als 60–70 Jahren galt die von Rotter und Halsted um 1890 propagierte „radikale Mastektomie" als die optimale chirurgische Behandlung, und während mehr als 30 Jahren wurde an den meisten Orten traditionell vor oder nach der Operation das Gebiet der Brustwand und des regionären Lymphabflusses zusätzlich bestrahlt. Wer von diesem „Dogma" abwich, kam in den Verdacht, eine schlechtere, die Patientin möglicherweise benachteiligende Therapie zu betreiben.

Leider zeigen weltweite Statistiken bei unvoreingenommener Betrachtungsweise, daß weder durch Radikalisierungsversuche des chirurgischen Eingriffs noch durch eine möglichst ausgedehnte und intensive Zusatzbestrahlung die längerfristigen Überlebenschancen beim Mammakarzinom nennenswert gesteigert werden konnten – wohl aber die bleibenden, für die überlebenden Patientinnen unangenehmen Nebenwirkungen (s. unten).

Da gerade das Mammakarzinom zu der großen Gruppe von Tumorkrankheiten mit frühzeitiger, versteckter Metastasierung auf dem Blutweg gehört, hat sich angesichts der seit Jahrzehnten stagnierenden Heilungschancen ein ernüchterndes *Umdenken im Behandlungskonzept* durchgesetzt:

- Weniger radikale lokale chirurgische Eingriffe (Abb. 12.**4**), in Verbindung mit gezielten Bestrahlungsserien, lösen die früher ausge-

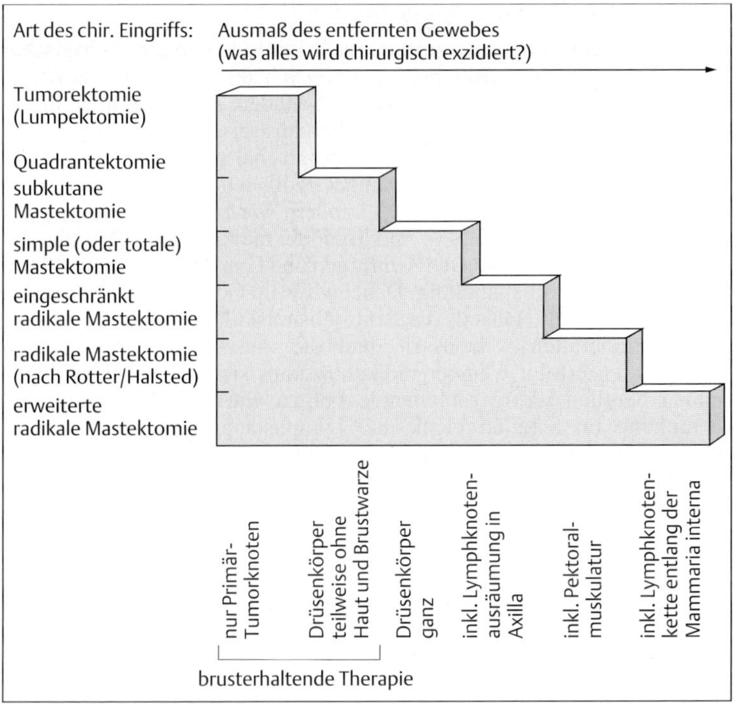

Abb. 12.**4** Chirurgisches Verfahren zur lokalen Behandlung des primären Mammakarzinoms (nach Meuret).

dehnten Radikaloperationen ab, ohne die Behandlungsresultate zu verschlechtern.

- Auf die früher routinemäßig prä- oder postoperative Nachbestrahlung wird bei vollständiger chirurgischer Entfernung der Brustdrüse heute vielerorts verzichtet, woraus weniger belastende Spätschäden bei gleich guter Prognose resultieren.
- Die meisten Frauen mit erhöhtem Tumorrückfall- bzw. Metastasierungsrisiko erhalten heute vielerorts nach der eingeschränkt radikalen Operation des Primärtumors eine längerfristige adjuvante zytostatische Chemo- und/oder Hormontherapie. Damit sollen bereits im Körper ausgestreute Mikrometastasen frühzeitig abgetötet, das Rückfallrisiko vermindert und die Heilungschance erhöht werden (s. auch Beitrag Senn, Interdisziplinäres Tumorbehandlungskonzept, Kap. 5).

Chirurgische Therapie des operablen Primärtumors

Die vollständige Entfernung eines nach klinischer und radiologischer Beurteilung operablen Brustkrebses ist auch heute noch meistens der erste Schritt des Behandlungskonzepts. Nachdem jedoch immer offensichtlicher wurde, daß die Radikalität des chirurgischen Vorgehens allein die Gesamtprognose nicht verbessern konnte, hat sich in den letzten Jahren vielerorts die Tendenz zu weniger radikalen Operationsverfahren durchgesetzt (Abb. 12.**4**). In vielen Ländern war bis in die letzten Jahre die sog. eingeschränkte bzw. modifizierte radikale Mastektomie das *Standardverfahren* der meisten Chirurgen und Gynäkologen in der Mammakarzinom-Lokalbehandlung. Dabei wird (im Gegensatz zur radikalen Mastektomie nach Halsted) die Pektoralismuskulatur – falls nicht vom Tumor mitbefallen – belassen, und die Ausräumung der Achsellymphknoten erfolgt weniger radikal, woraus sich für die betroffenen Frauen deutlich weniger bleibende Folgen wie z. B. Bewegungseinschränkung im Schultergelenk und Lymphstauung im gleichseitigen Arm ergeben. Bei derart verminderten Spätschäden bleibt die längerfristige Heilungschance für die eingeschränkt radikal operierten Frauen nach heutiger Auffassung unverändert.

Diese brusterhaltenden Verfahren bedingen eine sorgfältige nachfolgende Bestrahlung des Restdrüsenkörpers und der betreffenden Brustwand. Wichtig ist dabei, daß auch bei solchen „Minioperationensverfahren“ eine genaue chirurgische Ausräumung der axillären Drüsen erfolgt, weil die Zahl der evtl. tumorbefallenen Lymphknoten für das Tumorrückfallrisiko und damit die Wahl eventueller Zusatztherapien entscheidend ist (s. unten, Adjuvante Chemo- und Hormontherapie).

Es kann nicht genug betont werden, daß alle diese kosmetisch orientierten modernen Variationen der Behandlung des primären Mammakarzinoms nur in die Hand geübter Therapeuten gehören und nur für Frauen in Frage kommen, deren besonders günstiges Tumorstadium solche brusterhaltenden Eingriffe zulassen (möglichst früh entdeckte, kleine Primärtumoren T_{1-2a}, keine oder nur wenige befallene axilläre Lymphknoten).

Radiotherapie

Wie schon einleitend betont, hat die in *prophylaktischer* Absicht (d. h. zur Verminderung der Tumorrückfälle) früher verabreichte Vor- oder Nachbestrahlung die Überlebensprognose bei Frauen mit radikal bzw. modifiziert radikal operiertem Brustkrebs nicht verbessern können. Dies geht aus mindestens 6 sorgfältig kontrollierten Behandlungsstudien hervor, wobei die Patientinnen durch das Los in die Therapiegruppen „Operation allein“ bzw. „Operation + Bestrahlung“ eingeteilt wurden.

Vor allem in der Bundesrepublik Deutschland und in Österreich wird mancherorts trotzdem noch nachbestrahlt, weil damit zumindest die Zahl von Tumorrückfällen im Narbenbereich und in den umliegenden regionären Lymphdrüsenstationen, d. h. die sog. *lokoregionären Rezidive,* vermindert werden kann. Leider hat dieser Umstand kaum Einfluß auf die Gesamtüberlebensprognose, da diese Patientinnen ja nicht am Lokalrezidiv, sondern vielmehr an den radiotherapeutisch nicht zu verhindernden *Fernmetastasen* in den inneren Organen wie Lunge, Leber und Gehirn einmal sterben (s. auch unten, Adjuvante Chemo- und Hormontherapie).

Die Radiotherapie hat bei der Primärbehandlung des Mammakarzinoms neue Aufgaben erhalten, indem sie bei brusterhaltenden chirurgischen Verfahren („Minioperationen") im Rest des Drüsenkörpers an die Stelle des Messers tritt, um brusterhaltende Behandlungen zu ermöglichen. Diese Entwicklung ist für eine hoffentlich steigende Zahl von Frauen aus kosmetisch-psychologischen Gründen nicht zu unterschätzen – falls sie mit der propagierten Selbstuntersuchungstechnik Ernst machen und sich mit entsprechenden tumorverdächtigen Brustveränderungen früh genug beim Arzt melden.

Im weiteren kommt der Strahlentherapie in der Behandlung umschriebener, besonders schmerzhafter oder lokal funktionsstörender Metastasen beim Mammakarzinom (z. B. im Skelett, im Gehirn oder im Bereich der Haut) eine enorm wichtige *palliative Rolle* zu. Sie ist dabei meist Teilaspekt einer umfassenden Behandlungsstrategie zur Erhöhung der mittelfristigen Überlebenschancen und -qualität (s. auch unten, Systemische Behandlung des metastasierenden Mammakarzinoms).

Adjuvante Chemo- und Hormontherapie

Im Durchschnitt sind von allen operablen Patientinnen mit Mammakarzinom nur ca. 30–40% längerfristig „heilbar" (10-Jahres-Überlebensrate). 70% der Fälle werden aufgrund der einleitend und in Kap. 5 (Beitrag Senn, Interdisziplinäres Tumorbehandlungskonzept) erläuterten frühzeitigen hämatogenen Tumorausbreitung eine sichtbare Metastasierung des Leidens erleben, welches zum vorzeitigen Tod führt. Dieses Risiko ist abhängig von der (geschätzten) Anzahl versteckter, vorerst noch unsichtbar kleiner *Tumormikrometastasen,* welche schon anläßlich der Diagnosestellung mit unterschiedlicher Wahrscheinlichkeit im Körper verstreut sind. Dabei korreliert diese Gefahr in erster Linie mit der entdeckten Anzahl tumorbefallener Lymphknoten in der gleichseitigen Achselhöhle, wie aus Abb. 12.**5a** u. **b** eindrücklich hervorgeht. Vor allem Frauen mit mehr als 4 positiven Lymphknoten haben eine bedenklich schlechte 5- und insbesondere 10-Jahres-Prognose. Die *Überlebenskurven* zeigen auch, daß zwar die meisten Tumorrückfälle innerhalb der ersten 3–4 Jahre eintreten, daß aber auch später nach jahrelangem „tumorfreiem" Ver-

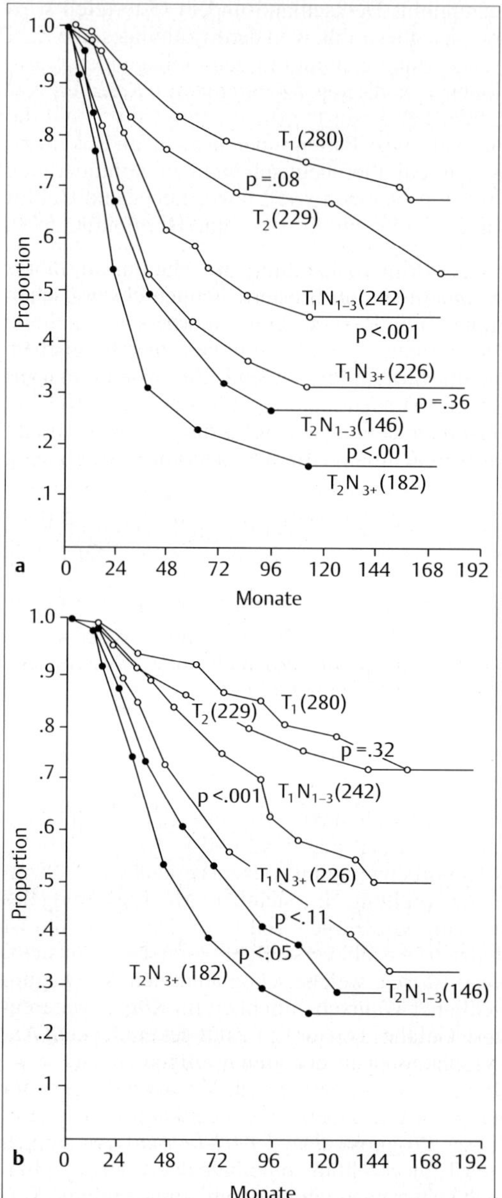

Abb. 12.**5 a** u. **b** Prozentsatz tumorfrei überlebender (**a**) bzw. gesamtüberlebender (**b**) Patientinnen mit operiertem Mammakarzinom innerhalb 12 Jahren postoperativ (TNM-Klassifikation, vgl. S. 325).

lauf immer noch Rück- und Todesfälle, bedingt durch Tumorausbreitung bzw. Metastasierung, erfolgen (Spätrezidive). Die echte Heilbarkeit dieses Tumors ist daher mit den bisher angewandten Behandlungsmethoden (lokale Operation und evtl. Zusatzbestrahlungen) für die Mehrzahl der betroffenen Patientinnen eine fragwürdige Hoffnung. Dies gilt insbesondere für die nodalpositiven Frauen.

Postoperative adjuvante Chemotherapie. Man versucht deshalb seit ca. 15 Jahren mit großem Einsatz und Aufwand, die längerfristigen Heilungschancen dieser nodalpositiven und neuerdings auch nodalnegativen Risikopatientinnen durch eine befristete postoperative adjuvante Chemotherapie zu verbessern. Dabei werden im Rahmen heute laufender Behandlungsstudien unterschiedliche Zytostatikaprogramme während ca. 6–12 Monaten verabreicht, um die Anzahl der Tumorrückfälle sowohl lokoregionär wie vor allem auch in den lebenswichtigen entfernten Metastasierungsorten (Leber, Lunge, Gehirn) sowie im Skelett zu vermindern. Dies gelingt auch in zunehmender Weise, und es beginnt sich auf diesem Weg eine nennenswerte Erhöhung der 5–10-Jahres-Überlebensaussichten für die meisten Untergruppen von Mammakarzinompatientinnen abzuzeichnen. Da Zusammensetzung der besten Zytostatikakombination, Dauer der nötigen Behandlung und mögliche Spätfolgen noch nicht genügend überblickbar sind, sollten solche Zusatztherapien vorderhand nur durch onkologisch ausgebildete Spezialärzte und wenn möglich, in Form prospektiver, klinischer Studien zum Einsatz kommen.

Systemische Behandlung des metastasierenden Mammakarzinoms

Da insgesamt heute noch über 70 % der initial kurativ operierten Patientinnen früher oder später Metastasen bekommen, kommt der Entwicklung leistungsfähigerer *medikamentöser und hormonaler Therapieverfahren* größte Bedeutung zu. Wenn damit auch in den meisten Fällen keine längerfristigen Heilungen zu erzielen sind, kann doch einer großen Zahl von Frauen mittelfristig (Monate bis einige Jahre) durch teilweise Tumorrückbildungen oder zumindest Stabilisierung des Krankheitsverlaufs ein lebenswertes Leben und die soziale Reintegration angeboten werden.

Hormontherapie

Seit Jahrzehnten ist bekannt, daß Mammakarzinommetastasen durch *hormonale Eingriffe* sich vorübergehend zurückbilden können. Bei jüngeren (prämenopausalen) Frauen erfolgt dies meist durch chirurgische oder radiotherapeutische Ausschaltung ihrer östrogenproduzierenden Ovarien, bei älteren (postmenopausalen) Patientinnen durch die medikamentöse Verabreichung von Antiöstrogen (Tamoxifen = Nolvadex, Kessar) oder Aminogluthetimid (Orimeten). Auch mit anderen Hormonen bzw. Antihormonen wie Gelbkörperhormon (Gestagene) und Nebennierenrindenhormonen (Kortikosteroide wie z. B. Prednison) lassen sich bei ca. 20–30% der Frauen mit metastasierendem Mammakarzinom Tumorrückbildungen von im Mittel 8–10 Monaten erzielen. Die chemisch synthetisierten Antihormone haben gleiche Wirkung wie Östrogene bei deutlich verminderten Nebenwirkungen. Seit Bekanntwerden der Hormonrezeptorbeschichtung der Tumorzelloberfläche beim Mammakarzinom lassen sich die für eine solche Hormonbehandlung in Frage kommenden Frauen besser auswählen: Frauen mit *positiven Rezeptoren* sprechen damit mit ca. 60% Wahrscheinlichkeit, solche mit *tiefem bzw. fehlendem Östrogenrezeptorgehalt* mit nur 10% Aussichten auf eine hormonale Behandlung in unterschiedlicher Weise an. Damit kann u. U. vielen Frauen eine unnötige Behandlungsmaßnahme erspart werden, was insbesondere bei operativen Hormoneingriffen (z. B. Ovarektomie) bedeutsam ist.

Es ist jedoch unverkennbar, daß die Aussichten mit jeder Form der Hormontherapie begrenzt sind. Dies gilt in besonderer Weise bei Frauen mit rasch progredienter Metastasierung im Bereich innerer Organe *(viszeraler Metastasierungstyp)*, die in der Regel einer intensiveren Behandlung mittels rasch wirksamen Zytostatikakombinationen bedürfen. Hormonale Therapiemaßnahmen wirken in der Regel günstiger (und länger) bei vorwiegendem Befall von Haut, Lymphknoten *(Weichteil-Metastasierungstyp)* oder beim diffusen Befall des Knochens *(Skelettmetastasierungstyp)*.

Chemotherapie

Da die Behandlungsaussichten bei *zytostatischer Chemotherapie* in den letzten 10–20 Jahren auch beim Mammakarzinom deutlich verbessert wurden, hat sich diese Form der Systemtherapie in vielen Ländern heute zur Standardbehandlung im Stadium der Metastasierung dieses Leidens entwickelt. Mindestens 12 der verfügbaren über 30 diversen Zytostatika zeigen Wirksamkeit beim Mammakarzinom, so daß sich in sinnreicher Weise *wirksame Medikamentenkombinationen* erstellen lassen. Damit lassen sich im Mittel bei ca. 60–70% der Patientinnen oft erfreulich langfristige Tumorrückbildungen erzielen (Tab. 12.**4**).

Die Remissionsaussichten sind abhängig von der hauptsächlichen Metastasenlokalisation, können jedoch durch unterschiedliche Zytostatikakombinationen wie z. B. CMF, LMF, AC bzw. EC, FAC usw. erzielt werden (Tab. 12.**4**). Bei bedrohlich rasch fortschreitender und die Organfunktion gefährdender Metastasierung kommen dabei primär eher adriblastinenthaltende Zytostatikaschemata zum Einsatz; allerdings sind diese Kombinationen nebenwirkungsreicher und auch teurer (s. Internistische Tumorbehandlung, Kap. 5).

Tabelle 12.4 Ansprechen (Remissionsrate und -dauer) von größeren Patientinnengruppen mit metastasierendem Mammakarzinom auf Kombinationschemotherapie und Kombinationen von zytostatischer Chemotherapie + Hormontherapie

Art der systemischen Therapie (Schema)		Remissionsrate % (ca.)	Remissionsdauer	Mittlere Überlebenszeit (ca.)
Leukeran Methotrexat Fluorouracil oder Fluroblastin oder Cyclostin	LMF	50	8–9 Monate	1,5–2 Jahre
Endoxan Methotrexat Fluorouracil oder Fluroblastin	CMF	60	10 Monate	1,5–2 Jahre
Adriblastin oder Epirubicin Endoxan oder Cyclostin	AC, EC	70	10 Monate	1,5–2 Jahre
Fluorouracil oder Fluroblastin Adriblastin oder Epirubicin Endoxan oder Cyclostin	FAC/FEC	65	10 Monate	1,5–2 Jahre
diverse Chemotherapieschemata + Anti-Hormone oder Ovarektomie		70	12–18 Monate	2–3 Jahre

Alle diese zytostatischen Behandlungen werden in 1–2wöchentlichen Therapiezyklen alle 3–4 Wochen verabreicht, mit zwischenzeitlichen behandlungsfreien Pausen (weniger Nebenwirkungen, bessere Erholung des Knochenmarks und der Immunabwehr).

Neuere Zytostatika wie die Eibenalkaloide Taxol bzw. Taxotere sowie das Vincaalkaloid Vinorelbin sind willkommene Alternativen beim Versagen von Adriblastin oder Epirubicin.

Ein vielerorts heute gebräuchliches Schema zum gestaffelten Einsatz der Hormon- und Chemotherapie beim metastasierenden Mammakarzinom zeigt die Tab. 12.5. Unterschiede von Land zu Land und zwischen einzel-

Tabelle 12.**5** Möglicher gestaffelter Therapieablauf bei Patientinnen mit metastasierendem Mammakarzinom (aus Senn, H.-J., P. Drings, A. Glaus, W. F. Jungi, R. Sauer, P. Schlag: Checkliste Onkologie, 4. Aufl. Thieme, Stuttgart 1997)

Metastasierung	Low-risk-Patientinnen	High-risk-Patientinnen
1. Phase (Nachweis der Metastasierung)	Antihormone* evtl. Ovarektomie ↓	(F)AC (→ OMF) ↓
2. Phase (Progression)	Wechsel des (Anti-) hormons** ↓	Taxane (Taxol®, Taxotere®) oder Mitomycin-C + Velbe® ↓
3. Phase (Progression)	LMF (evtl. CMP) ↓	Versuch mit hochdosierten Gestagenen ↓
4. Phase (Progression)	(V)AC, evtl. hochdosierte Gestagene oder wöchentlich fraktionierte Anthrazykline ↓	Experimentelle Chemotherapie? ↓
5. Phase (Progression)	supportive Therapie und gute Pflege	

* i. d. R. Tamoxifen
** i. d. R. ein Aromatasehemmer

nen Krankenhäusern gründen sich auf die jeweils laufenden neuen Behandlungsprotokolle und auf die jeweilige Erfahrung der in diesem Fachgebiet spezialisierten Ärzte.

Besondere Behandlungssituationen

Lokaler Tumorrückfall. Bei ausschließlich lokalem Tumorrückfall (bedingt die in der Tab. 12.**2** genannten Untersuchungen!) kommt in der Regel ein kleiner erneuter chirurgischer Eingriff und/oder die gezielte Radiotherapie zum Einsatz. Der eventuelle Einsatz einer Hormon- oder Chemotherapie ist im Einzelfall je nach Beurteilung des weiteren Rückfallrisikos zu entscheiden. Das gleiche Vorgehen wird meist bei den (sehr selten vorkommenden) isolierten bzw. *solitären Skelettmetastasen* gewählt. Meist stellt aber eine solche scheinbar isolierte Metastasierung nur die Spitze eines Eisbergs dar, wobei dann beim Nachweis weiterer Tumorabsiedelungen systemische Maßnahmen wie eine Chemo- bzw. Chemohormontherapie zum Zuge kommen. Sekundäre Heilungen nach intensiver zusätzlicher Chemotherapie sind noch möglich.

Einseitiger maligner Pleuraerguß (Tumorbefall des Brustfells mit Flüssigkeitsansammlung = Pleuritis carcinomatosa). Dieser bedingt oft am Anfang eine bis mehrere Pleurapunktionen, wobei dann nach „Trokkenlegung" Zytostatika und/oder den Pleuraraum verödende Substanzen (wie z.B. Talk; Bleomycin) eingebracht werden können (Pleurodese). Zusammen mit dem gleichzeitigen Beginn einer systemisch wirksamen Hormon bzw. Chemohormontherapie lassen sich bei über 70% der Fälle längerfristig günstige Behandlungsresultate erzielen wie Verschwinden des Pleuraergusses und damit von Symptomen wie Atemnot, Husten, Schmerz. In vielen Fällen wird das Thoraxröntgenbild auf Monate bis Jahre hinaus wieder normal. Die weitere Prognose hängt vom Ausmaß und vom Ansprechen anderer eventueller Metastasierungsorte ab.

Die gefährliche Stoffwechselkomplikation des **Hyperkalzämiesyndroms** wurde oben bereits erwähnt (vgl. auch Kap. 21).

Hirnmetastasen. Das Auftreten von Hirnmetastasen ist immer ein prognostisch ungünstiges Zeichen und bedingt in der Regel – unabhängig von der Art der durchgeführten anderweitigen systemischen Chemohormontherapie – den Einsatz einer gezielten Hochvoltbestrahlung. Damit lassen sich in ca. 60% objektive Besserungen der neurologischen Ausfälle und eine sinnreiche Lebensverlängerung um Monate bis 1–2 Jahre erzielen.

Osteolytische Knochenmetastasen führen leider im Behandlungsverlauf des metastasierenden Mammakarzinoms öfters zu Brüchen von belastenden Skelettanteilen, vor allem im Bereich der Lumbalwirbelsäule und des Beckengürtels sowie an den Femurknochen. Schmerzbestrahlungen können sich dabei als unterstützende Palliativmaßnahme subjektiv sehr segensreich auswirken. Die Stabilität und damit Rehabilitation läßt sich in geeigneten Fällen durch orthopädische Palliativoperationen sowie neuerdings durch knochenabbauhemmende Substanzen (Bisphosphonate) verbessern (s. „Unterstützungsmaßnahmen bei Krebspatienten", Kap. 6).

Männer. Auch sie können (jedoch 100mal seltener als Frauen) ein Mammakarzinom entwickeln. Weil dies so außergewöhnlich ist, denken weder Patient noch Arzt daran. Männer mit diesem Tumor kommen deshalb meist noch viel später als Frauen zur Diagnose, weshalb die Prognose des „männlichen Mammakarzinoms" in der Regel als schlechter gilt. Die Behandlung ist ähnlich wie bei den entsprechenden Tumorstadien der Frau.

Prognose

Die Abb. 12.**5a** u. **b** (s. S. 330) illustriert die Überlebenschancen unterschiedlicher Gruppen von Mammakarzinompatientinnen. Die Rückfallrisiken (und Gesamtüberlebensdaten) werden in etwas ausführlicherer

Weise nochmals in der Tab. 12.**6** dargestellt. Daraus geht leider hervor, daß das operable Mammakarzinom eine relativ schwer zu heilende Krankheit ist, wenn es nicht im günstigen Frühstadium (kleiner Tumor, nodalnegative Axilla) erfaßt werden kann. Auch diese nodalnegativen Frauen haben nach 10 Jahren eine beachtliche Rückfallrate von ca. 25–35%.

Es bleibt zu hoffen, daß der häufigere Einsatz einer gut überwachten adjuvanten Chemo- bzw. Hormontherapie in den nächsten Jahren die Langzeitprognose verbessert und damit zum erstenmal seit Jahrzehnten die Chance zur echten Verminderung der Sterblichkeit (Mortalität) an diesem leider sehr häufigen Tumor besteht. Dieser Trend ist bei den jungen Patientinnen in den USA bereits ersichtlich.

Einmal *systemisch metastasiert,* ist das Mammakarzinom in der Regel nicht mehr langfristig heilbar. Die heutigen Möglichkeiten der zytostatischen und palliativen Behandlung erlauben aber ca. 60–70% dieser Frauen eine eindrückliche Tumorrückbildung von 2–3 Jahren mittlerer Dauer mit sozialer Reintegration und Verschwinden störender Krankheitssymptome. Etwa 25% dieser Patientinnen überleben bei gutem Allgemeinbefinden 5 Jahre, oft unter 2–3 gestaffelt eingesetzten Hormon- und/oder Chemotherapien. Vereinzelte behandelte Patientinnen leben (adäquat behandelt) auch mehr als 5 Jahre, dies trotz früheren ausgedehnten Organ- oder Skelettmetastasen.

Tabelle 12.**6** Einfluß des gleichseitigen axillären Lymphknotenbefalls auf das Tumorrückfallrisiko und die Gesamtüberlebenschancen bei „radikal" operiertem Mammakarzinom (aus Fisher, B., R. G. Ravdin, R. K. Ausmann: Ann. Surg. 168 [1968] 337)

Situation in der gleichseitigen Axilla	Rückfallrate in % nach:		Überlebensrate in % nach:	
	5 Jahren	10 Jahren	5 Jahren	10 Jahren
LK tumornegativ	18	24	78	66
LK positiv (alle Patientinnen)	65	76	46	25
1–3 LK positiv	50	64	62	38
≥ 4 LK positiv	79	86	32	15
alle operierten Patientinnen N– und N+	40	50	64	45

Pflegehinweise

Patientinnen mit Brustkrebs berichten oft, daß für sie die spannungsgeladenste Zeit diejenige bis zur Feststellung der Diagnose gewesen sei. Die Ungewißheit und die große Angst vor der möglichen, gefürchteten Diagnose sind schwer zu ertragen. In einigen Krankenhäusern steht deshalb ein Besuchsdienst durch betroffene Frauen bereits für die Zeit vor der Operation zur Verfügung. Die Begegnung mit einer Frau, die dasselbe Problem gut bewältigen konnte, gibt Zuversicht.

Für die *postoperative Pflege* nach Mastektomie oder Teilresektion der Mamma wird hier auf die allgemeine Krankenpflegeliteratur verwiesen. Widersprüchliche Aussagen lassen sich finden in bezug auf *Lagerung* und *Mobilisation:* Von einer speziellen Lagerung wird heute eher abgeraten, um eine Ruhigstellung des Armes und damit das Risiko der Schultergelenksimmobilisation zu vermindern. Empfohlen werden rasche Mobilisation und Bewegung und verschiedene Maßnahmen zur *Verhütung des Lymphödems,* dessen Entstehungsmechanismus und Prophylaxe im Kapitel 10 aufgeführt sind. Die früher folgenschweren und psychologisch bedeutsamen *ersten Verbandwechsel nach Mastektomie* stellen in bezug auf eine realistische Verarbeitung der Körperveränderung ein heute geringeres Problem dar: 50–80% der Mammakarzinompatientinnen werden brusterhaltend operiert und erleben keinen nennenswerten Einbruch ihres weiblichen Körperbilds. Früher mußte die Krankenschwester mit sehr viel Feingefühl herausfinden, ob die Patientin die Narbe schon sehen und mit ihr über den Brustverlust sprechen wollte. Sie kann dahingehend wirken, daß die Patientin die Veränderung eher anzuschauen als zu verdrängen versucht. Nach Patientenaussagen schauen sich viele die Narbe das erste Mal allein an (Glaus 1987), was vielleicht nicht die beste Voraussetzung zu einer aktiven Verarbeitung darstellt. Gut rehabilitierte Frauen sind nach einer bestimmten Zeit wieder in der Lage, sich ihrem Lebenspartner zu zeigen. Frauen, die sich nach einer Brustoperation ihrem Partner nicht mehr zeigen wollen, sind vermutlich sehr einsam. Eine psychotherapeutische Hilfe könnte dann die Lebensqualität der Betroffenen und deren Gemeinschaft positiv unterstützen.

Die Aspekte der *Prothesenberatung und Rehabilitation* sind im Kapitel 10 beschrieben.

Postoperativ sind folgende Aspekte in die Pflege einzubeziehen:

1. Wiederherstellung der vollen Arm- und Schultermobilität;
2. gute Information über Lymphödemprophylaxe;
3. Instruktion und Information über Erstprothese und die später zu besorgende definitive Brustprothese (heute eher Ausnahme wegen brusterhaltenden Operationen);
4. Beratung bezüglich Kleider, Büstenhalter, Badeanzug etc.;
5. Information über Selbsthilfegruppen;
6. Das Gespräch mit einer Pflegeperson, die mit dem Problem vertraut ist, ermöglicht Analyse und Beratung bezüglich individueller Bedürfnisse und Lebensweise. An einigen Zentren gibt es dafür ausgebildete Spezialisten;
7. Wiedereingliederung in Familie und Beruf.

Die Wiederaufnahme der Arbeit findet je nach Psyche der Patientin früher oder später statt. Es gibt solche, die rasch zurück zur Arbeit gehen wollen, und andere, welche 2–3 Monate brauchen, bis sie sich wieder fit genug fühlen. An und für sich kann nach Verheilung der Mastektomienarbe, Wiederherstellung der Beweglichkeit und bei gutem Allgemeinzustand wieder gearbeitet werden. Schwerarbeiten mit Hitzeeinwirkung, Lastentragen, Tätigkeiten mit Verletzungsgefahr etc. sind wegen der Gefahr eines Lymphödems ungünstig. Unter Umständen muß der Einsatz mit dem Arbeitgeber neu geregelt werden. Mütter mit einem großen Haushalt bedürfen evtl. einer Haushalthilfe. Frauen, die schon bald wieder Auto fahren möchten, können bei ihrem Arzt einen Ausweis zur Befreiung der Angurtpflicht ausstellen lassen.

Viele Frauen haben schon bald nach der Operation und Nachbehandlung keine oder wenig Beschwerden, wenn sie ihren Beruf wieder ausüben.

Je nach Krankheitsstadium erhält die Patientin eine *adjuvante Chemo- oder Hormontherapie*. Die Krankenschwester hat dabei die Möglichkeit, die Patientin in regelmäßigen Abständen zu sehen und dabei eine therapeutische Beziehung aufzubauen. Beim z. B. dreiwöchentlichen Injektionstermin über 6 Monate kann man sich gegenseitig kennenlernen. Die sonst beschwerdefreien Patientinnen bedürfen einer sehr guten Information über das Ziel und die Art der Chemotherapie, deren Wirkung und Nebenwirkungen, da die sonst gute Lebensqualität für eine bestimmte Zeit durch die Behandlung eingeschränkt sein kann. Die Patientinnen erhalten diese adjuvante Chemotherapie in der Regel ambulant und bedürfen von der Krankenschwester guter Instruktionen in bezug auf das Verhüten von Nebenwirkungen: Nausea und Emesis Prophylaxe, Stomatitisprophylaxe etc. Um die Venen zu schonen, ist es von Vorteil, bei einer intravenösen Chemotherapie jeweils die zwischenzeitlichen Blutentnahmen kapillär durchzuführen, da verhütet werden muß, daß die Vene des operierten Armes punktiert wird. Zur Vermeidung zeitraubender und schmerzhafter Venensuchaktionen und von haftpflichtträchtigen Paravasaten legt man heute immer mehr Frauen einen thorakalen venösen Dauervenenkatheter (Portsystem) ein.

Bei diesen regelmäßigen Terminen ergibt sich die Möglichkeit, über die *Verarbeitung der Krankheit* und über *Partnerschaftsprobleme,* persönliche Schwierigkeiten etc. zu reden. Die Krankenschwester kann die Verarbeitung insoweit positiv beeinflussen, indem sie der Patientin gut zuhört und sie zur Aussprache von Ängsten oder Traurigkeiten ermuntert. Besonders ledige Frauen oder verheiratete Patientinnen mit bereits bestehenden Partnerschaftsproblemen sind überaus dankbar für diese Möglichkeit. Eine häufige Sorge dieser Frauen ist auch die erbliche Belastung. Es ist hilfreich, das Erkrankungsrisiko, z. B. von Töchtern, anzusprechen. Heute entstehen zunehmend Familienberatungsstellen, wo Patientinnen und ihre Angehörigen das Risiko einer Brustkrebserkrankung ermessen und damit Vorsorgemaßnahmen ergreifen können.

Solche und ähnliche Probleme werden vor allem auch in *Selbsthilfegruppen,* welche es in praktisch allen Städten gibt, hilfreich verarbeitet. Die Krankenschwester sollte die Patientin je nach örtlichen Voraussetzungen auf diese Möglichkeit aufmerksam machen.

Für die Verabreichung der Zytostatika wird auf Kap. 5 „Grundlagen der Chemotherapie“ verwiesen, für unterstützende Maßnahmen während der Chemotherapie und allgemeine Pflegeprobleme auf die Kap. 6 und 7.

Literatur

Alt, D.: Miteinander reden. Brustkrebskranke Frauen sprechen mit Experten. Springer, Berlin 1986

Becher, R. Höffken (Hrsg.): Die Systemtherapie des Mammakarzinoms. W. Zuckschwerdt, München 1989

Deutschsprachiger TNM-Ausschuß: TNM-Klassifikation der malignen Tumoren und Allgemeine Regeln zur Anwendung des TNM-Systems, 3. Aufl. Springer, Berlin 1993

Fisher, B., R. Fisher, C. Redmond: 10 year results from the NSABP clinical trials in the management of primary breast cancer. I. Clin. Oncol. 22 (1986) 929

Glaus, A.: Neuerungen in der Pflege von Mammakarzinompatientinnen. Z. Krankenpflege 12 (1987) 38–41

Hussain, M.: Der praktische Ratgeber für Frauen nach Brustkrebsoperationen. Zuckschwerdt Verlag, München, 1993

Jungi, W.: Zytostatische und hormonale Adjuvanstherapie bei operierten Mammakarzinom. Krankenhausarzt 57 (1984) 2

Meuret, G.: Mammakarzinom. 2. Aufl. Thieme, Stuttgart 1995

Nagel, G., J. P. Obrecht, A. C. Mayr: Die Selbstuntersuchung der weiblichen Brust. Schweiz. med. Wschr. 103 (1974) 93

Possinger, K. et al.: Chemotherapie metasierender Mammakarzinome. Dtsch. med. Wschr. 113 (1988) 224–230

Ray, C.: Psychological Aspect of Early Breast Cancer. Springer, New York 1985

Schmoll, H. J., et al.: Kompendium der Internistischen Onkologie, 2. Aufl. Springer, Heidelberg 1996

Senn, H.-J.: Aktueller Stand der adjuvanten Chemo- und Hormontherapie des operablen Mammakarzinoms. Schweiz. Rdsch. Med. Prax. 43 (1987) 1193–99

Senn, H.-J., et al.: Checkliste Onkologie, 4. Aufl. Thieme, Stuttgart 1997

13

Lungen-(Bronchus-) Karzinome

H. Hausmaninger

13 Lungen-(Bronchus-)Karzinome

H. Hausmaninger

Allgemeines

Bösartige Neubildungen der Luftröhre, der Bronchien und des Lungengewebes nehmen in Europa bei beiden Geschlechtern weiterhin zu, wobei die Zuwachsrate bei Frauen derzeit etwa 3mal so hoch ist wie beim männlichen Geschlecht. In den USA nehmen sie – dank konsequenter Bekämpfung des Rauchens – bei Männern wieder ab. Das Bronchuskarzinom ist sowohl das häufigste Karzinom des Mannes als auch eine Tumorart mit sehr schlechter Prognose. Bezüglich Entstehung, Häufigkeit und Mortalität s. Kap. 3.

Klinisches Bild

Leider gibt es für das Bronchuskarzinom keine typischen Symptome. Diese entwickeln sich je nach Ausdehnung und Tumorlokalisation in unterschiedlicher Häufigkeit (Tab. 13.**1**).

Als erste Zeichen werden meist *Husten, Auswurf, Atemnot* oder gehäufte bronchitische Infekte mit *Fieber* berichtet. Diese Symptome sind jedoch

Tabelle 13.**1** Häufigkeit des Vorkommens der wichtigsten Symptome bei Lungenkrebs

1. Husten	70–90%
2. Auswurf	60–70%
3. Schmerzen	ca. 30%
4. Fieber	ca. 30%
5. Hämoptoe	ca. 25%
6. Atemnot	ca. 20%
7. Gewichtsverlust	ca. 15%

uncharakteristisch und finden sich auch bei Vorliegen einer chronischen Bronchitis, die bei Rauchern häufig Monate bis Jahre vor der Diagnose des Geschwulstleidens besteht. Dies ist einer der Gründe, warum die Verschleppungszeit bis zur Aufdeckung des Karzinoms im Durchschnitt etwa 6 Monate beträgt.

Spezifische Kennzeichen sind rezidivierende Fieberschübe bzw. *Pneumonien* oder anhaltender trockener Reizhusten, oft mit Beimengung von Blut (Hämoptoe). Blutiger Auswurf ist in etwa 60% auf einen bösartigen Lungentumor zurückzuführen. Gewichtsverlust ist seltener zu beobachten.

Schmerzen sind meist ein Spätsymptom und können durch Übergreifen des Tumors auf Pleura, Periost, Rippen oder Wirbel hervorgerufen werden. Als *Pancoast-Tumoren* werden Karzinome im Bereich der Lungenspitze bezeichnet, die durch Infiltration des Armnervengeflechtes (Plexus brachialis) zu Schulter- bzw. Armschmerzen (aber auch zu motorischen Störungen) führen können.

Häufig findet sich als Ursache für eine bestehende Atemnot ein *Pleuraerguß* (Abb. 13.**1**). Ein solcher kommt durch direktes Einwachsen des Tumors in die Pleura oder lymphogen fortgeleitet zustande, jedoch auch indirekt als Begleitpleuritis bei Vorliegen einer Pneumonie. Bei Ausdehnung der Geschwulst auf den Herzbeutel kann ein *Perikarderguß* auftreten. Ein Übergreifen auf die Speiseröhre kann zu Schluckbeschwerden Anlaß geben, eine Lähmung des Rekurrensnervs zu Heiserkeit.

Da ein Teil der Lungenkarzinome schon frühzeitig hämatogen metastasiert, können – besonders beim kleinzelligen Bronchuskarzinom – Beschwerden durch Tumorabsiedelungen im Vordergrund stehen. Skelettschmerzen erwecken den Verdacht einer *ossären Metastasierung,* die bereits zum Zeitpunkt der Erstdiagnose des Karzinoms bei 20–30% der Patienten nachweisbar ist (Knochenmarksbiopsie, Szintigraphie, s. Kap. 4). Unklare Oberbauchbeschwerden, Appetitmangel und Erbrechen lassen an eine *Lebermetastasierung* denken. *Hirnmetastasen* verhalten sich zunächst häufig symptomlos, können aber in bis zu 10% der Patienten bereits initial vorhanden sein. Sie manifestieren sich in der Folge durch neurologische Ausfallerscheinungen oder Hirndruckzeichen (Kopfschmerzen, Schwindel oder Brechreiz). Manchmal finden sich als einziger Hinweis auf das Vorliegen eines Brochuskarzinoms *paraneoplastische Syndrome.* Vor allem kleinzellige Bronchuskarzinome sind in der Lage, Hormone zu produzieren, die eine endokrine Erkrankung imitieren können. Relativ häufig vermehrt finden sich Kalzitonin, ACTH (Cushing-Syndrom!) und Parathormon bzw. parathormonähnliche Substanzen (Hyperkalzämie!). Paraneoplastisch können aber auch neurologische (Schmerzen, Sensibilitätsstörungen) und hämatologische (Anämie, Thrombozytose, Gerinnungsstörungen) Symptome auftreten.

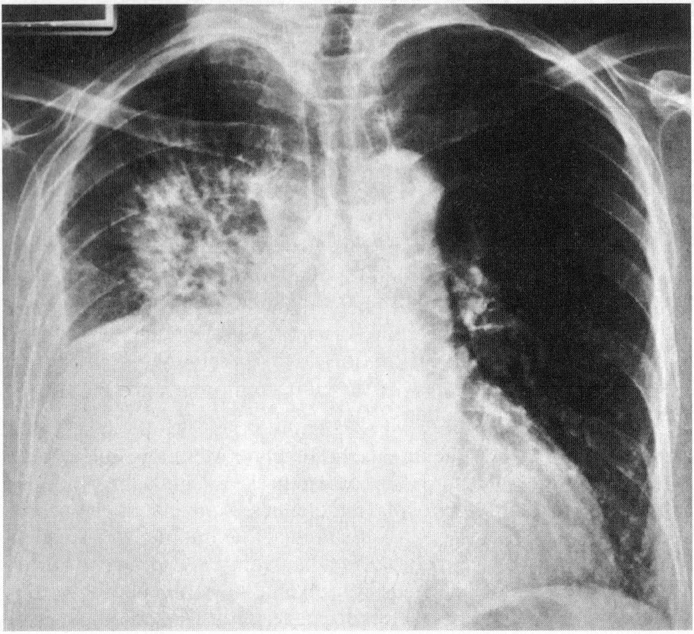

Abb. 13.1 Zentrales Bronchuskarzinom mit ausgedehntem Pleuraerguß und perifokaler Infiltration.

Diagnose, pathologische Anatomie und Stadienabklärung

Diagnose des Tumors

Eine eigentliche Früherkennung des Bronchuskarzinoms ist bis heute nicht möglich (s. Kap. 3). Die Wertigkeit von Röntgenreihenuntersuchungen zur Frühdiagnose ist umstritten. Um so dringlicher ist daher die rasche und gezielte Abklärung bei klinischem oder röntgenologischem Tumorverdacht. Diese gründet sich in erster Linie auf folgende Maßnahmen:

1 **Exakte Anamnese.** Die genaue Erhebung der Krankheitsgeschichte ergibt unter Umständen wichtige Hinweise für das weitere Vorgehen und muß folgende Punkte umfassen:

- Dauer, Art und Intensität des Rauchens,
- Hustengewohnheiten,
- Beschaffenheit des Sputums (Hämoptoe?),
- Schmerzen im Thoraxbereich,
- rezidivierende Lungen- oder Pleuraerkrankungen (Asbest, Tbc?),
- rezidivierende Fieberschübe,
- Gewichtsverlust.

2 **Klinische Untersuchung.** Dabei ist vor allem zu achten auf:
- Lungenbefund (Erguß, Infiltration?),
- vergrößerte Lymphknoten,
- vergrößerte Leber,
- Skelettschmerzen,
- neurologische Ausfälle.

Oberstes Ziel aller heute zur Verfügung stehenden diagnostischen Möglichkeiten ist die zytologische, wenn möglich auch histologische Sicherung von Verdachtsbefunden, da sich aus der Art des feingeweblichen Bildes weitreichende Konsequenzen hinsichtlich des therapeutischen Vorgehens und der Prognose ergeben. Man unterscheidet heute vier histologische Unterformen von Brochuskarzinomen (Tab. 13.**2**).

Besonders wichtig ist die Abgrenzung der sog. *kleinzelligen anaplastischen* Karzinome, die eine rasche Wachstums- und Metastasierungstendenz aufweisen, von den übrigen *(nichtkleinzelligen)* Karzinomen, die längere Zeit lokal infiltrativ wachsen und später Metastasen setzen. Diese Zweiteilung wirkt sich bereits auf den Abklärungsgang, besonders aber auch die weitere Behandlung aus. Während bei den nichtkleinzelligen Karzinomen die Frage der *Operabilität* im Vordergrund steht, geht es bei den kleinzelligen Tumoren darum, das *Ausmaß der* meist bereits vorhandenen *Metastasierung* festzustellen.

Tabelle 13.**2** Häufigkeit und Lokalisation verschiedener histologischer Lungen-(Bronchus-)Karzinomtypen

Histologischer Typ	Häufigkeit (%)	Lokalisation
Plattenepithelkarzinom	35–50	vor allem zentral
kleinzelliges Karzinom	15–35	vor allem zentral
Adenokarzinom	9–27	vor allem peripher
großzelliges Karzinom	10–20	vor allem peripher

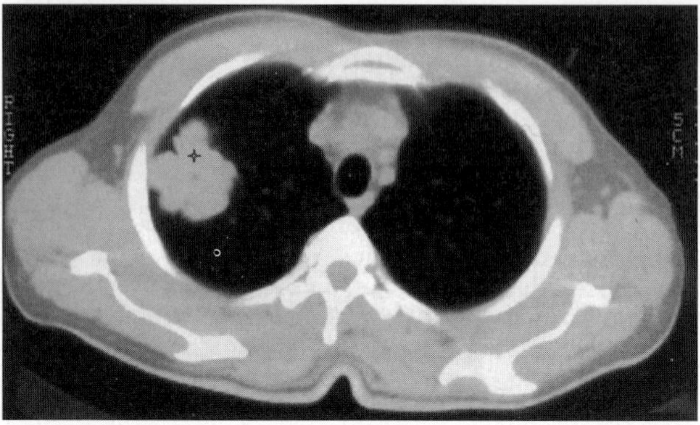

Abb. 13.**2** Peripher liegendes Plattenepithelkarzinom der re. Lunge im Computertomogramm (freundlicherweise von Prof. M. Haertel, St. Gallen, zur Verfügung gestellt).

Zur Sicherung der Diagnose werden folgende Methoden eingesetzt:

- **Röntgendiagnostik.** Die röntgenologische Abklärung beinhaltet neben einer Thoraxaufnahme im anterior-posterioren und seitlichen Strahlengang heute auch eine Computertomographie (CT) (Abb. 13.**2**), evtl. auch Kernspintomographie.
- **Sputumzytologie.** Die Einsendung von Sputum zur zytologischen Untersuchung ist eine sehr einfache und den Patienten nicht belastende Untersuchungsmethode, deren Treffsicherheit einerseits durch die Erfahrung des Zytologen, andererseits durch die Gewinnung des Untersuchungsmaterials mitbestimmt wird: Der Patient wird aufgefordert, morgens noch *vor* dem Zähneputzen aus der „Tiefe" des Bronchialsystems direkt in ein Untersuchungsröhrchen zu expektorieren (auszuhusten). Der Auswurf wird entweder nativ (ohne Zusätze) oder unter Zugabe von 70%igem Alkohol untersucht. Aber auch durch die Zahl der Einsendungen läßt sich die Genauigkeit der Exfoliativzytologie steigern (Tab. 13.**3**). Die diagnostische Ausbeute der Sputumzytologie übersteigt sogar die Befundgenauigkeit des endoskopisch entnommenen Bronchialsekrets.

Tabelle 13.**3** Zytologisch positive Karzinomdiagnose in Abhängigkeit von der Zahl der Einsendungen (nach Grunze)

Zahl der Einsendungen	1	2	3	4	5
Treffsicherheit in %	48,9	59,9	65,9	70,7	73,4

- **Bronchoskopie** (mit Materialentnahme für Zytologie und Histologie). In den letzten Jahren konnten sowohl das technische Rüstzeug (moderne flexible Glasfibergeräte, Abb. 13.**3** und 13.**4**) als auch die Untersuchungsmethoden entscheidend verbessert werden. Transbronchiale Lungen- und Lymphknotenpunktionen, Katheter- oder Saugbiopsien gehören heute zur Routinediagnostik. Dadurch, daß diese endoskopische Untersuchung heute meist in Lokalanästhesie durchgeführt werden kann, ist es möglich, auch Patienten mit kardialen oder respiratorischen Insuffizienzerscheinungen einer zytologisch-histologischen Abklärung als Grundlage jeder Therapie zuzuführen.
- **Feinnadelpunktion.** In seltenen Fällen gelingt es auch durch die erwähnten Untersuchungen nicht, eine sichere Tumordiagnose zu stellen. In diesen Fällen kann versucht werden, den Tumor mittels dünner Nadeln durch die Brustwand unter CT-Kontrolle zu punktieren. Die Treffsicherheit der Feinnadelpunktion liegt zwischen 60 und 85%.
- **Probethorakotomie.** Bei anderweitig nicht klärbaren Lungenbefunden (Rundherde unklarer Genese) wird die Indikation zur Probethorakotomie gestellt.

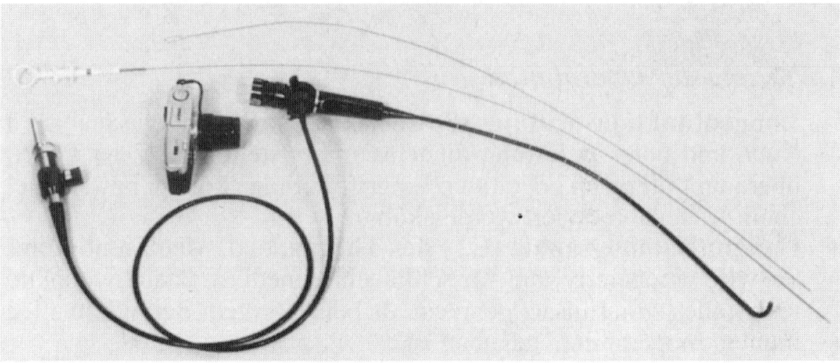

Abb. 13.**3** Flexibles Fiberbronchoskop mit Kamera zur fotografischen Dokumentation sowie 2 einführbaren Drähten zur Gewinnung von Sekret, Bürstenabstrich oder Knipsbiopsien aus dem Bronchialsystem (Abb. 13.**3** und 13.**4** wurden freundlicherweise von Dr. P. Joder, St. Gallen, zur Verfügung gestellt).

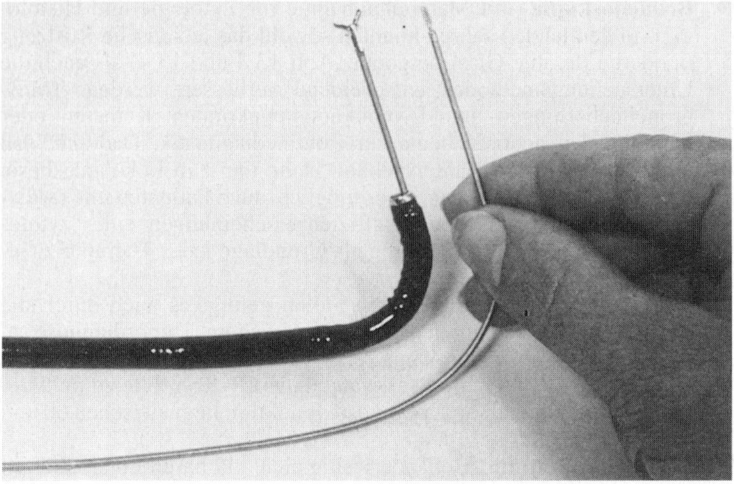

Abb. 13.**4** Fiberbronchoskop mit eingeführter, geöffneter Biopsiezange, darunter Draht mit kleiner Bürste zur Gewinnung von oberflächlichen Zellen.

Abklärung der Operabilität

- **Lungenfunktionsprüfung (Spirometrie)** sowie Blutgasanalyse in Ruhe und unter Belastung dienen zur Feststellung, ob der Patient überhaupt für einen operativen Eingriff in Frage kommt bzw. in welchem Ausmaß reseziert werden könnte.
- **Computertomographie (CT) des Thorax,** evtl. Mediastinoskopie. Sie wird präoperativ zum Ausschluß eines mediastinalen Lymphknotenbefalles zum Einsatz gebracht, da bei positivem Befund im allgemeinen Inoperabilität gegeben ist.
- Allgemein internistische, v. a. kardiologische Untersuchung.

Metastasenausschluß, Stadieneinteilung

Nach zytologischer und/oder histologischer Sicherung der Malignität werden zur weiteren Stadienabklärung und zur definitiven Therapieplanung vor allem bei kleinzelligen und operablen nichtkleinzelligen Karzinomen folgende Untersuchungen durchgeführt:

- **Labor.** Blutbild, Blutsenkung, Blutgerinnung, Leber- und Nierenwerte, Serumkalzium, Tumormarker (CEA, NSE, SCC).

- **Knochenmarkaspiration und -biopsie.** Eine wenig belastende Untersuchungsmethode ist eine Gewebsentnahme im Bereich des Bekkenkammes. Sie wird allerdings nur bei kleinzelligen Bronchuskarzinomen routinemäßig durchgeführt, weil hier besonders häufig (bis zu 40 %) eine Knochenmarkinfiltration nachweisbar ist.
- **Skelettszintigramm.** Es dient zum Ausschluß einer ossären Metastasierung, Röntgenuntersuchungen des Skeletts werden nur bei auffälligem Szintigramm oder bei klinischem Verdacht (Schmerzen) veranlaßt.
- **Sonographie.** Die Oberbauchsonographie wird als wenig aufwendige und nicht belastende Untersuchung routinemäßig präoperativ durchgeführt. Bei Verdacht auf Lebermetastasen kommt eine Ultraschall- evtl. CT-gezielte Punktion von Leberherden in Betracht.
- **Schädel-CT.** Im allgemeinen nur bei klinischem Verdacht einer zerebralen Aussaat.

Zur Stadieneinteilung wird heute die sog. TNM-Klassifikation verwendet (s. Kap. 4). Unter Berücksichtigung dieses Systems werden folgende (für den Therapieentscheid und die Prognose wichtige) Stadien unterschieden:

1. Stadium I:
   T1 N0–1 oder T2 N0 (kleiner Primärtumor, keine oder wenige gleichseitige Hiluslymphknotenmetastasen),
2. Stadium II:
   T2 N1 (größerer Primärtumor mit gleichseitigen Hiluslymphknotenmetastasen),
3. Stadium III:
   T3 oder N2 Mo (große Tumoren mit Infiltration in die Umgebung, Lymphknotenmetastasen im Mediastinum),
4. Stadium IV:
   M1 (Fernmetastasen):
   Nur die Stadien I und (in günstigen Fällen) II gelten als operabel.

Daneben wird aufgrund klinischer Gesichtspunkte häufig getrennt in *limited disease* (auf einen Halbthorax und supraklavikuläre Lymphknoten der gleichen Seite begrenzte Erkrankung) bzw. *extensive disease* (wenn die Geschwulstausbreitung darüber hinaus geht).

Therapie

Grundsätzlich stehen uns drei Behandlungsverfahren zur Verfügung: *Operation, Bestrahlung* und *Chemotherapie.* Der Behandlungsentscheid wird aufgrund der histologisch gesicherten Diagnose und der Stadienabklärung gefällt.

Nichtkleinzellige Karzinome
(Plattenepithel-, Adeno- und großzellige Karzinome)

Operation

Die Therapie der Wahl bei diesen Tumorformen ist die Operation. Die chirurgische Behandlung ist die einzige Therapiemodalität, die die Möglichkeit einer Heilung bietet. Leider sind von vornherein nur ca. 25% aller Bronchuskarzinompatienten für einen operativen Eingriff geeignet. Das Ausmaß des chirurgischen Eingriffes ist abhängig von der Tumorgröße und -lokalisation. Als Standardoperation gilt die Entfernung eines Lungenlappens (Lobektomie) oder eventuell zweier Lappen (Bilobektomie), da die Resektion eines ganzen Lungenflügels (Pneumonektomie) eine wesentlich höhere Komplikationsrate hat und stets zur Invalidisierung führt. Es ist wichtig, durch eine exakte präoperative Abklärung inoperable Patienten von einem chirurgischen Eingriff auszuschließen, da nach Lobektomie bzw. Pneumonektomie 5–10% an den unmittelbaren Operationsfolgen sterben.

Als Folge einer Lobektomie kommt es zu einer kompensatorischen Ausdehnung der verbliebenen Lungenanteile, so daß im allgemeinen keine wesentliche Atembehinderung resultiert. Nach Pneumonektomie entwickelt sich meist auf der operierten Seite ein Pleuraerguß, der später organisiert wird (Fibrothorax) und eine gewisse Schrumpfung der operierten Thoraxhälfte und eine Verschiebung des Mediastinums mit dem Herzen bedingt. Besonders bei älteren Patienten kann nach erfolgter Radikaloperation eine chronische Rechtsherzüberlastung (Cor pulmonale) entstehen.

Zur Beseitigung von Stenosen der zentralen Atemwege (durch Tumor oder auch Narbengewebe) kommt als Palliativeingriff eine endobronchiale *Lasertherapie* in Betracht.

Strahlentherapie

Bei (z.B. aus internistischen Gründen) inoperablen Patienten kann eine Strahlenbehandlung mit *kurativer Zielsetzung* erwogen werden. Die 5-Jahres-Überlebensraten von Patienten mit Bronchuskarzinomen nach alleiniger Radiotherapie betragen 5–10%. Der Wert nach einer *adju-*

vanten Radiotherapie nach Radikaloperation konnte nicht gesichert werden und stellt keine Routinebehandlung dar. Hingegen ist eine *palliative Bestrahlung* bei zunehmender Atemnot durch Einengung der Bronchien (Bronchusstenose) mit folgender Minderbelüftung (Atelektase), bei ausgedehnten mediastinalen Prozessen (evtl. mit oberer Einflußstauung), bei schmerzhaften Skelettmetastasen oder zur Behandlung von Hirnmetastasen von unbeschrittenem Gewinn für die Patienten, weil in mehr als zwei Drittel der Fälle eine Besserung der Beschwerden erreicht wird.

Bezüglich der Bestrahlungstechnik wird auf den Beitrag „Tumorbestrahlung", Kap. 5, verwiesen. Das Ergebnis bestimmender prognostischer Faktoren sind neben der Strahlendosis der Allgemeinzustand und das Alter des Patienten, ein bereits eingetretener Gewichtsverlust und schließlich das Tumorstadium und der Differenzierungsgrad der Geschwulst.

Die Nebenwirkungen einer durchgeführten Strahlenbehandlung sind im allgemeinen dosisabhängig, jedoch reversibel, können aber über längere Zeit den Allgemeinzustand des Patienten stark beeinträchtigen. Eine während oder nach der Bestrahlung auftretende Strahlenpneumonie (Pneumonitis) ist durch Antibiotika und Kortikosteroide meist leicht beherrschbar. Nicht selten entwickelt sich daraus jedoch eine Strahlenfibrose, vor allem in bereits vorgeschädigten Lungenpatienten (Raucher!). Auch Reaktionen der Ösophagusschleimhaut (Ösophagitis) können durch die Behinderung der Nahrungsaufnahmen unangenehme Folgen für den Patienten haben und bedingen vorübergehend eine parenterale Ernährung.

Chemotherapie

Aufgrund der insgesamt schlechten Langzeitergebnisse nach Radikaloperationen wird seit Jahren eine *prophylaktische (adjuvante) Chemotherapie* geprüft. Leider konnte bisher weder eine Verlängerung des rezidivfreien Intervalles noch der Überlebenszeit bewiesen werden, so daß eine routinemäßige adjuvante Chemotherapie nach Radikaloperation nach wie vor nicht gerechtfertigt ist.

Die Ergebnisse der *palliativen Chemotherapie* bei nicht kleinzelligen Bronchuskarzinomen sind bisher enttäuschend. Teilweise wirksame Einzelsubstanzen sind u. a. Cisplatinum, Vinca-Alkaloide (Vindesin, Vinorelbine, Vinblastin), VP-16, Mitomycin-C, neuerdings Topotecan und Taxol. Kombinationschemotherapien enthalten meist Cis-Platin, sind jedoch einer Monotherapie nicht sicher überlegen. Ein Überlebensgewinn durch die Chemotherapie konnte nicht in allen Studien belegt werden, wenngleich Patienten, die auf die Therapie ansprechen, signifikant länger leben als sog. „Nonresponder".

Relative Indikationen für eine Chemotherapie:

- Guter Allgemeinzustand des Patienten,
- Vorliegen von Beschwerden,
- rasche Progredienz der Erkrankung,
- Therapiewunsch des informierten Patienten,
- fehlende Kontraindikationen von seiten der Organfunktionen.

Es muß jedoch in jedem Fall abgewogen werden, ob ein möglicher Therapieerfolg im Verhältnis zu den zu erwartenden Nebenwirkungen steht.

Eine primäre (neoadjuvante) Chemotherapie bei inoperablen Patienten mit der Möglichkeit einer sekundären Operation nach Tumorreduktion wird derzeit an mehreren Zentren untersucht, eine endgültige Beurteilung dieses Vorgehens ist noch nicht möglich.

Immuntherapie

Erste vielversprechende Ergebnisse über die intrapleurale Anwendung von BCG (Tuberkuloseimpfstoff) oder anderen „Immunstimulantien" (s. Kap. 5) fanden in Nachfolgestudien leider keine Bestätigung, so daß diese Therapieform weiterhin als experimentell bezeichnet werden muß.

Kleinzellige Karzinome

Operation

Wegen der hohen Wachstumsgeschwindigkeit und frühen Metastasierungsneigung dieses Karzinoms kommt ein operativer Eingriff nur selten in Betracht. Eine primär chirurgische Behandlung bietet sich vor allem bei peripherem Sitz des Karzinoms an, sollte jedoch postoperativ von einer (adjuvanten) Chemotherapie gefolgt sein. Neuerdings wird der Wert einer adjuvanten Operation nach zuvor erfolgreicher Chemotherapie – vor allem nach Erreichen der kompletten Remission – untersucht. 5-Jahres-Überlebensraten von 10–20% erscheinen erreichbar.

Strahlentherapie

Das kleinzellige Karzinom ist sehr sensibel gegenüber einer Strahlenbehandlung. Während der Primärtumor sowie regionale Lymphknotenmetastasen durch die Radiotherapie gut unter Kontrolle zu bringen sind, kann die frühzeitige Organmetastasierung (Leber, Hirn, Knochenmark) nicht verhindert werden, weshalb eine zytostatische Therapie vorangehen sollte. Da sich andererseits bei rein chemotherapeutisch behandelten Patienten Rezidive des Primärtumors im Brustraum (und u. a. Hirnmetastasen) einstellen können, werden häufig beide tumortherapeutische Methoden kombiniert angewandt. Auch wenn nicht alle Zentren durch initiale Chemotherapie und nachfolgende thorakale und prophylaktische Schädelbestrahlung eine generelle Überlebensverlängerung gegenüber allein chemotherapeutisch behandelten Patienten nachweisen konnten, so kann doch durch das kombinierte Vorgehen der Anteil an sog. Langzeitüberlebern (d. h. jene Patienten, die mehr als 2 Jahre überleben) erhöht werden (Voraussetzung ist allerdings eine zu Behandlungsbeginn lokoregionär begrenzte Erkrankung (limited disease bzw. klinisch komplette Remission durch die Chemotherapie).

Chemotherapie

Das kleinzellige Bronchuskarzinom gilt heute als eine Domäne der Chemotherapie, die zu einer deutlichen Verbesserung der Überlebenszeit geführt hat. Die in der Monotherapie wirksamsten Substanzen sind: VP-16–213 (Vepesid), Adriamycin (Adriblastin) bzw. die Nachfolgesubstanz 4-Epidoxorubicin (Farmorubicin), Vincristin (Oncovin); Cyclophosphamid (Endoxan, Cyclostin) oder Ifosfamid (Holoxan), Methotrexat, Cisplatinum und Carboplatin, neuerdings auch die Taxane (Taxol, Taxotere) und Topotecan. Durch die Kombination von 3–5 Einzelsubstanzen lassen sich Remissionen in 60–90% der Patienten erreichen, die in 20–40% der Fälle komplett sind. Gebräuchliche Zytostatikaschemate sind z. B.:

- Adriamycin bzw. Epidoxorubicin/Cyclophosphamid/Vincristin,
- VP-16/Adriamycin bzw. Epidoxorubicin/Cyclophosphamid,
- VP-16/Cisplatinum

Die Vielzahl der heute zur Verfügung stehenden Zytostatikakombinationen beweist, daß es das ideale Therapieschema nicht gibt und daß es der Erfahrung des internistischen Onkologen und dem Patienten überlassen bleiben muß, in welcher Form bzw. wie aggressiv im Einzelfall behandelt werden soll. Durch aufeinanderfolgende Gabe zweier nicht kreuzresistenter, sich also ergänzender Kombinationen soll eine vorzeitige Tumorresistenz verhindert und damit die Remissionsdauer (evtl. auch das Überleben) verlängert werden. Bisher konnte durch dieses Vorgehen allerdings lediglich eine marginale Verbesserung erzielt werden. Die oft großen Tumormassen schmelzen unter der Chemotherapie innerhalb weniger Tage bis Wochen ein. Durch den massiven Zellzerfall kann es zum Ansteigen der Harnsäure im Serum und Urin kommen, weshalb sich zu Behandlungsbeginn die Verordnung eines Urikostatikums empfiehlt (s. Kap. 21).

Entscheidend für ein chemotherapeutisches Ansprechen und damit für die Prognose sind das Tumorstadium bei Behandlungsbeginn, der Allgemeinzustand des Patienten (Aktivitätsindex), ein bereits eingetretener Gewichtsverlust, das Alter und Geschlecht der Patienten (günstiger unter 60 Jahren und weibliches Geschlecht), offensichtlich auch eine Nikotinabstinenz nach Diagnose der Erkrankung. Eine vorausgegangene Strahlenbehandlung verschlechtert die chemotherapeutischen Erfolgsaussichten.

Im Rahmen von Studien wird derzeit geprüft, ob durch ultrahochdosierte Chemotherapie (+/- Bestrahlung und autologe Knochenmarktransplantation) bei Patienten mit limitierter Erkrankung eine Verbesserung der Behandlungsergebnisse möglich ist, mehrere Arbeitsgruppen untersuchen auch die Wertigkeit von Biomodulatoren (z. B. α-Interferon) zur Verlängerung der Remissionsdauer.

Prognose

Nichtkleinzellige Bronchuskarzinome. Wie erwähnt, kommen nur rund ein Viertel aller Patienten mit diesem Zelltyp für einen operativen Eingriff in Frage. Da die 5-Jahres-Überlebensrate chirurgisch behandelter Fälle rund 25 % beträgt, werden also tatsächlich nur 5–10 % aller diagnostischen Lungenkarzinome operativ geheilt. Die Tab. 13.**4** und 13.**5** fassen die Ergebnisse bei den einzelnen histologischen Untergruppen bzw. Tumorstadien zusammen.

Tabelle 13.**4** 5-Jahres-Überlebensraten, abhängig vom histologischen Typ (nach Katlic)

Plattenepithelkarzinom	18%
kleinzelliges Karzinom	2%
Adenokarzinom	23%
großzelliges Karzinom	13%

Tabelle 13.**5** 5-Jahres-Überlebensrate von 794 operierten (nichtkleinzelligen) Bronchuskarzinomen (nach Mountain u. Hermes)

Stadium I	53%
Stadium II	29%
Stadium III	16%

Die Prognose bei inoperablen Patienten ist neben Allgemeinzustand, Geschlecht und Art der Vorbehandlung vor allem davon abhängig, ob noch eine lokoregionär begrenzte oder bereits metastasierende Tumorerkrankung vorliegt. Das mittlere Überleben überschreitet jedoch selten 6–8 Monate.

Kleinzellige Karzinome. Unbehandelt führt das kleinzellige Bronchuskarzinom (je nach Tumorausdehnung) innerhalb von 8–10 Wochen zum Tode (statistischer Mittelwert, kann im Einzelfall abweichen). Da bei Diagnosestellung bereits 50 –70% der Patienten Metastasen aufweisen, kommen nur sorgfältig ausgewählte Patienten für eine Operation in Betracht, weshalb die überwiegende Mehrheit der Patienten von vornherein chemotherapeutisch behandelt werden muß. Im Mittel überleben Patienten mit lokoregionär begrenzter Erkrankung 15 Monate, Patienten mit Organmetastasen 8–10 Monate.

Angesichts dieser insgesamt doch enttäuschenden Resultate der Behandlung des Bronchuskarzinoms und der Unmöglichkeit einer echten Früherfassung sollten die Anstrengungen verstärkt werden, Lungenkarzinome primär zu verhüten (s. Kap. 3).

Pflegehinweise

Meist liegt bereits vor der Aufdeckung eines Bronchuskarzinoms eine chronische Bronchitis vor. Der Tumor selbst und ein häufig begleitendes peritumorales, entzündliches Infiltrat schränken die Gasaustauschflächen ein. Neben einer effizienten Tumortherapie muß daher der Prophylaxe und der Behandlung rezidivierender Infekte große Aufmerksamkeit gewidmet werden. Ein für den Patienten quälender chronischer Reizhusten ist selbst durch die Anwendung stärkster Hustenmittel oft schwer zu bekämpfen. Gewöhnlich findet sich auch eine mehr oder minder ausgeprägte Atemnot, die durch intermittierende Sauerstoffgabe zumindest zeitweilig gebessert werden kann.

Bronchuskarzinompatienten sollten prinzipiell in gut belüfteten, wenn möglich nicht zu kleinen Krankenzimmern mit ausreichend ho-

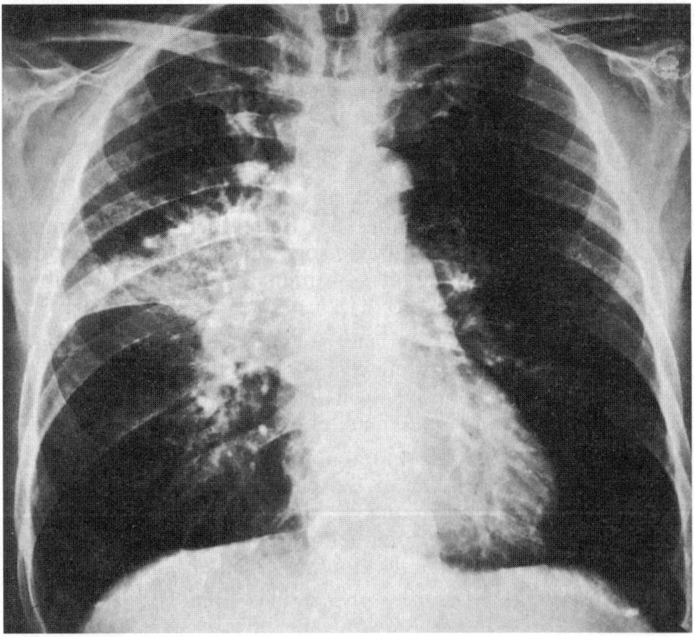

Abb. 13.**5a** u. **b** Rückbildung eines ausgedehnten peritumorösen entzündlichen Infiltrates rechts.
a Vor antibiotischer Therapie.

her Luftfeuchtigkeit untergebracht werden. Zur Verbesserung der Atembedingungen und aus psychologischen Gründen spielt eine aktive und passive Atemgymnastik eine wichtige Rolle. Ziel ist es, alle Lungenabschnitte ausreichend zu belüften, Atelektasen zu vermeiden und das Abhusten von Sekret zu fördern. Diese Maßnahmen, die von ausgebildeten Krankengymnastinnen eingeleitet und von den Pflegenden am Krankenbett fortgesetzt werden sollten, können bei Bedarf noch durch eine entsprechende Lagerung unterstützt werden. Durch Erhöhung des Oberkörpers oder Seitenlagerung bei Oberlappenprozessen bzw. durch Hochstellen des Fußendes des Bettes bei Veränderungen im Bereich der Unterlappen kann eine sog. Lagerungsdrainage einzelner Lungenabschnitte ermöglicht werden. Zusätzliche Einreibungen und Klopfmassagen können das Abhusten von Sputum erleichtern.

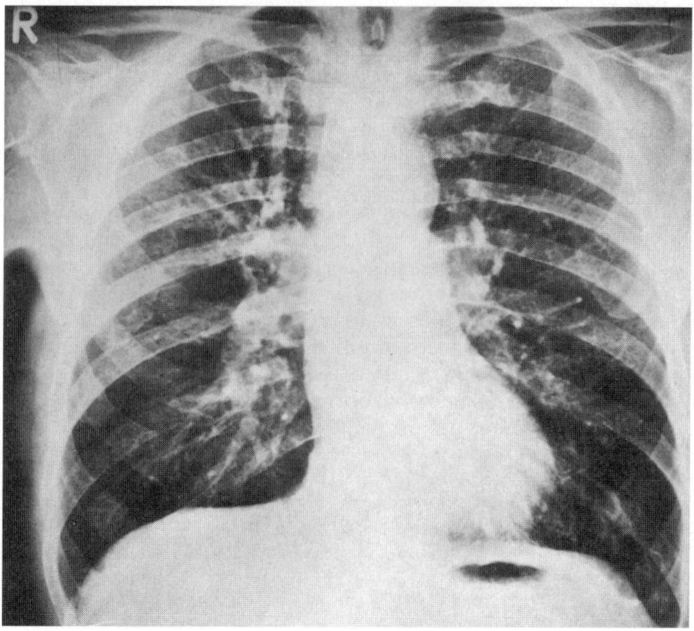

Abb. 13.**5b** Nach antibiotischer Therapie.

Eine Inhalationstherapie dient nicht nur zur Befeuchtung der Luft, um einer Austrocknung der Atemwege vorzubeugen; es können auch diverse, die Sekretion anregende oder krampflösende Arzneimittel, evtl. auch Antibiotika, in die Atemwege eingebracht werden.

Die Wirksamkeit derartiger symptomatischer bzw. physikotherapeutischer Maßnahmen läßt sich am Beispiel eines bronchoskopisch gesicherten Plattenepithelkarzinoms mit ausgedehnten peritumorösem, entzündlichem Infiltrat gut dokumentieren (Abb. 13. **5 a** u. **b**). Im vorliegenden Fall wurde 6 Monate lang symptomatisch bzw. antibiotisch behandelt, worauf sich nicht nur die Beschwerden, sondern auch die röntgenologischen Zeichen fast ganz zurückbildeten.

Über anderweitige zusätzliche Behandlungsmöglichkeiten s. Unterstützungsmaßnahmen bei Krebspatienten, Kap. 6.

Literatur

Joss, R., K. Buser, Th. Cerny, K. W. Brunner: Die Chemotherapie des Bronchuskarzinoms. Schweiz. Rdsch. Med. Prax. 78 (1989) 159–162

Seeber, S., N. Niederle (Hrsg.): Interdisziplinäre Therapie des Bronchialkarzinoms. Springer, Berlin 1985

Schmoll, H. J., et al.: Kompendium internistische Onkologie, 2. Aufl. Springer, Berlin 1996

Tumorzentrum Heidelberg/Mannheim: Die bösartigen Tumoren von Lunge, Pleura und Thymus 1991

Walgenbach, S., Th. Junginger, H. Pichlmaier: Bronchialkarzinom, Diagnostik und chirurgische Therapie. Münch. med. Wschr. 129 (1987) 829–831

14 Gastrointestinale Tumoren

B. Späti und R. Fust

14 Gastrointestinale Tumoren

B. Späti und R. Fust

Maligne Tumoren des Gastrointestinaltraktes – Pankreastumoren und Tumoren der Leber und der Gallenwege miteingeschlossen – sind die *häufigsten Malignome überhaupt* und figurieren an erster Stelle der Todesursachen an Krebskrankheiten in der westlichen Welt. Weitaus am häufigsten sind Tumoren des Kolons und des Rektums, gefolgt von solchen des Pankreas, des Magens, der Leber und der Gallenwege und schließlich des Ösophagus. Während der Magenkrebs in seiner Häufigkeit abnimmt, nehmen Dickdarmkrebse zu. Die **Ursachen** werden in veränderten Ernährungsgewohnheiten vermutet (s. Kap. 2). Frauen und Männer erkranken etwa gleich häufig, außer dem Ösophaguskarzinom, wo die Inzidenz bei Männern etwa 3mal höher ist. Es sind Erkrankungen, die meist im höheren Lebensalter, zwischen dem 6. und 8. Jahrzehnt, auftreten.

Histologisch handelt es sich vorwiegend um *Adenokarzinome* beim Dick- und Dünndarm, Magen, Pankreas und bei den extrahepatischen Gallenwegen und um *Plattenepithelkarzinome* beim Ösophagus. Wesentlich seltener sind maligne Lymphome und Sarkome.

Die Schwierigkeit bei der **Diagnose** besteht darin, daß alle diese Tumoren *keine charakteristischen Symptome* verursachen, so daß sie oft lange unerkannt bleiben und zum Zeitpunkt der Operation lokal weit fortgeschritten sind oder schon lymphogen und/oder hämatogen metastasiert haben. Das Stadium zum Zeitpunkt der Diagnose bestimmt im wesentlichen die **Prognose.** Kolorektale Karzinome im Frühstadium beispielsweise verlaufen meistens recht günstig, während Tumoren anderer Organe insgesamt eine sehr schlechte Prognose haben (Tab. 14.**1**).

Die **Therapie** ist in erster Linie chirurgisch. Eine radikale Operation ergibt die beste Überlebenschance. Gelegentlich sind auch *palliative* chirurgische Maßnahmen indiziert, um Patienten von quälenden Symptomen zu befreien, beispielsweise durch Verkleinerung von Tumormassen oder Behebung von tumorbedingten Stenosen. Zunehmend Bedeutung bekommen auch Eingriffe wie die Entfernung von einzelnen Lebermetastasen. Verfeinerte chirurgische Techniken erlauben hier Eingriffe, die oft

Tabelle 14.**1** 1- und 5-Jahresüberlebensrate der verschiedenen Gastrointestinalkarzinome (aus Cutler, S. J.: New Engl. J. Med. 293 [1975] 122)

	1 Jahr (%)	5 Jahre (%)
Speiseröhre	10	5
Magen	31	12
Kolon – Rektum	61	43
Leber – Gallenwege	24	1
Pankreas	14	2

zu einer signifikanten Verlängerung des krankheitsfreien Intervalls und des Lebens führen. Der Einsatz der *Radiotherapie* ist meist palliativer Natur, kann damit oft zur Schmerzlinderung, evtl. zur vorübergehenden Behebung von Stenosen beitragen. Ähnliche Indikationen gelten auch für die Behandlung mit *Laserstrahlen.* Der *adjuvante* Einsatz der Radiotherapie und die Möglichkeiten der Chemotherapie werden bei den einzelnen Tumorarten genauer beschrieben.

Auf die *Pflege von Stomapatienten* wird speziell eingegangen (s. unten). Eine wichtige Rolle fällt den Pflegenden bei der Operationsvorbereitung (Darmentleerung, -reinigung und -sterilisation, parenterale Ernährung) und unmittelbar postoperativen Pflege (parenterale Ernährung, Absaugen via Sonde, Flüssigkeits- und Elektrolytkontrolle, Überwachen, evtl. Anregen der Darmtätigkeit) zu.

Die einzelnen gastrointestinalen Tumoren

Kolorektale Karzinome

Klinisches Bild

Die Häufigkeit der verschiedenen Lokalisationen ist in der Abb. 14.**1** angegeben. Die *Frühkarzinome* sind klinisch symptomlos, können aber *okkulte Blutungen* verursachen. Regelmäßige Stuhluntersuchungen auf Mikroblutungen sind mögliche einfache Früherfassungsverfahren (s. Kap. 3). Oft kommt es erst in fortgeschrittenen Fällen zu uncharakteristischen Symptomen wie *Änderungen der Stuhlgewohnheiten,* z. B. das Auftreten von Obstipation mit Völlegefühl bei früher regelmäßiger Stuhlpassage, oder zu häufigem Wechsel zwischen Obstipation und Diarrhö. Mit zunehmender Verengung des Darmlumens treten vor der Defäkation

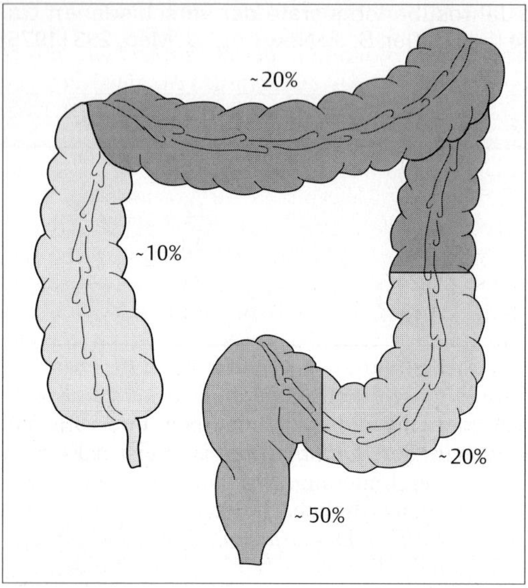

Abb. 14.1 Lokalisation der kolorektalen Karzinome.

krampfartige Schmerzen (Tenesmen) auf. Schließlich entwickelt sich ein chronischer Dickdarmileus. Größere Tumoren können durch die Bauchdecken getastet werden. Eine wichtige Untersuchung bei Verdacht auf ein Rektumkarzinom ist die *rektale Untersuchung* mit dem Finger. Damit läßt sich ein guter Teil der Rektumkarzinome schon relativ früh erfassen.

Die Bestimmung von Tumormarkern (v. a. des karzinoembryonalen Antigens CEA) ist für die Früherfassung bedeutungslos, wird aber als prognostischer Faktor und v. a. für Verlaufskontrollen benutzt.

Diagnose

Kolorektale Malignome lassen sich durch Suche nach okkultem Blut im Stuhl frühzeitig erfassen und einer erfolgreichen Behandlung zuführen. Bei positivem Blutnachweis im Stuhl oder klinischem Verdacht wird primär die *Rektosigmoidoskopie* oder Koloskopie mit flexiblen Endoskopen durchgeführt. Diese erlauben nebst einer genaueren Beurteilung der Ausdehnung des Tumors auch *gezielte Biopsien* und somit die histologische Sicherung einer Vermutungsdiagnose.

Therapie

Die Therapie besteht wenn immer möglich in der *chirurgischen Entfernung* des tumortragenden Darmabschnittes, zusammen mit dem dazugehörenden Mesenterium, wo sich die den Tumor drainierenden Lymphknoten befinden. Je nach Lokalisation des Tumores wird eine rechte oder linke *Hemikolektomie,* eine *Sigma-* oder *Rektumresektion* durchgeführt. Kann im Bereich des Rektums keine Anastomose mehr hergestellt werden, so erfolgt eine abdominoperineale *Rektumamputation,* zusammen mit dem Anlegen eines definitiven endständigen Anus praeternaturalis sigmoideus. Durch eine verfeinerte Operationstechnik gelingt es heute, auch relativ tief liegende Rektumkarzinome zu entfernen, ohne daß ein Anus praeter notwendig ist. Präsentiert sich ein Patient mit einem Ileus als Folge des Karzinoms, wird vor der Resektion zur Entlastung des Darmes ein *Anus praeternaturalis* angelegt und das Karzinom nach Erholung des Patienten in einer zweiten Operation entfernt. Oft kann das Stoma in einer weiteren Operation wieder verschlossen werden.

Die *Chemotherapie* metastasierender Dickdarmkarzinome ist leider wenig erfolgreich. Seit langem wird v. a. Fluorouracil eingesetzt, mit dem allerdings lediglich Remissionen in ungefähr 15–29% der behandelten Patienten erreicht werden, die zudem noch meist von kurzer Dauer sind. Immerhin zeigen aber neuere Untersuchungen, daß Fluorouracil, zusammen mit sogenannten Modulatoren verwendet (z. B. Leukovorin, Methotrexate, Interferone u. a.), eine oft wesentlich bessere Wirkung zeigt. Die Anwendung neuerer Substanzen (Oxaliplatin und Topoisomeraxhemmer) wird jetzt überprüft, ihr Stellenwert ist noch nicht gesichert. Eine weitere Therapiemöglichkeit bei Lebermetastasen ist die Leberperfusion mit Zytostatika. Diese Methode ist aufwendig, führt zu recht guten Resultaten, leider aber nicht zu einer signifikanten Verlängerung der Überlebenszeit. Die *adjuvante* Chemotherapie erlebt ebenfalls eine Art Renaissance, seit gezeigt wurde, daß die Kombination von Fluorouracil mit Levamisol (einem Wurmmittel, das aber auch einen immunmodulatorischen Effekt hat) zu einer signifikanten Verbesserung des Überlebens führte. Die *Radiotherapie* ist bei den Kolonkarzinomen praktisch ohne Bedeutung. Hingegen spielt sie eine wesentliche Rolle bei der adjuvanten Behandlung von lokal fortgeschrittenen Rektumkarzinomen. Hier ist noch umstritten, ob ein präoperativer oder erst der postoperative Einsatz besser ist. Sie führt, in Kombination mit Fluorouracil angewendet, zur Reduktion von Lokalrezidiven und zu einer deutlichen Verbesserung der Überlebenschancen.

Prognose

Die 5-Jahres-Überlebensrate von Patienten mit Dickdarmkrebs beträgt durchschnittlich 40%. Bei Befall der Lymphknoten überleben nur 20%, bei auf die Schleimhaut beschränkten Frühstadien aber 80%. Früherkennung lohnt sich also!

Pankreaskarzinom

Klinisches Bild

Eine Frühdiagnose ist wegen der versteckten Lage der Bauchspeicheldrüse und fehlender charakteristischer Symptome praktisch unmöglich. Größere Tumoren führen zu *Oberbauch-* oder bohrenden *Rückenschmerzen,* zu langsamen, unerklärlichem *Gewichtsverlust* und – bei Lokalisation des Tumors im Bereich des Pankreaskopfes – zu einem *Verschlußikterus.* Ein schmerzfreier cholestatischer Ikterus ist immer verdächtig auf ein Pankreaskarzinom.

Diagnose

Bei Verdacht hilft unter Umständen die einfach durchzuführende *Ultraschalluntersuchung* weiter. Auch die *axiale Computertomographie* und die endoskopische *retrograde Cholangio- bzw. Pankreatographie* sind oft wertvoll, erlauben aber ebenfalls nur in den seltensten Fällen eine Frühdiagnose.

Therapie

Oft müssen sich die Chirurgen auf eine *explorative Laparotomie* zur Sicherung der Diagnose beschränken. Der Tumor ist meist zu ausgedehnt, um eine allenfalls kurative *Duodenopankreatektomie* nach Whipple zu erlauben. Als palliative Maßnahme kann bei einem Verschlußikterus eine Choledochoduodenostomie oder evtl. eine Gastroenterostomie durchgeführt werden. Die Chemotherapie, mit ähnlichen Kombinationen wie bei den kolorektalen Tumoren durchgeführt, ergibt noch wenig befriedigende Resultate. Durch eine Strahlentherapie kann gelegentlich eine gewisse Schmerzlinderung erreicht werden.

Prognose

Diese ist wegen meist zu später Diagnose und Behandlungsmöglichkeit schlecht. Weniger als 10% aller Patienten überleben 5 Jahre.

Karzinom, malignes Lymphom und Sarkom des Magens

Klinisches Bild

Frühkarzinome machen keine Beschwerden und werden oft als Zufallsbefund bei einer Endoskopie entdeckt. Bei größeren Karzinomen klagen die Patienten oft über einen *empfindlichen Magen;* das Essen macht weniger Freude, die Speisen „liegen auf". Es kommt zu Widerwillen gegen bestimmte Nahrungsmittel (z.B. Fleisch), uncharakteristischen *Oberbauchbeschwerden, Gewichtsabnahme* und *Müdigkeit.* Retentionsmagen und Erbrechen sind Zeichen einer zunehmenden Passagestörung. Gelegentlich kommt es als Erstsymptom zu einer massiven *Magenblutung* oder *Magenperforation.* Oft ist auch eine manchmal schwere chronische *Anämie* infolge dauernder Mikroblutung aus dem Karzinom Begleit- oder Erstsymptom.

Diagnose

Die *Röntgenkontrastuntersuchung* vermag einen Hinweis auf das Vorliegen eines malignen Geschehens zu geben. Vor allem bei kleineren Karzinomen führen aber nur *obere Panendoskopie* (Ösophagogastroduodenoskopie) und *Biopsie* weiter.

Therapie

In einem **kurablen Stadium** kommt nur eine radikale, (sub)totale oder erweiterte *Gastrektomie* mit einer „En-bloc-Resektion" des großen Netzes, der Milz, der paragastrischen und paraaortalen Lymphknoten in Frage. Da sich die Patienten meist in einem reduzierten Allgemein- und Ernährungszustand befinden, ist ein solcher Eingriff mit einer recht hohen Komplikationsrate verbunden. Bei einer *inkurablen Situation* mit peritonealer Metastasenaussaat, diffuser Karzinominfiltration oder bei Lebermetastasen ist gelegentlich eine palliative Operationsindikation gegeben. Meist wird dann eine *Operation nach Billroth II* (Magenteilresektion und Anastomose zwischen Magenrest und Dünndarmschlinge) durchgeführt, sei es, um ein Passagehindernis zu umgehen oder um eine Blutung zu stillen. Die Radiotherapie ist bei inoperablen Magenkarzinomen von geringer Bedeutung. Die palliativen Erfolge der *Chemotherapie* sind beim Magenkarzinom besser als bei den kolorektalen Karzinomen. Bei erfolgreicher Therapie kommt es vorübergehend zur Verkleinerung von Lebermetastasen oder Behebung von Passagestörungen, was dann zu einer Verbesserung des Ernährungszustandes führt. Eine *Kombinationschemotherapie* wird heute bevorzugt, wobei meist Kombinationen mit Fluorouracil, Adriamycin und Mitomycin C (FAM), evtl. Fluorouracil, Adriamycin und hochdosiert Methotrexate (FAMTX) gegeben werden. Kombinationen mit Etopoxid, Adriamycin und Cisplatin (EAP) sind wohl sehr wirksam, aber auch toxischer.

Wesentlich seltener als das Magenkarzinom sind maligne Lymphome und Sarkome. Sie werden primär ebenfalls operiert, wobei wenn möglich die abdominale Tumoraussaat festgestellt werden soll (s. Kap. 17). Meist wird im Falle eines malignen Lymphoms eine zusätzliche Radio- und/oder Chemotherapie angeschlossen.

Prognose

Diese ist bei Frühkarzinomen gut (90% 5-Jahres-Überleber), bei den leider viel häufigeren Spätstadien schlecht (5% 5-Jahres-Überleber). Die Früherkennung, wie sie z. B. in Japan mittels regelmäßiger Endoskopien angestrebt wird, wäre also sinnvoll und technisch möglich, scheitert aber an äußeren Gegebenheiten (aufwendige Spezialuntersuchung, Kosten, Personal, Abneigung der Patienten gegen die Endoskopiekontrolle).

Ösophaguskarzinom

Klinisches Bild

Viele Patienten mit Krebs der Speiseröhre sind *Alkoholiker.* Hauptsymptom ist die *Dysphagie:* Das Schlucken von normalen Speisen wird zunehmend schwieriger, schließlich unmöglich. Der Patient wechselt von normaler zu breiiger, später flüssiger Nahrung, was zu einer progredienten Verschlechterung des Ernährungszustandes führt. Oft bestehen *Schmerzen* während der Nahrungsaufnahme.

Diagnose

Mit der *Röntgenkontrastuntersuchung* können Grad und Ausdehnung der durch den Tumor verursachten Stenose festgestellt werden. *Endoskopie* und *Biopsie* bestätigen die radiologische Verdachtsdiagnose. Das Computertomogramm erlaubt die Beurteilung einer möglichen mediastinalen Infiltration und damit die Abschätzung der lokalen Operabilität.

Therapie

Ein klinisch symptomatisches Karzinom ist chirurgisch meist nicht mehr heilbar. Oft wird von einer primär chirurgischen Resektion des Karzinoms abgesehen und der Patient vorbestrahlt. Falls der Patient auf diese Maßnahme anspricht, kann im optimalen Fall eine *Operation* durchgeführt werden. Diese erfolgt mehrzeitig: Zunächst wird der Ösophagus entfernt und ein zervikales Ösophagostoma angelegt, damit der Patient seinen Speichel schlucken kann (s. unten).

Erst in einer weiteren Sitzung wird dann eine *Überbrückungs-(Bypass-) Operation* (z. B. mit Dickdarm oder Magen) durchgeführt. Auch für rein palliative Eingriffe wie z. B. Umgehungsanastomosen wird heute die Indikation weit gestellt, um den Patienten von der schwer erträglichen Dysphagie zu befreien und die Aspirationsgefahr zu mindern. Andere Maßnahmen, die weiterhin eine perorale Ernährung ermöglichen, sind das Einlegen von *Ernährungssonden* oder eines den Engpaß überbrükkenden *Tubus* (Stent). Auch hier finden Laserstrahlen Verwendung. Wenn immer möglich vermieden wird die Ernährung durch eine direkt durch die Haut in den Magen eingelegte Sonde (Witzel-Fistel, s. unten). Die Rolle der *Radiotherapie* als wertvolle Palliativmaßnahme wurde erwähnt. Die *Chemotherapie* ist mit den zur Verfügung stehenden Zytostatika wenig erfolgreich. Patienten mit Speiseröhrenkrebs stellen oft große pflegerische, besonders Ernährungsprobleme.

Prognose

Diese ist sehr ungünstig. Nur rund 1/4 aller Patienten kann überhaupt operiert werden. Von den Operierten überleben ca. 10%, von allen diagnostizierten Karzinompatienten aber nur 1–2% 5 Jahre.

Karzinome der Leber und der Gallenwege

Primäre Leberkarzinome (Hepatome) sind selten und entstehen bei uns meist auf dem Boden einer *Leberzirrhose* (vorwiegend Alkoholiker). Die **Diagnose** kann durch eine gezielte Biopsie (z. B. laparoskopisch) gestellt werden, wobei die Unterscheidung von Lebermetastasen oft unmöglich ist. Das bei Leberzellkarzinomen meist stark erhöhte α-Fetoprotein (AFP) im Serum bietet sich zur Verlaufskontrolle an (s. Kap. 4). **Therapeutisch** kommt selten eine Leberteilresektion in Frage. Vereinzelte Fälle sprechen auf eine *systemische,* d. h. im Körper wirksame oder regionale (in die Leberarterie gegebene) *Chemotherapie* an. Die **Prognose** ist schlecht.

Das seltene *Gallenblasenkarzinom* entwickelt sich im allgemeinen auf der Basis einer jahrelangen *chronischen Cholezystitis* infolge eines Gallensteinleidens. Beschwerden treten meist erst bei der Tumorinfiltration in die Umgebung auf. Bei Kompression der Gallenwege kommt es zu einem *Ikterus*. Die **Diagnose** wird meist erst intraoperativ gestellt. Nur selten gelingt eine operative Tumorentfernung. Das *Gallenwegskarzinom* manifestiert sich klinisch meist als schmerzfreie, rasch zunehmende Gelbsucht. **Therapeutisch** kommt je nach Lage und Ausdehnung des Verschlusses eine Umgehungsoperation durch eine Choledochoduodenostomie oder eine Ableitung nach außen in Frage, selten eine Bestrahlung. Die **Prognose** ist in einem Teil der Fälle gut, weil sie wegen des früh auftretenden Ikterus bereits bei kleinem, lokalisiertem Primärtumor erfaßt werden.

Tumoren des Dünndarms

Maligne Tumoren des Dünndarms sind selten. Histologisch handelt es sich um Adenokarzinome, Karzinoide, Sarkome und maligne Lymphome. Das *Karzinoid* nimmt eine Sonderstellung ein, indem es als hormonproduzierender Tumor (Serotonin und Abbauprodukte) eine charakteristische Symptomatologie aufweisen kann. Bei metastasierenden Karzinoiden kommt es anfallsweise zu *Durchfällen, Flush* (anfallsweise starker Rötung mit Hitzegefühl), evtl. *Asthma bronchiale.* Diese Tumoren sprechen gelegentlich auf Zytostatika an, werden aber heute meist mit sog. Somatostatinanaloga behandelt, die zu einer wesentlichen Linderung der Symptome führen können. Die Therapie der übrigen Dünndarmtumoren besteht bei operablem Befund in einer *Resektion* des Tumors. Beim malignen Lymphom wird dann allenfalls noch eine Chemotherapie, evtl. Radiotherapie durchgeführt (s. Kap. 17).

Betreuung und Pflege des Stomapatienten

Präoperative Aspekte

Durch *offene Information* kann die Angst des potentiellen Stomapatienten vor Persönlichkeitsverlust weitgehend abgebaut werden. Ein aufklärendes Gespräch mit dem Patienten und seinen Angehörigen schafft die Vertrauensbasis. Viele Probleme können auch durch den Kontakt mit anderen Stomaträgern geklärt werden.

Die *Lage des Stomas* wird vor der Operation durch den Chirurgen oder die Stomatherapeutin eingezeichnet. Das Stoma muß für den Patienten gut sichtbar sein. Es empfiehlt sich, präoperativ einen mit Wasser gefüllten Beutel zur Probe an der vorgesehenen Stelle zu plazieren. Der Patient soll sich wie üblich bewegen und normale Kleider tragen (Gürtellinie beachten).

Präoperative Vorbereitung des Darmes

Für alle geplanten operativen Eingriffe am Kolon ist eine Vorbereitung des Darmes notwendig. Bei nicht *stenosierenden Prozessen* empfehlen wir heute die sog. „whole gut irrigation“. Durch eine Magensonde wird mit physiologischer Lösung der ganze Darm leergespült (Tab. 14.**2**). Diese Vorbereitungsart dauert nur einige Stunden und ist für den Patienten

Tabelle 14.2 Methodik der Darmspülung

- Die Spülung wird am Vortag der Operation durchgeführt (!).
- Der Patient erhält noch ein leichtes Frühstück.
- Zu Beginn der Spülung wird eine Magensonde eingelegt und im Magenantrum plaziert.
- Perfundiert wird mit körperwarmer Ringer-Lactat-Lösung. Um ein Erbrechen zu verhindern, muß nach den ersten 2 l eine Pause gemacht werden, bis der Patient den ersten Stuhlgang gehabt hat.
- Weiter perfundieren im Spülstrahl.
- Während der Spülung ist eine Flüssigkeitsbilanz (Stuhl und Urin) erforderlich. Kreislauf und Atmung müssen kontrolliert werden.
- Bei zu hoher Flüssigkeitsretention sind Diuretika erforderlich.
- Sind die letzten 3–5 l der Darmentleerung klar, wird die Spülung abgebrochen.

wenig belastend. Als *Kontraindikationen* sind wegen der massiven Flüssigkeitszufuhr stenosierende Prozesse und schwere Herz- und Niereninsuffizienz zu nennen. Die Spülung erfolgt normalerweise auf dem Nachtstuhl.

Noch einfacher als die „whole gut irrigation" verwenden wir heute eine Elektrolytlösung verschiedener Alkalimetallsalze und von Polyäthylenglykol (in der Schweiz Koloyt - Spirig). 3–4 Liter dieser isotonischen Lösung werden vom Patienten am Nachmittag vor der Operation getrunken. Die Lösung spült den Darm und suspensiert den Darminhalt, ohne daß es dabei zu einer Störung des Wasser- und Elektrolythaushaltes kommt.

Liegt eine *starke Stenose ohne Ileus* vor, so ist die „whole gut irrigation" kaum möglich, da durch die Flüssigkeitsbelastung ein Ileus provoziert werden könnte. Für einen solchen Fall empfehlen sich Nahrungskarenz, orale Abführmittel und Reinigungseinläufe.

Liegt ein *stenosierender Prozeß* mit Ileus vor, wird durch ein Entlastungsstoma der Ileus behoben, und anschließend wird der Darm durch Reinigungseinläufe gesäubert. Eine *antibiotische Prophylaxe* wird im allgemeinen empfohlen.

Stomapflege

Ösophagostoma

Bei der Behandlung eines Ösophaguskarzinoms muß gelegentlich ein zervikales Ösophagostoma angelegt werden. Die zervikale Speichelfistel sollte mit einem Beutel versorgt werden, um den Speichel auffangen zu können. Ist bei einem kachektischen Patienten die Fixation eines Beutels wegen der eingefallenen Hautoberfläche nicht möglich, so wird eine Verbandsversorgung notwendig. Die Andauung der Haut durch den Speichel bietet hier größere Probleme. Die *Ernährung* eines Patienten mit zervikalem Ösophagostoma erfolgt über eine Gastrostomie (Witzel-Fistel) oder rein intravenös.

Gastrojejunostoma

Das Gastro- oder Jejunostoma (Witzel-Fistel) wird durch einen Gummikatheter offengehalten. Hier ist ein lockerer, trockener Verband notwendig. Bei der Ernährung durch eine solche Sonde sind folgende Probleme zu beachten: Der Patient oder seine Angehörigen müssen über die Herstellung und Verabreichung der Sondenkost genau informiert werden. Ist der Gummikatheter verstopft, kann die Durchgängigkeit durch Spülungen mit lauwarmem Wasser wieder erreicht werden. Andernfalls muß der Katheter durch einen Arzt gewechselt werden. Übermäßiger Sekretfluß entlang dem Katheter läßt sich durch pflegerische Maßnahmen im allgemeinen beherrschen. Eine Witzel-Fistel ist für die meisten Patienten eine große, oft unerträgliche *Belastung*.

Ileostoma

Ileostomien werden oft definitiv und meist wegen entzündlicher Erkrankungen im Kolon angelegt. Das Hauptproblem bei der Ileostomieversorgung ist die Andauung der Haut durch den flüssigen, Verdauungsenzyme enthaltenden Dünndarmsaft. Wegen der dauernden Stuhlentleerungen ist die Versorgung mit einem Ausstreifbeutel notwendig. Beim gut funktionierenden Ileostoma mit einem „Napf" über dem Hautniveau ist die Versorgung meist problemlos. Wichtig dabei ist, daß das Versorgungssystem der Stomagröße *genau angepaßt* wird. Es dürfen keine freien Hautstellen zwischen Beutel und Stomarand entstehen. Ein Ausstreifbeutel mit einem vorgestanzten Karaya-Ring kann hier verwendet werden (Tab. 14.**3**). Bei einem nicht idealen Ileostoma muß die Haut mit einem Adhäsivverband und evtl. mit Puder und Paste abgedeckt werden. Zur Vorbereitung des Adhäsivverbandes ist eine Schablone notwendig. Un-

Tabelle 14.3 Vorgehen bei der Ileostomiepflege

Vorgang	Mittel
Reinigung der Haut	lauwarmes Wasser und Kernseife, evtl. Kamillosan
Kleberückstände entfernen	Hautlotion für Stomapflege
Trocknen an Stomaregion	Fön
Abdichtung am Stomarand	Adhäsivverband, Karaya-Ring
Auffangsystem	Ausstreifbeutel
Fixation	hautfreundliches Heftpflaster, Gürtel, wasserdichte Kleber zum Baden

ebenheiten der Haut im Stomabereich wie Falten und Narben lassen sich mit Karaya-Paste ausgleichen. Der Ausstreifbeutel ist sodann auf den Adhäsivverband zu kleben. Er kann zusätzlich mit einem elastischen Ostomiegürtel fixiert werden.

Versorgungsprobleme beim Ileostomapatienten. Klebstoff, Plastikmaterial, Heftpflaster oder andere Pflegeutensilien können zu *Kontaktallergien* führen. Gelegentlich genügt der Wechsel auf ein anderes Produkt; andernfalls empfiehlt sich die Verwendung eines Adhäsivverbandes. Bei einer Allergie gegenüber dem Plastikbeutel kann dieser mit einer Baumwollhülle umgeben werden. Die Pflege eines allergischen Ekzems erfordert fast immer einen Adhäsivverband. Bei schweren, nässenden Ekzemen kann sogar dieser nicht mehr haften. Notwendigerweise muß hier zur Vermeidung einer Andauung der schon lädierten Haut ein häufiger Verbandwechsel durchgeführt werden. Eine solche intensive Pflege ist äußerst schmerzhaft und aufwendig. Sie kann vom Stomaträger allein kaum bewältigt werden. Meist empfiehlt sich eine Hospitalisation. Diese schwierige Situation des Patienten erfordert vom Pflegepersonal großes Einfühlungsvermögen. Verschleppte Situationen führen zu *schweren Ulzerationen* (bis zu Vernarbungen). Bei früh erfaßten Fällen genügt meistens das Wechseln auf eine kleinere Beutelöffnung. Bei problematischem Stoma wird ein Adhäsivverband genau angepaßt und zusätzlich Puder und Paste verwendet. Der Patient muß über die exakte Versorgung neu instruiert werden. Allzu schwere Andauungen sind wegen Nässungen und Blutungen stationär zu behandeln. Sie sind in puncto Versorgung dem nässenden Ekzem gleichzusetzen. Ist die Pflege des Ileostomas durch eine *schlechte Lokalisation* erschwert, drängt sich gelegentlich eine chirurgische Korrektur auf.

Diarrhö. Sie ist beim Ileostomieträger ein ernsthaftes Problem. Die vermehrte Entleerung von wäßrigen Stühlen erschwert die Stomaversorgung erheblich und kann leicht zu Entgleisungen im Elektrolythaushalt führen. Durchfälle sind je nach individuellen Gewohnheiten des Patienten *diätetisch* (z. B. mit Bananen, Schokolade, Reisschleim) oder *medikamentös* zu behandeln.

Zur Versorgung des Ileostomas verwenden wir heute *Plastikausstreifbeutel.* Das Industrieangebot ist mannigfaltig. Die Beutel sind relativ geruchsicher und geräuscharm. Wichtig ist, daß der Stomaträger individuell beraten wird.

Zäkostomie

Eine Zäkostomie wird meistens nur vorübergehend angelegt. Sie dient zur Entlastung eines Dickdarmileus oder zum Schutz einer distal angelegten Anastomose. Das Zäkostoma wird tangential herausgeleitet und bringt Dünndarmsaft wie die Ileostomie. Die Öffnung ist meistens oval und ragt nicht über das Hautniveau. Ein exakt angepaßter Adhäsivverband mit einem *Ausstreifbeutel* ist unbedingt notwendig. Im übrigen bringt die Zäkostomie die gleichen Versorgungsprobleme wie die Ileostomie.

Kolostomie (Anus praeternaturalis)

Wir unterscheiden *doppelläufige* und *endständige Kolostomien.* Die letzteren sind meistens definitiv; die doppelläufigen dienen zur vorübergehenden Ausschaltung der Stuhlpassage. Schon kurze Kolonabschnitte genügen für eine Rückresorption von Flüssigkeit und Verdauungsenzymen, so daß der Stuhl eingedickt wird und eine breiige, geformte Konsistenz besitzt. Dieser wird in Intervallen ausgestoßen. Bei der Kolostomie ist eine Napfbildung deshalb nicht nötig. Sie wird flach in die Haut eingenäht. Die Versorgungsprobleme sind in der Regel gering. Kontaktallergien werden wie bei der Ileostomie behandelt. Zu deren Vermeidung kann beim linksseitigen Kolostoma die *Spülbehandlung* angewendet werden. Bei *Durchfällen* kann der Stuhl durch einfache diätetische Maßnahmen eingedickt werden. Auch *Obstipationen* lassen sich meist diätetisch (z. B. mit Feigen und anderen Früchten) lösen. Gleiches gilt auch für den unkontrollierten Abgang von Winden. Kohlefilter am Beutelsystem lösen die störenden Geruchsprobleme.

Die Beutelversorgung ist wegen der Stuhlbeschaffenheit einfacher als beim Ileostoma. Hier werden *geschlossene Einmalbeutel,* selten Ausstreifbeutel verwendet (Tab. 14.**4**).

Tabelle 14.**4** Vorgehen bei der Kolostomiepflege

Vorgang	Mittel
Reinigung der Haut	lauwarmes Wasser und Kernseife, evtl. Kamillosan
Kleberückstände entfernen	Hautlotion für Stomapflege
Trocknen an Stomaregion	Fön
Auffangsystem	Klebebeutel für Einmalgebrauch mit Kohlefilter

Beim *linksseitigen Kolostoma,* also bei erhaltenem Colon ascendens und transversum, läßt sich durch regelmäßige *Kolonspülungen* leicht ein beutelfreier Zustand erreichen. Zirka $^{2}/_{3}$ des Kolonrahmens müssen erhalten sein, um eine spontane Stuhlentleerung zu verhindern. Je länger das erhaltene Kolon ist, desto größer werden die Spülintervalle. In der Regel muß alle 24–48 Std. der Kolonrahmen durch einen Einlauf bis ins Zäkum leergespült werden. Die Spülung ist zeitlich aufwendig (ca. 45 Min.) und verlangt vom Patienten eine aktive Mitarbeit.

Geeignet für die Kolonspülungen sind endständige und doppelläufige Stomata, bei welchen eine Stuhlpassage nach distal nicht möglich ist. Im allgemeinen kann bereits ab dem 10. postoperativen Tag mit einer solchen Spülung begonnen werden. *Kontraindiziert* ist die Spülung bei *Strahlenkolitis.* Über die Methodik der Spülung gibt die Tab. 14.**5** Auskunft.

Tabelle 14.5 Methodik der Kolonspülung

Material
Irrigator mit Regulierungssystem, Konus oder Darmrohr, beiderseits offener Ableitungsbeutel, Gürtel
Vorgehen
– 1000 ml lauwarmes Leitungswasser in den Irrigator einfüllen und System luftleer machen. Irrigator ca. auf Kopfhöhe aufhängen. Die Spülung kann im Stehen oder im Sitzen vorgenommen werden. – Beidseitig geöffneter Ableitungsbeutel (Irrigator Sleeve) mit dem elastischen Gürtel befestigen. – Konus durch den Ableitungsbeutel ins Stoma einführen und das Wasser einfließen lassen. Regulierungshahnen je nach Druckgefühlen betätigen. Nach den ersten 200 ml stoppen und Konus entfernen, damit evtl. eingedickte Stuhlreste herausgespült werden. – Konus wieder einführen und die restliche Flüssigkeit einfließen lassen. – Die folgenden 40 Min. braucht der Darm, um sich zu entleeren. Während dieser Zeit kann der Stomaträger auf der Toilette sitzen bleiben oder das untere Ende des Ausstreifbeutels am oberen Ende mit den Klammern fixieren und sich frei bewegen. – System entfernen. Außer dem Wegwerfableitungsbeutel ist alles Material für den Dauergebrauch bestimmt und kann gewaschen werden. – Stomaversorgung mit Stoma-Cap, Minibeutel oder hautfreundlichem Schutzpflaster. Damit der Stomaträger die Sicherheit bei der Ausführung der Spülmethode erlangt, ist eine gute Instruktion notwendig.

Stomakomplikationen

Infolge *Retraktion* (Zusammenziehen) sinkt das Stoma gelegentlich unter das Hautniveau und verschwindet in einer tiefen Falte, was die Beutelversorgung oft unmöglich macht. Die exakte Abdichtung des retrahierten Ileostomas ist auch mit Adhäsivverbänden sehr schwierig. Gelegentlich bedarf es bei einem solchen Ileostoma oder bei einem retrahierten rechtsseitigen Kolostoma einer chirurgischen Korrektur. Dabei ist die Beschaffenheit der Bauchdecken (Adipositas, schlaffe Hautfalten) zu berücksichtigen. Ein *Prolaps* verursacht selten Versorgungsprobleme. Nach manueller Reposition des Darmes kann das Stoma in gewohnter Weise versorgt werden. Eine *chirurgische Korrektur* drängt sich nur auf,

auf 100000 Frauen pro Jahr (Abb. 15.**1**). Hier werden zur Angabe der Größenordnung nichtstandardisierte Raten angegeben („Rohraten").

Zervixkarzinom

Inzidenz und Ätiologie

Die Inzidenz des Zervixkarzinoms ist sehr unterschiedlich: In Israel erkranken 4 von 100000 Frauen pro Jahr, in den USA (Weiße) rund 9, in der Schweiz rund 12. Prädisponierende Verhaltensfaktoren sind unter anderem früher Geschlechtsverkehr und die Promiskuität (häufige Partnerwechsel). Humane Papillomaviren (HPV), insbesondere Typ 16 und 18, scheinen als Kofaktoren bei der Entstehung von In-situ-Karzinomen und von invasiven Karzinomen zu wirken.

Pathologische Anatomie

Die Transformationszone im Übergangsbereich vom Plattenepithel der Portio zum Epithel des Muttermundkanals ist der klassische Entwicklungsort für das Plattenepithelkarzinom. Bevor es hier zum Karzinom kommt, erfolgt oft ein Differenzierungsverlust der Zellen, es entsteht eine *Dysplasie* (zervikale intraepitheliale Neoplasie, CIN). Die leichte Dysplasie wird als CIN I bezeichnet, die mäßige Dysplasie als CIN II und die schwere Dysplasie bzw. das Cacinoma in situ als CIN III. Während die leichte Dysplasie sich oft spontan zurückbilden kann, ist dies mit zunehmendem Schweregrad der Dysplasie immer weniger der Fall, so daß schließlich solche Veränderungen nach einer unterschiedlichen Latenzzeit in ein *invasives Karzinom* übergehen können. Meist handelt es sich um ein Plattenepithelkarzinom, lediglich in etwa 5% der Fälle um ein Adenokarzinom. Das Tumorwachstum verläuft vorerst ohne Symptome, im weiteren Verlauf treten aber endophytisch oder exophytisch wachsende Tumoren an der Portio auf. Schließlich erfolgt auch die lymphogene Ausbreitung. Zwischen dem Gesamttumorvolumen und der Invasionstiefe einerseits und der lymphogenen Metastasierung andererseits besteht ein Zusammenhang. Bei einem weiteren Fortschreiten werden schließlich nach den pelvinen auch die paraaortalen Lymphknotenstationen befallen. Dann wird meist durch kontinuierliche Invasion auch das Parametrium infiltriert (Tab. 15.**1**). Bei weiterem Fortschreiten kommt es oft zu Zeichen einer *Ureterkompression* mit entsprechender Abflußstauung, im terminalen Stadium zur *progredienten Tumorkachexie,* darüber hinaus entstehen *lokoregionäre,* d.h. Harnwegsinfektionen und *interkurrente Erkrankungen.*

Tabelle 15.**1** FIGO- und TNM-Klassifikation des Zervixkarzinoms

FIGO-Klassifikation	TNM-Klassifikation	Definition
0	Tis	Carcinoma in situ (schwere Dysplasie)
I A	T1 a	präklinisches, nur mikroskopisch nachweisbares Karzinom
I B	T1 b	klinisches Karzinom (alle makroskopischen Läsionen, Invasionstiefe $>$ 5 mm, Oberflächenausdehnung $>$ 7 mm)
II	T2	Ausbreitung über die Zervix hinaus, ohne die Beckenwand bzw. das untere Vaginadrittel zu erreichen
II A	T2 a	Übergang auf die obere Vagina (max. $^{2}/_{3}$)
II B	T2 b	Übergang auf Parametrium
III	T3	Karzinom erreicht die Beckenwand und/oder das untere Vaginadrittel
III A	T3 a	Karzinom erreicht das untere Vaginadrittel
III B	T3 b	Karzinom erreicht die Beckenwand und/oder Hydronephrose bzw. stumme Niere (äquivalent)
IV (A)	T4	Übergang auf Blase oder Rektum (Mukosa) und/oder Ausbreitung außerhalb des Beckens
IV (B)	M 1	Fernmetastasen

Diagnostik und prätherapeutische Untersuchungen

Typische Symptome für Präkanzerosen und Frühfälle existieren nicht. Erste Zeichen sind oft *blutiger Ausfluß* oder *Kontaktblutungen.* Eine suspekte Kolposkopie oder vor allem ein suspekter zytologischer Befund bei der jährlichen Vorsorgeuntersuchung erfordern weitere Abklärungen. Bei verdächtigen *Pap-Abstrichen* ist unter Umständen eine Konisation angezeigt. Besteht bereits ein hoher klinischer Verdacht auf ein Karzinom, dann ist evtl. die Diagnose durch Probebiopsien von der Portio zu sichern, denn eine Konisation durch ein manifestes Karzinom hindurch ist zu vermeiden. Bei klinisch manifestem Karzinom kann der Pap-Abstrich negativ sein, weshalb die histologische Diagnose durch Probebiopsien notwendig wird. Die Diagnostik des präklinischen Karzinoms bei fehlender Symptomatologie beruht auf der zytologischen Abstrichentnahme nach Papanicolaou und auf einer Kolposkopie. In Ländern mit systematisch organisierten, regelmäßigen und guten Vorsorgeuntersuchungen mittels Pap-Abstrichen ist die Inzidenz des Zervixkarzinoms deutlich zurückgegangen zugunsten von Carcinoma in situ resp. CIN.

Von einem klinischen Karzinom wird gesprochen ab FIGO-Stadium I B, d. h. bei einer Invationstiefe des Karzinoms von über 5 mm und einer Oberflächenausdehnung von über 7 mm.

Therapie

In Frühfällen des Karzinoms kommen eingeschränkte Behandlungsmethoden in Frage, die eine hohe Heilungschance garantieren, aber gleichzeitig die Risiken einer vollen Karzinomtherapie nicht beinhalten. So beschränkt man sich bei frühen epithelialen Neoplasien auf konservative Therapien wie Laseranwendung oder Konisation. Eine *Hysterektomie* ist gelegentlich dann indiziert, wenn das Fertilitätsalter überschritten ist. Bei echten Karzinomen im Stadium I und II kommt die Radikaloperation in Frage: erweiterte Hysterektomie nach Wertheim unter Mitnahme der Parametrien, des obersten Scheidenanteils, der pelvinen und evtl. der paraaortalen Lymphknoten; bei einem Adenokarzinom wegen Gefahr der Metastasierung auch die Mitnahme der Adnexe. Bei fortgeschrittenen Zervixkarzinomen wird die kombinierte Strahlenbehandlung eingesetzt (perkutane Strahlentherapie kombiniert mit intrakavitärer Bestrahlungstherapie). Frühe Stadien haben eine Heilungschance von gegen 100 %, die 5-Jahres-Überlebensquote aller Stadien beträgt um 60 %.

Pflegehinweise

Einer besonderen Pflege bedürfen die Bestrahlungspatientinnen, wobei allerdings bei den heutigen *After-loading-Verfahren* die Strahlenschutzbestimmungen für das Personal nicht mehr die gleiche Bedeutung haben. Patientinnen mit fortgeschrittenem Zervixkarzinom bedürfen eines besonders hohen pflegerischen Aufwandes, vor allem wenn Fistelbildungen im Bereich der Blase oder des Darmes bestehen. Es ist naheliegend, daß Sexualität und Fruchtbarkeit bei diesen Frauen ein wichtiges Gesprächsthema sein können.

Korpuskarzinom (Endometriumkarzinom)

Inzidenz und Ätiologie

Die Inzidenz beträgt in den USA rund 30, in Europa und auch in der Schweiz rund 20. Ein Drittel der Patientinnen mit Endometriumkarzinom befindet sich im Klimakterium, zwei Drittel bereits in der Postmenopause. Das Endometriumkarzinom kann aber durchaus auch bei jüngeren Frauen auftreten. Es existiert eine Reihe von endogenen Risikofaktoren wie frühe Menarche, späte Menopause. Für das Endometriumkarzinom sind *internistische Begleiterscheinungen* typisch, wobei wohl das Übergewicht den gemeinsamen Nenner darstellt (Bluthochdruck, Diabetes mellitus). Die genannten Faktoren können als Störung der Ovarialfunktion im Sinne eines endogenen Hyperöstrogenismus interpretiert werden. Das gleiche bewirkt auch eine Östrogenbehandlung. Die alleinige *Applikation von Östrogenen* in der Perimenopause kann somit das Risiko für das Auftreten eines Endometriumkarzinom erhöhen. Für die Praxis der perimenopausalen Substitutionsbehandlung ist deshalb zu fordern, den Östrogenanteil niedrig zu halten und möglichst langzeitig mit Gestagenen zu kombinieren. Im Gegensatz zum Ovarialkarzinom werden 80% der Endometriumkarzinome im Stadium I und II entdeckt, mit entsprechend guter Heilungschance.

Pathologische Anatomie

Prämaligne Veränderungen können bestimmte Formen der Hyperplasien des Endometriums sein. Mit zunehmendem Auftreten von Atypien wird die Spontanrückbildung seltener. Das invasive Endometriumkarzinom ist zu 60% ein Adenokarzinom unterschiedlicher Differenzierung. Dann folgen der adenokankroide Typ und schließlich die mit schlechter Prognose behafteten Diagnosen des serös-papillären Wachstumstyps und des klarzelligen Karzinoms. Der Primärtumor breitet sich zuerst regional im Fundus- und Korpusbereich aus, schließlich beginnt er ins Myometrium zu infiltrieren. Bei postmenopausalen Patientinnen wird oft eine *Pyometra* oder *Haematometra* angetroffen. Bei weiterem Wachstum greift der Tumor ebenfalls, wie beim Zervixkarzinom, auf die Nachbarorgane über: Blase und Rektum. Wenn das Wachstum des Karzinoms auf das Endometrium begrenzt ist, so treten nur etwa in 2,5% pelvine und in 1,2% paraaortale lymphatische Metastasierungen auf (Tab. 15.**2**).

Diagnostik

Es existiert für das Endometriumkarzinom keine typische Frühsymptomatik. Leitsymptome sind die unregelmäßige *uterine Blutung* respektive *Veränderungen der Blutungsstärke.* Zur Abklärung werden hier zunehmend die Hysteroskopie und auch die Vaginalsonographie eingesetzt.

Tabelle 15.**2** FIGO-Klassifikation des Endometriumkarzinoms

FIGO-Stadien		**Charakteristika**
I		Tumor auf Corpus uteri beschränkt
	I A	Tumor auf das Endometrium beschränkt
	I B	< als die Hälfte des Myometriums infiltriert
	I C	> als die Hälfte des Myometriums infiltriert
II		Tumor infiltriert die Zervix, keine Ausdehnung jenseits des Uterus, endozervikaler Drüsenbefall, zervikaler Drüsenbefall
III		Ausdehnung jenseits des Uterus, Tumorinfiltration der Serosa oder der Adnexe und/oder positive Peritonealzytologie, Befall der Vagina, Befall der Lymphknoten im Becken und/oder paraaortal
IV		Metastasen/Befall anderer Organe, Infiltration der Schleimhaut der Blase oder des Rektums, Fernmetastasen einschließlich intraabdomineller und/oder inguinaler Lymphknoten

Auch neuere Methoden der Vakuumaspiration, ambulant in der Praxis durchgeführt, finden zunehmend Verwendung. Die *Kürettage* bringt letztlich die definitive histologische Diagnose.

Therapie

In der Prämenopause besteht bei entsprechender Hyperplasie und abgeschlossener Familienplanung die Therapie aus der *Hysterektomie*. Bei jungen Patientinnen kann bei einer einfachen Hyperplasie vorerst eine *hormonelle* Therapie versucht werden. Beim invasiven Karzinom besteht die Therapie im *intraoperativen Staging* mit Hysterektomie und Entfernung einer Scheidenmanschette, Adnexresektion beiderseits, und je nach Befund pelvine Lymphonodektomie. Beim Stadium I können evtl. die Adnexe belassen werden. Als Risikofaktoren gelten histologisch erwiesener Lymphknotenbefall, schlecht differenzierte Tumoren, tiefe Infiltration des Myometriums, Befall der Zervix etc. Bei positiven Progesteronrezeptoren sprechen etwa 40% auf die hormonelle Behandlung an. Nach ursprünglichem Ansprechen auf eine hochdosierte Gestagenbehandlung kann bei langsamem Fortschreiten unter dieser Therapie unter Umständen ein zweiter hormoneller Versuch, z. B. mit Tamoxifen, durchgeführt werden. Ist in fortgeschrittenen Fällen des Endometriumkarzinoms eine Wirkung der Hormontherapie nicht nachgewiesen, so kann eine *Chemotherapie* in Erwägung gezogen werden: Carboplatin oder Anthrazyklin als Monotherapie respektive Polychemotherapie.

Pflegehinweise

Bei den besonderen Aspekten der Pflege ist auch beim Korpuskarzinom auf evtl. primäre oder sekundäre Strahlenschädigungen zu achten, wenn wegen Inoperabilität eine kombinierte Strahlentherapie durchgeführt werden muß. Auch beim Endometriumkarzinom können die Themen Sexualität und Fruchtbarkeit einen wichtigen Teil der Betreuung darstellen.

Maligne Ovarialtumoren

Inzidenz und Ätiologie

Die Inzidenzrate beträgt ca. 15 auf 100 000 Frauen und Jahr, womit das Ovarialkarzinom nach dem Korpuskarzinom an zweiter Stelle steht. Als Risikofaktor ist hier in erster Linie das *zunehmende Lebensalter* zu nennen, ein weiterer Risikofaktor ist wahrscheinlich durch *Ovulationsstörungen* gegeben. Diese führen bei der Patientin zu Zyklusstörungen und zu Infertilität und Nulliparität. Es scheint tatsächlich die zugrundeliegende Störung, z. B. die Follikelreifestörung, zu sein, welche das Risiko der Ovarialkarzinomerkrankungen erhöht. Einen schützenden Charakter haben langzeitige orale Kontrazeption und Schwangerschaften.

Pathologische Anatomie

In über 65 % handelt es sich um gewöhnliche epitheliale Tumoren, welche vor allem serös, muzinös oder endometrioid sein können. In weiteren 15 – 20 % handelt es sich um Keimzelltumoren wie das Teratom, das Dysgerminom und das Chorionkarzinom, in weiteren 5 – 10 % um Keimstrangstromatumoren und schließlich in etwa 5 – 8 % um Metastasen von anderen primären Karzinomen wie vom Magenkarzinom, Mammakarzinom etc. (diese Metastasen sind in der Inzidenz nicht mitgezählt!).

Eine typische Frühsymptomatik fehlt beim Ovarialkarzinom, so daß sich über 50 – 60 % der Patientinnen bei der Erstdiagnose bereits in einem fortgeschrittenen Stadium FIGO III und IV befinden (Tab. 15.**3**). Bei gynäkologischen Vorsorgeuntersuchungen ist besonders auf vorherrschende gastrointestinale Symptome zu achten, deren Vorliegen aber oft bereits Ausdruck fortgeschrittenen Tumorwachstums ist. Bei der bimanuellen

Tabelle 15.**3** FIGO-Klassifikation des Ovarialkarzinoms

Stadium		Tumorausdehnung
Stadium I		Karzinom auf die Ovarien beschränkt
	I A	nur ein Ovar befallen, kein Aszites, kein Tumor auf der Oberfläche, Kapsel intakt
	I B	beide Ovarien befallen, kein Aszites, kein Tumor auf der Oberfläche, Kapsel intakt
	I C	wie Stadium I A und I B, aber mit Tumor auf der Oberfläche eines Ovars/beider Ovarien oder mit Kapselruptur oder mit positivem Aszites oder positiver Peritonealspülung
Stadium II		Karzinom eines oder beider Ovarien mit Ausdehnung im Becken
Stadium III		Karzinom mit intraperitonealer (auch nur histologisch nachweisbarer) Metastasierung außerhalb des kleinen Beckens und/oder positiven retroperitonealen oder inguinalen Knoten; Leberkapselmetastasen entsprechen dem Stadium III
Stadium IV		Karzinom eines oder beider Ovarien mit Fernmetastasen. Bei Pleuraergüssen nur bei positivem Tumorzellnachweis, Leberparenchymmetastasen

Palpation findet sich in typischen Fällen ein relativ immobiler, irregulärer Adnextumor, welcher in der gynäkologischen Sprechstunde möglichst durch *Vaginalsonographie* abgeklärt werden muß. Der Tumormarker CA 125 ist meist erhöht. Die Bestimmung kann für die Verlaufskontrolle wichtig sein. Anläßlich der gynäkologischen Vorsorgeuntersuchung sollte bei jeder Frau über 40, bei welcher ein Adnexbefund erhoben wird, zumindest daran gedacht werden, ein Ovarialkarzinom auszuschließen.

Therapie

Erst intraoperativ kann das Tumorstadium festgelegt werden. In den günstigsten Fällen ist der Tumor auf ein Ovar beschränkt (Stadium I A). Ausnahmsweise kann man sich in einem solchen Fall bei nicht rupturierter Kapsel und junger Patientin mit Kinderwunsch auf eine fertilitätserhaltende Operation beschränken, in dem nur das betreffende Ovar und die Beckenlymphknoten entfernt werden. Dies erfordert aber eine äußerst gute Überwachung und eine Nachoperation nach erfolgter Geburt. Die Standardoperation besteht aber aus *Hysterektomie mit beidseitiger Adnexresektion* und *Entfernung des großen Netzes,* da dieses oft von Metastasen befallen ist, welche nur mikroskopisch erkannt werden können. Sehr oft trifft man auf fortgeschrittene Stadien mit Übergreifen des Tumors auf die Nachbarorgane (Stadium II), Metastasierung ins Abdomen (Stadium III) oder andere Organe (Stadium IV). Die Therapie des Ovarialkarzinoms geht in solchen Fällen weit über eine übliche Probelaparotomie hinaus. Eine tumorreduzierende Therapie *(Debulking)* ist, oft kombiniert mit Zusatzeingriffen wie Darmresektionen etc., zu postulieren und in rund 80–90% der Fälle auch in den Stadien III und IV machbar. Die Lymphknotenentfernung im pelvinen und paraaortalen Bereich gehört ebenfalls zum chirurgischen Instrumentarium. Ein möglichst vollständiges Tumordebulking ist schon bei der Primäroperation anzustreben. Falls dies nicht möglich ist, verschlechtert sich die Prognose, und das Debulking kann nach abgeschlossener Chemotherapie noch durch eine Zweitoperation *(Second-look-Operation)* vervollständigt werden.

Die Nachbehandlung der fortgeschrittenen Ovarialkarzinome besteht in der Chemotherapie, welche einerseits als Zusatztherapie nach Operationen, andererseits in den Stadien III und IV als alleinige Therapie angewandt wird.

Prognose

Die Prognose der Ovarialkarzinome ist immer noch relativ ungünstig, insbesondere in denjenigen Fällen, in denen der Tumor nicht radikal operiert werden konnte. Die 5-Jahres-Überlebensquote für alle Stadien liegt zwischen 20–30%, beim Stadium I (mit Beschränkung auf ein Ovar) sind allerdings Tumorheilungen bis zu 80% möglich, in den Stadien III und IV ist die 5-Jahres-Überlebensrate jedoch nur noch 10–20%.

Vulvakarzinom

Inzidenz und Ätiologie

Das Vulvakarzinom ist eine typische Erkrankung der älteren Frau mit einem Durchschnittsalter von 65 Jahren. Bei rund 5% aller Patientinnen wird das Vulvakarzinom aber bei Frauen unter 40 Jahren angetroffen. Die Inzidenz beträgt rund 1–2 neue invasive Karzinome pro 100 000 Frauen.

Pathologische Anatomie

In über 90% handelt es sich um Plattenepithelkarzinome. Bei etwa 5% der Patientinnen ist das Vulvakarzinom ein *Doppelkarzinom,* d. h. es liegt an anderer Stelle im Körper noch ein zweites Karzinom vor. Viel seltener sind die Basalzellkarzinome sowie Adenokarzinome oder adenosquamöse Karzinome der Bartholinschen Drüse. Das Vulvakarzinom metastasiert typischerweise in die gleichseitigen regionären inguino-femoralen Lymphknoten, schließlich in die pelvinen Lymphknoten. Das Metastasierungsrisiko ist abhängig von der Invasionstiefe, dem histologischen Typ, dem Tumorgrading und dem Einbruch in die Lymph- und Blutgefäße. In engem Zusammenhang mit der Invasionstiefe stehen der Tumordurchmesser und das Tumorstadium.

Diagnose

Typische Symptome bestehen nicht. Das wichtigste Anzeichen ist der *Pruritus vulvae,* ferner Brennen, Stechen, Nässen und unklare Schmerzen im Bereich der Vulva und beim Koitus. Auch hier muß die Diagnose immer histologisch gestellt werden. Unter Umständen muß auch an ein malignes Melanom gedacht werden.

Therapie

Wenn immer möglich sollte das Vulvakarzinom primär operiert werden, da so auch heute noch die besten Heilungsziffern erreicht werden. Je nach Ausdehnung und Art des Befundes kommt eine tiefe Exzision im Gesunden, eine partielle Vulvektomie, eine einfache Vulvektomie oder eine ausgedehnte radikale Vulvektomie mit inguino-femoraler Lymphknotenentfernung in Frage.

Im Hinblick auf die schlechteren Heilungsergebnisse in den Stadien I und II ist die perkutane Bestrahlungstherapie in der kurativen Primärbehandlung der Stadien heutzutage nicht mehr indiziert. In den Stadien III und IV sind die 5-Jahres-Heilungsergebnisse bei perkutaner Bestrahlung und Operation identisch. Noch günstiger als eine primäre Bestrahlung ist aber die Elektroresektion, falls mit dieser Methode Erfahrung besteht. Die Chemotherapie oder andere medikamentöse Maßnahmen haben in der Therapie des Vulvakarzinoms keinen Stellenwert erlangt.

Prognose

Generell kann mit folgenden 5-Jahres-Überlebensrate gerechnet werden: Stadium I 80%, Stadium II 65%, Stadium III 40%, Stadium IV 15%.

Pflegehinweise

Patientinnen mit Vulvakarzinomen benötigen oft über lange Zeit eine intensive und tägliche Wundpflege, da die großen Operationswunden im allgemeinen nur verzögert heilen.

Trophoblasttumoren (Blasenmole, Chorionkarzinom der Frau)

Ätiologie und Inzidenz

Unter diesem Begriff werden alle vom Throphoblastgewebe der Plazenta ausgehenden bösartigen und endokrinen aktiven Tumoren zusammengefaßt. Sie sind glücklicherweise sehr selten: Auf ca. 2000 Schwangerschaften kommt ein Fall von Blasenmole. Daraus entwickelt sich in ca. 10–15 % eine bösartige Wucherung, d. h. eine sog. invasive Blasenmole bzw. das früher wegen seiner raschen hämatogenen Metastasierung und schlechten Prognose äußerst gefürchtete Chorionkarzinom.

Diagnose

Diagnostisch sind unklare Schwangerschaftsblutungen und ein Mißverhältnis zwischen Schwangerschaftsdauer und Uterusgröße sowie nach der Geburt weitergehende vaginale Blutung verdächtig auf das Vorliegen eines Trophoblasttumors. Hormonal äußern sich diese Tumoren durch eine (auch nach der Geburt andauernde) erhöhte Aktivität des *humanen Choriongonadotropins* (HCG), welches heute im Serum leicht gemessen werden kann.

Therapie

Die Therapie besteht einerseits in der *Entfernung einer nachweisbaren Blasenmole,* was bei jüngeren Frauen mit weiterem Kinderwunsch u. U. durch Kürettage, andernfalls durch chirurgische Entfernung der Gebärmutter erzielt wird. Solche Patientinnen sind während längerer Zeit engmaschig (alle 1–2 Monate) zu kontrollieren: HCG-Titer, gynäkologische Untersuchung und Thoraxröntgenbild zur frühzeitigen Erfassung vielleicht vorhandener vaginaler und/oder pulmonaler Metastasen. Als Therapie der Wahl metastasierender Trophoblasttumoren (Chorionkarzinom) gilt heute die *zystostatische Chemotherapie.* Mittels Kombination von Methotrexat und Purinethol sowie evtl. Adriamycin oder Cyclophosphamid lassen sich (je nach initialem Ausbreitungsgrad der Krankheit) bei 75–100 % der Patientinnen langfristige Tumorheilungen bei Trophoblasttumoren erzielen. Trotz der Seltenheit dieses bösartigen Tumors ist seine Prognoseverbesserung durch die moderne Chemotherapie einer der beachtlichen Fortschritte der heutigen Onkologie, handelt es sich doch bei den Betroffenen ausnahmslos um jüngere Frauen.

Maligne Tumoren des männlichen Genitales

D. Ackermann

Epidemiologie

Bösartige Tumoren im äußeren Bereich der männlichen Geschlechtsorgane sind selten: Die unterschiedlichsten Formen maligner *Hodentumoren* machen ca. 2%, das *Peniskarzinom* in unseren nördlichen Breitengraden weniger als 0,5% aller Karzinome des männlichen Geschlechts aus. Obwohl die *Ätiologie* beider Tumorgruppen noch weitgehend unklar bleibt, sind bezüglich der Tumorhäufigkeit wichtige *Risikofaktoren* bekannt:

- Maligne Hodentumoren treten typischerweise bei jüngeren Männern zwischen 15 und 35 Jahren auf, das Peniskarzinom eher von 35–40 Jahren an aufwärts.
- Männer mit Kryptorchismus (Hodenretention in der Bauchhöhle) haben ein 10–30fach höheres, solche mit unvollständiger Hodenwanderung (Leistenhoden) ein 4–6fach erhöhtes Hodentumorrisiko.
- Das Peniskarzinomrisiko ist stark abhängig von der Genitalhygiene: Es ist sehr selten in Ländern mit früher Beschneidung (Juden, Mohammedaner) und häufig in Entwicklungsländern mit schlechter Körperhygiene und/oder religiös bedingten genitalhygienischen Tabus (z.B. 12% der männlichen Krebsformen bei indischen Hindus).

Maligne Hodentumoren

Klinisches Bild

In der Regel führt eine einseitige Hodenschwellung, oft schmerzlos, zur ärztlichen Untersuchung. Bedingt durch die betroffene Altersgruppe und althergebrachte Tabus (wenig gesundheitsbewußte männliche Jugendliche, Tabu bezüglich Genitalregion), vergehen leider oft Wochen bis Monate bis zur ersten Arztkonsultation. Nicht selten führen dann bei längerem Zuwarten metastasenbedingte Beschwerden zum Aufsuchen des Arztes: Rückenschmerzen bei Befall der retroperitonealen Lymphknoten, Husten und/oder Dyspnoe bei fortgeschrittenen Lungenmetastasen.

Diagnose und Klassifikation

Die Diagnose läßt sich aufgrund eines fast ausnahmslos *einseitigen derben Hodentumors* vermuten. Diagnostisch beweisend ist allein die einseitige Hodenentfernung (Semikastration) mit sorgfältiger histologischer Untersuchung des gesamten Hodens. *Differentialdiagnostisch* müssen vor einer Semikastration insbesondere entzündliche Hodenschwellungen und Skrotalhernien (Darmverlagerungen bis hinunter ins Skrotum) ausgeschlossen werden. Anschließend an die Semikastration mit histologischem Tumornachweis erfolgt im Interesse einer genauen Stadieneinteilung und optimalen Behandlung eine eingehende *diagnostische Bilanz* mit Thoraxröntgenbild in zwei Ebenen, Sonographie des Gegenhodens und Computertomographie des Retroperitoneums. Wichtige Laboruntersuchungen sind die Bestimmungen der sog. Tumormarker: Stoffwechselprodukte der Hodentumorzellen, welche in kleinsten Mengen im Blut und/oder Urin die Anwesenheit weiterer, evtl. im Körper versteckter, metastasierender Tumorzellverbände anzeigen. Bei Hodentumoren handelt es sich um das *Choriongonadotropin* (β-HCG) sowie um das *α-Fetoprotein* (AFP) im Serum (s. Kap. 4). Wichtig sind Bestimmungen der Tumormarker schon vor der Operation, vor und während allfälliger Chemotherapien sowie weitere regelmäßige Kontrollen alle 2–3 Monate während der ersten zwei Jahre, später in etwas größeren Abständen bis zum Ablauf von 5 Jahren postoperativ.

Grob gesehen werden zwei Gruppen maligner Hodentumoren unterschieden:

- reine Seminome (ca. 35 % aller Fälle)
- nichtseminomatöse Keimzelltumoren (ca. 65 % aller Fälle) mit unterschiedlichem Differenzierungsgrad, histologisch und bezüglich hormonaler Aktivität oft in Form von „Mischtumoren“ vorkommend (embryonale Karzinome, Teratokarzinome mit Seminom- bzw. Chorionkarzinomanteilen usw.).

Für die praktischen, klinischen Belange hat sich folgende einfache Stadieneinteilung als zweckmäßig erwiesen:

Stadium I:	nur Primärtumor, keine Metastasen nachweisbar,
Stadium II:	Lymphknotenmetastasen unterhalb des Zwerchfells,
Stadium III:	Lymphknoten-Metastasen oberhalb des Zwerchfells, und/oder Metastasen in anderen Organen.
Speziell:	
Stadium III 0:	positive Tumormarker ohne sichtbare Metastasen.

Erhöhte Titer der Tumormarker haben also einen so hohen Stellenwert (Spezifität), daß auch bei sonst normalen Befunden die Anwesenheit von Tumorgewebe im Körper angenommen werden muß.

Therapie

Alle Gruppen der malignen Hodentumoren metastasieren häufig und frühzeitig lymphogen, in erster Linie in die retroperitonealen Lymphknoten, aber auch hämatogen. Das erste Zielorgan der hämatogenen Streuung sind die Lungen. Der erste therapeutische Schritt, der auch die histologische Diagnose ermöglicht, ist die hohe Semikastration.

Die weitere *Behandlung der Seminome* ist heute weitgehend standardisiert. Diese Tumoren sind sehr chemotherapie- und strahlensensibel. Auf die früher geforderte retroperitoneale Lymphadenektomie wird heutzutage meistens verzichtet. Im Stadium I und im wenig fortgeschrittenen Stadium II werden die retroperitonealen Lymphknoten bestrahlt. Damit läßt sich bei dem überwiegenden Teil der Patienten eine echte Heilung erreichen. Im fortgeschrittenen Stadium II, im Stadium III oder bei Rezidiven nach einer vorangegangenen Radiotherapie muß eine Kombinationschemotherapie durchgeführt werden (s. nichtseminomatöse Keimzelltumoren). Damit lassen sich in den meisten Fällen anhaltende Vollremissionen, d.h. Heilungen, erzielen.

Für das Vorgehen nach der Semikastration bei **nichtseminomatösen Hodentumoren im Stadium I** kommen prinzipiell 3 Möglichkeiten in Frage:

- Beobachten des weiteren Verlaufs (Watch-full-waiting-Strategie),
- Adjuvante Chemotherapie oder
- retroperitoneale Lymphadenektomie.

Eine *Watch-full-waiting-Strategie* ist nur bei Fällen mit niedrigem Metastasierungsrisiko (keine Anteile von embryonalem Karzinom, kein Einwachsen in Blut- und Lymphgefäße) gerechtfertigt. Im weiteren muß der Patient bereit sein, das notwendige, engmaschige Tumornachsorgeprogramm zu befolgen. Bei den übrigen Patienten mit erhöhtem Metastasierungsrisiko wird je nach Schule der adjuvanten Chemotherapie oder der retroperitonealen Lymphadenektomie der Vorzug gegeben. Zur Zeit ist noch nicht entschieden, welches Verfahren im langfristigen Verlauf besser ist. Die *adjuvante Chemotherapie* hat den Vorteil, daß auf eine Operation verzichtet werden kann. Viel diskutiert sind mögliche Spätfolgen der Chemotherapie. Die *retroperitoneale Lymphadenektomie* wird im Stadium I modifiziert durchgeführt, indem nur die retroperitonealen Lymphstationen mit primärer Metastasenlokalisation ausgeräumt werden und die symphatischen Nervenfasern entlang der Aorta geschont werden. Dadurch kann bei über 80% der Fälle die retrograde Ejakulation vermieden werden. Das Restrisiko der retrograden Ejakulation und die übrige operativ bedingte Morbidität, die global 10% beträgt, müssen als Nachteile des operativen Vorgehens gesehen werden. Wenn bei der histologischen Aufarbeitung der entfernten Lymphknoten Tumorgewebe gefunden wird, es sich also um ein frühes Stadium II handelt, muß dann zusätzlich eine Chemotherapie durchgeführt werden. Die Lymphadenektomie ist keine therapeutische Maßnahme, sondern ein Verfahren zur Stadieneinteilung. Finden sich im initialen Staging bereits vergrößerte retroperitoneale Lymphknoten oder hämatogene Metastasen, so wird primär eine Kombinationschemotherapie durchgeführt. Die Indikation zur chirurgischen Ausräumung ist nur bei Resttumoren nach Chemotherapie, in der Regel mit Normalisierung der Tumormarker, gegeben.

Maligne Hodentumoren aller Histologien, inklusive Seminome, sind sehr *chemotherapiesensibel.* Sogar in recht fortgeschrittenen Stadien bestehen sehr gute Heilungschancen. Aus einer Vielzahl wirksamer Medikamente haben sich bei uns Therapieschemen mit Cis-Platin, Vepesid, Bleomycin durchgesetzt (sog. BEP-Schema). Die Induktionstherapie ist potentiell toxisch und muß durch ein erfahrenes Team stationär durchgeführt werden. Es muß so lange behandelt werden, bis alle verschiedenen erfaßbaren Tumorparameter inklusive der Tumormarker normalisiert sind. Einzelne sehr große Metastasen sollten – im Falle von radiologisch nachweisbaren „Restherden" – nach einer durchgeführten Chemotherapie noch chirurgisch nachreseziert werden. Eventuelle Rückfälle nach einer ersten Chemotherapie können, immer noch mit guten Heilungschancen, ein zweites Mal behandelt werden, wieder mittels BEP, oder mit einer Alternativchemotherapie wie z. B. Ifosphamid + Vinblastin + Actinomycin-D. Praktisch alle Rezidive treten innerhalb einer Zeitspanne von 2 Jahren auf; während dieser Zeit sind die entsprechenden engmaschigen Kontrolluntersuchungen von allergrößter Bedeutung.

Prognose

Patienten mit *reinen Seminomen* ohne initial nachweisbare Fernmetastasen haben eine Langzeitüberlebenschance von über 95 %, solche mit primär ausgedehnten abdominalen Lymphknoten- oder gar Fernmetastasen von 60–70 %. Auch bei Patienten mit nichtseminomatösen Keimzelltumoren ist die Prognose in hohem Maße abhängig vom Ausmaß des initialen Tumorbefalls. Liegen anläßlich der Operation keine nachweisbaren retroperitonealen Lymphknotenmetastasen und keine Erhöhung der Tumormarker HCG und AFP vor, liegt die langfristige Heilungsquote mit 90–95 % ebenfalls hoch. Selbst bei initial *metastasierenden nichtseminomatösen Hodentumoren* läßt sich heute mit intensiver, korrekt durchgeführter zytostatischer Chemotherapie bei 80–90 % der Fälle eine *vollständige Tumorrückbildung* mit meist langfristiger Tumorheilung erzielen.

Pflegehinweise

Da es sich bei dieser Patientengruppe vorwiegend um junge, anderweitig gesunde Männer handelt, stehen pflegerische Probleme – außer bei Therapieversagen – nicht im Vordergrund. Einzig während der Phase der initialen, intensiven Chemotherapie können vorübergehend belastende Behandlungsnebenwirkungen wie ausgeprägte Knochenmarkstoxizität (Infekt- und Blutungsgefahr), Haut- und Schleimhautveränderungen (Bleomycin), Übelkeit und Erbrechen oder Niereninsuffizinez (Cis-Platin) zu erheblichen pflegerischen Problemen führen.

Bei ursprünglich ausgedehntem Tumorbefall kann wegen des raschen therapeutischen Ansprechens auf moderne Zytostatikaprogramme auch ein *Tumorzerfallssyndrom* mit überschießender Anflutung von Zellabbauprodukten gefährlich werden (Hyperurikämie und Niereninsuffizienz, s. auch Kap. 21). Die einleitende Behandlung sollte daher am besten stationär in dafür vorbereiteten Abteilungen mit onkologisch geschultem Personal durchgeführt werden. Den Pflegenden kommt dabei in der frühzeitigen Erkennung toxischer Nebenwirkungen und deren Prophylaxe eine besondere Rolle zu (s. auch Kap. 6, „Unterstützungsmaßnahmen bei Krebspatienten"). Besonderes Verständnis und eingehende Beratung erfordert meist auch der fast obligate *Haarausfall,* eine Nebenwirkung, die von den betroffenen jungen Männern oft als belastend empfunden wird.

Wichtig ist auch eine Beratung der Patienten (und deren Partnerinnen) über *Zeugungsfähigkeit* und *Schwangerschaftsverhütung.* Zumindest während und bis 2 Jahre nach einer durchgeführten zytostatischen Chemotherapie sollte aus Rücksicht auf evtl. erhöhte Risiken kindlicher Mißbildungen keine Zeugung erfolgen. Heute ist jedoch bekannt, daß viele Patienten mit Hodentumoren bereits vor der Behandlung eine Störung in der Spermienbildung aufweisen und daß die Zeugungsfähigkeit deshalb bereits vorher eingeschränkt war. Dieses Wissen muß mit dem Patienten vor einer allfälligen Spermakonservierung besprochen werden.

Peniskarzinom

Die Seltenheit dieses Karzinoms in unserer Bevölkerung rechtfertigt dessen kurze Abhandlung. Das Peniskarzinom entwickelt sich nicht selten aus *Präkanzerosen* (Krebsvorstufen): weißen (Leukoplakien) oder roten Verfärbungen (Erythroplasie), welche meist im Anteil der „Glans penis" (Eichel) entstehen, der von der Vorhaut verdeckt ist.

Wie oben erwähnt, ist eine regelmäßige und eingehende *Genitalhygiene* sowie die (bei Juden und Mohammedaner rituelle) Beschneidung von *präventivmedizinischem Wert* bezüglich des Tumorrisikos. Die **Diagnose** wird leider wegen längerfristiger Verheimlichung des Tumors durch den Patienten oft spät gestellt. Beweisend ist trotz des verdächtigen Aspekts erst die chirurgische Biopsie. Die lymphogene Ausbreitung des Tumors erfolgt in die beidseitigen inguinalen, iliakalen und paraaortalen retroperitonealen Lymphknoten. Eine hämatogene Metastasierung tritt in der Regel erst spät ein. Histologisch handelt es sich bei den meisten bösartigen Penistumoren um *Plattenepithelkarzinome,* seltener um Weichteilsarkome oder maligne Melanome.

Die **Therapie** kann (je nach Lokalisation und Infiltrationstiefe) einerseits *chirurgisch* (partielle Penisamputation) oder *radiotherapeutisch* erfolgen. Je nach Ausmaß des erforderlichen Eingriffs sind die Resultate kosmetisch und damit auch funktionell und psychologisch mehr oder weniger befriedigend. Unter Verwendung der Lasertechnologie können kleinere Peniskarzinome unter weitgehender Erhaltung des Organs abgetragen werden. Die **Prognose** ist bei Frühfällen mit einer 5–10-Jahres-Überlebensrate von 80–90% gut, bei fortgeschrittenen Fällen mit initial nachweisbaren Lymphknotenmetastasen mit nur noch 30–40% erheblich schlechter.

Prostatakarzinom

Epidemiologie

Das Prostatakarzinom gehört in der westlichen Welt zu den *häufigsten* Tumorkrankheiten und ist heute die zweithäufigste tumorbedingte Todesursache bei den Männern. Seine Häufigkeit nimmt mit steigendem Alter (insbesondere im 7. und 8. Altersjahrzehnt) stark zu. Bei über 80jährigen Männern findet sich (aufgrund von Autopsieuntersuchungen) bei mehr als der Hälfte ein Prostatakarzinom, wobei sich der Tumor in den meisten Fällen klinisch nicht bemerkbar macht und somit keine Bedeutung hat. Auch in alterskorrigierten Statistiken ist weltweit eine konstante leichte Zunahme feststellbar.

Die *Ätiologie* ist unbekannt. Genetische und Ernährungsfaktoren werden als Hypothese diskutiert. Verheiratete Männer sollen häufiger als unverheiratete an diesem Tumor erkranken. Bezüglich Früherkennung und deren Grenzen s. auch Kap. 3.

Klinisches Bild

Die meisten Prostatakarzinome entstehen in den hinteren, äußeren Anteilen der Vorsteherdrüse. Sie machen dadurch (im Gegensatz zu den noch viel häufigeren, gutartigen *Prostatahyperplasien* relativ lange keine nennenswerte Miktionsbeschwerden, sind jedoch bei der Untersuchung des Mastdarms mit dem Finger im allgemeinen früh tastbar. Ein *verdächtiger derber Knoten* sowie strangförmige Veränderungen im Bereich der getasteten Prostataloge sollten unbedingt weiter untersucht werden (s. unten). Das *Fehlen frühzeitiger Harnabflußstörungen* sowie anderweitiger, behindernder lokaler Symptome führt leider viele Patienten erst aufgrund von metastasenbedingten Beschwerden erstmals zum Arzt. In solchen fortgeschrittenen Fällen stehen dann oft nebst lokalen Miktionsbeschwerden und wiederholt auftretenden Harnwegsinfekten schwere *Schmerzzustände* von seiten der häufig vorhandenen *Knochenmetastasen* im Wirbelsäulen- und Beckenbereich im Vordergrund.

Diagnose und Klassifikation

Die Diagnose wird meist aufgrund einer Vorsorgeuntersuchung mit rektaler Palpation der Prostata und Bestimmung des prostataspezifischen Antigens (PSA) im Serum vermutet. Es ist wichtig zu wissen, daß das Prostatakarzinom in der Frühphase keine Symptome verursacht. Die Sicherung der Diagnose Prostatakarzinom erfolgt zytologisch oder histologisch in der Regel durch eine transrektale Biopsie des palpatorisch verdächtigen derben Prostatabezirks.

Die Tab. 15.**4** faßt die wichtigsten Untersuchungen zusammen, welche im Rahmen der diagnostischen Bilanz zur Anwendung kommen. Von besonderer Bedeutung zur weiteren Tumorverlaufskontrolle sind dabei Blutuntersuchungen wie die Bestimmung des Tumormarkers PSA (prostataspezifisches Antigen), der Nierenfunktionswerte sowie der alkalischen Phosphatase (Knochenmetastasen).

Auch das Prostatakarzinom läßt sich aufgrund des international propagierten TNM-Klassifikationsschemas gemäß Größe und Infiltrationsgrad des Primärtumorstadiums sowie des Ausmaßes der regionalen Lymphknoten- und Fernmetastasen klassifizieren. Diese *Feinklassifikation* ist therapeutisch bedeutsam für den erstbehandelnden Spezialisten, meist den Urologen und/oder Radiotherapeuten. Für praktische Belange verständlicher erscheint die *klinische Studieneinteilung* nach Flocks:

Stadium A (I): isolierter kleiner Tumorknoten.
Stadium B (II): Der Tumor umfaßt einen Prostatalappen, ist aber auf die Drüse beschränkt.

Tabelle 15.4 Abklärungsuntersuchungen (diagnostische Bilanz) bei Prostatakarzinomen

Ort/Lokalisation	Art der Untersuchung/Grund
Primärtumor	rektale Austastung (Verhärtung?) transrektale Biopsie (Zytologie/Histologie) Sonographie (Harntransportstörung)
lymphogene Metastasen	Computertomographie (CT)
Fernmetastasen	Thoraxröntgenbild in zwei Ebenen (Lunge? Pleura? Lymphknotenmetastasen?) Skelettszintigraphie gezielte Skelettröntgenbilder (Schmerzen, Statik?) Knochenmarksaspiration und -biopsie
Laboruntersuchungen	Tumormarker: Prostataspezifisches Antigen (PSA) BSR und Blutbild (Anämie?) Kreatinin (Niereninsuffizienz?) alkalische Phosphatase (Skelettmetastasen?)

Stadium C (III): Der Tumor überschreitet die Prostatakapsel und infiltriert in die Umgebung.

Stadium D (IV): Fernmetastasen nachweisbar (Lymphknoten, Skelett, Lunge).

Therapie

Bei der Therapie des Prostatakarzinoms muß man grundsätzlich zwischen dem organbegrenzten Tumorstadium und dem organüberschreitenden resp. metastasierenden Stadium unterscheiden. Beim organbegrenzten Prostatakarzinom ist eine Heilung möglich, beim fortgeschrittenerem Stadium kann nur von einer palliativen Therapie gesprochen werden.

Therapie des organbegrenzten Prostatakarzinoms

Für die Therapie des organbegrenzten Karzinoms kommen drei Optionen zur Anwendung:

- die radikale Prostatovesikulektomie,
- Strahlentherapie oder
- die Beobachtung des spontanen Verlaufs (Watch-full-waiting-Strategie).

Bei der *radikalen Prostatektomie* wird die gesamte Prostatadrüse samt Samenblasen entfernt und danach der Blasenhals mit der membranösen Harnröhre anastomosiert. Diese operative Behandlung bietet die beste Heilungschance. Die tumorspezifischen Überlebensraten nach 15 Jahren liegen bei 80%. Als Gründe gegen die Operation können neben des operativen Traumas die Gefahr einer totalen Harninkontinenz (3%) und die sehr häufige postoperative erektile Impotenz (80%) angeführt werden. Diese Probleme treten nach *kurativer Strahlentherapie* wesentlich seltener auf, die Heilungschancen scheinen aber auf 15 Jahre Überleben etwa um 10–15% schlechter zu sein.

Das alleinige Beobachten des *Spontanverlaufs* ist zweifellos eine interessante Option und verdient nähere Betrachtung. In der Regel wächst das Prostatakarzinom sehr langsam, und es braucht viele Jahre, bis man deutliche Unterschiede zwischen verschiedenen Behandlungsgruppen erkennen kann. So konnte man bei Männern, die nur unter Beobachtung standen, eine 10-Jahres-Überlebensrate beobachten, die den anderen Verfahren wie radikale Chirurgie oder Strahlentherapie vergleichbar waren. Bei weiterer Analyse dieser Serien zeigte sich, daß die Patienten mit gut oder mäßig differenzierten Prostatakarzinomen günstige Verläufe zeigten (10-Jahres-Überlebensrate 87%), die Patienten mit schlecht differenzierten Karzinomen aber nur zu 34% 10 Jahre überlebten. Auch bei den gut differenzierten Tumoren zeigten sich nach 10 Jahren zunehmend Probleme. Aufgrund dieser Daten muß postuliert werden, daß die Watch-full-waiting-Strategie nur bei Männern mit gut oder mäßig differenzierten Karzinomen und mit einer Lebenserwartung von höchstens 10 Jahren als sinnvolle Alternative angesehen werden kann.

Therapie beim organüberschreitenden respektive metastasierenden Prostatakarzinom

Wie eingangs erwähnt, besteht in diesen Tumorstadien keine kurative Therapie mehr. Die Frage ist bis heute nicht beantwortet, ob eine frühzeitige oder verzögerte Behandlung für das Überleben der Patienten vorteilhaft wäre. Der erste therapeutische Schritt in dieser Phase besteht in der *Hormonablation,* d.h. in der Ausschaltung der Testosteronaktivität. Dies kann medikamentös oder operativ erreicht werden. Die medikamentöse Hormonablation erfolgt heutzutage mit LH-RH-Agonisten, wobei bei der Einleitung dieser Therapie der vorübergehende Testosteronanstieg mit einem Antiandrogen neutralisiert werden muß.

Für die operative Hormonablation wird die subkapsuläre Orchiektomie beidseits durchgeführt. Bei 80% der Patienten findet man ein initiales Ansprechen des Prostatakarzinoms, es ist aber mit einer Tumorprogression nach 18–36 Monaten zu rechnen. Kommt es zur Progression nach der Hormonablation, so sind die therapeutischen Möglichkeiten noch limitierter. Zur Auswahl stehen Estramustin-Phosphat (hormonelle und zytostatische Wirkung) und Zytostatika wie Endoxan, 5-Fluorouracil, Doxorubicin, Mitomycin-C oder Suramin.

Oft werden die Chemotherapeutika kombiniert eingesetzt. Ein objektives Ansprechen der Tumoren kann bis zu 50 % beobachtet werden, der Effekt bleibt aber in den meisten Fällen auf etwa 6 Monate begrenzt. In terminalen Stadien kann oft der systemische Einsatz von Steroiden nochmals zu einer Linderung führen. Bei lokalisierten Schmerzen ist die Schmerzbestrahlung eine sehr hilfreiche palliative Maßnahme. Weitere auxiliäre Maßnahmen bei fortgeschrittenen Prostatakarzinomen stellen die *palliative transurethrale Prostataresektion* (bei infravesikaler Obstruktion) oder die Einlage einer *perkutanen Nephrostomie* (bei Harnstauungsniere) dar.

Prognose

Eine *Heilung* ist nur in den frühen klinischen Stadien A und B nach radikaler Prostatektomie bei ca. 50–70 % der Patienten zu erwarten. Die Chancen mit alleiniger Strahlentherapie liegen in diesen Frühstadien wenig schlechter. In den fortgeschrittenen Stadien C und insbesondere D (Fernmetastasen) hat die hormonale Behandlung und/oder Zytostatika vorwiegend palliativen (d. h. symptomlindernden) Charakter. Die 5-Jahres-Überlebensquote im klinischen Stadium D beträgt ca. 20–25 %.

Pflegehinweise

Die Behandlung von Patienten mit (metastasierendem) Prostatakarzinom erfolgt über weite Strecken ambulant, vielfach durch die zuständigen Hausärzte und Urologen. Die Pflegebedürftigkeit kann aber während Verschlechterungsphasen der Krankheit (Tumorrückfälle, Therapieresistenz) erheblich werden, wobei dann meist ausgeprägte, den Patienten belastende und immobilisierende *Skelettschmerzen* oder sekundäre Komplikationen wie *Harnretention, Harninkontinenz,* häufige *Harnwegsinfekte* und zunehmende *Niereninsuffizienz* im Vordergrund stehen. In diesen Fällen leistet die onkologisch geübte Schwester durch eine verständnisvolle Überwachung und Anpassung der medikamentösen Schmerzbekämpfungsmaßnahmen und durch zweckmäßige Rehabilitationsmaßnahmen einen wichtigen Beitrag zur qualitativen Verbesserung der verbleibenden Lebensspanne (s. auch Kap. 6 und 7).

Harnblasenkarzinom

Epidemiologie und Ätiologie

Bösartige Harnblasentumoren machen ca. 3% aller Malignome des Menschen aus. Frauen und Männer sind im Verhältnis 1:2,5 betroffen. Ihr Häufigkeitsgipfel liegt im 6. und 7. Lebensjahrzehnt. Die Häufigkeit nimmt in allen Ländern deutlich zu. *Ätiologisch* stehen einige chemische Karzinogene wie z.B. β-Naphthylamin (Anilinfarben) im Vordergrund. Stärker gefährdet sind vor allem Arbeiter in der Gummi-, Kabel- und Farbstoffindustrie. Epidemiologische Zusammenhänge zwischen bösartigen Blasentumoren und chronischem Rauchen sind beschrieben.

Klinisches Bild

Wichtigstes Symptom eines Tumors der Blasenschleimhaut ist die meist *schmerzlose Hämaturie* (Blutabgang im Urin). Dies wird bei 80–90% aller bösartigen Blasentumoren gefunden. Frauen beachten offenbar dieses Symptom der Hämaturie aufgrund ihrer Menstruationserfahrung weniger als Männer und kommen daher im Durchschnitt später zur Diagnose. Erst in fortgeschrittenen Tumorstadien tritt eine *Abflußbehinderung* in den Harnleitern ein, was zu einer schmerzhaften Beeinträchtigung der Nierenfunktion führen kann.

Diagnose

Die Diagnose wird aufgrund der Hämaturie durch die *Zystoskopie* (Spiegelung der Harnblase) samt Gewebsentnahme und histologischer Untersuchung gestellt. Die weitere Abklärung erfordert in der Regel ein intravenöses Ausscheidungsurogramm, CT des Beckens, eine Thoraxaufnahme in zwei Ebenen (Ausschluß von Lungenmetastasen), ein Skelettszintigramm (Knochenmetastasen) und die wichtigsten Laborwerte in Blut und Urin.

Histologisch sind über 90% der Blasenkarzinome Tumoren des Übergangsepithels (sog. *Urothelkarzinome).* Die restlichen 10% der Fälle teilen sich in Plattenepithelkarzinome, Adenokarzinome und seltene Fälle von Weichteilsarkomen des Bindegewebes oder der Blasenmuskulatur. Für die TNM-Klassifizierung muß auf die urologisch-onkologische Spezialliteratur oder den internationalen TNM-Schlüssel verwiesen werden.

Therapie

Die Behandlung ist vorwiegend eine Domäne des urologischen Chirurgen. Die Wahl des besten Vorgehens richtet sich nach der Infiltrationstiefe und Ausdehnung des Tumors, dessen topographischem Sitz, dem evtl. Vorhandensein von Fernmetastasen und nach Alter und Allgemeinzustand des Patienten. Bei *Frühtumoren* (Beschränkung auf die Blasenschleimhaut, keine Metastasen nachweisbar) wird primär der Tumor transurethral reseziert. Bei multifokalem Befall oder bei Rezidiven erfolgt eine Rezidivprophylaxe mit Blaseninstillationen von BCG-Impfstoff oder vom Zytostatikum Mitomycin-C. Bei *muskelinvasiven Blasenkarzinomen* ohne Metastasen ist die radikale Entfernung der Blase (beim Mann: incl. Entfernung von Prostata und Samenblasen, bei der Frau: incl. Entfernung von Uterus und vorderer Scheidenwand) die Therapie der Wahl. Die Entfernung der Harnblase impliziert die Schaffung eines neuen Harnableitungssystems, wofür verschiedene Techniken zur Anwendung kommen (vgl. „Urostomaarten", S. 402). Bei *metastasierendem Blasenkarzinom* stehen heute Kombinations-Chemotherapieprogramme unter Einschluß von Cis-Platin, Adriblastin, Cyclostin bzw. Endoxan (Sternberg-Schema/CISCA) bzw. Methotrexat + Velbe + Adria- (bzw. Epi-)rubicin + Platin zur Verfügung (M-VAC bzw. M-VEC) zur Verfügung, welche bei ca. 50 % der Patienten zu eindrücklichen, häufig jedoch nur vorübergehenden Tumorrückbildungen führen.

Solche intensiven Zytostatikaprogramme gehören in die Hände erfahrener medizinischer Onkologen. Sie werden heute in ausgewählten Fällen präoperativ eingesetzt, d. h. zur medikamentösen Tumorverkleinerung vor geplanten Operationen bzw. Bestrahlungen.

Prognose

Die Prognose der Blasentumoren ist abhängig von Differenzierungsgrad und von der Infiltrationstiefe des Primärtumors. Bei oberflächlichen Tumoren ist die 5-Jahres-Überlebenschance sehr gut, da die Erkrankung nur bei etwa einem Drittel dieser Patienten invasiv wird. Bei Tumoren mit Einwachsen in die Blasenmuskulatur sinkt die 5-Jahres-Überlebensrate auf 40–50 %. Bei einem Vorwachsen des Tumors über die Organgrenze überleben nur noch ca. 15 % der Patienten 5 Jahre, und bei viszeralen Metastasen finden sich kaum noch Langzeitüberlebende.

Maligne Tumoren von Nieren und Harnleiter

Epidemiologie und Ätiologie

Bösartige Tumoren der Nieren machen ca. 3 % aller bösartigen Tumoren im Erwachsenenalter aus. Über 80 % sind Adenokarzinome, die von den Epithelzellen der Nierentubuli ausgehen (Nierenzellkarzinom, hypernephroide Nierenkarzinome). Diese Tumoren werden bei den Männern etwas häufiger gefunden als bei den Frauen. Die *Ätiologie* ist unbekannt. Die selteneren Nierenbeckenkarzinome (Übergangsepithelkarzinome) sind z. T. Folge eines langjährigen Schmerzmittelabusus.

Klinisches Bild und Diagnose

Die Diagnose wird leider meist spät gestellt. Ein wichtiges Symptom ist eine periodisch auftretende *Hämaturie,* selten verbunden mit vagem *Flankenschmerz.* Nicht selten sind symptomatische *Fernmetastasen* im Skelett, in der Lunge oder im Gehirn Erstmanifestationen eines hypernephroiden Nierenkarzinoms. Bei Fieber unklarer Genese, Polyglobulie (paraneoplastisch bedingte erhöhte Masse roter Blutkörperchen), stark erhöhter Blutsenkung oder einer unklaren Hyperkalzämie muß u. a. auch an einen verkappten Nierentumor gedacht werden.

Therapie und Prognose

Die Therapie erfolgt soweit als technisch möglich auf operativem Wege. Sofern der Tumor wirklich auf die Niere beschränkt war, liegt die *chirurgische Heilungsrate* bei 70–80 %. Ein Teil der relativ rasch wachsenden Nierenzellkarzinome bricht frühzeitig in das Nierenbecken und insbesondere in die Nierenvenen ein, was die Häufigkeit von zunächst okkulten (versteckten) hämatogenen Fernmetastasen in Lunge, Skelett, Hirn und Leber erklärt In diesen Fällen hat eine operative Entfernung der Primärtumors meist nur palliativen Sinn (Ausschaltung einer zur chronischen Anämie führenden Blutungsquelle, Schmerzlinderung). Die Möglichkeiten zur Beeinflussung des Tumorwachstums durch *palliative Bestrahlung* (lokale Schmerzlinderung) oder *medikamentöse Maßnahmen* (Hormontherapie, Chemotherapie) waren bisher beim hypernephroiden Nierenkarzinom äußerst gering. Bei inoperablen Nierenzellkarzinomen mit lokalen Schmerzen und/oder anämisierenden Blutungen ist die Embolisation der Nierenarterie eine erfolgsversprechende palliative Maßnahme. Heute eröffnet sich einem Teil dieser Patienten mit inoperablem bzw. metasierendem Nierenzellkarzinom zumindest temporäre Remissionschancen durch den therapeutischen Einsatz von Zytokinen (Interferon-α, Interleukin-2). Für die Mehrzahl der Patienten mit inoperablem, metastasierendem Nierenzellkarzinom stehen jedoch *allgemeinmedizinische Linderungsmaßnahmen* im Vordergrund (Schmerzbehandlung, Hirndruckbehandlung usw.).

Sonderform: frühkindliches Nephroblastom (Wilms-Tumor)

Im Säuglingsalter tritt selten ein embryonaler, bösartiger Nierentumor (sog. Wilms-Tumor) auf, welcher heute glücklicherweise durch den zeitlich gestaffelten Einsatz von *operativer Entfernung, zytostatischer Chemotherapie* (Vincristin + Actinomycin D + Adriamycin) und teilweise auch Bestrahlung in viel höherem Maße heilbar ist als die Nierentumoren des Erwachsenenalters. Bei optimaler Behandlung beträgt die Heilungsquote – je nach Tumorstadium und Alter des Kleinkinds – um 70–90 %. Kommt es ausnahmsweise nach erfolgreicher Erstbehandlung dennoch zur Metastasierung, wird die Prognose allerdings schlecht.

Betreuung und Pflege des Urostomiepatienten

Urostomaarten

Wie bereits bei der Therapie des Harnblasenkarzinoms erwähnt, muß infolge einer Entfernung der Harnblase ein neues Harnableitungssystem geschaffen werden. Dabei stehen prinzipiell 3 Möglichkeiten der Harnableitung zur Verfügung:

1. die Harnableitung über ein Urostoma (Abb. 15.**2** und 15.**3**),
2. der Blasenersatz mit Erhaltung der Kontinenz und möglicher Miktion über die belassene Harnröhre (Abb. 15.**4**),
3. die Ureterosigmoideostomie mit Implantation der Ureteren in das Colon sigmoideum mit Entleerung von Stuhl und Urin über den Anus (Abb. 15.**5**).

Die Wahl der Harnableitung hängt von der Ausdehnung des Tumors (Befall der Harnröhre), dem Zustand des Darmes und ganz entscheidend von den Erwartungen und vom Allgemeinzustand des Patienten ab. Ein weiterer Faktor stellt die Nierenfunktion dar, da eine kontinente Harnableitung nur bei praktisch normaler Nierenleistung angelegt werden kann wegen der notwendigen Kompensation der Azidoseneigung.

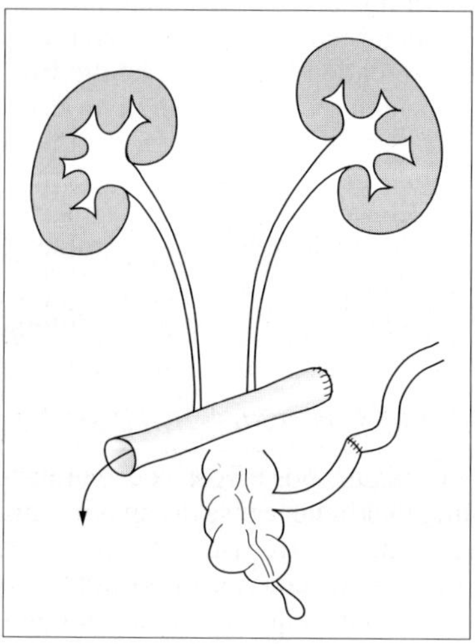

Abb. 15.**2** Nasses Stoma: ileales Konduit.

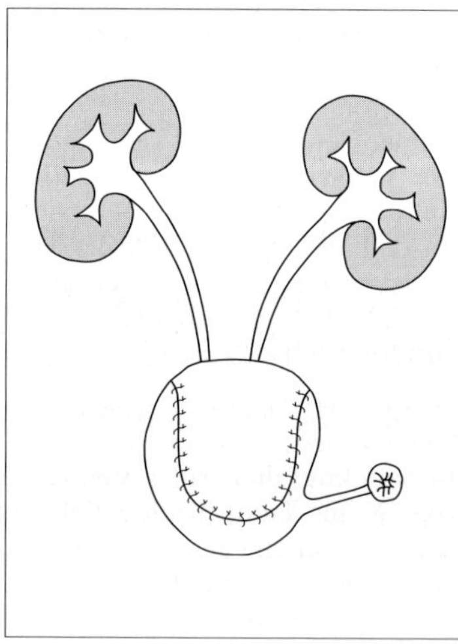

Abb. 15.**3** Kontinentes Stoma (z. B. Colon Pouch mit Nabelstoma).

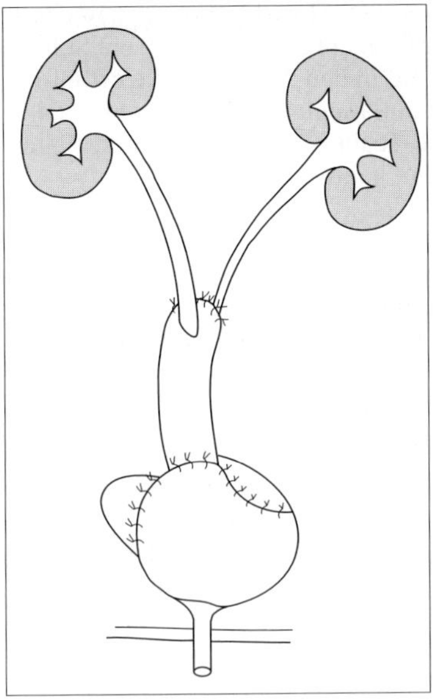

Abb. 15.4 Blasenersatz mit Reanastomosierung zur Harnröhre (z. B. ileale Niederdruckersatzblase).

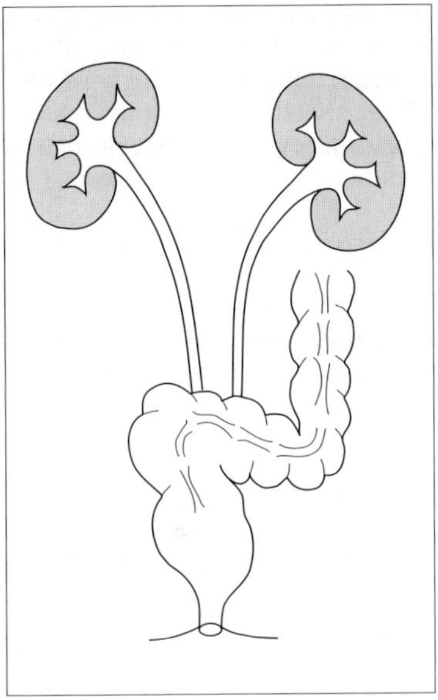

Abb. 15.5 Ureterosigmoideostomie.

Urostomien. Bei diesen wird zwischen der nassen und der trockenen Form unterschieden. Um ein trockenes, also kontinentes Stoma anlegen zu können, muß ein Harnreservoir aus Darm (Pouch) vorgeschaltet werden. Die Patienten entleeren das kontinente Stoma durch intermittierenden Selbstkatheterismus. Für ein nasses Urostoma wird kein Reservoir vorgeschaltet, es wird lediglich ein kurzes Stück Darm (in der Regel Ileum) interponiert, welches die Verbindung zwischen Harnleiter und Bauchdecke ermöglicht und eine geringere Stenoseneigung zeigt als die direkte Anastomose des Harnleiters zur Haut. Diese Form der Harnableitung übernimmt keine Speicherfunktion und dient lediglich dem Harntransport, weshalb diese Ableitung als Konduit bezeichnet wird. Patienten mit einem nassen Stoma müssen immer einen Urinbeutel tragen.

Blasenersatz. Beim eigentlichen Blasenersatz wird ein Reservoir aus Darm (Dünndarm oder Dickdarm) direkt an die membranöse Harnröhre angeschlossen. In der Regel können dann die Patienten die Ersatzblase über die Harnröhre vollständig entleeren unter Erschlaffung der Beckenbodenmuskulatur und Aktivierung der Bauchpresse, ohne daß ein Selbstkatheterismus notwendig wird. Während in den Anfängen die orthotope Blasenersatztechnik nur bei männlichen Patienten zur Anwendung kam, zeigen neuere Erfahrungen, daß diese Technik in ausgewählten Fällen auch bei Patientinnen eingesetzt werden kann.

Ureterosigmoideostomie. Eine Sonderform der kontinenten Harnableitung stellt die Ureterosigmoideostomie dar, bei welcher die Harnleiter in das Colon sigmoideum implantiert werden, ohne daß der Darm in seiner Kontinuität unterbrochen würde. Die Patienten entleeren dann über den Anus Harn und Stuhl. Diese Technik setzt eine gute Speicherfunktion des Enddarms und eine gute anale Kontinenz voraus.

Präoperative Aspekte

Hier gelten die gleichen Gesichtspunkte, wie sie im Kapitel 14 besprochen wurden: Die Information des Patienten mit Aufklärung der Möglichkeiten ist absolut notwendig. Das aufklärende Gespräch mit dem Patienten und seinen Angehörigen schafft nicht nur die notwendige Vertrauensbasis, sondern hilft ihm vorbereitend über die Zeit nach der Operation hinweg. Bei den vielen Möglichkeiten der Harnableitung ist es heute unumgänglich, dem Patienten die Vorteile und Nachteile der verschiedenen Blasenersatzmöglichkeiten auseinanderzusetzen.

Lage des Stomas

Die Lage des Stomas wird vor der Operation von der Stomatherapeutin oder dem Urologen eingezeichnet. Dabei wird die beste Position in sitzender, liegender und stehender Position mit angeklebtem Stomabeutel evaluiert. Zu berücksichtigen sind vor allem Hautfalten und Knochenstrukturen wie die Spina iliaca anterior superior, der Nabel und vorbestehende Narben. Ideal ist gewöhnlich die Plazierung des nassen Stomas in der Mitte auf einer Linie zwischen Nabel und Spina iliaca anterior superior. Bei sehr adipösen Patienten sollte sogar der Beutel versuchsweise für mehrere Tage angeklebt werden, um die beste Plazierung herauszufinden. Diese Maßnahmen sind vor allem gültig für das nasse Stoma. Bei den kontinenten, trockenen Stomata kann die Stomastelle etwas tiefer (Bikinihöhe) gewählt werden, da man mit dem Einmalkatheterismus diese Stelle dann leichter erreichen kann. Eine kosmetisch sehr zufriedenstellende Alternative ist die Anlage eines trockenen Stomas in der Nabelgrube. Für den Blasenersatz mit Reanastomosierung zur Harnröhre entfallen diese Maßnahmen; es empfiehlt sich aber trotzdem, präoperativ auch eine Stomaplazierung einzuzeichnen, da je nach intraoperativem

Befund ein Blasenersatz mit Reanastomosierung zur Harnröhre unmöglich sein kann.

Präoperative Vorbereitung des Darmes

Wird für die Harnableitung Dickdarm verwendet (Kolonkonduit, Mainz-Pouch, Ureterosigmoideostomie), so gelten die gleichen Vorbereitungsmaßnahmen, wie im Kap. 14 erwähnt, mit der sog. *whole gut irrigation.* Wird dagegen Dünndarm allein verwendet (ileales Konduit, ileale Niederdruckersatzblase), so ist die Vorbereitung nicht so ausgedehnt, und man kann auf eine orthograde (whole gut irrigation) Darmspülung verzichten. Es braucht lediglich Reinigungseinläufe. Eine antibiotische Prophylaxe ist in allen Fällen indiziert.

Stomapflege

Wird eine Ersatzblase mit Anastomosierung zur Harnröhre angelegt, so entfällt eine spezielle Stomapflege, da der Patient spontan miktionieren kann. Das gleiche gilt für die kontinenten trockenen Stomata. Wohl liegt hier ein Stoma vor, aber durch die Tatsache der Kontinenz mit regelmäßiger dreistündiger Entleerung mittels Katheter entfallen spezielle Stomapflegeprobleme. Gelegentliche Schwierigkeiten mit dem Katheterismus sind in Zusammenarbeit mit der Stomatherapeutin und dem Urologen zu behandeln. An Komplikationen sind Stenosen des Stomas, subkutane Herniation und Retraktion möglich und entsprechend den Anmerkungen im Kap. 14 zu behandeln.

Beim nassen Stoma wählen wir bei flach angelegtem Ileumkonduit das zweiteilige Druckknopfsystem. Bei Urostomien mit Nippelbildung verwendet man am besten einen Klebebeutel mit Rückflußventil, bei Bedarf mit Hautschutzplatte. Die modellierbare Platte wird eingesetzt bei schwer versorgbaren Stomata, z. B. bei harter Vernarbung nach Bestrahlung.

Vermeidung von Infektionen. Hierzu empfehlen wir den Patienten, auf eine genügende Flüssigkeitszufuhr von mindestens 1,5–2 l pro Tag zu achten. Bei rezidivierenden Urininfekten hat sich neben der anfänglich resistenzgerechten Antibiotikatherapie langfristig die pH-Kontrolle bewährt. Der Urin sollte im sauren pH-Bereich liegen. Zur Ansäuerung hat sich die Gabe von 3mal 1 Teelöffel Preiselbeersaft täglich bewährt. Die Kontrolle des Urin-pHs und auch die diätetische Urinansäuerung sind nur bei nassen Stomata sinnvoll. Bei Patienten/-innen mit trockenen Stomata und somit Harnableitung mit Speicherfunktion (Pouch) würde durch die Urinansäuerung die Tendenz zur Azidose noch verstärkt!

Unangenehm für die Patienten ist manchmal der vom Beutel ausgehende *Uringeruch*. Hier sollten speziell geruchsichere Beutel eingesetzt werden. Behelfsmäßig wirken auch 10 Tropfen Essig oder eine Tablette Aspirin, in den Urostomiebeutel gegeben, geruchsbindend.

Bis zur *Spitalentlassung* wird der Patient bei der Handhabung des jeweiligen Versorgungssystsems so oft angeleitet, bis er selbständig ist und mit der Grundpflege seines Urostomas (Tab. 15.**5**) problemlos zurechtkommt. In der ambulanten Nachsorge werden dann Fragen und Probleme besprochen, die erst nach der Spitalentlassung auftauchen. Das Ziel aller dieser Stomabemühungen bleibt die Reintegration des Stomaträgers ins normale Leben. Auch hier sei der Hinweis auf die Beratungsstellen (Kap. 14) nicht unterlassen.

Stomakomplikationen: Es sind vor allem Hautprobleme (80%), Stenosen (15%), Retraktion und Herniation (5%) zu erwähnen. Das häufigste Hautproblem ist die Allergie. Sie entsteht bei Klebstoff- und Pflegemittelunverträglichkeit, bei Urinkontakt mit der Haut, vor allem auch bei Urininfekten. Die pflegerische Behandlung muß der jeweiligen Situation individuell angepaßt werden. Die Stenose bildet das zweithäufigste Problem bei Urostomiepatienten. Lassen sie sich nicht mittels Bougierung in den Griff bekommen, so bleibt nur die erneute operative Korrektur.

Tabelle 15.**5** Grundpflege Urostomie

Reinigen der Haut	warmes Wasser und Kamillosan oder Kernseife
Kleberückstände entfernen	Reinigungsmittel für Stomapflege: Unisolve, Comfeel
Hautpflege bei Bedarf	Hamameliswasser mildes Essigwasser Dansac-Lotion
Hautschutz und Abdichtung am Stomarand	Hautschutzpaste – bei Bedarf Adhäsivverband – bei Bedarf evtl. Karayaring-Beutel
Auffangsystem	Urostomiebeutel mit Rückflußsperre geruchsichere Beutel Ableitungsmöglichkeit für DK-Beutel

Literatur

Hertle, L., J. Pohl: Urologische Therapie. Urban und Schwarzenberg, München 1993
Jocham, D., K. Miller: Praxis der Urologie. Thieme, Stuttgart 1994
Tanagho, E. A., J. W. McAninch: Smiths Urologie. Springer, Berlin 1992
Wetterauer, U., G. Rutishauser, H. Sommerkamp: Urologie. de Gruyter, Berlin 1995

16 Knochen- und Weichteilsarkome

A. J. Feldges und W. F. Jungi

16 Knochen- und Weichteilsarkome

A. J. Feldges und W. F. Jungi

Sarkome, d.h. Tumoren des Binde- und Stützgewebes, sind seltene Krebsformen. Knochentumoren kommen vor allem bei Kindern und jugendlichen Erwachsenen vor, Weichteilsarkome dagegen in jedem Alter. Bis vor kurzem war die Prognose der Patienten mit Sarkomen äußerst schlecht und eine Heilung praktisch unmöglich. In den letzten Jahren wurden auf diesem Gebiet der Krebstherapie entscheidende und ermutigende Fortschritte erzielt, so daß heute mehr als die Hälfte dieser früher praktisch hoffnungslos zum Tode führenden Krebsformen geheilt werden kann. Der Grund dafür liegt vor allem in einem frühzeitigen, kombinierten Einsatz aller heute verfügbaren Behandlungsarten wie Operation, Bestrahlung und zytostatische Chemotherapie sowie laufend sich verbessernden supportiven Behandlungsmaßnahmen (vgl. Kap. 6).

Die Sarkome eignen sich daher als Modellfall zur Besprechung moderner, interdisziplinärer bzw. adjuvanter Tumortherapien, welche bei ver-

Tabelle 16.1 Behandlungsprinzipien der Weichteil- und Knochensarkome

1. Optimale Diagnostik im Tumorzentrum
   - Festlegung der Tumorausdehnung (Stadium)
   - histopathologische Untersuchung, Bestätigung durch Referenzzentrum, Tumortyp, Reifegrad des Tumors
2. Multimodale Therapie – in interdisziplinärer Absprache
   - Chirurgie: radikale Resektion entweder mit Amputation oder En-bloc-Resektion
   - Radiotherapie
   - Chemotherapie systemisch oder regional
3. Verhütung und Bekämpfung von Nebenwirkungen der Therapie (s. Kap. 6)
4. Behandlung nur in spezialisierten Zentren (ggf. prospektive kontrollierte Studien)

schiedenen Sarkomen im Rahmen kooperativer, standardisierter Therapiestudien durchgeführt werden (s. Beitrag Senn, „Interdisziplilnäres Tumorbehandlungskonzept“, Kap. 5 und Tab. 16.**1**).

Knochensarkome

Epidemiologie und Formen

Primär im Knochen entstehende maligne Tumoren sind selten (rund 1 % aller Malignome, rund 5 % aller malignen Tumoren im Kindesalter). Sie kommen, wie erwähnt, vorwiegend bei jungen Menschen vor. Von den verschiedenen Formen sind zwei von besonderer Bedeutung: das vom Knochengewebe ausgehende *osteogene Sarkom* und das von der Markhöhle ausgehende *Ewing-Sarkom.* Wesentlich seltener als diese Tumoren sind Fibro-, Chondrosarkome und maligne Riesenzelltumoren.

Beim Erwachsenen muß in erster Linie an ein *Plasmozytom* (Myelom), maligne Lymphome (Kap. 17) oder an die häufigsten Knochentumoren überhaupt, die Metastasen solider Tumoren anderer Organe (Mamma, Lungen, Prostata, Niere, Magen-Darm-Trakt, Geschlechtsorgane), gedacht werden, beim Kind auch an ein *Neuroblastom.*

Neben den sporadischen primären Sarkomen können auch Sekundärsarkome vorkommen. Man versteht darunter eine zweite Neoplasie nach Abheilung des Erstmalignoms. Ein typisches Beispiel ist das osteogene Sarkom nach Behandlung eines *Retinoblastoms.* Kinder mit einem angeborenen, dominant vererbbaren Netzhauttumor können mit einer Wahrscheinlichkeit bis zu 30 % im Mittel 8 Jahre nach Diagnose des Erstmalignoms ein osteogenes Sarkom entwickeln. Neben der Ersttherapie (Bestrahlung, Chemotherapie) spielen genetische Faktoren (Tumorsuppressionsgene) eine entscheidende Rolle an der Entstehung dieser therapeutisch schlecht beeinflußbaren Zweittumoren.

Klinisches Bild

Weitaus am häufigsten sind *Knochenschmerzen* längerer Dauer, die vor allem nachts auftreten. Häufig findet sich auch eine *Schwellung* mit Entzündungszeichen, gelegentlich Fieber, so daß oft irrtümlicherweise an eine infektiöse Erkrankung (z. B. Osteomyelitis) gedacht wird. Andere Allgemeinsymptome sind selten. Osteogene Sarkome sind besonders häufig bei Patienten mit der Paget-Knochenerkrankung.

Diagnose

Laboruntersuchungen

Diese helfen meist wenig und sind unspezifisch. Am häufigsten findet sich eine Erhöhung der Blutsenkung, der alkalischen Phosphatase und der Leukozytenzahl.

Röntgenaufnahmen und Nuklearmedizin

Das Röntgenbild wird meist die Verdachtsdiagnose liefern. Mit Hilfe von Ultraschall, Computertomographie (Schichtaufnahmen) und der *Kernspintomographie* evtl. Angiographie lassen sich die Ausdehnung des Tumors und das Einwachsen in die Umgebung erfassen. Anhand verschiedener Eigenheiten läßt sich mit diesen Methoden meist bereits eine recht sichere Diagnose stellen. Für die Erfassung weiterer Herde im Skelett hat sich die *Skelettszintigraphie* (z. B. mit Technetium-Pyrophosphat) bewährt. Sie dient auch der Verlaufskontrolle. Im Szintigramm verdächtige Skelettabschnitte müssen gezielt radiologisch abgeklärt werden.

Metastasenabklärung anderer Organe

Knochensarkome metastasieren in erster Linie *hämatogen* und vorwiegend in die Lungen. Zum Ausschluß oder Nachweis von Lungenmetastasen ist eine Computertomographie erforderlich, mit der Metastasen bis zu einem Durchmesser von 3 mm entdeckt werden können. Weitere Abklärungen sind selten notwendig.

Histologische Sicherung

Wenn der Verdacht auf einen malignen Knochentumor besteht, muß unbedingt vor allen therapeutischen Maßnahmen eine Biopsie vorgenommen werden. Diese erfolgt im Operationssaal, am besten in der ultrasterilen Einheit. Unter dem Bildverstärker wird Material für die Gewebsuntersuchung entnommen. Nadelbiopsien sind für die Diagnostik dieser Tumoren ungeeignet, da meist zuwenig Material für eine ausreichende licht-, allenfalls elektronenmikroskopische Untersuchung gewonnen wird. Neuerdings haben sich auch die für die Prognose aussagekräftigen flowzytometrischen und zytogenetischen Untersuchungen an Zellen vom frischen Tumorgewebe in der Diagnostik etabliert. Schnellschnittuntersuchungen sind unsicher.

Osteogenes Sarkom

Epidemiologie

Das osteogene Sarkom ist der häufigste maligne Knochentumor des jugendlichen Erwachsenen. Er tritt vor allem in der Zeit des größten Längenwachstums, d. h. zwischen dem 10. und 20. Lebensjahr auf. Das osteogene Sarkom kommt vorwiegend in den langen Röhrenknochen der Extremitäten vor, 70% in den Beinen (50% im Oberschenkel und 20% im Schienbeinknochen). Knaben werden häufiger betroffen als Mädchen.

Klinisches Bild und Diagnose

Das charakteristische Röntgenbild zeigt nebeneinander Verdichtungen und Aufhellungen (osteoplastische und osteolytische Herde) mit strahlenförmiger Infiltration der benachbarten Weichteile (Abb. 16.**1**).

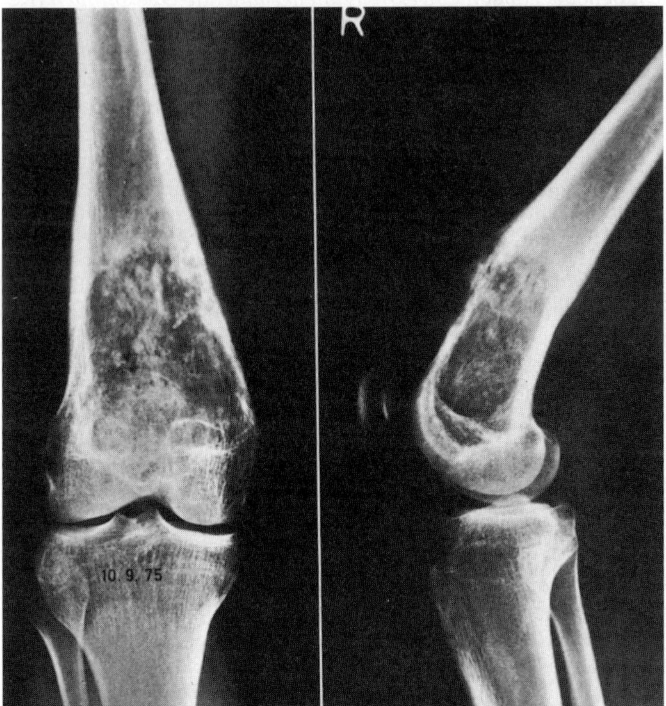

Abb. 16.**1** Großes osteogenes Sarkom im distalen rechten Femur bei einem 17jährigen Mädchen.

Die Knochenhaut (Periost) ist unterbrochen. Weit fortgeschrittene Knochensarkome können durch die Weichteile geschwürig aufbrechen.

Die Metastasierung erfolgt auf dem Blutweg vor allem in die Lungen und später auch in das übrige Skelett. 20% der Patienten zeigen bereits initial Metastasen; jedoch auch bei jenen Patienten, die initial frei von Metastasen erscheinen, liegt in 80–90% der Fälle bereits eine okkulte Metastasierung vor.

Therapie

Chirurgisches Vorgehen

Bis vor wenigen Jahren bot je nach Lage des Primärtumors einzig die Radikaloperation mit Amputation oder Absetzen des ganzen Beines im Hüftgelenk genügend Sicherheit. Eine wirksame präoperative Chemotherapie läßt heute zunehmend *extremitätenerhaltende Operationen* (Resektion des Tumors nach vorheriger Ausmessung, dann Umkehrplastik oder Stabilisierung mit Endoprothesen) zu. Eine operative Entfernung des Primärtumors ist auch bei Vorliegen einzelner, chirurgisch häufig ebenfalls entfernbarer Lungenmetastasen sinnvoll und für die Heilung erfolgsversprechend.

Adjuvante Chemotherapie

Die gewissermaßen prophylaktische Verabreichung von Zytostatika zum Zeitpunkt der Diagnose, d. h. bei minimaler Tumorzellzahl im Sinne einer okkulten Mikrometastasierung, hat sich als erfolgreiches Behandlungskonzept erwiesen. Mit den 1977 erstamals eingeführten multidisziplinären Therapieverfahren der deutsch-österreichisch-schweizerischen kooperativen Osteosarkomstudien (COSS) konnte in den letzten Jahren das metastasenfreie Überleben stufenweise verlängert werden (Abb. 16.**2**).

Während früher bei zwei Drittel radikal operierter Patienten innerhalb von 2 Jahren unweigerlich zum Tode führende Lungenmetastasen auftraten, bleiben heute ebenso viele Patienten nach 5 und mehr Jahren am Leben und dürfen als geheilt betrachtet werden.

Die in der *kooperativen Osteosarkomstudie (COSS)* entweder vor (prä) oder nach (post) der Operation angewandte Chemotherapie setzt sich aus verschiedenen Zytostatika zusammen (Tab. 16.**2**). Sie werden unterschiedlich miteinander kombiniert und je nach individuell feststellbarem Metastasenrisiko über einen kürzeren oder längeren Zeitabschnitt verabreicht. Die präoperative Chemotherapie hat zum Ziel, einerseits lokal den Tumor zu verkleinern, so daß er vom Chirurgen besser entfernt werden kann, andererseits werden mit ihr die zum Zeitpunkt der Diagnose vor-

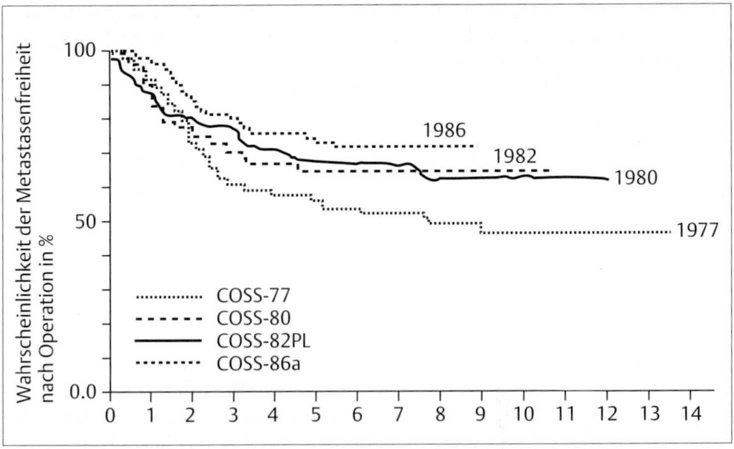

Abb. 16.**2** Metastasenfreies Überleben von Patienten mit Osteosarkom (COSS-Studien, Beginn 1977–1986 nach Bielack et al).

Tabelle 16.**2** Chemotherapie des osteogenen Sarkoms unter Berücksichtigung des individuellen Lokal- und Metastasenrisikos

Prä- und unmittelbare postoperative Chemotherapie Dauer: 14 Wochen	Adriamycin, hochdosiertes Methotrexat mit Leukovoringabe, Iphosphamid, Cisplatin
Postoperative Chemotherapie Dauer: 5–14 Wochen	Iphosphamid, Cisplatin, Adriamycin hochdosierte Methotrexat mit Leukovoringabe, evtl. Carboplatin, Etoposid (VP16)

handenen okkulten Mikrometastasen zum Verschwinden gebracht. Das Ansprechen des Primärtumors auf die Chemotherapie wird mittels bildgebenden Verfahren (MRI, Szinti) geschätzt. Eine definitive Beurteilung ermöglicht jedoch erst die histologische Aufarbeitung des entfernten Tumors anläßlich der Operation. Tumoren mit einem hohen Tumoransprechen (unter 10% vitale Tumorzellen) haben eine hohe Heilungschance, aber auch Tumoren mit einem weniger hohen Regressionsgrad zeigen in den COSS-Studien immer noch eine metastasenfreie Überlebenschance von 44% nach 6 Jahren.

Die Durchführung der komplexen und toxischen Behandlung des osteogenen Sarkoms muß in Tumorzentren erfolgen. Die hohen Kosten der Therapie sind angesichts der hohen Heilungschancen gerechtfertigt.

Vorgehen bei Metastasen

Fernmetastasen (vor allem in den Lungen) sollen möglichst chirurgisch entfernt werden. Die zytostatische Kombinationschemotherapie führt in 40–50% der Patienten zu Remissionen, deren Dauer leider nur kurz ist. Ihr Erfolg ist um so besser, je mehr Tumor vorher chirurgisch entfernt werden kann.

Spättoxizität der Chemotherapie

Langfristige Nebenwirkungen der antineoplastischen Therapie wie die Kardiotoxizität der Anthrazykline, Ototoxizität der Platintherapie, Nephrotoxizität der Isphosphadmid- und hochdosierten Methotrexatbehandlung beeinflussen heute zunehmend die Chemotherapiestrategien der osteogenen Sarkome. Diese Nebenwirkungen müssen während und nach der Chemotherapie sorgfältig überwacht werden.

Ewing-Sarkom

Epidemiologie, klinisches Bild und Histologie

Das Ewing-Sarkom ist ein histologisch aus kleinen runden Zellen zusammengesetzter, hochmaligner Knochentumor. Ca. 25% der Patienten weisen schon initial Metastasen auf, wobei die Lungen und das Skelettsystem ausgehend vom Knochenmark ungefähr gleich häufig befallen sind. 95% der Patienten sind zwischen 4 und 25 Jahre alt, Knaben werden zweimal so häufig betroffen wie Mädchen. Das Ewing-Sarkom ist in verschiedener Hinsicht mit den malignen Lymphomen vergleichbar (ähnliches Bild in der Lichtmikroskopie und aggressives Wachstum), unterscheidet sich jedoch immunzytochemisch und zytogenetisch von den malignen Lymphomen.

Der Tumor macht ca. 10–15% aller primär malignen Knochentumoren aus. 60% der Tumoren werden im Becken und in den Enden der langen Röhrenknochen beobachtet. Schwellungen und Schmerzen führen zu einer Röntgenuntersuchung, die eine charakteristische zwiebelschalenartige Periostreaktion zeigt.

Therapie und Prognose

Wie beim Osteosarkom ist auch beim Ewing-Sarkom eine interdisziplinäre Behandlung nach einem multimodalen Behandlungsplan der *European Intergroup Cooperative Ewing's Sarcoma Study (CESS)* die Regel.

Tabelle 16.**3** Chemotherapie der Ewing- und Weichteilsarkome unter Berücksichtigung des lokalen und Metastasenrezidivrisikos

Chemotherapie für Weichteilsarkome niedriges Risiko	Vincristin, Actinomycin D
Chemotherapie für Ewing-Sarkom Standardrisiko	Vincristin, Actinomycin D, Adriamycin Endoxan, Iphosphamid
Weichteilsarkome Standardrisiko	Iphosphamid, Vincristin, Actinomycin D
Chemotherapie für Ewing-Sarkom Hochrisiko	Etoposid (VP 16), Vincristin, Actinomycin D, Iphosphamid, Adriamycin
Chemotherapie für Weichteilsarkome Hochrisiko	Carboplatin, Epirubicin, Vincristin, Iphosphamid, Etoposid (VP 16)

Ewing-Sarkome sprechen sehr gut auf Chemo- und Radiotherapie an. Je nach Tumorgröße wird eine *Standard-* von einer *Hochrisiko-Gruppe* unterschiedlich behandelt (Tab. 16.**3**). Bei ungenügender Tumorverkleinerung auf die Chemotherapie wird der Tumor vor der Operation bestrahlt. Bei gutem Ansprechen hingegen erfolgt die Operation oder Bestrahlung erst 6 Wochen später. Je nach Tumoransprechen wird mit 45 oder 55 Gy nachbestrahlt. Die Gesamtdauer der Chemotherapie beträgt 40 Wochen.

Die Prognose wird nicht nur beeinflußt durch die initiale Tumorgröße, sondern auch durch die Lokalisation des Primärtumors. Patienten mit distalen Extremitätentumoren haben eine bessere Prognose als Patienten mit proximalem oder zentralem Tumorsitz. Für das Gesamtkollektiv beläuft sich das rezidivfreie Überleben nach der CESS-86-Studie auf 60–70%.

Weichteilsarkome

Pathologische Anatomie und Formen

Weichteilsarkome leiten sich aus sog. mesenchymalen Geweben ab, z. B. aus Muskeln, Sehnen, Schleimbeuteln, Faszien etc. Sie verhalten sich besonders bösartig, da sie infiltrierend wachsen und sich an keine anatomischen Grenzen halten. Die Metastasierung erfolgt vorwiegend hämatogen, meist in die Lungen, seltener in andere Organe, oft auch lymphogen. Zur Zeit der Diagnose sind 90% der Patienten metastasenfrei, nach fünf Jahren nur noch 60%.

Es werden unterschiedliche histologische Unterformen unterschieden, die eine unterschiedliche Chemosensibilität aufweisen. Hoch chemosensibel sind: undifferenzierte Sarkome, Rhabdomyosarkome, extraossäre Ewing-Sarkome, maligne periphere neuroektodermale Tumoren und Synovialsarkome. Mäßig chemosensibel sind: Leiomyosarkome, myxoide Weichteilsarkome, vaskuläre Sarkome, Liposarkome, Klarzellsarkome, maligne histiozytäre Fibrome und die kongenitale Fibrosarkomatose. Neurofibrosarkome (Schwannome) und die nicht kongenitalen Fibrosarkome sprechen auf Zytostatika nicht an. Chemosensible Tumoren sprechen im allgemeinen auch auf die Radiotherapie an.

Klinisches Bild

Weichteilsarkome äußern sich in erster Linie als schmerzlose Schwellung. Allgemeinsymptome sind selten.

Diagnose und Abklärung

Im Vordergrund steht die möglichst rasche zytologische und histologische Diagnose (Biopsie). Vor der Exzision müssen Ausdehnung und Infiltration des Tumors wie bei den Knochentumoren (Ultraschall, Kernspintomographie, Computertomographie, Szintigraphie, Knochenmarksbiopsie und Aspiration) geklärt werden. Fernmetastasen müssen in erster Linie in den Lungen, dann aber auch in Leber, Lymphknoten, Knochen und Gehirn ausgeschlossen werden.

Therapie

Wie für die Knochentumoren empfiehlt sich auch für die Weichteilsarkome die multimodale Therapie nach einem vorher festgelegten Behandlungsprotokoll (z. B. die kooperative Weichteilsarkomstudie der Gesellschaft für pädiatrische Onkologie). Auch bei diesen Tumoren hat sich gezeigt, daß die Prognose für Patienten, die im Rahmen dieser Studien behandelt werden, besser ist als diejenige für Patienten, die außerhalb einer Studie behandelt werden. Für die chirurgische Tumorentfernung gilt, daß die Resektion radikal *(RO-Resektion)* sein sollte, ohne daß durch den Eingriff eine Verstümmelung resultiert. Mehr und mehr werden heute Zweitoperationen nach vorangegangener Chemotherapie durchgeführt. Man spricht von einer *Second-look-Operation,* die entweder als Biopsie vorgenommen wird, wenn der Tumor durch die vorangegangene Chemotherapie vollständig zerstört wurde, oder als Tumorrestexzision, wenn der Tumor durch die präoperative Chemotherapie nur verkleinert wurde. Eine Nachbestrahlung wird immer dann notwendig, wenn nach der Operation mikroskopische Tumorreste zurückbleiben. Die Chemotherapie erfolgt nach den gleichen Prinzipien wie bei den Knochentumoren (Tab. 16.**3**).

Verschiedene Untersuchungen beweisen die Wirksamkeit einer adjuvanten Chemotherapie, die aber nur bei hohem Metastasenrisiko angezeigt ist. Weichteilsarkome rezidivieren häufig an der gleichen Stelle. *Rezidive* sollen, wenn immer möglich, chirurgisch entfernt werden; sie können auch bestrahlt werden, vor allem, wenn der Tumor nicht radikal entfernt werden konnte. Metastasierende Weichteilsarkome sprechen in 40% auf eine Kombinationschemotherapie an.

Prognose

Sie hängt vor allem von der Radikalität der chirurgischen Tumorexzision (RO-Resektion ohne mikroskopischen Tumorreste) ab; aber auch vom histologischen Reifegrad des Tumors, von der Größe des Primärtumors, der Lokalisation und dem Alter des Patienten. Insgesamt beträgt die 5-Jahres-Überlebensrate für alle Weichteilsarkome nach radikaler Tumorentfernung 60%.

Rhabdomyosarkome

Pathologische Anatomie

Als Rhabdomyosarkom (RMS) wird ein von der quergestreiften, d. h. Skelettmuskulatur abgeleiteter maligner Weichteiltumor bezeichnet. Er tritt vor allem im Kindesalter auf, in der Mehrzahl dann als embryonaler histologischer Subtyp. Zwei Drittel der Tumoren entstehen im Kopf-Hals-Bereich, besonders häufig in den Augenhöhlen. Nicht selten kommen die Tumoren auch im Urogenitaltrakt oder im Retroperitoneum vor, dort meist als *polypöse traubenförmige Geschwulst* (Sarcoma botryoides). In den Extremitäten bei Adolenszenten oder im Erwachsenenalter überwiegt der äußerst maligne alveoläre Subtyp. Pathologisch anatomisch vom Rhabdomyosarkom abzugrenzen sind die extraossären Ewing-Sarkome und die primitiven neuroektodermalen Tumoren, die beide nach den gleichen Prinzipien wie das RMS behandelt werden.

Therapie

Die Therapie richtet sich nach der Lokalisation der Histologie und dem Stadium des Tumors. Das Stadium wird sowohl präoperativ als auch postoperativ mittels bildgebenden diagnostischen Verfahren (Ultraschall, MRI) festgehalten. Die primäre Histologie und das Ansprechen auf die Chemotherapie bestimmen neben dem Stadium zusätzlich die Aggressivität der prä- und postoperativen Chemo- und Radiotherapie. Die verwendeten Zytostatikakombinationen unterscheiden sich nur unwesentlich von denjenigen des Ewing-Sarkoms (Tab. 16.**3**). Zur Überbrückung der Chemotherapie-induzierten Knochenmarkstoxizität und dem damit verbundenen Infektrisiko hat sich der Einsatz hämatopoetischer Wachstumsfaktoren bewährt.

Im *Stadium I* (ohne mikroskopischen Tumorrest nach Tumorresektion) kann auf eine Nachbestrahlung ganz verzichtet werden. Hingegen muß auch hier eine adjuvante Chemotherapie postoperativ über 20 Wochen durchgeführt werden. Im *Stadium II-IV* wird nach der Operation mit einer Dosis von 32–45 Gy nachbestrahlt, parallel dazu erfolgt die Chemotherapie.

Prognose

80% der Kinder im Stadium I und II sind nach 5 und mehr Jahren krankheitsfrei am Leben. Im Stadium III und vor allem im Stadium IV werden die Chancen schlechter. Immerhin sprechen noch zwei Drittel der Kinder auf eine kombinierte Chemoradiotherapie an. 56% der Kinder im Stadium III und 16% im Stadium IV sind nach 5 Jahren noch rezidivfrei.

Allgemein kann festgehalten werden, daß das Ausmaß des Tumorrückganges auf die initiale Chemotherapie die beste prognostische Aussagekraft hat. Das ereignisfreie Überleben aller chemosensiblen Weichteilsarkomen liegt in der kooperativen Weichteilsarkomstudie bei 68%, nach einer Beobachtung von 6–9 Jahren.

Pflegehinweise – Rehabilitation und Therapieschäden

Vor der Amputation eines Gliedes ist es außerordentlich wichtig, den Patienten auf die bevorstehende Operation gründlich vorzubereiten. Es hat sich vorteilhaft erwiesen, ihn mit einem bereits Amputierten in Kontakt zu bringen. Daneben braucht jeder Patient, ganz besonders aber der Jugendliche, in seiner großen körperlichen und emotionalen Belastung eine *umfassende Betreuung*. Der Patient muß auf die zu erwartenden Nebenwirkungen vorbereitet und durch die Behandlung begleitet werden. Oberstes Ziel jeder Behandlung ist die Erreichung eines normalen Lebens zu Hause, in der Schule oder im Beruf. Leider führen sowohl Strahlen- wie Chemotherapie in dieser Altersstufe nicht nur zu akuten, vorübergehenden Nebenwirkungen, sondern oft auch, wie schon erwähnt, zu beträchtlichen Spätschäden. Die Bestrahlung kann Schwellungen und Verhärtungen in den Weichteilen, Versteifung von Gelenken, Absterben von Knochenteilen, Spontanfrakturen und Zweittumoren in bestrahlten Knochen und schließlich Wachstumsstörungen verursachen. Die hochdosierte Zytostatikabehandlung ihrerseits kann u.U. zu bleibenden Schäden an verschiedenen Organen führen (s. Kap. 10, Rehabilitation).

Literatur

Bielack, S., P. Bieling, G. Delling, et. al.: Ergebnisse der kooperativen Osteosarkomstudiengruppe (COSS). Monatschr. Kinderheilk. 143 (1995) 1157

Bielack, S., S. Kempf-Bielack, et al.: Chemotherapy for OS. Results of the cooperative osteosarcoma study group COSS. Med. and Pediatr. Oncology 27 (1996) 251

Fuchs, R., M. W. Westerhausen, H. B. Makosi, H. Frhr. von Andrian-Werburg: Diagnostik und Klassifikation bzw. Therapie der Weichteilsarkome. Dtsch. med. Wschr. 111 (1986) 707–713

Jürgens, H., V. Bier, J. Dunst, et al.: Die GPO cooperativen Ewing Sarkom Studien (CESS) 81/86. Bericht nach 6½ Jahren. Klin. Pädiatr. 200 (1988) 243–253

Jürgens, H., A. Cassoni, J. Dunst, et al.: Report from the european intergroup cooperative Ewing-sarcoma study (EICESS). Med. and Pediatr. Oncology 271 (1996) 264

Koscielniak, E., J. Treuner, et. al.: Die Behandlung der Weichteilsarkome im Kindes- und Jugendalter. Ergebnisse der multizentrischen Therapiestudie der CWS-81. Klin. Pädiatr. 203 (1991) 211–219

Schlag, P. M., K. Winkler (Hrsg.): Weichteilsarkome, Springer, Berlin 1992

17

Maligne Lymphome

R. Morant

17 Maligne Lymphome

R. Morant

Definition und Klassifikation

Als Lymphome werden die *neoplastischen Erkrankungen* bezeichnet, welche aus Zellen des lymphatischen Systems entstehen und deren Zellen lymphatische Differenzierungsmerkmale zeigen. Meist finden sich vergrößerte Lymphknoten an einer oder mehreren Stellen. Ein Lymphom kann jedoch auch außerhalb von Lymphknoten in Milz, Leber, Knochenmark und praktisch allen anderen Organen wie zum Beispiel im Gastrointestinaltrakt entstehen und expandieren. Die Gruppe der malignen Lymphome umfaßt eine große Anzahl verschiedener Krankheiten mit unterschiedlicher Morphologie, klinischem Verhalten und therapeutischen Möglichkeiten. Durch zunehmende Kenntnisse hat sich die Klassifikation und Einteilung der Lymphome in den letzten Jahren wiederholt gewandelt.

Pathologische Einteilung maligner Lymphome

Die früher übliche Klassifikation gemäß rein histomorphologischer Kriterien nach *Rappaport* wurde in den letzten Jahren ersetzt durch neuere Einteilungen, welche auch immunhistochemische sowie molekularbiologische Kriterien einbeziehen. Gegenwärtig wird in Europa vorwiegend die sog. *Kiel-Klassifikation* verwendet, welche vom Pathologen Lennert aus Kiel entwickelt wurde. In den USA ist die zur Zeit verbreitetste Klassifikation die sogenannte *„International Working Formulation"* (Tab. 17.**1**). In der Kiel-Klassifikation erfolgt die klinisch relevante Unterscheidung zwischen niedrig malignen und hoch malignen Lymphomen, in der IWF-Klassifikation wird zwischen niedrig malignen, intermediär malignen und hoch malignen Lymphomen unterschieden. 1994 wurde die sog. REAL-(Revised European-American Lymphoma-)Klassifikation publiziert. Diese beruht auf der Kiel-Klassifikation und wird jetzt auch an vielen amerikanischen Zentren anerkannt. Sie enthält mehrere neu als eigenständige Gruppe abgegrenzte Lymphomerkrankungen:

Tabelle 17.**1** Vergleichende Klassifikation maligner Non-Hodgkin-Lymphome

International Working Formulation		Kiel-Klassifikation
I.	**Niedriger Malignitätsgrad**	
A.	Kleinzellig lymphozytär inkl. CLL und plasmazytoid	Lymphozytisch chronische lymphatische Leukämie Immunozytom
B.	Follikulär, vorwiegend kleinzellig („cleaved"), z. T. mit diffuser Sklerose	Zentroblastisch-zentrozytisch, follikulär und diffus, kleinzellig
C.	Follikulär, gemischt klein- und großzellig, z. T. mit diffuser Sklerose	
II.	**Mittlerer Malignitätsgrad**	
D.	Follikulär, vorwiegend großzellig, z. T. mit diffuser Sklerose	Zentroblastisch-zentrozytisch, follikulär und diffus, großzellig
E.	Diffus kleinzellig „cleaved", z. T. mit Sklerose	Zentrozytisch
F.	Diffus, gemischt klein- und großzellig, z. T. mit Sklerose, z. T. mit epitheloidzelliger Komponente	Zentroblastisch-zentrozytisch, diffus, kleinzellig
G.	Diffus großzellig „cleaved" oder „non-cleaved", Sklerose	Zentrozytisch großzellig, zentroblastisch
III.	**Hoher Malignitätsgrad**	
H.	Großzellig immunoblastisch, plasmazytoid, klarzellig oder polymorphzellig, z. T. mit epitheloidzelliger Komponente	Immunoblastisch (hauptsächlich), z. T. einige T-Zonen-Lymphome
I.	Lymphoblastisch, „convoluted" oder „non-convoluted"	Lymphoblastisch, „convoluted" oder „non-convoluted" (einige unklassifizierbar)
J.	Kleinzellig „non-cleaved" Burkitt	Lymphoblastisch, Burkitt-Typ

das sog. MALT-Lymphom, das Mantelzell-Lymphom, das angio-immunoblastische Lymphom und das anaplastische großzellige Lymphom, welche sich pathologisch, molekulargenetisch und durch einen anderen Verlauf und Therapiemöglichkeiten unterscheiden. Mit immunhistologischen Untersuchungen wird unterschieden, ob die Lymphomzellen B- oder T-Lymphozyten entsprechen. Im Gegensatz zu früheren Lymphom-Klassifikationen sind jetzt auch Krankheiten wie das multiple Myelom und die chronisch lymphatische Leukämie in diese Klassifikation eingeordnet. 1996 wurde eine klinisch bedeutsame Unterteilung der REAL-Klassifikation gemäß Malignitätsgrad eingeführt.

Nicht-Hodgkin-Lymphome

Epidemiologie

Der Anteil der Non-Hodgkin-Lymphome (NHL) beträgt etwa 4% der malignen Erkrankungen. Die Krankheit ist in den USA häufiger als in Mitteleuropa, hat jedoch in den letzten Jahren auch in Europa deutlich zugenommen. So beträgt die Inzidenz 1995 29 neue Krankheitsfälle/100000 Einwohner/Jahr in den USA, im Gegensatz zu 16 Fällen vor 10 Jahren. In der Schweiz liegt die Inzidenzrate um 19 (NHL 12, Hodgkin 2,3, Myelome 4,7). Die beobachtete Zunahme ist teilweise eine Folge veränderter Einteilungen und Erhebungen. Der hauptsächliche Grund einer realen Inzidenzzunahme liegt bei den *AIDS-assoziierten Lymphomen.* Daneben werden auch verschiedene *Umweltfaktoren,* z. B. in der Landwirtschaft benützte Substanzen diskutiert.

Im Gegensatz zur Hodgkin-Erkrankung gibt es bei den malignen Non-Hodgkin-Lymphomen nur einen Altershäufigkeitsgipfel zwischen dem 50. und 70. Lebensjahr. Das männliche Geschlecht ist häufiger betroffen als das weibliche, mit einem Verhältnis von 1,8 : 1.

Ätiologie

Untersuchungen von Chromosomenaberrationen(-veränderungen) und molekularbiologische Untersuchungen haben in den letzten Jahren für einzelne histologische Subtypen typische Veränderungen gezeigt. So sind z. B. bei vielen follikulären Lymphomen Teile der Chromosomen 14 und 18 vertauscht (Translokation [t14; 14; 18] [q32; q21]). Dabei wird ein Genlokus für die Bildung von Immunglobulinen (IgH-Lokus) betroffen mit veränderter Aktivität des Onkogens bcl-2. Auch bei vielen anderen Subtypen von Lymphomen sind heutzutage auftretende chromosomale Aberrationen erforscht und recht genau bekannt. Diese Veränderungen können über veränderte Proteinsynthse das Wachstumsverhalten ändern. In anderen Fällen wird durch eine veränderte Genexpression ein normaler Zelltod blockiert (Apoptosehemmung). Die Ursachen dieser genetischen Veränderungen sind vielfältig. Sie können strahleninduziert oder Folgen von verschiedenen Toxinen, oder sogar Medikamenten sein. Im Einzelfall bleiben die auslösenden Faktoren häufig unbekannt.

In manchen Fällen spielen auch Mikroorganismen, speziell Viren, eine Rolle. Ein Zusammenhang zwischen verschiedenen Viren und Lymphomentstehung ist gesichert, so bei *Epstein-Barr-Viren (EBV)*, welche durch Integration in die DNS des Zellkerns von Lymphozyten genetische Veränderungen bewirken können. Das Virus spielt zusammen mit anderen Faktoren eine wichtige Rolle bei der Entstehung der sog. *Burkitt-Lymphome* in Afrika. Auch bei Lymphomen, welche in Zusammenhang mit Immunsuppression, z. B. bei organtransplantierten Patienten, entstehen, spielt das EB-Virus eine wichtige Rolle. Es handelt sich dabei oft um polyklonale Lymphome, welche bei einer Reduktion oder Aufhebung der Immunsuppression zum Teil wieder verschwinden können.

Das *HTLV-1* ist ein Retrovirus, welches besonders in Japan bei der Entstehung von T-Zell-Lymphomen eine Rolle spielt. In Zusammenhang mit der AIDS-Epidemie sind assoziierte Lymphome in den letzten Jahren viel häufiger geworden. Oft sind es ZNS-Lymphome. Auch weitere Viren sind ätiologisch bei der Lymphomentstehung beteiligt, wie das humane Herpesvirus 6. Obwohl derartige Zusammenhänge mit Virusinfekten gesichert sind, spielen Kofaktoren immer eine Rolle. Patienten, welche an einem Lymphom leiden, können keineswegs als ansteckend in bezug auf das maligne Leiden angesehen werden.

Helicobacter pylori ist ein Bakterium, welches assoziiert mit Magen- und Duodenalgeschwüren vorkommt. Es ist ursächlich ein wichtiger Faktor bei der Entstehung von niedrig malignen, sog. MALT-Lymphomen (mucosa-associated lymphoid tissue) des Magens. Ein Teil dieser Lymphome kann sich zu hochmalignen Lymphomen weiterentwickeln.

Verschiedene mit Immunsuppression einhergehende Zustände können mit Lymphomen assoziiert sein. Dazu gehören die medikamentöse Immunsuppression nach Organtransplantationen wie auch verschiedene, meist angeborene Störungen des Immunsystems, z. B. Ataxia teleangiectatica und das Wiscott-Aldrich-Syndrom. Auch bei Autoimmunerkrankungen sind Lymphome gehäuft.

Klinisches Bild

Die Krankheit kann sich durch eine asymptomatische indolente Schwellung von Lymphknoten manifestieren, aber auch, je nach befallenem Organ, durch lokale Symptome, z. B. durch Abdominalkrämpfe und Beschwerden bei einem gastrointestinalen Lymphom, durch eine Hydronephrose bei retroperitonealem Befall oder durch eine Hodenschwellung bei Hodenbefall. Verschiedene Lymphome befallen auch die Haut oder das Zentralnervensystem (Lähmungen, Parästhesien, Kopfweh, Schwindel). Manchmal stehen systemische Symptome im Vordergrund wie allgemeines Krankheitsgefühl, Schwäche, Inappetenz, Gewichtsverlust, Nachtschweiß, Juckreiz und Alkoholunverträglichkeit. Einige dieser Allgemeinsymptome, welche durch Zytokinsekretion der Lymphomzellen bedingt sind, werden als *B-Symptome* bezeichnet und sind wie folgt definiert:

- unerklärtes Fieber mit Temperaturen über 38 °C,
- unerklärter Gewichtsverlust von mehr als 10% in den letzten 6 Monaten,
- Nachtschweiß.

Labormäßig finden sich unspezifische Veränderungen des Blutbildes, oft eine Anämie. Gelegentlich finden sich Lymphomzellen im Differentialblutbild. Bei schwerer Knochenmarksinfiltration kann zusätzlich auch eine Thrombopenie auftreten. Paraneoplastisch können gelegentlich Hämolysen oder auch Thrombopenien (Evans-Syndrom, falls beides assoziiert), beobachtet werden. Das Serum-Enzym LDH ist oft erhöht. Bei manchen Lymphomen ist Beta-2-Mikroglobulin ein nachweisbarer Tumormarker.

Diagnose

Die prätherapeutischen Abklärungen zielen auf eine genaue histopathologische Diagnose und dienen andererseits zur genauen Festlegung der Ausbreitung des Lymphoms. Diese wird gemäß der *Stadieneinteilung nach Ann Arbor* definiert (Tab. 17.**2**).

Neben der Anamnese und der klinischen Untersuchung (Lymphknotenvergrößerung, Milz- und Lebergröße, Hautbefall, Waldeyerscher Rachenring, Hodenvergrößerung) werden bildgebende Verfahren zur Feststellung der Ausdehnung des Lymphoms benutzt, insbesondere konventionelle Thoraxaufnahmen, Sonographie des Abdomens und computertomographische Aufnahmen. Je nach Lokalisation des Tumors sind weitere Untersuchungen notwendig, z. B. Endoskopien bei gastrointestinalen Tumoren, gegebenenfalls auch eine Magen-Darm-Passage. Als wenig ergiebig haben sich Skelettszintigraphien erwiesen. Nur in Spezialfällen wird eine Galliumszintigraphie zum Nachweis aktiven Lymphomgewebes benutzt.

Bei allen Patienten muß die Erstdiagnose eines Lymphoms histologisch gesichert werden. Nur an histologischen Präparaten kann die Architektur des Gewebes studiert werden und somit die entsprechende schwierige Feindiagnostik vorgenommen werden. Zytologische Untersuchungen können zusätzlich zur Stadienbestimmung nützlich sein oder auch bei Auftreten eines Rezidivs. Wegen falsch positiven wie auch falsch negati-

Tabelle 17.2 Stadieneinteilung bei malignen Lymphomen (Morbus Hodgkin und Nicht-Hodgkin-Lymphome) (nach Ann Arbor)

Stadium I:	Befall einer einzigen Lymphknotenregion (I) oder eines einzigen extralymphatischen Organs (I_E)
Stadium II:	Befall von 2 oder mehr Lymphknotenregionen auf der gleichen Seite des Zwerchfells (II) oder lokalisierter Befall eines extralymphatischen Organs und einer oder mehrerer Lymphknotenregionen auf der gleichen Seite des Zwerchfells (II_E)
Stadium III:	Befall von Lymphknotenregionen beidseits des Zwerchfells (III), evtl. mit lokalisiertem Befall extralymphatischer Organe (III_E) oder mit Befall der Milz (III_S) oder beidem (III_{SE})
Stadium IV:	diffuser oder disseminierter Befall von einem oder mehreren extralymphatischen Organen oder Geweben mit oder ohne Befall lymphatischen Gewebes

ven Resultaten sollte sich eine primäre Diagnose eines Lymphoms jedoch nicht auf eine zytologische Diagnose stützen. In allen Fällen sollte eine Knochenmarksaspiration und Biopsie vorgenommen werden. Bei hochmalignen Lymphomen, insbesondere auch bei Befall der Kopfregion, ist eine zusätzliche Lumbalpunktion indiziert.

Die Indikation zur explorativen Laparotomie wird nur noch ganz selten gestellt und ist meistens in Anbetracht der heute zur Verfügung stehenden leistungsfähigen, modernen bildgebenden Verfahren unnötig.

Prognose

Das Verhalten des Lymphoms ist abhängig vom Stadium, der histopathologischen Diagnose und von verschiedenen anderen Faktoren. In verschiedenen Untergruppen können verschiedene prognostische Faktoren bedeutsam sein. Bei hochmalignen Lymphomen wurde ein internationaler prognostischer Index vorgeschlagen. Dabei wird ein Score gebildet von 5 voneinander abhängigen Kriterien, welche eine gute Voraussage über das Risiko bzw. das Überleben ermöglichen, je nach Anzahl der aufgeführten *Risikofaktoren:*

- Alter über 60 Jahre,
- Ann-Arbor-Stadium III oder IV;
- erhöhte LDH,
- 2 oder mehr Lokalisationen von extranodalem Befall,
- Performance-Index > 2.

So können bei 0–1 Risikofaktoren drei Viertel der Patienten geheilt werden, und 90 % gelangen in eine Vollremission, während bei 3 oder mehr Risikofaktoren etwa die Hälfte der Patienten eine Vollremission erreicht und ein Drittel geheilt werden kann.

Therapie

Die Behandlungsmaßnahmen beim malignen Non-Hodgkin-Lymphom sind wie bei vielen anderen Tumoren komplex und bedingen eine gute interdisziplinäre Absprache zwischen den medizinischen Onkologen, den Radiotherapeuten und den Chirurgen. Bei hoch malignen Lymphomen, welche ohne Therapie schnell progredient und lebensgefährlich verlaufen, wird sofort eine aggressive Therapie eingeleitet mit dem Ziel einer Heilung. Bei niedrig malignen Lymphomen, welche oft einen langsamen, sich über Jahre hinwegziehenden Verlauf zeigen, kann zwar mittels Chemotherapien eine gute Remission, jedoch kaum eine Heilung erreicht werden. Es empfiehlt sich deshalb je nach Situation ein abwartendes Verhalten und ein Einsetzen der Therapie erst bei Notwendigkeit.

Chirurgie

Die Hauptaufgabe der Chirurgie besteht darin, mittels Biopsie eine exakte histopathologische Diagnose zu ermöglichen. Nur noch in wenigen ausgewählten Fällen dient sie zur Feststellung des exakten Tumorstadiums mittels einer explorativen Laparotomie. Je nach Venenverhältnissen und geplanter zytostatischer Therapie muß bereits initial die Einlage eines Portsystems besprochen werden. In Spezialfällen, vor allem bei Magenlymphomen, kann eine chirurgische Lymphomentfernung sinnvoll sein.

Strahlentherapie

Lymphome sind im allgemeinen sehr sensibel auf eine Strahlenbehandlung. Im lokalisierten Stadium kann eine alleinige Strahlentherapie kurativ sein. Bei den hochmalignen Lymphomen wird zusätzlich zur Radiotherapie in den lokalisierten Stadien eine Chemotherapie angeschlossen oder vorangestellt. Die Strahlentherapie kann auch in palliativer Absicht oft mit gutem Effekt eingesetzt werden zur Verkleinerung von durch ihre Größe störenden Lymphommanifestationen (kosmetische Gründe) oder beispielsweise bei einer lymphombedingten Rückenmarkskompression.

Medikamentöse Therapie

Die medikamentöse Behandlung hat je nach histopathologischer Diagnose, Stadium und prognostischen Faktoren angepaßt zu erfolgen. Eine wichtige Entdeckung der letzten Jahre war die Mitbeteiligung des Bakteriums *Helicobacter pylori* bei der Entstehung niedrig maligner MALT-Lymphome des Magens. Eine Infektion führt zu einer lymphozytär entzündlichen Reaktion mit maligner Entartung in einigen Fällen. Bei diesen Lymphomen kann eine antibiotische Behandlung (sog. Helicobacter-Eradikation) zu einer Regression bis zum Verschwinden des Lymphoms führen.

Eine Reihe verschiedener *Zytostatika* ist sehr wirksam bei Lymphomen. Zu erwähnen sind Cyclophosphamid, Vincristin, Doxorubicin, Epirubicin, Bleomycin, Leukeran, Methotrexat, VP-16 u. a. Diese als Einzelsubstanzen wirksamen Zytostatika werden oft in Kombinationen gegeben (vgl. Tab. 17.**3** mit Beispielen wichtiger Kombinationschemotherapien bei Non-Hodgkin-Lymphomen). Bei niedrig malignen Lymphomen wird oft eine orale Behandlung eingeleitet, z. B. mit Leukeran allein oder in

Tabelle 17.**3** Beispiele von Zytostatikakombinationen in der Lymphomtherapie

Kurznamen	**Zytostatikakombinationen**
COP	Cyclophosphamid (Endoxan) Oncovin (Vincristin) Prednison
LOP	Leukeran Oncovin Prednison
CHOP	Cyclophosphamid (Endoxan) Hydroxydaunorubicin (Adriblastin) Oncovin (Vincristin) Prednison
CEOP	wie CHOP aber Epirubicin statt Adriblastin
BACOP	Bleomycin Adriblastin Cyclophosphamid (Endoxan) Oncovin (Vincristin) Prednison
Pro-MACE-MOPP	Prednison Methotrexat Adriblastin Cyclophosphamid Epipodophyllotoxin (VP-16, Vepesid) Mustargen Oncovin Procarbazin Prednison

Kombination mit Prednison. In den letzten Jahren haben sich einige sehr wirksame neue Substanzen in der Therapie niedrig maligner Lymphome etabliert, so die neuen Antimetaboliten Fludarabin, 2-Deoxychloroadenosin (2-CDA) wie auch das Zytokin Interferon-Alpha. Bei den hochmalignen Lymphomen bleibt zur Zeit weiterhin das seit über 20 Jahren gebräuchliche CHOP-Regime das wichtigste Behandlungsschema. Viele neuere und komplexere Behandlungsschemen haben sich in kontrollierten Studien als nicht wirksamer erwiesen.

Bei Patienten mit initial ungünstiger Prognose oder bei Patienten im Rezidiv müssen bei hochmalignen Lymphomen auch Hochdosisprogramme mit autologer Knochenmarktransplantation bzw. Stammzellunterstützung in die Therapieplanung einbezogen werden. Eine Überlegenheit solcher Therapien bei zytostatikasensiblen Rückfällen konnte in klinischen Studien gezeigt werden. Bei Befall des ZNS mit Lymphomzellen im Liquor werden intrathekale Zytostatikaapplikationen durchgeführt. Manche der in den letzten Jahren als eigenständige Krankheitsbilder beschriebenen Subtypen bedingen auch eine spezifische Behandlung. So ist etwa der Verlauf der sog. Mantelzellymphome deutlich ungünstiger als der durchschnittliche Verlauf von sog. niedrig malignen Lymphomen. Andererseits können auch morphologisch als hochmaligne imponierende Lymphome der Haut je nach Situation mit lokalen Maßnahmen geheilt werden.

Immunologische Behandlungsmöglichkeiten, z. B. mit monoklonalen Antikörpern, haben sich in mehreren Studien bei ausgewählten Patienten bewährt, bleiben jedoch zur Zeit noch im Bereich der Forschung.

Pflegehinweise

Die Patienten sind oft nur zur anfänglichen aufwendigen Abklärung und evtl. zur Durchführung intensiver Hochdosistherapien vorübergehend hospitalisiert. Sonst erfolgt ihre Behandlung und Kontrolle zumeist und zunehmend *ambulant.* Eine gute Kooperation der Patienten mit den oft belastenden Therapieplänen ist absolut notwendig zur Erreichung der möglichen guten Remissions- und Heilungschance. Bei geplanten längeren und aufwendigen Behandlungen ist oft die Einlage eines Portsystems vorzusehen.

Wiederholte Unterstützung und gute supportive Therapie sind notwendig zur Erreichung des Behandlungszieles. Wichtig ist auch eine *Beratung* jüngerer Patienten bezüglich *Schwangerschaftverhütung* während und ein bis zwei Jahre nach der Lymphomtherapie sowie die Diskussion einer möglichen therapiebedingten Infertilität und entsprechender Vorsorgemaßnahmen, wie z. B. Verlagerung der Eierstöcke vor Radiotherapie oder die Kryopräservation von Sperma.

Nachsorge

Da auch im Rezidiv meist erneut gute Behandlungsmöglichkeiten bestehen, ist eine gut organisierte, geplante regelmäßige Nachkontrolle wichtig. Neben körperlicher Untersuchung, Anamnese und Labor sind auch bildgebende Verfahren (Röntgen, Ultraschall) je nach Situation durchzuführen.

Morbus Hodgkin

Epidemiologie

Der Morbus Hodgkin gehört heute zu den potentiell heilbaren Lymphomerkrankungen. Er wird benannt nach dem englischen Arzt Hodgkin, der die früher progressiv tödlich verlaufende Krankheit 1832 als erster beschrieben hatte.

Man rechnet mit knapp 3 Neuerkrankungen pro 100.000 Einwohner pro Jahr. Ungefähr die Hälfte der Fälle tritt zwischen dem 20. und 40. Lebensjahr auf. Die Erkrankungshäufigkeit erreicht einen ersten Gipfel am Ende des 3. Lebensjahrzehnts und einen 2. Gipfel zwischen 60 und 70 Jahren. Mit einem Verhältnis von 4 : 3 ist das männliche Geschlecht etwas häufiger vertreten.

Pathologische Einteilung

Für die Diagnose eines Morbus Hodgkin ist das Vorhandensein von typischen, sog. *Ried-Sternbergzellen* unerläßlich. Die Diagnose muß anhand einer Histologie erfolgen unter Zuhilfenahme immunhistologischer Zusatzuntersuchungen. Es werden die folgenden Subtypen unterschieden:

- lymphozytenreiche Form,
- noduläre Sklerose,
- gemischtzelliger Typ,
- lymphozytenarme Form.

Die Prognose des Leidens ist abhängig von der Histologie, wobei lymphozytenarme Formen eine schlechtere Prognose aufweisen als lymphozytenreiche Subtypen. Die wichtigsten prognostischen Faktoren beim Morbus Hodgkin sind jedoch neben dem klinischen Stadium (> 3 Lymphknotenareale) der extranodale Befall, eine erhöhte Blutsenkungsreaktion (> 50 mm/1. Stunde), sowie die Lymphomgröße („Bulk“).

Klinisches Bild

Häufigste Manifestation eines neu aufgetretenen Morbus Hodgkin ist eine schmerzlose *Schwellung der Halslymphknoten.* Lymphknotenschwellungen treten häufig auch im Mediastinum und unterhalb des Zwerchfells retroperitoneal auf, oft vergesellschaftet mit einem Milzbefall. Bei etwa 40% der Patienten treten Allgemeinsymptome auf (B-Symptome).

Behandlung

Die Behandlung wird gemäß dem klinischen Stadium durchgeführt. Therapieprinzip ist möglichst eine Heilung mit nicht allzu aggressiver Therapie. In den 70er Jahren konnten mit aggressiven kombinierten Strahlenbehandlungen (Abb. 17.**1**) zeigt das Bestrahlungsfeld bei Befall ober- und unterhalb des Zwerchfells) und zytostatischen Therapien auch in fortgeschrittenen Stadien gute Remissionen (Abb. 17.**2a** u. **b**, S. 436, 437) und Heilungen erzielt werden. Dies entsprach einem erfreulichen medizinischen Durchbruch. In den letzten Jahren sind zunehmend jedoch Nebenwirkungen bzw. Spätfolgen dieser Behandlungen bekannt geworden. Darunter sind speziell therapiebedingte Neoplasien zu erwähnen: in den ersten Jahren nach Therapie Leukämien, später vermehrt solide Tumoren. Weitere Spätfolgen sind hormonelle Störungen und Infertilität,

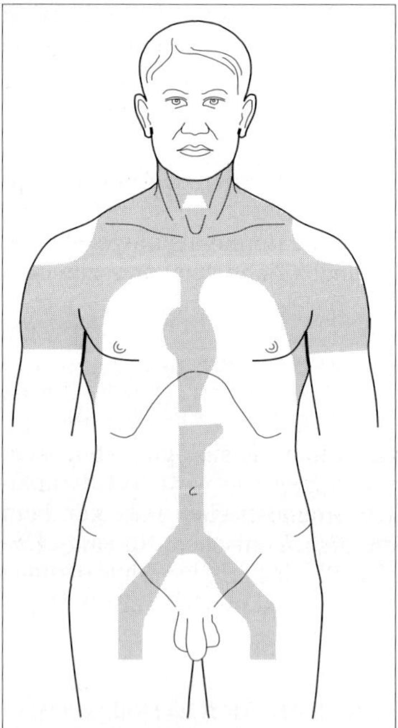

Abb. 17.**1** Dosisverteilung im Lymphknotengebiet bei Bestrahlung von Morbus Hodgkin.

Infektanfälligkeit (nach Milzentfernung), Unterfunktion der Schilddrüse (nach Bestrahlung) sowie Durchblutungsstörungen der Koronargefäße des Herzens. Nach diesen Erfahrungen wird zunehmend versucht, die Therapien derart zu verkürzen bzw. zu modifizieren, daß bei erhaltener Wirksamkeit weniger Nebenwirkungen sowie Spättoxizität auftreten sollten.

In *Frühstadien* (Stadium I) kann eine alleinige *Strahlenbehandlung* kurativ sein. Dabei muß eine ausreichende Sicherheit bestehen, daß keine Tumormanifestationen außerhalb des Strahlengebietes vorliegen. Zu diesem Zweck wurde früher sehr häufig eine sog. Staging-Laparotomie durchgeführt. Wegen der damit verbundenen Morbidität wird diese heute weniger angewandt, zudem stehen heute bessere bildgebende Verfahren zur Verfügung. Bei Risikopatienten und höheren Stadien wird zusätzlich auch eine zytostatische Therapie durchgeführt.

In den *fortgeschrittenen Stadien* erfolgt primär eine *zytostatische Therapie.* Anschließend an diese wird im Gebiet von ausgedehnten Tumormanifestationen (Bulk) eine lokale Radiotherapie durchgeführt. Klassische Polychemotherapieschemen sind MOPP (Mustargen + Vincristin + Procarbazin + Prednison), ABVD (Adriamycin, Bleomycin, Vinblastin, Dacarbazin), welches weniger Spätschäden aufweist, sowie Kombinationen dieser 2 Schemen. Neuerdings hat sich in einer deutschen Studie das Regime BEACOPP als sehr wirksames neues Regime erwiesen (Bleomycin, Etoposid, Adriamycin Cyclophosphamid, Oncovin, Procarbazin, Prednison).

Prognose

Die Prognose von Patienten mit Morbus Hodgkin hat sich in den vergangenen 30 Jahren drastisch gebessert. Ein Großteil der Patienten kann durch heutige Behandlung in eine Vollremission gebracht werden, die Mehrheit der Patienten ist definitiv geheilt, wobei die *Heilungswahrscheinlichkeit stadienabhängig* ist. Im Stadium I ist ein Großteil der Patienten geheilt, mit ca. 90–95% Überlebenden nach 10 Jahren. Auch in den fortgeschrittenen Stadien (IV) ist das rezidivfreie Überleben nach 10 Jahren noch etwa 50%. 75% der Rezidive treten innerhalb der ersten 2 Jahre, mehr als 90% innerhalb der ersten 5 Jahre nach kompletter Remission auf. In dieser Situation muß eine Hochdosisbehandlung mit autologer Knochenmarkstransplantation bzw. Stammzellunterstützung diskutiert werden.

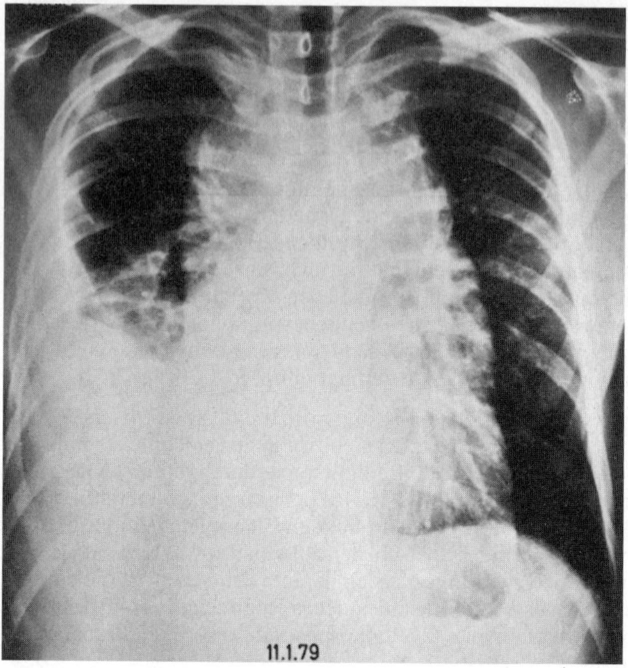

a

Abb. 17.**2 a** u. **b** Drastische Tumorrückbildung bei einem jungen Mann mit ausgedehntem, doppelseitigem Mediastinal- und Pleurabefall rechts bei Nicht-Hodgkin-Lymphom **a** vor Therapie.

Multiples Myelom

Definition

Das multiple Myelom, auch generalisiertes Plasmozytom genannt, ist eine neoplastische Erkrankung der Plasmazellen mit Ursprung in den B-Lymphozyten. Es entsteht vorwiegend im Knochenmark. Die atypischen Plasmazellen produzieren ein spezifisches Protein (das sog. Paraprotein, ein Immunglobulin der Klassen IgG, IgA oder IgM). Daß alle Zellen das gleiche Immunglobulin bilden, gilt als indirekter Beweis dafür, daß sie von einer entarteten Stammzelle abstammen.

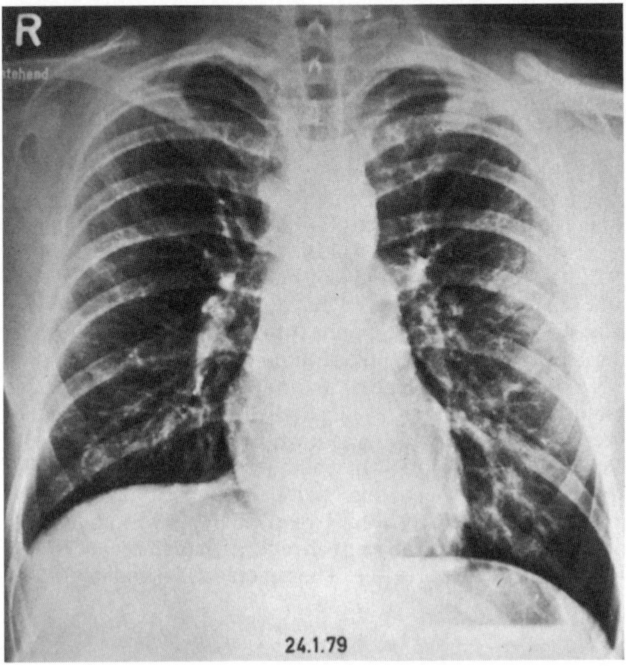

Abb. 17.**2b** 2 Wochen nach Beginn einer intensiven zytostatischen Chemotherapie mit CHOP. Zusatzbestrahlung des Mediastinums geplant (Rezidivgefahr).

Epidemiologie

Das multiple Myelom macht etwa 1% aller malignen Erkrankungen aus mit einer Inzidenz von ca. 4 Neuerkrankungen pro 100000 Einwohnern/Jahr. Es ist vorwiegend eine Erkrankung der älteren Menschen, befällt auch in weniger als 5% Patienten unter 40 Jahre. Das männliche Geschlecht überwiegt mit einem Verhältnis von 3:2 gegenüber dem weiblichen.

Einteilung

Die Einteilung der Plasmozytome richtet sich nach dem Stadium des Myeloms mittels klinischer, radiologischer und labormäßigen Parametern (Tab. 17.**4**) sowie nach der Immunglobulinklasse, welche immunelektrophoretisch im Serum bzw. Urin nachgewiesen werden kann. Der

Tabelle 17.4 Einteilung des Myeloms nach Stadien

Stadium I	Myelomzellmasse $< 0{,}6 \times 10^{12}$ Zellen/m^2 1. Hb > 10 mg/100 ml 2. Serum Kalzium > 12 mg/100 ml 3. im Röntgen normal oder solitärer Befund 4. Paraproteinbildung: a) IgG < 5 g/100 ml b) IgA < 3 g/100 ml c) leichte Ketten im Urin < 4 g/24 hr
Stadium II	Myelomzellmasse 0,6 bis $1{,}2 \times 10^{12}$ Zellen/m^2
Stadium III	Myelomzellmasse $> 1{,}2 \times 10^{12}$ Zellen/m^2 mindestens eines der folgenden Kriterien: 1. Hb < 8,5 g/100 ml 2. Serumkalzium > 12 mg/100 ml 3. fortgeschrittene Osteolysen 4. Paraproteinbildung: a) IgG > 7 g/100 ml b) IgA > 5 g/100 ml c) leichte Ketten im Urin > 12 g/24 hr

Verlauf der Paraproteinmenge im Serum oder Urin über die Zeit ist ein sehr guter Verlaufsparameter bei der Therapiebeurteilung. Die Verteilung der Immunglobulinklassen beim multiplen Myelom zeigt folgende Häufigkeit: IgG 55%, IgA 25%, IgM 8%, IgD 3% (diverse 9%).

Klinisches Bild

Gelegentlich werden multiple Myelome im asymptomatischen Stadium aufgrund abnormer Laborbefunde (erhöhte Blutsenkung, pathologische Eiweißelektrophorese) entdeckt. Das häufigste Leitsymptom sind jedoch *Knochenschmerzen,* vor allem im Rücken. Sie werden durch Plasmazellinfiltrationen in den Wirbelkörpern hervorgerufen. Die Folge einer generalisierten Knochenmarksinfiltration und konsekutivem Abbau der Knochensubstanz sind multiple Osteolysen, pathologische Frakturen der Wirbelkörper sowie eine diffuse Osteoporose. Die zunehmende Verdrängung des normalen Knochenmarks führt zu einer Anämie, welche sich in Allgemeinsymptomen von Müdigkeit und Schwäche äußern kann. Das Paraprotein bzw. Immunglobulinbruchstücke können durch abnorme Eiweißablagerungen zu einer generalisierten Amyloidose führen, welche sich als Herzinsuffizienz und Niereninsuffizienz (Myelomniere) äußern kann. Die vermehrte Bildung des Paraproteins (abnormes Immunglobulin) führt zu einer verminderten Bildung normaler Antikörper aller Antikörperklassen. Dies erklärt eine Infektionsneigung. Lungenentzündung und andere Infekte sind die häufigste Todesursache bei Patienten mit fortgeschrittenem Myelom. Ein ausgeprägter Knochenbefall kann zu Hyperkalzämie führen, Wachstum von abnormen Plasmazellen außerhalb der normalen Knochenstrukturen führt zu tastbaren Myelomknoten, kann auch von den Wirbelkörpern ausgehend zu einer Querschnittsymptomatik führen.

Diagnose

Die wichtigsten Untersuchungen sind der Nachweis eines pathologisch erhöhten Immunglobulins im Serum oder Urin (Paraproteinnachweis in der Elektrophorese und in der Immunelektrophorese, Abb. 17.**3a** u. **b**, der Nachweis einer Knochenmarkplasmozytose durch eine Knochenmarkspunktion bzw. Aspirat und radiologisch nachgewiesene Osteolysen, vor allem in Wirbelsäule, Becken und Schädel (Abb. 17.**4**).

Therapie

Nur Patienten mit einem *solitären lokalisierten Plasmozytom* (ohne generalisierten Knochenmarksbefall) können geheilt werden. Dazu ist eine *lokale Radiotherapie* mit 40 bis 60 Gy Herddosis erforderlich.

Beim *generalisierten Plasmozytom* kann eine *zytostatische Therapie* bei den weitaus meisten Patienten eine deutliche klinische Besserung sowie

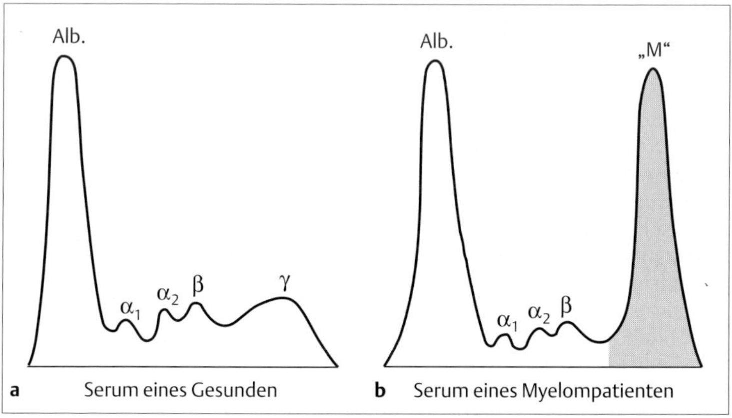

Abb. 17.**3a** u. **b** **a** Serum eines Gesunden, **b** Serum eines Myelompatienten.

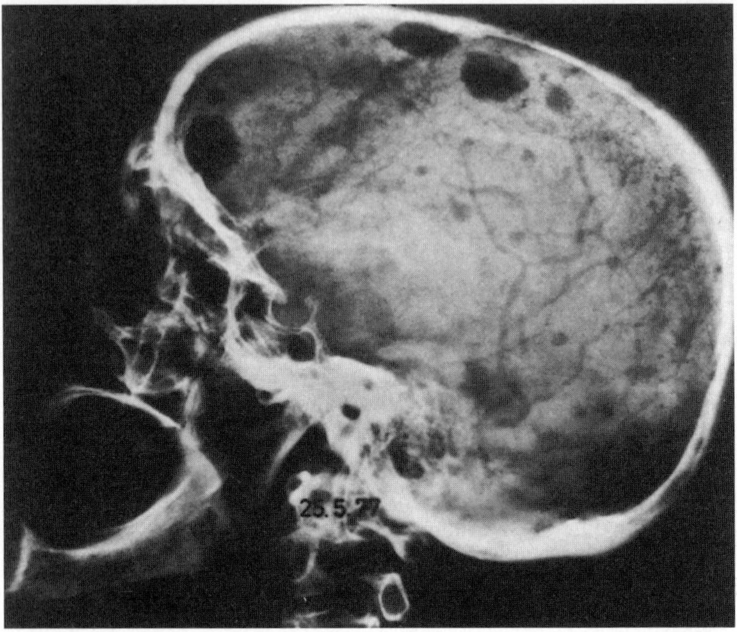

Abb. 17.**4** Typische, „ausgestanzte" Osteolysen (Knochenauflösungen) in der Schädelkalotte bei einem 60jährigen Mann mit multiplem Myelom. (Wichtige Differentialdiagnose bei weiblichen Patienten: osteolytische Metastasen beim Mammakarzinom!).

Lebensverlängerung bedingen, jedoch kaum Heilungen. Trotz der heutigen zytostatischen Behandlung bleibt die *Lebenserwartung* von Myelompatienten *begrenzt* und liegt im Mittel bei etwa 3½ Jahren. In manchen Fällen kann der Verlauf von Plasmazellinfiltrationen im Knochenmark sehr langsam verlaufen (smouldering myeloma). Der Einsatz von Zytostatika ist erst gerechtfertigt, wenn eine eindeutige Progression des Leidens nachgewiesen werden kann oder der Patient symptomatisch geworden ist mit Zeichen der Anämie bzw. Zeichen des Knochenbefalls. Die übliche Behandlung, speziell bei älteren Patienten, ist eine Kombinationsbehandlung von Alkeran und Prednison. Alkeran kann peroral oder auch intravenös verabreicht werden. Bei jüngeren Patienten wird meistens eine Kombinationsbehandlung angewandt, zum Beispiel mit CMVP (Cyclophosphamid, Alkeran [Melphalan], Vincristin und Prednison). Bei Therapieversagen wird häufig das sog. VAD-Schema angewandt (kontinuierliche Infusion von Vincristin, Adriamycin über 4 Tage, kombiniert mit hochdosiertem Dexamethason).

Bei jüngeren Patienten müssen Hochdosistherapien diskutiert werden mit autologer Knochenmarkstransplantation, bzw. Stammzellsupport. Solche Behandlungen können zu Vollremissionen und lang anhaltenden Teilremissionen führen.

Alpha-Interferon in relativ niedrigen Dosierungen, z. B. von 3 Mio. Einheiten subkutan 3mal wöchentlich, kann die Remissionsdauer inklusive Überlebenszeit etwas verlängern. Die prophylaktische Zugabe von Bisphosphonaten wie Pamidronat (Aredia®) kann den zunehmenden Knochenabbau verlangsamen und so nicht nur schmerzlindernd wirken, sondern auch Frakturen verhindern. Bei einem Teil der Patienten kann Erythropoietin zur Behandlung der Anämie wirksam sein. Bei starker Eiweißvermehrung im Blut mit unter Umständen „zähflüssiger" Blutströmung in den Kapillaren (Hyperviskositätssyndrom) kann unter Umständen eine *Plasmapherese* (im Sinne einer lebensrettenden Sofortmaßnahme) durchgeführt werden. Wiederholte Substitutionen von intravenös verabreichten Immunglobulinen können die ausgeprägte Infektanfälligkeit bei Patienten mit fortgeschrittenen Plasmozytomen verbessern. Die *Radiotherapie* spielt als palliative Maßnahme vor allem zur Linderung von Knochenschmerzen eine wesentliche Rolle in der Behandlung.

Pflegehinweise

Schmerzen sowie Einschränkungen der Arbeitsfähigkeit mit eventuell vorzeitiger Berufsaufgabe stehen bei Myelompatienten häufig im Vordergrund. Verbunden auch mit dem Wissen um die ungünstige Prognose mit eingeschränkter Lebenserwartung treten oft Depressionen, soziale, familiäre, sowie finanzielle Probleme auf. Regelmäßige Aktivität und genügend Bewegung können helfen, daß der Knochenabbau nicht durch Inaktivität zusätzlich gefördert wird.

Literatur

Betticher, D. C., T. Cerny, M. F. Fey: Diagnose und Therapie des multiplen Myeloms: neuere Aspekte. Schweiz. Med. Woschr. 125 (1995) 541–551

Fisher, R. I., E. R. Gaynor, S. Dahlberg et al.: A phase III comparison of CHOP vs. m-BACOD vs. ProMACE-CytaBOM vs. MACOP-B in patients with intermediate- or high-grade non-Hodgkin's lymphoma: results of SWOG-8516 (intergroup 0067), the National High-Priority Lymphoma Study. Ann. Oncol 5 (1994) Suppl 2:91–95

Harris, N. L., E. S. Jaffe, H. Stein et al.: A revised European-American classification of lymphoid neoplasms: a proposal from the International Lymphoma Study Group. Blood 84 (1994) 1361–1392

Shipp, M. A.: Prognostic factors in aggressive non-Hodgkin's Lymphoma: who has high risk disease? Blood 83 (1994) 1165–1173

Lymphomas. In: De Vita, V. T., S. Hellman, S. A. Rosenberg: Cancer, 5th edition. Lippincott, New York 1997, 2131–2283

18

Leukämien, myelodysplastische und myeloproliferative Syndrome

U. Hess, M. F. Fey und A. J. Feldges

18 Leukämien, myelodysplastische und myeloproliferative Syndrome

U. Hess, M. F. Fey und A. J. Feldges

Grundlagen

Definition

Leukämien, myelodysplastische und myeloproliferative Syndrome sind *hämatologische Neoplasien,* d.h. krebsartige Krankheiten des blutbildenden Systems (Hämatopoese). Sie entstehen im Knochenmark (Myelon). Die malignen Zellen werden über den Blutkreislauf in den ganzen Körper ausgeschwemmt und können verschiedene Organe besiedeln.

Ätiologie

Die Ursachen maligner Erkrankungen des hämatopoetischen Systems sind vielfältig. So führen *genetische Anomalien* der Körperzellen (z.B. Trisomie 21) gehäuft zu Leukämien. Als leukämogen (leukämieerzeugend) gelten auch zahlreiche *Chemikalien* (Benzole, Aniline, Alkylanzien) sowie *ionisierende Strahlen.* Damit stellen zumindest gewisse Chemotherapien bzw. Chemo-/Radiotherapien ein Risiko für hämatologische Neoplasien dar. Diese Zusammenhänge gewinnen angesichts der verlängerten Überlebenszeiten nach kurativen Chemotherapien zunehmend an Bedeutung. Schließlich dürften auch *Viren* an der Entstehung von Leukämien beteiligt sein. So gilt ein bestimmtes Retrovirus als Auslöser einer, vor allem in Südostasien auftretenden Form einer akuten lymphatischen Leukämie. Gut belegt ist die Rolle einiger Viren auch in der Pathogenese von malignen Lymphomen.

Diese Erkenntnis ändert nichts daran, daß bei den meisten Patienten mit Leukämien keine Ursache gefunden werden kann. Patienten mit myelodysplastischen Syndromen weisen öfters eine mehrjährige Belastung mit leukämogenen Substanzen auf.

Zellbiologische Grundlagen

Die normale Blutbildung basiert auf der *Reifung, Differenzierung* (Ausreifung) und *Proliferation* (Vermehrung) von Stammzellen und Vorläuferzellen des blutbildenden Systems. Abb. 18.**1** zeigt ein stark vereinfachtes Modell der Zellreifung, welche im Knochenmark und in den lymphatischen Organen stattfindet. Am Anfang dieser Zellhierarchie steht die pluripotente Stammzelle, aus der sich sämtliche Zellinien entwickeln können. Unreife Stammzellen können sich einerseits erneuern, andererseits können sie ausreifen. Der Anteil an pluripotenten Stammzellen beträgt lediglich ca. 0,01 % aller kernhaltigen Knochenmarkzellen. Eine Verminderung der Zahl undifferenzierter Stammzellen (Alter, Chemotherapie, Radiotherapie) kann zu einer Beeinträchtigung der Knochenmarkfunktion führen.

Hämatologische Neoplasien sind charakterisiert durch eine Störung der Reifung, Differenzierung und Proliferation von Stammzellen und Vorläuferzellen des blutbildenden Systems. Die Lokalisation des Reifungsstopps in der Reifungspyramide hat keinen Einfluß auf die Benennung der Leukämien. Die Benennung erfolgt nach dem mikroskopischen Bild

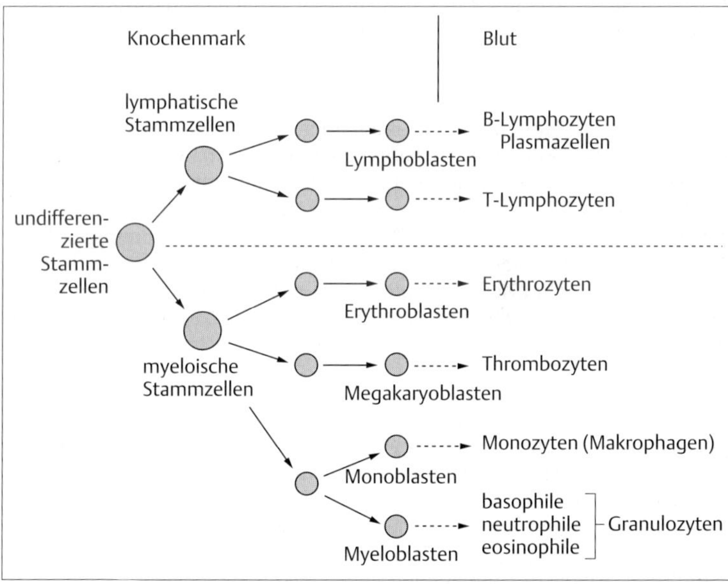

Abb. 18.**1** Schematisches Modell der Differenzierung und Reifung der blutbildenden Stammzellen im Knochenmark und in den lymphatischen Organen.

und nimmt keine Rücksicht auf die neueren Erkenntnisse über die Entstehungsmechanismen. Durch die Reifungsstörung wird es den leukämischen Zellen verunmöglicht, die ihr am Ende der Reifung zugedachte Funktion zu übernehmen. Durch einen Proliferationsvorteil gegenüber den normalen Zellen kann sich die leukämische Zelle unkontrolliert ausbreiten und die normale Blutbildung im Knochenmark zunehmend verdrängen. Die Sekretion biologisch aktiver Substanzen aus den leukämischen Zellen kann zudem die normale Blutbildung gezielt hemmen.

Die problemlose Verfügbarkeit der Zellen hämatologischer Neoplasien sowie die Existenz von guten Labor- und Tiermodellen haben dazu geführt, daß die Kenntnisse über die Pathogenese von Leukämien schneller erweitert werden konnten als bei soliden Tumoren. Heute weiß man, daß meist eine *Veränderung der Genzusammensetzung* in einer Zelle des blutbildenden Systems Auslöser einer malignen Entartung ist. Dabei kommt es durch Mutationen, Verluste oder falsche Zusammensetzung von Chromosomenfragmenten zur Ausschaltung oder Aktivierung von Genen, welche die Differenzierung und Proliferation hämatopoetischer Zellen steuern. Daraus kann eine unangepaßte Dauerstimulation der Zellvermehrung oder auch eine Verhinderung des programmierten Zelltods (Apoptose) resultieren.

Bei zahlreichen hämatologischen Neoplasien sind heute die zugrundeliegenden Veränderungen an Chromosomen und Genen bekannt. Diese bahnbrechenden Erkenntnisse haben dazu geführt, daß Gruppen mit unterschiedlicher Prognose definiert und risikogerecht behandelt werden können. Außerdem erlauben diese molekularbiologischen Veränderungen die Entdeckung von minimaler Resterkrankung nach durchgeführter Therapie mittels hochempfindlicher Suchtests (z. B. Polymerase-Kettenreaktion = PCR). Schließlich könnte eine gezielte Beeinflussung dieser veränderten Gene in Zukunft neue therapeutische Möglichkeiten eröffnen.

Diagnostik

Zur sicheren Diagnose einer Leukämie ist eine *Knochenmarkpunktion* erforderlich. Dabei aspiriert man in Bauchlage oder in Seitenlage nach Lokalanästhesie aus dem Beckenkamm einige Milliliter Knochenmark. Die so gewonnenen Zellen werden mit verschiedenen Methoden untersucht, um eine möglichst genaue Einteilung der Leukämie zu ermöglichen. In der gleichen Untersuchung wird mit einer speziellen Nadel (z. B. Jamshidi-Biopsienadel) ein kleiner *Knochenmarkzylinder* entnommen. Dieser wird entkalkt, in dünne Scheiben geschnitten und ebenfalls für verschiedene Spezialuntersuchungen aufgearbeitet. Der histologischen Beurteilung des Knochenmarkzylinders kommt insbesondere bei *Punctio sicca* (kein flüssiges Knochenmark aspirierbar) entscheidende

Bedeutung zu. Eine Punctio sicca kann bei einer Vermehrung von Bindegewebsfasern im Knochenmark (Haarzelleukämie, Osteomyelofibrose) oder auch bei massiv gesteigertem Zellgehalt (akute Leukämien vor Behandlung) vorkommen. Auch aus dem peripheren Blut können oft wertvolle Hinweise über hämatologische Neoplasien gewonnen werden. Die dortigen Befunde können jedoch irreführend sein, da die malignen Zellen oft nur in geringem Maß ausgeschwemmt werden.

Bei Verdacht auf Leukämie werden in der Routinediagnostik mit den Knochenmarkzellen folgende *Spezialuntersuchungen* durchgeführt:

- **Zytologie.** Nach Färbung der bereits am Krankenbett durch die Laborantin angefertigten Ausstriche kann lichtmikroskopisch eine morphologische Beurteilung der Zellen vorgenommen werden. Diese ermöglicht oft bereits eine Zuteilung der malignen Zelle zu einer bestimmten Zellreihe. Außerdem läßt sich die Zelldichte und das Ausmaß der Verdrängung der normalen Blutbildung abschätzen.
- **Zytochemie.** Durch Färbung der Ausstriche mit speziellen Reagenzien können die malignen Zellen genauer charakterisiert werden. Diese Methodik erlaubt insbesondere eine Feineinteilung der myeloischen Leukämien.
- **Immuntypisierung.** Die Zellen des hämatopoetischen Systems weisen während ihrer Reifung ein sich stets änderndes Muster von Oberflächenantigenen auf. Mit spezifischen Antikörpern gegen diese Antigene läßt sich die Reifungsstufe der malignen Zellen exakt bestimmen. Die Immuntypisierung ist insbesondere bei lymphatischen Leukämien von Bedeutung, sie erlaubt dort auch eine sichere Unterscheidung zwischen B- und T-Zell-Leukämien.
- **Zytogenetik.** Bei dieser Untersuchung werden die Chromosomen sich teilender Leukämiezellen gefärbt und morphologisch beurteilt. Damit können fehlende oder falsch zusammengesetzte Chromosomenfragmente gefunden werden. Diese Befunde haben heute eine entscheidende Bedeutung in der Einschätzung der Prognose.
- **Molekulargenetik.** Diese Untersuchung geht den oben beschriebenen Chromosomenveränderungen auf dem Niveau der Gene nach. Es wird also nicht das defekte Chromosom, sondern direkt das dadurch veränderte oder neugebildete Gen nachgewiesen. Die molekularbiologischen Untersuchungstechniken weisen eine wesentlich höhere Empfindlichkeit auf als die zytogenetischen Untersuchungen, doch kann in jeder Untersuchung immer nur gezielt nach einer bestimmten Genveränderung gesucht werden.
- **Histologie.** Die Untersuchungen am entkalkten Knochenmarkzylinder erlauben insbesondere eine sichere Beurteilung der Zelldichte (Ausmaß der Knochenmarkinfiltration) sowie des Fasergehalts. Auch am histologischen Präparat lassen sich zahlreiche zellbiologische Spezialuntersuchungen durchführen.

Klinisches Bild

Die Symptome der Patienten mit hämatologischen Neoplasien sind unspezifisch und lassen sich im wesentlichen auf den Mangel oder die Funktionsstörung reifer Blutzellen zurückführen. Von den ersten Symptomen bis zur Diagnose können bei akuten Leukämien oft Monate, bei myeloproliferativen und myelodysplastischen Syndromen sowie bei chronischen Leukämien gar Jahre vergehen. Die Befragung der Patienten zeigt, daß die Folgen der Anämie im zeitlichen Ablauf meist zuerst spürbar werden. So kommt es zu einem Leistungsabfall mit Müdigkeit, allgemeiner Schwäche und Appetitmangel. Mit der Verminderung normaler Leukozyten stellt sich allmählich eine Infektanfälligkeit ein. Dabei treten hauptsächlich Infekte der oberen Atemwege, grippeartige Erkrankungen und Hautinfekte auf, schwere Infektionen sind anfänglich eher selten. Das Absinken der Thrombozyten wird lange Zeit symptomlos toleriert. Bei sehr tiefen Thrombozytenwerten kommt es zuerst zu *Petechien* (Kapillarblutungen in der Haut), zu *Nasen- oder Zahnfleischblutungen* oder evtl. zu *Suffusionen* (flächenhafte subkutane Blutungen). Thrombozytenfunktionsstörungen oder Störungen der plasmatischen Gerinnung können die *Blutungsneigung* zusätzlich verstärken.

Bei extrem hoher Zelldichte im Knochenmark kann es zu *Knochenschmerzen* kommen. Diese werden vor allem in den Knochenpartien mit aktiver Blutbildung (Becken, proximale Oberschenkel, Wirbelsäule) angegeben. Ansonsten sind aber Schmerzen bei Leukämien nicht im Vordergrund. Eine Beeinträchtigung der Befindlichkeit kann durch eine Vergrößerung von Lymphknoten, Milz und Leber auftreten. Diese Befunde sind typisch für die akute lymphatische Leukämie und für die chronischen Leukämien.

Bei den myeloproliferativen Syndromen wird oft eine massive *Leber- und Milzvergrößerung* beobachtet. Diese resultiert aus einer zunehmenden Faservermehrung im Knochenmark, was zu einer extramedulären Blutbildung in Leber und Milz führt. In solchen Fällen kann es auch zu schmerzhaften Milzinfarkten kommen. Charakteristisch für die myeloproliferativen Syndrome sind außerdem *Thrombozytenfunktionsstörungen,* welche die Blutungsneigung erhöhen, gleichzeitig aber auch eine erhöhte Bereitschaft für thrombotische Ereignisse.

Allgemeine Behandlungsprinzipien

Die Behandlung von Patienten mit akuten Leukämien stellt gleichzeitig eine medizinische, pflegerische und soziale Herausforderung dar. Die oft jungen Patienten werden plötzlich aus ihrem beruflichen und familiären Umfeld herausgerissen und mit der Situation einer lebensbedrohlichen Krankheit und einer intensiven und zeitaufwendigen Behandlung konfrontiert. Solche Therapien können nur in spezialisierten Zentren durchgeführt werden und erfordern ein eingespieltes Team, welches mit den äußerst wichtigen supportiven Maßnahmen vertraut ist. Die Gesamtheit der supportiven Maßnahmen trägt in entscheidendem Maße zum Gelingen einer antileukämischen Therapie bei. Für alle Einzelheiten dazu wird auf Kapitel 6 dieses Buches verwiesen.

Bis zur Einführung zytostatischer Therapien in den 60er Jahren existierte gegen akute Leukämien keine aktive Behandlungsmöglichkeit, und die Überlebenszeit betrug nach Diagnosestellung meist nur Tage bis wenige Wochen. Soll eine Heilung erzielt werden, müssen alle leukämischen Zellen im Organismus vernichtet werden. Da es sich um eine generalisierte maligne Krankheit handelt, kann dieses Ziel nur durch eine Systemtherapie erreicht werden, in erster Linie also mit Zytostatika.

Die *Induktion* stellt die erste Phase der Chemotherapie dar und hat zum Ziel, im Knochenmark eine Vollremission (weniger als 5% Blasten im Knochenmark) zu erreichen. Dazu werden Kombinationen von Zytostatika in hoher Dosis meist intravenös über mehrere Tage verabreicht. Nach Erreichen der Vollremission wird eine *Konsolidationstherapie* angeschlossen, um den Erfolg zu festigen und verbliebene überlebende Tumorzellen zu vernichten. Bei Vorhandensein eines passenden Geschwisters wird anschließend in vielen Fällen eine allogene Knochenmarktransplantation angeschlossen (s. Kapitel „Stammzelltransplantationen bei Leukämien", S. 462) Erhaltungstherapien haben zum Ziel, später in die Proliferationsphase gelangende Tumorzellen zu eliminieren und einen Krankheitsrückfall nach Möglichkeit zu verhindern. Eine Erhaltungstherapie wird bei der akuten lymphatischen Leukämie der Kinder immer durchgeführt, bei Erwachsenen ist sie umstritten. Ein Befall des Zentralnervensystems (ZNS) kann mit intravenösen Chemotherapien nicht wirksam behandelt oder verhindert werden. Dafür sind Chemotherapien oder -prophylaxen direkt ins Rückenmark bzw. ZNS-Bestrahlungen (Hirn) nötig. Eine ZNS-Prophylaxe wird bei Kindern immer, bei Erwachsenen nur bei der akuten lymphatischen Leukämie durchgeführt.

Die Induktions- und Konsolidationstherapien gehören zu den aggressiven Chemotherapien. Sie führen zu einer 2- bis 4wöchigen *Knochenmarkaplasie* (vorübergehendes Verschwinden aller blutbildenden Zellen im Knochenmark). Die fehlende Bildung von funktionsfähigen Leukozyten bewirkt eine große *Infektionsgefahr.* Bakteriämien, Sepsis oder Pneumonien sind häufig. Als Folge der beeinträchtigten Immunität können auch Keime der normalen Haut- und Darmflora plötzlich krankheitsauslösend wirken. Ein besonderes Problem stellen Pilz- und Virusinfektionen dar, weil dagegen bisher nur beschränkt wirksame Medikamente zur Verfügung stehen. Mit einem Bündel von Maßnahmen wird versucht, das Infektionsrisiko zu senken. Dem Thrombopenie-bedingten Blutungsrisiko wird durch Thrombozytentransfusionen begegnet. Auch Erythrozytenkonzentrate müssen regelmäßig transfundiert werden. Granulozytentransfusionen wurden meistenorts verlassen, da diese Zellen nach Transfusion nur sehr kurz Zeit überleben und dadurch nur eine beschränkte Wirkung entfalten können. Außerdem gibt es erhebliche Verträglichkeitsprobleme.

Akute lymphatische Leukämie (ALL)

Epidemiologie

Die ALL stellt die häufigste maligne Erkrankung bei *Kindern* dar. Sie kann bereits im Säuglingsalter auftreten. Bei den Erwachsenen macht die ALL ungefähr 20% der akuten Leukämien aus. Bei der Altersgruppe über 50 Jahre nimmt die Häufigkeit der ALL wieder deutlich zu. Insgesamt erkranken etwa 4 von 100000 Personen jährlich.

Einteilung

Aufgrund von immunologischen Oberflächenmarkern der leukämischen Zellen unterscheidet man heute *verschiedene Unterformen* (Tab. 18.**1**). Diese bieten ein recht heterogenes klinisches Bild, und sie unterscheiden sich deutlich im Verlauf und in der Prognose. Die häufigste Form, die „common"-(„übliche")ALL kommt vorwiegend im Alter zwischen 2 und 7 Jahren vor und hat bei den Kindern eine deutlich bessere Prognose als bei den Erwachsenen.

Hoch maligne Non-Hodgkin-Lymphome können sekundär ebenfalls das Knochenmark besiedeln. Beträgt der Anteil blastärer Zellen im Knochenmark mehr als 25%, spricht man von einer ALL. Bei einem Infiltrationsgrad unter 25% spricht man von einem hoch malignen Non-Hodgkin-Lymphom mit Knochenmarkbefall.

Klinisches Bild

Nebst den eingangs beschriebenen uncharakteristischen Leukämiesymptomen treten bei der ALL oft auch eigentliche B-Symptome wie *Fieber, Nachtschweiß* und *Gewichtsverlust* auf. Auch *Knochen- und Gelenkschmerzen* werden öfters beobachtet (Proliferationsschmerz). Weitere Beschwerden können durch vergrößerte Lymphknoten, Rachenmandeln, Milz oder Leber entstehen. Bei Kopfschmerzen, Erbrechen, Sehstörungen und anderen Nervenausfällen muß man an einen Befall des Zentralnervensystems (ZNS) denken. Die leukämische Infiltration befällt meistens die weichen Hirnhäute (Meningen). Einen ZNS-Befall kann man durch eine kernspintomographische Untersuchung oder durch den Nachweis von leukämischen Blasten in der Rückenmarkflüssigkeit (Liquor) feststellen. Da ein ZNS-Befall bei der ALL häufig ist, muß bei jedem Pa-

Tabelle 18.**1** Einteilung der malignen Erkrankungen des blutbildenden Systems

Akute myeloische Leukämien (AML)		
AML FAB*	M0	myeloische Leukämie ohne Differenzierungsmarker
	M1	Myeloblastenleukämie
	M2	Myeloblastenleukämie mit Reifungszeichen
	M3	Promyelozytenleukämie
	M4	myelomonozytäre Leukämie
	M5	Monozytenleukämie
	M6	Erythroleukämie
	M7	Megakaryoblastenleukämie
Akute lymphatische Leukämien (ALL)		
	Null ALL	ALL ohne Differenzierungsmarker
	c-ALL	„common"-ALL (häufigste ALL)
	prä-prä-B-ALL	unreife B-ALL
	prä-B-ALL	nächste Differenzierungsstufe der B-Zell-Reihe
	B-ALL	nächste Differenzierungsstufe der B-Zell-Reihe
	prä-T-ALL	unreife T-ALL
	T-ALL	nächste Differenzierungsstufe der T-Zell-Reihe
Chronische Leukämien		
	CML	s. Myeloproliferative Syndrome
	B-CLL	„reifzellige" B-lymphatische Leukämie
	T-CLL	„reifzellige" T-lymphatische Leukämie (selten)
	PLL	Prolymphozytenleukämie (meist B-Lymphozyten)
	HCL	Haarzelleukämie (meist B-Lymphozyten)
Myelodysplastische Syndrome (MDS)		
	RA	refraktäre Anämie
	RARS	refraktäre Anämie mit Ringsideroblasten
	RAEB	RA mit Blastenvermehrung
	RAEB-t	RAEB in Transformation zur AML
	CMML	chronische myelomonozytäre Leukämie
Myeloproliferative Syndrome (MPS)		
	CML	chronische myeloische Leukämie
	OMF	Osteomyelofibrose (-sklerose)
	PV	Polycythaemia vera
	ET	essentielle Thrombozythämie

* FAB = French American British, gemeinsame Nomenklatur zur Einteilung.

tienten eine Lumbalpunktion durchgeführt werden. Um keine Verschleppung von Leukämiezellen aus dem Blut in den Liquor zu riskieren, führt man die Liquorpunktion meist erst durch, wenn die Chemotherapie die Blasten aus dem Blut beseitigt hat.

Therapie

Die Behandlung der ALL erfolgt nach den eingangs erwähnten allgemeinen Grundsätzen. Nebst verschiedenen Zytostatika (Ara-C, Daunorubicin, Oncovin, VP-16, Methotrexat usw.) haben auch das Enzym Asparaginase und das lymphozytentoxische Nebennierenrindenhormon Prednison einen festen Platz in der Therapie der ALL. Die Induktions- und Konsolidationstherapie muß im Spital durchgeführt werden. Am Anfang stellen vor allem die durch schnellen Zellzerfall entstehenden Stoffwechselkomplikationen (Zell-Lyse-Syndrom) eine Gefahr dar. Zur Prophylaxe werden intravenöse Schwemmtherapien sowie eine medikamentöse Senkung des Harnsäurespiegels durchgeführt.

Weil die oben erwähnten Chemotherapien die Bluthirnschranke nicht in zytotoxischen Dosen passieren, muß stets auch eine Prophylaxe bzw. Therapie des ZNS-Befalls erfolgen. Dies erfordert wiederholte *intrathekale* (direkt in den Liquor verabreichte) *Chemotherapien.* Meist wird eine Kombination aus Methotrexat, Ara-C und Hydrocortison verwendet. In hohen Dosen verabreicht können Methotrexat und Ara-C auch nach intravenöser Gabe einen therapeutischen Effekt im ZNS entfalten. Ohne ZNS-Prophylaxe entwickelt sich bei 70% der Kinder ein ZNS-Befall.

Im allgemeinen wird nach einer Induktionstherapie eine Vollremission erreicht. Nach der anschließenden Konsolidationstherapie wird oft eine ambulante Erhaltungstherapie von 2–3 Jahren angefügt. Sie soll allenfalls überlebende Leukämiezellen daran hindern, einen Rückfall auszulösen. Zur Überwachung der Remission sind regelmäßige Knochenmark- und Blutbildkontrollen nötig.

Die Behandlung der ALL erfolgt heutzutage im allgemeinen risikoadapiert. Dies bedeutet, daß beim Vorliegen prognostisch ungünstiger Faktoren eine intensivere Therapie verabreicht wird. Prognostisch ungünstige Faktoren sind z. B. eine hohe anfängliche Leukozytenzahl, das Vorhandensein des Philadelphia-Chromosoms in der ALL-Zelle, ein verzögertes Erreichen der Vollremission u. a.m. Bei erhöhtem Risiko wird heute nach erfolgreicher Induktion und Konsolidation eine allogene bzw. autologe Knochenmarktransplantation angeschlossen (s. auch S. 467).

Tritt ein Rückfall auf, versucht man, durch erneute Chemotherapie (Reinduktion) eine Zweitremission zu erreichen. Diese dauert normalerweise weniger lang als die Erstremission. Eine Knochenmarktransplantation kann allenfalls bei einem Rückfall nach konventioneller Chemotherapie nochmals eine kurative Chance bedeuten.

Prognose

Seit der Verfügbarkeit der Zytostatika sind in der Behandlung der ALL *beeindruckende Fortschritte* gemacht worden. So erreichen ca. 90% aller Kinder mit ALL eine Vollremission und ca. 70–80% dieser Kinder sind nach Abschluß der Therapie geheilt. Bei den Erwachsenen sind die Aussichten leider wesentlich ungünstiger. Zwar erreichen auch ca. 70–80% der Patienten eine Vollremission, doch sind Rückfälle in dieser Altersgruppe die Regel. Mit konventioneller Chemotherapie können nur sehr wenige Patienten endgültig geheilt werden. Der Einbezug der Knochenmarktransplantation ins Behandlungskonzept sowie die risikoadaptierte Therapie kann die Prognose aller Voraussicht nach verbessern.

Der Grund für die schlechtere Behandelbarkeit der Erwachsenen-ALL ist vor allem auf die ungünstigeren Untergruppen zurückzuführen. Während die Philadelphia-Chromosom-positive ALL bei Kindern praktisch nicht vorkommt, wird sie bei Erwachsenen mit steigendem Alter kontinuierlich häufiger. Diese Untergruppe zeichnet sich durch eine äußerst große Rückfallneigung und entsprechend geringe Heilungschance aus. Bei Kindern hat die T-Zell-ALL eine besonders ungünstige Prognose. Sie ist bei älteren Knaben häufig und geht oft mit einem Mediastinaltumor einher. Andere Organerkrankungen oder eine schlechtere Verträglichkeit der Chemotherapie machen bei älteren Erwachsenen oft die Durchführung der geplanten Therapie unmöglich. Dosiskompromisse sowie eine zeitliche Verzögerung haben ihrerseits wieder einen ungünstigen Einfluß auf die Prognose.

Akute myeloische Leukämie (AML)

Epidemiologie

Die AML kommt in jedem Lebensalter vor, ihre Häufigkeit steigt mit zunehmendem Alter. Bei den Erwachsenen macht die AML ca. 80% der akuten Leukämien aus. Jährlich erkranken ca. 2–3 Patienten pro 100000 Einwohnern an AML.

Einteilung

Die *f*ranzösich-*a*merikanisch-*b*ritische Nomenklatur (FAB-Nomenklatur) unterscheidet *acht Unterformen* der AML. Die Unterscheidung beruht auf morphologischen, zytochemischen und immunologischen Methoden. Die FAB-Typen M0–M5 bezeichnen verschiedene Reifungsstufen der leukämischen Zelle. Beim FAB-Typ M6 handelt es sich um eine maligne Entartung der roten Zellreihe (Erythro-Leukämie), beim FAB-Typ M7 ist die Bildungsreihe der Thrombozyten betroffen (Megakaryoblastenleukämie).

Klinisches Bild

Im Gegensatz zur ALL sind die lymphatischen Organe bei der AML meist nicht befallen. Auch ein ZNS-Befall kommt nur selten vor. In gewissen Fällen können die Zellen der AML solide Tumoren bilden. Öfters wird eine Infiltration des Zahnfleisches beobachtet. Der FAB-Typ M3 (Promyelozytenleukämie) manifestiert sich klassischerweise durch eine starke, früher oft zum Tode führende *Blutungsneigung.* Im übrigen prägen die in der Einleitung aufgeführten Symptome und Befunde meistens das Bild einer neuentdeckten AML.

Therapie

Um das Knochenmark von den leukämischen Zellen zu säubern, sind bei der AML von Anfang an *aplasierende Chemotherapien* nötig. Die Basis für die Induktions- und Konsolidationstherapie bilden Ara-C, die Antracycline Daunorubicin und Idarubicin sowie VP-16 und Amsacrin. Nach einem bzw. zwei Induktionszyklen sowie einem Konsolidationszyklus erreichen 70–80% der Patienten eine Vollremission.

Die pro Zyklus 3–4 Wochen dauernde Knochenmarkaplasie stellt für das Behandlungsteam eine große Herausforderung dar. Mehr als die Hälfte der Patienten erleiden mindestens einmal eine schwere *Infektkomplikation* (Sepsis, Weichteilinfekte, Pneumonien). Nausea, Erbrechen, Diarrhö und Mukositis können zusätzlich den Allgemeinzustand des Patienten schwer beeinträchtigen. In solchen Situationen ist eine professionelle Pflege entscheidend (s. Kapitel 6).

Bei älteren Patienten oder bei schweren Begleiterkrankungen kommen derart belastende Therapien natürlich nicht in Frage. In solchen Fällen muß man sich auf einfache zytoreduktive Therapien und supportive Maßnahmen beschränken.

Eine besonders faszinierende Therapiemöglichkeit hat sich in den letzten Jahren bei der akuten Promyelozytenleukämie etabliert. Der Vitamin-A-Abkömmling *Retinolsäure (ATRA)* führt zur Ausreifung und damit zum normalen Absterben der leukämischen Zellen. Durch Zugabe von ATRA zur Chemotherapie konnte die initiale Sterblichkeit dieser Leukämieform massiv gesenkt und die Remissionsrate auf 80–90% erhöht werden. Das Konzept, Tumorzellen durch medikamentösen Anstoß zur Differenzierung zum Absterben zu bringen, wurde auch bei anderen Tumoren erprobt. Die Wirkung ist aber bei keiner anderen Krankheit so überzeugend wie bei der akuten Promyelozytenleukämie.

Erhaltungstherapien werden bei der AML heute im allgemeinen nicht mehr durchgeführt. Viele Patienten werden aber nach erfolgreicher Induktion und Konsolidation einer Knochenmarktransplantation zugeführt.

Prognose

Obschon 70–80% der AML-Patienten eine Vollremission erreichen, ist die Heilungsrate nach alleiniger Chemotherapie mit 20–30% enttäuschend gering. Schuld daran sind die *Rezidive,* welche meistens in den ersten 4 Jahren auftreten. Bei Rezidiven können zwar öfters Zweitremissionen erreicht werden. Langzeiterfolge sind aber die Ausnahme, Heilungen höchstens mit Knochenmarktransplantation allenfalls erzielbar. Eine besonders ungünstige Prognose haben Patienten mit akuter Erythro- und Megakaryoblastenleukämie. Auch bei älteren Patienten sind die Resultate schlechter, weil diese Patienten die Induktionstherapien weniger gut tolerieren und eher an Komplikationen sterben. Besonders günstig ist die Prognose bei der akuten Promyelozytenleukämie.

Chronische lymphatische Leukämie (CLL)

Epidemiologie

Mit einem Anteil von 30% ist die CLL die *häufigste Erwachsenen-Leukämie* der westlichen Welt. Die Erkrankungswahrscheinlichkeit nimmt mit steigendem Lebensalter deutlich zu. Während die CLL bis zur 4. Dekade selten diagnostiziert wird, beträgt die Inzidenz im Alter von 50 Jahren 5 pro 100000 und bei 80jährigen gar 30 pro 100000.

Einteilung

In über 90% der CLL ist die *B-Zellreihe* betroffen. Die CLL gehört zu den niedrigmalignen Non-Hodgkin-Lymphomen.

Diagnose

Bei einer Lymphozytenzahl von über $5 \times 10^9/l$ und entsprechenden Befunden in der Immuntypisierung läßt sich die Diagnose einer CLL bereits aus dem Blut stellen. Morphologisch sehen die Zellen reif aus, funktionell sind sie aber unreif.

Klinisches Bild

Die Diagnose CLL wird meist durch Zufall gestellt. Viele Patienten bleiben jahrelang asymptomatisch. In fortgeschrittenen Stadien kommt es oft zu einer erhöhten Infektanfälligkeit auf dem Boden eines Antikörpermangels. Durch Verdrängung der normalen Blutbildung entwickelt sich zunehmend eine Anämie und Thrombozytopenie. Diese können durch Autoimmunphänomene zusätzlich verstärkt werden. Eine Splenomegalie oder eine generalisierte Lymphadenopathie kann im späteren Verlauf die Befindlichkeit zusätzlich stören.

Therapie

Bei asymptomatischer Krankheit ohne Anämie oder Thrombopenie kann mit einer Therapie zugewartet werden, ohne daß sich dadurch die Prognose verschlechtert. *Behandlungsindikationen* sind:

- Allgemeinsymptome wie Schwitzen, Fieber, Gewichtsverlust,
- zunehmende Lymphome oder starke Milzvergrößerung,
- Neutropenie, Anämie, Thrombopenie,
- exzessive Lymphozytose oder rasch steigende Lymphozytenzahl im Blut.

Die Behandlung besteht initial meistens aus einer *milden Chemotherapie* mit Chlorambucil, evtl. kombiniert mit Prednison. In den letzten Jahren sind die Purin-Analoga, Fludarabin und 2-CDA (Chlorodeoxyadenosin) bei dieser Krankheit eingehend geprüft worden. Sie haben sich als große Bereicherung erwiesen und zeigen auch bei Resistenz auf andere Chemotherapien noch eine Ansprechrate von ca. 65 %. Eine wichtige Nebenwirkung von Fludarabin und 2-CDA besteht in einer lang anhaltenden Lymphopenie, welche opportunistische Infektionen begünstigt. Alle die genannten Chemotherapien sind nicht kurativ und erreichen keine wesentliche Lebensverlängerung. Zur Zeit wird geprüft, ob Hochdosistherapien mit Knochenmark- oder Stammzelltransplantationen jüngeren Patienten mit CLL eine kurative Chance bieten könnten.

Bei symptomatischer Milzvergrößerung (Kapselschmerz), immunologisch bedingter Thrombopenie oder Hämolyse kann eine Splenektomie oft über längere Zeit eine Verbesserung bringen.

Auch die *Radiotherapie* hat durchaus einen Stellenwert in der Behandlung dieser Krankheit. Bereits mit kleinen Strahlendosen können störende Lymphknotenpakete meist rasch zum Verschwinden gebracht werden. In gewissen Situationen kann auch eine Ganzkörperbestrahlung angezeigt sein.

Verschiedenenorts werden Immunmodulatoren (Interferone, Interleukine wie auch monoklonale Antikörper) auf ihre Wirkung geprüft. Insbesondere monoklonale Antikörper erscheinen bei Leukämien und Lymphomen vielversprechend, da die malignen Zellen auf ihrer Oberfläche Antigene exprimieren, die nur auf wenigen Geweben vorhanden sind. Der Stellenwert dieser Immuntherapien ist bis heute noch nicht definiert.

Prognose

Die durchschnittliche Überlebenszeit beträgt bei der CLL ca. 6 Jahre. Die konventionellen Chemotherapien sind nicht lebensverlängernd, sie haben ihre Wirkung in der Symptomkontrolle. Möglicherweise können Hochdosistherapien mit Stammzelltransplantationen das Überleben verlängern oder gar eine Heilung erzielen. In etwa 5% der Fälle geht die Krankheit nach oft jahrelangem „gutartigem" Verlauf in eine aggressive Form über.

Myeloproliferative Syndrome

Allgemeines

Myeloproliferative Syndrome sind *Erkrankungen der Knochenmarkstammzellen,* die zu einer gesteigerten Bildung (Proliferation) einer oder mehrerer Zellinien führen. Es handelt sich um seltene Krankheitsbilder, die praktisch nur beim Erwachsenen vorkommen.

Nebst der gesteigerten Blutbildung beobachtet man zusätzlich eine Störung in der „Auskleidung" des Knochenmarks (microenvironment). Diese Auskleidung besteht vorwiegend aus Endothelzellen, Fettzellen und Fibroblasten (Bindegewebezellen). Die vermehrte Zellproliferation im Knochenmark beeinflußt über Zytokine (Zellbotenstoffe) auch die innere Auskleidung des Knochenmarks, so daß es allmählich zu einer Fibrosierung (Faservermehrung) im Knochenmark kommt. In dieser Situation kann kein flüssiges Knochenmark mehr aspiriert werden (Punctio sicca). Die myeloproliferativen Syndrome gehen auch mit Funktionsstörungen der Blutzellen einher. Störungen der Thrombozytenfunktion können bei normaler oder gar erhöhter Thrombozytenzahl eine Blutungsneigung verursachen. Gleichzeitig kann auch eine Neigung zu thromboembolischen Ereignissen bestehen. Den myeloproliferativen Syndromen ist zudem die Gefahr eines Übergangs in eine *akute Leukämie* eigen.

Chronische myeloische Leukämie (CML)

Epidemiologie

Die CML tritt jährlich ca. zweimal pro 100.000 Einwohner auf und macht ca. 20–30% der Leukämien bei Erwachsenen aus. Das mittlere Alter bei Diagnosestellung liegt ungefähr bei 50 Jahren. Männer sind häufiger betroffen als Frauen.

Klinisches Bild

Oft wird die Diagnose zufällig aufgrund der Leukozytose gestellt. Bei anderen Patienten führen Allgemeinsymptome wie *Fieber, Nachtschweiß, Leistungsabfall* oder *Milzbeschwerden* zur Diagnose. Durch eine Infiltration der Milz kann diese sehr groß werden und infolge Kapselspannung oder Milzinfarkten zu starken Beschwerden führen.

Der Verlauf der CML ist gekennzeichnet durch eine symptomarme therapeutisch gut beeinflußbare chronische Phase. Diese dauert im Durchschnitt 4–5 Jahre. Nach einer Übergangsphase (akzelerierte Phase) geht die Krankheit in eine akute Phase, die Blastenkrise, über.

Diagnose

In der zytogenetischen Untersuchung findet man bei der CML charakteristischerweise das *Phildelphia-Chromosom.* Dabei handelt es sich um die Anlagerung eines vom Chromosom 9 abgebrochenen Fragmentes an das Chromosom 22. Durch diese Translokation (Verschiebung) geraten DNS-Abschnitte aneinander, die normalerweise nicht zusammengehören, und es bildet sich ein neues Gen (Fusionsgen) auf dem Chromosom 22 (bcr/abl). Die Zusammenhänge zwischen diesem Fusionsgen und dem klinischen Bild der CML sind noch nicht restlos geklärt. Es scheint, daß zum Ausbruch der Krankheit zusätzliche Faktoren nötig sind. Das Fusionsgen des Philadelphia-Chromosoms ist nämlich auch bei Gesunden nachgewiesen worden.

Das Blutbild zeigt bei CML meist eine *ausgeprägte Leukozytose.* Im Ausstrich findet man vorwiegend reif aussehende Granulozyten und deren reifere Vorstufen (Metamyelozyten und Myelozyten). Blasten in größerer Zahl sind erst in einem fortgeschrittenen Stadium vorhanden.

Zur Abgrenzung gegenüber anderen proliferativen Syndromen wird oft die alkalische Leukozytenphosphatase herangezogen. Als Enzym reifer Granulozyten ist sie bei der CML deutlich erniedrigt oder fehlend.

Therapie

Ziel der medikamentösen Therapie ist eine Senkung der Leukozytenzahl und damit verbunden eine Beseitigung der Allgemeinsymptome. Dieses Ziel läßt sich mit Hydroxyurea-Kapseln meist schon innerhalb weniger Tage erreichen. Diese Therapie ist prinzipiell frei von Nebenwirkungen. Nach dieser Initialbehandlung erhalten die meisten Patienten Interferon-α. Im Gegensatz zur Hydroxyurea-Therapie kann Interferon-α auch auf zytogenetischer und molekularbiologischer Ebene ansprechen und eine Abnahme oder ein Verschwinden des Philadelphia-Chromosoms bzw. seines Fusionsgens bewirken. Der volle Effekt der Interferon-α-Therapie tritt oft erst nach 6–12 Monaten ein. Die bei der CML nötigen Dosen

(5 Mio. E/m^2 täglich s. c.) gehen öfters mit Nebenwirkungen einher, die zu einer Dosisreduktion zwingen (Müdigkeit, Schwäche, Gewichtsverlust, psychische Veränderungen). Leichtere Nebenwirkungen wie Fieber und Arthralgien lassen sich meist mit Paracetamol gut kontrollieren.

Die einzige Therapie mit Heilungsmöglichkeit bei der CML ist die *allogene Knochenmarktransplantation.* Sie wird deshalb bis ins Alter von 50–55 Jahren möglichst früh in der chronischen Phase angestrebt. Falls kein passendes Geschwister vorhanden ist, leitet man eine Suche nach einem unverwandten Spender ein. Sollte es nach der Knochenmarktransplantation zu einem Rückfall kommen, kann die Transfusion von Leukozyten des Spenders erneut zu einer Remission führen.

Die Blastenkrise ist leider bis heute keiner wirksamen Therapie zugänglich. Auch die Erfahrungen mit Knochenmarktransplantationen sind so schlecht, daß diese in der Blastenkrise im allgemeinen nicht mehr durchgeführt werden. In ausgewählten Fällen kann eine symptomatische Splenomegalie mit einer Milzbestrahlung günstig beeinflußt werden.

Prognose

Die durchschnittliche Überlebenszeit mit der klassischen Therapie mit Litalir beträgt ca. 5–6 Jahre. Es scheint, daß die Interferon-Therapie eine gewisse Überlebensverlängerung bringt, vor allem bei Patienten mit zytogenetischem Ansprechen. Die Erfahrungen mit der allogenen Knochenmarktransplantation sind noch jung und erlauben noch keine endgültige Abschätzung der Heilungsraten. Sie stellt aber einen wesentlichen Fortschritt in der CML-Behandlung dar.

In der Blastenkrise gibt es bis heute leider keine befriedigende Therapie und die Überlebenszeit beträgt lediglich wenige Monate.

Osteomyelofibrose (Osteomyelosklerose)

Auch dieses Krankheitsbild geht auf eine *Stammzellerkrankung* zurück. Sie zeichnet sich durch eine progrediente Durchsetzung der *Hohlräume im Knochenmark mit Fasern* aus. Dadurch kommt es zu einem Versiegen der Blutbildung im Knochenmark. In der Leber und der Milz setzt danach eine extramedulläre Blutbildung ein, welche diese Organe beträchtlich anwachsen läßt. Im Blutbild kann man die extramedulläre Blutbildung an zahlreichen morphologischen Veränderungen erkennen. Charakteristisch sind die Tränentropfenformen der Erythrozyten.

Im Vordergrund der Beschwerden stehen Schmerzen durch die Hepatosplenomegalie. Dazu kommen die Folgen einer zunehmenden Panzytopenie. Bisher existiert für diese Krankheit keine erfolgversprechende Therapie. Die Patienten versterben meist nach einem schleichenden Verlauf an den Folgen eines Infekts oder einer Blutung. Es werden auch Transformationen in eine akute Leukämie beobachtet.

Polycythaemia vera

Klinisches Bild und Diagnose

Hier kommt es vor allem zu einer *Steigerung der Erythropoese* mit Hämoglobinwerten bis über 200 g/l und entsprechend erhöhtem Hämatokrit. Die Sauerstoffsättigung im Blut und die alkalische Leukozytenphosphatase sind ebenfalls erhöht. Auch die Leukozyten und die Thrombozyten sind meist vermehrt, wenn auch weniger stark als die Erythrozyten. Klinisch fallen diese Patienten wegen ihrer *rötlich-blauen-Hautfarbe* auf. Oft klagen sie über allgemeines Unwohlsein, Schwindel oder auch über kardiale Beschwerden (Mikrozirkulationsstörungen). Gerinnungsstörungen mit gleichzeitiger Blutungsneigung und Thrombosen können ebenfalls auftreten.

Therapie und Prognose

Die Basis der Behandlung bilden *regelmäßige Aderlässe.* Diese können mitunter alle zwei Wochen nötig sein. Um den Eiweißverlust zu reduzieren, kann das Plasma nach Abzentrifugieren der Blutzellen unmittelbar nach dem Aderlaß zurückgegeben werden. Bei ungenügendem Effekt werden zytostatische Therapien eingesetzt, z. B. Hydroxyurea.

Unter guter Therapieführung sind Überlebenszeiten von 10–15 Jahren keine Seltenheit. Übergänge in akute Leukämien kommen allerdings vor. Differentialdiagnostisch ist an eine sekundäre Vermehrung der Erythropoese zu denken, wie sie bei Herz- und Lungenkrankheiten als Folge des Sauerstoffmangels im Blut vorkommt. Hier steht die Behandlung des Grundleidens im Vordergrund.

Essentielle Thrombozythämie

Diese seltene Krankheit manifestiert sich mit einer *vermehrten Bildung von Thrombozyten und deren Vorstufen.* Thrombozytenwerte von 1000 bis 2000 x 10^6/l sind dabei keine Seltenheit. Dies bedeutet ein hohes Risiko für thromboembolische Ereignisse.

Nebst der zytostatischen Therapie mit Hydroxyurea hat sich Interferon-α ebenfalls als wirksam erwiesen. Zur Verminderung des Thromboserisikos sollten bei sehr hohen Thrombozytenzahlen Thrombozytenaggregationshemmer (Acetylsalicylsäure) gegeben werden. Auch diese Form der myeloproliferativen Syndrome zeigt eine Tendenz, in eine akute Leukämie überzugehen.

Myelodysplastische Syndrome (MDS)

Allgemeines

Die myelodysplastischen Syndrome sind *Krankheiten der blutbildenden Stammzellen.* Dieser Stammzelldefekt beinhaltet Reifungsstörungen (Dysplasien) aller Zellreihen. Folge diese Reifungsstörungen ist eine zunehmende Anämie, Leukopenie und Thrombopenie. Mit einer Häufigkeit von 1–2 Neuerkrankungen jährlich pro 100 000 Personen gehören die myelodysplastischen Syndrome zu den seltenen Krankheiten. Die meisten Patienten sind über 50jährig. Die FAB-Nomenklatur unterscheidet fünf verschiedene Formen myelodysplastischer Syndrome (s. Tab. 18.**1**). Aufgrund ihrer verbreiteten Reifungsstörungen wird auch die chronische myelomonozytäre Leukämie dazu gerechnet.

Ätiologie

Bei vielen Patienten findet sich keine ersichtliche Ursache. Oft läßt sich jedoch nachvollziehen, daß die Patienten längere Zeit *chemischen Noxen* (Benzole, Pestizide usw.) ausgesetzt waren. In Anbetracht der steigenden Zahl an Langzeitüberlebenden nach Chemo- und Radiotherapien müssen nebst Leukämien und soliden Tumoren auch vermehrt myelodysplastische Syndrome erwartet werden. Durch Identifizierung und Eliminierung von Zytostatika mit besonders hohem Potential für Zweittumoren sowie durch Reduktion der Strahlendosen und Feldgrößen versucht man diese Risiken zu verkleinern.

Bei vielen MDS kann ein zytogenetischer Defekt nachgewiesen werden. Oft sind die Chromosomen 5 und 7 betroffen, manchmal werden auch komplexe Anomalien mehrerer Chromosomen beobachtet.

Klinisches Bild

Das klinische Bild ergibt sich aus der Situation des Knochenmarkversagens mit Müdigkeit, Infekt- und Blutungsneigung. Der klinische Verlauf ist äußerst variabel. Nebst milden Verläufen mit langjähriger leichter Anämie kann sich auch in kurzer Zeit ein Knochenmarkversagen oder ein Übergang in eine akute Leukämie einstellen.

Therapie

Die Behandlung beschränkt sich in den meisten Fällen auf *palliative Maßnahmen.* Regelmäßige Bluttransfusionen sowie Prophylaxe und Therapie von Infekten tragen zu einer Verbesserung der Lebensqualität bei. Bei den wenigen jungen MDS-Patienten kann versucht werden, mit einer Chemotherapie die kranken Zellverbände so zurückzudrängen, daß sich die gesunden Anteile der Hämatopoese wieder ausbreiten können.

Dazu sind jedoch intensive Chemotherapien, entsprechend einer Leukämiebehandlung, erforderlich. Eine anschließend durchgeführte allogene Knochenmarktransplantation beinhaltet für einige MDS-Patienten sogar die Chance auf Heilung oder zumindest längeres krankheitsfreies Überleben.

Prognose

Die mittleren Überlebenszeiten variieren bei den verschiedenen Formen der myelodysplastischen Syndromen stark. Bei refraktärer Anämie ohne zytogenetische Veränderung beträgt die Lebenserwartung mehr als vier Jahre. Bei refraktärer Anämie mit Blastenexzeß in Transformation liegt die Lebenserwartung jedoch nur bei wenigen Monaten. Ca. 30% der MDS gehen irgendwann in eine akute myeloische Leukämie über. Die aus einem MDS hervorgehenden akuten Leukämien sind prognostisch schlechter als neu entstandene Leukämien.

Stammzelltransplantationen bei Leukämien

Historisches

Bereits im letzten Jahrhundert wurden Therapieversuche mit peroraler Knochenmarkverabreichung bei blutkranken Menschen unternommen. Der erste Bericht eines realistischeren Therapieansatzes stammt aus dem Jahre 1939. Damals wurden einem Patienten mit aplastischer Anämie 18 ml Knochenmark seines Bruders intravenös verabreicht. Die moderne Ära erfolgreicher Knochenmarktransplantationen wurde durch Tierversuche eingeleitet, welche zeigten, daß ein letales Knochenmarkversagen nach Ganzkörperbestrahlung durch nachfolgende intravenöse Knochenmarkübertragung verhindert werden kann. Grundlegende Untersuchungen führten danach zur Entdeckung transplantationsrelevanter Antigene *(HLA-Antigene)* und zur Entwicklung von Techniken zum Einfrieren und Konservieren *hämatopoetischer Stammzellen.* In den 60er Jahren gelangen der Arbeitsgruppe in Seattle/USA die ersten erfolgreichen Transplantationen, was später durch die Verleihung des Nobelpreises an Donnall Thomas gewürdigt wurde. Seit einigen Jahren weiß man, daß hämatopoetische Stammzellen nicht nur aus dem Knochenmark, sondern auch aus dem Blut geerntet werden können. Man spricht deshalb nicht mehr von Knochenmark, sondern von Stammzelltransplantationen. Zur Zeit werden Transplantationen hämatopoetischer Stammzellen weltweit in zahlreichen Zentren durchgeführt. Diese Therapieverfahren haben einen festen Platz in der Behandlung der Leukämien eingenommen.

Prinzipien

Grundidee der Stammzelltransplantation ist eine *massive Dosiserhöhung der Zytostatika,* allenfalls kombiniert mit einer Ganzkörperbestrahlung zur möglichst kompletten Abtötung aller leukämischen Zellen. Damit sollen auch Tumorzellen eliminiert werden in Geweben, die einer konventionell dosierten Chemotherapie weniger zugänglich sind (Hoden, Zentralnervensystem).

Allogene Stammzelltransplantation

Zur Umgehung eines irreversiblen Knochenmarkversagens muß ein Spender vorhanden sein. Im besten Fall ist dies ein Geschwister, welches in den Gewebeeigenschaften (Histokompatibilitätsantigene, HLA-Antigene) möglichst übereinstimmt. Man spricht dann von einer allogenen Stammzelltransplantation (Tab. 18.**2**). Im besonderen Falle einer genetischen Identität zwischen Spender und Empfänger (bei eineiigen Zwillingen) spricht man von syngener Transplantation.

Die HLA-Antigene sind auf dem Chromosom 6 lokalisiert und werden im allgemeinen nach den Mendel-Gesetzen vererbt. Damit ist ein Geschwisterpaar mit einer statistischen Wahrscheinlichkeit von 25% HLA-identisch. Aufgrund der immer kleiner werdenden Kinderzahlen in den Familien sinkt die Wahrscheinlichkeit, einen passenden Spender in der Familie zu finden. Um diesen Engpaß zu umgehen, sind in den letzten Jahren große Register mit freiwilligen Knochenmark- oder Stammzellspendern geschaffen worden. Obwohl es statistisch mehr Kombinationsmöglichkeiten von HLA-Antigenen als Menschen auf der Welt gibt, besteht bei der derzeitigen Registrierung von weit über 3 Mio. freiwilligen Spendern eine gute Chance, einen unverwandten, zufälligerweise HLA-kompatiblen Spender zu finden. Besonders innerhalb ethnischer Gruppen sind nämlich gewisse Kombinationen häufiger, als es statistisch zu erwarten wäre.

Tabelle 18.**2** Begriffe der Stammzelltransplantationen

Transplantation	Spender
autolog	Patient selbst
syngen	eineiiger Zwilling
allogen	anderer Mensch • HLA-identisches Geschwister • HLA-kompatibler Fremdspender

Autologe Stammzelltransplantation

Läßt sich in nützlicher Frist kein Spender für eine allogene Stammzelltransplantation finden, bietet sich die Verwendung von autologen Stammzellen an. Dabei werden patienteneigene Stammzellen vor der Hochdosistherapie entnommen und eingefroren. Nach der Hochdosistherapie werden die Stammzellen wieder aufgetaut und dem Patienten intravenös zurückgegeben. Die transplantationsassoziierte Komplikationsrate ist bei der autologen Stammzelltransplantation niedriger, da insbesondere keine Abstoßungsprobleme auftreten können. Auch fallen die Probleme der Spendersuche weg, da jeder Patient in Vollremission für sich selber Stammzellen spenden kann. Das Hauptproblem der autologen Stammzelltransplantation liegt in der möglichen Kontamination des Transplantats durch verbleibende Leukämiezellen. Mit verschiedenen Methoden wird heute versucht, die gewonnenen Stammzellen von Leukämiezellen zu reinigen *(Purging)*. Dies kann durch Versetzung der Zellsuspension mit Chemotherapeutika oder mit gezielt gegen die Tumorzellen gerichteten monoklonalen Antikörpern geschehen. Mit spezifischen Antikörpern kann man aus der gewonnenen Zellsuspension die Stammzellen direkt herausselektionieren. Ob die verschiedenen Purging-Methoden die Langzeitresultate verbessern, konnte bis heute noch nicht endgültig gezeigt werden.

Voraussetzungen

Früher wurde die Stammzelltransplantation erst in Betracht gezogen, wenn alle konventionellen Therapien versagten. Heute weiß man, daß Patienten in guter klinischer und hämatologischer Verfassung eine deutlich bessere Prognose haben. Man strebt deshalb an, die Transplantation möglichst rasch nach Erreichen einer Remission durchzuführen. In dieser Situation ist die Tumorbelastung des Körpers gering, der Allgemeinzustand des Patienten gut und die Gefahr von chemoresistenten Tumorzellen kleiner.

Da die schweren Komplikationen mit zunehmendem Alter massiv ansteigen, setzt man die Limite für allogene Stammzelltransplantationen heute bei 50–55 Jahren. Bei unverwandtem Spender wird die Altersgrenze bei 45 Jahren angesetzt. Autologe Stammzelltransplantationen können im allgemeinen bis zum 60. Lebensjahr durchgeführt werden.

Bezüglich Remissionsstatus im Knochenmark wird vor der Transplantation bei akuten Leukämien meist eine Vollremission gefordert (Erst- und Zweitremission). Die Transplantation erfolgt demnach als konsolidierende Therapie nach erfolgreicher konventioneller Induktionstherapie. Bei der CML wird in stabiler chronischer Phase transplantiert.

Die sorgfältige Selektion der Patienten hat in den letzten Jahren wesentlich dazu beigetragen, die Resultate zu verbessern und nur diejenigen Patienten einer Transplantation zuzuführen, welche auch mit hoher Wahrscheinlichkeit davon profitieren.

Gewinnung der hämatopoetischen Stammzellen

Die klassische Methode zur Gewinnung von hämatopoetischen Stammzellen ist die *Entnahme von Knochenmark aus den Beckenkämmen.* Die Entnahme muß in Narkose oder Periduralanästhesie durchgeführt werden, bringt aber ansonsten kaum Risiken für den Spender.

Durch geeignete Methoden gelingt es, die für eine dauerhafte Besiedelung des Knochenmarks notwendigen Stammzellen ins *periphere Blut* zu mobilisieren. So beobachtet man eine vorübergehende Ausschwemmung von Stammzellen in der Regenerationsphase nach vorausgegangener Chemotherapie. Auch die hämatopoetischen Wachstumsfaktoren (G-CSF, GM-CSF) können Stammzellen ins Blut mobilisieren. Mit Zellseparatoren, wie sie auch für die Thrombozytengewinnung benützt werden, können die Stammzellen direkt aus dem venösen Blut geerntet werden. Es hat sich gezeigt, daß die Verwendung von Blutstammzellen verglichen mit Knochenmarkstammzellen zu einem schnelleren Wiederanstieg der Zellen und zu einer deutlich rascheren Immunrekonstitution führen. Außerdem ist zur Gewinnung keine Narkose erforderlich. Aus diesen Gründen werden bei der autologen Stammzelltransplantation heutzutage praktisch nur noch Blutstammzellen verwendet. Bei der allogenen Transplantation war man mit der Verwendung von Blutstammzellen vorsichtiger, da man aufgrund des höheren T-Lymphozytenanteils ein höheres Risiko für die Transplantat-gegen-Empfänger-Reaktion (Graft versus Host Disease, GvHD) befürchtete. Aufgrund bisheriger Erfahrungen ist dies allerdings nicht der Fall. Für den Spender peripherer Blutstammzellen muß der Vorteil einer wegfallenden Narkose mit den potentiellen Risiken einer medikamentösen Mobilisierung erkauft werden. Die Nebenwirkungen während der Verabreichung dieser Wachstumsfaktoren sind zwar gering, über Späteffekte weiß man jedoch noch wenig.

Eine faszinierende und ungeahnte Möglichkeiten eröffnende Quelle für hämatopoetische Stammzellen stellt das *Nabelschnurblut* dar. In den wenigen Millimetern des Nabelschnurbluts findet sich nämlich eine Menge an Blutstammzellen, die für eine Transplantation ausreicht. Besonders interessant scheint die immunologische Naivität und das Fehlen viraler Infektionen dieser Zellen. Es wird damit gerechnet, daß durch die Etablierung von Nabelschnurbanken die Verfügbarkeit für Stammzelltransplantate erheblich gesteigert werden kann. Bis dahin müssen jedoch noch diverse ethische und finanzielle Probleme gelöst werden.

Komplikationen

Die konditionierende Therapie besteht im allgemeinen aus einer Hochdosistherapie mit Alkylanzien, allenfalls kombiniert mit Etoposid. Danach folgt meist eine Ganzkörperbestrahlung, aufgeteilt in mehrere Sitzungen über einige Tage. Anschließend erfolgt die intravenöse Transplantation der hämatopoetischen Stammzellen. Die konditionierende Therapie führt zu einer schwersten Immunschwäche des Patienten, die sämtliche Abwehrmechanismen umfaßt (Granulozyten, Monozyten-Makrophagen-System in der Frühphase, humorale und zelluläre Immunität in mittlerer bis späterer Phase). Zusätzlich müssen die Patienten immunsuppressiv behandelt werden, um eine GvHD zu verhindern. Die *Bedrohung durch Infektionen* mit Bakterien, Viren und Pilzen erfordert eine Pflege in ultrasterilen Laminar-air-flow-Einheiten und stellt hohe Anforderungen an die ärztliche und pflegerische Betreuung.

Graft-versus-Host-Erkrankung. Bei der allogenen Stammzelltransplantation droht die Gefahr einer akuten **GvHD**. Ihre Zielorgane sind hauptsächliche Leber, Darm und Haut. Zur Prophylaxe dieser potentiell letalen Komplikation wird meist Ciclosporin A, evtl. kombiniert mit Methotrexat und/oder Glucocorticoiden, verabreicht. Bei schweren Verläufen kommen auch Antilymphozytenglobulin oder Antikörper gegen Zytokine zur Anwendung. Die chronische Form der GvHD verläuft meist milder und hat oft die Charakteristika autoimmunologischer Krankheiten wie Sklerodermie. Die niedrige Rate an Leukämierezidiven bei Patienten, die eine GvHD entwickeln, weist darauf hin, daß ihr Auftreten mit einem antileukämischen Effekt gekoppelt ist. Dies zeigt sich u.a. auch durch eine höhere Rezidivrate bei eineiigen Zwillingen als Spender. Eine Abstoßung des Transplantats durch immunologisch aktive Empfängerzellen stellt bei Leukämiepatienten selten ein Problem dar.

Eine gefürchtete Komplikation während der ersten Monate ist die *interstitielle Pneumonie.* Von dieser, mit einer hohen Mortalitätsrate behafteten Erkrankung sind oft Patienten mit schwerer GvHD betroffen. Die Genese ist multifaktoriell, wichtigster Risikofaktor scheint eine Cytomegalie-Virus-Reaktivierung zu sein. Die konditionierende Chemotherapie und Ganzkörperbestrahlung kann die Entstehung der sog. *Lebervenenverschlußkrankheit (VOD)* begünstigen. Durch Veränderung der Endothelzellen in den Lebervenen wird der Blutabfluß behindert, es kommt zur Anschwellung der Leber, Aszites und zum Ikterus. Schwere Formen der VOD enden häufig letal.

Unter den *Spätnebenwirkungen* sind vor allem Wachstumsstörungen und endokrine Probleme bei Kindern zu nennen. Fertilitätsprobleme treten im allgemeinen nur auf, wenn die Stammzelltransplantation während der Pubertät oder danach durchgeführt wurde. Erwachsene erlangen in den meisten Fällen ihre volle berufliche und soziale Aktivität nach einer gewissen Zeit wieder. Beeinträchtigungen der Lebensqualität können vor allem aus Manifestationen der chronischen GvHD resultieren. Öfters sind nach einiger Zeit Kataraktoperationen und Zahnsanierungen notwendig.

Indikationen und Resultate

Die heutigen Indikationen sind nicht als endgültig zu betrachten. Sie bedürfen einer regelmäßigen Überarbeitung. Der Trend geht in Richtung risikoadaptierte Behandlung.

Akute myeloische Leukämie. Die AML stellt heute in Europa die zweithäufigste Indikation für allogene Stammzelltransplantationen dar. Die Heilungsraten bei Transplantation in erster Vollremission liegen in der Größenordnung von 50–60%. In den letzten Jahren ist es gelungen, Patienten zu identifizieren, die mit einer konventionellen Chemotherapie allein eine hohe Heilungschance haben. Dazu gehört die akute Promyelozytenleukämie sowie gewisse zytogenetische Typen (Translokation [8,21], Inversion 16). In diesen Fällen wird eine Stammzelltransplantation erst im Falle eines Rezidivs angestrebt. Heilungen bei Patienten in zweiter oder späterer Vollremission sind ebenfalls möglich. Die Heilungsrate liegt aber mit 20–40% tiefer als bei entsprechender Behandlung in Erstremission. Der Stellenwert der allogenen Transplantation mit unverwandtem Spender ist bis heute noch nicht definiert. Die Überlebenszeiten nach autologer Stammzelltransplantation liegen in vergleichenden Studien ähnlich wie bei der allogenen Stammzelltransplantation. Einer niedrigeren transplantationsassoziierten Mortalität steht hier eine höhere Rezidivneigung gegenüber.

Die Interpretation von Ergebnissen klinischer Studien zum Stellenwert der Stammzelltransplantation ist immer durch das Problem der Patientenselektion erschwert. Die Effizienz der Transplantation wird unterschätzt, wenn Hochrisikopatienten in fortgeschrittenen Stadien transplantiert werden. Andererseits führt die Auswertung eines Patientenkollektivs mit günstigen Risikofaktoren zu einer Überschätzung der Wirksamkeit von Hochdosistherapien. Schließlich tragen auch Verbesserungen in der Technik der Transplantationen sowie der supportiven Therapie dazu bei, daß die Resultate aus früheren Kollektiven für heutige Patienten bereits nicht mehr zutreffen und wahrscheinlich verbessert werden können.

Akute lymphatische Leukämie. Aufgrund der ausgesprochen günstigen Resultate durch alleinige Chemotherapie bei Kindern mit ALL beschränkt sich die Indikation zur allogenen Stammzelltransplantation in erster Vollremission auf Kinder mit hoher Risikokonstellation. Bei Erwachsenen liegt die Heilungsrate nach konventioneller Therapie jedoch nur bei ca. 30%. Deshalb wird eine Transplantation in Erstremission empfohlen, zumindest bei Vorliegen eines Risikofaktors (hohe initiale Leukozytenzahl, Philadelphia-Chromosom, zeitliche Verzögerung bis zum Erreichen der Vollremission). Patienten mit einer Philadelphia-Chromosom-positiven ALL haben eine derart ungünstige Prognose, daß auch eine Transplantation mit unverwandtem Spender in Erstremission sinnvoll erscheint. Die durch Transplantation in Erstremission erreichbare Rate langfristigen krankheitsfreien Überlebens liegt für die ALL bei 40–70%.

Chronisch myeloische Leukämie. Da die allogene Stammzelltransplantation die einzige kurative Therapiemöglichkeit bei der CML darstellt, erstaunt es nicht, daß die CML zur häufigsten Indikation geworden ist. Das rückfallfreie Langzeitüberleben wird heute auf 40–50% geschätzt. Da Patienten nach Stammzelltransplantation mit HLA-identischem Fremdspender nach neueren Analysen kein signifikant schlechteres Überleben als Patienten mit Familienspendern aufweisen, sollte in diesen Fällen rasch eine Fremdspendersuche eingeleitet werden. Prognostisch wichtig ist die möglichst frühe Durchführung der Transplantation in der chronischen Phase. Der Wert der autologen Stammzelltransplantation bei der CML ist bis heute noch nicht abschätzbar.

Myelodysplastische Syndrome. Auch bei diesen Krankheiten stellt die allogene Stammzelltransplantation die einzig potentiell kurative Therapie dar. In Europa sind die MDS deshalb zur vierthäufigsten Indikation geworden. Die Wahrscheinlichkeit für Rezidivfreiheit nach 5 Jahren beträgt bei den früheren Formen um 40%. Bei den Blasten-reicheren Formen mit Übergang in eine AML sind die Resultate schlechter.

Einsatz hämatopoetischer Wachstumsfaktoren zur Mobilisation von Stammzellen ins Blut

Die hämatopoetischen Wachstumsfaktoren gehören zusammen mit den Interferonen und den Interleukinen zur Familie der *Zytokine*. Diese vorwiegend von lymphatischen Zellen, Monozyten, Fibroblasten und Endothelzellen produzierten Substanzen steuern zahlreiche Funktionen des menschlichen Stoffwechsels. Die hämatopoetischen Wachstumsfaktoren beeinflussen Differenzierung und Proliferation des blutbildenden Systems. Zahlreiche solcher Stoffe sind heute bekannt und können gentechnologisch hergestellt werden. Im Handel breit verfügbar sind jedoch zur Zeit nur drei hämatopoetische Wachstumsfaktoren. Es handelt sich um *G-CSF* (Granulozyten-Kolonie-stimulierender Faktor), *GM-CSF* (Granulozyten-Makrophagen-Kolonie-stimulierender Faktor) und *Erythropoietin*. Erythropoietin hat zwar in randomisierten Studien gezeigt, daß es den Wiederanstieg der roten Blutzellen beschleunigen kann. Wegen der problemlosen Verfügbarkeit von Erythrozytenkonzentraten und des hohen Preises für Erythropoietin hat es sich in der Routine jedoch nicht etabliert. GM-CSF und vor allem G-CSF werden heute routinemäßig eingesetzt. Beide sind in der Lage, nach subkutaner Injektion große Mengen von Stammzellen ins Blut zu mobilisieren. Der Spender erhält dafür an fünf aufeinanderfolgenden Tagen G-CSF subkutan verabreicht. Danach läßt sich mittels 1–2 Stammzellansammlungen (Leukapheresen) aus dem Blut die nötige Menge an Stammzellen ernten. Werden G-CSF oder GM-CSF nach der Stammzelltransplantation täglich verabreicht, ist eine Verkürzung der Granulozytopenie um mehrere Tage zu erwarten. Dadurch kann das Infektionsrisiko gesenkt und die Überlebenschance bei schweren Infektionen erhöht werden. Auf den Anstieg der Thrombozyten und des Hämoglobins haben diese Faktoren keinen Einfluß.

In Laboruntersuchungen hat sich gezeigt, daß G-CSF und GM-CSF die Empfindlichkeit leukämischer Zellen auf Chemotherapie erhöhen können. Diese Substanzen wurden deshalb während und nach normal dosierten Chemotherapien bei Leukämiepatienten eingesetzt. Auch dort zeigt sich ein positiver Effekt auf die Dauer der Granulozytopenie, doch konnte bisher kein Überlebensvorteil nach Behandlung mit G- oder GM-CSF gezeigt werden. Ein nachteiliger Effekt durch eine Stimulation von Leukämiezellen wurde bisher nicht nachgewiesen.

Die intensive Forschung auf diesem Gebiet führt jedes Jahr zur Entdeckung mehrerer neuer Zytokine. Zur Zeit wird das kürzlich entdeckte Thrombopoetin klinisch erprobt. Die Verflechtungen der zahlreichen Zytokine im überaus komplizierten Zytokin-Netzwerk werden zur Zeit erst rudimentär verstanden. Es ist jedoch anzunehmen, daß neue Substanzen und optimale Kombinationen die therapeutischen Möglichkeiten weiter bereichern werden.

Zukunftsperspektiven

Bei Rezidiven nach allogener Stammzelltransplantation hat sich gezeigt, daß durch die Transfusion von angereicherten Spenderleukozyten erneut eine Remission erreicht werden kann. Diesem Therapieeffekt liegen immunologische Phänomene gegen die Leukämiezellen zugrunde, die ebenfalls mit einer GvHD einhergehen. Die überzeugendsten Daten mit dieser Methode liegen bisher bei der CML vor. Die *Spenderleukozytentransfusion* könnte zu einer hoffnungsvollen Therapie bei Rezidiven nach Knochenmarktransplantation werden. Vielerorts wird zur Zeit an der *Etablierung von Nabelschnurblutbanken* gearbeitet. Dadurch wäre es möglich, mit relativ einfachen Mitteln die Verfügbarkeit von Stammzellen massiv zu erhöhen. Da die Zahl der Stammzellen aus dem Nabelschnurblut für einen normalgewichtigen Erwachsenen eher knapp ist, wird zur Zeit versucht, diese im Kulturmedium gezielt zu vermehren. Bis zur Einrichtung eines Netzes von Nabelschnurblutbanken müssen noch zahlreiche ethische, organisatorische und finanzielle Aspekte geklärt werden.

Literatur

Armitage, J.: Bone marrow transplantation. N Engl J Med 330 (1994) 827–838

Ching-Hon Pui: Childhood Leukemias. N Engl J Med 332 (1995) 1618–1630

Creuzig, U., M. Schrappe: Akute Leukämien im Kindesalter. Internist 37 (1996) 982–993

Gmür, J.: Heutiger Stand der Therapie und Prognose der akuten Leukämien des Erwachsenen. Therapeutische Umschau 53 (1996) 111–116

Gratwohl, A.: Die Indikation der Knochenmark- und peripheren Stammzelltransplantation bei malignen hämatologischen Krankheiten. Therapeutische Umschau 53 (1996) 152–157

19

Tumoren des Hals-Nasen-Ohren-Bereiches

H.-H. Wespi

19 Tumoren des Hals-Nasen-Ohren-Bereiches

H.-H. Wespi

Aufgrund der verschiedenen anatomischen Regionen des Hals-Nasen-Ohren-Bereiches sind Symptomatik und Therapie der ORL-Tumoren sehr vielfältig. An der Körperoberfläche liegend, werden sie früh er-

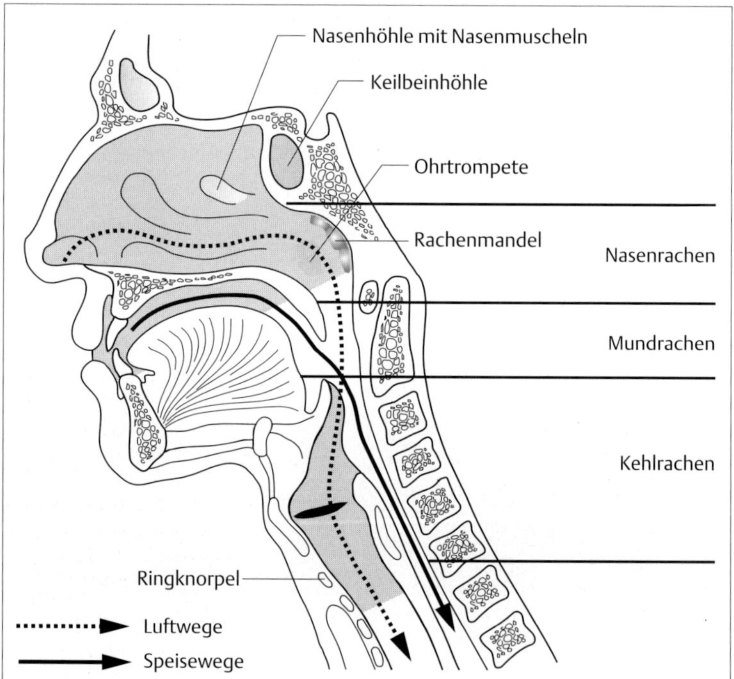

Abb. 19.1 Schematische Darstellung der Kreuzung von Luft- und Speisewegen. Abgrenzung von Nasenrachen, Mundrachen und Kehlrachen.

kannt; die Sichtbarkeit, auch der Behandlungsfolgen, ist für den Patienten aber eine Belastung. Das Hauptproblem für Pflegepersonal und Patienten bildet die Tatsache, daß sich im ORL-Bereich die Atem- und Speisewege kreuzen (Abb. 19.**1**) und früher oder später Schluckstörungen und Atembehinderungen auftreten.

Oft handelt es sich um *jauchige, putride Tumoren;* das Krankenzimmer stinkt; der Geruch verbreitet sich hin in den Korridor, und es kostet Überwindung, das Zimmer zu betreten und den Patienten zu pflegen. Dennoch muß man jeden Patienten so akzeptieren, wie man ihn vorfindet, und ihn nicht mit Mund- und Nasenmaske pflegen, nur weil er übel riecht.

Am häufigsten finden sich Plattenepithelkarzinome der Haut und der Schleimhaut. Der lymphatische Rachenring und die Lymphwege des Halses (Abb. 19.**2**) sind Sitz von malignen Lymphomen, Lymphosarkomen und lymphoepithelialen Tumoren (Schmincke-Regaud). In den Speicheldrüsen können adenoidzystische Karzinome (sog. Zylindrome), entstehen, und der Schädelknochen mit der Kieferbezahnung bietet das ganze Spektrum der Zahn- und Knochentumoren.

Aufgrund der Vielfalt und der unterschiedlichen Pflegeproblematik werden wir den ORL-Bereich in einzelne Regionen aufgeteilt besprechen.

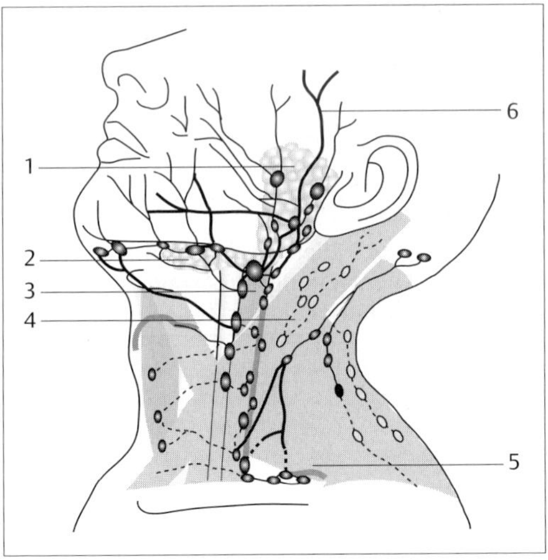

Abb. 19.**2** Anatomie der linken Halsregion. Ohrspeicheldrüse (1), Kieferspeicheldrüse (2), Lymphabflußwege mit Anhäufung von Lymphknoten um die V. jugularis (3), unter dem Kopfnickermuskel (4) und in der Schlüsselbeingrube (5). Stirnast des N. facialis (6).

Tumoren des Ohrenbereiches

Klinisches Bild

Anatomisch unterscheidet man das äußere Ohr, das Mittelohr und das Innenohr. Die exponierte Ohrmuscheloberkante trägt ein erhöhtes Hautkrebsrisiko (Sonnenexposition). Geschwülste der Ohrschmalzdrüsen im Gehörgang (Zeruminome) und Mittelohrtumoren sind selten. Das eosinophile Granulom kann im Warzenfortsatzknochen auftreten.

Diagnose

Die Diagnose der verdächtigen Hautveränderungen wird durch Probeexzision oder besser durch Totalbiopsie gesichert.

Therapie

Die zugänglichen Tumoren werden nach Möglichkeit chirurgisch radikal entfernt und regionär nachbestrahlt. Die notwendigen, z. T. mutilierenden Operationen müssen durch plastisch-rekonstruktive Maßnahmen ergänzt werden (s. Kap. 10).

Prognose

Nach Radikaloperation bzw. kurativer Radiotherapie ist die Prognose günstig. Sind regionäre Lymphknotenmetastasen vorhanden (Abb. 19.**2**), werden dieselben durch Neck-dissection (therapeutische Lymphknotenentfernung) operativ entfernt (s. unten).

Pflegehinweise

Pflegerisch beschränkt sich in diesen Fällen die Nachsorge auf den Verbandwechsel bis zum Abschluß der Heilungsphase und die psychische Betreuung beim Verlust der Ohrmuschel oder Teilen davon.

Tumoren der Nase und der Nasennebenhöhlen

Klinisches Bild

Anatomisch unterscheiden wir zwischen äußerer Nase, Nasenhöhle und Nasennebenhöhlen (vgl. Abb. 19.**1**). Die exponierte Nasenspitze bietet ein erhöhtes Hautkrebsrisiko. Tumoren der Nasenhöhle führen zur Behinderung der Nasenatmung. Kopfschmerzen (Stirn und Oberkiefer) können erste Zeichen eines Nasennebenhöhlentumors sein. Ausgedehntere Tumoren führen beim Einbruch in die Augenhöhle oder durch Befall von Hirnnerven zu Sehstörungen.

Diagnose

Die Diagnosestellung erfolgt rhinosinuskopisch mittels Probeexzision unter Sicht. Computertomographien geben Aufschluß über Ausdehnung des Tumors und möglichen Knochenbefall.

Therapie

Bei der radikalen Operation als günstigste Therapie muß u. U. der ganze Oberkiefer und auch das Auge geopfert werden. Bei Halslymphknotenmetastasen ist eine Neck-dissection notwendig. Die Strahlentherapie ergänzt die Behandlung. Lokal können radioaktive Substanzen auf Kunststoffmoulagen in der Operationshöhle plaziert werden.

Prognose

Wenn der Tumor radikal operiert werden kann, ist die Prognose günstig. Voraussetzung dafür sind aber ein kleines Tumorvolumen und eine großzügige Operation. Weil die Tumoren in den Nebenhöhlen oft erst im Spätstadium mit Metastasen erkannt werden, ist die Prognose im allgemeinen schlecht.

Pflegehinweise

Bei Oberkiefertumoren ergeben sich *Ernährungsprobleme,* weil der harte und auch der weiche Gaumen z. T. fehlen. Diese Schwierigkeiten werden durch abschließende Prothesen behoben. Ist der Patient in der Lage, seine Gaumenprothese zu entfernen oder seine Brillenmoulage abzunehmen, kann die Höhle auch vom Pflegepersonal gesäubert werden. Die trockene Schleimhaut muß mit Kniezange und Sauger vorsichtig von Borken befreit werden, damit der darunter entstehende Sekretstau nicht zu unangenehmer Fötorbildung (Geruch) führt. Nach Entfernung der Krusten wird die Höhlenschleimhaut durch Spülungen und Pinselungen mit Ringer-Lösung und milden Nasensalben gepflegt.

Tumoren des Mund-, Zungen- und Kieferbereiches

Klinisches Bild

An der Lippe sind Knötchen mit Krusten früh zu erkennen. Im Mund ist die schlechte Hygiene zusammen mit Alkohol- und Tabakmißbrauch u. a. Ursache einer malignen Entartung, die bei fehlender Schmerzsymptomatik auch ein fortgeschrittenes Stadium erreichen kann. In der Mundhöhle finden sich am häufigsten Karzinome der Mundschleimhaut und der Zunge. Wegen der unmittelbaren Nachbarschaft des Kieferknochens ist auch dieser oft betroffen. Der Patient kommt schließlich wegen Schmerzen beim Essen bzw. beim Kauen oder Schlucken zur Untersuchung.

Diagnose

Die Probeexzision aus dem Randbereich der Veränderung sichert die Diagnose. Ein möglicher Knochenbefall wird mit entsprechenden Röntgenaufnahmen nachgewiesen.

Therapie

Die kleinen Lippentumoren können durch Keilexzision entfernt werden. Bei größerer Ausdehnung ist eine plastische Rekonstruktion notwendig. Zungenkarzinome werden häufig laserchirurgisch reseziert. Mit interstitieller (Goldseeds, Iridiumstäbchen) oder lokaler Bestrahlung läßt sich das Tumorvolumen oft so verkleinern, daß die radikale Operation möglich wird und das Schlucken weiterhin möglich bleibt.

Prognose

Die Ausdehnung des Tumors an der Oberfläche und in der Tiefe ist neben Metastasen maßgebend für die Prognose. Bei primärer Radikaloperation und fehlenden Lymphknotenmetastasen ist die Prognose günstig. Die medial gelegenen Mundboden- und Zungengrundtumoren führen oft zu beidseitigem Halslymphknotenbefall mit schlechter Prognose.

Pflegehinweise

Alle Tumoren des Mund-, Zungen- und Kieferbereiches führen in irgendeiner Weise zu *Schluckstörungen,* sei es wegen Schmerzen, wegen der durch Bestrahlung bedingten Mundtrockenheit oder wegen der operationsbedingten Störung der Zungenbeweglichkeit. Oft ist die Ernährung zuerst nur per Sonde möglich (s. unten). Der gestörte Schluckmechanismus kann auch zu einem Überlauf in den Kehlkopf führen, so daß man zur Vermeidung einer Aspirationspneumonie zuweilen eine Tracheotomie macht und dann die Trachea mit einer Cuffkanüle verschließt. In jedem Fall ist hier sorgfältiges Absaugen der Mundhöhle, des Rachens und der Trachea notwendig (s. unten). In allen Krankenzimmern mit Kanülenträgern und Patienten mit Schluckstörungen müssen Absaugvorrichtungen vorhanden sein, mit deren Hilfe der übermäßig gebildete Luftröhrenschleim und der Speichel schluckunfähiger Patienten entfernt werden kann. Viele Tumorkranke leiden unter Veränderungen der Schleimhäute, für die eine trockene Luft nicht zuträglich ist. Deshalb muß vornehmlich in der Heizperiode die Luftfeuchtigkeit hoch gehalten werden, was mit dem Ultraschallvernebler unmittelbar am Tracheostoma geschieht. So verhindert man die massive Borkenbildung in den Luftwegen und pflegt die gereizte Luftröhrenschleimhaut.

Tumoren der Speicheldrüsen

Klinisches Bild

Ein Tumor der Ohrspeicheldrüse hebt das Ohrläppchen ab und läßt sich so von Halslymphknoten abgrenzen. Tritt bei einem Ohrspeicheldrüsentumor eine Gesichtslähmung (Fazialisparese) auf, so ist ein Nervenbefall wahrscheinlich. Tumoren der Kieferspeicheldrüsen sind selten (vgl. Abb. 19.**2**).

Diagnose

Die Dignität eines Speicheldrüsentumors kann feinnadelbioptisch mit großer Treffsicherheit festgestellt werden. Probeexzisionen sind wegen der Zellverschleppung kontraindiziert. Mit der *Ultraschalluntersuchung* gelingt es heute, Speicheldrüsentumoren wie auch andere Weichteiltumoren der Halsregion bezüglich Gewebestruktur und Ausdehnung nichtinvasiv darzustellen. Wird primär operiert und die Diagnose im Schnellschnitt gestellt, so muß der Patient vorher auf die möglicherweise erforderliche Radikalität des Eingriffs (z.B. Resektion des N. facialis) vorbereitet werden.

Therapie

Bei Plattenepithelkarzinomen muß postoperativ eine lokale und regionäre Bestrahlung erfolgen. Adenoidzystische Karzinome sind kaum strahlensensibel; nur die radikale Operation ist erfolgversprechend. Wenn der N. facialis mit reseziert werden muß, kann der Defekt mikrochirurgisch durch Nerventransplantate überbrückt werden, so daß nach Wiedereinsprossung der Nervenfasern später wieder eine Teilfunktion der Gesichtsbewegung eintritt.

Prognose

Die radikale Tumorexzision mit Neck-dissection (s. unten) bei tastbaren Halslymphknoten und Nachbestrahlung der regionären Lymphabflußwege ist prognostisch relativ günstig. Bei adenoidzystischen Karzinomen muß eher mit Rezidiven gerechnet werden.

Pflegehinweise

Die Mundtrockenheit ist eher eine Folge der Bestrahlung als der Speicheldrüsenentfernung. Diese ist sehr lästig und dauert je nach Strahlendosis viele Monate an. Der synthetische Speichel leistet teilweise gute Dienste. Bei behinderten Patienten übernimmt das Pflegepersonal die Zahn- und Mundpflege unter Berücksichtigung der persönlichen Wünsche (Temperatur des Wassers, Zugabe von Mundwasser). Bei empfindlicher Mundschleimhaut kann z.B. Kamillosan verwendet werden. Ist das Spülen für den Patienten erschwert oder gar unmöglich, leisten Carbatomspray oder elektrische Munddusche gute Dienste.

Tumoren des Rachens

Klinisches Bild

Aus dem Lymphgewebe des Waldeyerschen Rachenringes (Nasenrachen-, Gaumen- und Zungengrundmandel) und der benachbarten Schleimhaut entstehen die lymphoepithelialen Geschwülste (Schmincke-Regaud). Tumoren im Nasenrachen führen zu Belüftungsstörungen der Ohrtrompete. Oft ist die Schalleitungsschwerhörigkeit das erste Symptom eines derartigen Tumors. Bei Mund- und Kehlrachentumoren stehen die Schluckbehinderungen und die kloßige Sprache im Vordergrund. Wegen der Kreuzung von Luft- und Speisewegen kommt es zu Atembehinderungen (vgl. Abb. 19.**1**).

Diagnose

Die Lupenepipharyngoskopie und -hypopharyngoskopie ermöglichen eine rasche Diagnose, welche mittels Probeexzision unter Sicht gesichert wird.

Therapie

Da die lymphatischen Anteile dieser z.T. gemischtzelligen Tumoren ebenfalls strahlensensibel sind, ist eine kurative Strahlentherapie möglich. Oft kann dadurch eine Operation, die zu definitiven Schluckbehinderungen führt, vermieden werden. Die Nachbestrahlung der regionären Lymphabflußwege ist unabdingbar.

Prognose

Kleine oberflächliche Schleimhautkarzinome werden durch die radikale Operation, z.B. mit Laser, gut beherrscht. Tumoren in der Mittellinie sind prognostisch schlecht, weil sie auf beide Halsseiten metastasieren können.

Pflegehinweise

Fortgeschrittene Tumoren oder Rezidive bringen schwere Schluckbehinderungen mit sich. Sondenernährung (s. unten) ist meist unumgänglich (Aspirationsgefahr s. oben).

Tumoren im Kehlkopf- und Ösophagusmundbereich

Klinisches Bild

Wir unterscheiden die Supraglottis vom Kehldeckel bis zur Stimmritze, die Stimmritze (Glottis) selbst und den subglottischen Bereich bis zum ersten Trachealknorpel (vgl. Abb. 19.**1**). Länger bestehende Heiserkeit, Schluckbeschwerden mit Verschlucken sind auf Kehlkopf- und Hypopharynxtumoren verdächtig.

Diagnose

Durch Kehlkopfspiegelung oder direkte Inspektion mittels Lupenlaryngoskopie wird der Tumorverdacht erhärtet. Mikrolaryngoskopisch erfolgt in Narkose die Probeexzision. Mittels *Kernspintomographie (MRI)* kann die genaue Ausdehnung der Tumorinfiltration prätherapeutisch dargestellt werden.

Therapie

Kleine, auf das Stimmband beschränkte Tumoren sind strahlentherapeutisch zu beherrschen. Teilresektionen des Stimmbandes sind endolaryngeal durch Mikrolaryngoskopie (z. B. CO_2-Laser) oder durch buchartige Eröffnung des Kehlkopfes von außen (Laryngofissur) möglich. Zur Aufrechterhaltung einer wenn auch heiseren Sprache werden Kehlkopfteilresektionen vorgenommen, mit dem Risiko langwieriger Aspirationsgefahr. Ausgedehntere endolaryngeale Karzinome sind daher besser durch die Totalexstirpation des Kehlkopfes zu behandeln. Neuerdings werden aber auch größere Tumoren ohne Eröffnung des Kehlkopfes mittels *endoskopischer Lasermikrochirurgie (ELM)* erfolgreich behandelt. Sind Lymphknoten befallen, muß zusätzlich eine Neck-dissection (Halslymphknotenausräumung) durchgeführt werden. Bei der sog. konservativen Neck-dissection werden die wichtigen Halsstrukturen (M. sternocleidomastoideus, V. jugularis interna) erhalten; bei der radikalen Neck-dissection werden die genannten Gebilde inklusive N. accessorius mit dem Halslymphknotenblock entfernt. Muß eine Neck-dissection beiderseits durchgeführt werden und blockiert die Bestrahlung zusätzlich die Lymphabflußwege, so können ausgeprägte Lymphödeme des Gesichtes entstehen, welche nach dem Anlegen eines lumboperitonealen Liquorshunts (Ableitung in die Bauchhöhle) z. T. etwas abnehmen.

Bei größeren Tumorresektionen, insbesondere bei Rezidivtumoren nach Bestrahlung, hat sich der gefäßgestielte Haut-Muskel-Lappen des M. pectoralis major (großer Brustmuskel) zur Deckung der Haut- oder Schleimhautdefekte bewährt (Abb. 19.**3 a** u. **b**). Der große Vorteil dieses

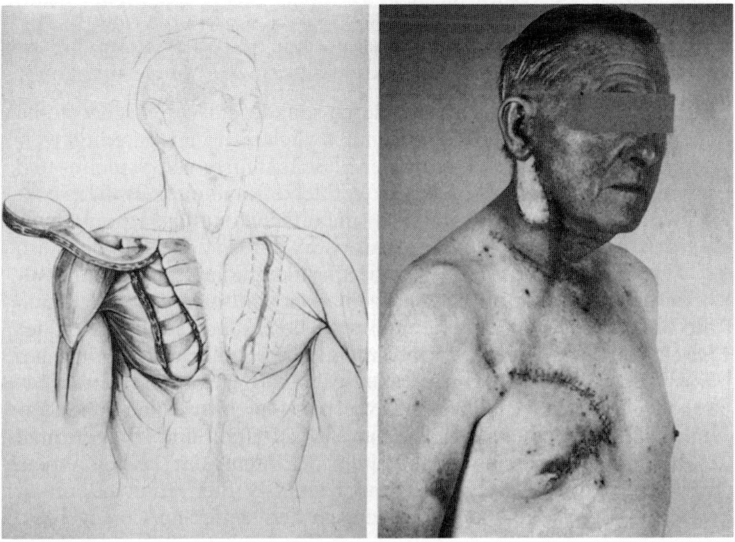

a b

Abb. 19.**3 a** u. **b** **a** Schematische Darstellung des myokutanen Lappens vom M. pectoralis major (Pectoralis-major-Lappen = PML).
b Patient mit primär verschlossener Entnahmestelle und gut eingeheiltem PML zur Deckung eines Defektes im seitlichen Halsbereich. Der subkutane Stiel ist noch deutlich sichtbar durch den Schattenwurf.

Lappens besteht darin, daß er seine eigene Blutversorgung (A. und V. thoraco-acromialis) mitbringt und so nicht nur gut einheilt, sondern auch zu einer besseren Durchblutung der meist vorbestrahlten Region beiträgt.

Prognose

Kleine Stimmbandkarzinome sind prognostisch günstig, weil Lymphabflußwege fehlen. Auf das Kehlkopfinnere beschränkte Tumoren sind mit der vollständigen Entfernung des Kehlkopfes zu beherrschen. Eine regionäre Halsbestrahlung ist notwendig. Hat der Tumor benachbarte Gewebsregionen infiltriert, so ist die Prognose ungünstig, besonders wenn beiderseits Halslymphknotenmetastasen aufgetreten sind.

Pflegehinweise

Der kehlkopflose Patient atmet durch sein definitives Tracheostoma (Abb. 19.**4**). Die Trachealkanüle muß täglich mehrmals gereinigt werden. Die Innenkanüle wird mit der Flaschenbürste von Schleim- und Sekretborken befreit (Abb. 19.**5**). Verklebte Kanülen (z. B. Blutrückstände) können mit 3%iger Wasserstoffsuperoxidlösung gesäubert werden. Der Kanülenwechsel muß vom Arzt bestimmt werden. Am 2.–3. postoperativen Tag wird die Plastikcuffkanüle durch eine silberne ersetzt. Der laryngektomierte Patient wird für ca. 10 Tage durch die während der Operation eingelegte Magensonde ernährt, weil der frisch vernähte obere Speiseröhrenteil dem Schluckdruck nicht gewachsen wäre. Am 2. postoperativen Tag wird aufbauend mit der Ernährung begonnen (Schwarztee, Milchwasser, vollwertige Sondenernährung). Der Patient erhält je nach Konstitution und Hunger 5mal täglich 250–500 ml pro Mahlzeit. Um Eintönigkeit zu vermeiden, werden Verfeinerungszutaten verwendet, z. B. Eier, Rahm, Bouillon usw. Die Sondenkost sollte hygienisch und sauber serviert werden, damit der Patient nicht das Gefühl hat, nur einen „weißen geschmacklosen Brei“ vorgesetzt zu bekommen. Der Patient ist oft Wochen oder Monate auf die Sonde angewiesen. Bei chronischem Verschlucken mit Aspirationsgefahr wird eine Witzelfistel (s. Kapitel 14) angelegt, was heute auf endoskopischem Wege (PEG, s. Kapitel 6) möglich ist. Wir müssen dem Patienten helfen, diese Ernährungsarten akzeptieren zu können. Bei ausgedehnten, in den Kehlrachen reichende Tumoren können trotz plastischer Deckung mittels gefäßgestielten Lappen Speichelfisteln auftreten. Der Speichel muß dann regelmäßig abgesaugt werden, damit er nicht vom Pharyngostoma direkt ins Tracheostoma läuft.

Nach guter Verheilung der Stomawunde ist das dauernde Tragen von Kanülen normalerweise nicht erforderlich (evtl. nur nachts) Zum Abdecken der Öffnung (Luftanwärmung, Schutz vor Fremdkörpern) empfiehlt sich das Tragen eines speziellen Lätzchens, welches bei der Kehlkopflosenvereinigung bezogen werden kann. Das Stoma muß gut gereinigt und evtl. mit Bepanthensalbe gepflegt werden (Stimmrehabilitationen usw., s. Kap. 10).

Alle Tumorpatienten werden regelmäßig in immer größeren Abständen kontrolliert. Obwohl statistische Auswertungen zeigen, daß Rezidive dadurch nicht früher erkannt werden, sind die Kontrollen und das Gespräch mit dem Operateur für viele Patienten eine wichtige psychische Stütze.

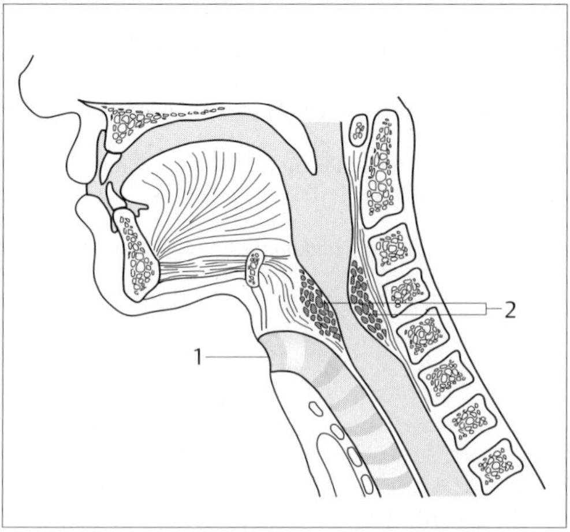

Abb. 19.**4** Zustand nach Entfernung des Kehlkopfes mit definitivem Tracheostoma (aus Fleischer, K.: Hals-Nasen-Ohren-Heilkunde für Krankenpflegeberufe, 3. Aufl., Thieme, Stuttgart 1980).
1 = Mündung der Luftröhre in der vorderen Halshaut,
2 = Speiseröhreneingangsmuskel.

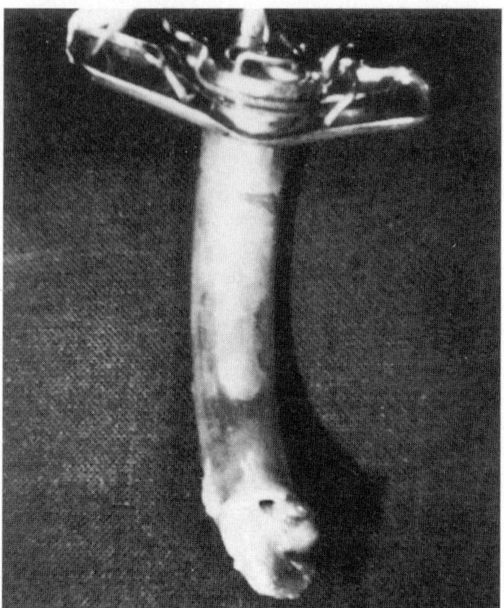

Abb. 19.**5** Schlecht gepflegte Kanüle mit vollständiger Verlegung durch Schleimpfropf.

Literatur

Arnold, W., U. Ganzer: Checkliste Hals-Nasen-Ohrenheilkunde. 2. neubearb. Aufl. Thieme Stuttgart 1997

Becker, W., H. H. Naumann, C. R. Pfaltz: Hals-Nasen-Ohren-Heilkunde, 4. Aufl. Thieme, Stuttgart 1989

Boenninghaus, H.-G.: Hals-Nasen-Ohren-Heilkunde für den Allgemeinarzt. In Zöllner, N., S. Häussler, P. Brandlmeier, I. Korfmacher: Taschenbücher Allgemeinmedizin. Springer, Berlin 1976

Fleischer, K.: Hals-Nasen-Ohren-Heilkunde für Krankenpflegeberufe, 5. Aufl. Thieme, Stuttgart 1988

20

Andere Tumoren (Gehirn, Haut, Schilddrüse, endokrine Organe)

W. F. Jungi

20 Andere Tumoren (Gehirn, Haut, Schilddrüse, endokrine Organe)

W. F. Jungi

Tumoren des zentralen Nervensystems

Epidemiologie und pathologische Anatomie

Tumoren des ZNS machen nur 2% aller malignen Tumoren aus. Es handelt sich in der überwiegenden Mehrheit um *Hirntumoren,* während Tumoren des Rückenmarks bei Erwachsenen äußerst selten sind. Bei Kindern dagegen machen ZNS-Tumoren (Medulloblastome, Spongioblastome und Neuroblastome) rund die Hälfte aller soliden Tumoren aus. Die ZNS-Tumoren bilden eine besondere Gruppe und können weder den Karzinomen noch den Sarkomen zugeordnet werden. Von den malignen Tumoren sind die aus der Stützsubstanz des Hirns abzuleitenden Gliome am häufigsten. Durch ihre Lokalisation und ihr das normale Hirngewebe verdrängendes Wachstum können auch histologisch benigne Hirntumoren (Meningeome, Kraniopharyngeome) ausgesprochen bösartig sein. ZNS-Tumoren verursachen praktisch nie Metastasen in anderen Organen.

Viel häufiger als primäre Hirntumoren sind *Hirnmetastasen,* entweder von soliden Organtumoren wie Brust-, Lungen-, Magen-, Darmtrakttumoren oder Melanomen oder als metastatischer Befall der Hirnhäute (Meningose) bei Leukämien, malignen Lymphomen und selten soliden Tumoren.

Klinisches Bild

Leit- und Hauptsymptome sind *Kopfschmerzen,* die ganz verschieden lokalisiert und empfunden werden. Je nach Sitz des Hirntumors treten neurologische Ausfälle auf: im Stirnhirn Störungen der Stimmung und des Antriebs, im Bereich der motorischen Rindenzentren motorische Ausfälle bis zu Lähmungen und Kleinhirn-Gleichgewichtsstörungen. Der Arzt wird meist einen erhöhten Hirndruck feststellen, der sich in Erbrechen, Gleichgewichts- und Sehstörungen (Doppelbilder) äußert.

Diagnose

Bei Verdacht auf Hirntumor steht eine gründliche neurologische Untersuchung unter Einschluß des Augenhintergrundes am Anfang. Dann folgen Computertomographie oder direkt Kernspintomographie; Hirnszintigramm, EEG (s. Kap. 4), Angiographie und Luftenzephalographie sind dadurch weitgehend verdrängt. Lumbalpunktionen sind bei Hirntumoren wegen der Gefahr der Einklemmung des Hirnstamms in großen Hinterhauptsloch gefährlich, aber bei Verdacht auf Befall der Hirnhäute unumgänglich. Eine histologische Diagnose wird intraoperativ oder ggf. durch gezielte Nadelbiopsie gewonnen.

Therapie

Hirntumoren wachsen wie erwähnt in erster Linie örtlich-infiltrativ und werden daher durch *lokale Therapie* (Operation und/oder Bestrahlung) angegangen. Rund 40% können ohne bleibenden Schaden radikal operiert werden. Anstelle der sonst nicht oder nur unter Inkaufnahme eines bleibenden Defekts möglichen Operationen wird die Strahlentherapie eingesetzt (s. Beitrag Sauer, Tumorbestrahlung, Kap. 5). Auch einzelne (solitäre) Metastasen können operativ entfernt werden; sind es mehrere, wird jedoch das ganze Hirn bestrahlt. Zytostatika werden primär kaum je eingesetzt und sind bei Hirntumoren wenig wirksam. Sie können u. U. die postoperative Rezidivfreiheit verlängern. Zytostatika, vor allem Methotrexat und Cytosinarabinosid, intrathekal (d.h. direkt in die Rückenmarksflüssigkeit) und systemisch gegeben, sind dagegen sehr wirksame Medikamente zur Bekämpfung der leukämischen und karzinomatösen Meningose und bei Medulloblastomen. Sie wirken auch bei Hirnmetastasen. Eine wichtige Rolle in der Behandlung von Hirntumoren spielen die *Nebennierenrinden-Steroide* (z.B. Prednison oder Dexamethason), dies wegen ihres abschwellenden Effekts auf die perifokale Entzündungsreaktion im Umkreis von Hirntumoren und -metastasen (Hirnödem).

Prognose

Die Chancen von Patienten mit *Gliomen* sind schlecht: Die mittlere Überlebenszeit beträgt ein halbes Jahr; 20% überleben 1 Jahr, 5% 3 Jahre. Die Prognose der gutartigen *Meningeome* und *Ependymome* ist wesentlich besser. In den letzten Jahren hat sich auch die Prognose für Kinder mit *Medulloblastomen* dank Kombinationsbehandlung (Operation, Bestrahlung, Zytostatika) wesentlich gebessert; die mittlere Überlebenszeit beträgt heute mehr als 5 Jahre. Patienten mit unbehandelten Hirnmetastasen überleben durchschnittlich 4 Monate, nach Operation und Behandlung 10 Monate.

Rezidive und Metastasen

Diese sollen wenn immer möglich *chirurgisch* entfernt werden, auch als isolierte Fernmetastasen. Von den Zytostatika führt DTIC (Dacarbazin) in ungefähr 20% der Patienten zu Remissionen. Verschiedene Kombinationschemotherapien weisen höhere Remissionsraten auf. Erfolge werden auch mit Interferon erzielt.

Melanome sind im allgemeinen sehr strahlenresistent und brauchen zu ihrer Beeinflussung sehr hohe Strahlendosen. Die Nach-Bestrahlung des Primärtumors beeinflußt die weitere Tumorausbreitung nicht.

Prognose

Diese hängt ab vom histologischen Typ, von der Infiltrationstiefe, der Lokalisation und dem Stadium des Melanoms (Tab. 20.**1**). Die Prognose ist für Frauen stets besser als für Männer, was auf einen hormonalen Einfluß auf das Melanomwachstum schließen läßt. Im metastasierenden Stadium ist vor allem das Schicksal von Patienten mit Hirnmetastasen äußerst ungünstig.

Tabelle 20.**1** Melanom: Prognose in Abhängigkeit vom Tumorstadium und der Infiltrationstiefe bei Diagnose

Stadium				**5-Jahres-Überlebensrate (in %)**
I	nur in Primärtumor (PT)	alle Stadien		70
		Infiltrationstiefe (vgl. Abb. 20.**1**)	1	100
			2	83
			3	62
			4	51
			5	37
II	PT + regionäre Lymphknotenmetastasen oder + Hautmetastasen > 4 cm Entfernung oder PT unbekannt + Lymphknotenmetastasen			30
III	Fernmetastasen	– viszeral – Haut/subkutan		0,5

Plattenepithelkarzinom der Haut (Spinaliom)

Epidemiologie

Dieses kommt vor allem bei Menschen höheren Alters und an stark belichteten Körperstellen vor.

Klinisches Bild

Es handelt sich um langsam wachsende, warzenförmige, oft schuppende, von einer Kruste bedeckte Hauttumoren. Sie kommen häufig an Nase und Ohr vor und metastasieren meist lymphogen.

Diagnose

Entscheidend ist die chirurgische Biopsie, die als Probeentnahme erfolgen kann. Falls keine vergrößerten Lymphknoten zu tasten sind, sind keine weiteren Maßnahmen notwendig.

Therapie

Diese besteht in vollständiger chirurgischer Entfernung der Geschwulst und anschließender Nachbestrahlung, evtl. Bestrahlung allein (s. Tumorbestrahlung, Kap. 5).

Prognose

Bei frühzeitiger Erkennung und konsequenter Behandlung können mehr als 90% der Patienten, bei Befall der Lymphknoten 70%, Rezidive in 50% geheilt werden.

Basalzellkarzinom (Basaliom)

Pathologische Anatomie

Dabei handelt es sich um einen *semimalignen* (fakultativ bösartigen) *Hauttumor*, der wohl lokal destruktiv wächst und häufig rezidiviert, aber sozusagen nie Metastasen setzt.

Klinisches Bild

Dieses ist ähnlich wie beim Spinaliom. Hauptlokalisation ist die Gesichtshaut. Relativ häufig finden sich am Tumorrand kleine, wärzchenförmige Gebilde.

Diagnose

Analog dem Spinaliom.

Therapie

Hier genügt entweder eine chirurgische Entfernung, eine Bestrahlung oder in besonderen Fällen (hohes Alter, ungünstige Lokalisation) eine lokale Behandlung mit einer *Zytostatikasalbe* (z. B. Fluorouracil).

Prognose

Basaliome können geheilt werden, rezidivieren aber nicht selten.

Schilddrüsentumoren

Epidemiologie, pathologische Anatomie und Pathophysiologie

Gutartige Schilddrüsentumoren (Kröpfe) sind häufig (Endemiegebiete!). Bösartige Schilddrüsentumoren sind wesentlich seltener. Sie kommen meist in einem schon vorher bestehenden Kropf, selten als rasch wachsender Einzelknoten vor. Ein bösartiger Schilddrüsentumor (Struma maligna) kann entweder gut differenziert (papillär, follikulär) sein, d. h. noch die typischen histologischen Merkmale des Schilddrüsengewebes aufweisen, oder undifferenziert (anaplastisch) sein. Die meisten differenzierten Geschwülste speichern wie die normale Schilddrüse Jod, die anaplastischen nicht.

Eine besondere Untergruppe stellen die seltenen *medullären Schilddrüsenkarzinome* dar, die sich aus sog. C-Zellen zusammensetzen, nicht am Jodstoffwechsel teilnehmen und ein besonderes Hormon (Kalzitonin) ins Blut ausscheiden (s. Kap. 4). Sie kommen oft mit anderen endokrinen Neoplasien familiär gehäuft vor.

Klinisches Bild

Leitsymptom ist die *Vergrößerung* der Schilddrüse (Kropf), oft mit einem besonders rasch wachsenden Knoten. Hormonelle Über- oder Unterfunktion ist selten. Nicht selten wird die Erstdiagnose an (hämatogenen) Metastasen (Lunge, Knochen) gestellt.

Diagnose

Nach der Palpation folgt meist ein *Schilddrüsenszintigramm,* oft kombiniert mit einem sog. *Radiojodstudium,* das auch die Schilddrüsenfunktion untersucht. Verdächtig sind vor allem sog. kalte, weniger jodaufnehmende Knoten im Szintigramm. Zur zytologischen bzw. histologischen Sicherung der Verdachtsdiagnose hat sich die Feinnadelbiopsie bewährt; bei Unklarheit muß eine chirurgische Biopsie vorgenommen werden. Die Abklärung auf Metastasen erfolgt mit Thoraxröntgenbild, Skelettszintigraphie, Computertomographie, ggf. Ganzkörper-Jodszintigraphie (s. unten).

Therapie

Je nach Zelltyp und Tumorstadium wird nur der befallene Lappen oder die ganze Schilddrüse, ggf. mit Lymphknoten, operativ entfernt. Das Restschilddrüsengewebe wird mittels Radiojod eliminiert. Erst nach vollständiger Schilddrüsenresektion kann die wichtige *Ganzkörperszintigraphie* erfolgen, die u. U. jodspeichernde Fernmetastasen erkennen läßt. Falls Metastasen Jod speichern, bietet eine *Radiojodbehandlung* sehr gute Erfolgsaussichten. Falls dies nicht der Fall ist, stehen *Bestrahlung* und *Zytostatika,* darunter vor allem Adriamycin, zur Verfügung. Anaplastische Schilddrüsenkarzinome sind besonders bösartig und therapieresistent.

Medulläre Schilddrüsenkarzinome werden in erster Linie chirurgisch angegangen. Weder Radiojodtherapie noch Bestrahlung versprechen hier Erfolg, evtl. Zytostatika.

Nach vollständiger Schilddrüsenentfernung muß lebenslang Schilddrüsenhormon ersetzt (substituiert) werden.

Prognose

Gut differenzierte, jodspeichernde Schilddrüsenkarzinome können bei frühzeitiger konsequenter Behandlung in der überwiegenden Mehrheit geheilt werden. Ohne Lymphknotenmetastasen überleben 80–90%, mit Lymphknotenmetastasen 50% 5 Jahre. Bei undifferenzierten Karzinomen ist die Prognose viel schlechter.

Andere endokrin aktive Tumoren

Es handelt sich durchweg um *seltene* Tumoren, die im histologischen Bild oft nicht bösartig imponieren, aber alle Eigenheiten malignen Wachstums zeigen (infiltratives Wachstum und Metastasierung).

Karzinoid

Pathologische Anatomie

Die Karzinoidtumoren entstehen aus den sog. enterochromaffinen Zellen des Darmes. Sie wachsen langsam infiltrierend und metastasieren spät. Sie sitzen zu $^2/_3$ im Wurmfortsatz (Appendix), seltener in Dünndarm, Magen oder Dickdarm. Sie metastasieren meistens in die Leber, später auch in die Lungen. Die sog. Bronchusadenome vom Karzinoidtyp sehen wohl gleich aus, verhalten sich aber bezüglich ihres Wachstums- und Ausbreitungsverhaltens ganz anders.

Klinisches Bild

Das sog. *Karzinoidsyndrom* tritt meist erst bei Lebermetastasen auf (10%). Typisch sind sog. Flushes (anfallsartige purpurrote Verfärbungen des Gesichts mit Kopfschmerzen, Übelkeit, Erbrechen, Herzklopfen und häufig Durchfall). Bei wiederholten Anfällen kann es zur Dauerzyanose des Gesichts (rotviolette Verfärbung) kommen. Im Verlauf der Krankheit kommt es zu schweren Schädigungen von Herz und Lungen.

Diagnose

Der Verdacht wird durch die Bestimmung der vom Tumor sezernierten *Hormone* und ihrer Abbauprodukte im Serum oder im Harn (Serotonin, 5-Hydroxyindolessigsäure) gesichert. Unter Umständen muß zu diagnostischen Zwecken eine Stimulation vorgenommen werden. Der Sitz des Tumors wird durch Angiographie, Sonographie und Computertomographie, nicht selten vom Chirurgen während einer Laparotomie gesucht.

Therapie

Karzinoide sollen wenn immer möglich *chirurgisch* entfernt werden. Im metastasierenden Stadium kann eine immunologische (Wachstumshormon-Analoge, Interferone) oder zytostatische Behandlung, kombiniert mit symptomatischer medikamentöser Behandlung, längere Palliation bringen (Linderung der Flush-Beschwerden durch Hormonantagonisten).

Insulinom

Klinisches Bild

Diese seltenen, speziellen Tumoren des Pankreas sezernieren, wie ihr Name sagt, Insulin und führen daher zu lebensgefährlichen *Hypoglykämien.* Trotz fortlaufender Nahrungszufuhr kann ein Insulinompatient seinen Blutzucker nicht auf genügendem Niveau halten.

Therapie

Die Behandlung besteht in *chirurgischer Entfernung*. Gelegentlich kann eine zytostatische oder immunologische Behandlung zu vorübergehenden Remissionen führen.

Phäochromozytom

Es handelt sich dabei um histologisch meist gutartige Tumoren des Nebennierenmarkes, die sog. *Katecholamine* (Adrenalin, Noradrenalin) ausscheiden und entsprechende Symptome (schubweise Blutdruckerhöhung = *hypertone Krisen)* verursachen. Ihre Diagnose wird durch die Bestimmung dieser Hormone und ihrer Abbauprodukte im Serum oder Urin, Computertomographie und Angiographie gestellt. Ihre Behandlung erfolgt *chirurgisch.*

Nebennierenrinden-Karzinom

Epidemiologie und pathologische Anatomie

Diese Tumoren sind sehr selten (1 Fall auf 1 Mill. Einwohner) und kommen vor allem im 6. Lebensjahrzehnt vor. Sie unterscheiden sich bezüglich histologischem Differenzierungsgrad und Hormonaktivität

Klinisches Bild

Je nach produziertem Hormon (Kortison, Aldosteron, männliche oder weibliche Geschlechtshormone) kommt es zu den typischen *endokrinen Syndromen* (Cushing-Syndrom, Conn-Syndrom, Vermännlichung oder Verweiblichung). Hormoninaktive Tumoren wachsen meist asymptomatisch und werden erst spät, oft durch Zufall oder erst in ihren Metastasen entdeckt.

Diagnose

Bei Verdacht gilt es, die Hyperproduktion des betreffenden Hormons durch die entsprechenden Laboruntersuchungen nachzuweisen. Der Tumor selbst kann durch Computertomographie und Ultraschalluntersuchung des Abdomens, selten durch selektive Angiographie bzw. Hormonbestimmung im Nebennierenblut lokalisiert werden. Zur Metastasensuche ist vor allem ein Thoraxröntgenbild notwendig.

Therapie

Die Operation stellt die einzig kurative Therapie vor. Die meisten Tumoren sind aber bei Diagnosestellung bereits nicht mehr radikal operabel. Wenn der Tumor nicht oder nicht vollständig operabel ist bzw. bereits metastasiert hat, läßt sich mit einem spezifisch antihormonellen Zytostatikum (o'p'-DDD, Mitotane) die Palliation erzielen. Als Alternative kommt der Steroidsynthesehemmer Aminogluthetimid in Frage. Von den Zytostatika hat Cisplatin eine nachweisbare Aktivität. Subjektive und objektive Besserung bei inoperablen Tumoren bringt auch eine Strahlentherapie.

Literatur

Barth, A., Th. Cerny: Neuere Aspekte in der Behandlung des malignen Melanoms. Schw. med. Wschr. 124 (1994) 1592–1603

Benker, G., Ch. Reiners, U. Krause, M. Bamberg, D. Reinwein: Schilddrüsenkarzinome. Internist 29 (1988) 564–569

Bröcker, E. B., E. Macher: Stand in der Therapie des malignen Melanoms. Münch. med. Wschr. 131 (1989) 543–546

Engelhardt, D., K. Mann: Endokrin aktive maligne Tumoren. Springer, Berlin 1987

Nachbur, B.: Die Perfusionsbehandlung des Extremitätenmelanoms. Huber, Bern 1986

Orfanos, C. E., C. Garbe (Hrsg.): Das maligne Melanom der Haut. Zuckschwerdt, München 1990

21 Notfallsituationen in der Onkologie

A. C. Mayr

21 Notfallsituationen in der Onkologie

A. C. Mayr

Entstehung, Verhütung und Früherkennung

Notfälle sind in der Behandlung von Tumorpatienten häufig. Viele dieser Notfälle sind für ein bestimmtes Tumorleiden oder eine bestimmte Behandlung so charakteristisch, daß sie vorausgesehen oder z. T. durch geeignete Maßnahmen verhütet werden können. Oft erlauben sie einen Rückschluß auf die Diagnose eines noch unbekannten Malignoms. Andere Notfallsituationen sind unvorhersehbar und nicht vermeidbar. Notfälle treten vor allem bei Patienten mit *fortgeschrittenem Tumorleiden* auf, können aber gelegentlich auch erstes Zeichen eines Tumors sein.

Notfälle bei Tumorkranken können je nach Entstehungsart eingeteilt werden in:

1. Notfälle ohne Zusammenhang mit dem Tumorleiden, z. B. Herzinfarkt, Lungenödem, Fraktur, Magengeschwür, psychische oder neurologische Erkrankung;
2. Notfälle als Manifestation des malignen Grundleidens: z. B. pathologische Fraktur, Hyperkalzämie, Querschnittslähmung, Hirndruck, obere Einflußstauung, Blutung;
3. Zwischenfälle bei onkologischer Behandlung: z. B. Hyperkalzämie, Hyperurikämie, Darmlähmungen usw.

Es ist außerordentlich wichtig, diese Notfallsituationen frühzeitig und richtig zu erkennen. Zu dieser Früherkennung kann das Pflegepersonal einen wesentlichen Beitrag leisten, indem es anfänglich oft wenig auffallende Veränderungen im Zustand eines Tumorpatienten dem Arzt meldet. Viele dieser Zwischenfälle können bei guter Pflege vermieden oder bei frühzeitiger Erkennung im Keim erstickt werden. Bei verzögerter Erkennung oder Behandlung können solche Notfälle das Leben eines Patienten gefährden und den Erfolg einer begonnenen Behandlung zunichte machen. Dem Pflegepersonal kommt bei der sorgfältigen Überwachung eines Tumorpatienten in einer kritischen Phase eine ganz entscheidende Rolle zu.

Es geht hier nicht darum, nochmals alle Nebenwirkungen einer Tumorbehandlung aufzuzählen, vielmehr sollen nur einzelne wichtige und typische Notfallsituationen im Zusammenhang mit Tumorleiden oder Behandlung besprochen werden. Für weitere Angaben sei auf den Beitrag „Allgemeine Unterstützungsmaßnahmen in Behandlung und Pflege von Tumorkranken, Kap. 6, oder auf Kap. 7 verwiesen.

Hyperkalzämie (Kalziumvergiftung)

Ätiologie

Eine Hyperkalzämie, d.h. die Ausschwemmung von Kalzium im Blut, tritt vor allem bei Patienten mit ausgedehnten Knochenmetastasen auf, so z.B. bei Lungen-, Brust-, Prostatakarzinom, aber auch bei Myelom und malignen Lymphomen. Die Hyperkalzämie ist meist auf das metastasierende Tumorleiden an sich zurückzuführen, vor allem wenn der Patient *immobil* im Bett liegt und damit der Knochenabbau gefördert wird. Seltener ist sie Folge einer Hormonbehandlung (vor allem mit Östrogenen) (s. Beitrag Jungi, Internistische Tumorbehandlung, Kap. 5) und deutet auf einen beginnenden Behandlungserfolg hin. Eine Hyperkalzämie kann aber auch bei Tumoren ohne Knocheninfiltration als *paraneoplastische Erscheinung* auftreten, so z.B. bei Plattenepithelkarzinomen verschiedener Lokalisation.

Klinisches Bild

Das klinische Bild der Hyperkalzämie ist äußerst bunt und *vielfältig.* Am häufigsten finden sich trockene Haut und Schleimhäute, Muskelschwäche, Müdigkeit, Teilnahmslosigkeit, Verwirrung, Brechreiz, Erbrechen, Verstopfung. In schweren Fällen kommt es zu einer Harnflut und einem Nierenversagen infolge Kalkablagerung in der Niere. Eine Hyperkalzämie wird nicht selten als Ausdruck von Hirnmetastasen, Psychosen oder Vergiftungen verkannt, was sich auf die Behandlung fatal auswirkt.

Diagnose

Entscheidend ist die Bestimmung des Serumkalziums (Norm 4–5 mval/l bzw. 2–2,5 mmol/l), ergänzt durch die Bestimmung des Kreatinins (oder eines anderen Nierenparameters) und der übrigen Elektrolyte. Wenn möglich, werden auch die Kalziumausscheidung und in unklaren Fällen das *Parathormon* (paraneoplastische Hyperkalzämie!) gemessen. Diese Untersuchungen können die Unterscheidung einer Tumorhyperkalzämie von einer paraneoplastischen Hyperkalzämie erleichtern und geben die notwendigen Hinweise zur Behandlung. In schweren Fällen finden sich typische Veränderungen im Elektrokardiogramm.

Prophylaxe

Bei Patienten mit einer entsprechenden Tumorkrankheit muß auf eine *kalziumarme Diät* (s. unten) und eine *genügende Flüssigkeitszufuhr* geachtet werden. Das Serumkalzium muß regelmäßig kontrolliert werden. Jede unnötige Immobilisierung ist zu vermeiden, z. B. bei Patienten mit Myelom. Eine Zufuhr von Kalzium oder Vitamin D bei Tumorpatienten mit Skelettbefall ist gefährlich und darf nur unter engmaschiger Kontrolle des Kalziumhaushalts erfolgen. Ebenso sollte kalziumreiche Nahrung (z. B. Milchprodukte) vermieden werden. Übrige Medikation überprüfen, evtl. anpassen (Thiacide, Digitalis etc.).

Therapie

Folgende Maßnahmen kommen einzeln oder kombiniert in Frage:

- kalziumarme Diät, vor allem Vermeiden von Milch und Milchprodukten, absolutes Verbot der Zufuhr von Kalzium oder Vitamin D;
- vermehrte Flüssigkeitszufuhr (vor allem kochsalzhaltige!); Ziel 2,5 l Urin pro 24 Std., d. h. mindestens 3 l Flüssigkeit pro 24 Std., nach Möglichkeit parenteral (physiologische Kochsalzlösung + Kaliumzusatz), sonst peroral (vorwiegend kochsalzhaltige Getränke).
- Saluretika, z. B. Lasix, in 2–3 Dosen über den Tag verteilt;
- Prednison oder ähnliche Nebennierenrindenhormone;
- Biphosphonat-Infusionen (Pamidronat, Clodronat, Etidronat o. ä.): senken Kalziumspiegel ohne die bei parenteraler Phosphatlösung gefürchtete Kalkablagerung in Niere und Lunge;
- Kalzitonin-Infusionen: rasch wirksam, weniger nachhaltig als Mithramycin;
- Mithramycin: zytotoxisches Antibiotikum, das selektiv und rasch einen erhöhten Kalziumspiegel senkt.

Prognose

Eine unerkannte bzw. unbehandelte Hyperkalzämie führt innerhalb von Tagen bis Wochen zu irreversiblem *Nierenversagen* oder direkt zum Tode. Ein Hyperkalzämiesyndrom ist bei raschem, konsequentem Vorgehen gut und nachhaltig zu beeinflussen. Eine solche Behandlung ist nur sinnvoll, wenn das *Grundleiden* ebenfalls erfolgversprechend behandelt werden kann.

Besondere Aspekte der Pflege

Das Pflegepersonal ist verantwortlich für eine *genaue Flüssigkeitsbilanz,* ohne die eine erfolgreiche Hyperkalzämiebehandlung nicht möglich ist. Die Mobilisation hat Einfluß auf den Kalziumspiegel, Immobilität wirkt sich negativ aus. In der Phase der Hyperkalzämie ist der Patient oft sehr pflegebedürftig.

Hyperurikämie (Harnsäurevergiftung)

Ätiologie

Eine Hyperurikämie tritt vor allem bei raschem Umsatz oder Zerfall großer Zellmengen (Abbau von purinhaltigem Kerneiweiß) auf, sowohl bei rasch proliferierenden Tumoren wie unter wirksamer Therapie. Sie ist deshalb besonders häufig bei akuten und chronischen Leukämien, malignen Lymphomen sowie bei kleinzelligen Bronchuskarzinomen und anderen rasch wachsenden Tumoren.

Zusätzliche Risikofaktoren sind schon vorher bestehende Niereninsuffizienz oder Flüssigkeitsmangel, der durch Diuretika noch verstärkt wird.

Klinisches Bild

Das klinische Bild der Hyperurikämie ist wenig auffällig. Im Vordergrund stehen *Oligurie* (Verminderung der Harnmenge) mit zunehmender *Niereninsuffizienz* (Urämie, sog. Uratnephropathie durch Harnsäureausfällung im Nierenparenchym). Selten können Nierenkoliken, gelegentlich gichtartige Schmerzen in verschiedenen Gelenken, nicht nur in dem für die Gicht typischen Großzehengrundgelenk, auftreten.

Diagnose

Die Harnsäurebestimmung im Serum gibt Auskunft über die Schwere der Komplikation (Norm 150–450 mmol/l). Benötigt werden stets Kreatinin (oder Harnstoff bzw. BUN) im Serum, Urinsediment (Harnsäurekristalle!) und eine genaue Flüssigkeitsbilanz.

Prophylaxe

Bei entsprechendem Tumorleiden muß bereits *vor* einer Behandlung eine genügende Nierenfunktion durch Flüssigkeitszufuhr sichergestellt werden. Durch Zufuhr eines spezifischen Hemmers (Allopurinol), eines für den Aufbau der Harnsäure notwendigen Enzyms (Xanthinoxidase), kann das drohende Unheil meist vermieden werden. Wichtig sind auch hier regelmäßige Kontrollen der Harnsäure im Serum.

Therapie

Folgende Maßnahmen sind zu beachten:

- Genaue Flüssigkeitsbilanz; Allopurinol (Zyloric, Allopur, Bleminol u. a.) per os, in schweren Fällen i. v.
- Flüssigkeitszufuhr: Mindesturinfluß 3 l pro 24 Std., falls Patient überhaupt ausscheidet.

- Alkalinisierung des Urins durch Natriumbikarbonat, Natriumzitrat, Uralyt-U usw. Damit kann die Löslichkeit der relativ schwer löslichen Harnsäure erhöht und die Ausfällung in der Niere verhindert werden.
- In schweren Fällen muß eine Hämodialyse (künstliche Niere) eingesetzt werden.

Prognose

Die Hyperurikämie ist rasch und vollständig innerhalb von Tagen reversibel. Die Folgen einer Uratnephropathie bzw. Gichtarthritis klingen jedoch langsamer ab.

Obere Einflußstauung

Ätiologie

Eine obere Einflußstauung ist zu 95% auf eine bösartige Geschwulst im Bereich der oberen Thoraxöffnung zurückzuführen, viel seltener die Folge eines gutartigen Leidens (z. B. Katheterphlebitis). Es handelt sich meist um *Mediastinaltumoren* (Hilus- und Mediastinallymphome eines Bronchuskarzinoms oder malignen Lymphoms oder Mammakarzinom oder ähnlichem mehr).

Klinisches Bild

Es finden sich *gestaute Venen* des Kopfes und Halses, gelegentlich der Arme. Bei längerer Dauer bildet sich ein Umgehungs-(Kollateral-)Kreislauf im oberen Brustbereich durch Hervortreten von Hautvenen aus. Zuerst kommt es zum „dicken Hals", bei längerer Dauer zu aufgedunsenem, bläulich-rot verfärbtem Froschgesicht des nach Luft ringenden Patienten (Abb. 21.**1 a**). Die Entwicklung dauert meist Tage bis Wochen, selten kürzer.

Diagnose

Dorsoventrale und seitliche *Röntgenbilder des Thorax* (ergänzt durch Computertomogramm oder Kernspintomographie) dienen zur Lokalisation des Tumors. Gegebenenfalls führt ein *Kavogramm* (Darstellung der oberen Hohlvene) weiter. Bei noch unbekannter Histologie muß eine *Biopsie* (evtl. Feinnadelpunktion) versucht werden. Gelegentlich wird trotz des beträchtlichen Komplikationsrisikos eine *Mediastinoskopie* angebracht sein.

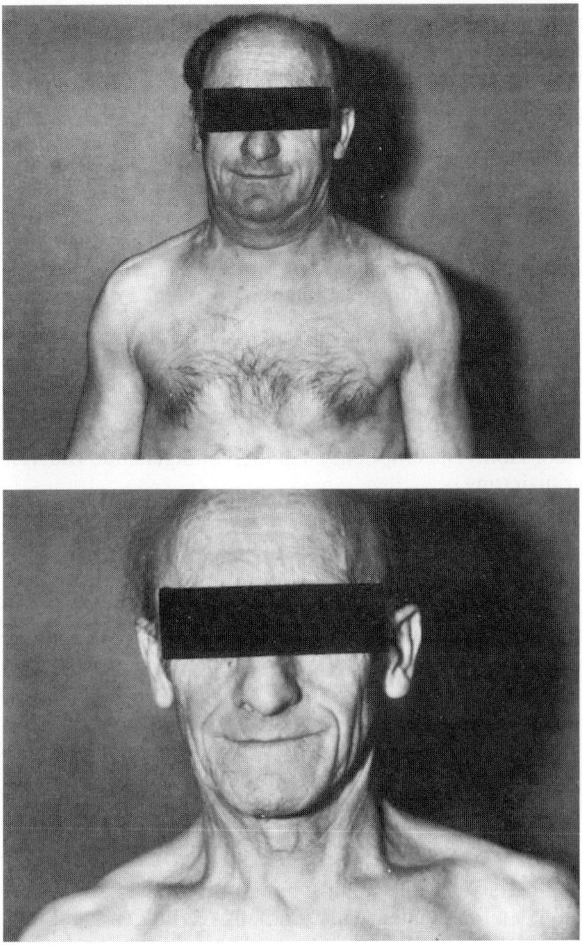

a

b

Abb. 21.1 **a** u. **b** Obere Einflußstauung bei kleinzelligem Bronchuskarzinom mit mediastinalen Lymphknotenmetastasen: **a** vor, **b** nach zytostatischer Notfallbehandlung.

Therapie

Der Tumor und das ihn umgebende Ödem sollen möglichst rasch und ohne Gefährdung des Patienten vermindert werden.

Diesem Ziel dienen folgende Maßnahmen:

- Nebennierenrindenhormone, z. B. Dexamethason in 4 Tagesdosen;
- Diuretika, z. B. Furosemid (Lasix u. a.) oder Mannitol,
- tumorreduktive Therapie: Eine Bestrahlung sollte wegen der zu erwartenden initialen Verstärkung des Ödems nur unter Kortikosteroidschutz einschleichend begonnen werden. Eine chirurgische Tumorentfernung ist gefährlich bzw. meist unmöglich.

In vielen Fällen wird man (ausnahmsweise auch ohne histologische Diagnose) eine *zytostatische Stoßtherapie* beginnen. Dabei muß eine Kombination mit breitem Wirkungsspektrum in hoher Dosis gegeben werden (z. B. Adriamycin/Cyclophosphamid/Vincristin).

Bei Thrombose der Hohlvene empfiehlt sich die vorangehende Blutverdünnung (Heparinisierung).

Prognose

Die Prognose der oberen Einflußstauung hängt von der Behandelbarkeit des Grundleidens ab. Eine vollständige Rückbildung der Symptomatik ist bei Therapiesensibilität des Tumors möglich (Abb. 21.**1 b**). Eine obere Einflußstauung ist aber, vor allem bei älteren Patienten, stets ein *lebensbedrohendes Ereignis* und führt leider immer noch oft wegen akuter Rechtsherzüberlastung/Lungenödem zum Tode.

Pflegehinweise

Flüssigkeitsbilanz, Überwachung der Nierenfunktion und Atmung.

Die lebensbedrohliche Situation ist meist mit großer Angst verbunden und erfordert von den Pflegenden Wahrnehmungsvermögen und Einfühlung.

Rückenmarkskompression/ Querschnittslähmung

Ätiologie

Zur Kompression (Zusammenpressung) des Rückenmarks oder einzelner aus ihm austretenden Nervenwurzeln kommt es infolge *Durchbruchs von Wirbelmetastasen* in den Rückenmarkskanal. Es handelt sich meist um eine *pathologische Wirbelfraktur.* Dies kommt vor allem bei Metastasen von Lungen-, Brust-, Prostatakarzinomen oder auch Myelomen und malignen Lymphomen vor.

Klinisches Bild

Abhängig von der Lokalisation des Tumors können uncharakteristische *Rückenschmerzen* mit oder ohne *radikuläre Symptomatik* (Ausfälle oder Schmerzen im Versorgungsbereich des betroffenen Nervs) Tage bis Monate vor weiteren neurologischen Störungen auftreten. Nach dieser häufig verkannten Vorphase folgen *motorische Störungen,* dann *Parästhesien.* Das Vollbild ist durch eine Querschnittsläsion mit *Paraplegie* (Lähmung mit einem bestimmten horizontalen Niveau, z. B. Lähmung beider Beine) gekennzeichnet. Der totale Verlust der Kontrolle über die Schließmuskel von Blase und Mastdarm ist ein Spätzeichen; hingegen treten bereits früh geringfügige Störungen der Miktion oder Defäkation auf, die in der Folge zur Inkontinenz führen können.

Differentialdiagnostisch muß an eine Nervenschädigung (Polyneuropathie) durch Spindelgifte, z. B. Vincristin (s. Beitrag Internistische Tumorbehandlung, Kap. 5), oder eine infektiöse Neuritis (z. B. mit dem Herpes-zoster-Virus) gedacht werden.

Diagnose

Wohl bei keiner Notfallsituation ist die *Früherkennung* – und damit der Beitrag der Krankenschwester bzw. des -pflegers – so wichtig. Sie bzw. er hört zuerst von den anfänglich wenig belästigenden Beschwerden. Bei kleinstem Verdacht muß eine genaue neurologische Untersuchung, evtl. ergänzt durch Röntgenkontrolle durchgeführt werden. Die Höhe der *Querschnittssymptomatik* ist gelegentlich irreführend, da die Tumoren häufig mehrere Verengungen des Spinalkanals und damit Blockaden der freien Zirkulation der Rückenmarksflüssigkeit verursachen. Mit einem Computertomogramm und vor allem mit *Kernspintomographie* können die Wirbelkörper, der Spinalkanal und die umliegenden Weichteile auf Tumorinfiltration und auf knöcherne Stabilität beurteilt werden. Die durch Lumbalpunktion vorgenommene Myelographie, gelegentlich auch eine Kontrastmittelfüllung von oben (zervikal, Abb. 21.**2**), bringt ähnli-

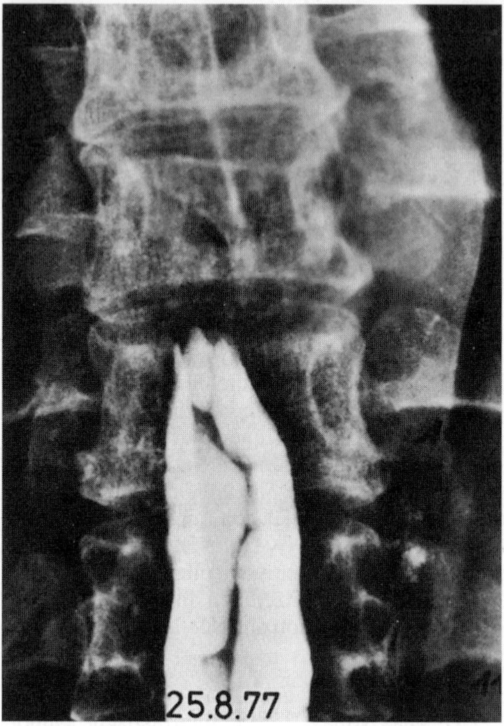

Abb. 21.2 Abbruch der Kontrastmittelsäule auf Höhe des 10. Brustwirbels bei lumbaler Myelographie. Rückenmarkskompression durch Morbus Hodgkin in den Wirbelkörpern.

che Erkenntnisse. Damit ist das Ausmaß der Läsion für die weitere Behandlungsplanung (Operation und/oder Bestrahlung) genau feststellbar.

Therapie

Bei lokalisiertem Geschehen ist die notfallmäßige chirurgische Entlastung zwecks Entfernung des blockierenden Tumors das Vorgehen der Wahl *(Laminektomie,* evtl. Spondylektomie). In den meisten Fällen wird eine *Nachbestrahlung* angeschlossen; inoperable Patienten und Patienten mit mehreren Kompressionslokalisationen werden primär bestrahlt.

Bei zytostatikasensiblen Tumoren (vor allem bei malignen Lymphomen) kann auch eine *Kombinationschemotherapie* zu rascher Rückbildung der

Symptome führen. Eine intrathekale (in die Rückenmarksflüssigkeit applizierte) Zytostatikabehandlung ist nur bei eigentlicher Tumormeningeose sinnvoll, vor allem bei Leukämien und Lymphomen.

In jedem Fall sollen gleichzeitig *Nebennierenrindenhormone* (Kortikosteroide, z. B. Dexamethason) und *Diuretika* zur Verminderung des peritumoralen Ödems gegeben werden.

Prognose

Die Prognose ist vor allem vom Zeitpunkt der Erkennung, d. h. vom Mobilitätsgrad vor einer Operation, abhängig: 60% der präoperativ noch ambulanten Patienten bleiben postoperativ gehfähig; 35% der präoperativ teilgelähmten Patienten erholen sich nach der Therapie, aber nur 7% präoperativ vollständig gelähmte (paraplegische) Patienten werden wieder gehfähig. *Rasche Diagnosestellung* und *Operation* sind somit für die Prognose entscheidend.

Pflegehinweise

Früherkennung auf Querschnittsläsion hinweisender Symptome (s. oben), korrekte Lagerung/Dekubitusprophylaxe bei manifester Lähmung.

Hirndruck/Krampfanfälle

Ätiologie

Eine „Raumforderung" irgendwelcher Art führt zur Steigerung des Hirndrucks, dem der harte Schädelknochen nicht nachgeben kann. Die Auswirkungen des erhöhten Hirndrucks konzentrieren sich daher auf die Öffnungen im Schädel, insbesondere die Austrittsöffnungen des Augennervs (N. opticus) und das Hinterhauptsloch, wo das Rückenmark austritt. Je nach Lokalisation der „Raumforderung" können *epileptische Krampfanfälle* oder *neurologische Ausfälle* auftreten.

Die gutartigen „Raumforderungen" (Blutungen, Abszeß usw.) interessieren hier nicht, nur die durch Tumoren im Gehirn bedingten. Neben den *primären Hirntumoren* (s. Kap. 20) handelt es sich vor allem um *Metastasen* von Lungen-, Brust-, Nieren- und Schilddrüsenkarzinomen, Melanomen, Sarkomen usw.

Klinisches Bild

Kaum lokalisierbare *Kopfschmerzen* mit oder ohne *Erbrechen* gehen der zunehmenden *Bewußtseinstrübung* häufig voran. Daneben kommt es häufig zu *Gleichgewichtsstörungen.* Stauungspapillen (Vorwölbungen der Eintrittsstelle des Augennervs in die Netzhaut bei der Augenspiegelung) finden sich nur bei subakuter oder chronischer Drucksteigerung. Die Krankenschwester wird einen langsamen Puls (sog. Druckpuls) und eine große Blutdruckamplitude feststellen. Ohne Behandlung kommt es in schweren Fällen zu Erscheinungen durch Einklemmungen von Hirnteilen (z. B. des Mittel- oder Kleinhirns in das Hinterhauptsloch). Die Raumforderung macht sich häufig durch epileptische Anfälle bemerkbar, deren Lokalisation Hinweise auf den Ort des Tumors gibt.

Diagnose

Bei entsprechender Symptomatik bleibt eine „Raumforderung" die wahrscheinlichste Ursache bis zum Beweis des Gegenteils. Neben einer genauen *neurologischen Untersuchung* mit spezieller Prüfung der Pupillenreaktion, der Nackensteifigkeit (Meningismus) und der Augenspiegelung (Fundus, Papillenödem!) sind *Puls* und *Blutdruck* zu kontrollieren. Weiterführende Untersuchungen sind Kernspin- oder Computertomographie, seltener Schädelröntgenaufnahme, Echoenzephalogramm oder Elektroenzephalogramm. Nur selten müssen radiologische Hirngefäßdarstellungen vorgenommen werden.

Eine Lumbalpunktion wie auch eine Luftenzephalographie sind kontraindizierte, *lebensbedrohende Maßnahmen* bei diesen Patienten, da es beim Druckabfall zur gefürchteten Hirnstammeinklemmung kommen kann.

Therapie

Im Vordergrund stehen die Bekämpfung des Hirnödems und die Verminderung des intrazerebralen Volumens. Mögliche Maßnahmen sind:

- Nebennierenrindenhormone (z. B. Dexamethason in hohen Dosen),
- Diuretika (z. B. Furosemid, Mannitol),
- Flüssigkeitseinschränkung.

Bei einzeln auftretenden, meist oberflächlich gelegenen Metastasen soll, wenn immer möglich, die *chirurgische Entfernung* angestrebt werden. Beim multiplen Vorkommen oder bei inoperabler Situation kann eine Ganzschädelbestrahlung rasche, aber leider nur vorübergehende Hilfe bringen. Bei massiver Steigerung des Hirndrucks kann die Anlegung eines sog. *ventrikuloperitonealen Shunts* (dünne Schlauchverbindung zwischen den Liquorräumen des Hirns und der Peritonealhöhle) zur raschen symptomatischen Verbesserung führen. Bei Weiterführung einer *Chemo-*

therapie ist der zusätzliche Einsatz von Zytostatika zu erwägen, die die Blut-Hirn-Schranke zu überwinden vermögen (z. B. Nitrosoharnstoffe, Podophyllotoxin-Derivate, Dibromdulcitol).

Epileptische Anfälle können medikamentös bekämpft bzw. verhütet werden (z. B. Diphenylhydantoin, Barbiturate, Diazepam).

Prognose

Diese hängt von der Behandelbarkeit des Grundleidens bzw. der Hirnmetastasen ab. Die Zeichen akuten Hirndrucks sind meist innerhalb von Stunden reversibel

Pflegehinweise

Dem Pflegepersonal fallen sehr wichtige Aufgaben zu: Flüssigkeitsbilanz, intensive Kreislaufüberwachung (Blutdruck und Puls), Elektrolytkontrolle, Kontrolle der wichtigsten neurologischen Funktionen (Bewußtseinsgrad, Bewegungsapparat).

Pathologische Frakturen

Ätiologie

Eine pathologische Fraktur ist ein Knochenbruch ohne adäquates Unfallereignis. Voraussetzung dazu ist eine lokalisierte Schwächung des Knochens (Osteolyse), meist durch einen bösartigen, *primären* (z. B. Osteosarkom, s. Kap. 16) oder *sekundären,* d. h. metastatischen *Knochentumor.* Auch gutartige Tumoren können zu pathologischen Frakturen führen. Am häufigsten finden sich *osteolytische Skelettmetastasen* bei Brust- oder Lungenkarzinomen, während z. B. Knochenmetastasen eines Prostatakarzinoms häufiger *osteoplastisch* sind und damit weniger zu Frakturen disponieren.

Klinisches Bild

Osteolysen können oft Monate bis Jahre bestehen, bis es dann ohne ersichtlichen Anlaß – gewissermaßen aus heiterem Himmel – zur Fraktur kommt. Neben der Verstärkung der meist schon vorher bestehenden Schmerzen ist die gestörte Funktion mit Achsenabweichung wegleitend.

Diagnose

Die Diagnose wird durch *Röntgenaufnahmen* in zwei Ebenen gesichert (Abb. 21.**3**). Das *Skelettszintigramm* ist zur Beurteilung einer Fraktur oder einer Frakturgefahr ungeeignet; hingegen erleichtert es die Suche weiterer Knochenherde (sehr wichtig vor orthopädisch-chirurgischen Maßnahmen, die anschließend ein Gehen mit Krücken erforderlich machen). Ergänzend müssen Serumkalzium und alkalische Phosphatase bestimmt werden.

Therapie

Je nach Behandelbarkeit des Grundleidens wird aktiver oder zurückhaltender vorgegangen: Bei kurzfristig relativ guter Prognose soll wenn immer möglich eine *orthopädisch-chirurgische Versorgung* angestrebt werden (z. B. Hüftgelenksprothese, Stabilisierung mit Platte, Versteifung der

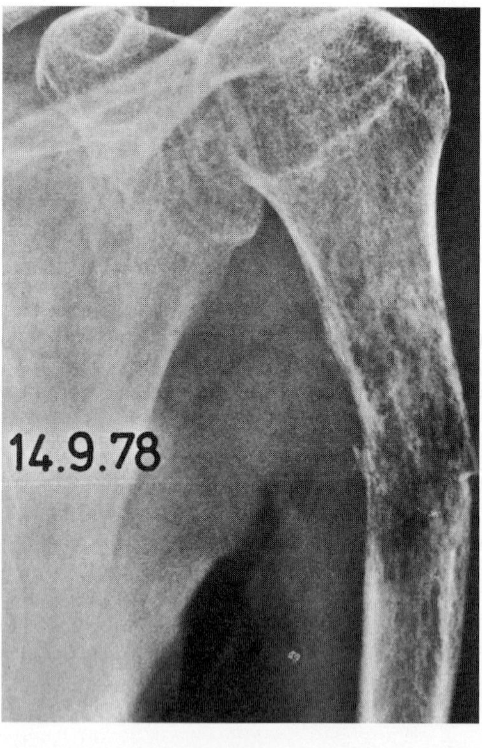

Abb. 21.**3** Pathologische Fraktur des linken Oberarmknochens auf Höhe eines Myelomherds.

Wirbelsäule). Die schlechte Spontanheilungstendenz pathologischer Frakturen kann damit überwunden werden. Der Patient soll schon kurz nach der Operation mobilisiert werden. Bei inoperabler Situation können Stützkragen (Halswirbelsäule) und Stützkorsetts Schmerzlinderung bringen, vor allem aber eine *gezielte Bestrahlung* des betroffenen Areals. Falls das Grundleiden chemotherapiesensibel ist (z. B. maligne Lymphome, Myelom, Mammakarzinom), kann auch eine *endokrine* oder *zytostatische Chemotherapie* zu rascher Schmerzlinderung und im günstigsten Fall zur Heilung mit Kallusbildung und Rekalzifizierung der Osteolysen führen.

Prognose

Die Prognose ist abhängig von der Behandelbarkeit des Grundleidens. Eine vollständige Rehabilitation ist bei gut behandelbaren Tumoren möglich, z. B. bei malignen Lymphomen, Mammakarzinom usw.

Pflegehinweise

Eine Schonung der entsprechenden Skelettpartie ist unerläßlich (Lagerung auf Schiene, Vermeidung von Belastung). Die Physiotherapie beschränkt sich anfänglich auf leichte passive Bewegungstherapie, sobald als möglich ergänzt durch aktive Bewegungen. Meist ist eine Schmerzbekämpfung nötig. Bei bettlägerigen Patienten ist eine Überwachung des Kalziumhaushaltes sehr bedeutungsvoll.

Herztamponade

Ätiologie

Bei Patienten mit malignen Tumoren entstehen *Perikardergüsse* durch diffuse Karzinose des Perikard (Herzbeutel) oder durch direktes Einwachsen des Tumors in den Herzbeutel. Meist findet sich gleichzeitig ein *maligner Pleuraerguß*. Karzinome der Lunge, der Speiseröhre, der Brust und maligne Lymphome finden sich ursächlich am häufigsten.

Klinisches Bild

Dies hängt von der Flüssigkeit im Herzbeutel ab, die von einigen Millilitern bis zu einem Liter betragen kann. Wesentlich ist die *Geschwindigkeit,* mit der sich der Erguß entwickelt. Die Patienten sind in ihrer körperlichen Leistungsfähigkeit stark eingeschränkt, schwer *dyspnoisch;* in schweren Fällen kommt es zu Bewußtlosigkeit und Schock.

Diagnose

Auch hier sind die *Halsvenen stark gestaut* (s. oben), was in halbsitzender Position beurteilt werden muß. Bei der Blutdruckmessung kann ein sog. *paradoxer Puls* festgestellt werden: Abfall des systolischen Blutdrucks währen der Einatmung um mehr als 10 mm Quecksilber (1,3 kPa). In Spätfällen kommt es zu Blutdruckabfall, Schwindel, Kollapsneigung. Die Herztöne sind meist leise; das charakteristische Perikardreiben verschwindet bei größeren Flüssigkeitsmengen.

Der Verdacht auf einen Perikarderguß kann durch ein Thoraxröntgenbild und ein EKG verstärkt werden. Beweisende Untersuchung ist die Ultraschalluntersuchung, mit der Flüssigkeit zwischen Herzmuskel und Perikard fast immer nachgewiesen werden kann, oder die Computertomographie. Selten werden Kontrastmitteluntersuchungen des Herzens oder Szintigraphien eingesetzt.

Therapie

Die baldige *Perikardpunktion* kann lebensrettend sein, wenn der Zustand des Patienten sich rasch verschlechtert. Die Besserung tritt bereits unter der Punktion ein und ist sehr eindrücklich. Sie darf nur durch einen Erfahrenen erfolgen. Zusätzlich kann die Infusion von Kochsalzlösung oder Albumin das venöse Blutvolumen erhöhen. Diuretika sind verboten.

Dauernde Hilfe kann durch Einbringung von *Zytostatika* (Methotrexat, Cytosinarabinosid, Bleomycin), *Tetrazyklinen* oder *radioaktiver Isotope* in den Herzbeutel erzielt werden. Bei strahlensensiblen Tumoren ist auch eine perkutane Bestrahlung in Betracht zu ziehen. Ein chirurgisches Vorgehen, Anlegen eines Fensters (sog. Fenestration), kommt nur in Ausnahmefällen in Frage.

Prognose

Bei raschem und richtigem Vorgehen ist die Prognose bei malignem Perikarderguß auf kurze Sicht gut, in Abhängigkeit von der Behandelbarkeit des Grundleidens.

Pflegehinweise

Im Vordergrund stehen die Kreislaufüberwachung, evtl. Unterstützung beim Atmen, Schonung und Begleitung in lebensbedrohlicher Situation.

Literatur

Bruntsch, U.: Der onkologische Notfall. In Gallmeier, W. M.: Praktische Onkologie. MMW Medizinverlag, München 1980 (S. 201 – 230)

Jungi, W. F., H.-J. Senn: Onkologie. In Koller, F., K. Neuhaus: Internistische Notfallsituationen, 5. Aufl. Thieme, Stuttgart 1992

Nagel, G. A., I. G. Nagel: Notfallsituationen in der Onkologie. In Brunner, K. W., G. A. Nagel: Internistische Krebstherapie, 2. Aufl. Springer, Berlin 1985

Wurmser, P., J. Schär: Neurologie: In Koller, F., K. Neuhaus: Internistische Notfallsituationen, 5. Aufl. Thieme, Stuttgart 1992

Anmerkungen zu Anhang I: Zubereitung und Verabreichung von Zytostatika

In dieser Tabelle sind die in der Krebstherapie gebräuchlichsten Medikamente aufgelistet (ohne Anspruch auf Vollständigkeit). Diese Liste soll den Anwendern bei der oft komplizierten Zubereitung der Substanzen behilflich sein, weshalb die Medikamente alphabetisch nach Stoffklassen geordnet sind.

! Die Zubereitungsart bezieht sich in dieser Tabelle nur auf das Medikament in ***fettgedruckter Kursivschrift*** in der vordersten Rubrik. Die Auswahl ist in diesem Buch, basierend auf der praktischen, klinischen Erfahrung, historisch so entstanden. Für die anderen Präparate, die nicht kursiv geschrieben sind, hat die Zubereitungsanleitung keine Gültigkeit. Für alle Medikamente gilt, daß grundsätzlich die Packungsbeilage der Hersteller verbindlich ist.
Die angegebene Toxizität und entsprechende Maßnahmen sind immer abhängig von der Dosierung der Substanzen bzw. davon, ob es sich um eine Hoch- oder Normaldosierung handelt. Für detaillierte Angaben verweisen wir auf spezielle Fachliteratur.

Allgemeine Hinweise zur Zubereitung von Zytostatika:

- Zytostatikalösungen, Injektionen und Infusionen unmittelbar vor Gebrauch zubereiten.
- Immer auf Trübung, Farbveränderungen oder Niederschläge achten.
- Aufbewahrungsdauer ist abhängig von der Art und Menge der beigefügten Lösung: Dies erfordert die sehr genaue Befolgung der Auflösungsanleitung.
- Die Angaben zur Haltbarkeit betreffen die physikalisch-chemische Stabilität.
- Die Aufbewahrungstemperatur hängt ebenfalls von der Zubereitungsart ab; während ein Medikament in ungelöster Form bei Raumtemperatur aufbewahrt wird, kann es sein, daß die Aufbewahrung in gelöster Form Kühlschranktemperatur erfordert, aber auch das Gegenteil ist möglich. Eine genaue Konsultation der Packungsbeilage ist unumgänglich.
- Mehrzeitige Mehrfachentnahmen aus Ampullen sind wenn möglich zu vermeiden.
- Als Infusionsgebinde sind wegen der Kontaminationsgefahr grundsätzlich Wegwerfmaterialien zu verwenden. Einige Medikamente vertragen sich aber nicht mit PVC und verlangen deshalb den Einsatz von PVC-freien Gebinden; bei der ausnahmsweisen Anwendung von Glasflaschen muß jeweils geprüft werden, ob die Substanz in Glas stabil bleibt.

- Zytostatika nie mischen. Weitere Medikamente ausnahmsweise nur bei bekannter Kompatibilität beimischen.
- Vor der Verabreichung der Substanzen ist die präzise Beschriftung der Substanzen sowie die Kontrolle durch eine zweite, erfahrene Fachperson unumgänglich. Nur die doppelte Sicherheit kann den Patienten und auch seine Betreuer schützen.
- Die Zubereitung und Verabreichung zytostatischer Substanzen kann nur durch fachkompetente, speziell geschulte Personen erfolgen. Die meisten Zytostatika enthalten im Packungsprospekt den juristischen Hinweis, daß diese nur unter Aufsicht von Ärzten mit onkologischer Erfahrung angewendet werden dürfen.

Allgemeine Hinweise zur Zytostatika-Therapie:

Eine individuelle, fachkompetente, onkologische medizinische und pflegerische Betreuung kann sich nicht mit der korrekten Zubereitung und Verabreichung der tumorhemmenden Substanzen allein begnügen. Sie stellt nur einen Teil der onkologischen Betreuung dar. Weitere Anteile davon sind:

- Kompetente Therapieentscheide von onkologischen Fachärzten, die den Einfluß der Therapie auf die Krankheit, auf den ganzen Menschen, seine Selbständigkeit und auf seine Lebensqualität abzuschätzen vermögen und die Folgeerscheinungen der Therapie voraussehen und ihnen vorbeugen können.
- Offene Information über Krankheit und Therapie und Unterstützung bei deren Bewältigung.
- Anleitung zur Mitentscheidung, Selbsthilfe und Unabhängigkeit im Leben mit Krankheit und Therapie.
- Festgelegte Qualitätsnormen in supportiver Therapie und Pflege zur Verhütung von Nebenwirkungen und zur Förderung der Lebensqualität. In diesem Buch sind im Kapitel Supportivtherapie die alltäglichsten Aspekte, insbesondere auch die korrekte Applikation von Zytostatika und die Paravasatverhütung beschrieben.
- Für den Schutz vor Zytostatikakontamination gelten die in den einzelnen Ländern unterschiedlichen Gesetzesnormen (z. B. in der Schweiz durch SUVA, Luzern, Schutzmaßnahmen im Umgang mit Zytostatika).

Anhang I: Zubereitung tumorhemmender Medikamente (bezieht sich auf das Präparat in ***fettgedruckter Kursivschrift***)

Wirkstoff (int. Bezeichnung; Abkürzung) Markenname/ Konfektion (⇒ Stoff-Gruppe)	Aufbewahrung	Verabreichung/ Auflösung kompatibel mit	Nebenwirkungen (Toxizität)	Speziell achten auf
Aclarubicin (ACM) Aclacinomycin-B Aclacinomycine ***Aclaplastin*** Amp. à 20 mg (⇒ Antibiotika)	– Kühlschrank – angebrochen max. 24 Std. mit Lichtschutz	– i. v. in 100 ml NaCl 0,9% als Kurzinfusion – in 10 ml NaCl 0,9% auflösen – kompatibel mit Gluc. 5%	– Knochenmark-depr. +++ – Kardiotoxizität + – Nausea + – Stomatitis (+) – Haarverlust (+)	– Blutbild – Puls, EKG – Antiemetika – gute Mundpflege

Amethopterin (MTX) ***Methotrexate*** Amp. à 5/20/25/50/500/1000/2000/5000 mg Tbl. à 2,5 mg (⇒ Antimetaboliten)	– Raumtemperatur – Mehrfachentnahme nicht erlaubt – Lichtschutz	– direkt i. v., i. m., i. thekal, i. a., p. o. – hochdosierte MTX-Therapie (> 1 g) nach besonderer Vorschrift mit Antidot (spez. Schema) in Gluc. 5%, NaCl 0,9%	– Stomatitis ++ – Nausea (+) – Knochenmarkdepr. ++ – Nieren-Tubulusnekrose – Lebertoxizität – bei intrathekaler Gabe: Myelo-/Enzephalopathie	– Stomatitisprophylaxe – Antiemetika – Blutbild – Leber- u. Nierenparameter (Kumulation); – Alkalinisierung des Urins mit Natriumbicarbonat bei hohen Dosen (> 1 g) – Serum für MTX-Spiegel lichtgeschützt ins Labor bringen – Alkohol meiden – in Kombination mit 5 FU → vor 5 FU verabreichen – Antidot s. unter Ca-Leucovorin

Wirkstoff (int. Bezeichnung; Abkürzung) Markenname/ Konfektion (⇒ Stoff-Gruppe)	Aufbewahrung	Verabreichung/ Auflösung kompatibel mit	Nebenwirkungen (Toxizität)	Speziell achten auf
Antidot: ***Ca-Leucovorin*** Trocken-Amp. à 30 mg Ampullen gelöst à 3, 50, 100, 200, 300 mg Tbl. à 15 mg	– aufgelöst im Kühlschrank (2–8 °C) max. 24 Std. lichtgeschützt haltbar	– Amp. auflösen mit 5 ml Aqua dest. (Lösung 6 mg/ml) – direkt i. v. oder in 100 ml NaCl 0,9 % oder Gluc. 5 % lichtgeschützt verabreichen – p. o.	– Verstärkung der zytotoxischen Wirkung von gleichzeitig eingesetzten Zytostatika (z. B. Mukositis bei Fluoro-Uracil)	– Zeitplan für die Verabreichung sichern (Unterlassung einer Dosis ist sehr gefährlich)

Amsacrin (m-AMSA) ***Amsacrine*** Amsidyl Amp. à 85 mg (⇒ andere)	– Kühlschrank – Stammlösung max. 8 Std., verdünnt 24 Std. haltbar unter Lichtschutz	– aus der Amp. (1,7 ml) nur 1,5 ml nehmen = 75 mg Amsacrin 13,5 ml Lösungsmittel beifügen → 15 ml = 75 mg – in 500 ml Gluc. 5% über 60 Min. verabreichen – Achtung: keine NaCl-Lösung verwenden!	– Knochenmarkdepr. +++ – Stomatitis ++ – Nausea + – Nierentoxizität – lokale Gewebe-/Venentoxizität	– Blutbild – Stomatitisprophylaxe – Antiemetika – Flüssigkeitsbilanz – Urin alkalinisieren (evtl. Natriumbikarbonat) – streng intravenös spritzen – Venenpflege
Asparaginase ***Erwinase*** Amp. à 10000 E. (⇒ enzymspaltend)	– Kühlschrank – aufgelöst 15 Min. haltbar	– Auflösen mit 2 ml NaCl 0.9% Kontakt mit Gummistopfen vermeiden – in 250 ml NaCl in 15 Min. i. v.	– allergische Reaktionen – Gerinnungsstörungen – Leber-, Pankreas-, Neurotoxizität – Nausea	– Vor 1. Anwendung intrakutaner Test, gut überwachen – Notfallausrüstung bereitstellen – Blutkontrollen – milde Antiemetika

Wirkstoff (int. Bezeichnung; Abkürzung) Markenname/ Konfektion (⇒ Stoff-Gruppe)	Aufbewahrung	Verabreichung/ Auflösung kompatibel mit	Nebenwirkungen (Toxizität)	Speziell achten auf
Bleomycin (BLEO) ***Bleomycin*** Bleomycinum Amp. à 15 mg/IE (⇒ Antibiotika)	– Raumtemperatur – angestochene Amp. im Kühlschrank (2–8 °C) 14 Tage haltbar, Mehrfachentnahme nicht empfohlen – Lichtschutz	– i. v. mit 20 ml NaCl 0,9 % auflösen – i. m. mit 1–2 ml NaCl 0,9 % auflösen (bei Schmerzen mit Lokalanästhetikum) – direkt i. v. – als Dauerinfusion: in 1000 ml NaCl 0,9 % über 24 Std. (mit Lichtschutz); keine Glucose 5 %, nur PVC-freie Behältnisse oder Glasflaschen – intrakavitär – i. a.	– Fieber +++ Schüttelfrost + – Haut: Hyperpigmentation, Schuppung, Schwielen, Nagelverfärbung ++ – Stomatitis ++ – Pneumonitis, Lungenfibrose (+) – *keine* Knochenmarkdepr.	– evtl. Antipyretika – Vorsicht mit Sonnenbestrahlung, Haut kontrollieren, v. a. Hände, Ellbogen, Füße – Stomatitisprophylaxe – Lungenfunktionsprüfung (bei längerfrist. Anwendung)

Busulfan (BUS) Myleran Misulban Tbl. à 0,5/2 mg (⇒ Alkylanzien)	– Kühlschrank	– p. o.	– Knochenmarkdepr. ++ (protrahiert), v. a. Granulzytopenie – Hyperpigmentation ++ – Lungenfibrose (+) – Addison-Syndrom (+)	– Blutbild – Hautkontrolle – Lungenfunktion – Elektrolyte
Carboplatin ***Paraplatin*** Amp. à 50/150/450 mg (⇒ andere)	– Raumtemperatur – angebrochen oder verdünnt im Kühlschrank 24 Std. haltbar	– direkt i. v. (mit Besteck an der Amp.) oder als Kurzinf. in 250 ml Glucose 5% oder NaCl 0,9% über 30 Min.	– Knochenmarkdepr. +++ – Nausea ++ – Neurotoxizität + – Nierentoxizität (+)	– Blutbild – Antiemetika – Neurostatus, Gehör – Nierenfunktion – forcierte i. v. Hydrierung (wie Cis-Platin) ist *nicht* erforderlich, jedoch viel trinken nötig

Wirkstoff (int. Bezeichnung; Abkürzung) Markenname/ Konfektion (⇒ Stoff-Gruppe)	Aufbewahrung	Verabreichung/ Auflösung kompatibel mit	Nebenwirkungen (Toxizität)	Speziell achten auf
Carmustin (BCNU) ***BiCNU*** Carmubris Amp. à 100 mg (⇒ Alkylanzien)	– Kühlschrank, Lichtschutz – aufgelöst 24 Std. im Kühlschrank haltbar – (Lichtschutz, wenn Inf.dauer > 2 Std.)	– Auflösen mit 3 ml beiliegendem Solvens u. 27 ml Aqua dest. (1 ml = 3,3 mg) – als Kurzinf. in 100 ml NaCl 0,9 % oder Glucose 5 % über 30 Min. verabreichen (erfordert PVC-freie Flaschen, wenn nicht vorhanden, Glasflaschen verwenden)	– Nausea +++ – protrahierte Knochenmarkdepression +++ – Venenspasmen – lokale Gewebe-/Venentoxizität – Lungenfibrose (+) – Nephrotoxizität (+)	– starke Antiemetika – Blutbild – Venenschmerzen an der Infusionsstelle: z. B. kalte Wickel entlang der Vene auflegen, mehr Infusionsflüssigkeit) – streng intravenös spritzen – Venenpflege – Lungenfunktion – Nierenfunktion

Chlorambucil (CLB, CAB) Leukeran ChloraminophÅne Tbl. à 2/5 mg (⇒ Alkylanzien)	– Kühlschrank – Lichtschutz	– p. o.	– Knochenmarkdepr. ++ – auch Anämie +	– Blutbild
2-Chlorodeoxy-adenosin (2-CDA) Leustatin Amp. à 10 mg noch nicht überall im Handel (⇒ Antimetabolit)	– Raumtemperatur	– s.c. – i.v. als Dauerinfusion (in NaCl 0,9%)	– Knochenmarkdepr. ++ – Leber-Nierentox.	– Blutbild

Wirkstoff (int. Bezeichnung; Abkürzung) Markenname/ Konfektion (⇒ Stoff-Gruppe)	Aufbewahrung	Verabreichung/ Auflösung kompatibel mit	Nebenwirkungen (Toxizität)	Speziell achten auf
Cisplatin (DDP) ***Platinol*** Platinex Cis-Platyl Platiblastin Cismaplat Amp. à 10/25/50/ 100 mg (⇒ andere)	– Raumtemperatur, Lichtschutz – unverdünnt 24 Std., verdünnt 6 Std. im Kühlschrank haltbar	– i. v., i. a. oder intraperitoneal – Infusionsbesteck direkt an Platin-Solution anhängen (Besteckvolumen reicht für 10 mg Amp.) – über 30 Min. infundieren, evtl. parallel zu einer laufenden Infusion – falls weitere Verdünnung, NaCl 0,9% verwenden	– Nausea +++ – Nierentoxizität +++	– intensives, prophylaktisches Antiemetikaschema – Hydrierung nach Verordnung, z. B.: **Vor der Therapie:** (bei Dosen über 50 mg) – Creatinin Clearence, – Blutbild, – 1–2 Liter trinken **Stunde – 2:** – 1 Amp. Lasix à 20 mg i. v. plus 1000 ml Mischinfusion über 2 Stunden infundieren **Stunde 0:** – Cis Platin in 30 Min. infundieren – 1000 ml Mischinf. danach verabreichen

			– **anschließend** über 24 Std., weiter viel trinken (bei Bedarf i. v.) – Flüssigkeitsbilanz: Diurese von 100 ml/Std. anstreben
		– Knochenmarkdepr. ++	– Blutbild
		– Gehör: Ohrensausen, Hörverlust ++	– Hörtest
		– Neurotoxizität +	– Neurostatus
		– lokale Gewebe-/Venentoxizität	– streng intravenös spritzen, Venenpflege
		– metallischer Geschmack im Mund	– evtl. Bonbon lutschen während Infusion

Wirkstoff (int. Bezeichnung; Abkürzung) Markenname/ Konfektion (⇒ Stoff-Gruppe)	Aufbewahrung	Verabreichung/ Auflösung kompatibel mit	Nebenwirkungen (Toxizität)	Speziell achten auf
Cyclophosphamid (CYT, CTX) ***Endoxan*** Cyclostin Amp. à 100/200/500/ 1000 mg Dr. à 50 mg (⇒ Alkylanzien)	– Raumtemperatur – aufgelöst 24 Std. im Kühlschrank haltbar	– direkt i. v. – 100 mg in 5 ml, 200 mg in 10 ml, 1000 mg in 50 ml Aqua dest. oder direkt in Glucose 5% auflösen – bei hoher Dosis (> 1 g) als Kurzinf. in 100 ml Gluc. 5% (keine NaCl-Lösung) über 15 Min. verabreichen – p. o. nach dem Essen, eher abends wegen Nausea	– Haarverlust ++ – Nausea ++ (v. a. bei i. v. Inj.) – Knochenmarkdepr. ++ – hämorrhagische Zystitis ++ – Geschmacksveränderungen – Kardiotoxizität in hohen Dosen (+)	– Antiemetika – Blutbild – viel trinken (Zystitisprophylaxe), auf rötlichen Urin achten – bei Zystitis krampflösende Schmerzmittel (evtl. Uromitexan) – Puls, EKG

Cytarabin (ARA-C) ***Alexan*** Aracytine Udicil Cytosar Amp. à 40/100/500/1000/2000 mg (⇒ Antimetaboliten)	– Raumtemperatur – 24 Std. im Kühlschrank haltbar – Infusion (NaCl oder Gluc.) bei Raumtemp. 2 Wochen stabil – Cytosar: bei Mehrfachdosen-Entnahme aus kleiner Amp.: nur beil. Solvens verwenden (dann 48 Std. haltbar)	– direkt i. v. – als Dauerinfusion über 24 Std. in 1000 ml NaCl 0,9% oder Gluc. 5% – s. c. (lokale Hautrötung möglich) – intrathekal – Cytosar: 1 g auflösen mit 10 ml Aqua dest.; 2 g auflösen mit 20 ml Aqua dest. (Einmaldosis)	– Knochenmarkdepr. ++ – Nausea + – Fieber, Grippesymptome + – Diarrhö (+) – Stomatitis + – Pneumonitis (+) – Neurotoxizität – Keratokonjunktivitis bei Hochdosistherapie (> 1 g/m2)	– Blutbild – Antiemetika – Temperatur (evtl. Antipyretika) – Verdauung – Stomatitisprophylaxe – hochdosiert: Neurostatus – prophylaktische Augenpflege nach Verordnung
Dacarbacin (DTIC) Deticène ***DTIC-Dome*** DTIC Amp. à 100/200 mg (⇒ andere)	– Kühlschrank (2–8 °C) – aufgelöst 24 Std. im Kühlschrank mit Lichtschutz haltbar	– Auflösen mit 9,9 bzw. 19,7 ml Aqua dest. (1 ml = 10 mg), bei Farbveränderung (gelb → rötlich) verwerfen – als Kurzinf. in 250 ml NaCl 0,9% oder Glucose 5% über 15–30 Min. verabreichen – bei Dauerinf. über 24 Std. Dosis teilen (Stabilität!) – Lichtschutz	– Knochenmarkdepr. ++ (protrahiert) – Nausea +++ (v. a. am ersten Tag) – Venenspasmen bei der Verabreichung – lokale Gewebe-/Venentoxizität – Lebertoxizität – Haarverlust	– Blutbild – intensives Antiemetikaregime – evtl. kalte Wickel auf Armvene während der Infusion – streng intravenös spritzen, Venenpflege – Leberwerte – Vorsicht mit Sonnenbestrahlung

Wirkstoff (int. Bezeichnung; Abkürzung) Markenname/ Konfektion (⇒ Stoff-Gruppe)	Aufbewahrung	Verabreichung/ Auflösung kompatibel mit	Nebenwirkungen (Toxizität)	Speziell achten auf
Dactomycin *Actinomycin D* ***Cosmegen*** Amp. à 0,5 mg (⇒ Antibiotika)	– Raumtemperatur – aufgelöst 24 Std. im Kühlschrank mit Lichtschutz haltbar	– Auflösen mit 1,1 ml Aqua dest. (1 ml = 0,5 mg) – direkt i. v., sofort verwenden	– Nausea +++ – Knochenmarkdepr. ++ – Stomatitis, Ösophagitis ++ – Diarrhö – lokale Gewebe-/Venentoxizität – Hautveränderungen	– starke Antiemetika – Blutbild – Stomatitisprophylaxe – Verdauung – streng intravenös spritzen, Venenpflege
Daunorubicin *Daunomycin* (DNR) ***Cerubidin*** Daunoblastin Amp. à 20 mg (⇒ Antibiotika)	– Raumtemperatur – aufgelöst im Kühlschrank (2–8 °C) lichtgeschützt 24–48 Stunden haltbar	– Auflösen mit 4 ml Aqua dest. oder mit NaCl 0,9% oder Glucose 5% – streng i. v. in 100 ml NaCl 0,9% oder Gucose 5% als Kurzinfusion über 15 Min.	– Knochenmarkdepr. +++ – Haarverlust +++ – Nausea ++ – Stomatitis ++ – Kardiotoxizität + – lokale Gewebe-/Venentoxizität – Rotfärbung des Urins	– Blutbild – Antiemetika – Stomatitisprophylaxe – Puls, EKG – streng intravenös spritzen – Venenpflege – Vorsicht mit Sonnenbestrahlung – Information Urinfärbung

Docetaxel ***Taxotere*** Amp. à 20/80 mg (⇒ Taxane)	– Kühlschrank – Stammlösung max. 8 Std. mit Lichtschutz haltbar – Infusionslösungen max. 3 Std. haltbar – PVC-freie Infusionsbeutel und -besteck empfohlen: Haltbarkeit in PVC-freien Behältnissen max. 4 Std. in Polyolefin-Beutel max. 6 Std.	– Auflösen mit beigelegtem Lösungsmittel (1 ml = 10 mg) – weiter verdünnen mit NaCl 0,9% oder Glucose 5% bis Taxotere-Konzentration ≤ 1 mg/ml ist – als Kurzinfusion über 1 Std. i. v. infundieren	– Haarverlust +++ – Knochenmarkdepr. ++ – Neurotoxizität: Parästhesien an Händen und Füßen – Ödeme, Gewichtszunahme – Nausea + – Stomatitis + – Diarrhö – allergische Reaktionen, Blutdruckabfall	– Skalp-Hypothermie? – Blutbild – Neurostatus – Gewichtskontrolle – Antiemetika – Stomatitisprophylaxe – **Patientenüberwachung:** – Infusion anfangs langsam tropfen lassen, BD-Kontrolle vor und während der Inf. und 10 Min. nach Start, Notfall-Set in Bereitschaft (Ultracorten, Tavegyl) – **Prämedikation, Beispiel:** Stunde –13, –7, –1 nach Inf.ende und abends je 8 mg Dexamethason p. o. sowie an den 3 Folgetagen 2 × 8 mg p. o.

Wirkstoff (int. Bezeichnung; Abkürzung) Markenname/ Konfektion (⇒ Stoff-Gruppe)	Aufbewahrung	Verabreichung/ Auflösung kompatibel mit	Nebenwirkungen (Toxizität)	Speziell achten auf
Doxorubicin (ADM) Adriamycin ***Adriblastin*** Amp. à 10/20/50 mg (⇒ Antibiotika)	– im Kühlschrank gelöst 24–48 Std. mit Lichtschutz haltbar	– bis 50 mg langsam direkt i. v. – > 50 mg in 100 ml, > 100 mg in 250 ml NaCl 0,9% oder Glucose 5% als Kurzinfusion über 15–30, bzw. 30–60 Min. verabreichen – bei Hochdosis-Therapie auch über mehrere Stunden als Dauerinfusion i. v. – Lichtschutz bei Infusion über 24 Std. – intravesikal	– Haarverlust +++ – Kardiotoxizität, akut, kumulativ – Stomatitis + – Knochenmark-depr. +++ – Nausea ++ – Hyperpigmentation, Nagelverfärbung – lokale Gewebe-/Venentoxizität – Rotfärbung des Urins	– Skalphypothermie nach Ver. – Puls, EKG – Stomatitisprophylaxe – Blutbild – Antiemetika – Vorsicht mit Sonnenbestrahlung – streng intravenös spritzen – Venenpflege – Information Urinfärbung

Epirubicin (EPI) ***Farmorubicin*** Amp. à 10/20/50 mg (⇒ Antibiotika)	– Raumtemperatur – aufgelöst 168 Std. im Kühlschrank (lichtgeschützt) haltbar	– Auflösen mit 5/10/25 ml Aqua dest. oder NaCl 0,9% – bis 50 mg langsam direkt i. v. – > 50 mg in 100 ml, > 200 mg in 250 ml NaCl 0,9% als Kurzinfusion über 15–30 bzw. 30–60 Min. verabreichen – bei Hochdosis-Therapie auch über mehrere Stunden als Dauerinfusion i. v. – Lichtschutz bei Infusion über 24 Std. – intravesikal	– Haarverlust +++ – Stomatitis + – Knochenmarkdepr. +++ – Nausea ++ – Hyperpigmentation, Nagelverfärbung – Kardiotoxizität (+) – lokale Gewebe-/Venentoxizität – Rotfärbung des Urins	– Skalphypothermie nach Ver. – Stomatitisprophylaxe – Blutbild – Antiemetika – Vorsicht mit Sonnenbestrahlung – Puls, EKG – streng intravenös spritzen, Venenpflege – Information Urinfärbung

Wirkstoff (int. Bezeichnung; Abkürzung) Markenname/ Konfektion (⇒ Stoff-Gruppe)	Aufbewahrung	Verabreichung/ Auflösung kompatibel mit	Nebenwirkungen (Toxizität)	Speziell achten auf
Estramustinphosphat ***Estracyt*** Kps. à 40/100 mg Amp. à 150/300 mg (⇒ Alkylanzien)	– Raumtemperatur – aufgelöst nicht haltbar	– p. o. 1 Std. vor oder 2 Std. nach dem Essen – i. v. als Kurzinfusion über 30–60 Min. (max. 3 Std.) – Auflösen in 8 ml Aqua dest., nicht schütteln, weitere Verdünnung mit 250 ml Glucose 5% – *nicht* kompatibel mit NaCl 0,9%!	– Knochenmarkdepr. ++ – Libido- u. Potenzverlust – Photosensibilisierung (+) – Nausea ++ (anfangs) – lokale Gewebe-/Venentoxizität – vorübergehender Juckreiz im Perianal-/Genitalbereich	– Blutbild – Aufklärung – Hautkontrolle – Antiemetika – streng intravenös spritzen, Venenpflege – Vermeidung v. calciumreicher Nahrung (Resorption)

Etoposid (VP-16) Etopophos^R ***Vepesid*** Amp. à 100 mg, 500 mg, 1 g Kps. à 50/100 mg (⇒ Spindelgifte)	– Raumtemperatur – bei Konzentrationen unter 0,4 mg/ml: 24 Std. mit Lichtschutz stabil	– p. o. mit d. Essen einnehmen – pro Amp. (100 mg) in mind. 250 ml NaCl 0,9% oder Glucose 5% auflösen und als Kurzinf. streng i. v. über 30–60 Min. verabreichen – bei Dauerinfusion über 24 Std. Konzentration beachten, auf Ausfällungen achten – Etopophos^R (neu) kann direkt langsam i. v. gespritzt werden	– Knochenmarkdepr. +++ – Nausea (+) – Blutdruckabfall (selten) – Haarverlust +++ – Bronchospasmen – lokale Gewebe-/Venentoxizität	– Blutbild – Antiemetika – Blutdruck – streng intravenös spritzen

Wirkstoff (int. Bezeichnung; Abkürzung) Markenname/ Konfektion (⇒ Stoff-Gruppe)	Aufbewahrung	Verabreichung/ Auflösung kompatibel mit	Nebenwirkungen (Toxizität)	Speziell achten auf
Gemzitabine ***Gemzar*** Amp. à 200/1000 mg (⇒ Antimetabolit)	– Raumtemperatur – Stammlösung 12–24 Std. Infusionslösung 12 Std. haltbar – nicht im Kühlschrank lagern (Kristallisation)	– Auflösen: 200 mg mit 5 ml NaCl 0,9% 1000 mg mit 25 ml NaCl 0,9% Konzentration von 40 mg/ml nicht überschreiten – Als i. v. Infusion in 250 ml NaCl 0,9% über 30 Min. infudieren	– Grippesymptome ++ – Knochenmarkdep. + – periphere Ödeme, Übelkeit/Erbrechen – Schleimhauttox. + – lokale Venenirritation	Antigrippemittel Blutbild Gewichtskontr. gute Mundpflege

Fluorouracil (5 FU) ***Fluoro-uracil*** Fluoroblastin Amp. à 250/500/ 1000 mg Kps. à 250 mg Salbe 5% (Efudix, Verumal) (⇒ Antimetaboliten)	– Raumtemperatur (fällt aus im Kühlschrank) – Lichtschutz – Mehrfachentnahme nicht erlaubt	– direkt i. v. – ad Inf.: in 500 ml NaCl 0,9% oder Glucose 5% (nach Firmenangabe verdünnt nur während 8 Std. stabil) – i. a./i. v. unverdünnt mit Pumpe mehrere Wochen stabil (bei vollständiger Asepsis und ohne Manipulation) – intrakavitär (Pleura, Bauchhöhle) – p. o. mit frisch gepr. Orangensaft	– Knochenmarkdepr. ++ Thrombopenie – Nausea (+) – Diarrhö + – Stomatitis ++ – Neurotoxizität – Allergie (Haut) (+)	– Blutbild – Antiemetika – Verdauung – Stomatitisprophylaxe – Adynamie – Hautkontrolle
Hexamethylmelamin (HMM) Altretamine Hexastat Kps. à 100 mg (⇒ andere)	– Raumtemperatur	– p. o.	– Nausea ++ – Knochenmarkdepr. ++ – Neurotoxizität ++ – Haarverlust (+)	– Antiemetika – Blutbild – Neurostatus – Kapseln nicht öffnen (lokal stark reizende Substanz)
Hydroxycarbamid Litalir Hydrea Hydroxyurea Medac Kps. à 500 mg (⇒ Antimetaboliten)	– Raumtemperatur	– p. o., vor oder mit dem Essen	– Knochenmarkdepr. ++ – Hautausschläge + – Nausea (+) – Diarrhö	– Blutbild – Hautkontrolle – Antiemetika – Verdauung

Wirkstoff (int. Bezeichnung; Abkürzung) Markenname/ Konfektion (⇒ Stoff-Gruppe)	Aufbewahrung	Verabreichung/ Auflösung kompatibel mit	Nebenwirkungen (Toxizität)	Speziell achten auf
Ifosfamid (IFO) ***Holoxan*** Amp. à 200/500/1000/ 2000 mg (⇒ Alkylanzien)	– Raumtemperatur – aufgelöst 48 Std. im Kühlschrank haltbar	– Auflösen: 200 mg in 5 ml, 500 mg in 13 ml, 1000 mg in 25 ml, 2000 mg in 50 ml Aqua dest. oder direkt mit NaCl 0,9% (gut schütteln) – als Kurzinf. in 250 ml NaCl 0,9% oder Glucose 5% über 30–60 Min. – bei hohen Dosen (z. B. > 2 g) Dauerinfusion (nach Verordnung)	– Haarverlust ++ – Nausea ++ (dosisabhängig) – Knochenmarkdepr. ++ – Kardiotoxizität in hohen Dosen – Nephrotoxizität – hämorrhagische Zystitis ++ – psychotische Zustände	– Antiemetika – Blutbild – Puls, EKG – Creatinin Clearance, viel trinken (bis 1–2 Tage lang) – tägl. Urinstatus – auf rötlichen Urin achten, bei Zystitis: krampflösende Mittel – Antidot zur Zystitisprophylaxe s. unter Uromitexan

Antidot: Mesna ***Uromitexan*** Amp. à 200/400/ 1000 mg	– aufgelöst 24 Std. stabil	– als Antidot: je 20% der IFO-Dosis Std. 0 (vor Therapiebeginn), 4, 8 (evtl. 12) – i. v.: mit 20 ml NaCl 0,9% auflösen, als Kurzinf. über 15 Min. oder kontinuierlich in der Holoxaninfusion verabreichen – p. o.: doppelte Dosis in Coca-Cola geben		– vorbeugend gegen eine hämorrhagische Zystitis – viel trinken
Lomustin (CCNU) CiNU, CCNU Cecenu Belustine Kps. à 10/40 mg (⇒ Alkylanzien)	– Raumtemperatur (CeCenu im Kühlschrank)	– p. o. ½ Std. nach dem Nachtessen (weniger Erbrechen); vor der Einnahme: intensive Brechreizprophylaxe	– Nausea +++ – Knochenmarkdepr., protrahiert – Stomatitis – Haarverlust – Interaktion mit Alkohol	– starke Antiemetika (Medikament darf nicht erbrochen werden) – Blutbild – gute Mundpflege
Mechlorethamin ***Mustargen*** Chloramin Cariolysin Kps. à 10 mg (⇒ Alkylanzien)	– Raumtemperatur – aufgelöst nicht haltbar	– Auflösen mit 10 ml NaCl 0,9% oder Aqua dest. (1 ml = 1 mg) – direkt i. v. – intrakavitär	– Nausea +++ – Knochenmarkdepr. ++ – Diarrhö + – lokale Gewebe-/Venentoxizität – metallischer Geschmack im Mund	– starke Antiemetika – Blutbild – Verdauung – streng intravenös spritzen, Venenpflege – evtl. Bonbons lutschen während der Infusion

Wirkstoff (int. Bezeichnung; Abkürzung) Markenname/ Konfektion (⇒ Stoff-Gruppe)	Aufbewahrung	Verabreichung/ Auflösung kompatibel mit	Nebenwirkungen (Toxizität)	Speziell achten auf
Melphalan (L-PAM) ***Alkeran*** Tbl. à 2/5 mg Amp. à 50 mg (⇒ Alkylanzien)	– Ampullen bei Raumtemperatur, Tabletten im Kühlschrank lagern – aufgelöst nicht haltbar, Infusion innerhalb 1,5 Std. verbrauchen – Lichtschutz	– p. o., vor dem Essen – Auflösen mit beiliegendem Lösungsmittel → kräftig schütteln (1 ml = 5 mg) – langsam i. v. od. besser in 100 ml NaCl 0,9% als Kurzinfusion über 15 Min. (keine Glucose)	– Nausea ++ (nur bei i. v. Gabe) – Knochenmarkdepr. ++ – Haarverlust (+) – lokale Gewebe-/Venentoxizität	– Antiemetika – Blutbild – streng intravenös spritzen – Antazida können die Resorption vermindern

Mercaptopurin (6-MP) Puri-Nethol Tbl. à 50 mg (⇒ Antimetaboliten)	– Raumtemperatur	– p. o., vor dem Essen	– Knochenmark-depr. ++ – Nausea (+) – Lebertoxizität (+) – Stomatitis (+)	– Blutbild – Antiemetika – Leberwerte – gute Mundpflege – Dosisreduktion auf 25% bei gleichzeitiger Gabe von Allopurinol – Vorsicht bei Patienten mit Cumarinpräparaten
Mitomycin-C (MMC, MTC) ***Mitomycin*** Mutamycin Amethycine Amp. à 2/5/10/20 mg (⇒ Antibiotika)	– Raumtemperatur – aufgelöst bei Raumtemperatur lichtgeschützt 6 Std. haltbar – Dauerinfusion unter definierten Bedingungen möglich	– Auflösen: 2 mg in 4 ml, 5 mg in 10 ml Aqua dest. (etc.) – direkt i. v. (evtl. i. a., inrakavitär) – in hohen Dosen (> 10 mg): in 100 ml NaCl 0,9% oder Glucose 5% als Kurzinf. über 15 Min. verabreichen	– Knochenmark-depr. ++ – Haarverlust + – Nausea + – Nierentoxizität + – lokale Gewebe-/Venentoxizität – Stomatitis + – Lungenfibrose (+) – Blaufärbung des Urins	– Blutbild – Antiemetika – Nierenfunktion – streng intravenös spritzen, Venenpflege – Stomatitisprophylaxe – Lungenfunktion – Information Urinfärbung
Mitoxantron (MXN) ***Novantron*** Amp. à 10/20/25 mg (⇒ Antibiotika)	– Raumtemperatur – angebrochen und verdünnt max. 48 Std. bei Raumtemperatur haltbar, Infusionen bei Raumtemperatur bis 72 Std.	– langsam direkt i. v. oder in Gluc. 5% oder NaCl 0,9% als Kurzinfusion über 15–30 Min.	– Knochenmark-depr. ++ – Nausea + – Kardiotoxizität + – Haarverlust + – Stomatitis + – Gewebe-/Venentoxizität – Blaugrünfärbung des Urins	– Blutbild – Antiemetika – Puls, EKG – Stomatitisprophylaxe – streng intravenös spritzen, Venenpflege – Information Urinfärbung

Wirkstoff (int. Bezeichnung; Abkürzung) Markenname/ Konfektion (⇒ Stoff-Gruppe)	Aufbewahrung	Verabreichung/ Auflösung kompatibel mit	Nebenwirkungen (Toxizität)	Speziell achten auf
Busulfan (BUS) *Myleran* Misulban Tbl. à 0,5/2 mg (⇒ Alkylanzien)	– Kühlschrank	– p. o.	– Knochenmarkdepr. ++ (protrahiert), v. a. Granulozytopenie – Hyperpigmentation ++ – Lungenfibrose (+) – Addison-Syndrom (+)	– Blutbild – Hautkontrolle – Lungenfunktion – Elektrolyte
Navelbine ***Vinorelbin*** Amp. à 10, 50 mg	– im Kühlschrank – angebrochen und verdünnt max. 24 Std. haltbar	– in 100 ml NaCl 0,9% als Kurzinfusion i. v. über 5–10 Min. (nicht länger lokale Irritation!)	– Knochenmarkdepr. – Neurotoxizität ++ – Phlebitis, nekrotisierend – Verlust der tiefen Venenreflexe	– Blutbild – Obstipation – streng intravenös spritzen, gut nachspülen, Paravasatprophylaxe – kann Bläschenbildung um die Einstichstelle herum verursachen (ohne Paravasat)

Paclitacel ***Taxol*** Amp. à 30, 100 mg (⇒ Taxane)	– Raumtemperatur – verdünnt in Inf. 24 Std. stabil bei Raumtemperatur (verdünnt nicht kühl lagern)	– berechnete Dosis mit 500–1000 ml NaCl 0,9% oder Glucose 5% verdünnen (Endkonzentration nicht höher als 1,2 mg/ml) – nur PVC-freie Infusionsflaschen und Spezialbestecke mit Filter verwenden – über 3 Std. infundieren	– Haarverlust +++ – Knochenmarkdepr. +++ – Stomatitis ++ – periphere Neurotoxizität – Muskelschmerzen – Kardiotoxizität – Nausea (+) – Diarrhö – allergische Reaktionen +++	– Skalphypothermie ?? noch unklar – Blutbild – Stomatitisprophylaxe – Neurostatus – Puls, EKG – Antiemetika – Verdauung – **Prämedikation und Überwachung nach Verordnung, Beispiel:** – *Stunde –4 bis 8:* 20 mg Dexamethason p. o. – *Stunde –1 bis 2:* 20 mg Dexamethason p. o. – *Stunde –½:* 1 Amp. Tavegyl à 2 mg i. v. (unverdünnt, sehr langsam (> 2–3 Min.) – 1 Amp. Zantic à 50 mg i. v. (verdünnen mit 15 ml NaCl 0,9%) – *Stunde 0:* (Therapiebeginn) Überwachung: BD, Puls, Atemfrequenz alle 30 Min. bis 1 Std. nach Therapieende

Wirkstoff (int. Bezeichnung; Abkürzung) Markenname/ Konfektion (⇒ Stoff-Gruppe)	Aufbewahrung	Verabreichung/ Auflösung kompatibel mit	Nebenwirkungen (Toxizität)	Speziell achten auf
Prednimustin (PMT) Sterecyt Tbl. à 20/100 mg (⇒ Alkylanzien)	– Raumtemperatur	– p. o.	– Knochenmark-depr. ++ – Diabetesentgleisung – Nausea (+) – Steroidakne (+) – Unruhe (+) (Steroideffekt)	– Blutbild – Urin-/Blutzucker – leichte Antiemetika – Hautkontrolle – evtl. Sedativa
Procarbazin (PRO, PCZ) Natulan Kps. à 50 mg (⇒ andere)	– Raumtemperatur	– p. o., nach dem Essen	– Nausea ++ – Knochenmark-depr. ++ – Allergie (Haut/Lunge) – Interaktion mit Alkohol ++ – Neurotoxizität +	– Antiemetika nach Bedarf (v. a. anfangs) – Blutbild – Hautkontrolle – Alkoholabstinenz – Neurostatus

			– Grippesymptome, Kopf-, Bauchschmerzen (anfängl.) – Schlafstörungen	– Vermeidung von Käse, Bananen, Joghurt und MAO-Hemmern
Teniposid (VM-26) ***Vumon*** VÄnÄm Amp. à 50 mg (⇒ Spindelgifte)	– Raumtemperatur – verdünnt nicht haltbar	– in 250 ml Glucose 5% oder NaCl 0,9% als Kurzinfusion über 30–60 Min. infundieren (Konzentration < 0,4 mg/ml) – sofort verwenden	– Knochenmark-depr. +++ – Nausea + – Haarverlust +++ – Neurotoxizität – lokale Gewebe-/Venentoxizität	– Blutbild – Antiemetika – Neurostatus – streng intravenös spritzen, Venenpflege
Thioguanin (6-TG) Lanvis Thioguanin Tbl. à 40 mg (⇒ Antimetaboliten)	– Raumtemperatur	– p. o.	– Knochenmark-depr. ++ – Nausea (+) – Diarrhö (+) – Hepatitis, Ikterus	– Blutbild – leichte Antiemetika – Verdauung – Leberwerte

Wirkstoff (int. Bezeichnung; Abkürzung) Markenname/ Konfektion (⇒ Stoff-Gruppe)	Aufbewahrung	Verabreichung/ Auflösung kompatibel mit	Nebenwirkungen (Toxizität)	Speziell achten auf
Thio-TEPA (TTP) ***Thiotepa*** Amp. à 15 mg (⇒ Alkylanzien)	– Kühlschrank – aufgelöst 24 Std. im Kühlschrank mit Lichtschutz haltbar	– Auflösen mit 1,5 ml Aqua dest. (Flüssigkeit klar bis leicht trüb) – hohe Dosen (> 100 mg) in 250 ml NaCl 0,9% oder Glucose 5% als Kurzinf. über 2 Std. verabreichen – i. m., i. thekal, i. pleural, peritoneal, vesikal	– Nausea/Erbrechen + – Knochenmarkdepr. ++	– Antiemetika – Blutbild
Trofosfamid (IXT) Ixoten Tbl. à 50 mg (⇒ Alkylanzien)	– Raumtemperatur	– p. o.	– wie Cyclophosphamid	– wie Cyclophosphamid

Vinblastin (VLB) ***Velbe*** Amp. à 10 mg (⇒ Spindelgifte)	– Kühlschrank – aufgelöst 24 Std. im Kühlschrank haltbar	– mit 10 ml NaCl 0,9% auflösen (1 ml = 1 mg) – direkt i. v. – kompatibel mit allen gängigen Infusionslösungen	– Knochenmark-depr. ++ – Neurotoxizität ++ – Verstopfung, Subileus ++ – Haarverlust (+) – lokale Gewebe-/Venentoxizität – Stomatitis	– Blutbild – Parästhesien, Muskelschwäche – Verdauung, Ileusprophylaxe, bei Verstopfung vorbeugende Stuhlregulierung – streng intravenös spritzen, Venenpflege – gute Mundpflege
Vincristin (VCR) ***Vincristin*** Oncovin (liquid) Amp. à 1 u. 2 mg (⇒ Spindelgifte)	– Kühlschrank – in angebrauchter Ampulle 14 Tage im Kühlschrank (2–8 °C) lichtgeschützt haltbar	– direkt i. v. – kompatibel mit allen gängigen Infusionslösungen	– Neurotoxizität: Parästhesien ++, Paresen, Heiserkeit + – Verstopfung, Subileus ++ – Fieber (+) – lokale Gewebe-/Venentoxizität – Knochenmark-depr. + – Haarverlust +	– Muskelkraft (Ergometer) – Ileusprophylaxe (bei Verstopfung vorbeugende Stuhlregulierung) – streng intravenös spritzen – Venenpflege – Blutbild

Wirkstoff (int. Bezeichnung; Abkürzung) Markenname/ Konfektion (⇒ Stoff-Gruppe)	Aufbewahrung	Verabreichung/ Auflösung kompatibel mit	Nebenwirkungen (Toxizität)	Speziell achten auf
Vindesin (VDS) ***Eldisine*** Amp. à 5 mg (⇒ Spindelgifte)	– Kühlschrank – aufgelöst im Kühlschrank 30 Tage haltbar	– Auflösen mit 5 ml NaCl 0,9 % (1 ml = 1 mg) – direkt i. v. – kompatibel mit allen gängigen Infusionslösungen	– Knochenmarkdepr. ++ – Nausea (+) – Neurotoxizität: Parästhesien, Paresen, Heiserkeit + – Subileus ++ – lokale Gewebe-/ Venentoxizität – Haarverlust	– Blutbild – Antiemetika – Parästhesien, Muskelkraft – Ileusprophylaxe, bei Verstopfung vorbeugende Stuhlregulierung – streng intravenös spritzen – Venenpflege

Anhang II: Empfehlung für die Bewertung von Nebenwirkungen (WHO)

	Grad 0	Grad 1	Grad 2	Grad 3	Grad 4
Blut (Erwachsene)					
Hämoglobin	$\geqq$ 11,0 g/100 ml $\geqq$ 110 g/l $\geqq$ 6,8 mmol/l	9,5–10,9 g/100 ml 95–109 g/l 5,85–6,7 mmol/l	8,0–9,4 g/100 ml 80–94 g/l 4,95–5,8 mmol/l	6,5–7,9 g/100 ml 65–79 g/l 4,0–4,9 mmol/l	< 6,5 g/100 ml < 65 g/l < 4,0 mmol/l
Leukozyten ($1000/mm^3$)	$\geqq$ 4,0	3,0–3,9	2,0–2,9	1,0–1,9	< 1,0
Granulozyten ($1000/mm^3$)	$\geqq$ 2,0	1,5–1,9	1,0–1,4	0,5–0,9	< 0,5
Plättchen ($1000/mm^3$)	> 100	75–99	50–74	25–49	< 25
Hämorrhagie	Keine	Petechien	Leichter Blutverlust	Schwerer Blutverlust	Schwächender Blutverlust
Gastro-intestinal					
Bilirubin	$\leqq$ 1,25 × N[a]	1,26 – 2,5 × N[a]	2,6–5 × N[a]	5,1–10 × N[a]	> 10 × N[a]
Transaminasen (SGOT/SGPT)	$\leqq$ 1,25 × N[a]	1,26 – 2,5 × N[a]	2,6–5 × N[a]	5,1–10 × N[a]	> 10 × N[a]
Alkalische Phosphatase	$\leqq$ 1,25 × N[a]	1,26 – 2,5 × N[a]	2,6–5 × N[a]	5,1–10 × N[a]	> 10 × N[a]
Mundschleimhaut	Keine Änderung	Mißgefühl/ Rötung	Rötung, Ulzera: feste Nahrung möglich	Ulzera: Flüssignahrung erforderlich	Ernährung nicht möglich

[a] Obergrenze des Normalwertes beim untersuchten Patientenkollektiv.

	Grad 0	Grad 1	Grad 2	Grad 3	Grad 4
Übelkeit/ Erbrechen	Nicht vorhanden	Übelkeit	Gelegentliches Erbrechen	Therapiebedürftiges Erbrechen	Therapieresistentes Erbrechen
Diarrhö	Keine	Vorübergehend, < 2 Tage	Erträglich, aber > 2 Tage	Unerträglich, therapiebedürftig	Hämorrhagien, Dehydratation
Konstipation[b]	Keine	Leichte	Mäßige	Subileus	Ileus
Nieren					
Harnstoff oder Kreatinin	≦ 1,25 × N[a]	1,26–2,5 × N[a]	2,6–5 × N[a]	5–10 × N[a]	> 10 × N[a]
Proteinurie	Keine Änderung	1 + < 0,3 g% < 3 g/l	2–3 + 0,3–1,0 g% < 3–10 g/l	4 + > 1,0 g% > 10 g/l	Nephrotisches Syndrom
Hämaturie	Keine Änderung	Mikroskopisch	Schwer	Schwer + Gerinnsel	Obstruktive Uropathie
Lunge	Keine Änderung	Leichte Symptome	Dyspnoe bei Anstrengung	Dyspnoe in Ruhe	Strenge Bettruhe erforderlich
Fieber nach Medikamenten	Kein	Fieber < 38 °C	Fieber 38 °C – 40 °C	Fieber > 40 °C	Fieber mit Hypotension

[a] Obergrenze des Normalwertes beim untersuchten Patientenkollektiv.
[b] Hierbei nicht berücksichtigt: Konstipation aufgrund von Narkotika

Allergie	Keine Änderung	Ödeme	Bronchospasmus; keine parenterale Therapie erforderlich	Bronchospasmus; parenterale Therapie notwendig	Anaphylaxie
Haut	Keine Änderung	Erytheme	Trockene Desquamation, Blasenbildung, Pruritus	Feuchte Desquamation, Ulzeration	Exfoliative Dermatitis; nekrotische Veränderungen, die chirurgischen Eingriff erfordern
Haare	Keine Änderung	Leichter Haarausfall	Mäßige, fleckenförmige Alopezie	Vollständige Alopezie, aber behebbar	Irreversible Alopezie
Infektion (Herd angeben)	Keine	Leichte Infektion	Mittlere Infektion	Starke Infektion	Starke Infektion mit Hypotension
Herz					
Rhythmus	Keine Änderung	Sinustachykardie, > 110 in Ruhe	Unifokale ventrik. Extrasystolie; Vorhofarrhythmie	Multifokale ventrik. Extrasystolie	Ventrikuläre Tachykardie
Funktion	Keine Änderung	Asymptomatische, aber normale Herzzeichen	Vorübergehende Dysfunktion mit Symptomen, aber nicht therapiebedürftig	Dysfunktion mit Symptomen, therapeutisch beeinflußbar	Dysfunktion mit Symptomen, therapieresistent

	Grad 0	Grad 1	Grad 2	Grad 3	Grad 4
Perikarditis	Keine Änderung	Asymptomatischer Erguß	Symptomatisch, keine Drainage erforderlich	Tamponade; Drainage erforderlich	Tamponade: chirurgischer Eingriff erforderlich
Neurotoxizität					
Bewußtseinszustand	Wach, lebendig	Vorübergehende Lethargie	Somnolenz < 50% der Wachphase	Somnolenz < 50% der Wachphase	Koma
Periphernerven	Unbeeinträchtigt	Parästhesien und/oder verminderte Sehnenreflexe	Schwere Parästhesien und/ oder leichte allg. Schwäche	Unerträgliche Parästhesien und/oder deutliche allg. Schwäche, Antriebslosigkeit	Lähmung
Andere Toxizitäten					
Schmerz[c]	Schmerzfrei	Wenig	Mäßig	Schwer	Sehr schwer (unbeherrschbar)
„Flue-like Syndrome“	Kein	Mild	Moderat	Stärker	Ganz stark
„Flushing“	Keines	Mild	Moderat	Stärker	Ganz Stark
Vasculitis	Keine	Kutan, limitiert	Kutan, generalisiert	Hämorrhagisch	Systemisch

[c] Hierbei wird „Schmerz“ nur im Zusammenhang mit der Therapie, nicht krankheitsbedingt bewertet. Je nach Toleranzgrenze des Patienten kann die Anwendung von Narkotika für die Schmerzeinstufung hilfreich sein.

Anhang III: Derzeit gebräuchliche zytostatische Chemotherapieschemata

Vorbemerkungen

- Die folgende Liste stellt eine Auswahl im Text aufgeführter, derzeit etablierter Chemotherapie-Programme dar und verzichtet bewußt auf Vollständigkeit bzw. experimentelle Schemata.
- Die Aufstellung erfolgt alphabetisch nach den gebräuchlichsten Eponymen („Kurznamen"), da mehrere Schemata bei verschiedenen Tumorarten zum Einsatz kommen.
- Die Indikationsbereiche sind den jeweiligen organbezogenen Spezialkapiteln (Chemotherapie) zu entnehmen.
- Die internistische Tumortherapie erschöpft sich nicht im „Zytostatika-Verschreiben nach Kochbuchrezepten", sondern bedingt zur Wirkungs- und Toxizitätsüberwachung eingehende Kenntnisse in medizinischer Onkologie, klinischer Pharmakologie und Supportivtherapie!
- Der im Umgang mit Zytostatika ungeübte Arzt wendet sich deswegen in bezug auf Indikationsstellung und Therapieeinleitung mit Vorteil an einen medizinischen Onkologen bzw. Hämatoonkologen in freier Praxis oder im nächstgelegenen Tumorzentrum.

Wichtige Grundregeln bei Zytostatikaeinsatz

- Keine (insbesondere i. v.) Zytostatikaapplikation ohne aktuelle periphere Blutwerte (Hb, Lc, Tc; < 24 Std. alt)!
- Keine Medikation von Amethopterin und Cis-Platin sowie hohen Dosen Alkylantien (i. v.) und Bleomycin bei eingeschränkter Nierenfunktion (Creatinin-Clearance)!
- Keine Zytostatikatherapie bei unklarem, möglicherweise infektbedingtem Fieber (→ Abklärung, vorerst antibiotische Therapie)!
- Keine Medikation von Zytostatika bei toxizitätsbedingter Stomatitis/Ösophagitis/Enteritis!
- Spezielle Beachtung der nichthämatologischen kumulativen Organtoxizität diverser neuer Zytostatika (s. Anhang I)!
- Cave:
  - Kumulative Dosen von Adriamycin > 600 mg/m^2 bzw. > 900 mg Epirubicin bzw. Mitoxantrone > 140 mg/m^2 (→ erhöhte Kardiotoxizität)!
  - Einzeldosen von Vincristin > 2 mg bei Erwachsenen (Neurotoxizität)!
  - Einzeldosen von Cis-Platin > 200 mg (Oto-Neurotoxizität)!
  - Einzeldosen von Methotrexat > 50 mg/m^2 nicht ohne Citrovorumfaktor-Rescue (Leucovorin)!

Anhang III

*„ABVD" bzw. „ABVP"***			alle (3–)4 Wochen (* heute oft ersetzt durch Prednison 100 mg × 7 Tage)
– Adriamycin	25 mg/m² i. v.	Tag 1 + 15	
– Bleomycin	10 mg/m² i. v.	Tag 1 + 15	
– Vinblastin	6 mg/m² i. v.	Tag 1 + 15	
– DTIC*	375 mg/m² i. v.	Tag 1 + 15	
*„AC"***			alle 3–4 Wochen
– Adriamycin	50 mg/m² i. v.	Tag 1	
– Cyclophosphamid	150 mg/m² p. o. oder i. v.	Tag 2 bis 5	
*„ACO"***			alle 3–4 Wochen
– Adriamycin	50 mg/m² i. v.	Tag 1	
– Cyclophosphamid	1000 mg/m² i. v.	Tag 1	
– Vincristin (Oncovin*)	1 mg/m² i. v.	Tag 1 + (8)	
*„BACOP"***			alle 3–4 Wochen
– Bleomycin	5 mg/m² i. v.	Tag 1 + 8	
– Adriamycin	25 mg/m² i. v.	Tag 1 + 8	
– Cyclophosphamid	650 mg/m² i. v.	Tag 1 + 8	
– Vincristin (Oncovin*)	1,4 mg/m² i. v.	Tag 1 + 8	
– Prednison	60 mg/m² p. o.	Tag 1 bis 14	
„BEP"			alle 3–4 Wochen
– Bleomycin (Dauerinfusion)	20 mg/m² i. v.	Tag 1–3	
– Etoposid	100 mg/m² i. v.	Tag 1–3	
– Cis-Platin	40 mg/m² i. v.	Tag 1–3	
„BOP"			alle 3–4 Wochen
– Bleomycin	5 mg/m² i. v.	Tag 1 + 8	
– Vincristin (Oncovin*)	1 mg/m² i. v.	Tag 1 + 8	
– Prednison	50 mg/m² p. o.	Tag 1 bis 7	

* Originalpräparate-Namen sind nur dann aufgeführt, wenn sie die Bezeichnung des Chemotherapieschemas prägen helfen.

** „A" (= Adriamycin) kann in allen diesen Schemata ersetzt werden durch äquivalente, d. h. ca. 25% höhere Dosen „E" (= Epirubicin).

„BVP" (= „PVB")			
– Bleomycin	20 mg/m² i. v.	Tag 1 + 8 + 15	alle 3–4 Wochen
– Vinblastin	5 mg/m² i. v.	Tag 1 + 2	
– Cis-Platin	20 mg/m² i. v.	Tag 1 bis 5	
*„CAP"***			
– Cyclophosphamid	500 mg/m² i. v.	Tag 1	alle 3–4 Wochen
– Adriamycin	50 mg/m² i. v.	Tag 1	
– Cis-Platin	50 mg/m² i. v.	Tag 1	
„CEP"			
– CCNU	80 mg/m² p. o.	Tag 1	alle 4 Wochen
– Etoposid	100 mg/m² p. o.	Tag 1–5	
– Prednimustin	60 mg/m² p. o.	Tag 1–5	
*„CHOP"***			
– Cyclophosphamid	750 mg/m² i. v.	Tag 1	alle 2–3 Wochen
– Adriamycin	50 mg/m² i. v.	Tag 1	
– Vincristin (Oncovin*)	1,4 mg/m² i. v.	Tag 1	
– Prednison	60 mg/m² p. o.	Tag 1 bis 5	
„CMF" i. v.			
– Cyclophosphamid	600 mg/m² i. v.	Tag 1	alle 3 Wochen
– Methotrexat*	40 mg/m² i. v.	Tag 1	
– 5-Fluorouracil	600 mg/m² i. v.	Tag 1	
„CMF" p. o.			
– Cyclophosphamid	100 mg/m² p. o.	Tag 1 bis 14	alle 4 Wochen
– Methotrexat*	40 mg/m² i. v.	Tag 1 + 8	
– 5-Fluorouracil	600 mg/m² i. v.	Tag 1 + 8	
„COP" i. v.			
– Cyclophosphamid	800 mg/m² i. v.	Tag 1	alle 2–4 Wochen
– Vincristin (Oncovin*)	1,4 mg/m² i. v.	Tag 1	
– Prednison	60 mg/m² i. v.	Tag 1 bis 5	

* Originalpräparate-Namen sind nur dann aufgeführt, wenn sie die Bezeichnung des Chemotherapieschemas prägen helfen.

** „A" (= Adriamycin) kann in allen diesen Schemata ersetzt werden durch äquivalente, d. h. ca. 25 % höhere Dosen „E" (= Epirubicin).

„COP" p. o.			
– Cyclophosphamid	200 mg/m² p. o.	Tag 1 bis 5	alle 2–4 Wochen
– Vincristin (Oncovin*)	1,4 mg/m² i. v.	Tag 1	
– Prednison	60 mg/m² p. o.	Tag 1 bis 5	
„COPP" (= C-MOPP")			
– Cyclophosphamid	650 mg/m² i. v.	Tag 1 + 8	alle 4 Wochen
– Vincristin (Oncovin*)	1,4 mg/m² i. v.	Tag 1 + 8	
– Procarbazin	100 mg/m² p. o.	Tag 1 bis 14	
– Prednison	60 mg/m² p. o.	Tag 1 bis 14	
„EAP"			
– Etoposid	100 mg/m² i. v.	Tag 4 bis 6	alle 3–4 Wochen
– Adriamycin	20 mg/m² i. v.	Tag 1 und 7	
– Cis-Platin	40 mg/m² i. v.	Tag 2 und 8	
„EC"			
– Epirubicin	70–90 mg/m² i. v.	Tag 1	alle 3–4 Wochen
– Cyclophosphamid	150 mg/m² p. o.	Tag 2 bis 5	
– oder Cyclophosphamid	600 mg/m² i. v.	Tag 1	
„EIP" (= „VIP" = „ICE" = „PEI")			
– Etoposid (VP-16)	100 mg/m² i. v.	Tag 1 bis 3	alle 3–4 Wochen
– Ifosfamid	2000 mg/m² i. v.	Tag 1 bis 3	
– Cis-Platin	30 mg/m² i. v.	Tag 1 bis 3	
*„EVA"***			
– Cyclophosphamid (Endoxan*)	1000 mg/m² i. v.	Tag 1	alle 3–4 Wochen
– VP-16 (Etoposid)	120 mg/m² p. o.	Tag 1 bis 3	
– Adriamycin	50 mg/m² i. v.	Tag 1	
„FAC"			
– 5-Fluorouracil*	500 mg/m² i. v.	Tag 1	alle 3–4 Wochen
– Adriamycin	50 mg/m² i. v.	Tag 1	
– Cyclophosphamid	500 mg/m² i. v.	Tag 1	

* Originalpräparate-Namen sind nur dann aufgeführt, wenn sie die Bezeichnung des Chemotherapieschemas prägen helfen.

** „A" (= Adriamycin) kann in allen diesen Schemata ersetzt werden durch äquivalente, d. h. ca. 25% höhere Dosen „E" (= Epirubicin).

„FEC"			
– 5-Fluorouracil	500 mg/m² i. v.	Tag 1	alle 3–4 Wochen
– Epirubicin	60 mg/m² i. v.	Tag 1	
– Cyclophosphamid	500 mg/m² i. v.	Tag 1	
„FAM"			
– 5-Fluorouracil*	500 mg/m² i. v.	Tag 1 bis 3	alle 3 Wochen
– Adriamycin	30 mg/m² i. v.	Tag 1 + (21)	
– Mitomycin-C	10 mg/m² i. v.	Tag 1	alle 6 Wochen
„FEM"			
– 5-Fluorouracil	500 mg/m² i. v.	Tag 1 bis 3	alle 3 Wochen
– Epirubicin	50 mg/m² i. v.	Tag 1 (+ 21)	
– Mitomycin	10 mg/m² i. v.	Tag 1	alle 6 Wochen
„FM"			
– 5-Fluorouracil*	500 mg/m² i. v.	Tag 1 bis 3	alle (3–)4 Wochen
– Mitomycin-C	10 mg/m² i. v.	Tag 1	
„FOM"			
– 5-Fluorouracil	500 mg/m² i. v.	Tag 1–3	alle (3–) 4 Wochen
– Vincristin (Oncovin*)	1 mg/m² i. v.	Tag 1	
– Mitomycin-C	10 mg/m² i. v.	Tag 1	
„LEF"			
– Levamisol	50 mg 3 × pro Tag	Tag 1–3	alle 2 Wochen ab 2. Zyklus
– 5-Fluorouracil			wöchentlich 1 × (1 Jahr lang)
1. Zyklus	450 mg/m² i. v.	Tag 1–5	
ab 2. Zyklus	500–600 mg/m² i. v.	Tag 1	
„LMF"			
– Chlorambucil (Leukeran*)	5 mg/m² p. o.	Tag 1 bis 14	alle 4 Wochen
– Methotrexat	40 mg/m² i. v.	Tag 1 + 8	
– 5-Fluorouracil	600 mg/m² i. v.	Tag 1 + 8	
„LOP"			
– Chlorambucil (Leukeran*)	5 mg/m² p. o.	Tag 1 bis 14	alle 3–4 Wochen
– Vincristin (Oncovin*)	1 mg/m² i. v.	Tag 1	
– Prednison	60 mg/m² p. o.	Tag 1 bis 5	

* Originalpräparate-Namen sind nur dann aufgeführt, wenn sie die Bezeichnung des Chemotherapieschemas prägen helfen.

** „A" (= Adriamycin) kann in allen diesen Schemata ersetzt werden durch äquivalente, d. h. ca. 25% höhere Dosen „E" (= Epirubicin).

„LOPP"

– Chlorambucil (Leukeran*)	5 mg/m² p. o.	Tag 1–14	alle 3–4 Wochen
– Vincristin (Oncovin*)	1,4 mg/m² i. v.	Tag 1, 8	
– Procarbazin	100 mg/m² p. o.	Tag 1–14	
– Prednison	40 mg/m² p. o.	Tag 1–14	

MACOP-B

Adriamycin:	50 mg/m² i. v.	Tag 1, 15, 29, 43, 57, 71
Cyclophosphamid:	350 mg/m² i. v.	Tag 1, 15, 29, 43, 57, 71
Vincristin*:	1,4 mg/m² i. v.	Tag 8, 22, 36, 50, 64, 78
Methotrexat**:	400 mg/m² i. v.	Tag 8, 36, 64
Bleomycin:	10 mg/m² i. v.	Tag 22, 50, 78
Prednison:	75 mg/m² p. o. Redukt. ab Tag 71	tägl. fortlaufend
Wiederholung:	nicht vorgesehen!	

„MIC"

– Mitomycin-C	6 mg/m² i. v.	Tag 1	alle 3 Wochen
– Ifosfamid	3000 mg/m² infus.	Tag 1	
– Mesna	1000 mg/m² infus.	Tag 1	
– Cisplatin	50 mg/m² infus.	Tag 1	

„3 M"

– Mitomycin-C	8 mg/m² i. v.	Tag 1	alle 3 Wochen
– Mitoxantrone	8 mg/m² i. v.	Tag 1	
– Methotrexat*	35 mg/m² i. v.	Tag 1	

„MOPP"

– Mechlorethamin (Mustargen*)	6 mg/m² i. v.	Tag 1 + 8	alle 4 Wochen
– Vincristin (Oncovin*)	1,4 mg/m² i. v.	Tag 1 + 8	
– Procarbazin	100 mg/m² i. v.	Tag 1 bis 14	
– Prednison	60 mg/m² i. v.	Tag 1 bis 14	

„MVP"

– Mitomycin-C	10 mg/m² i. v.	Tag 1	alle 4 Wochen
– Vinblastin (Velbe*)	6 mg/m² i. v.	Tag 1	
– Prednison	60 mg/m² p. o.	Tag 1–5	

---

* max. 2 mg (gilt für MACOP-B)

** 100 mg/m² als Bolus gefolgt von 300 mg/m² über 4 Std. (+ Leucovorin) 15 mg alle 6 h (6 ×) p. o. T 9, 37, 65 (MACOP-B)

„NOSTE"			alle 3–4 Wochen
– Mitoxantrone (Novantron)	12 mg/m²	Tag 1	
– Prednimustin (Sterecyt)	100 mg/m²	Tag 3–7	

„PEI"			alle 3–4 Wochen
– Cis-Platin	30 mg/m² i.v.	Tag 1–3	
– Etoposid	100 mg/m² i.v.	Tag 1–3	
– Ifosfamid	2000 mg/m² i.v.	Tag 1–3	

„PVB" Cis-Platin + Vinblastin + Bleomycin (→ vgl. „BVP"). (Einhorn)

„PVP-16"			alle 3–4 Wochen
– Cis-Platin	40 mg/m² i.v.	Tag 1–3	
– VP-16 (Etoposid)	120 mg/m² i.v.	Tag 1–3	

„VAC"			alle 3–4 Wochen
– Vincristin	1 mg/m² i.v.	Tag 1	
– Adriamycin	50 mg/m² i.v.	Tag 1	
– Cyclophosphamid	650 mg/m² i.v.	Tag 1	

„VAD"			alle 3–4 Wochen
– Vincristin (Dauerinfusion)	0,4 mg i.v.	Tag 1–4	
– Adriamycin (Dauerinfusion)	9 mg/m² i.v.	Tag 1–4	
– Dexamethason	40 mg p. o.	Tag 1–4, 9–12, 17–20	

„VEC"			alle 3–4 Wochen
– Vincristin	1 mg/m² i.v.		
– Epirubicin	60 mg/m² i.v.		
– Cyclophosphamid	650 mg/m² i.v.		

* Originalpräparate-Namen sind nur dann aufgeführt, wenn sie die Bezeichnung des Chemotherapieschemas prägen helfen.

** „A" (=Adriamycin) kann in allen diesen Schemata ersetzt werden durch äquivalente, d.h. ca. 25% höhere Dosen „E" (=Epirubicin).

Anhang IV: Kontaktadressen, Beratungsstellen, Tumorzentren, Krebsligen, Krebshilfe, Krebsgesellschaften

Bundesrepublik Deutschland

Überregionale Verbände und Organisationen

Bundeszentrale für gesundheitliche Aufklärung
Postfach 910152
Ostmerheimer Str. 200
51109 Köln
Tel. 0221/89921

Deutsche Krebshilfe e. V.
Thomas-Mann-Str. 40/42
Postfach 1467
53111 Bonn
Tel. 0228/221833

Beratungsstellen sind folgenden Einrichtungen und Organisationen angegliedert:

Deutsche Krebsgesellschaft e. V.
Geschäftsstelle
Paul-Ehrlich-Str. 41
60596 Frankfurt
Tel. 069/6300960

Deutsche Arbeitsgemeinschaft Selbsthilfegruppen
Friedrichstr. 28
35392 Gießen
Tel. 0641/7022478

Frauenselbsthilfe nach Krebs
Bundesverband e. V.
B 610/11 (L 4.9)
68159 Mannheim
Tel. 0621/24434

Krebsinformationsdienst (KID)
Postfach 101949
Im Neuenheimer Feld 280
69120 Heidelberg
Tel. 06221/410121

Deutsche Leukämie-Forschungshilfe,
Aktion für krebskranke Kinder e. V.
Dachverband
Joachimstr. 20
53113 Bonn
Tel. 0228/221833

Arbeitsgemeinschaft
Deutsche Tumorzentren
Hufelandstr. 55
45147 Essen
Tel. 0201/799912000

Fachspezifische Arbeitsgemeinschaft der Deutschen Krebsgesellschaft e. V.

ADO Arbeitsgemeinschaft Dermatologische Onkologie
Sprecher: Prof. Dr. G. Burg, Dermatologische Klinik, Universitätsspital, Gloriastr. 31, CH-8091 Zürich

AEK Arbeitsgemeinschaft Experimentelle Krebsforschung
Sprecher: Prof. Dr. G. Eisenbrand, c/o Lebensmittel- und Umwelttoxikologie, Universität, Postfach 3049, 67655 Kaiserslautern

AGO Arbeitsgemeinschaft Gynäkologische Onkologie
Sprecher: Prof. Dr. A. Pfleiderer, Universitäts-Frauenklinik, Hugstetter Str. 55, 79106 Freiburg

AHMO Arbeitsgemeinschaft Hals-Nasen-Ohrenheilkunde, Mund-Kiefer-Gesichtschirurgische Onkologie (Erweiterung der AHO)
Sprecher: Prof. Dr. O. Kleinsasser, Universitäts-HNO-Klinik, Deutschhausstraße 3, 35037 Marburg

AIO Arbeitsgemeinschaft Internistische Onkologie
Sprecher: Prof. Dr. K. Hossfeld, Universitäts-Krankenhaus Eppendorf, Abt. Hämatol./Onkologie, Martinistraße 52, 20246 Hamburg

APO Arbeitsgemeinschaft Pädiatrische Onkologie
Sprecher: Prof. Dr. K. Niethammer, Universitäts-Kinderklinik, Rumelinstr. 23, 72070 Tübingen

ARNS Arbeitsgemeinschaft für Rehabilitation, Nachsorge und Sozialmedizin
Sprecher: Prof. Dr. H. Delbrück, Klinik „Bergisch-Land", Im Saalscheid 5, 42369 Wuppertal

AUO Arbeitsgemeinschaft Urologische Onkologie
Sprecher: Prof. Dr. H. Huland, Urologische Klinik, Universitätsklinikum Eppendorf, Martinistr. 52, 20246 Hamburg

ARO Arbeitsgemeinschaft Radiologische Onkologie
Sprecher: Prof. Dr. R. Sauer, Univ. Strahlenklinik, Universitätsstr. 27, 91054 Erlangen

CAO Chirurgische Arbeitsgemeinschaft Onkologie
Sprecher: Prof. Dr. H. Pichlmaier, Chir. Univ. Klinik, Josef-Stelzmannstr. 9, 50937 Köln

DKG Deutsche Krebsgesellschaft e. V., Paul Ehrlich-Str. 41, 60596 Frankfurt a. Main, Tel. 069/63 00 96 – 0

KOK Konferenz Onkologischer Kranken- und Kinderkrankenpflege
Sprecherin: Annette Laupert, Abt. Pädiatrische Onkologie, Klinikum der Johann-Wolfgang-Goethe-Uni, Theodor-Stern-Kai 7, 6000 Frankfurt/Main 70

NOA Neuro-Onkologische Arbeitsgemeinschaft
Sprecher: Prof. Dr. R. Lorenz, Neurochir. Univers.-Klinik, Schleusenweg 2–16, 60327 Frankfurt

PSO Arbeitsgemeinschaft für Psychoonkologie
Sprecher: PD Dr. R. Schwarz, Ernst Moro-Haus, Im Neuenheimer Feld 155, 69120 Heidelberg

Krebsgesellschaften der Bundesländer

Baden-Württemberg
Krebsverband Baden-Württemberg e. V.
Adalbert-Stifter-Straße 105
70437 Stuttgart
Tel.: 07 11/8 48–28 56

Bayern
Bayrische Krebsgesellschaft
Tübinger Straße 4
80686 München
Tel.: 089/53 11 75 oder 55 95 24 u. -25

Berlin
Deutsche Krebsgesellschaft
Landesverband (LVB) Berlin e. V.
Königsberger Straße 36 a
12207 Berlin
Tel.: 030/7 72 90 90

Brandenburg
Deutsche Krebsgesellschaft Landesverband (LVB Brandenburg e. V.
Heinrich-Mann-Allee 103
14473 Potsdam
Tel.: 03 31/87 12 36

Bremen
Deutsche Krebsgesellschaft
Landesverband Bremen e. V.
Rembertistraße 99
28195 Bremen
Tel.: 04 21/32 51 69

Hamburg
Hamburger Krebsgesellschaft e. V.
Martinistraße 52
20246 Hamburg
Tel.: 040/47 17–42 22

Hessen
Hessische Krebsgesellschaft e. V.
Nikolaistraße
35037 Marburg
Tel.: 0 64 21/1 57 33

Mecklenburg-Vorpommern
Landesverband Mecklenburg-Vorpommern e. V.
Krankenhaus Schwerin
Werderstraße 30
19055 Schwerin
Tel.: 03 85/51 41

Niedersachsen
Arbeitsgemeinschaft für Krebsbekämpfung des Landes Niedersachsen e. V.
Niedersächsische Krebsgesellschaft
Ellernstraße 36
30175 Hannover
Tel.: 05 11/81 50–91 und -92

Nordrhein-Westfalen
Gesellschaft zur Bekämpfung der Krebskrankheiten NW e. V.
Kettwiger Straße 6
40233 Düsseldorf
Tel.: 02 11/7 33 66 55

Rheinland-Pfalz
Krebsgesellschaft Rheinland-Pfalz e. V.
Beratungsstelle für
Tumorkranke und ihre Familien
Schloßstraße 8
56068 Koblenz
Tel.: 0261/310–47 und -48

Saarland
Landesverband für
Krebsbekämpfung und
Krebsforschung im Saarland e. V.
Faktoreistraße 4
66111 Saarbrücken 3
Tel.: 0681/400030

Sachsen
Sächsische Krebsgesellschaft e. V.
III. Medizinische Klinik
Bezirkskrankenhaus „H. Braun"
Karl-Keil-Straße 35
08060 Zwickau
Tel.: 0375/523323

Sachsen-Anhalt
Deutsche Krebsgesellschaft
Landesverband Sachsen-Anhalt e. V.
Martin-Luther-Universität
Ernst-Grube-Straße 40
06120 Halle
Tel.: 0345/67–2314 und -2315

Schleswig-Holstein
Schleswig-Holsteinische
Krebsgesellschaft e. V. Kiel
Flämische Straße 6–10
24103 Kiel
Tel.: 0431/94294

Thüringen
Thüringische Krebsgesellschaft e. V.
Poliklinik für Innere Medizin
Nordhäuser Straße 74
99089 Erfurt
Tel.: 0361/792740

Österreich

Überregionale Verbände und Organisationen

Österreichische Krebshilfe
Spitalgasse 19
1090 Wien
Tel.: 02 22/42 63 63
Fax: 02 22/4 08 22 41

Krebsinformationsdienst*
der Österreichischen Krebshilfe
Tel.: 02 22/4 08 70 48
Fax.: 02 22/4 08 22 41

* Gibt ein Verzeichnis der diagnostischen und therapeutischen Einrichtungen für Krebskranke an österreichischen Krankenabteilungen heraus!

Dachverband der onkologischen
Selbsthilfegruppen
Obere Augartenstr. 26–28
1020 Wien
Tel.: 02 22/35 23 48

Österreichischer Dachverband
Frauenselbsthilfe nach Krebs
Obere Augartenstr. 26–28
1020 Wien
Tel.: 02 22/35 23 48

Die Adressen der Landesvereine sind über diese Adresse erhältlich.

Verein der Kehlkopflosen
(Dachverband)
Obere Augartenstr. 26–28
1020 Wien
Tel.: 02 22/35 23 48

Arbeitsgemeinschaft
Pflegepersonal Onkologie/
Hämatologie
Postfach 149
A-1100 Wien

Bundesländersektionen der Österreichischen Krebshilfe

Burgenland
Univ.-Doz. Dr. L. Howanietz
Österreichische Krebshilfe
A. ö. Krankenhaus
Barmherzige Brüder
Esterhazystr. 27
7000 Eisenstadt
Tel.: 0 26 82/6 01

Kärnten
Österreichische Krebshilfe
A. ö. Landeskrankenhaus
Lungenabteilung
St. Veiterstr. 470
9020 Klagenfurt
Tel.: 04 63/53 80

Niederösterreich
Österreichische Krebshilfe
Chir. Abteilung
Krankenhaus Wiener Neustadt
Corriniusring 3–5
2700 Wien-Neustadt
Tel.: 0 26 22/2 35 21

Oberösterreich
Prim. Univ.-Prof. Dr. P. Brücke
Österreichische Krebshilfe
A. ö. Krankenhaus der Stadt Linz
Krankenhausstr. 9
4020 Linz/Donau
Tel.: 07 32/2 80 60

Salzburg
WHR Dr. Anton Piotrowski
Österreichische Krebshilfe
Stelzhammerstr. 12a
5020 Salzburg
Tel.: 06222/72355

Steiermark
Senator Univ.-Prof. Dr. H. Moser
Österreichische Krebshilfe
Heinrichstr. 29/II
8010 Graz
Tel.: 0316/33022
Mo.–Fr. 9–12 Uhr

Tirol
Univ.-Prof. Dr. H. Braunsteiner
Österreichische Krebshilfe
Univ.-Klinik für Innere Medizin
Anichstr. 35
6020 Innsbruck
Tel.: 05222/5040

Vorarlberg
Prim. Dr. W. Albrich
Österreichische Krebshilfe
c/o Arbeitskreis für Sozial- und Vorsorgemedizin
Wolfeggstr. 11
6900 Bregenz
Telefonischer Beratungsdienst:
05574/22010 jeden Mittwoch
14–15 Uhr

Wien
Österreichische Krebshilfe Wien
Spitalgasse 19
1090 Wien
Tel.: 0222/425139
Fax : 0222/4082241

Fachspezifische Arbeitsgemeinschaften

Arbeitsgemeinschaft für
Chirurgische Onkologie (ACO)
I. Chir. Univ.-Klinik
(Prof. Dr. R. Jakesz)
Alserstraße 4
1090 Wien
Tel. Klinik: 0222/40400/2243

Österreichische Gesellschaft für
Hämatologie und Onkologie
(Prof. Dr. H. Huber)
Heinrich-Collin-Straße 30
1140 Wien
Tel.: 0222/942151-346
oder -347

ARGE
Medikamentöse Tumortherapie
Onkologische Ambulanz
Landeskrankenanstalt Salzburg
Müllnerhauptstraße 48
5020 Salzburg
Tel.: 0662/311581/2881

Österreichische Gesellschaft für
Chemotherapie
c/o Wiener Medizinische
Akademie
Alserstraße 4
1090 Wien
Tel.: 0222/421384

Tumorzentren

Erwachsenen-Onkologie

- Österreich besitzt derzeit kein formales, interdisziplinäres Tumorzentrum für erwachsene Krebspatienten.
- Ein aktuelles Verzeichnis der diagnostischen und therapeutischen Einrichtungen für Krebskranke an österreichischen Krankenhäusern ist erhältlich durch:

Krebsinformationsdienst der Österreichischen Krebshilfe
Spitalgasse 19
1090 Wien
Tel.: 0222/4087048
Fax: 0222/4082241

Pädiatrische Onkologie:
Forschungsinstitut für krebskranke Kinder
St.-Anna-Kinderspital
Kinderspitalgasse
1090 Wien
Tel.: 0222/40170-400
Fax : 0222/4087230

Schweiz

Schweizerisches Institut für angewandte Krebsforschung (SIAK)

Krebsbehandlung und angewandte Krebsforschung in der Schweiz: Zentrale Auskunftsstellen und regionale Tumorzentren

Dachverband: Schweizerisches Institut für angewandte Krebsforschung (SIAK)

Koordinationszentrum SIAK/SAKK
Effingerstraße 40
CH-3008 Bern
Tel.: 031/389–9191
Fax: 031/389–9200

Präsidium
Prof. Dr. med. G. Noseda
c/o SIAK-Koord. Zentrum
(vgl. oben)

bestehend aus 3 Mitgliedervereinen:

1. Schweizerische Arbeitsgemeinschaft für klinische Krebsforschung (SAKK)

Koordinationszentrum SIAK/SAKK
PD Dr. med. M. Castiglione
Effingerstraße 40
CH-3008 Bern
Tel.: 031/389–9191
Fax: 031/389–9200

Präsidium
Prof. Dr. med. A. Goldhirsch
Ospedale Civico (Oncologia)
CH-6900 Lugano
Tel.: 091/805–6111
Fax: 091/805–6780

2. Schweizerische Pädiatrische Onkologie-Gruppe (SPOG)

Koordinationsstelle SPOG
SPOG-Sekretariat
Universitäts-Kinderklinik
Inselspital
CH-3010 Bern
Tel.: 031/632–2111
Fax: 031/382–1237

3. Vereinigung Schweizerischer Krebsregister (VSKR)

Koordinationsstelle (VSKR)
J. L. Bulliard
c/o Institut Universitaire
de Médicine Préventive
Rue du Bugnon 17
CH-1005 Lausanne
Tel.: 021/313–2014
Fax: 021/313–2035

Regionale Tumorzentren der SAKK

Die Adressen/Telefonnummern der regionalen SAKK-Nebenzentren und der regional praktizierenden Onko-Hämatologen sind über die unten genannten Kontaktadressen der SAKK-Tumorzentren erhältlich.

Prof. Dr. med. R. Herrmann
Onkologische Abteilung
Department für Innere Medizin
der Universität
Kantonsspital
CH-4031 Basel
Tel.: 061/265–5075

Prof. Dr. med. F. Cavalli
Servizio Oncologico
Ospedale San Giovanni
CH-6500 Bellinzona
Tel.: 092/8 20 – 91 11

Prof. Dr. med. M. Fey
Institut für Medizinische Onkologie
Inselspital
CH-3010 Bern
Tel.: 031/6 32 – 21 11

Prof. Dr. med. P. Alberto
Division d'Onco-Hématologie
Hopital Cantonal Universitaire
CH-1211 Genève
Tel.: 022/2 27 – 8 84

Priv.-Doz. Dr. med. S. Leyvraz
Division d'Oncologie
Centre Hopitalier Universitaire Vaudois
CH-1001 Lausanne
Tel.: 021/3 14 – 46 66

Prof. Dr. med. H.-J. Senn
Interdisziplinäres Onkologiezentrum
Medizinische Klinik C
Kantonsspital
CH-9007 St. Gallen
Tel.: 071/4 94 – 10 62

Prof. Dr. med. Chr. Sauter
Abteilung für Onkologie
Departement für Innere Medizin
Universitätsspital
CH-8091 Zürich
Tel.: 01/2 55 – 22 14

Schweizerische Interessengruppe Onkologie (SIO) des Schweizer Berufsverbandes für Krankenpflege
c/o Effingerstr. 40
Postfach 8219
3010 Bern
Tel.: 031/3 89-91 00
Fax: 031/3 89-91 60

Krebsligen (Beratungsstellen für Krebskranke)

Schweizerische Krebsliga
Effingerstraße 40
Postfach 8219
3010 Bern
Tel.: 031/3 89 – 91 00
Fax: 031/3 89 – 91 60

Schweiz. Krebstelefon / Allò Cancer
c/o Schweiz. Krebsliga
3010 Bern
Tel.: 08 00 – 55 88 38

Aargau
Aargauische Krebsliga
Buchserstraße 19
5000 Aarau
Tel. 06 28 24 08 86

Basel-Baselland
Krebsliga beider Basel
Dufourstraße 5
4052 Basel
Tel. 06 12 72 16 60

Bern
Bernische Krebsliga
Marktgasse 55, Postfach,
3000 Bern 7
Tel. 03 13 12 35 39

Fribourg
Lique fribourgeoise contre le cancer
Route des Daillettes 1
1709 Fribourg
Tél. 02 64 26 02 90

Genève
Lique genevoise contre le cancer
13, rue des Pitons
1205 Genève
Tél. 02 23 29 17 44

Glarus
Krebsliga des Kantons Glarus
Kantonsspital
8750 Glarus
Tel. 05 56 46 37 60

Graubünden
Bündner Krebsliga, Chur
Ottostraße 25
7000 Chur
Tel. 08 12 52 50 90

Jura
Ligue jurassienne contre le cancer
Case postale 938
2800 Delémont
Tél. 03 24 21 44 50

Neuchâtel
Ligue neuchâteloise contre le cancer
Rue de la Maladière 35
2000 Neuchâtel
Tél. 03 27 21 23 25

Schaffhausen
Schaffhauser Liga für Krebsbekämpfung
Kantonsspital
8208 Schaffhausen
Tel. 05 26 34 34 34

Solothurn
Krebsliga des Kantons Solothurn
Dornacherstraße 33
4500 Solothurn
Tel. 03 26 22 58 68

St. Gallen-Appenzell
Krebsliga St. Gallen-Appenzell
Rorschacherstraße 15
9000 St. Gallen
Tel. 07 12 45 01 01

Thurgau
Thurgauische Krebsliga
Rathausstraße 30
8570 Weinfelden
Tel. 07 16 22 61 11

Ticino
Lega ticinese contro il cancro
Via L. Colombi 1
6500 Bellinzona 4
Tel. 09 18 26 35 25

Valais
Ligue valaisanne contre le cancer
Rue de la Dixence 19
1950 Sion
Tél. 02 73 22 99 74
Spitalstraße 5
3900 Brig
Tel. 02 79 22 93 21

Vaud
Ligue vaudoise contre le cancer
Case postale 17
1011 Lausanne
Tél. 02 13 14 72 22

Zentralschweiz
Zentralschweizerische Krebsliga
Frankenstraße 3
6003 Luzern
Tel. 04 12 10 25 50

Zug
Krebsliga des Kantons Zug
Poststrasse 18
6300 Zug
Tel. 04 17 28 35 40

Zürich
Krebsliga des Kantons Zürich
Klosbachstraße 2
8032 Zürich
Tel. 0 13 83 05 07

Liechtenstein
Krebs-Hilfe Liechtenstein
Im Malarsch 4
FL-9494 Schaan
Tel. 07 52 33 18 45

Sachverzeichnis

G